Sur le globe, on voit bien que l'Amérique et l'Asie se touchent presque.

Régions de France

LAROUSSE

des débutants

LAROUSSE

21 Rue du Montparnasse 75283 Paris cedex 06

POUR LA PRÉSENTE ÉDITION

DIRECTION DU DÉPARTEMENT DICTIONNAIRES ET ENCYCLOPÉDIES : Carine Girac-Marinier
DIRECTION ÉDITORIALE : Marion Vaillant
LECTURE-CORRECTION : Élisabeth Le Saux
INFORMATIQUE ÉDITORIALE : Philippe Cazabet ; Sharareh Maljaei
DIRECTION ARTISTIQUE : Ulrike Meindl
MISE EN PAGE : Sylvie Fécamp
COUVERTURE : Ulrike Meindl
FABRICATION : Carole Rousseau

Les pages 11 à 22 du *Mémento de français* ont été réalisées avec la collaboration de Valérie Herman, professeure des écoles.

REMERCIEMENTS : *L'Éditeur remercie pour leur aide ou leurs conseils :* Juliette Deplage ; Emmanuelle Bauquis, Valérie Herman, Camille Ledoux, Thierry Olivaux, Anne-Charlotte Sangam, Anne Thomas-Belli, ainsi que tous les professeurs des écoles qui ont apporté leur savoir-faire.

POUR LES PRÉCÉDENTES ÉDITIONS

DIRECTION ÉDITORIALE : Claude Nimmo
RESPONSABLE ÉDITORIALE : Catherine Boulègue ; Noëlle Degoud
ÉDITION : Anne-Françoise Robinson
RESPONSABLE DE LA RÉDACTION : Nicole Rein-Nikolaev ; Christine Ouvrard
RÉDACTION : Nicole Rein-Nikolaev ; Patricia Maire, Raphaëlle Mourey
LECTURE-CORRECTION : Chantal Pagès ; Madeleine Biaujeaud, Henri Goldszal, Joëlle Narjollet, Édith Zha, Monique Bagaïni
INFORMATIQUE ÉDITORIALE : Marie-Noëlle Tilliette, Willemine Jaspars ; Dalila Abdelkader, Christine Lagoutte ; Marion Pépin ; Serge Boucher, *avec la collaboration de* Marianne Nicaud
CONCEPTION DE LA MAQUETTE : Ulrike Meindl ; Marie-Christine Carini ; Abigail Nunes (planches)
FABRICATION : Marlène Delbeken
ILLUSTRATIONS : Jacqueline Pajouès ; Catherine Adam, Laurent Blondel, Alain Boyer, Marie-Marthe Colin, Monique Gaudriault, Jean-Louis Henriot, Denis Horvath, Noëlle Le Guillouzic, Annie-Claude Martin, Françoise Naudinat, Danièle Schulthess ; Archives Larousse

ISBN : 978-2-03-604782-2

Sommaire

Planches illustrées

Comment utiliser le *Larousse des débutants*

le mot-repère à gauche

le mot que tu cherches

un renvoi vers une illustration

la lettre-repère de l'alphabet

la définition est en écriture droite

l'exemple est en écriture penchée

un article

une légende

la nature du mot

le numéro de la page

A B C D E F G H I J K L M N O P Q R S T U V W X Y Z

difficulté **nom féminin**

❶ La **difficulté**, c'est le fait d'être difficile. *Elle se fait comprendre avec **difficulté**.* Contraire : facilité.

❷ Une **difficulté** est une chose difficile. *Ce problème comporte plusieurs **difficultés**.*

digérer **verbe**

Digérer, c'est transformer les aliments dans le corps. *Quand nous mâchons bien, nous **digérons** mieux.*

● Mot de la même famille : digestion.

digestion **nom féminin**

La **digestion** est la transformation des aliments dans l'estomac et l'intestin.

▶ Pendant la digestion, une partie de ce que nous avons mangé va dans le sang, le reste est rejeté.

digue **nom féminin**

Une **digue** est un long mur construit pour arrêter les eaux d'un fleuve ou de la mer. Synonyme : jetée.

Ils se promènent sur la **digue**.

diligence **nom féminin**

Une **diligence** est une voiture tirée par des chevaux. *Autrefois, on voyageait en **diligence**.*

dimanche **nom masculin**

Le **dimanche** est le septième et le dernier jour de la semaine. Il vient après le samedi. *Le **dimanche** est un jour de repos.*

☛ Va voir « le calendrier », page 111.

dimension **nom féminin**

Les **dimensions** d'une chose sont sa longueur, sa largeur et sa hauteur. *Quelles sont les **dimensions** de cette pièce ?* Synonyme : mesure.

diminuer **verbe**

❶ **Diminuer**, c'est être moins important ou d'un prix moins élevé. *La température a **diminué**.* Synonyme : baisser. Contraire : augmenter.

❷ **Diminuer**, c'est devenir plus court. *À partir de juillet, les jours **diminuent**.* Synonyme : raccourcir. Contraire : rallonger.

● Mots de la même famille : diminutif, diminution.

diminutif **nom masculin**

Un **diminutif** est un petit nom qui est formé à partir du prénom d'une personne et qui est plus court. *Le **diminutif** de Nicolas est Nico.*

diminution **nom féminin**

Une **diminution**, c'est le fait de diminuer. *La limitation de la vitesse a entraîné une **diminution** des accidents de la circulation.* Synonyme : baisse. Contraire : augmentation.

des **dindons**

ces numéros en rouge
indiquent des mots qui s'écrivent de la même façon mais qui n'ont pas le même sens

après un triangle vert :
des informations supplémentaires

le mot-repère à droite

dinde nom féminin
Une **dinde** est un gros oiseau de basse-cour.
▶ C'est une volaille. Le mâle est le dindon, le petit le **dindonneau**. Quand la dinde crie, on dit qu'elle **glougloute**.

dindon nom masculin
Un **dindon** est un gros oiseau de basse-cour qui a des plumes noires, blanches ou rousses. Sa tête et son cou sont recouverts d'une peau rouge plissée.
▶ C'est une volaille. La femelle est la dinde, le petit, le **dindonneau**. Quand le dindon crie, on dit qu'il **glougloute**. Il peut dresser les plumes de sa queue, comme le paon.

1. dîner verbe
Dîner, c'est prendre le repas du soir. *Nous **dînons** vers 20 heures.*
La nouvelle orthographe permet d'écrire aussi *diner*, sans accent circonflexe.
● Mot de la même famille : **dînette**.

2. dîner nom masculin
Le **dîner** est le repas du soir. *Ma mère mange légèrement au **dîner**.*
La nouvelle orthographe permet d'écrire aussi *diner*, sans accent circonflexe.

dînette nom féminin
Une **dînette** est de la vaisselle en miniature que l'on utilise pour jouer. *Chloé a sorti sa **dînette**.*
La nouvelle orthographe permet d'écrire aussi *dinette*, sans accent circonflexe.

dinosaure nom masculin
Un **dinosaure** est un animal préhistorique qui vivait sur la Terre il y a plusieurs millions d'années, bien avant les premiers êtres humains. C'est un énorme reptile qui pondait des œufs avec une coquille très dure.
▶ Certains dinosaures étaient carnivores, d'autres herbivores.
➜ Cherche **diplodocus** et **tyrannosaure**.

diplodocus nom masculin
Un **diplodocus** est un animal préhistorique de la famille des dinosaures.
▶ Le diplodocus était herbivore.
Ce mot se termine par un *s* qu'on prononce.

dire verbe
① **Dire**, c'est faire savoir par la parole. *Papa m'**a dit** d'aller me coucher.*
② **Vouloir dire**, c'est avoir telle signification. *Que **veut dire** le mot « potion » ?* Synonyme : **signifier**.
③ **On dirait que** signifie : on a l'impression que. *On **dirait** qu'il va pleuvoir.*

direct, directe adjectif
① Un chemin **direct** va en ligne droite, sans faire de détours. *Quel est le chemin **direct** pour aller à la piscine ?*
② Un train **direct** ne s'arrête pas. *On a pris un train **direct** pour aller à Lille.*
● Mot de la même famille : **directement**.

a b c d e f g h i j k l m n o p q

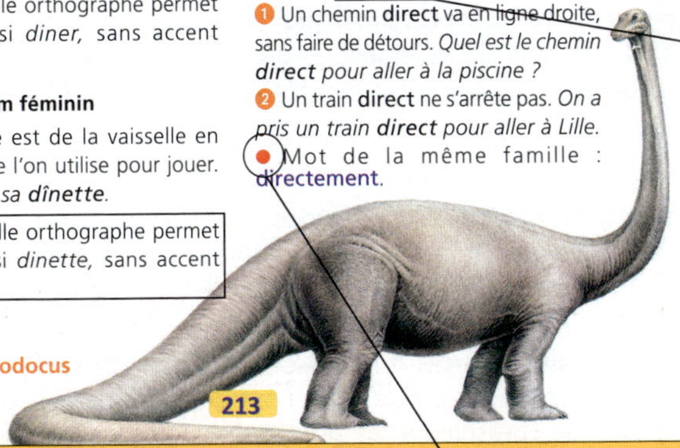

un **diplodocus**

un renvoi vers d'autres mots

après une loupe :
une remarque d'orthographe, de prononciation, des mots qu'il ne faut pas confondre ou le pluriel des mots difficiles

ces numéros
indiquent les différents sens d'un mot

le féminin d'un adjectif

après une loupe :
la mention de la nouvelle orthographe, pour tous les mots concernés

après un rond rouge :
un mot de la même famille

Avant-propos

Conçu pour les enfants qui sont en cours d'apprentissage de la lecture, le ***Larousse des débutants*** est un outil de découverte de la langue française conforme aux programmes scolaires. Cette nouvelle édition tient compte des besoins exprimés par des enseignants expérimentés, que nous remercions pour leurs conseils.

Premier vrai dictionnaire, le ***Larousse des débutants*** contribue à l'acquisition et au développement des notions indispensables au « savoir lire et écrire », principal objectif du cycle des apprentissages fondamentaux. Il permet à l'enfant d'opérer le passage de l'oral à l'écrit, des sons à leur équivalent graphique, de se familiariser avec l'orthographe des mots courants, puis de repérer les sens d'un mot, ses synonymes, ses contraires et ses homonymes.

Le choix des mots définis (vocabulaire courant, mots-outils, mais aussi mots plus rares issus de contes), la rédaction et la présentation, claire et aérée, ont été soigneusement étudiés pour répondre aux besoins du jeune lecteur :

- l'**alphabet** présent sur chaque page facilite le repérage
- les **entrées en couleur** suivies de la catégorie grammaticale rendent la recherche plus aisée
- les **définitions** sont rigoureuses mais écrites dans un langage simple ; les différents **sens des mots** sont bien mis en valeur et illustrés d'**exemples** montrant l'utilisation du mot dans une phrase
- les nombreux **synonymes** et **contraires**, les **renvois analogiques**, le rappel des **mots de la même famille** apportent des compléments indispensables de vocabulaire
- les **remarques** en fin d'article (précédées d'une loupe) mettent l'accent sur une difficulté d'orthographe ou de prononciation, sur des mots à ne pas confondre ou encore indiquent la graphie autorisée par les rectifications de l'orthographe de 1990, pour tous les mots concernés.

Véritable guide d'apprentissage de la langue, le ***Larousse des débutants*** est aussi un dictionnaire suscitant chez l'enfant le plaisir de la découverte. Il y trouvera ainsi :

- des **remarques de nature encyclopédique** (précédées d'un triangle vert) pour préciser, par exemple, le nom de la femelle et du petit d'un animal
- de nombreuses **illustrations** venant à l'appui des mots définis au fil du texte
- un **mémento de français,** montrant de quelle façon le dictionnaire éclaire sur les mots, leur orthographe, leur nature, leur fonction dans la phrase et leur emploi correct
- un **cahier de planches thématiques** (regroupées au milieu de l'ouvrage) offrant le plaisir de découvrir et de commenter des images. Assorties d'un système de légendage sous forme de pastilles numérotées et de listes de mots liés au thème, ces planches constituent un support pédagogique de l'expression orale ou écrite
- un **« cahier découverte du monde »** réunissant un **atlas illustré**, la liste de tous les **pays**, avec leur drapeau, la capitale et le nom des habitants, et une **frise historique**, également illustrée, présentant les principales dates de l'histoire de la France et du monde
- et, pour finir, un **cahier de planches de vocabulaire anglais**.

Avec le ***Larousse des débutants*** l'enfant pourra s'initier peu à peu au fonctionnement du dictionnaire et le consulter ensuite de façon autonome.

L'ÉDITEUR

Mémento de français

Les lettres et les sons

Pour écrire les mots, on utilise les lettres de l'alphabet et pour écrire les sons, on utilise un autre alphabet, l'*alphabet phonétique.*
Ce tableau t'aidera à trouver dans le dictionnaire des mots que tu entends mais que tu ne sais pas écrire.

Le premier son est une voyelle

Si tu entends un mot qui commence par [a]
☞ cherche à la lettre **a** : **a**beille, **a**rbre.
☞ tu peux aussi chercher à la lettre **h** : **ha**bit, **ha**mster.
Parfois le son [a] s'écrit **à** : déj**à**, ou **â** : **â**ne, g**â**teau.

Si tu entends un mot qui commence par [e]
☞ cherche à la lettre **e** : **e**ffacer, **é**pée.
☞ tu peux aussi chercher à la lettre **h** : **hé**risson, **hé**ros.
Parfois le son [e] s'écrit **ée** : ann**ée**, ou **er** : jou**er**, ou **ez** : ch**ez**, ou **ed** : pi**ed**, ou **ë** : cano**ë**.

Si tu entends un mot qui commence par [ɛ]
☞ cherche à la lettre **e** : **e**lle, **e**spoir.
☞ tu peux aussi chercher à la lettre **h** : **he**rbe, ou à la lettre **a** : **ai**le.
Parfois le son [ɛ] s'écrit **è** : m**è**re, ou **ê** : ar**ê**te, ou **ei** : ab**ei**lle, ou **es** : l**es**, ou **et** : obj**et**, ou **ai** : bal**ai**, ou **aî** : **aî**né, ou **ey** : pon**ey**.

Si tu entends un mot qui commence par [i]
☞ cherche à la lettre **i** : **i**l, **i**ci.
☞ tu peux aussi chercher à la lettre **h** : **hi**bou, **hi**stoire.
Parfois le son [i] s'écrit **î** : **î**le, ou **ï** : ma**ï**s, ou **y** : c**y**lindre.

Si tu entends un mot qui commence par [ɔ]
☞ cherche à la lettre **o** : **o**bjet, **o**reille.
☞ tu peux aussi chercher à la lettre **h** : **ho**chet, **ho**tte.

Si tu entends un mot qui commence par [o]
☞ cherche à la lettre **o** : **o**h !, **ô**ter.
☞ tu peux aussi chercher à la lettre **h** : **hau**teur, **hô**tel, ou à la lettre **a** : **au**tre.
Parfois le son [o] s'écrit **eau** : **eau**, ou **ô** : dr**ô**le.

Si tu entends un mot qui commence par [œ]
☞ cherche à **œ** : **œ**il, **œ**uf
☞ tu peux aussi chercher à la lettre **h** : **heu**re.
Parfois le son [œ] s'écrit **ue** : acc**ue**il.

Si tu entends un mot qui commence par [ø]
☞ cherche à la lettre **e** : **eu**ro, **eu**x.
☞ tu peux aussi chercher à la lettre **h** : **heu** !, **heu**reux.
Parfois le son [ø] s'écrit **œu** : **œu**fs, v**œu**.

Les lettres et les sons

Si tu entends un mot qui commence par [y]
☞ cherche à la lettre **u** : **u**ne, **u**sine.
☞ tu peux aussi chercher à la lettre **h** : **hu**main, **hu**tte.
Parfois le son [y] s'écrit **û** : b**û**che, ou **eu** : j'ai **eu**.

Si tu entends un mot qui commence par [u]
☞ cherche à la lettre **o** : **ou**f !, **ou**rs.
☞ tu peux aussi chercher à la lettre **h** : **hou**sse, **hou**x.
Parfois le son [u] s'écrit **où** : **où** vas-tu ?, ou **oû** : g**oû**t, ou **oo** : igl**oo**.

Si tu entends un mot qui commence par [ɑ̃]
☞ cherche à la lettre **a** : **an**cre, **am**poule, ou à la lettre **e** : **en**cre, **em**ploi.
☞ tu peux aussi chercher à la lettre **h** : **han**che, **han**té.
Parfois le son [ɑ̃] s'écrit **aon** : p**aon**.

Si tu entends un mot qui commence par [ɛ̃]
☞ cherche à la lettre **i** : **im**primer, **in**firmière.
☞ tu peux aussi chercher à la lettre **u** : **un**.
Parfois le son [ɛ̃] s'écrit **ein** : r**ein**, ou **en** : chi**en**, ou **aim** : f**aim**, ou **ain** : **ain**si, ou **um** : parf**um**.

Si tu entends un mot qui commence par [ɔ̃]
☞ cherche à la lettre **o** : **on**ze, **om**bre.
☞ tu peux aussi chercher à la lettre **h** : **hon**te.

Le premier son est une consonne

Si tu entends un mot qui commence par [f]
☞ cherche à la lettre **f** : **f**aire, **f**ille.
☞ tu peux aussi chercher à **ph** : **ph**are, **ph**oto.

Si tu entends un mot qui commence par [g]
☞ cherche à la lettre **g** : **g**ai, **g**omme, ou à **gu** : **gu**érir, **gu**itare.
Parfois le son [g] s'écrit **c** : se**c**ond.

Si tu entends un mot qui commence par [ʒ]
☞ cherche à la lettre **g** : **g**enou, **g**irouette, ou à la lettre **j** : **j**ardin, **j**oue.

Si tu entends un mot qui commence par [k]
☞ cherche à la lettre **c** : **c**anard, **cu**eillir, ou à la lettre **q** : **qu**and, **qu**ille
☞ tu peux aussi chercher à la lettre **k** : **k**iwi, **k**oala.
Parfois le son [k] s'écrit **ch** : é**ch**o, or**ch**estre, ou **ck** : ti**ck**et.

Si tu entends un mot qui commence par [s]
☞ cherche à la lettre **s** : **s**el, **sc**ène, **s**oif, ou à la lettre **c** : **c**erise, **ç**a.
Parfois le son [s] s'écrit **ss** : a**ss**ez, ou **t** : na**t**ion, ou **x** : di**x**.

Les lettres et les sons

Si tu entends un mot qui commence par [z]
☞ cherche à la lettre **z** : **z**èbre, **z**éro.
Parfois le son [z] s'écrit **s** : ru**s**e, ou **x** : deu**x**ième.

Si tu entends un mot qui commence par [ʃ]
☞ cherche à **ch** : **ch**at, **ch**emin.
☞ tu peux aussi chercher à la lettre **s** : **sch**éma, **sh**ort.

Si tu entends un mot qui commence par [j]
☞ cherche à la lettre **y** : **y**aourt.
Parfois le son [j] s'écrit **il** : œ**il**, ou **ill** : nou**ill**e.

Si tu entends un mot qui commence par [v]
☞ cherche à la lettre **v** : **v**ache, **v**ie.
☞ tu peux aussi chercher à la lettre **w** : **w**agon.

Si tu entends un mot qui commence par [ɥ]
☞ cherche à la lettre **h** : **hui**t.

Si tu entends un mot qui commence par [w]
☞ cherche à la lettre **w** : **w**estern, ou à la lettre **o** : **oi**seau.

Si tu entends un mot qui commence par [ks] ou [gz]
☞ cherche à la lettre **x** : **x**ylophone.

Les accents

Les accents sont les petits signes que l'on place sur certaines voyelles.

L'**accent aigu** se met sur le **e** : *le pr**é**, l'**é**criture.*

L'**accent grave** se met sur le **e**, sur le **a** et sur le **u** : *pr**è**s de, **à** midi, o**ù** es-tu ?*

L'**accent circonflexe** se met sur le **e**, sur le **a**, sur le **i**, sur le **o** et sur le **u** : *il est pr**ê**t, des p**â**tes, une **î**le, un c**ô**ne, une b**û**che.*

Le **tréma** se met sur le **e** et sur le **i** : *No**ë**l, du ma**ï**s.*

Pourquoi utiliser le dictionnaire ?

Le *Larousse des débutants* est un dictionnaire. Il te permet de trouver de nombreuses informations :

- le **sens** d'un mot
- l'**orthographe** d'un mot
- la **nature** d'un mot (nom commun, adjectif, verbe…)
- le **pluriel** ou le **féminin** d'un mot
- des mots de la même **famille**
- des **illustrations** accompagnées de **légendes**.

la forme au féminin

malin, maligne adjectif
Être **malin**, être **maligne**, c'est avoir l'esprit vif, savoir se débrouiller, trouver des idées pour résoudre des choses difficiles. *Elle est **maligne**, elle a compris qu'il y avait un piège.*
Synonymes : **astucieux, débrouillard, dégourdi.**

Le petit Paul est très **malin**.

la remarque d'orthographe

bibliothèque nom féminin
1. Une **bibliothèque** est un lieu, une pièce où sont classés des livres que l'on peut emprunter.
2. Une **bibliothèque** est un meuble à étagères pour ranger les livres. *Dans le salon, il y a une **bibliothèque**.*

Ce mot s'écrit avec *th*.
Mot de la même famille : bibliothécaire.
Va voir la planche illustrée 11

Zoé prend un livre
dans la **bibliothèque**.

marche nom féminin
1. La **marche**, c'est l'action de marcher. *La **marche** est un bon exercice. Nous avons fait une longue **marche**.*
2. Mettre un appareil **en marche**, c'est le faire fonctionner. *Paul a mis l'ordinateur **en marche**.*
3. Une **marche** d'escalier ou d'escabeau est un endroit plat où l'on pose le pied. *L'escalier du donjon a deux cents **marches**.*

● Mot de la même famille : marcher.

le renvoi à une planche

les différents sens

les mots de
la même famille

la légende de
l'illustration

l'illustration

Pourquoi utiliser le dictionnaire ?

Apprends bien ton alphabet et pense à utiliser les mots-repères.

- Dans le dictionnaire, les mots sont rangés par **ordre alphabétique**.

▶ Par exemple : **pantalon** vient avant **voiture**, **p** est avant **v**.

- Quand deux mots commencent par la même lettre, ils sont classés en fonction des lettres qui suivent.

▶ Par exemple : **plaisir**, **planche**, **planeur**, **plastique**...

- Les **lettres de l'alphabet**, sur le côté, et les **mots-repères** qui se trouvent en haut de la page vont t'aider à te repérer et à trouver le mot que tu cherches plus rapidement.

⚠ **ATTENTION**

- Les **noms** et les **adjectifs** sont écrits au **masculin singulier**.

▶ Pour trouver **belle** cherche à **beau**, pour trouver **animaux** cherche à **animal**.

1. beau, belle adjectif
❶ Ce qui est **beau** est agréable à regarder ou à écouter. *Tu as fait un* ***beau*** *dessin.* Synonyme : joli. Contraire : laid. *Ton père est un* ***bel*** *homme. Julie a une* ***belle*** *voix.*
❷ Une **belle journée** est une journée claire et ensoleillée.
❸ Un **beau jour**, c'est un certain jour.

Tom **voit** bien avec ses lunettes.

voir verbe
❶ Quand on **voit** quelque chose ou quelqu'un, il se présente à notre regard, à nos yeux. *J'ai vu une biche. Nous* ***avons*** *déjà* ***vu*** *ce dessin animé. Lucas m'****a fait voir*** *son nouveau jeu.* Synonyme : montrer.
❷ Aller **voir** quelqu'un, c'est lui rendre visite. *Je vais* ***voir*** *mamie tous les mercredis.*

- Les **verbes** sont à l'infinitif.

Regarde l'article **voir**.
C'est un verbe. Il est à l'infinitif. Dans les exemples, tu trouves des formes conjuguées du verbe.

▶ **J'ai vu** est le verbe **voir** conjugué à la première personne du singulier au passé composé.

Qu'est-ce qu'un mot ?

Tu as besoin des mots pour parler, pour écrire. Ton dictionnaire va t'aider à bien les connaître et à les utiliser dans une phrase.

Une ou plusieurs syllabes

● Une **syllabe** est la partie d'un mot que l'on prononce en une seule fois. Un mot peut avoir une ou plusieurs syllabes.

▶ Le mot *dent* a **une seule syllabe**.

▶ Le mot *maman* a **deux syllabes** : *ma-man*.

▶ Le mot *éléphant* a **trois syllabes** : *é-lé-phant*.

Un mot est un ensemble de lettres qui a une signification, qui veut dire quelque chose.

L'écriture des mots

● Quand tu écris, tu dois respecter **l'orthographe** pour que l'on te comprenne bien. Le *Larousse des débutants* t'aide à vérifier la façon dont s'écrivent les mots.

● **Les sons peuvent s'écrire de différentes façons.**

▶ Par exemple, le son [f] peut s'écrire avec la lettre **f**, mais aussi avec les lettres **ph** : *un **f**antôme*, *un **ph**oque.*

⚠ **ATTENTION**

● Quand tu cherches dans ton dictionnaire, si tu ne trouves pas un mot, **pense à d'autres façons de l'écrire**.

☞ **VA VOIR Les lettres et les sons**, pages ***8*** à ***10***.

● Lorsque l'orthographe du mot est difficile, une **remarque** attire ton attention sur la manière de l'écrire. Regarde l'article **cahier**.

> **cahier** **nom masculin**
> Un **cahier** est un ensemble de feuilles attachées et protégées par une couverture. *En classe, nous écrivons sur un **cahier** de brouillon.*
> Il y a un *h* après le *a*.

● Il y a aussi des **mots qui se ressemblent**. Ils se prononcent de la même façon, mais ne s'écrivent pas pareil et ne veulent pas dire la même chose.

▶ Par exemple : un *ver* (de terre), un *verre* (pour boire), le *vert* (la couleur).

☞ **VA VOIR** page 591 : tu trouveras d'autres exemples de ces **mots pièges** !

Le sens des mots

Quand tu lis un livre, quand tu apprends une poésie, tu rencontres souvent des mots nouveaux et tu te demandes ce qu'ils veulent dire.

Que veut dire ce mot ?

● À l'aide d'une phrase simple – **la définition** – suivie d'un **exemple** et parfois d'un **dessin**, le dictionnaire te permet de comprendre **le sens** des mots.

Regarde l'article **mammifère**.

Tu trouves d'abord la **définition** puis un **exemple** qui te montre le mot utilisé dans une phrase.

> **mammifère** **nom masculin**
> Un **mammifère** est un animal qui a la peau généralement couverte de poils. La femelle a des mamelles. *Les chats, les chauves-souris, les dauphins, les baleines sont des* ***mammifères****.*
> Il y a deux *m* au milieu du mot.

⚠ **ATTENTION**

Certains mots peuvent avoir **plusieurs sens**.

Chaque sens a un **numéro**, une définition et un exemple.

☞ **VA VOIR** le mot **phare**. Connais-tu les deux sens ?

Les synonymes, les contraires

● En cherchant des mots, tu en rencontres beaucoup d'autres, comme des **synonymes** (ce sont des mots qui ont des sens voisins) et des **contraires**.

Regarde l'article **difficile**.

▶ Tu peux remplacer ce mot par **compliqué** ou **dur** qui veulent dire la même chose.

▶ On te propose aussi des mots de sens contraire : **facile, simple**.

> **difficile** **adjectif**
> Une chose **difficile** ne se fait pas facilement ou ne se comprend pas facilement. *Ce problème est* ***difficile****.*
> Synonymes : compliqué, dur.
> Contraires : facile, simple.
> ● Mot de la même famille : difficulté.

Les mots de la même famille

● Tu trouves aussi des **mots de la même famille**.

Regarde à nouveau l'article **difficile**.

▶ On t'indique un mot de la même famille : **difficulté.**

▶ Quand tu sais à quelle famille un mot appartient, cela t'aide à te souvenir de son orthographe : **difficile** et **difficulté** s'écrivent tous les deux avec deux **f**.

Qu'est-ce que la nature des mots ?

Le dictionnaire indique la nature de chaque mot : il te dit si c'est un verbe, un nom, un adjectif, un adverbe... Pour les noms, il précise s'il est masculin ou féminin.

- Ainsi, tu sais comment utiliser chaque mot à l'intérieur d'une phrase : s'il doit s'accorder, se conjuguer, ou s'il est invariable...

lent, lente adjectif
Une personne, un animal, un véhicule **lents** ne se déplacent pas vite. *Sur l'autoroute, les véhicules* ***lents*** *roulent sur la voie de droite.* **Contraire : rapide.**
Avoir l'esprit **lent**, c'est ne pas comprendre vite. **Contraire : : vif.**
- Mots de la même famille : **lentement, lenteur.**

lentement adverbe
Lentement signifie : avec lenteur. *Mon arrière-grand-mère marche* ***lentement****.* **Contraires : rapidement, vite.**

lenteur nom féminin
Quand on fait quelque chose avec **lenteur**, on le fait sans aller vite. *Maman me dit souvent de me dépêcher, elle se plaint de ma* ***lenteur****.*
Contraire : rapidité.

Les classes de mots

- Comme dans le jeu des familles, on classe les mots qui ont la même nature dans des **groupes**, appelés **classes de mots**.

MOT →
- Les noms propres
- Les noms communs
- Les déterminants
- Les verbes
- Les adjectifs
- Les mots invariables (adverbes, prépositions, conjonctions, interjections)

Les noms

Les noms propres

- **Les noms propres commencent toujours par une majuscule** : il s'agit d'un prénom, d'un nom de famille, d'un nom de pays, etc.

Les noms communs

- Les noms communs permettent de nommer :

- des **personnes** : *un bébé, une fée...*
- des **choses** : *une table, un livre...*
- des **animaux** : *un chat, une girafe...*

une fée

Le masculin et le féminin

Les noms communs ont chacun un genre : ils sont soit du genre masculin, soit du genre féminin.

- Devant un nom **masculin**, on met **un** ou **le** ; devant un nom féminin, on met **une** ou **la**.

☞ **VA VOIR** page suivante : **Les déterminants**.

- **Pour former le féminin**, le plus souvent **on ajoute** un **e** au nom masculin :

▶ *le marié, la mariée*   *un cousin, une cousine*

- Certains mots s'écrivent de la même façon au masculin et au féminin :

▶ *un acrobate, une acrobate*

- Mais parfois **la fin du mot** (la terminaison) **change**.

☞ **VA VOIR maître** et **moniteur**. Au féminin, on dit **maîtresse** et **monitrice**.

Le singulier et le pluriel

- Quand on parle d'**une seule** personne, ou d'une seule chose, on dit **le** ou **la**, **un** ou **une**. Le nom est au **singulier**.

- Quand on parle de **plusieurs** personnes ou de plusieurs choses, on dit **les** ou **des**. Le nom est au **pluriel**.
Le singulier et le pluriel, c'est ce qu'on appelle le **nombre** du nom.

- Au **pluriel**, les mots s'écrivent le plus souvent avec un **s** à la fin.

▶ *un élève, des élèves*
une fleur, des fleurs

- Mais parfois la fin du mot change :

▶ *un cheval, des chevaux*
un journal, des journaux

- Les mots qui se terminent par **s**, **x** ou **z** ne changent pas :

▶ *un nez, des nez*

Le plus souvent, le nom commun change au féminin et au pluriel.

journal nom masculin
❶ Un **journal** est un ensemble de feuilles imprimées qui donnent des informations sur les événements du jour.
❷ Le **journal télévisé** est l'émission qui donne les informations à la télévision.
🔍 Au pluriel, on écrit *des journaux*.

nez nom masculin
❶ Le **nez** se trouve au milieu du visage, entre les deux joues. Il sert à respirer et à sentir.
🔍 Ce mot se termine par un *z*. Il ne change pas au pluriel : on écrit *des nez*.

Les déterminants

Le petit mot que tu écris presque tout le temps devant le nom commun s'appelle un déterminant.

une fille et *son chien*

- Le déterminant indique si le mot est :

▶ **féminin** et **singulier**

la brebis
une ferme
sa maison
cette prairie

▶ **masculin** et **singulier**

le sapin
un chalet
son bonnet
ce skieur

▶ au **pluriel**

les élèves
des écoles
leurs jeux
ces classes

des jumelles

Regarde l'article **chien**.

Dans ces phrases, chaque nom commun est précédé d'un **déterminant**.

chien nom masculin

Un **chien** est un animal domestique. Il a un bon flair. *Les caniches, les cockers, les dalmatiens sont des* ***chiens****.*

▶ Les chiens sont des animaux carnivores. Le bout de leur museau est appelé « une truffe ». La femelle est la **chienne**. Le petit est le **chiot**. Quand le chien crie, on dit qu'il aboie et son cri est l'**aboiement**.

⚠ **ATTENTION**

Le ou **la** deviennent **l'** devant un nom qui commence par une voyelle ou un *h* muet :

▶ *l'arbre*, *l'hirondelle*...

l'ananas

une fourmi

des fourmis

Les adjectifs qualificatifs

Les adjectifs sont des mots qui donnent des précisions sur les noms communs.

● Les adjectifs permettent de décrire la chose ou la personne dont on parle.

Regarde l'article **minuscule**.
C'est un **adjectif**.
▶ *Minuscule* décrit la souris.
Quel adjectif utiliserais-tu pour décrire l'éléphant ? (Regarde les contraires.)

1. minuscule adjectif
Une chose ou un être **minuscules** sont très petits. *Les fourmis sont des insectes* minuscules. Contraires : énorme, géant, gigantesque, immense.

La souris est **minuscule** par rapport à l'éléphant.

⚠ **ATTENTION**
Dans le dictionnaire, **l'adjectif est écrit au masculin singulier**.
▶ Si tu cherches l'adjectif **bonne**, tu dois chercher au masculin **bon**.

● **L'adjectif** qualificatif accompagne le nom et le précise. **Il s'accorde** en **genre** (masculin ou féminin) et en **nombre** (singulier ou pluriel) avec le nom auquel il se rapporte.

● Le plus souvent, **on ajoute** un **e** au **masculin** pour former le **féminin**, et un **s** au **singulier** pour former le **pluriel**.

▶ Masculin singulier	*un grand garçon*
▶ Féminin singulier	*un**e** grand**e** fille*
▶ Masculin pluriel	*des grand**s** garçon**s***
▶ Féminin pluriel	*des grand**es** fill**es***

*Raphaël est plus **grand** que Julie.*

☞ **VA VOIR** les **planches illustrées** pages 390 à 421. Sous chaque planche se trouve une liste de noms (ce sont les objets, les personnages ou les animaux représentés sur l'image). Il y a aussi des adjectifs. Tu peux t'amuser à les utiliser pour décrire ce que tu vois.

L'adjectif qualificatif est placé avant ou après le nom. Il s'accorde en genre et en nombre avec le nom auquel il se rapporte.

Les verbes

Le verbe est un mot qui indique ce qu'on fait ou comment on est.

- **Chanter**, **apprendre**, **sortir**, **être**, **rester**… sont des verbes à **l'infinitif**.

⚠ **ATTENTION :** dans le dictionnaire, les verbes sont présentés à l'infinitif.

Les conjugaisons

- Le verbe se **conjugue** : il prend une forme différente selon le **temps** et selon les **personnes**. Dans le dictionnaire, les **exemples** te montrent comment se conjugue le verbe à des temps et des personnes différents.

- La forme du verbe change selon **le temps**.

▶ Le **présent** : *Aujourd'hui, la cigale chant**e**.*

▶ Le **passé** : *L'été dernier, la cigale chant**ait**.*

▶ Le **futur** : *L'hiver prochain, la cigale ne chant**era** plus.*

- Quand on conjugue un verbe, on place devant les pronoms personnels : **je**, **tu**, **il** ou **elle**, **on**, **nous**, **vous**, **ils** ou **elles**.

☞ **VA VOIR** les pages *25* à *30* : tu y trouveras la conjugaison des principaux verbes.

- Lorsque le verbe est conjugué, la **terminaison** change.

▶ ***ranger*** : *je range*, *tu ranges*, *il range*, *nous rangeons*, *vous rangez*, *ils rangent*

Pour certains verbes, le **radical** change aussi.

▶ ***aller*** : *je vais*, *tu vas*, *il va*, *nous allons*, *vous allez*, *ils vont*.

Le verbe et son sujet

- **Le verbe s'accorde avec le sujet.**

Pour trouver le sujet, on pose la question : *Qui est-ce qui ?* ou *Qu'est-ce qui ?*

▶ Le sujet peut être un nom, un pronom ou un groupe du nom.

☞ **VA VOIR** les **planches illustrées** pages 390 à 421.
Des verbes sont proposés. Tu peux les utiliser pour décrire les actions.

mélanger verbe
1 **Mélanger**, c'est mettre des choses ou des personnes ensemble pour faire un tout. *Pour faire un gâteau, nous **mélangeons** du sucre, des œufs et de la farine.*
2 **Mélanger** des choses, c'est les mettre en désordre. *Quelqu'un a **mélangé** mes jouets.*
● Mot de la même famille : **mélange**.

Hugo **mélange** les couleurs.

Les mots invariables

Certains mots s'écrivent toujours de la même façon. On dit qu'ils sont invariables.

● Ces mots sont souvent utilisés. Il faut bien les connaître. Ce sont :

▶ des prépositions : ***avec, pour, à, de, contre, derrière***...

▶ des adverbes : ***alors, après, hier, jamais, tout à coup, peu, moins***...

▶ des conjonctions : ***mais, ou, et, car***...

▶ des interjections : ***ouf ! oh !***

Léa met **peu** de beurre, mais Léo en met beaucoup.

peu adverbe
❶ Peu signifie : en petite quantité, en petit nombre. *Je mange **peu** à midi.* Contraires : beaucoup, énormément. *Dans notre classe, il y a **peu** d'élèves.* Contraires : beaucoup, plein. *Je prends un peu de sel.*
❷ Peu à peu signifie : un peu chaque jour. *Je fais des progrès **peu à peu**.* Synonyme : petit à petit.

Les adverbes

● Les adverbes modifient ou précisent un **verbe**.
▶ *Léa met **peu** de beurre, mais Léo en met **beaucoup**.*

● Ils peuvent aussi préciser ou modifier un **adjectif**.
▶ *Chloé est **très** souple.*

● Beaucoup d'adverbes se terminent en ***ment*** : **gentiment**, **méchamment**, **rarement**...
▶ *Lola parle **gentiment** à ses poupées.*
*La sorcière parle **méchamment** à la princesse.*

1. derrière préposition
Derrière une chose, c'est dans la partie opposée au devant. *Le jardin se trouve **derrière** la maison.*
Contraire : devant.

2. derrière adverbe
Derrière signifie : à l'arrière. *En voiture, les enfants doivent monter **derrière**.*
Contraire : devant.

Le chat s'est caché **derrière** la porte.

Les prépositions

● Les prépositions sont placées devant un mot.
▶ *Rémi s'est caché **derrière** l'arbre.*

⚠ **ATTENTION** :
▶ On dit : *je vais* ***chez*** *le coiffeur*, ***chez*** *le dentiste*, ***chez*** *le médecin*
mais : *je vais* ***à*** *la pharmacie*, ***à*** *la bibliothèque*, ***à*** *l'école.*

▶ On dit : *le cartable* ***de*** *mon frère, le sac* ***de*** *ma sœur.*

de préposition
De est un petit mot que l'on emploie pour donner différentes indications. *Le livre **de** Julien. Il vient **de** Bruxelles. Je meurs **de** froid. Un tas **de** sable. Elle fait un signe **de** la main.*

🔎 *De* s'écrit *d'* devant une voyelle ou un « h » muet : le livre *d'Anaïs*. On ne dit pas « de le » ni « de les » mais *du* et *des* : *le livre du professeur, des élèves.*

Du mot à la phrase

Pour expliquer les mots, le dictionnaire te propose une définition et des exemples. Ce sont des phrases.

● Pour qu'une phrase soit claire, il faut que les mots soient dans **le bon ordre**. Quand tu écris, pense à te relire pour voir si ta phrase est bien **compréhensible**.

▶ *Aujourd'hui, le soleil brille.* Il y a **4 mots** dans cette phrase.

1 2 3 4

▶ *Aujourd'hui, le soleil ne brille pas.* il y a **6 mots** dans cette phrase.

1 2 3 4 5 6

● Les mots **ne** et **pas** transforment la phrase affirmative en phrase négative. On peut aussi utiliser **ne**... **plus**, **ne**... **jamais**.

▶ *Aujourd'hui, le soleil brille.* = **phrase affirmative.**

▶ *Aujourd'hui, le soleil* ***ne*** *brille* ***pas****.* = **phrase négative**.

● Il existe aussi :

- des **phrases exclamatives**, quand on est étonné ou content :

▶ *Chouette, aujourd'hui le soleil brille !*

Elles se terminent par **un point d'exclamation**.

- des **phrases interrogatives**, quand on se pose une question :

▶ *Est-ce que le soleil brille aujourd'hui ?*

Elles se terminent par **un point d'interrogation**.

Regarde **les signes de ponctuation**.

Une phrase est un ensemble de mots qui a un sens. Une phrase commence par une majuscule et se termine par un point.

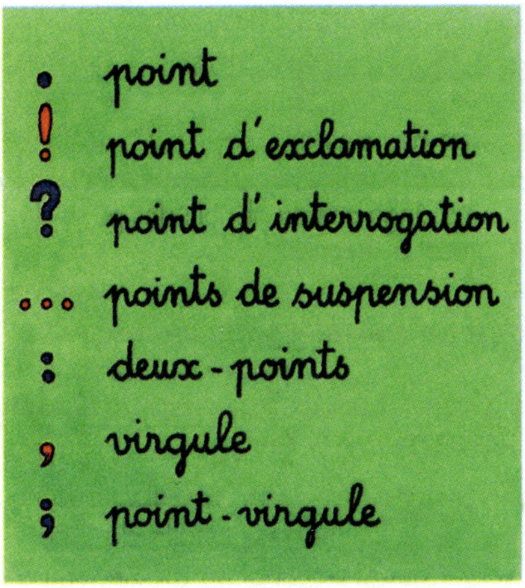

les signes de **ponctuation**

Écrire des phrases

Quand tu écris un texte, pense à bien te relire et à vérifier l'orthographe des mots grâce à ton dictionnaire.

▶ Lis ton texte à voix haute et vérifie qu'on peut facilement le comprendre.

▶ Regarde si tes phrases commencent bien par une majuscule et se terminent par un point.

▶ Vérifie l'accord du sujet avec le verbe.

▶ Vérifie l'accord des noms et des adjectifs.

▶ Quand tu as un doute, cherche dans ton dictionnaire la nature, le sens ou l'orthographe du mot.

Les groupes dans la phrase

- Quand tu relis une phrase, essaie de séparer le **groupe du nom** (ou **groupe nominal**) et le **groupe du verbe** (ou **groupe verbal**).

L'oiseau — groupe du nom
couve ses œufs dans le nid. — groupe du verbe

- On peut séparer les groupes de mots dans la phrase en posant différentes questions :

▶ *Qui fait l'action ? l'oiseau*
Le nom *l'oiseau* est le **sujet**.

▶ *Que fait l'oiseau ? il couve*
Le verbe *couver*, c'est l'action.

▶ *L'oiseau couve quoi ? ses œufs*
ses œufs est le **complément d'objet** du verbe.

▶ *Où les couve-t-il ? dans le nid*
dans le nid, c'est le **lieu** où se passe l'action ; c'est un **complément de lieu**.

couver verbe
Pour un oiseau, **couver**, c'est se coucher sur ses œufs jusqu'à leur éclosion. *La poule* **couve**.

La poule **couve** ses œufs.

- On peut enrichir aussi le groupe du nom en ajoutant un **adverbe** et des **adjectifs** ; et le groupe du verbe avec un **complément de temps** :

Le ***très bel*** *oiseau* ***noir*** — groupe du nom
couve ses œufs dans le nid ***toute la journée***. — groupe du verbe

Expressions figurées

Les mots que tu utilises tous les jours peuvent être employés dans un autre sens que leur sens concret. On dit que ce sens est « figuré ». Voici quelques expressions figurées qui comportent des noms d'animaux, des mots du corps humain et des mots relatifs aux couleurs. Elles sont toutes accompagnées d'une courte explication qui éclaire leur sens.

LES ANIMAUX

Être doux comme un agneau :
être très doux, très affectueux.

Un froid de canard : (familier)
un froid très vif.

Avoir un chat dans la gorge :
être enroué.

Faire devenir quelqu'un chèvre :
le faire enrager.

Un caractère de cochon : (familier)
un très mauvais caractère.

Être comme un coq en pâte :
être choyé, dorloté.

Verser des larmes de crocodile :
verser des larmes hypocrites pour émouvoir ou tromper.

Dormir comme un loir :
dormir longtemps et profondément.

Avoir une faim de loup :
une très grande faim.

Avoir des yeux de lynx :
avoir la vue très perçante ; être très perspicace.

Être gai comme un pinson :
être très gai.

Être comme un poisson dans l'eau :
être parfaitement à l'aise dans la situation où l'on se trouve.

Chercher des poux à quelqu'un :
(familier)
lui chercher querelle à tout propos.

Être malin comme un singe :
être très malin, très astucieux.

Prendre le taureau par les cornes :
affronter courageusement une difficulté.

LE CORPS HUMAIN

Faire la fine bouche :
faire le difficile.

Se creuser la cervelle : (familier)
réfléchir beaucoup pour trouver quelque chose.

Prendre ses jambes à son cou :
partir en courant, s'enfuir.

Expressions figurées

Être tiré par les cheveux :
se dit d'un raisonnement, d'une explication qui manquent de logique.

Se faire des cheveux ou se faire des cheveux blancs :
se faire du souci.

Avoir le cœur sur la main :
être très généreux.

Avoir un cœur de pierre :
avoir un caractère dur, insensible.

Avoir l'estomac dans les talons :
être très affamé.

Avoir un cheveu sur la langue :
zozoter légèrement.

Donner sa langue au chat :
renoncer à trouver la solution d'une devinette, d'une énigme.

Avoir la main verte :
être habile dans la culture des plantes.

Se casser le nez : (familier)
ne pas trouver chez elle la personne que l'on vient voir.

Faire la sourde oreille :
faire semblant de ne pas entendre ou de ne pas comprendre.

Faire des pieds et des mains :
employer tous les moyens pour obtenir ce que l'on souhaite.

Avoir un poil dans la main : (familier)
être paresseux.

Manger sur le pouce :
manger très rapidement, sans s'asseoir.

Avoir la tête sur les épaules :
être raisonnable et plein de bon sens.

Ne pas avoir froid aux yeux :
être audacieux.

Avoir les yeux plus gros que le ventre :
prendre plus qu'on ne peut manger.

LES COULEURS

Être blanc comme neige :
être innocent.

Passer une nuit blanche :
ne pas dormir de la nuit.

Une peur bleue, une colère bleue :
une très grande peur, une colère violente.

Rire jaune :
rire de manière forcée, gênée.

Broyer du noir :
être déprimé, avoir des idées tristes.

Regarder quelqu'un d'un œil noir :
le regarder avec irritation, colère.

Voir la vie en rose :
voir les choses du bon côté, avec optimisme.

Donner le feu vert :
permettre à quelqu'un d'agir.

Les conjugaisons

avoir

Aucun autre verbe ne se conjugue sur ce modèle.
Il sert à construire le passé composé de très nombreux verbes : « *J'ai bien dormi* ».

INDICATIF

présent (*maintenant*)	**futur** (*après*)	**imparfait** (*avant, pendant un long moment*)	**passé composé** (*avant, pendant un court moment*)
j' ai	j' aurai	j' avais	j' ai eu
tu as	tu auras	tu avais	tu as eu
il a	il aura	il avait	il a eu
elle a	elle aura	elle avait	elle a eu
nous avons	nous aurons	nous avions	nous avons eu
vous avez	vous aurez	vous aviez	vous avez eu
ils ont	ils auront	ils avaient	ils ont eu
elles ont	elles auront	elles avaient	elles ont eu

IMPÉRATIF	PARTICIPE **passé**	PARTICIPE **présent**
aie ayons ayez	eu (eue, eus, eues)	ayant

être

Aucun autre verbe ne se conjugue sur ce modèle. Il sert à construire le passé composé des verbes comme *s'amuser* et *se promener* ou *partir* et *venir*.

INDICATIF

présent (*maintenant*)	**futur** (*après*)	**imparfait** (*avant, pendant un long moment*)	**passé composé** (*avant, pendant un court moment*)
je suis	je serai	j' étais	j' ai été
tu es	tu seras	tu étais	tu as été
il est	il sera	il était	il a été
elle est	elle sera	elle était	elle a été
nous sommes	nous serons	nous étions	nous avons été
vous êtes	vous serez	vous étiez	vous avez été
ils sont	ils seront	ils étaient	ils ont été
elles sont	elles seront	elles étaient	elles ont été

IMPÉRATIF	PARTICIPE **passé**	PARTICIPE **présent**
sois soyons soyez	été	étant

Les conjugaisons

aller

Aucun autre verbe ne se conjugue sur ce modèle.
Il sert souvent à exprimer le futur proche : « *Je vais jouer* ».

INDICATIF

présent (*maintenant*)	futur (*après*)	imparfait (*avant, pendant un long moment*)	passé composé (*avant, pendant un court moment*)
je vais	j' irai	j' allais	je suis allé (allée)
tu vas	tu iras	tu allais	tu es allé (allée)
il va	il ira	il allait	il est allé
elle va	elle ira	elle allait	elle est allée
nous allons	nous irons	nous allions	nous sommes allés (allées)
vous allez	vous irez	vous alliez	vous êtes allés (allées)
ils vont	ils iront	ils allaient	ils sont allés
elles vont	elles iront	elles allaient	elles sont allées

IMPÉRATIF

va
(ou *vas* dans *vas-y*)
allons
allez

PARTICIPE **passé**

allé (allée, allés, allées)

PARTICIPE **présent**

allant

aimer

Tu conjugues sur ce modèle beaucoup de verbes comme *chanter, détester, embrasser, glisser* ou *vider*.

INDICATIF

présent (*maintenant*)	futur (*après*)	imparfait (*avant, pendant un long moment*)	passé composé (*avant, pendant un court moment*)
j' aime	j' aimerai	j' aimais	j' ai aimé
tu aimes	tu aimeras	tu aimais	tu as aimé
il aime	il aimera	il aimait	il a aimé
elle aime	elle aimera	elle aimait	elle a aimé
nous aimons	nous aimerons	nous aimions	nous avons aimé
vous aimez	vous aimerez	vous aimiez	vous avez aimé
ils aiment	ils aimeront	ils aimaient	ils ont aimé
elles aiment	elles aimeront	elles aimaient	elles ont aimé

IMPÉRATIF

aime
aimons
aimez

PARTICIPE **passé**

aimé (aimée, aimés, aimées)

PARTICIPE **présent**

aimant

Les conjugaisons

finir

Tu conjugues sur ce modèle les verbes comme *applaudir, définir, maigrir, punir, rougir* ou *trahir.*

INDICATIF

présent (*maintenant*)		**futur** (*après*)		**imparfait** (*avant, pendant un long moment*)		**passé composé** (*avant, pendant un court moment*)		
je	finis	je	finirai	je	finissais	j'	ai	fini
tu	finis	tu	finiras	tu	finissais	tu	as	fini
il	finit	il	finira	il	finissait	il	a	fini
elle	finit	elle	finira	elle	finissait	elle	a	fini
nous	finissons	nous	finirons	nous	finissions	nous	avons	fini
vous	finissez	vous	finirez	vous	finissiez	vous	avez	fini
ils	finissent	ils	finiront	ils	finissaient	ils	ont	fini
elles	finissent	elles	finiront	elles	finissaient	elles	ont	fini

IMPÉRATIF	PARTICIPE **passé**	PARTICIPE **présent**
finis finissons finissez	fini (finie, finis, finies)	finissant

faire

Tu conjugues sur ce modèle les verbes comme *défaire* ou *refaire.*

INDICATIF

présent (*maintenant*)		**futur** (*après*)		**imparfait** (*avant, pendant un long moment*)		**passé composé** (*avant, pendant un court moment*)		
je	fais	je	ferai	je	faisais	j'	ai	fait
tu	fais	tu	feras	tu	faisais	tu	as	fait
il	fait	il	fera	il	faisait	il	a	fait
elle	fait	elle	fera	elle	faisait	elle	a	fait
nous	faisons	nous	ferons	nous	faisions	nous	avons	fait
vous	faites	vous	ferez	vous	faisiez	vous	avez	fait
ils	font	ils	feront	ils	faisaient	ils	ont	fait
elles	font	elles	feront	elles	faisaient	elles	ont	fait

IMPÉRATIF	PARTICIPE **passé**	PARTICIPE **présent**
fais faisons faites	fait (faite, faits, faites)	faisant

Les conjugaisons

prendre

Tu conjugues sur ce modèle les verbes comme *apprendre*, *comprendre*, *surprendre* ou *reprendre*.

INDICATIF

présent (*maintenant*)	**futur** (*après*)	**imparfait** (*avant, pendant un long moment*)	**passé composé** (*avant, pendant un court moment*)
je prends	je prendrai	je prenais	j' ai pris
tu prends	tu prendras	tu prenais	tu as pris
il prend	il prendra	il prenait	il a pris
elle prend	elle prendra	elle prenait	elle a pris
nous prenons	nous prendrons	nous prenions	nous avons pris
vous prenez	vous prendrez	vous preniez	vous avez pris
ils prennent	ils prendront	ils prenaient	ils ont pris
elles prennent	elles prendront	elles prenaient	elles ont pris

IMPÉRATIF	PARTICIPE **passé**	PARTICIPE **présent**
prends prenons prenez	pris (prise, pris, prises)	prenant

dire

Tu conjugues sur ce modèle le verbe *redire*.

INDICATIF

présent (*maintenant*)	**futur** (*après*)	**imparfait** (*avant, pendant un long moment*)	**passé composé** (*avant, pendant un court moment*)
je dis	je dirai	je disais	j' ai dit
tu dis	tu diras	tu disais	tu as dit
il dit	il dira	il disait	il a dit
elle dit	elle dira	elle disait	elle a dit
nous disons	nous dirons	nous disions	nous avons dit
vous dites	vous direz	vous disiez	vous avez dit
ils disent	ils diront	ils disaient	ils ont dit
elles disent	elles diront	elles disaient	elles ont dit

IMPÉRATIF	PARTICIPE **passé**	PARTICIPE **présent**
dis disons dites	dit (dite, dits, dites)	disant

Les conjugaisons

venir

Tu conjugues sur ce modèle les verbes comme *devenir, intervenir, provenir* ou *revenir*.

INDICATIF

présent (*maintenant*)	**futur** (*après*)	**imparfait** (*avant, pendant un long moment*)	**passé composé** (*avant, pendant un court moment*)
je viens	je viendrai	je venais	je suis venu (venue)
tu viens	tu viendras	tu venais	tu es venu (venue)
il vient	il viendra	il venait	il est venu
elle vient	elle viendra	elle venait	elle est venue
nous venons	nous viendrons	nous venions	nous sommes venus (venues)
vous venez	vous viendrez	vous veniez	vous êtes venus (venues)
ils viennent	ils viendront	ils venaient	ils sont venus
elles viennent	elles viendront	elles venaient	elles sont venues

IMPÉRATIF	PARTICIPE **passé**	PARTICIPE **présent**
viens venons venez	venu (venue, venus, venues)	venant

voir

Tu conjugues sur ce modèle le verbe *revoir*.

INDICATIF

présent (*maintenant*)	**futur** (*après*)	**imparfait** (*avant, pendant un long moment*)	**passé composé** (*avant, pendant un court moment*)
je vois	je verrai	je voyais	j' ai vu
tu vois	tu verras	tu voyais	tu as vu
il voit	il verra	il voyait	il a vu
elle voit	elle verra	elle voyait	elle a vu
nous voyons	nous verrons	nous voyions	nous avons vu
vous voyez	vous verrez	vous voyiez	vous avez vu
ils voient	ils verront	ils voyaient	ils ont vu
elles voient	elles verront	elles voyaient	elles ont vu

IMPÉRATIF	PARTICIPE **passé**	PARTICIPE **présent**
vois voyons voyez	vu (vue, vus, vues)	voyant

Les conjugaisons

pouvoir

Aucun autre verbe ne se conjugue sur ce modèle.

INDICATIF

présent (*maintenant*)	futur (*après*)	imparfait (*avant, pendant un long moment*)	passé composé (*avant, pendant un court moment*)
je peux	je pourrai	je pouvais	j' ai pu
tu peux	tu pourras	tu pouvais	tu as pu
il peut	il pourra	il pouvait	il a pu
elle peut	elle pourra	elle pouvait	elle a pu
nous pouvons	nous pourrons	nous pouvions	nous avons pu
vous pouvez	vous pourrez	vous pouviez	vous avez pu
ils peuvent	ils pourront	ils pouvaient	ils ont pu
elles peuvent	elles pourront	elles pouvaient	elles ont pu

IMPÉRATIF	PARTICIPE passé	PARTICIPE présent
Ce verbe n'a pas d'impératif.	pu	pouvant

savoir

Aucun autre verbe ne se conjugue sur ce modèle.

INDICATIF

présent (*maintenant*)	futur (*après*)	imparfait (*avant, pendant un long moment*)	passé composé (*avant, pendant un court moment*)
je sais	je saurai	je savais	j' ai su
tu sais	tu sauras	tu savais	tu as su
il sait	il saura	il savait	il a su
elle sait	elle saura	elle savait	elle a su
nous savons	nous saurons	nous savions	nous avons su
vous savez	vous saurez	vous saviez	vous avez su
ils savent	ils sauront	ils savaient	ils ont su
elles savent	elles sauront	elles savaient	elles ont su

IMPÉRATIF	PARTICIPE passé	PARTICIPE présent
sache sachons sachez	su (sue, sus, sues)	sachant

à **préposition**

À est un petit mot que l'on emploie pour donner différentes indications. *Nous allons **à** Nice. Nous arriverons **à** dix heures. Ce stylo est **à** moi. J'ai écrit **à** mon cousin. Une glace **à** deux euros.*

🔍 *À* s'écrit avec un accent grave. On ne dit pas « à le » ni « à les » mais *au* et *aux* : *je joue au ballon, aux billes.*

abandonner **verbe**

❶ **Abandonner** une personne ou un animal, c'est les laisser tout seuls et ne plus s'occuper d'eux. *Le Petit Poucet **a été abandonné** par ses parents.*

❷ **Abandonner** une course, c'est ne pas continuer à courir. *Un coureur **a abandonné** à cent mètres de l'arrivée.*

abat-jour **nom masculin**

Un **abat-jour** est un objet que l'on a posé ou fixé sur une lampe pour rendre la lumière plus douce.

🔍 Au pluriel, on écrit des *abat-jour,* mais la nouvelle orthographe permet aussi d'écrire *des abat-jours,* avec un *s.*

abattre **verbe**

Abattre un arbre, c'est le faire tomber. *Le vent **a abattu** un arbre.*

Synonyme : renverser.

➜ Cherche bûcheron.

abeille **nom féminin**

Une **abeille** est un insecte volant brun doré que l'on élève dans une ruche. *Les **abeilles** produisent du miel et de la cire.*

▶ Dans une ruche, il n'y a qu'une seule abeille qui pond des œufs : c'est la reine.

➜ Cherche apiculteur et butiner.

abîmer **verbe**

Abîmer un objet, c'est le mettre en mauvais état, ne pas en prendre soin. *Mon petit frère n'est pas soigneux, il **abîme** tous ses jouets.*

🔍 La nouvelle orthographe permet d'écrire aussi *abimer,* sans accent circonflexe.

abonnement **nom masculin**

Un **abonnement** est un paiement que l'on fait à l'avance pour recevoir régulièrement un journal, un magazine. *Ma sœur n'achète pas son journal chez le marchand car elle a pris un **abonnement**.*

● Mot de la même famille : s'abonner.

s'abonner **verbe**

S'abonner à un journal, à un magazine, c'est payer d'avance pour les recevoir régulièrement. *Ma sœur **s'est abonnée** à un magazine de cinéma.*

A B C D E F G H I J K L M N O P Q R S T U V W X

d'abord adverbe
D'abord signifie : pour commencer. *Dans un repas, on sert **d'abord** les hors-d'œuvre.* **Synonyme : au début.** **Contraires : après, ensuite.**

aboyer verbe
Pour un chien, **aboyer**, c'est pousser son cri. *Les chiens **aboient** après les passants.*
On prononce [abwaje].

abreuvoir nom masculin
Un **abreuvoir** est un grand récipient où le bétail vient boire.
→ Cherche **mangeoire**.

abréviation nom féminin
Une **abréviation** est un mot plus court. *Le mot « bus » est l'**abréviation** de « autobus ».*

abri nom masculin
Un **abri** est un endroit où l'on peut se protéger. *L'orage va bientôt éclater, il faut trouver un **abri** dans une grange.* **Synonyme : refuge.**
● Mot de la même famille : **s'abriter**.

abricot nom masculin
Un **abricot** est un fruit jaune foncé qui a un noyau.
▶ Les abricots poussent sur un arbre, l'**abricotier**.

Le chien **aboie**.

s'abriter verbe
S'abriter, c'est se mettre à l'abri pour se protéger. *On peut **s'abriter** du soleil sous un parasol.*

abrutir verbe
Abrutir une personne, c'est la fatiguer et la rendre incapable de réfléchir. *La chaleur nous **a** complètement **abrutis**.*

absence nom féminin
L'**absence**, c'est le fait de ne pas être là. *La maîtresse a constaté l'**absence** de Rémi.* **Contraire : présence.**

1. absent, absente adjectif
Être **absent**, c'est ne pas être là. *Zoé est **absente** parce qu'elle est malade.* **Contraire : présent.**
● Mot de la même famille : **absence**.

Ils se sont mis à l'**abri**.

2. absent nom masculin
absente nom féminin
Un **absent**, une **absente** sont des personnes qui ne sont pas là. *Il ne faut pas dire du mal des **absents** car ils ne peuvent pas se défendre.* **Contraire : présent.**
● Mot de la même famille : **absence**.

a b c d e f g h i j k l m n o p q r s t u v w x y z

absolument adverbe

Absolument signifie : complètement, tout à fait. *Il est* ***absolument*** *interdit de faire du feu dans la forêt.*

absorber verbe

1 Quand une éponge **absorbe** de l'eau, elle laisse l'eau pénétrer et la retient. **Synonyme : boire.**

2 Quand une personne **absorbe** un aliment ou une boisson, elle l'avale. *Sarah est malade, elle ne peut rien* ***absorber****.* **Synonymes : boire, manger.**

abus nom masculin

L'**abus** d'une chose, c'est l'usage trop fréquent de cette chose. *L'****abus*** *du sucre est mauvais pour les dents.* **Synonyme : excès.**

Ce mot se termine par un *s*.

● Mot de la même famille : abuser.

abuser verbe

Abuser d'une chose, c'est en consommer trop. *Léo* ***abuse*** *des caramels.*

acarien nom masculin

Un **acarien** est un petit animal de la famille des araignées, invisible à l'œil nu, qui vit dans la poussière et dans les endroits humides et chauds. *Pour se débarrasser des* ***acariens****, il faut bien aérer son lit et sa chambre.*

accélérateur nom masculin

L'**accélérateur** d'un véhicule est la pédale qui permet d'aller plus vite quand on appuie dessus.

accélérer verbe

Accélérer, c'est rouler plus vite. *Dans la ligne droite, le conducteur* ***accélère****.* **Contraires : freiner, ralentir.**

● Mot de la même famille : accélérateur.

La première voiture **a accéléré** pour doubler.

accent nom masculin

1 Les **accents** sont des signes que l'on place sur les voyelles et qui peuvent changer le sens des mots. *« Pré » s'écrit avec un* ***accent aigu*** *; « près de » s'écrit avec un* ***accent grave*** *; « prêt à » s'écrit avec un* ***accent circonflexe****.*

2 Un **accent** est une manière de prononcer. *John a un* ***accent*** *anglais quand il parle français.*

accepter verbe

Accepter, c'est bien vouloir. *Ma grande sœur* ***accepte*** *de nous accompagner au zoo.* **Contraire : refuser.**

accès nom masculin

1 L'**accès** est l'entrée d'un lieu. *L'****accès*** *de l'usine est interdit au public.*

2 L'**accès** est la possibilité d'atteindre un lieu. *Le sommet de la montagne est d'un* ***accès*** *difficile.*

Ce mot se termine par un *s*.

accident **nom masculin**

Un **accident,** c'est quelque chose de grave qui arrive quand on ne s'y attendait pas. *Nous avons été témoins d'un* ***accident*** *de la circulation. Ma grand-mère a été victime d'un* ***accident*** *du travail.*

accompagner **verbe**

Accompagner une personne, c'est aller avec elle quelque part. *Mon frère* ***a accompagné*** *grand-mère à la gare.* Synonyme : **emmener.**

accord **nom masculin**

1 Être d'**accord** ou donner son **accord**, c'est accepter. *Je voulais faire du judo et ma mère a donné son* ***accord****.*

2 Faire un **accord** sur un instrument de musique, c'est jouer plusieurs notes ensemble.

accordéon **nom masculin**

Un **accordéon** est un instrument de musique à touches ou à boutons. On le porte à l'aide de bretelles.

▶ Un joueur, une joueuse d'accordéon sont des **accordéonistes.**

Tom **s'accoude** sur la barrière.

☛ Va voir « les instruments de musique », page 355.

accorder **verbe**

1 **Accorder** quelque chose, c'est accepter de le donner. *Je vous* ***accorde*** *encore trois minutes avant d'éteindre la lumière.*

2 **Accorder** un instrument de musique, c'est le régler pour qu'il joue juste. *Le guitariste* ***accorde*** *sa guitare.*

3 Quand on **accorde** un verbe, on lui donne la même forme que le sujet : on le met au singulier ou au pluriel. *Quand je dis « l'oiseau chante », « les oiseaux chantent », j'****accorde*** *le verbe avec le sujet.*

● Mot de la même famille : **accord**.

accoucher **verbe**

1 **Accoucher,** c'est mettre un enfant au monde. *Madame Arlot* ***a accouché*** *hier.*

2 Accoucher une femme, c'est l'aider à mettre un enfant au monde.

s'accouder **verbe**

S'accouder, c'est s'appuyer sur les coudes.

s'accoupler **verbe**

S'accoupler, en parlant des animaux, c'est s'unir pour se reproduire. *Le mâle et la femelle* ***s'accouplent****.*

accourir **verbe**

Accourir, c'est venir en courant. *Les gens* ***accourent*** *pour voir le chanteur.* Synonyme : **se précipiter.**

accrocher **verbe**

Accrocher un objet, c'est le fixer au mur ou le suspendre. *Le maître* ***a accroché*** *nos dessins.* Contraire : **décrocher.**

s'accroupir verbe
S'accroupir, c'est se baisser et s'asseoir sur les talons. *Grand-père **s'accroupit** pour jouer avec nous.*

accueil nom masculin
1 L'**accueil** est la façon d'accueillir, de recevoir quelqu'un. *Kien nous a fait bon **accueil**.*
2 L'**accueil** est l'endroit où l'on donne des informations. *Renseigne-toi auprès de l'hôtesse, à l'**accueil**.*

Il y a un *u* après les deux c.

accueillir verbe
Accueillir un visiteur, c'est le recevoir et s'occuper de lui. *Nous **avons été** bien **accueillis** chez Kien.*

Il y a un *u* après les deux c.

● Mot de la même famille : accueil.

accuser verbe
Accuser une personne, c'est dire qu'elle est coupable. *Il y a eu un vol et on **a accusé** Romain.*

achat nom masculin
Faire des **achats**, c'est acheter des choses, des marchandises. Synonyme : course.

acheter verbe
Acheter quelque chose, c'est payer pour l'avoir. *J'**ai acheté** un kilo de pommes.* Contraire : vendre.

● Mot de la même famille : achat.

achever verbe
Achever quelque chose, c'est le terminer. *J'**ai achevé** mon dessin.* Synonyme : finir. Contraire : commencer.

acide adjectif
Le goût **acide** est un goût un peu piquant. *J'aime les pommes **acides**.*

→ Cherche amer, salé et sucré.

acier nom masculin
L'**acier** est un métal blanc qui contient du fer. *Les rails sont en **acier**.*

acrobate nom masculin et nom féminin
Les **acrobates** sont des artistes de cirque qui font des numéros de gymnastique et d'équilibre.

● Mot de la même famille : acrobatie.

Ils font des numéros d'**acrobates**.

acrobatie nom féminin
Une **acrobatie** est un exercice de gymnastique comme en font les acrobates. *Mon cousin est très souple, il sait faire des **acrobaties**.*

On écrit *tie* mais on prononce [si].

acte nom masculin
Un **acte**, c'est ce que l'on fait. *Mon frère est imprudent : il n'imagine pas toujours les conséquences de ses **actes**.* Synonyme : action.

acteur **nom masculin**
actrice **nom féminin**
Les **acteurs** sont des artistes qui jouent dans une pièce de théâtre ou dans un film. C'est un nom de métier.
➜ Cherche comédien.

actif, active **adjectif**
Être **actif**, c'est faire beaucoup de choses, avoir de nombreuses activités. *Ma sœur est très* ***active****, elle fait du judo, de la danse et de la natation.*
Synonymes : dynamique, énergique.
● Mot de la même famille : activité.

action **nom féminin**
① Une **action**, c'est ce que l'on fait. *Nos paroles sont moins importantes que nos* ***actions****.* Synonyme : acte.
② Un **film d'action** est un film très animé, où il se passe beaucoup de choses.

activité **nom féminin**
Une **activité** est une occupation. *Le mercredi, Romain a deux* ***activités*** *: le dessin et le judo.*
☞ Va voir « les activités de la journée », page 37.

actualité **nom féminin**
L'**actualité** est l'ensemble des événements qui ont lieu en ce moment dans le monde. *Mes parents suivent l'****actualité****.*

actuel, actuelle **adjectif**
L'époque **actuelle** est l'époque où nous vivons. *On ne voyage plus en carrosse à l'époque* ***actuelle****.*
● Mots de la même famille : actualité, actuellement.

actuellement **adverbe**
① **Actuellement** signifie : en ce moment. *Chloé est* ***actuellement*** *en vacances.*
② **Actuellement** signifie : à notre époque. *Il existe* ***actuellement*** *des moyens de voyager dans l'espace.*
Synonymes : aujourd'hui, maintenant.
Contraires : autrefois, jadis.

s'adapter **verbe**
S'adapter, c'est s'habituer à un nouveau lieu, à une nouvelle situation. *Adrien* ***s'est*** *bien* ***adapté*** *à sa nouvelle école.*

addition **nom féminin**
L'**addition** est l'opération qui permet d'ajouter des nombres à d'autres nombres. *On utilise le signe plus (+) pour faire une* ***addition****.*
Contraire : soustraction.
● Mot de la même famille : additionner.

Paul fait une **addition**.

additionner **verbe**
Additionner des nombres, c'est faire la somme de ces nombres.
Contraire : soustraire.
🔍 Il y a deux *d* et deux *n*.

adhésif, adhésive **adjectif**
Un ruban **adhésif** est un ruban qui colle. *J'ai collé mon dessin au mur avec du ruban* ***adhésif****.*
🔍 Il y a un *h* après le *d*.

Les activités de la journée

La matinée

L'après-midi

La soirée

La nuit

A B C D E F G H I J K L M N O P Q R S T U V W X Y Z

adieu **nom masculin**
On fait ses **adieux** à quelqu'un lorsqu'on le quitte pour très longtemps. *Je viens vous faire mes **adieux** car je pars demain matin.*

Au pluriel, on écrit *des adieux*.

→ Cherche au revoir.

adjectif **nom masculin**
Un **adjectif** est un mot qui donne des précisions sur un nom. *Dans la phrase « La souris a un museau pointu et une longue queue », « pointu » et « longue » sont des **adjectifs**.*

admettre **verbe**
❶ **Admettre** quelque chose, c'est l'accepter. *Grand-mère n'**admet** pas que je regarde la télévision le soir.*
Synonyme : permettre.
❷ **Admettre** quelqu'un dans une classe, à un examen, c'est le recevoir, l'accepter. *Mon frère **est admis** dans la classe supérieure.*

admiration **nom féminin**
Avoir de l'**admiration** pour une personne, c'est l'admirer, lui trouver de grandes qualités.

admirer **verbe**
❶ **Admirer** une chose, c'est la regarder et la trouver très belle. *Au sommet de la montagne, nous **avons admiré** le paysage.*
❷ **Admirer** une personne, c'est lui trouver de grandes qualités. *Simon **admire** son frère pour son courage.*
● Mot de la même famille : admiration.

adolescent **nom masculin**
adolescente **nom féminin**
Les **adolescents** sont des personnes qui ont entre douze ans et dix-huit ans. *Les **adolescents** ne sont plus des enfants mais ne sont pas encore des adultes.*
Synonyme : jeune.

Il y a un *c* après le *s*.

adopter **verbe**
Adopter un enfant, c'est l'accueillir dans sa famille et le considérer comme son enfant. *Ma tante et mon oncle **ont adopté** un enfant.*
● Mot de la même famille : adoptif.

adoptif, adoptive **adjectif**
Une mère **adoptive** est une mère qui a adopté un enfant. Un enfant **adoptif** est un enfant qui a été adopté.

adorable **adjectif**
Une personne **adorable** est une personne très agréable et très gentille. *Ma petite cousine Laura est **adorable**.*
Contraire : infernal.

adorer **verbe**
Adorer une personne, c'est l'aimer beaucoup. *Léa **adore** son petit frère.*
Contraires : détester, haïr.
● Mot de la même famille : adorable.

adresse **nom féminin**
L'**adresse** d'une personne est l'endroit exact où elle habite. *Lorsqu'on donne*

J'ai écrit l'**adresse** de Sophie.

*son **adresse**, on donne le nom et le numéro de sa rue, le nom et le code postal de sa commune et le nom de son pays.*

● Mot de la même famille : **adresser**.

adresser verbe

① **Adresser** une lettre à une personne, c'est la lui envoyer. **Synonyme : expédier.**

② **Adresser** la parole à une personne, c'est lui parler.

adroit, adroite adjectif

Être **adroit**, c'est bien savoir se servir de ses mains. **Synonyme : habile. Contraire : maladroit.**

adulte nom masculin et nom féminin

Un **adulte**, une **adulte** sont des grandes personnes.

adverbe nom masculin

Un **adverbe** est un mot invariable que l'on place à côté d'un adjectif, d'un verbe ou d'un autre adverbe pour changer leur sens. *Dans la phrase « J'ai été malade, mais maintenant je vais bien », « maintenant » et « bien » sont des **adverbes**.*

adversaire nom masculin et nom féminin

Un **adversaire** est une personne du camp opposé. *Nos **adversaires** ont gagné la partie.* **Contraire : partenaire.**

aérer verbe

Aérer une pièce, c'est ouvrir la fenêtre pour faire entrer l'air. *Pendant la récréation, la maîtresse **aère** la classe.*

aérien, aérienne adjectif

Les transports **aériens** se font dans les airs, par avion.

aéroport nom masculin

Un **aéroport** est un endroit où se trouvent les pistes et les bâtiments pour le transport des voyageurs et des marchandises par avion.

☛ Va voir la planche illustrée 7

Les avions sont sur la piste de l'**aéroport**.

s'affaiblir verbe

S'affaiblir, c'est devenir faible. *La vue de mamie **s'est affaiblie**.* **Synonyme : baisser.**

affaire nom féminin

① Les **affaires** d'une personne sont les vêtements et les objets qui lui appartiennent. *J'ai rangé mes **affaires** dans mon cartable.*

② **Faire une bonne affaire**, c'est faire un achat de bonne qualité qui ne coûte pas très cher.

affamé, affamée adjectif

Être **affamé**, c'est avoir une grande faim. *À quatre heures, je suis toujours **affamé**.*

➜ Cherche **assoiffé**.

affection nom féminin

Avoir de l'**affection** pour une personne, c'est l'aimer bien. **Synonymes : amitié, tendresse.**

● Mot de la même famille : **affectueux**.

affectueux, affectueuse adjectif

Être **affectueux**, c'est donner des marques d'affection, de tendresse.

Mon petit frère est très ***affectueux****, il fait des câlins à tout le monde.* Synonyme : tendre.

affiche **nom féminin**
Une **affiche** est une grande feuille imprimée avec du texte et des images, que l'on met dans les lieux publics. *Le mur est couvert d'****affiches****.*

afficher **verbe**
Afficher quelque chose, c'est l'écrire sur une affiche ou sur un papier collé au mur. *Nous* ***avons affiché*** *les résultats du match.*
● Mot de la même famille : affiche.

affirmatif, affirmative **adjectif**
Faire une réponse **affirmative**, c'est répondre oui, accepter ce qu'une personne a demandé. Contraire : négatif.

affirmer **verbe**
Affirmer, c'est donner ce que l'on dit comme sûr. *J'****affirme*** *que cette histoire est vraie.* Synonymes : assurer, soutenir.
● Mot de la même famille : affirmatif.

affligé, affligée **adjectif**
Une personne **affligée** éprouve un profond chagrin parce qu'elle a eu un grand malheur. *Dans le conte « la Belle et la Bête », la Belle était bien* ***affligée*** *de la ruine de sa famille.*

un petit singe **affectueux**

affluence **nom féminin**
Les heures d'**affluence**, ce sont les heures où il y a le plus de monde dans un endroit. *Aux heures d'****affluence****, il faut attendre longtemps à la caisse du supermarché.*

affluent **nom masculin**
L'**affluent** d'un fleuve ou d'une rivière est le cours d'eau qui se jette dans ce fleuve ou cette rivière.

s'affoler **verbe**
S'affoler, c'est avoir très peur et faire n'importe quoi comme si on devenait fou. *Ma petite sœur* ***s'affole*** *quand elle voit une araignée.*

affreux, affreuse **adjectif**
Une personne ou une chose **affreuse** est très laide. *La sorcière est* ***affreuse****.* Synonymes : hideux, horrible. Contraires : magnifique, splendide, superbe.

affronter **verbe**
Affronter un adversaire, c'est ne pas avoir peur de lutter contre lui. *La chèvre de monsieur Seguin* ***a affronté*** *le loup.*

afin de **préposition**
Afin de veut dire : pour. *Je me dépêche* ***afin d'****être à l'heure.*

agacer **verbe**
Agacer quelqu'un, c'est l'énerver et le mettre un peu en colère. *Ton petit frère m'****agace*** *: il n'arrête pas de crier.* Synonyme : irriter.

âge **nom masculin**
L'**âge** d'une personne est le nombre d'années qui ont passé depuis sa

naissance. *Rémi et Léa ont le même **âge**.*

Le *a* prend un accent circonflexe.

● Mot de la même famille : âgé.

âgé, âgée adjectif

① Être **âgé de**, c'est avoir tel âge. *Paul est **âgé de** huit ans.*

② Une personne **âgée** est une vieille personne. *Mon arrière-grand-mère est une personne **âgée**.* **Contraire : jeune.**

Le *a* prend un accent circonflexe.

s'agenouiller verbe

S'agenouiller, c'est se mettre à genoux. *Le jardinier **s'agenouille** pour arracher les mauvaises herbes.*

Luc **s'agenouille** pour faire du jardinage.

agent nom masculin

Un **agent** de police est une personne en uniforme qui règle la circulation dans une ville. *L'**agent** arrête les voitures pour nous faire traverser.* **Synonyme : policier.**

s'aggraver verbe

S'aggraver, c'est devenir plus grave. *Si tu sors avec les cheveux mouillés, ton mal de gorge va **s'aggraver**.*

Ce mot a deux *g*.

agile adjectif

Être **agile**, c'est avoir des gestes adroits, des mouvements souples et vifs. *Les écureuils sont très **agiles** : ils sautent de branche en branche.*

agir verbe

Agir, c'est faire quelque chose. *Tu **as** bien **agi** en appelant le médecin.*

agitation nom féminin

Quand il y a de l'**agitation**, il y a des mouvements dans tous les sens. *La sonnerie a provoqué une grande **agitation** dans la classe.* **Contraire : calme.**

agiter verbe

① **Agiter** une chose, c'est la faire bouger ou la remuer. *Le vent **agite** les branches.*

② **S'agiter**, c'est remuer dans tous les sens. *Les petits commencent à **s'agiter**.*

● Mot de la même famille : agitation.

agneau nom masculin

Un **agneau** est un jeune mouton. *Les **agneaux** bêlent.*

▶ L'agneau est le petit de la brebis et du bélier.

Au pluriel, on écrit *des agneaux*.

un **agneau**

a b c d e f g h i j k l m n o p q r s t u v w x y z

A B C D E F G H I J K L M N O P Q R S T U V W X Y Z

agrafe nom féminin

1 Une **agrafe** est un petit crochet qui sert à fermer un vêtement.

2 Une **agrafe** est un petit fil métallique qui se replie aux deux bouts pour attacher des feuilles de papier les unes aux autres.

● Mots de la même famille : agrafer, agrafeuse.

agrafer verbe

1 **Agrafer** un vêtement, c'est le fermer avec des agrafes. *Aide-moi à **agrafer** ma robe, s'il te plaît.*

2 **Agrafer** des feuilles de papier, c'est les attacher avec une agrafe. ***Agrafe** ces deux feuilles !*

agrafeuse nom féminin

Une **agrafeuse** est un petit appareil qui sert à agrafer des feuilles de papier.

agrandir verbe

Agrandir une chose, c'est la rendre plus grande. *La niche du chien est trop petite, il faudrait l'**agrandir**.*

agréable adjectif

1 Une chose **agréable** est une chose qui plaît. *L'odeur du muguet est très **agréable**.* Contraire : désagréable.

2 Une personne **agréable** est une personne gentille, qu'on a du plaisir à voir. Synonymes : aimable, charmant. Contraires : désagréable, odieux.

agressif, agressive adjectif

Une personne **agressive** attaque les autres par des gestes ou des paroles. Contraire : doux.

agricole adjectif

Une machine **agricole** est une machine qui sert à l'agriculture. *Les tracteurs sont des machines **agricoles**.*

agriculteur nom masculin
agricultrice nom féminin

Un **agriculteur**, une **agricultrice** sont des personnes qui cultivent la terre et élèvent des animaux pour leur viande ou leur lait. C'est un nom de métier.

agriculture nom féminin

L'**agriculture** est la culture de la terre et l'élevage des animaux. *Les produits de l'**agriculture** servent à nourrir les humains et les animaux.*

● Mots de la même famille : agricole, agriculteur.

agripper verbe

Agripper une chose, c'est l'attraper en s'accrochant. *Mamie **a agrippé** mon bras pour ne pas tomber.*

ah ! interjection

Ah s'emploie quand on est content, quand on est surpris ou quand on est déçu. ***Ah !** quelle joie d'être en vacances ! **Ah !** comme c'est dommage !*

aide nom féminin

1 L'**aide**, c'est le fait d'aider quelqu'un. *Mamie compte sur mon **aide**.*

2 Faire quelque chose **à l'aide d**'un objet, c'est le faire en se servant de cet objet. *Elle s'est cassé la jambe et marche **à l'aide de** béquilles.* Synonyme : grâce à.

aider verbe

Aider une personne, c'est faire quelque chose avec elle ou lui donner des conseils quand elle a des difficultés. *Mon frère m'**aide** à faire un puzzle.*

● Mot de la même famille : aide.

aigle nom masculin

Un **aigle** est un grand oiseau de proie qui est actif le jour.

▶ C'est un rapace. Le petit est l'**aiglon**.

un **aigle**

aigu, aiguë adjectif

❶ Une voix **aiguë** est une voix très haute. *Les petites filles ont souvent des voix **aiguës**.* Contraire : grave.

❷ Un accent **aigu** est un accent qu'on met sur le « e » pour prononcer le son [e]. *Dans « pré », il y a un accent **aigu**.*

La nouvelle orthographe permet d'écrire aussi, au féminin, *aigüe*, avec un tréma sur le *u*.

aiguille nom féminin

❶ Une **aiguille** à coudre est une petite tige métallique qui a un bout pointu et un autre bout percé d'un trou pour passer un fil. Une **aiguille** à tricoter est une longue tige qui a un bout pointu et un autre bout terminé par une petite boule.

❷ Les **aiguilles** d'une montre (d'une horloge ou d'une pendule) sont les petites tiges qui indiquent l'heure sur le cadran. *La grande **aiguille** indique les minutes, la petite **aiguille** indique les heures.*

❸ Une **aiguille** est une feuille d'arbre pointue, très fine et très dure. *Le pin et le sapin ont des **aiguilles**.*

aiguiser verbe

Aiguiser un couteau ou des ciseaux, c'est rendre la lame plus tranchante. *Le boucher **aiguise** ses couteaux.*

On prononce [egize].

ail nom masculin

L'**ail** est une plante qui a une odeur forte et un goût piquant et qui sert à assaisonner certains aliments. *As-tu mis de l'**ail** dans la salade ?*

On prononce [aj], comme dans « paille ».

aile nom féminin

❶ Les **ailes** d'un oiseau, d'un insecte, d'une chauve-souris sont les deux parties du corps qui leur permettent de voler.

❷ Les **ailes** d'un avion sont les deux parties longues et plates qui lui permettent de se soutenir dans l'air.

ailleurs adverbe

Ailleurs signifie : dans un autre endroit. *Ne restez pas dans la cuisine, allez jouer **ailleurs** !* Synonyme : autre part. Contraire : ici.

aimable adjectif

Une personne **aimable** est agréable, elle parle aux autres avec gentillesse et cherche à leur faire plaisir. Synonyme : gentil.

aimant nom masculin

Un **aimant** est un morceau de métal spécial qui attire les objets en fer.

L'**aimant** attire les trombones.

a b c d e f g h i j k l m n o p q r s t u v w x y z

A B C D E F G H I J K L M N O P Q R S T U V W X Y Z

aimer verbe

1 **Aimer** une personne, c'est avoir de l'amour, de l'affection pour elle, être heureux de vivre avec elle. Contraires : détester, haïr.

2 **Aimer** une chose, **aimer** faire quelque chose, c'est avoir du plaisir à les faire. *J'**aime** le football et tu **aimes** faire du vélo.* Contraire : détester.

1. aîné, aînée adjectif

Le fils **aîné**, la fille **aînée** sont les plus âgés des enfants d'une famille. *Emma est la fille **aînée** de la famille Mourey.*

2. aîné nom masculin
aînée nom féminin

L'**aîné** d'une famille est celui qui est né avant ses frères et ses sœurs. *Dans notre famille, c'est Adrien l'**aîné**.* Contraires : benjamin, cadet.

La nouvelle orthographe permet d'écrire aussi *ainé, ainée,* sans accent circonflexe.

ainsi adverbe

Ainsi veut dire : de cette façon. *Pourquoi me regardez-vous **ainsi** ?* Synonyme : comme cela.

air nom masculin

1 L'**air** est un gaz qui contient de l'oxygène. *L'**air** n'a pas d'odeur et il est invisible.*

2 **En plein air**, c'est dehors. *La fête a lieu **en plein air**.* Contraire : à l'intérieur.

3 Regarder **en l'air**, c'est regarder vers le haut.

4 **Avoir l'air**, c'est avoir une apparence particulière. *Pierre **a l'air** fatigué.* Synonymes : paraître, sembler.

5 L'**air** d'une chanson, c'est sa musique, sa mélodie. *Je ne me rappelle plus l'**air** de « Le lion est mort ce soir ».*

aise nom féminin

Être **à l'aise**, c'est se sentir bien dans quelque chose ou dans un endroit. *Je suis **à l'aise** dans mes chaussures neuves.* Contraire : mal à l'aise.

ajouter verbe

Ajouter, c'est mettre en plus. *J'écris six et j'**ajoute** cinq.* Contraires : ôter, retrancher.

alarme nom féminin

L'**alarme** est le signal qui prévient d'un danger. *Un incendie vient d'éclater : la sirène donne l'**alarme**.* Synonyme : alerte.

album nom masculin

1 Un **album** de photos, un **album** de timbres sont des cahiers cartonnés ou des classeurs pour ranger des photos, des timbres.

2 Un **album** est un livre illustré. *J'ai trois **albums** de bandes dessinées.*

On écrit *um* mais on prononce [ɔm], comme « homme ».

Marie classe les photos dans l'**album**.

alcool nom masculin

1 L'**alcool** est un liquide fort que l'on obtient à partir de plantes et qui peut

rendre ivre. *Le vin, la bière, le cidre contiennent de l'**alcool**.*

❷ L'**alcool** est un liquide transparent qui détruit les microbes. *L'infirmière nettoie ses instruments avec de l'**alcool** à 90 degrés.*

Ce mot s'écrit avec deux *o*.

alerte **nom féminin**

L'**alerte** est le signal qui prévient d'un danger. *Un nageur était en train de se noyer, quelqu'un a donné l'**alerte**.* **Synonyme :** alarme.

● Mot de la même famille : alerter.

alerter **verbe**

Alerter, c'est signaler un danger. *Mon frère **a alerté** les pompiers car la cave était inondée.* **Synonyme :** avertir.

algue **nom féminin**

Les **algues** sont des plantes sans feuilles, sans fleurs et sans racines qui poussent dans l'eau de mer ou dans l'eau douce.

aligner **verbe**

Aligner des choses, c'est les ranger en ligne droite. *Pour le spectacle, on **a aligné** les chaises.*

aliment **nom masculin**

Un **aliment** est un produit qui sert à nourrir les êtres vivants. *La viande, le poisson, les fruits, le lait, les graines sont des **aliments**.*

● Mot de la même famille : alimentation.

alimentation **nom féminin**

❶ L'**alimentation** est la manière de se nourrir. *Pour être en bonne santé, il faut varier son **alimentation**.* **Synonyme :** nourriture.

❷ Un **magasin d'alimentation** est un magasin où l'on trouve de la nourriture, des aliments. *Les épiceries, les boucheries, les boulangeries sont des **magasins d'alimentation**.*

allaiter **verbe**

Allaiter un bébé ou un petit animal, c'est le nourrir avec le lait des seins ou des mamelles de la mère.

Ce mot a deux *l*.

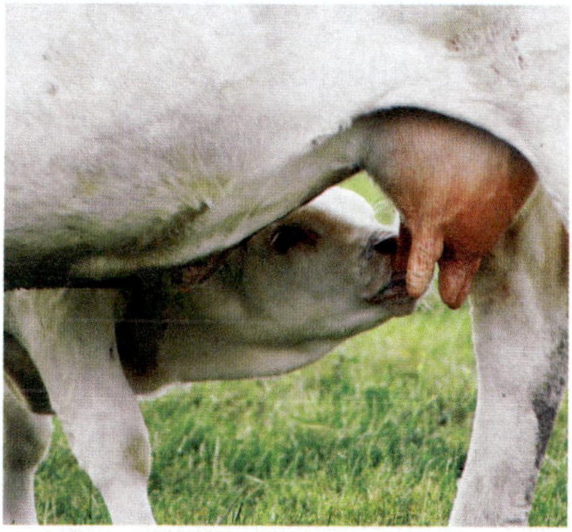

La vache **allaite** son petit veau.

allée **nom féminin**

Les **allées** d'un parc sont les larges chemins bordés d'arbres et de haies qui le traversent.

1. aller **verbe**

❶ **Aller** quelque part, c'est se diriger vers un endroit. *Je **vais** à l'école.* **Synonyme :** se rendre.

❷ **S'en aller**, c'est quitter l'endroit où l'on est. *Au revoir, je **m'en vais**.* **Synonyme :** partir.

❸ **Aller bien** ou **aller mal**, c'est être en bonne santé ou en mauvaise santé. *Mes parents **vont bien**.* **Synonyme :** se porter (bien, mal).

❹ Une chose qui **va**, c'est une chose qui convient. *Ta robe rouge te **va** bien. Cet adjectif ne **va** pas dans ta phrase.*

❺ Quand on **va** faire quelque chose, on se prépare à le faire. *Nous **allons** partir en voyage.*

2. aller nom masculin
Un **aller** est un trajet pour se rendre à un endroit. *Nous avons mis deux heures à l'**aller**.* Contraire : retour.

alliance nom féminin
Une **alliance** est un anneau qu'on porte quand on est marié. *Ma grand-mère a une **alliance** en or à l'annulaire.*

allô ! interjection
Allô s'emploie au début d'une conversation téléphonique. ***Allô !** qui est à l'appareil ?*

La nouvelle orthographe permet d'écrire aussi *allo,* sans accent circonflexe.

allonger verbe
1 **Allonger** un vêtement, c'est le rendre plus long. *Ton pantalon est trop court, je vais l'**allonger**.* Synonyme : rallonger. Contraire : raccourcir.
2 **Allonger** ses bras ou ses jambes, c'est les tendre.
3 **S'allonger** sur un lit, c'est se mettre dessus pour se reposer. Synonyme : s'étendre.

allumer verbe
1 **Allumer**, c'est faire brûler, mettre le feu. *Il est interdit d'**allumer** des feux dans la forêt.* Contraire : éteindre.
2 **Allumer**, c'est donner de la lumière en appuyant sur un interrupteur. ***Allume** ta lampe de chevet.* Contraire : éteindre.
• Mot de la même famille : allumette.

allumette nom féminin
Une **allumette** est une petite tige de bois ou de carton que l'on frotte pour qu'elle s'enflamme. *Je sais qu'il ne faut pas jouer avec les **allumettes**.*

allure nom féminin
1 L'**allure** d'une personne est sa façon de marcher et de s'habiller, son apparence. *Adrien a une drôle d'**allure** avec son chapeau.* Synonyme : aspect.
2 L'**allure** d'un véhicule, c'est sa vitesse. *La moto roule à toute **allure**.*

alors adverbe
Alors signifie : dans ce cas, dans ces conditions. *Tu n'as rien à faire ? **alors** viens jouer !*

alouette nom féminin
Une **alouette** est un petit oiseau des champs.

alphabet nom masculin
L'**alphabet** d'une langue est l'ensemble des lettres qui servent à l'écrire. L'**alphabet** français a 26 lettres qui sont toujours classées dans le même ordre.

Ce mot s'écrit avec *ph*.
• Mot de la même famille : alphabétique.

alphabétique adjectif
L'ordre **alphabétique** est l'ordre des lettres de l'alphabet. *La directrice a fait la liste des élèves par ordre **alphabétique**.*

Ce mot s'écrit avec *ph*.

alpiniste nom masculin et nom féminin
Un **alpiniste**, une **alpiniste** sont des personnes qui escaladent de hautes montagnes comme il y en a dans les Alpes.

altitude nom féminin
L'**altitude** d'une montagne ou d'un avion est sa hauteur par rapport au niveau de la mer.

Ne confonds pas « altitude » et « l'attitude » d'une personne.

amande **nom féminin**

Une **amande** est un petit fruit vert pâle qui a un noyau dur et une forme ovale. C'est aussi la graine qui est enfermée dans ce noyau et que l'on mange.

▶ Les amandes poussent sur un arbre, l'**amandier**.

Ne confonds pas « amande » et « une amende », une contravention.

amateur **nom masculin**

1 Un **amateur** est une personne qui aime une chose, une activité. *Mon frère est un **amateur** de bandes dessinées.*

2 Un **amateur** est une personne qui fait une activité, sans en faire sa profession. *Ma sœur est une cycliste **amateur**.* **Contraire : professionnel.**

ambiance **nom féminin**

1 L'**ambiance** d'un lieu, c'est ce que l'on ressent lorsqu'on est dans ce lieu. *Il y a une bonne **ambiance** à l'école.*

2 Quand il y a de l'**ambiance**, il y a de l'animation, de la gaieté.

Le son [ɑ̃] s'écrit *am* devant un *b*.

L' **alpiniste** escalade la montagne.

ambulance **nom féminin**

Une **ambulance** est une voiture que l'on utilise pour le transport des malades et des blessés.

Le son [ɑ̃] s'écrit *am* devant un *b*.

L'**ambulance** a la priorité.

s'améliorer **verbe**

S'améliorer, c'est devenir meilleur ou faire mieux. *Le temps **s'améliore**. Je peux **m'améliorer** en français.* **Synonyme : progresser.**

amende **nom féminin**

Une **amende** est une somme d'argent qu'on doit payer si l'on a fait une chose interdite. *Lorsqu'on stationne à un endroit interdit, on risque de payer une **amende**.* **Synonyme : contravention.**

Ne confonds pas « amende » et « l'amande », le fruit.

amener **verbe**

Amener une personne quelque part, c'est la faire venir avec soi. *J'ai **amené** un camarade à la maison.* **Synonyme : emmener.**

On dit « j'ai amené un camarade » mais « j'ai apporté un livre ».

amer, amère **adjectif**

Un aliment **amer** n'a pas un goût doux et sucré. *Le chocolat noir est **amer**.*

A B C D E F G H I J K L M N O P Q R S T U V W X Y Z

« Amer » se prononce [amɛr].

→ Cherche acide, salé et sucré.

ami **nom masculin**
amie **nom féminin**

Des **amis** sont des personnes que l'on aime bien, que l'on a du plaisir à voir. *Rachid est mon **ami**.* Contraire : ennemi.

● Mot de la même famille : amitié.

→ Cherche camarade et copain.

amitié **nom féminin**

Avoir de l'**amitié** pour une personne, c'est la considérer comme une amie et se sentir bien avec elle. Synonymes : affection, tendresse.

amont **nom masculin**

L'**amont** d'un fleuve ou d'une rivière est la partie qui est du côté de la source, vers le haut. Contraire : aval.

amour **nom masculin**

L'**amour** est un sentiment très fort qui attire une personne vers une autre. *Ma grande sœur éprouve de l'**amour** pour son fiancé.* Contraire : haine.

● Mot de la même famille : amoureux.

1. amoureux, amoureuse **adjectif**

Être **amoureux**, c'est éprouver de l'amour pour une personne, être heureux de vivre avec elle. *Ma grande sœur est **amoureuse** de son fiancé.*

2. amoureux **nom masculin**
amoureuse **nom féminin**

Des **amoureux** sont deux personnes qui s'aiment, qui éprouvent de l'amour l'une pour l'autre. *Les **amoureux** s'embrassent.*

amphibie **adjectif**

1 Un animal **amphibie** est un animal qui peut vivre dans l'air et dans l'eau. *L'hippopotame est **amphibie**.*
2 Un véhicule **amphibie** est un véhicule qui peut se déplacer sur la terre et sur l'eau.

Le son [ɑ̃] s'écrit *am* devant *ph*.

ampoule **nom féminin**

1 Une **ampoule** électrique est un globe de verre qui éclaire. *Changer une **ampoule**.*
2 Une **ampoule** est une petite cloque. *J'ai trop marché et j'ai une **ampoule** au pied.*

Le son [ɑ̃] s'écrit *am* devant un *p*.

amusant, amusante **adjectif**

Une chose **amusante** est une chose qui amuse, qui fait rire. *Nicolas nous a raconté une histoire **amusante**.* Synonymes : comique, drôle.

amuser **verbe**

Amuser une personne, c'est la distraire agréablement. *J'ai inventé un jeu qui **amuse** beaucoup ma petite sœur.* Contraire : ennuyer. *Nous **nous amusons** dans la cour.* Synonyme : jouer.

● Mot de la même famille : amusant.

an **nom masculin**

1 Un **an** est une période de douze mois. *Pierre est parti l'**an** dernier.* Synonyme : année.
2 Le **jour de l'An** est le premier jour de l'année. *La famille se réunit pour le **jour de l'An**.*

analyse **nom féminin**

L'**analyse** du sang est la recherche des différentes parties du sang. *Pour faire une **analyse** de sang, l'infirmière* *prend un peu de sang au bras à l'aide d'une seringue.*

Ce mot s'écrit avec un *y*.

● Mot de la même famille : **analyser**.

analyser verbe

Analyser une chose, c'est faire son analyse, l'étudier en détail pour pouvoir l'expliquer. ***Analyser** l'eau de mer.*

Ce mot s'écrit avec un *y*.

ananas nom masculin

Un **ananas** est un gros fruit des pays chauds à la chair jaune et sucrée. Il est recouvert d'une peau très épaisse qui forme des écailles.

ancêtre nom masculin et nom féminin

Les **ancêtres** d'une personne sont les membres de sa famille qui ont vécu avant ses grands-parents. *L'une de nos **ancêtres** a émigré en Amérique du Nord.*

Le premier *e* prend un accent circonflexe.

ancien, ancienne adjectif

1 Un objet **ancien** est un objet qui existe depuis longtemps. *Ma tante a des meubles **anciens**.* Synonyme : **vieux**. Contraires : **moderne**, **récent**.

2 Un **ancien** élève a été un élève dans le passé mais il ne l'est plus. Contraire : **nouveau**.

ancre nom féminin

Une **ancre** est un objet lourd en métal que l'on accroche au fond de l'eau pour retenir un bateau. *Le pêcheur a jeté l'**ancre**.*

Ne confonds pas « ancre » et « l'encre » pour écrire.

Le bateau est retenu par son **ancre**.

âne nom masculin

Un **âne** est un animal domestique à longues oreilles qui ressemble à un petit cheval. C'est un mammifère au pelage généralement gris.

► La femelle est l'**ânesse**, le petit est l'**ânon**. Quand l'âne crie, on dit qu'il brait.

Le *a* prend un accent circonflexe.

anesthésie nom féminin

Faire une **anesthésie**, c'est endormir un malade avec un médicament spécial pour qu'il ne sente pas la douleur. *On a fait une **anesthésie** à Julie avant son opération de l'appendicite.*

Ce mot s'écrit avec *th*.

un **âne**

A B C D E F G H I J K L M N O P Q R S T U V W X Y Z

ange **nom masculin**

❶ Un **ange** est un être que l'on représente au paradis avec deux ailes dans le dos.

❷ On dit qu'une personne est un **ange** quand elle est très douce et très patiente. **Contraire : diable.**

angine **nom féminin**

Une **angine** est une maladie de la gorge.

anglais **nom masculin**

L'**anglais** est la langue qui est parlée en Angleterre et dans de nombreux autres pays.

angle **nom masculin**

❶ Un **angle** est un dessin formé par deux lignes droites qui se coupent. Il a deux côtés et un sommet.

❷ L'**angle** d'une pièce est l'endroit où deux murs se rejoignent. **Synonyme : coin.**

Un triangle a trois **angles**.

anguille **nom féminin**

Une **anguille** est un poisson qui ressemble à un serpent. *Les **anguilles** vivent dans l'eau douce et se reproduisent dans la mer.*

On prononce [ɑ̃gij].

Va voir « les poissons », page 530.

animal **nom masculin**

Les **animaux** sont des êtres vivants qui ne sont ni des êtres humains ni des plantes. *Les **animaux** respirent, se déplacent, se nourrissent, souffrent quand on leur fait mal et se reproduisent.* **Synonyme : bête.**

Au pluriel, on écrit *des animaux*.

→ Cherche **insecte**, **mammifère**, **oiseau**, **poisson** et **reptile**.

Va voir les planches illustrées ⓭, ⓮ et ⓯

animation **nom féminin**

Quand il y a de l'**animation**, il y a du mouvement, de l'activité. *Le 14 Juillet, il y a de l'**animation** partout en France.* **Synonyme : ambiance.**

animé, animée **adjectif**

❶ Une soirée **animée** est une soirée pleine d'animation, de mouvement.

❷ Un **dessin animé** est un film qui est fait à partir de dessins. *As-tu vu le **dessin animé** « Shrek » ?*

anneau **nom masculin**

Un **anneau** est un objet qui a la forme d'un cercle. *Le jongleur lance ses **anneaux**. Marie porte un **anneau** au doigt.*

Au pluriel, on écrit *des anneaux*.

→ Cherche **alliance**.

année **nom féminin**

❶ L'**année** est la période de douze mois qui commence le 1er janvier et qui finit le 31 décembre. *J'ai été malade l'**année** dernière.* **Synonyme : an.**

❷ L'**année scolaire** est la période qui commence à la rentrée de septembre et qui finit aux grandes vacances.

anniversaire **nom masculin**

L'**anniversaire** d'une personne, c'est la date qui rappelle le jour de sa naissance. *Le 31 décembre, c'est l'**anniversaire** de mon frère.*

« Anniversaire » est un nom masculin qui se termine par un e.

C'est l'**anniversaire** de Julien.

annonce **nom féminin**

Une **petite annonce** est un papier qui donne une information. *Nous avons perdu notre chat et nous avons mis une **petite annonce** chez les commerçants.*

annoncer **verbe**

Annoncer quelque chose, c'est le faire savoir. *La maîtresse nous **a annoncé** qu'elle attendait un bébé.* **Synonymes : apprendre, informer.**

● Mot de la même famille : annonce.

annuaire **nom masculin**

L'**annuaire** du téléphone est un livre qui donne chaque année les noms, les adresses et les numéros de téléphone des personnes qui ont le téléphone.

« Annuaire » est un nom masculin qui se termine par un e.

annuel, annuelle **adjectif**

Un événement **annuel** est un événement qui revient chaque année. *Nous préparons la fête **annuelle** de l'école.*

annulaire **nom masculin**

L'**annulaire** est le doigt de la main qui est situé à côté du petit doigt. *Les personnes mariées portent souvent un anneau à l'**annulaire**.*

Va voir « les doigts », page 217.

annuler **verbe**

Annuler une chose, c'est la déclarer nulle, sans valeur ou ne pas la faire. *On **a annulé** les élections. La réunion **a été annulée**.*

ânonner **verbe**

Ânonner, c'est lire avec difficulté, en hésitant à chaque mot.

Le *a* prend un accent circonflexe.

anonyme **adjectif**

Une lettre **anonyme** est une lettre envoyée par une personne qui n'a pas indiqué son nom, qui n'a pas signé.

Ce mot s'écrit avec un *y*.

anorak **nom masculin**

Un **anorak** est une veste imperméable et chaude qui a une capuche.

anormal, anormale **adjectif**

Une chose **anormale** est une chose que l'on ne voit pas ou que l'on n'entend pas d'habitude. *Le moteur fait un bruit **anormal**.* **Synonyme : bizarre.** **Contraire : normal.**

Au pluriel, on écrit *anormaux, anormales*.

anse **nom féminin**

L'**anse** d'un panier, d'une tasse est la partie qui sert à les tenir.

A B C D E F G H I J K L M N O P

antenne nom féminin

❶ Les **antennes** des insectes et des crustacés sont les fines cornes qu'ils ont sur la tête pour sentir, pour toucher et parfois pour voir. *Les sauterelles et les langoustes ont des **antennes**.*

❷ Une **antenne** de télévision est un objet métallique fixé sur le toit d'une maison ou posé sur un téléviseur et qui permet de recevoir les émissions.

antibiotique nom masculin

Un **antibiotique** est un médicament qui guérit les infections dues à certains microbes.

antilope nom féminin

Une **antilope** est un mammifère des pays chauds qui a de longues cornes creuses. *Les **antilopes** peuvent courir à 90 kilomètres à l'heure.*

▶ C'est un ruminant.

→ Cherche gazelle.

antipathique adjectif

Une personne **antipathique** est une personne désagréable que l'on n'aimerait pas avoir pour amie. Contraire : sympathique.

Le deuxième son [t] sécrit *th*.

une **antilope**

août nom masculin

Août est le huitième mois de l'année. Il vient après juillet et avant septembre. *En **août**, nous irons camper à la montagne.*

On ne prononce pas le *a*. La nouvelle orthographe permet d'écrire aussi *aout*, sans accent circonflexe sur le *u*.

Va voir « le calendrier », page 111.

apercevoir verbe

❶ **Apercevoir**, c'est voir de loin ou voir soudain. *On **aperçoit** des phares dans le brouillard. J'**ai aperçu** Camille à la sortie du cinéma.*

❷ **S'apercevoir** de quelque chose, c'est s'en rendre compte. *Quand Paul est arrivé, il **s'est aperçu** qu'il avait oublié son short.* Synonymes : constater, remarquer.

apéritif nom masculin

Un **apéritif** est une boisson qui contient de l'alcool et que les adultes prennent parfois avant les repas.

api nom masculin

Une pomme d'**api** est une pomme rouge d'un côté et grise de l'autre. *Je connais la comptine « Pomme de reinette et pomme d'**api**, petit **api** rouge. Pomme de reinette et pomme d'**api**, petit **api** gris ».*

apiculteur nom masculin
apicultrice nom féminin
Un **apiculteur**, une **apicultrice** sont des personnes qui élèvent des abeilles, s'occupent des ruches et vendent le miel et la cire. C'est un nom de métier.

aplatir verbe
Aplatir une chose, c'est la rendre plate. *J'**aplatis** la pâte avec un rouleau à pâtisserie.*

apostrophe nom féminin
Une **apostrophe** est un signe d'écriture qui indique que l'on a supprimé une voyelle. *« L'avion », « l'herbe », « s'asseoir » s'écrivent avec une **apostrophe**.*

Ce mot s'écrit avec *ph*.

apparaître verbe
Apparaître, c'est se montrer tout à coup. *À ce moment-là, le magicien **est apparu**.*
Synonyme : surgir. Contraire : disparaître.

La nouvelle orthographe permet d'écrire aussi *apparaitre*, sans accent circonflexe.

● Mots de la même famille : apparence, apparition.

appareil nom masculin
Un **appareil** est un objet fait de plusieurs parties et qui a une utilisation précise. *Une machine à laver est un **appareil** ménager, un **appareil dentaire** sert à redresser les dents, un **appareil photo** sert à prendre des photos.*

L'**apiculteur** récolte le miel.

apparence nom féminin
L'**apparence** d'une chose ou d'un être, c'est sa forme, son extérieur. *La maison que nous avons visitée a une belle **apparence**.* Synonymes : allure, aspect.
*Son père est sévère **en apparence**, mais en réalité il est très gentil.*

apparition nom féminin
L'**apparition**, c'est le fait d'apparaître. *Nous sommes restés dehors jusqu'à l'**apparition** des étoiles.*
Contraire : disparition.

appartement nom masculin
Un **appartement** est un logement situé dans un immeuble. *Dans notre immeuble, il y a deux **appartements** par étage.*

appartenir verbe
1 **Appartenir** à quelqu'un, c'est être à lui, être sa propriété. *La voiture bleue **appartient** à mon grand-père.*
2 **Appartenir** à un groupe, c'est faire partie de ce groupe. *Les chats, les lions et les tigres **appartiennent** à la famille des félins.*

appât nom masculin
Un **appât**, c'est de la nourriture que l'on utilise pour attirer des animaux comme les poissons ou les rongeurs. *Le pêcheur a mis un asticot comme **appât**.*

Le deuxième *a* prend un accent circonflexe.

appel nom masculin
1 Un **appel** est le cri d'une personne qui appelle. *J'ai entendu des **appels** au secours.*
2 **Faire l'appel**, c'est appeler des personnes par leur nom pour savoir

A B C D E F G H I J K L M N O P Q R S T U V W X Y Z

qui est présent et qui est absent. *La maîtresse **fait l'appel**.*

❸ Un **appel** téléphonique est un coup de téléphone. *Ma sœur a reçu deux **appels** téléphoniques.*

appeler **verbe**

❶ **Appeler** un être ou une chose, c'est lui donner un nom. *Comment **appelle-t-on** un livre qui donne la définition des mots ? Elle **a appelé** son chien Sam.* Synonyme : nommer. **S'appeler**, c'est avoir tel nom. *Le chat de Léo **s'appelle** Roméo.* Synonyme : se nommer.

❷ **Appeler** une personne, c'est lui demander de venir. *Le maître nous **appelle**.*

❸ **Appeler** une personne, c'est lui téléphoner. *Mamie m'**a appelé** d'une cabine téléphonique.*

● Mot de la même famille : appel.

appendicite **nom féminin**

L'**appendicite** est une infection d'un bout de l'intestin. *Laura a une crise d'**appendicite**.*

On écrit *pen* mais on prononce [pɛ̃], comme « pin ».

appétissant, appétissante **adjectif**

Un plat **appétissant** est un plat qui a l'air bon et qui donne envie de manger.

appétit **nom masculin**

L'**appétit**, c'est l'envie de manger. *Une promenade avant le repas donne de l'**appétit**. Son histoire de rats nous a coupé l'**appétit**.*

● Mot de la même famille : appétissant.

applaudir **verbe**

Applaudir, c'est frapper dans ses mains pour montrer qu'on est content ou qu'on est d'accord. *Les spectateurs **applaudissent** les acrobates.*

● Mot de la même famille : applaudissements.

applaudissements **nom masculin pluriel**

Des **applaudissements** sont des battements de mains que l'on fait pour applaudir. *De la rue, on entend les **applaudissements** du public.*

s'appliquer **verbe**

S'appliquer, c'est mettre toute son attention sur une chose, sur un travail. *Les élèves **s'appliquent**.*

apporter **verbe**

Apporter un objet, c'est venir avec cet objet. *Le facteur **a apporté** une lettre.*

On dit « il apporte une lettre » mais « il amène un ami ».

appréciation **nom féminin**

Une **appréciation**, c'est une remarque pour dire ce que l'on pense. *La maîtresse a écrit ses **appréciations** en haut du devoir.*

apprécier **verbe**

Apprécier, c'est aimer, trouver agréable, intéressant. *Léo **apprécie** son cousin. Mes parents **ont apprécié** mon histoire.*

● Mot de la même famille : appréciation.

apprendre **verbe**

❶ **Apprendre**, c'est étudier une chose pour la connaître. *Notre voisine Fatima* *apprend le français.* **Apprendre**, c'est transmettre des connaissances à quelqu'un. *Le maître nous* ***apprend*** *l'histoire.* **Synonyme : enseigner.**

❷ **Apprendre**, c'est faire savoir, informer. *Ma cousine nous* ***a appris*** *son mariage.* **Synonyme : annoncer.**

apprivoiser verbe

Apprivoiser un animal, c'est l'habituer à vivre avec les humains. *Chloé a essayé d'****apprivoiser*** *un écureuil.*

approcher verbe

Approcher un objet, c'est le mettre plus près. ***Approche*** *ta chaise de la table.* **Synonymes : avancer, rapprocher.** **S'approcher**, c'est se mettre plus près. *Léo* ***s'est approché*** *du bord.* **Contraires : s'écarter, s'éloigner.**

approuver verbe

Approuver une personne, c'est être de son avis, lui donner raison. *Je vous* ***approuve*** *de ne pas céder aux caprices de ma fille.* **Contraires : critiquer, reprocher.**

appuyer verbe

❶ **Appuyer** sur une chose, c'est mettre le doigt dessus et pousser. ***Appuie*** *sur le bouton de l'ascenseur.*

❷ **S'appuyer** sur une chose ou sur une personne, c'est poser son bras dessus pour se soutenir. ***Appuyez-vous*** *sur moi pour marcher.*

1. après préposition

❶ **Après** signifie : plus loin ou plus tard. *La gare est* ***après*** *le carrefour. Que fais-tu* ***après*** *le déjeuner ?* **Contraire : avant.**

❷ **Après** signifie : à la poursuite de. *Le chat court* ***après*** *la souris.*

2. après adverbe

Après signifie : ensuite, plus tard. *Finis ton repas, et* ***après*** *tu pourras aller jouer.* **Contraire : avant.**

après-demain adverbe

Après-demain est le jour qui suit demain. *Aujourd'hui, c'est lundi, et* ***après-demain****, ce sera mercredi.*

🔍 Ce mot s'écrit avec un trait d'union.

➔ Cherche **avant-hier**.

après-midi nom masculin ou nom féminin

L'**après-midi** est la partie de la journée qui va de midi au soir. *J'ai lu tout l'****après-midi****.*

🔍 Au pluriel, on écrit *des après-midi*, mais la nouvelle orthographe permet aussi d'écrire *des après-midis,* avec un *s*.

après-ski nom masculin

Des **après-skis** sont de grosses chaussures fourrées que l'on met après avoir skié.

🔍 Ce mot s'écrit avec un trait d'union. Au pluriel, on écrit *des après-skis*.

aquarium nom masculin

Un **aquarium** est un récipient en verre que l'on a rempli d'eau pour y faire vivre des poissons. *J'ai changé l'eau de l'****aquarium****.*

🔍 On écrit *um* mais on prononce [ɔm], comme « homme ».

Un poisson rouge dans son **aquarium**.

araignée nom féminin

Une **araignée** est un petit animal qui a huit pattes, qui fabrique une fine toile et qui produit un venin pour capturer ses proies. Elle se nourrit d'insectes.

▶ Les araignées ne sont pas des insectes, mais des **arachnides**, comme les acariens. Certaines espèces des pays chauds sont dangereuses pour les humains.

➜ Cherche mygale et tarentule.

arbitre nom masculin et nom féminin

Un **arbitre**, une **arbitre** sont des personnes qui font appliquer les règles du jeu dans un match ou dans une compétition. C'est un nom de métier. *L'**arbitre** a sifflé la mi-temps.*

arbre nom masculin

❶ Un **arbre** est une plante de grande taille qui a un tronc et des branches. *Certains **arbres** restent verts toute l'année, d'autres perdent leurs feuilles en automne.*

❷ Un **arbre généalogique** est un dessin en forme d'arbre qui représente les membres d'une famille.

● Mot de la même famille : arbuste.

➜ Cherche conifère et feuillu.

arbuste nom masculin

Un **arbuste** est un petit arbre. *Le lilas est un **arbuste**.*

arc nom masculin

Un **arc** est une arme qui est faite d'une corde tendue entre les deux extrémités d'une tige courbe. Il sert à lancer des flèches. *Nous avons fait un concours de tir à l'**arc**.*

● Mot de la même famille : arc-en-ciel.

arc-en-ciel nom masculin

Un **arc-en-ciel** est une bande lumineuse multicolore en forme d'arc. *Après*

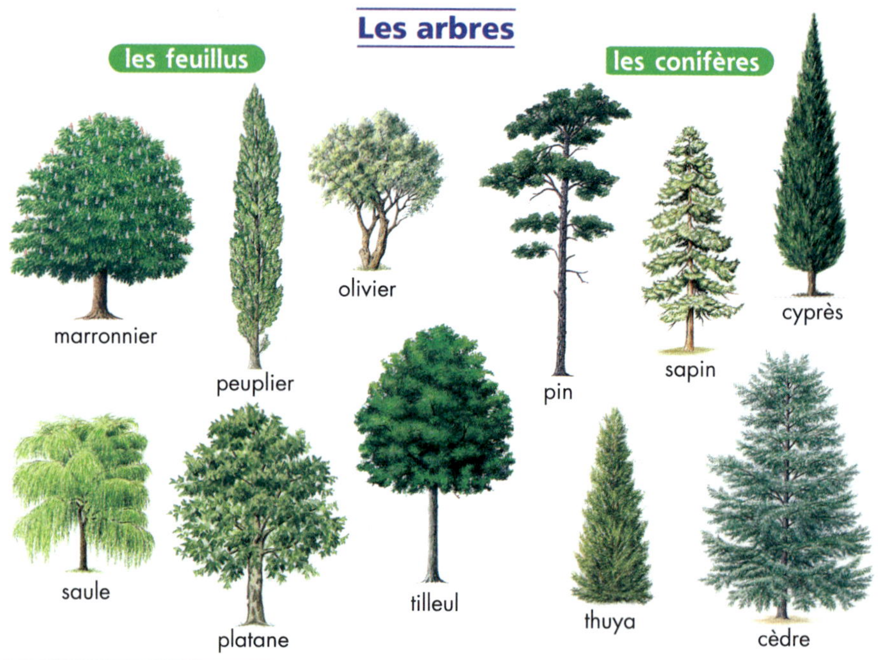

*l'orage, il y a eu du soleil et un **arc-en-ciel** est apparu.*

▶ Les arcs-en-ciel ont sept couleurs : violet, indigo, bleu, vert, jaune, orange et rouge.

Ce mot s'écrit avec deux traits d'union. Au pluriel, il n'y a pas de *s* à « ciel » : on écrit *des arcs-en-ciel.*

On voit bien les sept couleurs de l'**arc-en-ciel**.

archet **nom masculin**

Un **archet** est une longue baguette que l'on utilise pour jouer du violon ou du violoncelle.

architecte **nom masculin et nom féminin**

Un **architecte**, une **architecte** sont des personnes qui imaginent et dessinent les plans des bâtiments et qui dirigent leur construction. C'est un nom de métier.

ardoise **nom féminin**

1 Une **ardoise** est une plaque de pierre gris foncé qui sert à couvrir un toit.

2 Une **ardoise** est une plaque noire pour écrire qui était autrefois en ardoise. *Au restaurant, le menu était écrit à la craie sur une **ardoise**.*

arène **nom féminin**

Une **arène** est une piste ronde recouverte de sable et entourée de gradins où se déroulent les courses de taureaux.

arête **nom féminin**

Les **arêtes** sont les os fins et pointus du squelette des poissons.

Le premier *e* prend un accent circonflexe.

argent **nom masculin**

1 L'**argent** est un métal précieux blanc et brillant. *Solène a un bracelet en **argent**.*

2 L'**argent** est l'ensemble des billets et des pièces que l'on utilise pour payer. *Grand-père m'a donné un peu d'**argent**.*

arme **nom féminin**

Une **arme** est un instrument qui sert à combattre ou à chasser. *Un arc, une épée, un pistolet, une carabine sont des **armes**.*

● Mot de la même famille : armé.

armé, armée **adjectif**

Être **armé**, c'est porter une arme. *Des hommes **armés** sont entrés dans la bijouterie.*

armée **nom féminin**

L'**armée** d'un pays est l'ensemble des soldats de ce pays.

armoire **nom féminin**

Une **armoire** est un meuble assez haut fermé par une ou deux portes et qui sert à ranger différents objets.

armure nom féminin

Une **armure** est un vêtement métallique très lourd, que l'on portait autrefois pour combattre.

Le chevalier porte une **armure**.

arôme nom masculin

Un **arôme**, c'est une odeur agréable. *Le matin, on sent dans la maison l'**arôme** du chocolat.* Synonyme : parfum.

Le *o* prend un accent circonflexe.

arracher verbe

Arracher, c'est enlever en tirant avec force. *Le jardinier **arrache** les mauvaises herbes.*

arranger verbe

1 **Arranger** un objet, un appareil, c'est le remettre en bon état. *Mon frère et moi, nous **arrangeons** mon jouet cassé.* Synonyme : réparer.

2 **S'arranger**, c'est se débrouiller pour obtenir ou faire quelque chose. *Léa **s'est arrangée** pour être à côté de Léo.*

arrêt nom masculin

1 L'**arrêt**, c'est le moment où un véhicule, un moteur s'arrête. *Il ne faut surtout pas descendre avant l'**arrêt** complet du train.*

2 Un **arrêt** d'autobus, c'est l'endroit où l'autobus s'arrête. Synonyme : station.

3 **Sans arrêt** signifie : tout le temps. *Mon petit frère parle **sans arrêt**.*

arrêter verbe

1 **Arrêter**, c'est empêcher d'avancer ou de continuer. *L'agent **arrête** les voitures. L'arbitre **arrête** le combat de boxe.* Synonyme : interrompre.
S'arrêter, c'est ne plus avancer ou ne pas continuer. *Le cycliste **s'est arrêté** au feu rouge. La pluie **s'est arrêtée**.* Synonyme : cesser.

2 **Arrêter** quelqu'un, c'est l'attraper et le mettre en prison. *Les policiers **ont arrêté** un voleur.*

● Mot de la même famille : arrêt.

1. en arrière adverbe

En arrière signifie : dans le sens contraire de la marche, vers l'arrière. *Faites un pas **en arrière** !* Contraire : en avant.

2. arrière nom masculin

L'**arrière**, c'est la partie qui est derrière. *Asseyez-vous à l'**arrière** du bateau.* Contraire : avant.

arrivée nom féminin

L'**arrivée**, c'est l'action d'arriver, le moment où l'on arrive quelque part. *On attend l'**arrivée** de mon oncle.* Contraire : départ.

arriver verbe

1 **Arriver** quelque part, c'est atteindre sa destination. *Mon frère **est arrivé** à la maison à 18 heures.* Contraire : partir.

2 **Arriver** à faire quelque chose, c'est réussir à le faire. *Léa **est arrivée** à convaincre Lucas.*

❸ **Arriver**, c'est avoir lieu. *Les accidents de la route* ***arrivent*** *souvent le week-end.* **Synonyme : se produire.**

● Mot de la même famille : **arrivée**.

Les enfants **arrivent** à l'école.

arrondir verbe

Arrondir une chose, c'est la rendre ronde. *J'ai bien* ***arrondi*** *mon bloc de pâte à modeler.*

arrondissement nom masculin

Un **arrondissement** est une partie d'une grande ville. *Paris a vingt* ***arrondissements****, Marseille en a seize et Lyon en a neuf.*

arrosage nom masculin

Un tuyau d'**arrosage** est un tuyau qui sert à arroser.

Laura **arrose** les fleurs du jardin.

arroser verbe

Arroser, c'est répandre de l'eau sur quelque chose. *En fin d'après-midi, nous* ***arroserons*** *le jardin.*

● Mots de la même famille : **arrosage, arrosoir**.

arrosoir nom masculin

Un **arrosoir** est un récipient que l'on remplit d'eau et que l'on tient par une anse pour arroser les plantes.

art nom masculin

Un **art** est une activité qui a pour but de créer des œuvres particulièrement belles. *La sculpture, la peinture, la musique, le théâtre, le cinéma sont des* ***arts****.*

● Mots de la même famille : **artiste, artistique**.

artichaut nom masculin

Un **artichaut** est un légume vert et rond composé de feuilles. On le mange cuit ou cru.

article nom masculin

❶ Un **article** est un texte écrit dans un journal ou dans un magazine.

❷ Un **article** est un objet mis en vente.

❸ En grammaire, un **article** est un déterminant. *« Le », « un », « des » sont des* ***articles****.*

articuler verbe

Articuler, c'est prononcer les mots en détachant bien les syllabes. *Quand on joue une pièce de théâtre, il faut bien* ***articuler****.*

artificiel, artificielle adjectif

Des fleurs **artificielles** sont des fleurs en papier, en tissu, en plastique qui ont été fabriquées par des personnes. **Contraire : naturel.**

A B C D E F G H I J K L M N O P Q R S T U V W X Y Z

artiste nom masculin et nom féminin
Les **artistes** sont des personnes qui créent des œuvres d'art ou qui jouent une œuvre. *Un peintre, un sculpteur, un compositeur sont des* ***artistes****.*

artistique adjectif
L'éducation **artistique** se rapporte à l'art.

as nom masculin
Dans un jeu de cartes, l'**as** est la carte qui porte un seul signe. *À certains jeux, l'****as*** *est la carte la plus forte.*

Ce mot se termine par un *s* qu'on prononce.

ascenseur nom masculin
Un **ascenseur** est un appareil électrique qui transporte les personnes d'un étage à un autre dans un immeuble.

Il y a un *c* après le premier *s*.

ascension nom féminin
Faire une **ascension**, c'est monter à pied en haut d'une montagne. *Deux alpinistes ont fait l'****ascension*** *du mont Blanc.* Synonyme : escalade.

Il y a un *c* après le premier *s*.

aspect nom masculin
L'**aspect** d'une personne ou d'une chose est leur forme générale. *Ta maison a un bel* ***aspect****.* Synonymes : allure, apparence.

Ce mot se termine par *ct*.

asperge nom féminin
Une **asperge** est un légume blanc et long que l'on mange cuit.

asperger verbe
Asperger, c'est mouiller en projetant un liquide. Synonyme : éclabousser.

aspirateur nom masculin
Un **aspirateur** est un appareil ménager qui aspire la poussière. *Passer l'****aspirateur****.*

aspirer verbe
1 **Aspirer** l'air, un liquide ou de la fumée, c'est les attirer avec la bouche. ***Aspirez*** *à fond !* Contraire : souffler.
2 Quand un aspirateur **aspire** la poussière, il l'attire et la garde.
● Mot de la même famille : aspirateur.
→ Cherche respirer.

assaisonner verbe
Assaisonner un plat, c'est ajouter du sel, de l'ail, de la vinaigrette ou des épices pour lui donner plus de goût. *On* ***assaisonne*** *la salade avec de l'huile et du vinaigre.*

assassin nom masculin
Un **assassin** est une personne qui tue volontairement un être humain. Synonymes : criminel, meurtrier.
● Mot de la même famille : assassiner.

assassiner verbe
Assassiner une personne, c'est la tuer volontairement.

assemblage nom masculin
Faire un **assemblage**, c'est assembler des éléments, les réunir dans un certain ordre.

Arrête de m'**asperger** !

assembler verbe

Assembler des choses, c'est les mettre ensemble, les réunir dans un certain ordre. *Nous **assemblons** les pièces du puzzle.* Contraires : disperser, éparpiller.

● Mot de la même famille : assemblage.

Julien **assemble** les pièces de son jeu.

s'asseoir verbe

S'asseoir, c'est poser ses fesses sur quelque chose. *Clément **s'assoit** par terre. Ma sœur **est assise** sur son lit.*

La nouvelle orthographe permet d'écrire aussi *s'assoir*, sans *e*. On peut dire « il s'assoit » ou « il s'assied ».

assez adverbe

1 **Assez** signifie : en quantité suffisante. *J'ai **assez** mangé.* Synonyme : suffisamment.

2 **En avoir assez** d'une chose, c'est se lasser de la faire, de la voir ou de l'entendre. *J'**en ai assez** d'attendre l'ouverture du magasin.*

assiette nom féminin

Une **assiette** est un récipient rond qui peut être plat ou creux et dans lequel on met les aliments, à table, pour chaque personne.

assis, assise → **s'asseoir**

assister verbe

Assister à quelque chose, c'est être présent, être témoin. *Nous **avons assisté** à un cours de danse.*

association nom féminin

Une **association** est un groupe de personnes qui font une activité ensemble. *Mes parents font partie d'une **association** sportive.* Synonyme : club.

associer verbe

Associer, c'est mettre ensemble, réunir. ***Associez** les dessins aux mots qu'ils illustrent. Mon grand-père et mon oncle **se sont associés** pour créer une entreprise.*

● Mot de la même famille : association.

assoiffé, assoiffée adjectif

Être **assoiffé**, c'est avoir une grande soif. *À la fin du match, nous étions **assoiffés**.*

Il y a deux *s* et deux *f*.

→ Cherche affamé.

assommer verbe

Assommer une personne, c'est la frapper très fort à la tête et lui faire perdre connaissance. *Mickey **a assommé** le bandit d'un coup de matraque.*

assorti, assortie adjectif

Des objets **assortis** ont la même couleur ou des couleurs qui vont bien ensemble. *Julie a une écharpe et des gants **assortis**.*

assurance nom féminin

Payer une **assurance**, c'est donner de l'argent à une entreprise qui remboursera les frais en cas d'accident, d'incendie ou de vol. *Chaque année, maman paie l'**assurance** de la voiture.*

A B C D E F G H I J K L M N O P Q R S T U V W X Y Z

assurer **verbe**

❶ **Assurer**, c'est soutenir que ce que l'on dit est certain. *Je t'**assure** que cette histoire est vraie.* Synonyme : **affirmer.**

❷ **Assurer** une personne, une maison, un véhicule, c'est donner de l'argent à une entreprise appelée « compagnie d'assurances » qui remboursera les frais en cas d'accident, d'incendie ou de vol.

● Mot de la même famille : assurance.

asthme **nom masculin**

L'**asthme** est une maladie qui empêche de bien respirer. *Zoé a eu une crise d'**asthme**.*

🔍 On ne prononce pas le *th* : [asm].

asticot **nom masculin**

Un **asticot** est un petit ver blanc. On l'utilise souvent comme appât pour pêcher.

astre **nom masculin**

Les **astres** sont les étoiles, les planètes, le Soleil et la Lune. *Le Soleil et les étoiles sont des **astres** lumineux.*

● Mots de la même famille : astronaute, astronome.

☛ Va voir la planche illustrée ⑯

astronaute **nom masculin et nom féminin**

Un **astronaute**, une **astronaute** sont des personnes qui voyagent dans l'espace à bord d'une fusée ou d'un vaisseau spatial. C'est un nom de métier. Synonyme : **cosmonaute.**

🔍 Ne confonds pas « astronaute » et « astronome ».

astronome **nom masculin et nom féminin**

Un **astronome**, une **astronome** sont des personnes qui observent le ciel, qui étudient les astres à l'aide d'instruments spéciaux comme les télescopes. C'est un nom de métier. *Les **astronomes** découvrent parfois de nouvelles étoiles.*

🔍 Ne confonds pas « astronome » et « astronaute ».

astuce **nom féminin**

Une **astuce** est un moyen habile de faire quelque chose. *J'ai trouvé une **astuce** pour résoudre ce problème.*

● Mot de la même famille : astucieux.

astucieux, astucieuse **adjectif**

Une personne **astucieuse** trouve des astuces, imagine des moyens habiles pour résoudre des choses difficiles. Synonymes : **débrouillard, dégourdi, malin.**

atelier **nom masculin**

Un **atelier** est un local de travail où se trouvent les outils d'un ouvrier, les instruments d'un peintre, d'un sculpteur.

athlète **nom masculin et nom féminin**

Les **athlètes** sont des sportifs qui font de l'athlétisme. *Les coureurs à pied sont des **athlètes**.*

🔍 Ce mot s'écrit avec *th*.

● Mot de la même famille : athlétisme.

L'**astronaute** pilote le vaisseau spatial.

athlétisme **nom masculin**

L'**athlétisme** est l'ensemble des sports que font les athlètes : la course, le saut, le lancer du poids, le lancer du disque et le lancer du marteau.

🔍 Ce mot s'écrit avec *th*.

Le menuisier travaille dans son **atelier**.

atlas **nom masculin**
Des **atlas** sont des livres qui contiennent des cartes de géographie.

🔍 Ce mot se termine par un *s* qu'on prononce.

atmosphère **nom féminin**
L'**atmosphère** est la couche d'air qui enveloppe la Terre et certaines planètes.

🔍 Ce mot s'écrit avec *ph*.

atome **nom masculin**
Un **atome** est une partie microscopique de la matière. Il est invisible à l'œil nu. *En faisant exploser les* ***atomes****, on produit de l'énergie atomique.*
● Mot de la même famille : atomique.

atomique **adjectif**
Une bombe **atomique** est une bombe très puissante qui utilise l'énergie des atomes.
➜ Cherche nucléaire.

atroce **adjectif**
Un crime **atroce** est un crime très cruel.
Synonymes : épouvantable, horrible.

attacher **verbe**
❶ **Attacher**, c'est retenir avec un lien. *Marie* ***attache*** *ses cheveux avec un ruban.* Synonyme : lier. *En voiture, j'****attache*** *ma ceinture de sécurité.*
Contraire : détacher.
❷ **S'attacher, être attaché** à quelqu'un, c'est avoir beaucoup d'affection pour lui. *Léo* ***est*** *très* ***attaché*** *à son grand frère.*

attaquant **nom masculin**
Un **attaquant** est un soldat qui attaque. *Les* ***attaquants*** *sont entrés dans le château.*

attaque **nom féminin**
L'**attaque**, c'est l'action d'attaquer, le début d'un combat. *Les soldats se préparent à l'****attaque****. Ils ont repoussé l'****attaque*** *de leurs ennemis.*

attaquer **verbe**
Attaquer une personne (ou **s'attaquer** à une personne), c'est se jeter sur elle et la frapper. *Ton frère n'est pas courageux, il* ***s'attaque*** *aux petits.*
● Mots de la même famille : attaquant, attaque.

atteindre **verbe**
Atteindre un objet, c'est réussir à le toucher. *Pauline peut* ***atteindre*** *la branche du pommier.*

La flèche **a atteint** la cible.

A B C D E F G H I J K L M N O P Q R S T U V W X Y Z

attelage **nom masculin**
Un **attelage** est un véhicule tiré par un animal ou un groupe d'animaux.

atteler **verbe**
Atteler un animal, c'est l'attacher à un véhicule pour qu'il le tire.
● Mot de la même famille : attelage.

attendre **verbe**
❶ **Attendre**, c'est rester au même endroit jusqu'à l'arrivée de quelqu'un ou de quelque chose. *Je t'**ai attendu** pendant dix minutes.*
❷ **Attendre un enfant**, c'est avoir un bébé dans le ventre, être enceinte. *Madame Arlot **attend un enfant** pour le mois de mars.*
● Mot de la même famille : attente.

attentat **nom masculin**
Un **attentat** est une action violente faite contre une personne pour des raisons politiques. *Le président de la République a échappé à un **attentat**.*

attente **nom féminin**
❶ L'**attente**, c'est le temps passé à attendre. *Nous avons une demi-heure d'**attente** avant le début du film.*
❷ Une **file d'attente**, c'est un groupe de personnes qui attendent les unes derrière les autres. *Devant le cinéma, il y a une longue **file d'attente**.*
Synonyme : queue.

attentif, attentive **adjectif**
Une personne **attentive** fait attention à ce qu'elle fait ou à ce qu'on lui dit.
Contraire : distrait.

attention **nom féminin**
❶ L'**attention**, c'est l'attitude d'une personne qui fixe son esprit sur quelque chose et ne se laisse pas distraire. *Les enfants écoutent l'histoire avec beaucoup d'**attention**.*
❷ **Faire attention**, c'est bien écouter quand une personne parle ou bien regarder quand on fait quelque chose. ***Faites attention** quand vous roulez à vélo.*
● Mots de la même famille : attentif, attentivement.

Elles font très **attention** en traversant.

attentivement **adverbe**
Attentivement signifie : avec attention. *Lisez **attentivement** les instructions de l'exercice.*

atterrir **verbe**
Quand un avion **atterrit**, il se pose à terre. *L'avion **a atterri** sur la piste de l'aéroport.*
Contraire : décoller.
🔍 Il y a deux *t* et deux *r*.
● Mot de la même famille : atterrissage.

atterrissage **nom masculin**
L'**atterrissage** est le moment où un avion atterrit, où ses roues touchent le sol. **Contraire :** décollage.
🔍 Il y a deux *t*, deux *r* et deux *s*.

attirer verbe
Attirer une chose, c'est la faire venir à soi. *Le clocher de l'église* ***a attiré*** *la foudre.* Contraires : éloigner, repousser.

attitude nom féminin
L'**attitude** d'une personne est sa manière de se tenir ou de se conduire. *Aujourd'hui, Chloé n'a pas une* ***attitude*** *naturelle.* Synonymes : comportement, conduite.

Ne confonds pas « attitude » et « l'altitude » d'une montagne.

attraction nom féminin
Les **attractions** sont les jeux et les manèges d'une fête foraine. *La pêche à la ligne, le tir, les autos tamponneuses, la loterie sont des* ***attractions****.*

attraper verbe
1 **Attraper**, c'est réussir à prendre. *J'ai* ***attrapé*** *le ballon au vol.* Synonyme : saisir. Contraire : lâcher.
2 **Attraper** une maladie, c'est l'avoir. *Marion* ***a attrapé*** *la grippe.*

Il y a deux *t* et un seul *p*.

au → **à**

aube nom féminin
L'**aube** est le lever du jour, quand le ciel est blanc. *Nous nous sommes levés à l'****aube****.*

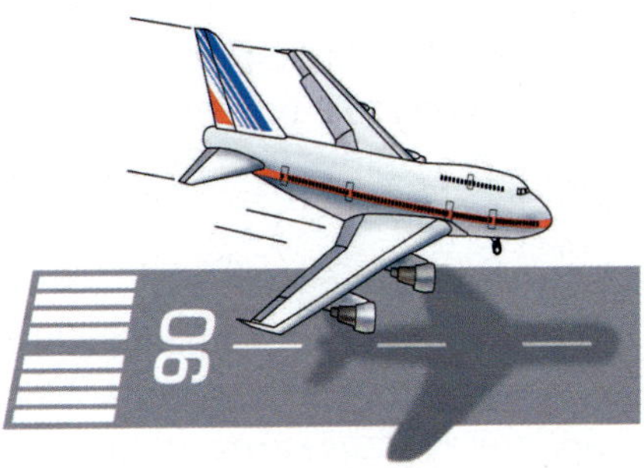

L'avion **atterrit.**

→ Cherche aurore.

auberge nom féminin
Une **auberge** est un hôtel ou un restaurant à la campagne.

aubergine nom féminin
Une **aubergine** est un légume long et violet que l'on mange cuit.

aucun, aucune adjectif singulier
Aucun, aucune, c'est pas un, pas une. *Il n'y a* ***aucun*** *élève dans la cour.*

audace nom féminin
Avoir de l'**audace**, c'est oser faire une action dangereuse ou difficile.
● Mot de la même famille : audacieux.

audacieux, audacieuse adjectif
Une personne **audacieuse** a de l'audace, prend des risques. *Lisa est une skieuse* ***audacieuse****.*

au-delà adverbe
Au-delà signifie : plus loin que la limite. *N'avancez pas* ***au-delà*** *de la ligne.*

Ce mot s'écrit avec un trait d'union. Le deuxième *a* prend un accent grave.

au-dessous adverbe
Au-dessous signifie : en bas, plus bas. *Donne-moi le livre qui est* ***au-dessous****.* Contraire : au-dessus.

Ce mot s'écrit avec un trait d'union.
→ Cherche dessous.

au-dessus adverbe
Au-dessus signifie : en haut, plus haut. *J'entends quelqu'un qui marche* ***au-dessus****.* Contraire : au-dessous.

Ce mot s'écrit avec un trait d'union.
→ Cherche dessus.

auditeur nom masculin
auditrice nom féminin
Des **auditeurs** sont des personnes qui écoutent une émission de radio, un

A B C D E F G H I J K L M N O P Q R S T U V W X Y Z

concert. *Une **auditrice** a téléphoné pour donner une réponse au jeu.*

auge nom féminin
Une **auge** est un grand récipient où l'on met de la nourriture pour le bétail.

augmentation nom féminin
L'**augmentation**, c'est le fait d'augmenter, de devenir plus important ou d'une valeur plus élevée. *Il va y avoir une **augmentation** des prix. Ma grande sœur a eu une **augmentation** de salaire.* Synonyme : hausse. Contraires : baisse, diminution.

augmenter verbe
Augmenter une chose, c'est la rendre plus importante ou d'un prix plus élevé. *Les commerçants **ont augmenté** leurs prix.* Contraires : baisser, diminuer.

● Mot de la même famille : augmentation.

aujourd'hui adverbe
❶ **Aujourd'hui**, c'est le jour où nous sommes. ***Aujourd'hui** dimanche, je me lève plus tard.*
❷ **Aujourd'hui**, c'est l'époque où nous vivons. *Il existe **aujourd'hui** des moyens de voyager dans l'espace.* Synonymes : actuellement, maintenant. Contraires : autrefois, jadis.

Il y a une apostrophe entre le *d* et le *h*.

auprès de préposition
Auprès de signifie : à côté de. *Je reste **auprès de** ma grand-mère qui est malade.* Synonyme : près de.

auriculaire nom masculin
L'**auriculaire** est le petit doigt de la main.

☛ Va voir « les doigts », page 217.

aurore nom féminin
L'**aurore** est le lever du soleil, quand le ciel est rose. *Je me suis levé à l'**aurore**.*

➜ Cherche aube.

ausculter verbe
Ausculter, c'est écouter les bruits de la respiration et du cœur. *Hier, le médecin **a ausculté** tous les élèves.*

La pédiatre **ausculte** Clara.

aussi adverbe
❶ **Aussi** signifie : de la même façon. *Je suis **aussi** grand **que** toi. Mathieu rit et nous **aussi**.* Synonyme : également.
❷ **Aussi** signifie : en plus. *Lola sait lire, écrire et **aussi** compter.* Synonyme : également.

aussitôt adverbe
Aussitôt signifie : au moment même, sans attendre. *Le spectacle commence : les spectateurs se taisent **aussitôt**.* Synonymes : immédiatement, tout de suite.

autant adverbe
Autant signifie : en même quantité. *Tu as trois DVD, j'en ai **autant**. Mon grand frère travaille **autant** que mon père.*

auteur nom masculin

1 Un **auteur** est une personne qui imagine des histoires et qui écrit des livres. *Charles Perrault et la comtesse de Ségur sont des **auteurs** français.* Synonyme : écrivain.

2 L'**auteur** d'une action, c'est le responsable de cette action. *On a arrêté l'**auteur** de l'attentat.*

auto nom féminin

Une **auto** est une voiture. *Papa gare son **auto**.*

C'est l'abréviation de « automobile ».

autobus nom masculin

Un **autobus** est un grand véhicule qui transporte de nombreuses personnes à l'intérieur des villes. *Marine prend l'**autobus** pour aller au lycée.*

Ce mot se termine par un *s* qu'on prononce. L'abréviation courante de « autobus » est « bus ».

autocar nom masculin

Un **autocar** est un grand véhicule qui transporte de nombreuses personnes sur les routes ou pour visiter une ville. *Nous avons fait une excursion en **autocar**.*

L'abréviation courante de « autocar » est « car ».

1. autocollant, autocollante adjectif

Un timbre **autocollant** est un timbre qui se colle de lui-même, sans qu'on le mouille.

2. autocollant nom masculin

Un **autocollant** est une image qui se colle toute seule quand on a enlevé le papier de protection. *Zoé a mis des **autocollants** sur son cartable.*

autocorrection nom féminin

Faire une **autocorrection**, c'est corriger soi-même ses fautes dans une dictée, ou ses erreurs dans un exercice.

→ Cherche correction.

autographe nom masculin

Un **autographe** est une signature ou un texte écrits par une personne célèbre. *Le chanteur nous a signé un **autographe**.*

Ce mot s'écrit avec *ph*.

Pouvez-vous nous signer un **autographe,** s'il vous plaît ?

automate nom masculin

Un **automate** est une machine qui est mise en mouvement par un mécanisme et qui imite les mouvements d'une personne ou d'un animal. *À Noël, nous regardons les **automates** dans les vitrines.*

● Mots de la même famille : automatique, automatiquement.

→ Cherche robot.

automatique adjectif

Ce qui est **automatique** se fait grâce à un mécanisme, sans être dirigé par une

A B C D E F G H I J K L M N O P Q R S T U V W X Y Z

personne. *Attention à la fermeture **automatique** des portes !*

automatiquement **adverbe**
Automatiquement signifie : d'une manière automatique, grâce à un mécanisme. *La cassette est éjectée **automatiquement**.*

automne **nom masculin**
L'**automne** est la saison de l'année qui vient après l'été et avant l'hiver. Il commence le 22 ou le 23 septembre et finit le 21 ou le 22 décembre.

Ce mot s'écrit avec un *m* avant le *n*.

Va voir « les saisons », page 607.

automobile **nom féminin**
Une **automobile** est un véhicule à quatre roues et à moteur, qui sert à transporter des personnes. *Les **automobiles** électriques ne font pas de pollution.* **Synonyme :** voiture.

L'abréviation courante de « automobile » est « auto » .

● Mot de la même famille : automobiliste.

automobiliste **nom masculin et nom féminin**
Un **automobiliste**, une **automobiliste** sont des personnes qui conduisent une automobile. **Synonyme :** conducteur.

autoradio **nom masculin**
Un **autoradio** est un poste de radio qui est installé dans une automobile.

autorisation **nom féminin**
Une **autorisation** est une permission. *Paul a l'**autorisation** de sortir.* **Contraires :** défense, interdiction.

autoriser **verbe**
Autoriser une personne à faire quelque chose, c'est lui donner le droit, la permission de le faire. *Mardi soir, on m'**a autorisé** à regarder la télévision.* **Synonyme :** permettre. **Contraires :** défendre, interdire.

● Mot de la même famille : autorisation.

autoritaire **adjectif**
Une personne **autoritaire** montre avec force son autorité et donne des ordres.

autorité **nom féminin**
Avoir de l'**autorité**, c'est savoir commander et se faire obéir.

● Mot de la même famille : autoritaire.

autoroute **nom féminin**
Une **autoroute** est une grande route qui est divisée en deux parties, une pour les véhicules qui vont dans un sens et une pour les véhicules qui vont dans l'autre sens. *Les **autoroutes** sont interdites aux piétons et aux vélos.*

Va voir la planche illustrée 5

une **autoroute**

autour **adverbe**
Autour signifie : dans l'espace qui entoure. *Nous avons une maison avec un jardin **autour**.*

1. autre **adjectif**
1 Une **autre** personne, une **autre** chose, c'est une personne ou une

chose différente. *Je vais vous raconter une **autre** histoire.* **Contraire : même.**

❷ Une **autre** chose, c'est une chose en plus. *Veux-tu une **autre** part de gâteau ?*

2. autre pronom

Les **autres**, ce sont les autres personnes. *Tom pense souvent aux **autres**.*

autrefois adverbe

Autrefois signifie : il y a longtemps. ***Autrefois**, on roulait en diligence.* **Synonyme : jadis.** **Contraires : actuellement, aujourd'hui, maintenant.**

autrement adverbe

❶ **Autrement** signifie : d'une autre façon. *Je n'arrive pas à réparer mon jouet de cette façon, je vais m'y prendre **autrement**.*

❷ **Autrement** signifie : sinon. *Mets ta capuche, **autrement** tu seras mouillé.*

autre part adverbe

Autre part signifie : dans un autre endroit. *Vous faites trop de bruit, allez jouer **autre part** !* **Synonyme : ailleurs.** **Contraire : ici.**

autruche nom féminin

Une **autruche** est un très grand oiseau d'Afrique qui court vite mais qui ne vole pas.

une **autruche**

▶ L'autruche est le plus grand de tous les oiseaux. Elle est omnivore mais mange surtout des végétaux. Le petit est l'**autruchon**.

aux → à

aval nom masculin

L'**aval** d'un fleuve ou d'une rivière est la partie qui est du côté de l'embouchure, c'est-à-dire loin de la source et vers le bas. **Contraire : amont.**

avalanche nom féminin

Une **avalanche** est une énorme masse de neige qui se détache de la montagne et qui dévale la pente, en entraînant des pierres et de la boue. *Des skieurs ont été pris dans une **avalanche**.*

avaler verbe

Avaler un aliment ou une boisson, c'est les faire descendre dans la gorge. *Je n'arrive pas à **avaler** mon médicament. Sarah est malade, elle n'**a** rien **avalé** depuis hier.* **Synonymes : absorber, boire, manger.**

On nous attend au quart, on est **en avance** de dix minutes.

avance nom féminin

En avance, c'est avant l'heure prévue. *Aujourd'hui, je suis arrivée **en avance**.* **Contraire : en retard.**

A B C D E F G H I J K L M N O P Q R S T U V W X Y Z

avancer verbe

1 **Avancer**, c'est aller vers l'avant ou déplacer une chose vers l'avant. *Avance ta chaise !* Synonyme : approcher. Contraire : reculer.

2 Quand une montre **avance** de cinq minutes, elle indique cinq minutes de plus que l'heure exacte. Contraire : retarder.

● Mot de la même famille : avance.

1. avant préposition

Avant signifie : plus près ou plus tôt. *L'école est située **avant** la mairie. Tu es arrivée **avant** moi.* Contraire : après.

2. avant adverbe

1 **Avant** signifie : d'abord. *Tu pourras aller jouer, mais finis ton repas **avant**.* Contraire : après.

2 **En avant** signifie : dans le sens de la marche, vers l'avant. *Ils ont tous fait un pas **en avant**.* Contraire : en arrière.

3. avant nom masculin

L'**avant** est la partie qui est devant. *Ma mère est assise à l'**avant** de la voiture.* Contraire : arrière.

avantage nom masculin

Un **avantage**, c'est ce qui est mieux, plus utile quand on le compare à une autre chose. *L'**avantage** du vélo, c'est qu'il ne fait pas de pollution.* Contraire : inconvénient.

avant-bras nom masculin

L'**avant-bras** est la partie du bras qui va du poignet au coude.

Ce mot s'écrit avec un trait d'union. Au pluriel, il n'y a pas de *s* à « avant ».

avant-dernier, avant-dernière adjectif

Être **avant-dernier**, c'est être juste avant le dernier. *Maxime est **avant-dernier**.*

Ce mot s'écrit avec un trait d'union. Au pluriel, il n'y a pas de *s* à « avant ».

avant-hier adverbe

Avant-hier est le jour qui a précédé hier. *Hier, c'était jeudi, donc **avant-hier**, c'était mercredi.*

Ce mot s'écrit avec un trait d'union.

➜ Cherche après-demain.

avare adjectif

Une personne **avare** ne veut pas dépenser son argent. *Ces gens sont trop **avares** pour donner de l'argent aux sans-abri.* Contraire : généreux.

avec préposition

Avec quelqu'un, **avec** quelque chose signifie : en étant accompagné de quelqu'un, en prenant quelque chose. *Pierre est venu **avec** sa sœur. On fait de la confiture **avec** des fruits.* Contraire : sans.

avenir nom masculin

L'**avenir**, c'est ce qui va arriver, le temps qui viendra après le temps présent. *Je pense souvent à l'**avenir**.* Synonyme : futur. Contraire : passé.

aventure nom féminin

Une **aventure**, c'est une activité qui comporte des risques. *Les explorateurs aiment les **aventures**.*

● Mot de la même famille : s'aventurer.

L'explorateur part à l'**aventure**.

s'aventurer verbe

S'aventurer dans un endroit, c'est prendre le risque d'y aller. *Il existe encore des régions où personne ne **s'est** jamais **aventuré**.*

avenue nom féminin

Une **avenue** est une large rue avec des arbres de chaque côté.

→ Cherche boulevard.

averse nom féminin

Une **averse** est une pluie qui se met à tomber tout à coup et qui ne dure pas longtemps.

avertir verbe

Avertir, c'est dire quelque chose à l'avance pour qu'on fasse attention. *Maman m'**a averti** du danger.* Synonymes : alerter, prévenir.

● Mot de la même famille : avertissement.

avertissement nom masculin

Un **avertissement**, c'est ce que l'on dit pour avertir quelqu'un, pour le mettre en garde. *J'ai écouté les **avertissements** de maman.*

aveu nom masculin

Un **aveu**, c'est le fait d'avouer, de reconnaître ses fautes, ses actes. *L'inspecteur de police a noté les **aveux** du criminel.*

Au pluriel, on écrit *des aveux*.

aveuglant, aveuglante adjectif

Une lumière **aveuglante** est une lumière très forte qui éblouit et empêche de voir pendant un instant. Synonyme : éblouissant.

aveugle nom masculin et nom féminin

Les **aveugles** sont des personnes qui ne peuvent pas voir. *Les **aveugles** ont un système de lecture et d'écriture avec les doigts.*

● Mots de la même famille : aveuglant, à l'aveuglette.

à l'aveuglette adverbe

À l'aveuglette signifie : sans voir où l'on va. *Nous avançons **à l'aveuglette** dans la nuit.* Synonyme : à tâtons.

aviateur nom masculin
aviatrice nom féminin

Un **aviateur**, une **aviatrice** sont des personnes qui pilotent des avions. C'est un nom de métier. Synonyme : pilote.

aviation nom féminin

L'**aviation** est l'ensemble des activités qui ont un rapport avec les avions. *L'**aviation** militaire est parfois appelée « armée de l'air ».*

Elle marche **à l'aveuglette** dans le noir.

A B C D E F G H I J K L M N O P Q R S T U V W X Y Z

avion **nom masculin**
Un **avion** est un appareil volant qui a deux ailes et un ou plusieurs moteurs. *Je n'ai jamais pris l'**avion**. Pierre va à Marseille en **avion**.*
● Mots de la même famille : **aviateur, aviation**.

aviron **nom masculin**
① Un **aviron** est une rame.
② L'**aviron** est un sport que l'on fait dans un bateau léger et long, en se servant d'avirons.

avis **nom masculin**
Un **avis**, c'est ce que l'on pense de quelque chose. *Lola m'a donné son **avis** sur le film.* **Synonyme : opinion.**
🔎 Ce mot se termine par un *s*.

avisé, avisée **adjectif**
Une personne **avisée** est une personne prudente et intelligente qui réfléchit avant d'agir. *Dans « les Contes du chat perché », le canard est **avisé** et il agit avec beaucoup de sérieux.*

1. avocat **nom masculin**
avocate **nom féminin**
Un **avocat**, une **avocate** défendent des personnes lorsqu'elles sont accusées et qu'on leur fait un procès. C'est un nom de métier.

2. avocat **nom masculin**
Un **avocat** est un fruit en forme de poire, à la peau vert foncé, qui contient un gros noyau.

▶ Les avocats poussent sur un arbre, l'**avocatier**.

avoine **nom féminin**
L'**avoine** est une céréale que l'on donne à manger aux chevaux et un aliment que l'on consomme sous forme de flocons.

avoir **verbe**
① **Avoir**, c'est posséder. *J'**ai** un stylo noir.*
② **Avoir** telle dimension, c'est mesurer. *La table **a** soixante centimètres de large.*
③ **Avoir faim, froid, mal**, c'est ressentir la faim, le froid, la douleur. *David **a froid** aux pieds.*
④ **Avoir** quelque chose **à** faire, c'est devoir le faire. *Nous **avons** un travail **à** terminer.*

avouer **verbe**
Avouer, c'est reconnaître ce qu'on a fait de mal. *Hugo **a avoué** qu'il avait cassé un carreau.* **Contraire : nier.**
● Mot de la même famille : **aveu**.

avril **nom masculin**
Avril est le quatrième mois de l'année. Il vient après mars et avant mai. *En **avril**, n'ôte pas un fil, dit le proverbe.*
☛ Va voir « le calendrier », page 111.

axe **nom masculin**
L'**axe** d'une roue est la tige qui est au centre. La roue tourne autour de cette tige.

azur **nom masculin**
En poésie, l'**azur** est la couleur bleue du ciel. *Clara a des yeux d'**azur**.*

babines **nom féminin pluriel**
Les **babines** d'un chien (ou d'un loup) sont ses lèvres. *Quand un chien est inquiet, il retrousse ses* ***babines****.*

bâbord **nom masculin**
À **bâbord**, dans un bateau, c'est du côté gauche quand on regarde vers l'avant. *On aperçoit une île* ***à bâbord****.* Contraire : à tribord.

Le *a* prend un accent circonflexe.

bac **nom masculin**
Un **bac** est un bateau qui transporte des personnes et des véhicules d'une rive à l'autre d'un fleuve ou d'une côte à une île.

bâcler **verbe**
Bâcler un travail, c'est le faire trop vite pour s'en débarrasser. *Il* ***a bâclé*** *sa lecture pour aller jouer.* Contraire : soigner.

Le *a* prend un accent circonflexe.

badminton **nom masculin**
Le **badminton** est un sport qui se joue avec une raquette et un objet en plastique que l'on appelle un « volant ».

bafouiller **verbe**
Bafouiller, c'est parler d'une manière maladroite, en hésitant et en se trompant. *Julien était ému, il* ***a bafouillé*** *quelques mots de remerciement.*

bagages **nom masculin pluriel**
Les **bagages** sont les valises, les sacs et les paquets que l'on emporte en voyage.

bagarre **nom féminin**
Une **bagarre** est une lutte entre des personnes qui se battent. *Notre instituteur a interdit les* ***bagarres****.*
Synonyme : bataille.

Il y a deux *r*.

● Mots de la même famille : se bagarrer, bagarreur.

se bagarrer **verbe**
Se bagarrer, c'est se donner des coups. *Léo et Paul* ***se sont*** *encore* ***bagarrés*** *dans la cour.* Synonyme : se battre.

bagarreur, bagarreuse **adjectif**
Une personne **bagarreuse** aime la bagarre, cherche toujours à se battre. *Léo et Solène sont des enfants* ***bagarreurs****.*

bague **nom féminin**
Une **bague** est un bijou que l'on porte au doigt.

→ Cherche alliance et anneau.

baguette **nom féminin**
1 Une **baguette** est un bâton mince et assez long. *On joue du tambour à l'aide de* ***baguettes****. Le chef d'orchestre dirige les musiciens avec sa* ***baguette****.*

A B C D E F G H I J K L M N O P Q R S T U V W X Y Z

❷ Une **baguette** est un pain long et mince qui pèse environ 250 grammes.

baignade **nom féminin**
La **baignade**, c'est l'action de se baigner à plusieurs dans la mer, dans une rivière ou dans un lac. *Quand il y a trop de vent, la* ***baignade*** *est interdite.*

se **baigner** **verbe**
Se baigner, c'est se mettre dans l'eau pour nager ou pour s'amuser. *Nous* ***nous sommes baignés*** *dans la rivière.*
● Mots de la même famille : baignade, baignoire, bain.

Les enfants **se baignent**.

baignoire **nom féminin**
Une **baignoire** est une sorte de bassin qui se trouve dans une salle de bains et que l'on utilise pour prendre un bain.

bâiller **verbe**
Bâiller, c'est ouvrir la bouche toute grande sans le faire exprès, quand on a sommeil ou quand on s'ennuie. *On met sa main devant sa bouche quand on* ***bâille****.*
🔍 Le *a* prend un accent circonflexe.

bâillon **nom masculin**
Un **bâillon** est un morceau de tissu qu'on met sur la bouche d'une personne pour l'empêcher de parler.
🔍 Le *a* prend un accent circonflexe.

bain **nom masculin**
Un **bain** est l'eau où l'on se baigne. *On prend un* ***bain*** *chaud pour se détendre et se laver. Les enfants aiment les* ***bains*** *de mer.*

baiser **nom masculin**
Donner un **baiser** à une personne, c'est poser ses lèvres sur la joue ou sur les lèvres de cette personne.
→ Cherche bise et bisou.

baisse **nom féminin**
La **baisse**, c'est le fait de baisser, de devenir moins important ou d'une valeur moins élevée. *Les clients profitent de la* ***baisse*** *des prix.* Synonyme : diminution. Contraires : augmentation, hausse.

baisser **verbe**
❶ **Baisser**, c'est mettre plus bas. ***Baisse*** *un peu le store !* Contraires : lever, relever. ***Baisse-toi*** *pour ramasser ton crayon.* Synonyme : se pencher.
❷ **Baisser** le son, c'est le rendre moins fort. *Peux-tu* ***baisser*** *le son de la télévision ?* Contraire : monter.
❸ **Baisser**, c'est diminuer. *Ma grand-mère a la vue qui* ***baisse****.* Synonyme : s'affaiblir. *Les prix* ***baissent****.* Contraire : augmenter. *Le niveau de la rivière* ***a baissé****.* Contraire : monter.
● Mot de la même famille : baisse.

bal **nom masculin**
Un **bal** est une fête où l'on danse au son d'un orchestre. *Le 14 Juillet, en France, il y a des* ***bals*** *dans les rues.*
🔍 Ne confonds pas « un bal » et « une balle ».

une **baleine**

balade nom féminin

Une **balade** est une promenade. *Nous allons faire une **balade** dans la forêt.*

🔍 C'est un mot familier.

● Mots de la même famille : se balader, baladeur.

se balader verbe

Se balader, c'est se promener. *J'aime bien **me balader** dans la forêt.*

🔍 C'est un mot familier.

baladeur nom masculin

Un **baladeur** est un petit lecteur portable de cassettes ou de CD qui a deux écouteurs. *Solène écoute une cassette sur son **baladeur**.*

balai nom masculin

Un **balai** est une sorte de brosse qui a un long manche et qui sert à enlever la poussière et les saletés. *Papa donne un coup de **balai** dans la cuisine.*

🔍 Ne confonds pas « balai » et « un ballet de danseurs ».

● Mot de la même famille : balayer.

balance nom féminin

Une **balance** est un appareil qui sert à peser des objets, des aliments ou des personnes. *Au supermarché, on pèse les fruits et les légumes sur la **balance**.*

● Mots de la même famille : balancer, balançoire.

se balancer verbe

Se balancer, c'est bouger régulièrement d'avant en arrière. *Les enfants **se balançaient** sur leurs chaises.*

balançoire nom féminin

Une **balançoire** est un siège suspendu que l'on utilise comme jeu pour se balancer.

🔍 Le *c* prend une cédille.

balayer verbe

Balayer, c'est enlever la poussière et les saletés avec un balai. *Le gardien **balaie** l'escalier.*

balcon nom masculin

Un **balcon** est une partie qui dépasse de la façade d'une maison ou d'un immeuble. *On peut se mettre sur le **balcon** quand il fait beau.*

baleine nom féminin

Une **baleine** est un mammifère marin. *La **baleine** bleue et la **baleine** à bosse risquent de disparaître si l'on continue à les chasser.*

▶ Les baleines sont les plus gros de tous les mammifères. Elles peuvent peser 150 tonnes et mesurer plus de 25 mètres. Elles n'ont pas de dents mais des **fanons** qui leur permettent de filtrer l'eau et de retenir la nourriture. Le petit est le **baleineau**.

➜ Cherche cachalot.

balle nom féminin

1 Une **balle** est un petit objet rond qui rebondit et que l'on utilise pour jouer ou dans certains sports. *Une **balle** de ping-pong est plus petite qu'une **balle** de tennis.*

❷ Une **balle** de fusil (ou de pistolet) est un petit morceau de métal qui peut blesser ou tuer.

Ne confonds pas « une balle » et « un bal ».

● Mot de la même famille : **ballon**.

ballet **nom masculin**
Un **ballet** est un spectacle de danse.

Ne confonds pas « ballet » et « un balai» pour balayer.

ballon **nom masculin**
❶ Un **ballon** est une grosse balle. *Les* ***ballons*** *de rugby sont ovales.*
❷ Un **ballon** est une sphère de caoutchouc gonflée de gaz. *Ne* ***lâche*** *pas ton ballon !*
❸ Un **ballon** est un appareil qui permet de s'élever dans l'air.
➜ Cherche **montgolfière**.

bambou **nom masculin**
Le **bambou** est une plante des pays chauds.

Le son [ɑ̃] s'écrit *am* devant un *b*. Au pluriel, on écrit *des bambous*.
➜ Cherche **roseau**.

banal, banale **adjectif**
Une chose **banale** est courante, ordinaire. *Ton histoire est vraiment* ***banale****.* **Contraires : extraordinaire, original.**

Au pluriel, on écrit *banals, banales*.

Le panda mange des **bambous**

banane **nom féminin**
Une **banane** est un fruit long à peau jaune et épaisse.
▶ Les bananes poussent sur un arbre des pays chauds, le **bananier**, en formant de grosses grappes appelées **régimes**.

banc **nom masculin**
Un **banc** est un siège étroit et long pour plusieurs personnes. *Dans les parcs, on peut s'asseoir sur des* ***bancs****.*

Ce mot se termine par un *c* qu'on ne prononce pas.

bancal, bancale **adjectif**
Un meuble **bancal** a un pied plus court que les autres. *Ces deux fauteuils sont* ***bancals****.* **Contraire : stable.**

Au pluriel, on écrit *bancals, bancales*.

bande **nom féminin**
❶ Une **bande** est un long morceau de tissu (ou de papier). *Solène a une* ***bande*** *autour du poignet.*
❷ Une **bande** est un groupe de personnes ou d'animaux qui vont ensemble. *Une* ***bande*** *d'enfants jouent dans le jardin. Les corbeaux vivent* ***en bandes****.*
❸ Une **bande dessinée** est une suite de dessins qui racontent une histoire avec très peu de texte.

L'abréviation courante de « bande dessinée » est « B.D. ».

● Mots de la même famille : **bandeau, bander**.

bandeau **nom masculin**
Un **bandeau** est une bande de tissu. *Marion a un* ***bandeau*** *dans les*

cheveux. Le pirate a un ***bandeau*** *sur l'œil.*

Au pluriel, on écrit *des bandeaux.*

bander **verbe**
Bander une partie du corps, c'est la couvrir d'une bande ou d'un bandeau. *Le médecin* ***a bandé*** *le poignet de Solène. David a les yeux* ***bandés****.*

bandit **nom masculin**
Un **bandit** est une personne malhonnête qui attaque les gens pour les voler.
Synonymes : brigand, gangster.

banjo **nom masculin**
Un **banjo** est un instrument de musique à cordes qui ressemble à une guitare, mais qui est rond. *Dans les westerns, les cow-boys jouent parfois du* ***banjo****.*

On prononce [bɑ̃dʒo].

banlieue **nom féminin**
La **banlieue** d'une grande ville est l'ensemble des petites villes qui sont autour. *Mes grands-parents habitent en* ***banlieue****.*

banque **nom féminin**
Une **banque** est un établissement où l'on peut déposer et retirer de l'argent.

banquette **nom féminin**
Une **banquette** est un long siège rembourré à plusieurs places. *Les enfants sont assis sur la* ***banquette*** *arrière de la voiture.*

banquise **nom féminin**
La **banquise** est l'épaisse couche de glace qui flotte dans les mers polaires et qui est formée par de l'eau de mer gelée.

baptême **nom masculin**
Le **baptême** est une cérémonie de la religion chrétienne. *Le jour de son* ***baptême****, l'enfant ou l'adulte devient chrétien et il a un parrain et une marraine.*

On ne prononce pas le *p*. Le premier e prend un accent circonflexe.

baptiser **verbe**
Baptiser, c'est rendre chrétien par le baptême. *Le prêtre* ***a baptisé*** *un bébé en lui versant un peu d'eau sur le front.*

On ne prononce pas le *p*.
● Mot de la même famille : **baptême**.

bar **nom masculin**
1 Un **bar** est un petit café.
2 Le **bar** est le comptoir d'un café où l'on sert les boissons. *Des personnes sont installées au* ***bar****.*

Ne confonds pas « un bar » et « une barre ».

Le navire est prisonnier de la **banquise**.

baraque **nom féminin**
Une **baraque** est une petite cabane en bois qui sert d'abri. *À la fête, la pêche à la ligne et le tir sont installés dans des* ***baraques****.*

A B C D E F G H I J K L M N O P Q R S T U V W X Y Z

barbant, barbante adjectif

Une chose ou une personne **barbante** est ennuyeuse. *Ce film est* ***barbant****.*
Contraires : distrayant, intéressant, passionnant.

C'est un mot familier.

barbe nom féminin

La **barbe**, c'est l'ensemble des poils qui poussent sur le menton et les joues des hommes. *Mon grand frère se laisse pousser la* ***barbe****.*

● Mots de la même famille : barbant, barbichette, barbu.

barbecue nom masculin

Un **barbecue** est un petit appareil de cuisson que l'on installe en plein air. *Nous avons fait griller des saucisses sur le* ***barbecue****.*

Ils font griller des brochettes sur le **barbecue**.

barbelé adjectif masculin

Un fil de fer **barbelé** est un fil de fer qui a des pointes. *Un fil de fer* ***barbelé*** *entoure le pré pour empêcher le bétail de s'échapper.*

barbichette nom féminin

Une **barbichette** est une petite touffe de barbe au menton. *Je connais cette comptine : « Je te tiens, tu me tiens par la* ***barbichette****. Le premier de nous deux qui rira aura une tapette. »*

barboter verbe

Barboter, c'est s'agiter dans une eau peu profonde. *Les canards* ***barbotent*** *dans la mare.*

barbouiller verbe

Barbouiller, c'est salir avec quelque chose de coloré. *Mon petit frère* ***a barbouillé*** *son visage de chocolat.*
Contraire : débarbouiller.

barbu, barbue adjectif

Un homme **barbu** est un homme qui a une barbe.

bariolé, bariolée adjectif

Un tissu **bariolé** a beaucoup de couleurs vives. *Julien a une chemise* ***bariolée****.*
Contraire : uni.

baromètre nom masculin

Un **baromètre** est un instrument qui mesure les changements dans l'état de l'atmosphère. *L'aiguille du* ***baromètre*** *est sur « beau temps ».*

barque nom féminin

Une **barque** est un petit bateau que l'on fait avancer avec des rames ou avec un moteur. *Nous avons fait une promenade en **barque** sur le lac.*

➜ Cherche **canoë**, **canot** et **kayak**.

barrage **nom masculin**

❶ Un **barrage** est un grand mur en béton qui barre un fleuve ou une rivière et qui retient l'eau. *On a construit un **barrage** sur le fleuve.*

❷ Un **barrage** est un obstacle installé pour barrer le passage. *Les policiers ont installé un **barrage** sur la route.*

On a construit un **barrage** pour fabriquer de l'électricité.

barre **nom féminin**

❶ Une **barre** est un morceau de bois ou de métal long et étroit. *Les danseuses font des exercices à la **barre**.*

❷ La **barre** d'une lettre de l'alphabet est un petit trait droit et horizontal. *La **barre** de ton « t » est mal faite.*

Ne confonds pas « une barre » et « un bar ».

● Mots de la même famille : **barreau, barrette, barrière**.

barreau **nom masculin**

❶ Un **barreau** est une petite barre. *Le prisonnier a voulu scier les **barreaux** de sa fenêtre.*

❷ Un **barreau de chaise** est une petite barre de bois qui fait partie du dossier ou qui relie les pieds.

Au pluriel, on écrit *des barreaux*.

barrer **verbe**

❶ **Barrer** un lieu, c'est empêcher le passage. *Les policiers **ont barré** la route.* **Synonyme : bloquer.**

❷ **Barrer** un mot, c'est faire un trait dessus pour indiquer qu'on le supprime. **Synonyme : rayer.**

● Mot de la même famille : **barrage**.

barrette **nom féminin**

Une **barrette** est une pince allongée qui sert à attacher les cheveux.

barrière **nom féminin**

Une **barrière** est un ensemble de barres qui ferme un jardin, un champ, une route. *La **barrière** du passage à niveau était fermée.*

1. bas, basse **adjectif**

Ce qui est **bas** a une petite hauteur ou un petit niveau. *Le plafond est **bas**.* **Contraire : haut.** *La température est **basse**.* **Contraire : élevé.** *Nous parlons à voix **basse**.* **Contraire : haut.**

2. bas **adverbe**

❶ **Bas** signifie : à une hauteur ou à un niveau bas. *Vous êtes assis trop **bas**. L'avion vole **bas**.* **Contraire : haut.** Parler **bas**, c'est parler à voix basse. **Contraire : fort.**

❷ **En bas** signifie : au-dessous, à l'étage du dessous. *Julie est **en bas**.* **Contraire : en haut.**

3. bas **nom masculin**

① Le **bas**, c'est la partie inférieure d'une chose, d'un lieu. *Mes jouets sont dans le **bas** du placard.* **Contraire : haut.**

② Des **bas** sont des sous-vêtements de femme faits dans une matière souple et qui couvrent le pied et la jambe.

bascule **nom féminin**

Une **bascule** est une planche mobile qui permet de se balancer. *Ma petite sœur a un cheval **à bascule**.*

● Mot de la même famille : basculer.

Julie est sur son cheval à **bascule**.

basculer **verbe**

Basculer, c'est tomber en perdant l'équilibre. *Si tu te balances sur ta chaise, tu risques de **basculer** en arrière.* **Synonyme : se renverser.**

base **nom féminin**

① La **base** est la partie qui est en bas d'un objet. *La **base** du rocher est creusée par l'eau.* **Contraire : sommet.**

② La **base** d'un triangle est le côté opposé au sommet.

1. basket **nom féminin**

Une **basket** est une chaussure de sport qui monte jusqu'à la cheville.

2. basket-ball **nom masculin**

Le **basket-ball** est un sport d'équipe. Les cinq joueurs d'une équipe doivent envoyer un ballon dans le panier de l'autre équipe.

▶ Un joueur de basket-ball est un **basketteur**, une joueuse, une **basketteuse**.

🔍 L'abréviation courante de « basket-ball » est « basket ». – La nouvelle orthographe permet aussi d'écrire *basketball,* sans trait d'union.

Un match de **basket-ball**.

basse-cour **nom féminin**

La **basse-cour** est la partie d'une ferme où l'on élève la volaille.

🔍 Au pluriel, on écrit *des basses-cours.* – La nouvelle orthographe permet aussi d'écrire *bassecour,* sans trait d'union.

bassin **nom masculin**

Un **bassin** est une construction que l'on a remplie d'eau. *Nous faisons naviguer nos bateaux sur le **bassin**.*

bassine nom féminin
Une **bassine** est un grand récipient rond. *Mamie fait des confitures dans une **bassine** en cuivre.*

bataille nom féminin
Une **bataille** est un combat entre des personnes ou des armées. *La dispute entre Julien et David s'est terminée en **bataille**.* Synonyme : bagarre.

bateau nom masculin
Un **bateau** est un moyen de transport qui navigue sur l'eau. *Une barque, un voilier, une péniche sont des **bateaux**.*

Au pluriel, on écrit *des bateaux*.

→ Cherche navire et paquebot.

bâtiment nom masculin
Un **bâtiment** est une grande construction. *Un immeuble, une usine, une école sont des **bâtiments**.* Synonyme : édifice.

Le *a* prend un accent circonflexe.

bâtir verbe
Bâtir, c'est construire en assemblant des matériaux. *Les maçons **ont bâti** la maison en un an.*

Le *a* prend un accent circonflexe.

● Mots de la même famille : bâtiment, bâtisse.

bâtisse nom féminin
Une **bâtisse** est un grand bâtiment.

Le *a* prend un accent circonflexe.

bâton nom masculin
Un **bâton** est un long morceau de bois rond. *Nous avons fabriqué des échasses avec des **bâtons**.*

Le *a* prend un accent circonflexe.

battement nom masculin
Des **battements** sont une suite de coups ou de mouvements rapides et réguliers. *Le médecin écoute les **battements** du cœur.*

batterie nom féminin
Une **batterie** est un ensemble d'instruments que l'on frappe avec des baguettes ou avec les mains.

☛ Va voir « les instruments de musique », page 355.

Chloé joue de la **batterie**.

battre verbe
1 **Battre**, c'est donner des coups. *J'ai vu un homme qui **battait** son chien.* Synonymes : frapper, taper. *David et Julien **se battent** souvent.* Synonyme : se bagarrer.
2 **Battre** un adversaire, c'est remporter une victoire sur lui. *Nous **avons battu** l'autre équipe.* Synonyme : vaincre.
3 Quand le cœur **bat**, il a des mouvements réguliers.

● Mots de la même famille : battement, batterie.

1. bavard, bavarde adjectif
Être **bavard**, c'est parler beaucoup.

● Mots de la même famille : bavardage, bavarder.

2. bavard nom masculin
bavarde nom féminin
Un **bavard**, une **bavarde** sont des personnes qui bavardent, qui parlent tout le temps. *Les **bavards** m'empêchent de lire.*

Tom lit une **B.D.**

bavardage nom masculin
Le **bavardage**, c'est l'action de bavarder. *Arrête ton **bavardage** !*

bavarder verbe
Bavarder, c'est parler beaucoup. *La bouchère aime bien **bavarder** avec ses clients.*

bave nom féminin
La **bave** est la salive qui coule de la bouche des personnes ou de la gueule des animaux. *Le bébé a de la **bave** sur le menton.*
● Mots de la même famille : baver, bavoir.

baver verbe
Baver, c'est laisser couler de la bave, de la salive sur soi. *Les bébés **bavent**.*

bavoir nom masculin
Un **bavoir** est une petite serviette que l'on attache autour du cou d'un bébé qui bave.

B.D. nom féminin
Une **B.D.** est une bande dessinée. *J'ai plusieurs albums de **B.D.***
« B.D. » est une abréviation.
→ Cherche bande.

1. beau, belle adjectif
① Ce qui est **beau** est agréable à regarder ou à écouter. *Tu as fait un **beau** dessin.* **Synonyme :** joli. **Contraire :** laid. *Ton père est un **bel** homme. Julie a une **belle** voix.*
② Une **belle journée** est une journée claire et ensoleillée.
③ Un **beau jour**, c'est un certain jour.
On dit « un *bel* arbre », « un *bel* homme » parce que ces noms commencent par une voyelle ou un « h » muet. Au pluriel, on écrit *beaux*, *belles*.
● Mot de la même famille : beauté.

2. beau adverbe
Quand il fait **beau**, le temps est clair et ensoleillé.

beaucoup adverbe
Beaucoup signifie : en grande quantité, en grand nombre ou énormément. *J'ai **beaucoup** d'amis. Paul mange **beaucoup**.* **Contraire :** peu. *J'aime **beaucoup** ce livre.*

beauté nom féminin
La **beauté** est la qualité de ce qui est beau. *Ce paysage est d'une grande **beauté**.* **Contraire :** laideur.

bébé nom masculin
Un **bébé** est un tout petit enfant qui a moins de deux ans.

Les becs d'oiseaux

bec **nom masculin**
Le **bec** d'un oiseau est la partie pointue qui lui sert de bouche. Il est fait de deux mâchoires dures sans dents.

● Mots de la même famille : **becquée, becqueter**.

bêche **nom féminin**
Une **bêche** est une pelle plate.

🔍 Le premier e prend un accent circonflexe.

becquée **nom féminin**
La **becquée** est la nourriture qu'un oiseau a dans son bec pour nourrir ses petits. *L'hirondelle donne la **becquée** à ses oisillons.*

becqueter **verbe**
Pour un oiseau, **becqueter**, c'est piquer un aliment avec le bec pour le manger. *Les merles **becquettent** les cerises.*

🔍 On écrit aussi « béqueter ». – La nouvelle orthographe permet d'écrire également *bèqueter,* avec un accent grave et sans *c*.

bégayer **verbe**
Bégayer, c'est parler avec difficulté, en répétant des syllabes. *Mon frère **bégaie** quand il est intimidé.*

🔍 On prononce [begeje].

beige **adjectif**
La couleur **beige** est une couleur marron très clair. *Le pelage des dromadaires est **beige**.*

beignet **nom masculin**
Un **beignet** est un gâteau fait avec de la pâte que l'on fait frire dans l'huile bouillante. *J'aime beaucoup les **beignets** aux pommes et les beignets aux crevettes.*

L'oiseau donne la **becquée** à ses petits.

A B C D E F G H I J K L M N O P Q R S T U

bêler verbe

Pour un mouton, une chèvre, **bêler**, c'est pousser son cri.

Le premier *e* prend un accent circonflexe.

bélier nom masculin

Un **bélier** est un mouton mâle qui a deux grosses cornes courbes.

▶ C'est un ruminant. La femelle est la brebis. Le petit est l'agneau. Quand le bélier crie, on dit qu'il bêle ou qu'il **blatère**.

belle → **beau**

bénéfice nom masculin

Faire un **bénéfice** (ou du **bénéfice**), c'est gagner une certaine somme d'argent en revendant quelque chose. *Si on achète une marchandise 6 euros et si on la revend 10 euros, on fait un **bénéfice** de 4 euros.*

benjamin nom masculin
benjamine nom féminin

Le **benjamin**, la **benjamine** sont les enfants les plus jeunes d'un groupe. *Lucas est le **benjamin** de la famille.*
Synonyme : cadet. Contraire : aîné.

On écrit *ben* mais on prononce [bɛ̃], comme « bain ».

un **bélier**

Luc **berce** le bébé dans son berceau.

benne nom féminin

La **benne** d'un camion est la partie arrière, qui sert à transporter un chargement. *Le camionneur fait basculer la **benne** pour décharger la terre.*

Il y a deux *n*.

béquille nom féminin

Une **béquille** est une canne avec une poignée. On s'appuie dessus quand on ne peut pas marcher normalement. *Romain s'est cassé la jambe, il marche avec des **béquilles**.*

berceau nom masculin

Un **berceau** est un petit lit de bébé, qui sert à le bercer. *La maman berce son enfant dans son **berceau** en lui chantant une berceuse.*

Au pluriel, on écrit *des berceaux*.

bercer verbe

Bercer un enfant, c'est le balancer doucement pour l'endormir.

● Mots de la même famille : **berceau**, **berceuse**.

berceuse **nom féminin**
Une **berceuse** est une chanson douce que l'on chante aux enfants pour les calmer et les endormir.

béret **nom masculin**
Un **béret** est un petit chapeau mou, rond et plat. *Les marins portent des* ***bérets****.*

berge **nom féminin**
La **berge** est le bord d'un cours d'eau. *Les pêcheurs sont installés sur la* ***berge****.* **Synonyme : rive.**

berger **nom masculin**
bergère **nom féminin**
Un **berger**, une **bergère** sont des personnes qui gardent des moutons ou des chèvres et qui les soignent. C'est un nom de métier.
● Mot de la même famille : **bergerie**.

bergerie **nom féminin**
Une **bergerie** est un bâtiment qui sert d'abri aux moutons et aux chèvres.

bermuda **nom masculin**
Un **bermuda** est un short qui descend jusqu'aux genoux.

Mathis porte un **bermuda** à fleurs.

besoin **nom masculin**
① Un **besoin**, c'est ce qui est nécessaire ou ce qui manque. *Grand-mère* ***a besoin*** *de repos.*
② Faire ses **besoins**, c'est rejeter par le corps la partie non utilisée des aliments. *Les chiens font leurs* ***besoins*** *dans le caniveau.*

bestiole **nom féminin**
Une **bestiole** est une petite bête, un insecte. *Le rosier est envahi par des* ***bestioles****.*

bétail **nom masculin**
Le **bétail** est l'ensemble des gros animaux de la ferme. *Les bœufs, les moutons, les porcs font partie du* ***bétail****.*

1. bête **nom féminin**
Une **bête** est un animal. *Les vaches sont des* ***bêtes*** *à cornes.*

Le premier e prend un accent circonflexe.

2. bête **adjectif**
Être **bête**, c'est n'être pas capable de réfléchir et de comprendre. *Qui t'a dit que tu étais* ***bête*** *?* **Synonymes : idiot, sot, stupide. Contraire : intelligent.**

Le premier e prend un accent circonflexe.

● Mot de la même famille : **bêtise**.

bêtise **nom féminin**
① La **bêtise**, c'est le manque d'intelligence, de réflexion. *Elle est connue pour sa* ***bêtise****.* **Synonymes : sottise, stupidité. Contraire : intelligence.**
② Une **bêtise**, c'est une parole ou une action bête. *Ne faites pas de* ***bêtises*** *pendant mon absence !* **Synonyme : sottise.**

Le premier e prend un accent circonflexe.

A B C D E F G H I J K L M N O P Q R S T U V W X Y Z

béton nom masculin

Le **béton** est un mélange de ciment, de gravier, de sable et d'eau. *On utilise le* ***béton*** *pour construire des immeubles.*

betterave nom féminin

La **betterave** est une plante qui a une grosse racine rouge ou blanche. L'espèce à racine rouge sert à l'alimentation des personnes.

beugler verbe

Pour un bœuf, une vache, un taureau, **beugler**, c'est pousser son cri. Synonyme : meugler.

beurre nom masculin

Le **beurre** est la matière grasse et jaune que l'on obtient en agitant la crème du lait.

Il y a deux *r*.

● Mot de la même famille : beurrer.

beurrer verbe

Beurrer une tartine, c'est la recouvrir de beurre.

Il y a deux *r*.

biberon nom masculin

Un **biberon** est une petite bouteille qui a une tétine. Il sert à nourrir les bébés.

bibliothécaire nom masculin et nom féminin

Un **bibliothécaire**, une **bibliothécaire** sont des personnes qui classent et prêtent les livres d'une bibliothèque. C'est un nom de métier.

Ce mot s'écrit avec *th*.

bibliothèque nom féminin

1 Une **bibliothèque** est un lieu, une pièce où sont classés des livres que l'on peut emprunter.

2 Une **bibliothèque** est un meuble à étagères pour ranger les livres. *Dans le salon, il y a une* ***bibliothèque****.*

Ce mot s'écrit avec *th*.

● Mot de la même famille : bibliothécaire.

Va voir la planche illustrée 11

biceps nom masculin

Le **biceps** est le plus gros muscle du bras. *Julien plie les bras pour faire gonfler ses* ***biceps****.*

Ce mot se termine par un *s* qu'on prononce.

biche nom féminin

Une **biche** est un mammifère qui vit dans les forêts.

▶ C'est un ruminant. La biche est la femelle du cerf. Le petit est le faon. Quand la biche crie, on dit qu'elle **brame**.

bicyclette nom féminin

Une **bicyclette** est un véhicule qui a deux roues, un guidon et des pédales. Synonyme : vélo.

Le deuxième son [i] s'écrit *y*.

Zoé prend un livre dans la **bibliothèque**.

une **biche**

bidon **nom masculin**

Un **bidon** est un récipient fermé par un bouchon, que l'on utilise pour transporter des liquides. *Le garagiste vend des* ***bidons*** *d'huile.*

bidule **nom masculin**

Un **bidule** est un objet qu'on ne sait pas nommer. *À quoi sert ce* ***bidule*** *?* **Synonyme : chose.**

C'est un mot familier.

1. bien **adverbe**

❶ **Bien** signifie : d'une façon qui convient. *Julie travaille* ***bien****.* **Contraire : mal.**

❷ **Bien** signifie : très, beaucoup. *Je suis* ***bien*** *contente. J'aime* ***bien*** *les animaux.*

2. bien **nom masculin**

❶ Le **bien**, c'est ce qui respecte la morale et la vie. *À sept ans, on sait faire la différence entre le* ***bien*** *et le mal.* **Contraire : mal.**

❷ Faire du **bien**, c'est être agréable. *Cette tasse de tisane m'a fait du* ***bien****.* **Contraire : mal.**

bien que **conjonction**

Bien que signifie : malgré tel événement. *Ils ont décidé de sortir* ***bien qu'****il neige.* **Synonyme : quoique.**

bien sûr **adverbe**

Bien sûr signifie : de façon certaine. *Est-ce que tu viendras dimanche ? — Bien sûr !* **Synonymes : évidemment, sûrement.**

bientôt **adverbe**

Bientôt signifie : dans peu de temps. *J'aurai* ***bientôt*** *sept ans.*

bienvenue **nom féminin**

Souhaiter la **bienvenue** à quelqu'un, c'est l'accueillir avec des paroles aimables. *Mamie souhaite la* ***bienvenue*** *à ses invités.*

bière **nom féminin**

La **bière** est une boisson amère qui contient de l'alcool et qui peut rendre ivre. Elle est faite avec de l'orge.

bifteck **nom masculin**

Un **bifteck** est une tranche de bœuf ou de cheval. *Le* ***bifteck*** *est souvent servi avec des frites.* **Synonyme : steak.**

Il y a un *c* devant le *k*.

bifurquer **verbe**

Quand une route **bifurque**, elle se divise en deux branches, comme une fourche.

Les deux routes qui bifurquent sont des **bifurcations**.

À cet endroit, la route **bifurque**.

a b c d e f g h i j k l m n o p q r s t u v w x y z

A B C D E F G H I J K L M N O P Q R S T U V W X Y Z

bijou nom masculin

Un **bijou** est un objet que l'on porte comme ornement. *Une bague, un collier, un bracelet sont des* ***bijoux****.*

🔍 Au pluriel, on écrit *des bijoux*.

● Mots de la même famille : **bijouterie**, **bijoutier**.

➜ Cherche **joyau**.

bijouterie nom féminin

Une **bijouterie** est un magasin où le bijoutier vend des bijoux.

bijoutier nom masculin
bijoutière nom féminin

Un **bijoutier**, une **bijoutière** sont des personnes qui vendent ou qui fabriquent des bijoux. C'est un nom de métier.

bilan nom masculin

Faire le **bilan** d'une situation, c'est l'examiner sous tous ses aspects. *À la fin du trimestre, le maître fait le* ***bilan*** *de nos connaissances en mathématiques.*

bille nom féminin

Une **bille** est une petite boule que les enfants utilisent pour jouer.

Lucas, Chloé et Mathis jouent aux **billes**.

billet nom masculin

1 Un **billet** (ou un **billet de banque**) est un rectangle de papier qui vaut une certaine somme d'argent. *Mamie m'a donné un* ***billet*** *de 20 euros.*

2 Un **billet** est un papier ou un carton qui prouve que l'on a payé une place, une entrée. *Le contrôleur du train m'a demandé mon* ***billet****.* Synonyme : **ticket**. *Ma sœur a acheté deux* ***billets*** *pour le théâtre.*

bis ! interjection

Bis s'emploie pour demander à un artiste de faire son numéro une deuxième fois. *Les spectateurs étaient si contents qu'ils criaient «* ***bis !*** *».*

🔍 Ce mot se termine par un *s* qu'on prononce.

biscotte nom féminin

Une **biscotte** est une tranche de pain de mie que l'on a séchée au four. *Maman tartine sa* ***biscotte*** *avec de la confiture.*

biscuit nom masculin

Un **biscuit** est un petit gâteau sec. *J'ai acheté un paquet de* ***biscuits*** *au chocolat.*

1. bise nom féminin

La **bise** est un vent froid qui souffle du nord.

➜ Cherche **brise**.

2. bise nom féminin

Une **bise** est un petit baiser. *Marie nous a fait une* ***bise****.*

● Mot de la même famille : **bisou**.

bison nom masculin

Un **bison** est un grand bœuf sauvage d'Amérique du Nord qui a une bosse sur le cou et une épaisse crinière.

bisou **nom masculin**
Un **bisou** est un petit baiser. *Fais-moi un **bisou** !*

Au pluriel, on écrit *des bisous*.

bissextile **adjectif féminin**
Une année **bissextile** est une année qui a 366 jours, c'est-à-dire un jour de plus que les années ordinaires. Le mois de février a alors 29 jours. *Tous les quatre ans, l'année est **bissextile**.*

▶ 2004, 2008, 2012 sont des années bissextiles.

bizarre **adjectif**
Un être ou une chose **bizarres** surprennent par leur aspect. *Nous avons aperçu un animal très **bizarre** dans la forêt.* **Synonymes : curieux, étonnant.** *Pierre a eu une idée **bizarre**.* **Synonyme : étrange.**

Il y a un *z* et deux *r*.

blague **nom féminin**
Une **blague** est une chose drôle que l'on dit ou que l'on fait pour amuser les autres. **Synonyme : plaisanterie.**

→ Cherche farce.

1. blanc, blanche **adjectif**
La couleur **blanche** est la couleur de la neige et du lait.

● Mots de la même famille : blancheur, blanchir.

2. blanc **nom masculin**
1 Le **blanc** est la couleur blanche. *Pour éclaircir mon dessin, je mets un peu de **blanc**.*
2 Le **blanc d'œuf** est la partie blanche qui entoure le jaune.

Va voir « les couleurs et les formes », page 171.

blancheur **nom féminin**
La **blancheur** est la qualité de ce qui est blanc. *La **blancheur** de la neige est éblouissante.*

blanchir **verbe**
1 **Blanchir** une surface, c'est la recouvrir de peinture blanche. *Le peintre **blanchit** la façade de la maison.*
2 **Blanchir**, c'est devenir blanc. *Quand on vieillit, les cheveux **blanchissent**.*

Les cheveux de grand-père **ont blanchi**.

blé **nom masculin**
Le **blé** est une céréale que l'on transforme en farine pour faire du pain et des pâtes. *En été, les épis de **blé** sont dorés.*

un **bison**

blessé **nom masculin**
blessée **nom féminin**

Un **blessé**, une **blessée** sont des personnes qui ont des plaies, des fractures ou des brûlures. *L'ambulance transporte des **blessés** à l'hôpital.*

blesser **verbe**

Blesser une personne ou un animal, c'est leur donner un coup qui laisse une marque profonde sur le corps. *La voiture **a blessé** un chat. Ne joue pas avec ce couteau : tu vas te **blesser**.*

● Mots de la même famille : blessé, blessure.

blessure **nom féminin**

Une **blessure** est une marque sur le corps que l'on a reçue au cours d'un accident ou d'une bagarre, ou que l'on s'est faite. *Une plaie, une fracture sont des **blessures**.*

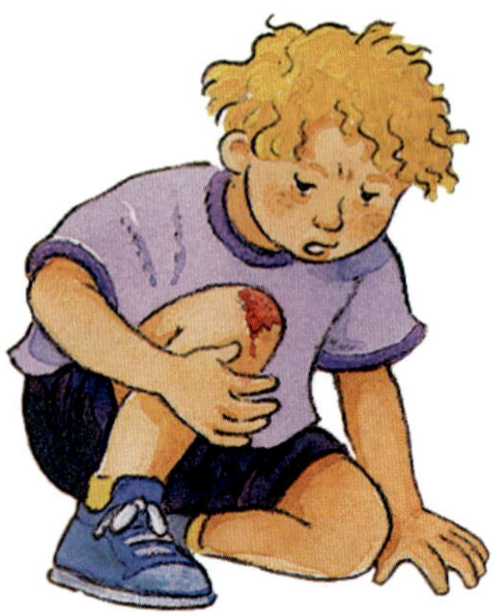

Rémi a une **blessure** au genou.

1. bleu, bleue **adjectif**

La couleur **bleue** est la couleur du ciel sans nuages, de l'azur.

Au pluriel, on écrit *bleus*, *bleues*.
● Mot de la même famille : bleuet.

2. bleu **nom masculin**

❶ Le **bleu** est la couleur bleue. *J'ai peint le mur en **bleu**.*

❷ Un **bleu** est une marque bleue qui apparaît sur la peau après un choc. *Léo s'est cogné et il a des **bleus** sur les bras.*

Va voir « les couleurs et les formes », page 171.

bleuet **nom masculin**

Un **bleuet** est une petite fleur bleue qui pousse dans les champs.

bloc **nom masculin**

❶ Un **bloc** est un gros morceau de matière dure. *La grue déplace des **blocs** de béton.*

❷ Un **bloc de papier** est un ensemble de feuilles attachées par le haut.

blond, blonde **adjectif**

Des cheveux **blonds** sont d'une couleur claire, d'un jaune doré.

→ Cherche brun, châtain et roux.

bloquer **verbe**

❶ **Bloquer** un lieu, c'est mettre un obstacle qui empêche de passer. *Les policiers **ont bloqué** le passage.* Synonyme : barrer. Contraires : débloquer, dégager.

❷ **Bloquer** une chose, c'est l'empêcher de bouger ou l'arrêter. *Les freins **sont bloqués**. Le gardien de but **a bloqué** le ballon.*

se blottir **verbe**

Se blottir, c'est se faire tout petit et se mettre contre quelqu'un pour se protéger. *Léo a peur et **se blottit** dans les bras de sa mère.*

Le chat **se blottit** contre le chien.

blouse **nom féminin**
Une **blouse** est un long vêtement de travail que l'on porte pour protéger ses habits ou par hygiène. *Les infirmières et les chirurgiens portent une* ***blouse****.*

blouson **nom masculin**
Un **blouson** est une veste courte serrée à la taille.

boa **nom masculin**
Un **boa** est un gros serpent d'Amérique du Sud qui étouffe ses proies avant de les manger. *Les* ***boas*** *ne sont pas venimeux.*

☛ Va voir « les reptiles », page 587.

bobine **nom féminin**
Une **bobine** est un petit cylindre fabriqué spécialement pour enrouler du fil, du ruban ou une pellicule de photo.
● Mot de la même famille : bobinette.

bobinette **nom féminin**
Une **bobinette** est un petit morceau de bois en forme de bobine qui servait autrefois à fermer les portes.

bocal **nom masculin**
1 Un **bocal** est un récipient en verre fermé par un couvercle, que l'on utilise pour conserver les aliments. *On vend la confiture dans des* ***bocaux****.*
2 Un **bocal** est un petit aquarium en forme de globe.

Au pluriel, on écrit *des bocaux*.

bœuf **nom masculin**
Un **bœuf** est un gros mammifère qui fait partie du bétail de la ferme.
▶ C'est un ruminant de la même espèce que la vache. Quand le bœuf crie, on dit qu'il beugle ou qu'il meugle.

Au pluriel, on écrit *des bœufs* et on ne prononce pas le *f*.

➜ Cherche taureau.

boire **verbe**
1 **Boire**, c'est avaler un liquide. *Hier, j'ai* ***bu*** *du café au lait.*
2 Quand une matière **boit** un liquide, elle le laisse pénétrer et le retient. *Le coton* ***boit*** *l'eau.* **Synonyme : absorber.**
● Mot de la même famille : boisson.

bois **nom masculin**
1 Un **bois** est un endroit où poussent beaucoup d'arbres. *Les* ***bois*** *sont plus petits que les forêts.*
2 Le **bois** est la matière dure qui forme le tronc et les branches d'un arbre. *J'ai ramassé du* ***bois*** *pour faire un feu.*

boisson **nom féminin**
Une **boisson** est un liquide que l'on boit. *La limonade, les jus de fruits, le café sont des* ***boissons****.*

boîte **nom féminin**
Une **boîte** est un objet avec un couvercle qui sert à mettre toutes sortes de choses, comme des outils, des bijoux, etc.

La nouvelle orthographe permet d'écrire aussi *boite*, sans accent circonflexe.

A B C D E F G H I J K L M N O P Q R S T U V W X Y Z

boiter verbe

Boiter, c'est marcher en penchant d'un côté plus que de l'autre. *Je me suis tordu la cheville, je* ***boite****.*

bol nom masculin

Un **bol** est un petit récipient rond sans anse que l'on utilise pour boire. *Je bois mon chocolat dans un* ***bol****.*

➜ Cherche tasse.

bolide nom masculin

Un **bolide** est un véhicule qui roule très vite.

bombarder verbe

Bombarder un endroit, c'est lancer des bombes pour le détruire. *Les avions* ***ont bombardé*** *un pont.*

Le son [ɔ̃] s'écrit *om* devant un *b*.

bombe nom féminin

Une **bombe** est un engin de guerre qui détruit tout quand il explose.

Le son [ɔ̃] s'écrit *om* devant un *b*.

● Mot de la même famille : bombarder.

1. bon, bonne adjectif

① Une personne **bonne** aime faire du bien, est gentille et généreuse. *Grand-mère est très* ***bonne****.* **Contraire :** mauvais → méchant.

Contraire : méchant.

② Être **bon** en quelque chose, c'est bien réussir. *Kien est* ***bon*** *en gymnastique.* **Synonyme :** fort. **Contraire :** mauvais.

③ Une chose **bonne** est agréable, de qualité, convient bien. *Nous avons mangé un* ***bon*** *gâteau. Quelle* ***bonne*** *nouvelle ! Papi a de* ***bons*** *outils. Elle a trouvé la* ***bonne*** *réponse.* **Synonymes :** exact, satisfaisant. **Contraire :** mauvais.

● Mots de la même famille : bonbon, bonhomme, bonjour, bonté.

2. bon adverbe

① Quand il fait **bon**, le temps est doux.

② Sentir **bon**, c'est avoir une odeur agréable. *Les roses sentent* ***bon****.* **Contraire :** mauvais.

3. bon ! interjection

Bon s'emploie quand on prend une décision ou quand on est surpris. *Bon ! Je viens avec vous. Ah* ***bon*** *! je ne savais pas que grand-père venait.*

bonbon nom masculin

Un **bonbon** est une petite confiserie que l'on croque ou que l'on suce. *J'ai un paquet de* ***bonbons*** *aux fruits.*

bond nom masculin

Un **bond** est un saut très haut. *Les kangourous se déplacent par* ***bonds****.*

● Mot de la même famille : bondir.

bondir verbe

Bondir, c'est s'élancer en faisant un bond, un grand saut. *Le lion* ***a bondi*** *sur la gazelle.* **Synonyme :** se jeter.

Zoé **bondit** sur le trampoline.

bonheur **nom masculin**
Souhaiter du **bonheur** à quelqu'un, c'est lui souhaiter d'être heureux, d'avoir de grandes joies. *On a souhaité beaucoup de* ***bonheur*** *aux mariés.* Contraire : malheur.

Il y a un *h* après le *n*.

bonhomme **nom masculin**
Un **bonhomme** est un personnage qui représente un homme. *Dessine-moi un* ***bonhomme*** *! Nous avons fait un* ***bonhomme*** *de neige.*

Au pluriel, on écrit *des bonshommes.*

Les enfants finissent leur **bonhomme** de neige.

bonjour **nom masculin**
Bonjour est un mot que l'on emploie pour saluer une personne dans la journée. *Léo dit* ***bonjour*** *à ses voisins de palier.*

bonnet **nom masculin**
1 Un **bonnet** est un chapeau souple et sans bords, généralement en laine ou en coton. *En hiver, à la montagne, je mets un* ***bonnet*** *et des gants.*
2 Un **bonnet de bain** protège les cheveux et les oreilles d'un nageur.

bonsoir **nom masculin**
Bonsoir est un mot que l'on emploie pour saluer une personne le soir. *Simon a dit* ***bonsoir*** *aux invités.*

bonté **nom féminin**
La **bonté** est la qualité d'une personne bonne. *Grand-mère est d'une grande* ***bonté***. Synonymes : générosité, gentillesse. Contraire : méchanceté.

bord **nom masculin**
1 Le **bord** d'un objet, d'une surface est la partie qui forme le tour ou la limite. *Le* ***bord*** *de l'assiette est cassé. Ne t'approche pas du* ***bord*** *de la falaise !*
2 Le **bord de la mer**, c'est la région qui est située le long de la mer. *Nous passons nos vacances au* ***bord de la mer****.*
3 **Monter à bord**, c'est embarquer sur un bateau ou sur un avion. Contraire : débarquer.
● Mots de la même famille : border, bordure.

border **verbe**
1 **Border** un lieu, c'est l'entourer, marquer la limite. *L'allée du parc* ***est bordée*** *d'arbres.*
2 **Border** un lit, c'est rentrer la couverture et le drap sous le matelas le long du lit.

bordure **nom féminin**
Une **bordure**, c'est ce qui borde une chose pour l'orner. *Mon col a une* ***bordure*** *en satin.*

borne **nom féminin**
Une **borne** est une grosse pierre ou un bloc de ciment qui marque chaque kilomètre sur une route.

bosse nom féminin

① Une **bosse** est une grosseur que certains animaux ont sur le dos ou sur le cou. *Les chameaux ont deux **bosses** sur le dos, les bisons ont une **bosse** sur le cou.*

② Une **bosse** est une grosseur anormale dans le dos ou sur le devant du corps. *Polichinelle a deux **bosses**.*

③ Une **bosse** est une boule qui se forme sous la peau quand on se cogne.

● Mot de la même famille : bossu.

bossu, bossue adjectif

Être **bossu**, c'est avoir une bosse dans le dos. *Dans les contes, les sorcières sont souvent **bossues**.*

botanique adjectif

Un jardin **botanique** est un jardin où l'on cultive de nombreuses espèces de plantes.

botte nom féminin

Une **botte** est une chaussure qui couvre une partie de la jambe.

Adrien s'est fait une **bosse** au front.

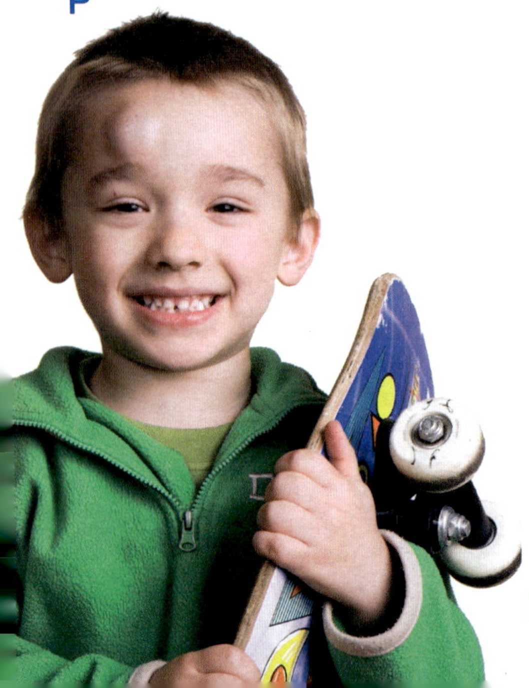

bouc nom masculin

Un **bouc** est un mammifère qui a de grosses cornes courbes et une barbe. *Les **boucs** sentent très mauvais.*

▶ C'est un ruminant. Le bouc est le mâle de la chèvre. Le petit est le **chevreau**. Quand le bouc crie, on dit qu'il bêle.

bouche nom féminin

La **bouche** est l'ouverture située dans le bas du visage. *Dans la **bouche** se trouvent les mâchoires, la langue et le palais.*

● Mot de la même famille : bouchée.

bouchée nom féminin

Une **bouchée** est une petite quantité d'aliments que l'on met dans la bouche. *Tu n'as plus qu'une **bouchée** à avaler.*

1. boucher verbe

① **Boucher** une bouteille, c'est la fermer. **Contraire : déboucher.**

② **Boucher** un trou, c'est le remplir d'une matière. *J'ai **bouché** le trou avec de la terre.*

● Mot de la même famille : bouchon.

2. boucher nom masculin
bouchère nom féminin

Un **boucher**, une **bouchère** sont des personnes qui vendent de la viande. C'est un nom de métier. *J'ai acheté trois biftecks chez le **boucher**.*

● Mot de la même famille : boucherie.

boucherie nom féminin

Une **boucherie** est un magasin où le boucher vend de la viande.

La **bouchère** travaille dans la boucherie.

bouchon nom masculin

❶ Un **bouchon** est un petit objet en liège, en métal ou en matière plastique qui sert à fermer une bouteille ou un tube. *Mon frère a fait sauter le **bouchon** du champagne.*

❷ Un **bouchon** est une file de voitures qui n'avancent pas sur la route. **Synonymes : embouteillage, encombrement.**

boucle nom féminin

❶ Une **boucle** est un objet en métal qui sert à fermer une ceinture ou une courroie.

❷ Une **boucle** est un objet qui a la forme d'un anneau. *Marion aime les **boucles** d'oreilles. Coralie a de belles **boucles** de cheveux.*

● Mot de la même famille : bouclé.

bouclé, bouclée adjectif

Des cheveux **bouclés** sont des cheveux qui forment des boucles, qui s'enroulent sur eux-mêmes. **Synonyme : frisé. Contraire : raide.**

bouclier nom masculin

Un **bouclier** est une plaque qui servait à se protéger pendant les combats.

La lance s'est cassée sur le **bouclier**.

1. bouddhiste adjectif

La religion **bouddhiste** apprend à se détacher du monde. *Loan est **bouddhiste**, elle va à la pagode.*

▶ Les moines bouddhistes sont appelés **bonzes**.

🔍 Il y a deux *d* et un *h*.

2. bouddhiste nom masculin et nom féminin

Les **bouddhistes** sont des personnes qui respectent ce qu'a enseigné un sage appelé « Bouddha ». Les bouddhistes sont très nombreux en Asie.

🔍 Il y a deux *d* et un *h*.

➜ Cherche catholique, israélite, musulman et protestant.

bouder verbe

Bouder, c'est montrer de la mauvaise humeur, faire la tête. *Mon frère refuse de me parler, il **boude**.*

● Mot de la même famille : boudeur.

boudeur, boudeuse adjectif

Être **boudeur**, c'est bouder souvent, montrer sa mauvaise humeur en silence.

A B C D E F G H I J K L M N O P Q R S T U V W X Y Z

boudin **nom masculin**
Le **boudin** noir est un morceau de charcuterie qui a la forme d'un rouleau. Il est fait avec du sang et de la graisse de porc.

boue **nom féminin**
La **boue** est de la terre mouillée et molle. *Les canards pataugent dans la* ***boue***.

Ne confonds pas « la boue » et « le bout ».

bouée **nom féminin**
Une **bouée** est un gros anneau en plastique qui est gonflé pour pouvoir flotter sur l'eau.

Chloé nage avec sa **bouée**.

bougeoir **nom masculin**
Un **bougeoir** est un objet qui sert à faire tenir une bougie.

Il y a un *e* après le *g*.

→ Cherche chandelier.

bouger **verbe**
Bouger, c'est faire des mouvements. *Ne* ***bougeons*** *plus, Anne va prendre une photo !* Synonyme : remuer.

bougie **nom féminin**
Une **bougie** est un rouleau de cire avec une mèche que l'on allume. *Romain a soufflé les sept* ***bougies*** *de son gâteau d'anniversaire.*

● Mot de la même famille : bougeoir.

→ Cherche chandelle.

bougon, bougonne **adjectif**
Être **bougon**, c'est être de mauvaise humeur et se plaindre sans arrêt. Synonyme : grincheux.

bougonner **verbe**
Bougonner, c'est grogner et se plaindre sans arrêt. Synonyme : grommeler.

● Mot de la même famille : bougon.

→ Cherche ronchonner.

bouillant, bouillante **adjectif**
Un liquide **bouillant** est un liquide qui bout, qui est brûlant. *Pour faire des beignets, on verse de la pâte dans de l'huile* ***bouillante***.

bouillir **verbe**
Faire **bouillir** un liquide, c'est le faire chauffer jusqu'au moment où il fait de grosses bulles. *L'eau* ***bout*** *à 100 degrés.*

● Mots de la même famille : bouillant, bouilloire.

bouilloire **nom féminin**
Une **bouilloire** est un récipient qui sert à faire bouillir de l'eau.

boulanger **nom masculin**
boulangère **nom féminin**
Un **boulanger**, une **boulangère** sont des personnes qui fabriquent du pain et des gâteaux et qui les vendent. C'est un nom de métier. *J'ai acheté deux pains et deux croissants chez la* ***boulangère***.

● Mot de la même famille : boulangerie.

boulangerie **nom féminin**
Une **boulangerie** est un magasin où le boulanger fait du pain et le vend.

Théo achète un gâteau
et un pain à la **boulangerie**.

boule **nom féminin**
Une **boule** est un objet tout rond. *Nous jouons aux **boules** sur un terrain plat.*
● Mots de la même famille : boulet, boulette.

boulet **nom masculin**
Un **boulet** est une grosse boule en métal qui servait de projectile. *Les canons lançaient des **boulets**.*

boulette **nom féminin**
Une **boulette** est une petite boule. *On s'amuse à lancer des **boulettes** de papier.*

boulevard **nom masculin**
Un **boulevard** est une rue très large.
➜ Cherche avenue.

bouleverser **verbe**
Bouleverser une personne, c'est lui causer une forte émotion et une grande tristesse. *Maman est **bouleversée** d'apprendre que son frère a eu un accident.*

bouquet **nom masculin**
Un **bouquet** est un ensemble de fleurs. *Romain a offert un **bouquet** de roses à sa mère.*

bourdon **nom masculin**
Un **bourdon** est un insecte qui ressemble à une grosse abeille. Le bourdon ne fait pas de miel.
● Mot de la même famille : bourdonner.

bourdonner **verbe**
Quand une abeille, un bourdon ou une mouche **bourdonnent**, ils font du bruit avec leurs ailes en volant. *Les abeilles **bourdonnent** dans les arbres en fleurs.*

bourgeon **nom masculin**
Un **bourgeon** est une petite pousse qui va s'ouvrir et devenir une feuille ou une fleur. *Au printemps, on voit des **bourgeons** sur les tiges.*

Il y a un e après le *g*.

Le **bourgeon** se transforme
en feuilles.

bourreau **nom masculin**
Un **bourreau** est un homme qui tue les personnes condamnées à mort. C'était un métier avant que l'on supprime la peine de mort, en France.
🔎 Au pluriel, on écrit *des bourreaux*.

bourrer **verbe**
Bourrer un objet, c'est le remplir jusqu'au bord. *Nous* ***avons bourré*** *le coffre de la voiture.*
🔎 Il y a deux *r*.

bousculer **verbe**
Bousculer une personne, c'est la pousser brutalement. *Il* ***bouscule*** *ses camarades pour passer le premier.*

boussole **nom féminin**
Une **boussole** est un instrument qui indique les quatre points cardinaux pour aider à se diriger. Elle a un cadran et une aiguille qui marque le nord.

bout **nom masculin**
❶ Le **bout** d'un objet long, c'est le commencement ou la fin de cet objet. *Léo s'est assis au* ***bout*** *du banc.*
Synonyme : extrémité.
❷ Un **bout** de matière, c'est un petit morceau de cette matière. *Donne-moi un* ***bout*** *de tissu.*
🔎 Ne confonds pas « le bout » et « la boue ».

bouteille **nom féminin**
Une **bouteille** est un récipient en verre ou en plastique, qui a un goulot et qui contient un liquide. *Mon père a débouché la* ***bouteille***.

boutique **nom féminin**
Une **boutique** est un local où un commerçant vend des marchandises. *La librairie est la* ***boutique*** *du libraire. L'épicerie est la* ***boutique*** *de l'épicier.*
Synonyme : magasin.

bouton **nom masculin**
❶ Un **bouton** est un petit objet rond qui sert à fermer un vêtement.
❷ Un **bouton** est un petit objet qui fait fonctionner un appareil. *Appuie sur le* ***bouton*** *de l'ascenseur !*
❸ Un **bouton** est une petite grosseur qui apparaît parfois sur la peau. *Quand on a la rougeole, on est couvert de* ***boutons***.
❹ Un **bouton** est une petite pousse qui donne naissance à une fleur. *Les roses sont encore en* ***boutons***.
● Mots de la même famille : boutonner, boutonnière.

boutonner **verbe**
Boutonner un vêtement, c'est le fermer avec des boutons.
Contraire : déboutonner.

boutonnière **nom féminin**
Une **boutonnière** est une petite ouverture faite à un vêtement pour passer un bouton.

boxe **nom féminin**
La **boxe** est un sport de combat où deux adversaires se battent avec leurs poings. *On fait de la* ***boxe*** *avec de gros gants.*
▶ Les sportifs qui font de la boxe sont les **boxeurs** et les **boxeuses**, et la piste, entourée de cordes, est le **ring**.

bracelet **nom masculin**
Un **bracelet** est un bijou que l'on porte autour du poignet. *Zohra fait des* ***bracelets*** *en perles.*

braguette **nom féminin**
Une **braguette** est une ouverture faite sur le devant d'un pantalon.

un combat de **boxe**

brailler verbe
Brailler, c'est crier, chanter ou pleurer très fort. *Les bébés* ***braillent*** *à la crèche.* **Synonyme : hurler.**

C'est un mot familier.

braire verbe
Pour un âne, **braire**, c'est pousser son cri.

braise nom féminin
Une **braise** est un morceau de bois ou de charbon qui brûle sans faire de flammes. *Le feu n'est pas éteint, il reste encore des* ***braises****.*

brancard nom masculin
Un **brancard** est une sorte de lit qui a deux longues tiges de chaque côté. *On a transporté le blessé sur un* ***brancard****.*
Synonyme : civière.

branche nom féminin
1 Une **branche** est la partie d'un arbre ou d'un arbuste qui part du tronc. *Les feuilles, les fleurs et les fruits poussent sur les* ***branches****.*
2 Les **branches** de lunettes sont les tiges qui reposent sur les oreilles.

brancher verbe
Brancher un appareil électrique, c'est mettre la prise de l'appareil dans la prise du mur pour que le courant passe. *Il ne faut pas toucher un appareil qui* ***est branché*** *avec les mains mouillées.*
Contraire : débrancher.

La lampe n'**est** pas **branchée**.

bras nom masculin
1 Le **bras** est la partie du corps qui va de l'épaule à la main. *Les* ***bras*** *sont les membres supérieurs du corps.*
2 Le **bras** d'un fauteuil est la partie où l'on pose le bras.

brave adjectif
1 Une **brave** personne est bonne et honnête. *Notre voisine est une* ***brave*** *femme.*
2 Une personne **brave** ne craint pas le danger. *Les pompiers sont* ***braves****.*
Contraires : lâche, peureux.

bravo ! interjection
Bravo s'emploie pour féliciter une personne. *Les spectateurs criaient « bravo ! ».*

brebis nom féminin
Une **brebis** est un mouton femelle. *On élève les* ***brebis*** *pour leur lait qui sert à fabriquer du fromage, et pour leur laine.*
► C'est un ruminant. Le mâle est le bélier. Le petit est l'agneau. Quand la brebis crie, on dit qu'elle bêle et son cri est le **bêlement**.

Ce mot se termine par un *s*.

bretelle **nom féminin**
❶ Les **bretelles** sont les bandes de tissu qui passent sur les épaules et qui servent à tenir un pantalon ou une jupe.
❷ Les **bretelles** sont les bandes qui servent à porter un objet sur les épaules. *Les **bretelles** de mon sac à dos sont usées.*

bricolage **nom masculin**
Le **bricolage** est l'activité qui consiste à bricoler, à faire des petits travaux ou des petites réparations.

Bastien fait du **bricolage**.

bricoler **verbe**
Bricoler, c'est faire des petits travaux ou des petites réparations.
● Mots de la même famille : bricolage, bricoleur.

bricoleur, bricoleuse **adjectif**
Une personne **bricoleuse** sait faire des petits travaux et des réparations. *Ma sœur est très **bricoleuse**, elle sait réparer les prises électriques.*

brigand **nom masculin**
Un **brigand** est un homme qui attaquait autrefois les voyageurs sur les routes ou dans la forêt. **Synonyme : bandit.**

brillant, brillante **adjectif**
Une chose **brillante** a de l'éclat. *L'or est un métal **brillant**.* **Contraire : terne.**

briller **verbe**
❶ **Briller**, c'est répandre de la lumière avec éclat. *Le soleil **brille**.*
❷ **Briller**, c'est renvoyer la lumière. *Les diamants **brillent**.*
Synonyme : scintiller.
● Mot de la même famille : brillant.

brin **nom masculin**
Un **brin** est une tige fine. *J'ai cueilli des **brins** de muguet.*
● Mot de la même famille : brindille.

brindille **nom féminin**
Une **brindille** est une branche très fine. *On a allumé le feu avec des **brindilles**.*

brioche **nom féminin**
Une **brioche** est une pâtisserie faite de deux boules.

brique **nom féminin**
Une **brique** est un bloc de terre cuite. *Le maçon construit un mur de **briques**.*

briquet **nom masculin**
Un **briquet** est un petit appareil qui produit du feu.

brise **nom féminin**
La **brise** est un vent léger. *Le souffle de la **brise** nous rafraîchit.*
→ Cherche bise.

brisé, brisée **adjectif**
Une ligne **brisée** est une ligne qui fait des zigzags.
→ Cherche courbe et droit.
☛ Va voir « les couleurs et les formes », page 171.

briser **verbe**
Briser un objet, c'est le casser. *Ils ont **brisé** une vitre.*
● Mot de la même famille : brisé.

broche **nom féminin**

Une **broche** est un bijou qui se fixe à un vêtement avec une épingle.

brochette **nom féminin**

① Une **brochette** est une tige en métal ou en bois que l'on utilise pour faire griller ou pour présenter des morceaux d'aliments.

② Une **brochette** est un ensemble de morceaux d'aliments que l'on a enfilés sur une brochette.

Les enfants préparent des **brochettes** de fruits.

broderie **nom féminin**

Une **broderie** est un motif fait sur du tissu avec du fil et une aiguille.

bronzer **verbe**

Bronzer, c'est avoir la peau qui devient brune au soleil. *Marie* ***bronze*** *vite.*

brosse **nom féminin**

Une **brosse** est un objet fait de poils fixés sur une plaque. Elle sert à nettoyer et à frotter. *On se sert d'une* ***brosse*** *à dents pour se brosser les dents.*

● Mot de la même famille : brosser.

brosser **verbe**

Brosser, c'est nettoyer, frotter ou démêler avec une brosse. *Maman* ***brosse*** *sa jupe. Zoé* ***se brosse*** *les dents.*

brouette **nom féminin**

Une **brouette** est un petit chariot qui a une roue et deux manches. On l'utilise pour transporter des matériaux. *Le jardinier pousse sa* ***brouette****.*

brouhaha **nom masculin**

Le **brouhaha** est le bruit que fait un groupe de personnes. *À la cantine, on entend le* ***brouhaha*** *des conversations.*

brouillard **nom masculin**

Le **brouillard** est de la vapeur d'eau qui reste près du sol. *Il est dangereux de conduire dans le* ***brouillard****.*

➜ Cherche brume.

Dans le **brouillard,** on allume ses phares.

se **brouiller** **verbe**

① Quand la vue **se brouille**, elle devient trouble. *Quand on pleure, la vue* ***se brouille****.*

② Quand deux personnes **se brouillent**, elles se fâchent et ne se parlent plus. *Léa et Zoé* ***se sont brouillées*** *pour une bêtise.* **Contraire :** se réconcilier.

● Mot de la même famille : brouillon.

a b c d e f g h i j k l m n o p q r s t u v w x y z

A B C D E F G H I J K L M N O P Q R S T U V W X Y Z

brouillon nom masculin
Un **brouillon** est un texte que l'on corrige et que l'on recopie. *En classe, nous avons un cahier de* ***brouillon****.*

broussailles nom féminin pluriel
Les **broussailles** sont des touffes d'herbe et de ronces. *Personne ne s'est occupé du jardin, il est envahi de* ***broussailles****.*

brousse nom féminin
La **brousse** est une étendue où il ne pousse que de l'herbe, des arbustes et des buissons. On la trouve dans les pays chauds. *En Afrique, il y a parfois des feux de* ***brousse****.*
→ Cherche **savane**.

brouter verbe
Pour un ruminant, **brouter**, c'est arracher l'herbe pour la manger. *Les vaches et les moutons* ***broutent*** *dans les champs.* Synonyme : **paître.**

broyer verbe
Broyer une matière, c'est l'écraser pour faire de la poudre. *On* ***broie*** *le blé pour faire de la farine.* Synonyme : **moudre.**
On prononce [brwaje].

bruine nom féminin
La **bruine** est une pluie très fine.

bruit nom masculin
Le **bruit**, c'est un ensemble de sons. *J'entends du* ***bruit*** *dans la pièce d'à côté.* Contraire : **silence.**
● Mot de la même famille : **bruyant.**

brûlant, brûlante adjectif
Un objet, un liquide, un aliment **brûlants** sont très chauds. *Le thé est* ***brûlant****.* Synonyme : **bouillant.** Contraire : **glacé.** *L'eau de la douche est* ***brûlante****.* Contraire : **glacial.**
La nouvelle orthographe permet d'écrire aussi *brulant, brulante,* sans accent circonflexe.

brûler verbe
1. **Brûler**, c'est être en feu ou détruire par le feu. *La forêt* ***brûle****. La voiture* ***a brûlé*** *dans l'accident.* Synonyme : **flamber.** *Grand-père* ***a brûlé*** *le tapis avec sa cigarette.*
2. **Se brûler**, c'est se faire mal en touchant quelque chose de très chaud. *Je* ***me suis brûlé*** *avec une casserole.*
La nouvelle orthographe permet d'écrire aussi *bruler,* sans accent circonflexe.
● Mots de la même famille : **brûlant, brûlure.**

Le bois **brûle** dans la cheminée.

brûlure nom féminin
Une **brûlure** est une plaie causée par le feu ou un objet brûlant. *J'ai touché le fer à repasser et je me suis fait une* ***brûlure*** *à la main.*
La nouvelle orthographe permet d'écrire aussi *brulure,* sans accent circonflexe.

brume nom féminin
La **brume** est un brouillard léger. *La* ***brume*** *a disparu aux premiers rayons du soleil.*

brun, brune adjectif
Des cheveux **bruns** sont d'une couleur foncée, entre le marron et le noir.
➜ Cherche blond, châtain et roux.

brusque adjectif
Un geste **brusque** manque de douceur, est un peu violent. Contraire : doux.
● Mot de la même famille : brusquement.

brusquement adverbe
Brusquement signifie : tout à coup. *Le train s'est arrêté **brusquement**.* Synonymes : soudain, subitement.

brutal, brutale adjectif
1 Une personne **brutale** est violente et dure avec les autres. Contraire : doux.
2 Une action **brutale** se fait brusquement, au moment où l'on ne s'y attend pas. *Le train a fait un arrêt **brutal**.*
Au pluriel, on écrit *brutaux*, *brutales*.
● Mot de la même famille : brutalement.

brutalement adverbe
Brutalement signifie : d'une manière brutale, sans douceur. *Mathis a fermé la porte **brutalement**.* Contraire : doucement.

brute nom féminin
Une **brute** est une personne brutale et violente.

bruyant, bruyante adjectif
1 Une personne **bruyante** fait beaucoup de bruit. *Les spectateurs sont **bruyants**.* Contraire : silencieux.
2 Dans un endroit bruyant, il y a beaucoup de bruit . *Notre rue est **bruyante**.* Contraires : calme, tranquille.

La rue est trop **bruyante** !

bruyère nom féminin
La **bruyère** est une plante sauvage à petites fleurs roses ou violettes. *La **bruyère** pousse sur un terrain appelé « la lande ».*

bu ➜ **boire**

bûche nom féminin
Une **bûche** est un gros morceau de bois coupé. *J'ai mis une **bûche** dans le feu.*
La nouvelle orthographe permet d'écrire aussi *buche*, sans accent circonflexe.
● Mots de la même famille : bûcher, bûcheron.

bûcher nom masculin
Un **bûcher** est un grand tas de bois que l'on enflamme. *Au Moyen Âge, on brûlait les personnes condamnées à mort sur un **bûcher**.*
La nouvelle orthographe permet d'écrire aussi *bucher*, sans accent circonflexe.

A B C D E F G H I J K L M N O P Q R S T U V W X Y Z

bûcheron nom masculin
bûcheronne nom féminin
Un **bûcheron**, une **bûcheronne** sont des personnes qui abattent les arbres et qui les scient. C'est un nom de métier.

La nouvelle orthographe permet d'écrire aussi *bucheron, bucheronne,* sans accent circonflexe.

Le **bûcheron** travaille dans la forêt.

buée nom féminin
La **buée** est une couche de gouttelettes d'eau qui se dépose sur une surface froide. *Quand il fait très froid dehors, il y a de la* ***buée*** *sur les vitres.*

buffet nom masculin
Un **buffet** est un meuble où l'on range la vaisselle et le linge de table.

buffle nom masculin
Un **buffle** est un gros bœuf qui a deux grandes cornes et qui vit dans les pays chauds.

▶ C'est un ruminant. La femelle est la **bufflonne** ou la **bufflesse**, le petit, le **bufflon**.

buisson nom masculin
Un **buisson** est un groupe d'arbustes très serrés. **Synonyme :** fourré.

bulldozer nom masculin
Un **bulldozer** est un engin que l'on utilise sur les chantiers pour creuser le sol et ramasser la terre.

La nouvelle orthographe permet d'écrire aussi *bulldozeur.*

bulle nom féminin
1 Une **bulle** est une petite boule remplie d'air ou de gaz. *Je fais des* ***bulles*** *de savon. Le champagne fait des* ***bulles****.*
2 Les **bulles** d'une bande dessinée sont les espaces qui contiennent les paroles des personnages. *La pointe de la* ***bulle*** *désigne le personnage qui parle.*

bulletin nom masculin
Un **bulletin** scolaire est une feuille ou un carnet où sont inscrites les notes des élèves et les appréciations des professeurs.

bureau nom masculin
1 Un **bureau** est une table pour écrire qui a souvent des tiroirs. *J'ai rangé mon* ***bureau****.*
2 Un **bureau** est une pièce où l'on travaille. *Le directeur est dans son* ***bureau****.*

Au pluriel, on écrit *des bureaux.*

un **buffle**

bus **nom masculin**
Un **bus** est un grand véhicule qui transporte un grand nombre de personnes à l'intérieur des villes. *Ma sœur prend le* ***bus*** *pour aller au lycée.*

Ce mot se termine par un *s* qu'on prononce. « Bus » est l'abréviation de « autobus ».

buste **nom masculin**
Le **buste** est la partie du corps qui va du cou à la taille. **Synonymes : torse, tronc.**

but **nom masculin**
1 Le **but**, c'est l'endroit que l'on veut atteindre. *Nous avons atteint notre* ***but****, le sommet de la colline.*
2 Le **but** d'une personne, c'est ce qu'elle cherche à obtenir ou à devenir. *Mon frère a un* ***but*** *dans la vie : être musicien.*
3 Dans certains sports, le **but** (ou les **buts**) est l'espace entre des poteaux que doit franchir le ballon.
4 Un **but** est un point marqué par une équipe. *Notre équipe a marqué trois* ***buts****.*

buté, butée **adjectif**
Une personne **butée** ne veut pas changer d'avis. **Synonyme : têtu.**

buter **verbe**
1 **Buter** contre une chose, c'est la heurter assez fort avec le pied. *J'ai* ***buté*** *contre un rocher et j'ai failli tomber.* **Synonyme : trébucher sur.**
2 **Buter** sur quelque chose, c'est être arrêté par une difficulté. *Quand on apprend à lire, on* ***bute*** *sur certains mots.*

butin **nom masculin**
Un **butin**, c'est ce que prend un voleur. *Les voleurs ont caché leur* ***butin****.*

butiner **verbe**
Quand une abeille **butine**, elle récolte le pollen des fleurs pour se nourrir.

L'abeille **butine**.

butte **nom féminin**
Une **butte** est une petite colline.

Il y a deux *t*.

buvard **nom masculin**
Un **buvard** est un papier spécial, assez épais, que l'on utilise pour sécher l'encre.

a b c d e f g h i j k l m n o p q r s t u v w x y z

ça **pronom**
Ça, c'est la chose que je montre, que je vois ou que j'entends. *Peux-tu me donner* ***ça*** *? Je ne peux pas répéter* ***ça****.* Synonyme : cela.

Le *c* prend une cédille.

cabane **nom féminin**
Une **cabane** est une petite maison en bois. *Nous avons construit une* ***cabane*** *dans la forêt.* Synonyme : baraque.

cabine **nom féminin**
Une **cabine** est une petite pièce qui a différentes utilisations. *On peut téléphoner dans une* ***cabine*** *téléphonique. À la piscine, on se déshabille dans une* ***cabine****. Sur un paquebot, on dort dans une* ***cabine****.*

cabinet **nom masculin**
1 Aller aux **cabinets**, c'est aller dans la petite pièce où l'on fait ses besoins. Synonymes : toilettes, waters.
2 Le **cabinet** d'un médecin est la pièce où il travaille et où il reçoit les malades.

câble **nom masculin**
1 Un **câble** est un gros fil en métal. *L'électricité passe dans des* ***câbles****.*
2 Le **câble** est un système qui permet de recevoir les émissions de télévision par des câbles souterrains.

Le *a* prend un accent circonflexe.

cabossé, cabossée **adjectif**
Un objet **cabossé** est déformé par des bosses et des creux. *Mes petites voitures sont* ***cabossées****.*

se cabrer **verbe**
Quand un cheval **se cabre**, il se dresse sur ses pattes arrière. *Quand ils ont peur, les chevaux* ***se cabrent****.*

cabriole **nom féminin**
Une **cabriole** est un petit saut, un petit bond. *Au zoo, les singes font des* ***cabrioles****.*

cacahouète **nom féminin**
Les **cacahouètes** sont des graines enfermées dans une coquille assez fine. On les mange séchées ou grillées.

On écrit aussi « cacahuète ».

cacao **nom masculin**
1 Le **cacao** est une graine qui sert à fabriquer le chocolat.
2 Le **cacao** est une boisson faite avec de la poudre de cacao. *J'ai bu*

*une tasse de **cacao** à quatre heures.*
Synonyme : chocolat.

▶ La graine pousse sur un arbre des pays chauds, le **cacaoyer**.

cachalot nom masculin
Un **cachalot** est un grand mammifère marin. Il a une énorme tête et des dents sur la mâchoire inférieure.

▶ Le cachalot appartient à la famille des baleines.

cache-cache nom masculin
Jouer à **cache-cache**, c'est jouer à un jeu où l'un des joueurs doit trouver ceux qui se sont cachés.

La nouvelle orthographe permet d'écrire aussi *cachecache*, sans trait d'union.

cacher verbe
Cacher, c'est mettre dans un endroit secret. *Simon **a caché** mes clés. Mon petit frère **s'est caché** sous la table.*

● Mots de la même famille : cache-cache, cachette.

cachet nom masculin
Un **cachet** est un médicament qui a la forme d'une pastille.
Synonyme : comprimé.

cachette nom féminin
Une **cachette** est un endroit où l'on est caché ou un endroit secret où l'on garde quelque chose. *Les enfants ont trouvé la **cachette** des œufs en chocolat.*

cactus nom masculin
Un **cactus** est une plante des pays chauds qui a des piquants.

Ce mot se termine par un *s* qu'on prononce.

cadavre nom masculin
Un **cadavre** est le corps d'une personne morte ou d'un animal mort.

cadeau nom masculin
Un **cadeau** est un objet que l'on donne à une personne pour lui faire plaisir. *On m'a offert deux **cadeaux** pour mon anniversaire.*

Au pluriel, on écrit *des cadeaux*.

cadenas nom masculin
Un **cadenas** est une petite serrure mobile. *La chaîne est fermée par un **cadenas**.*

Ce mot se termine par un *s*.

1. cadet, cadette adjectif
Un frère **cadet**, une sœur **cadette** sont plus jeunes que l'aîné d'une famille.
Contraire : aîné.

un **cactus**

A B C D E F G H I J K L M N O P Q R S T U V W X Y Z

2. cadet nom masculin
cadette nom féminin

Le **cadet**, la **cadette** sont les plus jeunes enfants d'un groupe. *Lucas est le* ***cadet*** *de la famille.* Synonyme : **benjamin.** Contraire : **aîné.**

cadran nom masculin

Le **cadran** d'une montre, d'une pendule est la partie plate où sont inscrites les heures. Le **cadran** d'une boussole indique les points cardinaux.

Il est dix heures et quart au **cadran** de l'horloge.

cadre nom masculin

Un **cadre** est une bordure qui entoure un tableau, une photo, un poster. *J'ai mis ma photo de classe dans un* ***cadre****.*

cafard nom masculin

Les **cafards** sont de petits insectes bruns qui vivent dans les endroits humides et sombres.

café nom masculin

❶ Le **café** est une graine qui est grillée et moulue pour faire une boisson appelée aussi « café ». *J'ai acheté un paquet de* ***café****. Les adultes boivent souvent du* ***café*** *après le repas.*

❷ Un **café** est un endroit où l'on peut boire du café et d'autres boissons. *Nous avons bu des jus de fruits dans un* ***café****.*

► Les graines de café poussent sur un arbuste des pays chauds, le **caféier.**

● Mot de la même famille : **cafetière**.

cafetière nom féminin

Une **cafetière** est un appareil ménager qui sert à faire le café. *Aujourd'hui, on utilise des* ***cafetières*** *électriques.*

cage nom féminin

Une **cage** est un espace fermé par des barreaux ou du grillage où l'on enferme des animaux. *Au zoo, les lions vivent en* ***cage****.*

cageot nom masculin

Un **cageot** est une petite caisse qui sert à transporter des fruits ou des légumes.

Il y a un *e* après le *g*.

cagoule nom féminin

Une **cagoule** est une sorte de capuche qui couvre la tête, le cou et une grande partie du visage. *En hiver, à la montagne, je porte une* ***cagoule****.*

cahier nom masculin

Un **cahier** est un ensemble de feuilles attachées et protégées par une couverture. *En classe, nous écrivons sur un* ***cahier*** *de brouillon.*

Il y a un *h* après le *a*.

caillou nom masculin

Un **caillou** est une petite pierre. *Le Petit Poucet a fait tomber des* ***cailloux*** *blancs pour retrouver son chemin.*

Au pluriel, on écrit *des cailloux*.

caisse nom féminin

❶ Une **caisse** est une grande boîte en bois, en fer ou en matière plastique qui sert à transporter des marchandises ou à ranger des objets. *Le livreur apporte des **caisses** de jus de fruits. Paul a une **caisse** à outils.*

❷ Une **caisse** est un tiroir ou une boîte où un commerçant met de l'argent. *La boulangère a fermé sa **caisse**.*

❸ La **caisse** est l'endroit où les clients paient leurs achats. *Au supermarché, nous faisons la queue à la **caisse**.*

● Mot de la même famille : caissier.

caissier nom masculin
caissière nom féminin

Un **caissier**, une **caissière** sont des personnes qui reçoivent l'argent des clients, dans un magasin, un musée, un cinéma. C'est un nom de métier.

cajoler verbe

Cajoler une personne, c'est lui faire des câlins et lui dire des mots tendres. *Grand-mère **cajole** ses petits-enfants.*
Synonyme : dorloter.

calcul nom masculin

Le **calcul** est l'action de calculer, de résoudre un problème en faisant des opérations. *Marie est bonne en **calcul**. Trouver combien font 5 + 2 est un **calcul** facile.*

● Mots de la même famille : calculer, calculette.

calculer verbe

Calculer, c'est faire des calculs, des opérations pour trouver un résultat. *Dans un exercice, on devait **calculer** le nombre de carreaux d'un quadrillage.*

calculette nom féminin

Une **calculette** est une petite machine portable qui fait des calculs automatiquement. *On peut vérifier ses calculs sur une **calculette**.*

On dit aussi « calculatrice ».

calèche nom féminin

Une **calèche** est une voiture tirée par des chevaux que l'on utilisait autrefois. Elle avait une capote et un siège élevé pour le cocher.

→ Cherche carrosse.

calendrier nom masculin

Un **calendrier** est un tableau qui présente la suite des jours, des semaines et des mois pendant une année.

☛ Va voir « le calendrier », page 111.

caler verbe

Quand un moteur **cale**, il s'arrête tout d'un coup. *Le moteur de la voiture **a calé** dans la côte.*

La maman singe **cajole** son petit.

a b c d e f g h i j k l m n o p q r s

A B C D E F G H I J K L M N O P Q R S T U

à califourchon adverbe
Être assis **à califourchon**, c'est être dans la position d'une personne à cheval.

câlin nom masculin
Un **câlin** est un geste tendre. *Mon petit frère aime faire des* ***câlins****.*

Le *a* prend un accent circonflexe.

1. calme adjectif
① Un endroit **calme** est un endroit où il n'y a pas de bruit. *Nous habitons dans un quartier* ***calme****.* Une personne **calme** est une personne qui ne fait pas beaucoup de bruit. *Marion est une enfant* ***calme****, elle ne s'énerve pas souvent.* **Synonymes :** silencieux, tranquille. **Contraires :** bruyant, nerveux.
② Quand la mer est **calme**, il n'y a pas beaucoup de vagues. **Contraire :** agité.
● Mots de la même famille : calmement, calmer.

2. calme nom masculin
Le **calme**, c'est l'absence de bruit, d'agitation. *Quel* ***calme*** *quand mon petit frère dort !* **Synonymes :** paix, tranquillité. *Les sauveteurs gardent leur* ***calme****.* **Synonyme :** sang-froid.

Léa est assise **à califourchon** sur la branche.

calmement adverbe
Calmement signifie : avec calme, sans s'agiter, sans s'énerver. *Mamie parle toujours* ***calmement****.*

calmer verbe
Calmer une personne, c'est la rendre calme, moins agitée. *Mon petit frère était en colère, mais j'ai réussi à le* ***calmer****.* **Contraire :** énerver.

camarade nom masculin et nom féminin
Un **camarade** est une personne avec qui l'on s'entend bien. *Nous avons joué avec notre nouvelle* ***camarade*** *de classe.*
→ Cherche ami et copain.

cambriolage nom masculin
Un **cambriolage** est un vol qui a lieu dans une maison, un appartement ou un magasin.

cambrioler verbe
Cambrioler, c'est entrer dans une maison, un appartement ou un magasin pour voler des objets. *Des voleurs* ***ont cambriolé*** *l'appartement du dessus.*
● Mots de la même famille : cambriolage, cambrioleur.

cambrioleur nom masculin
cambrioleuse nom féminin
Un **cambrioleur**, une **cambrioleuse** sont des voleurs. *La police a arrêté les* ***cambrioleurs*** *de la bijouterie.*

caméléon nom masculin
Un **caméléon** est un animal qui ressemble à un lézard. Il est vert mais change de couleur selon l'endroit où il se trouve pour qu'on ne le voie pas.
▶ C'est un petit reptile qui vit dans les arbres des pays chauds et qui mange des insectes.

Le calendrier

Les sept jours de la semaine

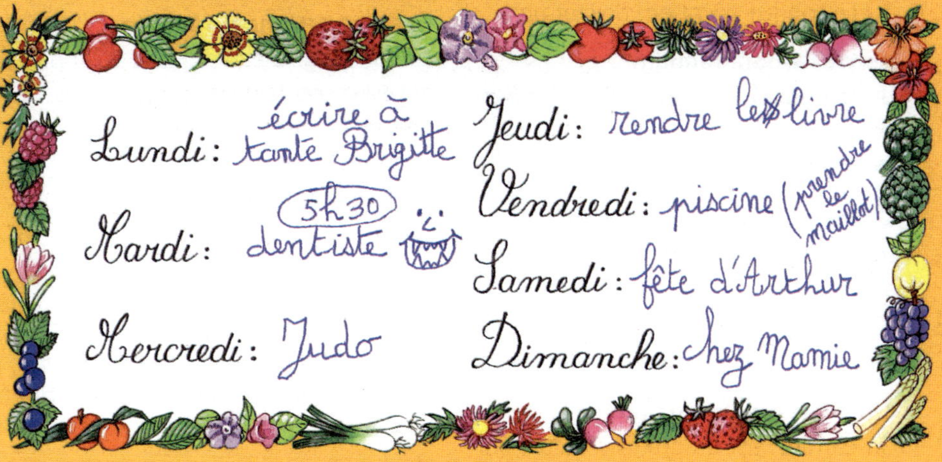

Les douze mois de l'année

Une année a 365 ou 366 jours.

A B C D E F G H I J K L M N O P Q R S T U V W X Y Z

camembert **nom masculin**
Le **camembert** est un fromage rond, à pâte molle, fait avec du lait de vache.

Le son [ɑ̃] s'écrit *em* devant un *b*.

caméra **nom féminin**
Une **caméra** est un appareil qui permet de faire des films.

→ Cherche Caméscope.

Caméscope **nom masculin**
Un **Caméscope** est une petite caméra portative.

Ce mot s'écrit avec une majuscule parce que c'est un nom de marque.

camion **nom masculin**
Un **camion** est un grand véhicule qui sert à transporter des marchandises ou du matériel. *Sur le **camion** des pompiers, il y a des tuyaux enroulés et une grande échelle.*

● Mots de la même famille : camionnette, camionneur.

camionnette **nom féminin**
Une **camionnette** est un petit camion. *Les commerçants transportent leurs marchandises dans des **camionnettes**.*

Il y a deux *n* et deux *t*.

camionneur **nom masculin**
Un **camionneur** est un conducteur de camion. **Synonyme : routier.**

Il y a deux *n*.

camp **nom masculin**
1 Un **camp** est un terrain où un groupe de personnes habite dans des tentes. *Nous avons passé l'été dans un **camp** de vacances.*
2 Un **camp** est un terrain défendu par une équipe. *Pour la partie de ballon, nous avons divisé la classe en deux **camps**.*

Le son [ɑ̃] s'écrit *am* devant un *p*.
● Mots de la même famille : camper, campeur, camping.

campagne **nom féminin**
La **campagne** est la partie d'un pays qui est couverte de champs, de bois, de prés et de fermes. *Paul aimerait vivre à la **campagne**.* **Contraire : ville.**

Le son [ɑ̃] s'écrit *am* devant un *p*.

Va voir la planche illustrée 1

camper **verbe**
Camper, c'est vivre dans un camp, dormir sous la tente ou dans une caravane. *Cet été, nous irons **camper** à la montagne.*

Le son [ɑ̃] s'écrit *am* devant un *p*.

Meddy **campe** dans la forêt.

campeur **nom masculin**
campeuse **nom féminin**
Un **campeur**, une **campeuse** sont des personnes qui campent, qui dorment sous une tente ou dans une caravane. *Les **campeurs** ont installé leur tente dans le terrain de camping.*

Le son [ɑ̃] s'écrit *am* devant un *p*.

camping **nom masculin**
1 **Faire du camping**, c'est camper, dormir sous une tente ou dans une caravane.
2 Un terrain de **camping** est un endroit réservé aux campeurs.

canal **nom masculin**
Un **canal** est un cours d'eau qui a été fabriqué par des personnes. Il sert à la navigation . *Les péniches naviguent sur les* ***canaux****.*

Au pluriel, on écrit *des canaux*.

canapé **nom masculin**
Un **canapé** est un large fauteuil à plusieurs places. *Léo, Zohra et Kien sont assis sur le* ***canapé*** *du salon.*

canard **nom masculin**
1 Le **canard** est un oiseau qui a un large bec et des pattes palmées.
2 Un **froid de canard**, c'est un très grand froid.
▶ On élève les canards domestiques dans une basse-cour. La femelle est la cane. Le petit est le **caneton**. Quand le canard crie, on dit qu'il **cancane**.

un **canard**

canari **nom masculin**
Un **canari** est un serin qui vient des îles Canaries.

cancer **nom masculin**
Le **cancer** est une maladie très grave qui se produit lorsque des cellules se développent et forment une grosseur, appelée « tumeur ». *Aujourd'hui, on guérit certains* ***cancers****.*

candidat **nom masculin**
candidate **nom féminin**
Un **candidat**, une **candidate** sont des personnes qui se présentent à un examen, à un emploi ou à une élection. *Le directeur a reçu cinq* ***candidats*** *pour un poste d'informaticien.*

cane **nom féminin**
La **cane** est la femelle du canard. *Le plumage de la* ***cane*** *est moins coloré que celui du canard.*
▶ Le petit est le **caneton**.

Ne confonds pas avec « une canne » pour marcher.

caniche **nom masculin**
Un **caniche** est un petit chien à poils frisés.

canicule **nom féminin**
La **canicule** est une très forte chaleur pendant l'été.

canif **nom masculin**
Un **canif** est un petit couteau. Sa lame se replie dans le manche.

canine **nom féminin**
Les **canines** sont les dents pointues qui sont situées entre les incisives et les molaires.
→ Cherche croc.

caniveau **nom masculin**
Le **caniveau** est la partie de la rue située le long du trottoir, où s'écoule l'eau de pluie. *Un chien bien dressé fait ses besoins dans le* ***caniveau****.*

Au pluriel, on écrit *des caniveaux*.

canne **nom féminin**
1 Une **canne** est un bâton avec une partie courbe. On s'appuie dessus quand on a du mal à marcher.
2 Une **canne à pêche** est une longue tige qui se termine par un fil et un hameçon.

Ne confonds pas avec « la cane », la femelle du canard.

A B C D E F G H I J K L M N O P Q R S T U V W X Y Z

cannibale nom masculin et nom féminin
Un **cannibale** est une personne qui mange de la chair humaine. *Aujourd'hui, il n'existe presque plus de cannibales dans le monde.*

canoë nom masculin
Un **canoë** est une sorte de barque très légère que l'on fait avancer avec une pagaie. *As-tu déjà descendu une rivière en **canoë** ?*

On prononce [kanɔe]. Il y a un tréma sur le *e*.

canon nom masculin
1 Un **canon** est une arme qui a la forme d'un gros tube et qui est installée sur des roues. Il servait autrefois à envoyer des boulets.
2 Le **canon** d'un pistolet ou d'un fusil est la partie allongée par où sortent les balles.

Les soldats tirent des coups de **canon**.

canot nom masculin
Un **canot** de sauvetage est un petit bateau qui ressemble à une barque. *Les passagers ont quitté le paquebot qui coulait dans des **canots** de sauvetage.*

cantine nom féminin
Une **cantine** est un endroit installé comme un restaurant où l'on peut prendre ses repas, à l'école, au bureau ou à l'usine. *Koffi déjeune à la **cantine**.*
Synonyme : réfectoire.

caoutchouc nom masculin
Le **caoutchouc** est une matière résistante, élastique et imperméable. *Les pneus des voitures sont en **caoutchouc**.*
▶ Le caoutchouc est tiré de la sève de certains arbres des pays chauds. Il est aussi fabriqué à partir du pétrole.

Ce mot se termine par un *c* qu'on ne prononce pas.

capable adjectif
Être **capable** de faire quelque chose, c'est pouvoir le faire. *Ne porte pas Julie, elle est **capable** de marcher.*
Contraire : incapable.
● Mot de la même famille : capacité.

capacité nom féminin
1 Avoir des **capacités** dans un sport, dans un art, c'est être capable de le faire. *Léo a de grandes **capacités** en dessin.*
2 La **capacité** est la quantité que peut contenir un récipient. *La **capacité** de cette bouteille est de un litre.*
Va voir « les mesures », page 443.

cape nom féminin
Une **cape** est une sorte de large manteau sans manches.

Le mousquetaire porte une **cape**.

capitaine **nom masculin et nom féminin**
❶ Le **capitaine** est la personne qui commande un bateau. *L'équipage obéit aux ordres du* ***capitaine****.*
❷ Le **capitaine** d'une équipe de sport est le chef de l'équipe.

capitale **nom féminin**
La **capitale** d'un pays est la ville où se trouve le gouvernement. *Paris est la* ***capitale*** *de la France.*

capot **nom masculin**
Le **capot** est la partie d'un véhicule qui recouvre le moteur. *Le garagiste a ouvert le* ***capot*** *pour trouver la panne.*

capote **nom féminin**
Une **capote** est un toit pliant en toile imperméable qui couvre un landau ou une voiture décapotable.

caprice **nom masculin**
Un **caprice** est une petite colère pour essayer d'obtenir ce que l'on veut. *Ma mère ne cède jamais quand Nicolas fait des* ***caprices****.*
● Mot de la même famille : **capricieux**.

capricieux, capricieuse **adjectif**
Être **capricieux**, c'est faire des caprices, de petites colères.

capsule **nom féminin**
Une **capsule** est un bouchon plat en métal ou en plastique.

capturer **verbe**
Capturer un animal ou une personne, c'est les attraper. *Les chasseurs* ***ont capturé*** *un lion.*

capuche **nom féminin**
Une **capuche** est la partie d'un vêtement attachée au col et qui peut se rabattre sur la tête. *Quand il fait froid, je mets mon blouson à* ***capuche****.*
Synonyme : **capuchon.**

capuchon **nom masculin**
❶ Un **capuchon** est une capuche.
❷ Le **capuchon** d'un stylo ou d'un feutre est la partie qui protège la pointe et qui empêche l'encre de sécher.

1. car **conjonction**
Car signifie : parce que. *Nous pouvons aller nous baigner* ***car*** *il fait beau.*

2. car **nom masculin**
Un **car** est un grand véhicule qui transporte un grand nombre de personnes sur les routes. *Les enfants des villages vont à l'école en* ***car****.*
🔍 « Car » est l'abréviation de « autocar ».

carabine **nom féminin**
Une **carabine** est un fusil léger. *À la fête foraine, il y a des stands de tir à la* ***carabine****.*

Le cow-boy essaie de **capturer** un jeune taureau.

caractère **nom masculin**
Le **caractère** d'une personne est sa manière d'être, de se comporter. *Zoé est toujours de bonne humeur, elle a bon **caractère**.*

carafe **nom féminin**
Une **carafe** est une sorte de bouteille qui a une base très large.

caramel **nom masculin**
Un **caramel** est un bonbon marron fait avec du sucre et du lait cuits et parfumé au café, au chocolat ou à la vanille. *Les **caramels** mous contiennent du beurre.*

carapace **nom féminin**
Une **carapace** est l'enveloppe dure qui protège le corps de certains animaux. *En cas de danger, la tortue rentre sa tête sous sa **carapace**.*

caravane **nom féminin**
1 Une **caravane** est une petite maison sur roues, tirée par une voiture. *Cet été, nous allons camper dans une **caravane**.*
2 Une **caravane** est un groupe de personnes qui traverse le désert avec des chameaux ou des dromadaires.
→ Cherche roulotte.

carcasse **nom féminin**
Une **carcasse** est le squelette d'un animal mort. *Nous avons mangé du poulet, il ne reste plus que la **carcasse**.*

Jessie **caresse** le cheval.

caresse **nom féminin**
Une **caresse** est un geste tendre de la main. *Les chats ronronnent quand on leur fait des **caresses**.*
● Mot de la même famille : caresser.

caresser **verbe**
Caresser, c'est faire des caresses, des gestes tendres. *Lisa me **caresse** la joue.*

cargaison **nom féminin**
La **cargaison** d'un avion, d'un bateau, d'un camion est l'ensemble des marchandises et des paquets qu'ils transportent. *Le navire a déchargé sa **cargaison** sur le quai.*
Synonyme : chargement.

caricature **nom féminin**
Une **caricature** est un dessin qui exagère les défauts du visage pour faire rire. *Zoé a dessiné une **caricature** de son frère.*

carie **nom féminin**
Une **carie** est un trou dans une dent. *Brosse-toi bien les dents après chaque repas pour ne pas avoir de **caries**.*

carnaval **nom masculin**
Le **carnaval** est une grande fête où tout le monde est déguisé, où l'on organise des défilés de chars. *Le **carnaval** dure parfois plusieurs jours.*

carnet **nom masculin**
1 Un **carnet** est un petit cahier. *Ma mère note ses rendez-vous dans un **carnet**.*
2 Un **carnet** de tickets ou de timbres est une série de tickets ou de timbres vendus ensemble. *Franck a acheté un **carnet** de timbres à la poste.*
→ Cherche répertoire.

Tout le monde s'est déguisé pour le **carnaval**.

carnivore adjectif

Les animaux **carnivores** sont les animaux qui se nourrissent de viande. *Les tigres, les requins, les chiens sont **carnivores**.*

→ Cherche **herbivore** et **omnivore**.

carotte nom féminin

Une **carotte** est un légume qui a une longue racine orange. On la mange cuite ou crue.

carpe nom féminin

Une **carpe** est un poisson d'eau douce. *Une **carpe** peut peser quinze kilos et vivre cinquante ans.*

1. carré nom masculin

Un **carré** est une forme géométrique qui a quatre côtés égaux et quatre angles droits.

● Mot de la même famille : **carreau**.

☛ Va voir « les couleurs et les formes », page 171.

2. carré, carrée adjectif

Un objet **carré** a la forme d'un carré. *La cour est **carrée**.*

carreau nom masculin

1 Un **carreau** est un petit carré. *Le clown porte une veste à **carreaux**.*

2 Un **carreau** est une petite dalle qui recouvre les murs d'une cuisine, d'une salle de bains. *Papi a posé des **carreaux** au-dessus de l'évier.*

3 Un **carreau** est une vitre. *En jouant au ballon, nous avons cassé un **carreau**.*

🔍 Au pluriel, on écrit *des carreaux*.

● Mot de la même famille : **carrelage**.

carrefour nom masculin

Un **carrefour** est un endroit où des rues, des routes se croisent. *Regarde bien les feux avant de traverser le **carrefour**.* **Synonymes : croisement, intersection.**

Les voitures ralentissent au **carrefour**.

carrelage nom masculin

Le **carrelage** est l'ensemble des carreaux qui recouvrent un sol ou un mur. *Le **carrelage** de la cuisine est bleu et blanc.*

a b c d e f g h i j k l m n o p q r s t u v w x y z

A B C D E F G H I J K L M N O P Q R S T U V W X Y Z

carrière nom féminin

Une **carrière** est un terrain qui contient des pierres ou du sable que l'on retire pour construire des bâtiments. *Une **carrière** que l'on a beaucoup creusée forme un énorme trou.*

→ Cherche mine.

carrosse nom masculin

Un **carrosse** est une riche voiture tirée par des chevaux. *Autrefois, les rois et les reines se déplaçaient en **carrosse**.*

→ Cherche calèche et diligence.

carrosserie nom féminin

La **carrosserie** d'une automobile est la partie extérieure faite en métal. Elle comprend le capot, le toit, les ailes et les portes.

cartable nom masculin

Un **cartable** est un sac qui sert à mettre les affaires d'école. *Je porte mon **cartable** sur le dos.*

carte nom féminin

1 Une **carte** de géographie est un dessin qui représente un pays avec ses villes, ses fleuves, ses montagnes. *J'ai trouvé la ville où j'habite sur une **carte** de France.*

2 Une **carte d'identité** est un papier qui comporte le nom, l'adresse, la date et le lieu de naissance ainsi que la photo d'une personne.

3 Les **cartes** à jouer sont des petits rectangles de carton qui portent des dessins et des nombres. *Nous avons fait une partie de **cartes** chez Camille.*

4 Une **carte postale** est un rectangle de carton avec un côté illustré et un côté pour écrire.

carton nom masculin

1 Le **carton** est du papier très épais et très dur. *La couverture de mon livre est en **carton**.*

2 Un **carton** est une boîte faite avec du carton. *Quand on déménage, on range les affaires dans des **cartons**.*

● Mot de la même famille : cartonné.

cartonné, cartonnée adjectif

Un objet **cartonné** est un objet en carton. *La couverture **cartonnée** d'un livre.*

cartouche nom féminin

1 Une **cartouche** est un petit tube rempli de poudre que l'on met dans un fusil pour tirer.

2 Une **cartouche** d'encre est un petit tube rempli d'encre que l'on met dans un stylo pour écrire.

cas nom masculin

1 **En cas de** signifie : si telle chose se produit. ***En cas d**'incendie, il faut alerter les pompiers.*

2 **En tout cas** signifie : de toute façon. *J'ignore qui a cassé un carreau, **en tout cas** ce n'est pas moi.*

cascade nom féminin

Une **cascade** est une chute d'eau qui tombe à pic le long d'une montagne.

La **cascade** dévale la montagne.

cascadeur **nom masculin**
cascadeuse **nom féminin**

Un **cascadeur**, une **cascadeuse** sont des personnes qui remplacent les acteurs d'un film dans les scènes dangereuses. C'est un nom de métier.

case **nom féminin**

❶ Une **case** est un carré sur une grille de mots croisés ou sur le plateau d'un jeu. *Les* ***cases*** *d'un damier sont noires et blanches.*

❷ Une **case** est une partie d'un meuble que l'on utilise comme une boîte. *Je range mes livres dans la* ***case*** *de mon bureau.*

❸ Une **case** est une petite maison très simple faite de paille, de branches, de terre. *Dans certains pays, les habitants vivent dans des* ***cases****.* **Synonyme :** hutte.

● Mot de la même famille : casier.

caserne **nom féminin**

Une **caserne** est un grand bâtiment où vivent des pompiers, des soldats ou des gendarmes.

casier **nom masculin**

Un **casier** est un meuble à cases. *Papi range le vin dans un* ***casier*** *à bouteilles.*

casque **nom masculin**

❶ Un **casque** est un chapeau dur et résistant qui protège la tête en cas de choc. *Les motards, les cyclistes, les ouvriers, les pompiers portent un* ***casque****.*

❷ Un **casque** est un appareil qui a des écouteurs et que l'on met sur les oreilles.

● Mot de la même famille : casquette.

Les enfants portent des **casques**.

casquette **nom féminin**

Une **casquette** est un chapeau à visière. *Mon grand frère porte sa* ***casquette*** *la visière en arrière.*

casser **verbe**

❶ **Casser** un objet, c'est le mettre en morceaux. *Zoé a fait tomber un verre et elle l'****a cassé****.* **Synonyme :** briser. **Se casser** un membre, s'est se briser un os, se faire une fracture. *Lucas* ***s'est cassé*** *le bras en faisant du ski.*

❷ Quand un mécanisme **est cassé**, il ne fonctionne plus, il est hors d'usage. *Ma montre* ***est cassée****.*

casserole **nom féminin**

Une **casserole** est un récipient profond qui sert à faire cuire les aliments. *On tient une* ***casserole*** *par le manche.*

cassette **nom féminin**

Une **cassette** est une petite boîte plate qui contient une bande pour enregistrer des sons ou des images. *Léa écoute une* ***cassette*** *sur son baladeur. Paul regarde une* ***cassette*** *vidéo sur l'écran de télévision grâce à un magnétoscope.*

castor nom masculin
Un **castor** est un petit rongeur des pays froids qui a les pattes palmées et une grande queue plate.
▶ Les castors construisent des barrages en bois dans les rivières pour s'abriter.

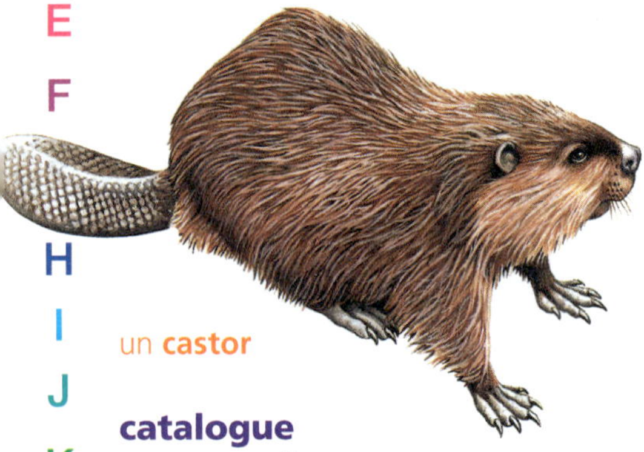

un **castor**

catalogue
nom masculin
Un **catalogue** est une sorte de magazine où l'on trouve des objets à acheter, des livres à emprunter, des tableaux à regarder. *Ma mère regarde un **catalogue** de vente par correspondance.*

catastrophe nom féminin
Une **catastrophe** est un accident très grave qui touche beaucoup de personnes. *Les inondations sont une **catastrophe** pour la région.*
Synonyme : désastre.
Ce mot s'écrit avec *ph*.
● Mot de la même famille : catastrophique.

catastrophique adjectif
Un événement **catastrophique** est très grave. *La sécheresse a eu des conséquences **catastrophiques** sur l'agriculture.* Synonymes : terrible, tragique.
Ce mot s'écrit avec *ph*.

catéchisme nom masculin
Le **catéchisme** est un cours de religion chrétienne.

catégorie nom féminin
Une **catégorie** est un ensemble de personnes ou de choses du même genre. *Dans un magasin, les produits sont rangés par **catégories**.*
Synonyme : groupe.

cathédrale nom féminin
Une **cathédrale** est l'église principale d'une ville. *Cette **cathédrale** a de magnifiques vitraux.*

1. catholique adjectif
La religion **catholique** reconnaît le pape comme chef. *Jean est **catholique**, il va à la messe le dimanche.*

2. catholique nom masculin et nom féminin
Les **catholiques** sont des personnes qui croient en Dieu. Ils sont baptisés et vont prier à l'église.
→ Cherche bouddhiste, israélite, musulman et protestant.

cauchemar nom masculin
Un **cauchemar** est un mauvais rêve qui fait peur.

Simon fait un **cauchemar**.

cause nom féminin
La **cause** d'un événement, c'est ce qui l'a provoqué. *La police ne connaît pas encore la* ***cause*** *de l'accident.* Contraire : conséquence. *On ne connaît pas la* ***cause*** *de son départ.* Synonymes : motif, raison.

● Mot de la même famille : causer.

causer verbe
Causer quelque chose, c'est en être la cause. *Un conducteur qui roulait trop vite* ***a causé*** *l'accident.* Synonyme : provoquer.

cavalcade nom féminin
1 Une **cavalcade** est un défilé de cavaliers.
2 Une **cavalcade** est une course désordonnée et bruyante d'un groupe de personnes. *L'instituteur ne veut pas de* ***cavalcade*** *dans les escaliers.*

cavalier nom masculin
cavalière nom féminin
Un **cavalier**, une **cavalière** sont des personnes qui montent à cheval. *Le* ***cavalier*** *a lancé son cheval au galop.*

Ne confonds pas avec « un chevalier ».

cave nom féminin
La **cave** est le local qui est situé sous une maison. *On range le vin à la* ***cave****.*

caverne nom féminin
Une **caverne** est un grand creux dans un rocher qui peut servir d'abri ou d'habitation. *Ali Baba a découvert la* ***caverne*** *des quarante voleurs.* Synonyme : grotte.

cavité nom féminin
Une **cavité** est un gros trou. *La mer a creusé des* ***cavités*** *dans la falaise.* Synonyme : creux.

Le lion est couché dans la **caverne**.

CD nom masculin
Un **CD** est un petit disque de douze centimètres. *Chloé écoute des* ***CD*** *de chansons.*

Au pluriel, il n'y a pas de *s* : on écrit *des CD.*

ce, cette adjectif
Ce et **cette** sont des déterminants qui désignent une personne ou une chose : ***ce*** *bébé,* ***cette*** *maison.*

Quand un nom masculin commence par une voyelle ou un « h » muet, on dit *cet* : *cet enfant, cet harmonica.* Au pluriel, on dit *ces*. Ne confonds pas « ce » et le pronom « se ».

céder verbe
Céder, c'est finir par accepter. *Ma sœur pleurait pour regarder la télévision mais papa n'****a*** *pas* ***cédé****.*

cédille nom féminin
Une **cédille** est un petit signe que l'on écrit sous la lettre « c » devant « a », « o » et « u » pour indiquer que le **c** se prononce [s]. *Il y a une* ***cédille*** *dans le mot « reçu ».*

A B C D E F G H I J K L M N O P Q R

ceinture nom féminin

① Une **ceinture** est une bande de cuir ou de tissu que l'on attache autour de la taille. *Léo porte une **ceinture** sur son jean.*

② Une **ceinture de sécurité** est une bande de tissu très solide qui sert à maintenir sur son siège le passager d'un avion ou d'une voiture en cas de choc.

cela pronom

Cela, c'est la chose que je montre, que je vois ou que j'entends. *Peux-tu donner **cela** à ton frère ?* Synonyme : ça.

célèbre adjectif

Une personne **célèbre** est une personne que tout le monde connaît. *Astérix est un personnage **célèbre** de bandes dessinées.* Synonyme : connu. Contraire : inconnu.

● Mot de la même famille : célébrité.

célébrité nom féminin

La **célébrité**, c'est le fait d'être célèbre. Synonyme : gloire.

céleri nom masculin

Le **céleri** est un légume que l'on mange cru ou cuit. On mange ses tiges et sa racine.

Loan a attaché sa **ceinture de sécurité**.

La nouvelle orthographe permet d'écrire aussi *cèleri*, avec un accent grave.

1. célibataire adjectif

Une personne **célibataire** n'est pas mariée.

2. célibataire nom masculin et nom féminin

Un **célibataire**, une **célibataire** sont des personnes qui ne sont pas mariées.

celle → **celui**

cellule nom féminin

① Une **cellule** est une petite pièce fermée à clé. *Le prisonnier est enfermé dans une **cellule**.*

② Les **cellules** sont les plus petits éléments d'un être vivant. *Les animaux et les plantes sont formés de milliards de **cellules**.*

celui, celle pronom

Celui et **celle** représentent la personne ou la chose que l'on montre ou dont on parle. *Ma sœur est blonde, **celle** de Léo est brune. Mon stylo est bleu, **celui** de Lisa est noir.*

Au pluriel, on dit *ceux*, *celles*.

cendre nom féminin

La **cendre** est la poudre grise qui reste d'une chose brûlée.

● Mot de la même famille : cendrier.

cendrier nom masculin

Un **cendrier** est un récipient qui sert à déposer les cendres de tabac.

centaine nom féminin

① Une **centaine** est un groupe de cent unités. *Dans 425, le chiffre des **centaines** est 4.*

❷ Une **centaine** est un groupe d'environ cent. *Au mariage de Claire, il y avait une **centaine** d'invités.*

centime **nom masculin**
Il faut cent **centimes** pour faire un euro.

centimètre **nom masculin**
Il faut cent **centimètres** pour faire un mètre. *Ma règle mesure vingt **centimètres**.*

cinq **centimètres**

centre **nom masculin**
❶ Le **centre** d'un objet est le milieu. *On a placé un vase au **centre** de la table.*
❷ Un **centre commercial** est un endroit où sont regroupés de nombreux magasins. *Le samedi, nous faisons nos courses dans un **centre commercial**.*

cependant **adverbe**
Cependant signifie : malgré cela. *Aziz est un bon footballeur, **cependant** il doit continuer à s'entraîner régulièrement.*
Synonymes : mais, pourtant.

céramique **nom féminin**
La **céramique** est de la terre cuite couverte d'un vernis. *Le potier fabrique des objets en **céramique**.*

cerceau **nom masculin**
Un **cerceau** est un cercle de bois léger ou de plastique. *La gymnaste lance son **cerceau** et le rattrape.*

cercle **nom masculin**
Un **cercle** est une forme géométrique ronde. *Sais-tu tracer un **cercle** avec un compas ?* **Synonyme :** rond.

☛ Va voir « les couleurs et les formes », page 171.

Lisa va faire tourner son **cerceau**.

cercueil **nom masculin**
Un **cercueil** est une longue caisse en bois où l'on met le corps d'une personne morte.

🔍 Il y a un *u* après le deuxième *c*.

céréale **nom féminin**
❶ Une **céréale** est une plante. Ses graines servent de nourriture aux hommes et aux animaux.
❷ Les **céréales** sont des flocons d'avoine, de maïs ou de riz. *Au petit déjeuner, Clara mange des **céréales** avec du lait.*

Ces **céréales** sont le maïs, le riz, le blé, le seigle et l'avoine.

cérémonie **nom féminin**
Une **cérémonie** est une réunion que l'on organise à l'occasion d'un événement important. *La **cérémonie** du mariage aura lieu samedi.*

cerf **nom masculin**
Un **cerf** est un mammifère de haute taille qui vit dans les forêts. Il a de grandes cornes qu'on appelle des « bois ». *Les bois du **cerf** tombent tous les ans et repoussent avec une branche de plus.*

▶ C'est un ruminant. La femelle est la biche, le petit, le faon. Quand le cerf crie, on dit qu'il **brame.**

▶ Les bois du cerf tombent en automne et repoussent au printemps.

Ce mot se termine par un *f* qu'on ne prononce pas : [sɛr].

cerf-volant **nom masculin**
Un **cerf-volant** est un objet en papier ou en tissu que l'on fait voler dans le vent au bout d'un long fil. *Sur la plage, petits et grands font voler des **cerfs-volants**.*

Le *f* ne se prononce pas : [sɛr]. Ce mot s'écrit avec un trait d'union. Au pluriel, on écrit *des cerfs-volants*.

un **cerf**

cerise **nom féminin**
Une **cerise** est un fruit rouge qui a un noyau.

▶ Les cerises poussent sur un arbre, le **cerisier**.

cerne **nom masculin**
Un **cerne** est une marque légèrement bleue que l'on a sous les yeux quand on est fatigué.

certain, certaine **adjectif**
1 Être **certain** de quelque chose, c'est en être sûr, ne pas avoir de doute. *Marion est **certaine** que Pierre viendra.* **Synonyme : : convaincu.**

2 **Certaines** personnes, **certains** objets, ce sont quelques personnes, quelques objets. ***Certains** élèves n'ont pas compris l'exercice.*

● Mots de la même famille : **certainement, certains**.

certainement **adverbe**
Certainement signifie : de façon certaine, sans aucun doute. *Le ciel est tout noir, il va **certainement** pleuvoir.* **Synonymes : probablement, sûrement. Contraire : peut-être.**

certains, certaines **pronom pluriel**
Certains, certaines, ce sont quelques personnes. ***Certains** préfèrent aller à la piscine, d'autres au match de football.* **Synonymes : quelques-uns, quelques-unes.**

cerveau nom masculin
Le **cerveau** est l'organe qui se trouve à l'intérieur du crâne. Il sert à penser, à sentir, à bouger, à voir, à entendre, à parler.

Au pluriel, on écrit *des cerveaux*.

● Mot de la même famille : cervelle.

cervelle nom féminin
1 La **cervelle** est la matière qui forme le cerveau. **Se creuser la cervelle** est une expression familière pour dire « se creuser la tête, réfléchir ».
2 La **cervelle** est le cerveau d'un animal de boucherie. *Nous avons mangé de la* ***cervelle*** *d'agneau.*

ces → **ce**

cesser verbe
Cesser, c'est arrêter. *Cesse d'énerver ta petite sœur.* Contraire : continuer.

cet, cette → **ce**

ceux → **celui**

chacal nom masculin
Un **chacal** est un mammifère sauvage des pays chauds qui ressemble à un chien. *Les* ***chacals*** *se nourrissent d'animaux morts.*

chacun, chacune pronom
Chacun, chacune, c'est chaque personne. *Les enfants auront un cadeau* ***chacun****.*

un **chacal**

chagrin nom masculin
Avoir du **chagrin**, c'est être très triste. *Lucas a eu beaucoup de* ***chagrin*** *quand son hamster est mort.* Synonyme : peine.

chahuter verbe
Chahuter, c'est faire beaucoup de bruit, s'agiter et s'énerver. *J'aime bien* ***chahuter*** *avec mes frères.*

Il y a un *h* avant le *u*.

chaîne nom féminin
1 Une **chaîne** est un objet fait d'une série d'anneaux en métal accrochés les uns aux autres. *Les chiens de ferme sont parfois attachés avec une* ***chaîne****.*
2 Une **chaîne** de montagnes est un ensemble de montagnes. *La* ***chaîne*** *des Alpes sépare la France de l'Italie.*
3 Une **chaîne** de télévision est un ensemble de programmes. *Mes parents regardent un film sur la cinquième* ***chaîne****.*
4 Une **chaîne** (ou une **chaîne hi-fi**) est un appareil qui permet d'écouter des disques et des cassettes. Elle comprend un lecteur de disques, un lecteur de cassettes, un magnétophone et une radio.

La nouvelle orthographe permet aussi d'écrire *chaine*, sans accent circonflexe. – Ne confonds pas « une chaîne » et « un chêne ».

chair nom féminin
1 La **chair** est la partie du corps des humains et des animaux qui se trouve sous la peau et qui couvre les os. *Une fois cuite, la* ***chair*** *du poulet est blanche.*
2 La **chair** d'un fruit est la partie tendre qui est sous la peau. *Les pêches ont une* ***chair*** *parfumée.*

chaise nom féminin
Une **chaise** est un siège à dossier et sans bras.
→ Cherche fauteuil et tabouret.

A B C D E F G H I J K L M N O P Q R S T U V W X Y Z

chalet **nom masculin**
Un **chalet** est une maison en bois, construite dans la montagne. *En classe de neige, nous logeons dans un **chalet**.*

des **chalets** à la montagne

chaleur **nom féminin**
La **chaleur** est la température élevée d'un lieu. *En août, la **chaleur** est très forte dans cette ville.* **Contraire :** froid.

chambre **nom féminin**
Une **chambre** est une pièce où l'on couche.

Le son [ɑ̃] s'écrit *am* devant un *b*.

chameau **nom masculin**
Un **chameau** est un grand mammifère du désert au pelage beige et qui a deux bosses sur le dos. *Les **chameaux** peuvent rester longtemps sans boire et sans manger.*

▶ C'est un ruminant. La femelle est la **chamelle**, le petit, le **chamelon**. Quand le chameau crie, on dit qu'il **blatère**.

Au pluriel, on écrit *des chameaux*.
→ Cherche **dromadaire**.

chamois **nom masculin**
Un **chamois** est un mammifère de montagne qui est très agile. Il a des cornes lisses et recourbées vers l'arrière.

▶ C'est un ruminant.

champ **nom masculin**
Un **champ** est un terrain cultivé. On peut y planter des céréales, des légumes ou des fleurs. *L'agriculteur laboure le **champ** avant de semer des graines.*

Le son [ɑ̃] s'écrit *am* devant un *p*. Ne confonds pas « champ » et « le chant » que l'on chante.

champagne **nom masculin**
Le **champagne** est un vin blanc qui pétille et qui est fabriqué dans une région de France, la Champagne. *Maman a débouché la bouteille de **champagne**.*

Le son [ɑ̃] s'écrit *am* devant un *p*.

champignon **nom masculin**
Un **champignon** est une plante sans feuilles ni fleurs qui pousse dans les endroits humides. Il est formé d'un pied et d'un chapeau.

un **chameau**

▶ Il existe des champignons comestibles, mais d'autres sont vénéneux et parfois mortels.

🔍 Le son [ɑ̃] s'écrit *am* devant un *p*.

champion nom masculin
championne nom féminin

Le **champion**, la **championne** sont les vainqueurs d'une compétition sportive ou d'un jeu. *La **championne** d'Allemagne de tennis a encore remporté un match.*

🔍 Le son [ɑ̃] s'écrit *am* devant un *p*.

● Mot de la même famille : championnat.

championnat nom masculin

Un **championnat** est une compétition. Le vainqueur obtient le titre de champion. *Papi a participé à un **championnat** d'échecs.*

🔍 Le son [ɑ̃] s'écrit *am* devant un *p*.

chance nom féminin

❶ La **chance** est un hasard heureux. *Julien a encore gagné à la tombola, il a de la **chance**.*

❷ Une **chance** est une possibilité que quelque chose se produise. *S'il fait beau, il y a des **chances** que Paul vienne demain.*

chandail nom masculin

Un **chandail** est un pull.

chandelier nom masculin

Un **chandelier** est un grand bougeoir à pied.

chandelle nom féminin

Une **chandelle** est une sorte de bougie que l'on utilisait autrefois pour s'éclairer.

● Mot de la même famille : chandelier.

Les champignons

changement **nom masculin**
Un **changement**, c'est le fait de changer, de devenir différent. *La météo annonce un **changement** de temps.*

changer **verbe**
1 **Changer**, c'est devenir différent. *Théo **a** beaucoup **changé** en grandissant.*
2 **Changer** une personne ou une chose, c'est les rendre différentes. *La sorcière **a changé** la princesse en statue.* Synonyme : transformer.
3 **Changer** de vêtement, c'est en mettre un autre. *Thomas s'est sali, il va **changer** de pantalon.*
● Mot de la même famille : changement.

chanson **nom féminin**
Une **chanson** est un texte que l'on chante sur une musique. *Une **chanson** comprend en général un refrain et plusieurs couplets.*

chant **nom masculin**
1 Le **chant**, c'est l'art de chanter. *Ma grande sœur prend des cours de **chant**.* Un **chant**, c'est un type de chansons. *Nous avons appris des **chants** de Noël.*
2 Le **chant** d'un oiseau ou d'un insecte, c'est la suite de sons mélodieux qu'il fait. *Romain aime écouter le **chant** du merle.*
Ne confonds pas « chant » et « un champ » de blé.
● Mots de la même famille : chanter, chanteur, chantonner.

chanter **verbe**
1 **Chanter**, c'est faire des sons mélodieux avec la voix. *Anne **chante** une berceuse à son petit frère.* **Chanter juste**, c'est bien suivre la musique. Contraire : chanter faux.
2 Quand un oiseau **chante**, il fait des sons qui ressemblent à de la musique. *À la tombée du jour, j'ai entendu un rossignol **chanter**.*

chanteur **nom masculin**
chanteuse **nom féminin**
Un **chanteur**, une **chanteuse** sont des personnes qui chantent. C'est un nom de métier. *Nous écoutons une **chanteuse** de jazz et un **chanteur** d'opéra.*

chantier **nom masculin**
Un **chantier** est un endroit où l'on construit un bâtiment, un pont, une autoroute. *Les ouvriers portent un casque sur le **chantier**.*

Les ouvriers travaillent sur le **chantier**.

chantonner **verbe**
Chantonner, c'est chanter doucement. *Papi **chantonne** pour endormir le bébé.* Synonyme : fredonner.

chapeau **nom masculin**
1 Un **chapeau** est un vêtement qui protège la tête du froid, du soleil ou de la pluie. *Un bonnet, une casquette sont des **chapeaux**.*

② Le **chapeau** d'un champignon est sa partie supérieure.

Au pluriel, on écrit *des chapeaux*.

chapelle **nom féminin**
Une **chapelle** est une petite église ou une partie d'une église.

chaperon **nom masculin**
Un **chaperon** est une sorte de petit capuchon que l'on portait autrefois. *Le Petit Chaperon rouge est appelé ainsi car elle porte un* ***chaperon*** *rouge.*

chapiteau **nom masculin**
Le **chapiteau** d'un cirque est la grande tente qui sert de salle de spectacle pour un cirque.

Au pluriel, on écrit *des chapiteaux*.

On installe le **chapiteau** du cirque.

chapitre **nom masculin**
Un **chapitre** est une partie d'un livre. *J'ai lu mon livre jusqu'au* ***chapitre*** *4.*

chaque **adjectif singulier**
① **Chaque** est un déterminant qui désigne les personnes ou les choses une par une. ***Chaque*** *enfant a eu un jouet.*
② **Chaque** est un déterminant qui indique la répétition. ***Chaque*** *été, nous allons camper.* **Synonyme : tous les.**

« Chaque » n'a jamais de *s*.

char **nom masculin**
① Au temps des anciens Romains, un **char** était une voiture à deux roues tirée par des chevaux.
② Un **char** est une grande voiture que l'on décore pour les carnavals ou les défilés.
③ Un **char d'assaut** est un véhicule militaire. **Synonyme : tank.**
● Mots de la même famille : chariot, charrette.

charade **nom féminin**
Une **charade** est une devinette sur les mots. *Voici une* ***charade*** *: Mon premier miaule, mon second est un récipient, et mon tout se porte sur la tête. (réponse : chapeau).*

charbon **nom masculin**
Le **charbon** est une matière noire et solide que l'on trouve dans le sol. On le brûle pour se chauffer ou pour produire de l'énergie. *Autrefois, les locomotives fonctionnaient au* ***charbon****.*

charcuterie **nom féminin**
① La **charcuterie** est un aliment fait avec de la viande de porc, comme le jambon ou le saucisson.
② Une **charcuterie** est un magasin où le charcutier fabrique et vend de la charcuterie.

charcutier **nom masculin**
charcutière **nom féminin**
Un **charcutier**, une **charcutière** sont des personnes qui fabriquent et qui vendent des aliments faits avec de la viande de porc. C'est un nom de métier. *J'ai acheté du jambon chez le* ***charcutier****.*
● Mot de la même famille : charcuterie.

A B C D E F G H I J K L M N O P Q R S T U V W X Y Z

chardon nom masculin
Un **chardon** est une fleur qui a des feuilles piquantes. *Les ânes mangent des* ***chardons****.*

des **chardons**

chargement nom masculin
Le **chargement** d'un véhicule, c'est l'ensemble du matériel et des marchandises qu'il transporte. Synonyme : cargaison.

charger verbe
1 **Charger**, c'est mettre des objets à transporter sur un animal, dans un véhicule, ou les faire porter par une personne. *Nous* ***avons chargé*** *le coffre de la voiture.* Contraire : décharger.
2 **Charger** une personne de faire quelque chose, c'est lui demander de le faire, lui donner une mission. *Ma tante m'a* ***chargé*** *de surveiller son bébé.*
3 **Charger** une arme, c'est mettre dedans des balles ou de la poudre. *Attention, le pistolet* ***est chargé****, le coup peut partir !*
● Mot de la même famille : chargement.

chariot nom masculin
Un **chariot** est une petite voiture qui sert à transporter des objets. *À l'aéroport, nous avons mis nos valises et nos sacs sur un* ***chariot*** *à bagages.*
La nouvelle orthographe permet d'écrire aussi *charriot*, avec deux *r*, comme dans *charrette*.

charivari nom masculin
Un **charivari** est un bruit fort et désagréable. *Dans le conte « les Musiciens de la ville de Brême », les animaux font un terrible* ***charivari****.*
Synonymes : tapage, vacarme.

charmant, charmante adjectif
Une personne ou une chose **charmante** plaît, est agréable. *Lila est* ***charmante****.*
Contraires : antipathique, désagréable.

charpente nom féminin
La **charpente** d'une maison est l'ensemble des poutres qui soutiennent le toit.
● Mot de la même famille : charpentier.

charpentier nom masculin
Un **charpentier** est une personne qui fabrique et qui pose des charpentes. C'est un nom de métier.

charrette nom féminin
Une **charrette** est une voiture légère à deux roues tirée en général par un cheval. *Autrefois, on transportait le foin dans une* ***charrette****.*
« Charrette » a deux *r* et deux *t*.

charrue nom féminin
Une **charrue** est une machine à labourer la terre. *Autrefois, les* ***charrues*** *étaient tirées par des bœufs ou par des chevaux ; aujourd'hui elles sont tirées par des tracteurs.*
Il y a deux *r*.

chasse **nom féminin**

❶ La **chasse** est l'action de chasser, de poursuivre des animaux sauvages. *Monsieur Pic va à la **chasse** au canard.*

❷ Une **chasse d'eau** est un appareil qui nettoie la cuvette des cabinets en envoyant un jet d'eau très fort.

chasse-neige **nom masculin**

Un **chasse-neige** est un engin qui sert à enlever la neige de la route en la poussant sur les côtés. *Les **chasse-neige** passent tôt le matin.*

🔍 Ce mot a un trait d'union. Au pluriel, on écrit *des chasse-neige*, mais la nouvelle orthographe permet d'écrire aussi *des chasse-neiges,* avec un *s.*

chasser **verbe**

❶ **Chasser** un animal sauvage, c'est le poursuivre pour le capturer ou le tuer. *Prends ton fusil pour aller **chasser** !*

❷ **Chasser** quelque chose ou quelqu'un, c'est les faire partir, les faire disparaître. *Le vent a **chassé** les nuages.*

● Mots de la même famille : **chasse, chasse-neige, chasseur.**

chasseur **nom masculin**
chasseuse **nom féminin**

Un **chasseur**, une **chasseuse** sont des personnes qui chassent, qui capturent des animaux. *Les **chasseurs** ont rapporté du gibier.*

chat **nom masculin**

Un **chat** est un animal domestique qui a un corps souple et des griffes qu'il peut rentrer et sortir. *Quand un **chat** est content, il ronronne.*

► C'est un félin. La femelle est la **chatte**. Le petit est le **chaton**. Quand le chat crie, on dit qu'il miaule et son cri est le **miaulement**.

châtaigne **nom féminin**

Une **châtaigne** est un fruit recouvert d'une peau dure marron clair et que l'on mange grillé ou bouilli.
Synonyme : marron.

► Les châtaignes poussent sur un arbre, le **châtaignier**.

🔍 Le premier *a* prend un accent circonflexe.

● Mot de la même famille : **châtain**.

châtain **adjectif**

Des cheveux **châtains** sont brun clair, de la couleur des châtaignes.

🔍 Le premier *a* prend un accent circonflexe.

➔ Cherche **blond**, **brun** et **roux**.

château **nom masculin**

❶ Un **château** est une grande et riche habitation située au milieu d'un grand parc. *Les rois vivaient dans des **châteaux**.* **Synonyme : palais.**

❷ Un **château fort** est un grand bâtiment entouré de remparts et de fossés, appelés « douves ». *Au Moyen Âge, les seigneurs vivaient dans des **châteaux forts**.*

🔍 Le premier *a* prend un accent circonflexe. Au pluriel, on écrit *des châteaux*.

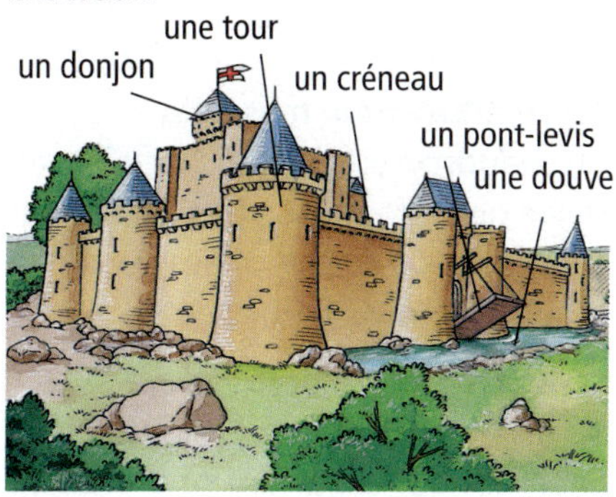

un **château fort**

A B C D E F G H I J K L M N O P Q R S T U V W X Y Z

chatouiller verbe
Chatouiller une personne, c'est la toucher doucement sous les pieds, sous les bras ou dans le cou. *David **chatouille** sa sœur avec un pinceau.*
● Mot de la même famille : chatouilleux.

chatouilleux, chatouilleuse adjectif
Une personne **chatouilleuse** ne peut s'empêcher de rire quand on la chatouille.

1. chaud, chaude adjectif
1 Ce qui est **chaud** a une température élevée et produit une sensation de chaleur. *Attention, la soupe est très **chaude** ! Veux-tu une boisson **chaude** ?* Contraire : froid.
2 Un vêtement **chaud** garde bien la chaleur. *Pour aller skier, je mets des vêtements **chauds**.*
● Mot de la même famille : chaudement.

2. chaud nom masculin
Être au **chaud**, c'est être là où il y a de la chaleur. *Reste au **chaud** si tu es malade.* Contraire : froid. Avoir chaud, c'est éprouver une sensation de chaleur. Contraire : avoir froid.

chaudement adverbe
S'habiller **chaudement**, c'est s'habiller de façon à avoir chaud. *Il neige, habille-toi **chaudement** !*

chaudron nom masculin
Un **chaudron** est un grand récipient en cuivre ou en fonte que l'on suspendait autrefois dans les cheminées pour faire chauffer l'eau ou les aliments.

chauffage nom masculin
Le **chauffage** est l'ensemble des appareils qui chauffent une maison. *Le **chauffage** est en panne.*

un **chaudron**

chauffer verbe
Chauffer, c'est rendre chaud, donner de la chaleur. *Le radiateur **chauffe** bien la pièce.* **Chauffer**, c'est devenir chaud. *L'eau est en train de **chauffer**.*
● Mot de la même famille : chauffage.

chauffeur nom masculin
Un **chauffeur** est une personne qui conduit un camion, une automobile ou un taxi. C'est un nom de métier.

chaumière nom féminin
Une **chaumière** est une petite maison qui a un toit recouvert de paille.

une **chaumière** à la campagne

chaussée **nom féminin**

La **chaussée** est la partie de la route où les véhicules circulent. *Ne marche pas sur la **chaussée** mais sur le trottoir.*

chausser **verbe**

1 **Chausser** telle pointure, c'est porter des chaussures de cette pointure, de cette taille. *Maman **chausse** du 38.*

2 **Se chausser**, c'est mettre ses chaussures. *Romain **se chausse** pour aller dehors.*

● Mots de la même famille : **chaussette, chausson, chaussure**.

chaussette **nom féminin**

Une **chaussette** est un vêtement qui couvre le pied et le bas de la jambe.

chausson **nom masculin**

Un **chausson** est une chaussure souple, légère et confortable pour la maison. **Synonyme : pantoufle.**

chaussure **nom féminin**

Une **chaussure** recouvre et protège le pied. *Les bottes, les baskets, les sandales et les tennis sont des **chaussures**.* **Synonyme : soulier.**

chauve **adjectif**

Une personne **chauve** n'a plus de cheveux.

chauve-souris **nom féminin**

Une **chauve-souris** est un petit mammifère qui a un corps de souris et de grandes ailes sans plumes. *Les **chauves-souris** sont actives la nuit.*

🔍 Au pluriel, on écrit *des chauves-souris*. – La nouvelle orthographe permet d'écrire aussi *chauvesouris,* sans trait d'union.

chavirer **verbe**

Quand un bateau **chavire**, il se renverse, la coque en l'air.

une **chauve-souris**

chef **nom masculin**

Un **chef** est une personne qui commande, qui dirige. *Un **chef** d'orchestre dirige les musiciens d'un orchestre.*

chef-d'œuvre **nom masculin**

Un **chef-d'œuvre** est une œuvre remarquable que tout le monde admire. *Le peintre a réalisé un **chef-d'œuvre**.*

🔍 Le *f* ne se prononce pas. Au pluriel, on écrit *des chefs-d'œuvre.*

➔ Cherche **œuvre**.

chemin **nom masculin**

1 Un **chemin** est un passage en terre ou en cailloux. *Prenons le **chemin** qui traverse la forêt.*

2 Le **chemin** est la direction à suivre. *Un agent nous a indiqué le **chemin** pour aller à la piscine.* **Synonymes : itinéraire, route.**

● Mot de la même famille : **chemin de fer**.

➔ Cherche **allée** et **sentier**.

Elle trace le **chemin** de la piscine.

A B C D E F G H I J K L M N O P Q R S T U V W X Y Z

chemin de fer **nom masculin**
Le **chemin de fer** est le train. *La SNCF est la Société nationale des* ***chemins de fer*** *français.*

cheminée **nom féminin**
❶ La **cheminée** est l'endroit d'une habitation où l'on peut faire du feu. *Les bûches brûlent dans la* ***cheminée.***
❷ Une **cheminée** est un tuyau par où sort la fumée, sur le toit des maisons, des usines et des paquebots.

chemise **nom féminin**
❶ Une **chemise** est un vêtement en tissu qui est boutonné devant et qui couvre le haut du corps et les bras.
❷ Une **chemise de nuit** est un vêtement de nuit en forme de robe.

chêne **nom masculin**
Un **chêne** est un grand arbre au bois très résistant. *Un* ***chêne*** *peut vivre six cents ans.*
▶ Le fruit du chêne est le gland.
🔍 Le premier e prend un accent circonflexe. Ne confonds pas « un chêne » et « une chaîne ».

chenille **nom féminin**
Une **chenille** est un petit animal qui ressemble un peu à un ver mais qui a le corps couvert de poils. C'est la larve du papillon. *Les* ***chenilles*** *se nourrissent de feuilles.*
➜ Cherche papillon.

une **chenille**

chèque **nom masculin**
Un **chèque** est un papier fabriqué par les banques. On inscrit dessus la somme à payer, le nom du destinataire et on le signe. *Mon père a payé par* ***chèque*** *au supermarché.*

cher, chère **adjectif**
❶ Une personne **chère** est une personne que l'on aime. *Au début de sa lettre, Clara a écrit : «* ***chère*** *mamie ».*
❷ Un article **cher**, une marchandise **chère** coûtent beaucoup d'argent. *Cet ordinateur est* ***cher.*** Synonyme : coûteux.
🔍 « Cher » se prononce [ʃɛr].
● Mot de la même famille : chéri.

chercher **verbe**
❶ **Chercher**, c'est essayer de trouver ou de découvrir. *Julien* ***cherche*** *son stylo. Les savants* ***cherchent*** *un nouveau vaccin.*
❷ **Chercher à** faire quelque chose, c'est tout faire pour trouver une solution. *Chloé* ***cherche à*** *convaincre son frère de l'accompagner au cinéma.*

chéri, chérie **adjectif**
Une personne **chérie** est une personne que l'on aime beaucoup. *Mes enfants* ***chéris.***

cheval **nom masculin**
❶ Un **cheval** est un grand mammifère qui a une crinière, une longue queue et des sabots.
❷ **Faire du cheval**, c'est monter sur un cheval, faire de l'équitation.
❸ Être **à cheval**, c'est être assis sur quelque chose avec une jambe de chaque côté. *David est* ***à cheval*** *sur une chaise.* Synonyme : à califourchon.
▶ La femelle est la jument. Le petit est le poulain. Quand le cheval crie, on dit qu'il hennit et son cri est le **hennissement**.

Au pluriel, on écrit *des chevaux*.

● Mot de la même famille : **chevalier**.

chevalier **nom masculin**

Un **chevalier** est un seigneur du Moyen Âge qui combattait à cheval et portait une armure.

Ne confonds pas avec « un cavalier ».

chevelure **nom féminin**

La **chevelure** est l'ensemble des cheveux. *Laura a une longue **chevelure** blonde.*

cheveu **nom masculin**

Les **cheveux** sont les poils qui poussent sur la tête des humains. *Élise a de beaux **cheveux** roux.*

Au pluriel, on écrit *des cheveux*.

● Mot de la même famille : **chevelure**.

cheville **nom féminin**

La **cheville** est la partie du corps située entre le pied et la jambe. *Julien s'est tordu la **cheville** en sautant.*

chevillette **nom féminin**

Une **chevillette** est une petite tige de bois qui servait autrefois à fermer les portes.

→ Cherche **bobinette**.

un **cheval**

chèvre **nom féminin**

Une **chèvre** est un mammifère domestique qui a une touffe de barbe au menton, deux cornes courbées vers l'arrière et un pelage épais. *On fabrique du fromage avec le lait des **chèvres**.*

▶ C'est un ruminant. Le mâle est le bouc, le petit est le **chevreau.** Quand la chèvre crie, on dit qu'elle bêle ou qu'elle **chevrote**.

chevreuil **nom masculin**

Un **chevreuil** est un mammifère sauvage de la même famille que le cerf, mais plus petit. Il vit dans les forêts.

▶ C'est un ruminant. La femelle est la **chevrette**. Le petit est le faon.

chewing-gum **nom masculin**

Le **chewing-gum** est une pâte sucrée et parfumée qui se mâche, mais qui ne s'avale pas.

On écrit *gum* mais on prononce [gɔm], comme dans « gomme ». Au pluriel, on écrit *des chewing-gums*.

chez **préposition**

Chez désigne l'endroit où habite une personne, ou le local où elle travaille : ***chez** moi ; **chez** le coiffeur.*

chiche ! **interjection**

Chiche s'emploie pour dire que l'on est capable de faire quelque chose de difficile. ***Chiche** que je saute du grand plongeoir !*

chien **nom masculin**

Un **chien** est un animal domestique. Il a un bon flair. *Les caniches, les cockers, les dalmatiens sont des **chiens**.*

▶ Les chiens sont des animaux carnivores. Le bout de leur museau est appelé « une truffe ». La femelle est la **chienne**. Le petit est le **chiot**. Quand le chien crie, on dit qu'il aboie et son cri est l'**aboiement**.

A B C D E F G H I J K L M N O P Q R S T U V W X Y Z

un **chimpanzé**

chiffon nom masculin
Un **chiffon** est un vieux morceau de tissu. *Papi fait briller ses chaussures avec un* ***chiffon****.*
🔍 Il y a deux *f*.
● Mot de la même famille : chiffonné.

chiffonné, chiffonnée adjectif
Un vêtement **chiffonné** est un vêtement que l'on a froissé et qui a l'air d'un chiffon. *Jean s'est assis sur sa veste et elle est toute* ***chiffonnée****.*
Synonymes : fripé, froissé.
🔍 Il y a deux *f* et deux *n*.

chiffre nom masculin
Un **chiffre** est un signe qui sert à écrire un nombre. *Dans 424, le* ***chiffre*** *des dizaines est le 2.*
☛ Va voir « les nombres », page 471.

chimpanzé nom masculin
Un **chimpanzé** est un singe qui vit dans les forêts d'Afrique. *Les* ***chimpanzés*** *s'apprivoisent assez facilement.*
🔍 Le son [ɛ̃] s'écrit *im* devant un *p*.

chipie nom féminin
Une **chipie** est une fille ou une femme insupportable, toujours prête à jouer un mauvais tour.

chips nom féminin
Une **chips** est une fine rondelle de pomme de terre frite, séchée et salée. *Pour le pique-nique, j'ai apporté des paquets de* ***chips****.*
🔍 Ce mot se termine par un *s* qu'on prononce.

chirurgien nom masculin
chirurgienne nom féminin
Un **chirurgien**, une **chirurgienne** sont des médecins qui opèrent les malades et les blessés. C'est un nom de métier.

chlorophylle nom féminin
La **chlorophylle** est la matière qui donne aux plantes leur couleur verte. Elle se forme à la lumière.

choc nom masculin
Un **choc** est un coup très fort produit par deux choses ou deux personnes qui se cognent. *Le bateau a heurté un rocher et l'avant a été très abîmé par le* ***choc****.*

Le **choc** a été violent.

chocolat nom masculin
❶ Le **chocolat** est un mélange de cacao et de sucre, de couleur brun foncé.
❷ Le **chocolat** est une boisson faite avec de la poudre de chocolat délayée dans du lait ou de l'eau. *Veux-tu une tasse de* ***chocolat*** *?* **Synonyme :** cacao.

chœur **nom masculin**

❶ Un **chœur** est un groupe de personnes qui chantent. **Synonyme : chorale.**

❷ Chanter **en chœur**, c'est chanter ensemble. *La maîtresse nous a fait chanter **en chœur**.*

On écrit *ch* mais on prononce [k]. Ne confonds pas « chœur » et « le cœur » qui bat.

choir **verbe**

Choir se disait autrefois pour « tomber ». *Quand le Loup dit au Petit Chaperon rouge : « Tire la chevillette ; la bobinette **cherra** », cela signifie « elle tombera ».*

choisir **verbe**

Choisir, c'est prendre une chose de préférence à une autre. *Sélim **a choisi** les baskets rouges.*

● Mot de la même famille : choix.

choix **nom masculin**

Le **choix**, c'est la possibilité de choisir. *Tu peux venir avec nous ou rester ici, tu as le **choix**.* Le **choix**, c'est ce qui a été choisi. *Vous avez fait un bon **choix**.*

Ce mot se termine par un *x*.

chômage **nom masculin**

Être au **chômage**, c'est manquer de travail, être sans emploi.

▶ Les personnes qui sont au chômage sont des **chômeurs** et des **chômeuses**.

Le *o* prend un accent circonflexe.

chorale **nom féminin**

Une **chorale** est un groupe de personnes qui chantent ensemble. *Raphaëlle fait partie d'une **chorale**.*
Synonyme : chœur.

On écrit *ch* mais on prononce [k].

chose **nom féminin**

Une **chose** est un objet, un fait ou un événement. *Quelle est cette **chose** qui traîne par terre ? Après les vacances, nous aurons beaucoup de **choses** à nous raconter.*

chou **nom masculin**

Un **chou** est un légume qui a la forme d'une grosse boule composée de feuilles. *Les choux rouges et les choux de Bruxelles sont des espèces différentes de **choux**.*

Au pluriel, on écrit *des choux*.

choucroute **nom féminin**

La **choucroute** est un plat fait de chou coupé et cuit que l'on sert avec de la charcuterie.

1. chouette **nom féminin**

Une **chouette** est un oiseau de proie qui est actif la nuit. Elle a une grosse tête et des yeux tout ronds. *La **chouette** n'a pas de plumes dressées sur la tête, contrairement au hibou.*

▶ C'est un rapace. Quand la chouette crie, on dit qu'elle **hulule** ou qu'elle **chuinte**.

2. chouette ! **interjection**

Chouette s'emploie quand on est content. ***Chouette !** on va au cinéma !*

une **chouette**

A B C D E F G H I J K L M N O P Q R S T U V W X Y Z

chou-fleur **nom masculin**
Un **chou-fleur** est une sorte de chou. On mange ses fleurs en forme de petites boules blanches.
Ce mot s'écrit avec un trait d'union. Au pluriel, on écrit *des choux-fleurs*.

chrétien **nom masculin**
chrétienne **nom féminin**
Les **chrétiens** sont des personnes qui croient en Jésus-Christ. *Les catholiques et les protestants sont des **chrétiens**.*
On écrit *ch* mais on prononce [k].

chronomètre **nom masculin**
Un **chronomètre** est une sorte de montre très précise. Il sert à mesurer le temps en minutes, en secondes et en parties de seconde.
On écrit *ch* mais on prononce [k].

chuchoter **verbe**
Chuchoter, c'est parler à voix basse. *David m'a **chuchoté** quelques mots à l'oreille.* Synonyme : murmurer.

chut ! **interjection**
Chut s'emploie pour demander le silence. ***Chut !** j'essaie de dormir !*
On prononce le *t*.

chute **nom féminin**
1. Une **chute**, c'est le fait de tomber. *Natacha a fait une **chute** dans l'escalier. On prévoit des **chutes** de neige en montagne.*
2. Une **chute d'eau** est une cascade.

cible **nom féminin**
Une **cible** est un objet que l'on vise et que l'on essaie d'atteindre avec les balles d'une carabine ou avec des flèches, des fléchettes.

cicatrice **nom féminin**
Une **cicatrice** est une marque qui reste sur la peau après une blessure ou une opération. *Depuis son accident, Mathis a une **cicatrice** au genou.*

cidre **nom masculin**
Le **cidre** est une boisson qui pétille et qui est faite avec du jus de pomme. Il contient de l'alcool.

ciel **nom masculin**
Le **ciel** est l'espace que l'on voit dehors au-dessus de nos têtes. *Quand il fait beau, le **ciel** est bleu.*

cigale **nom féminin**
Une **cigale** est un insecte des régions chaudes qui vit dans les arbres. *Les **cigales** chantent l'été.*
▶ Le mâle fait entendre un bruit aigu pour attirer les femelles. Quand la cigale chante, on dit aussi qu'elle **stridule** ou qu'elle **craquette**.
→ Cherche grillon.

cigare **nom masculin**
Un **cigare** est un petit rouleau de feuilles de tabac que l'on fume.
▶ Les cigares contiennent des produits dangereux pour la santé.
● Mot de la même famille : cigarette.

cigarette **nom féminin**
Une **cigarette** est faite de tabac haché roulé dans du papier.
▶ Les cigarettes contiennent des produits dangereux pour la santé.

cigogne **nom féminin**
Une **cigogne** est un grand oiseau migrateur blanc qui a le bout des ailes noir, un long bec et de hautes pattes. *En Alsace, au printemps, on peut voir des nids de **cigogne** sur les cheminées des maisons.*
▶ Le petit est le **cigogneau**. Quand la cigogne crie, on dit qu'elle **claquette** ou qu'elle **craquette**.

cil **nom masculin**
Les **cils** sont les petits poils qui poussent au bord des paupières.
→ Cherche **sourcil**.

cime **nom féminin**
La **cime** est le haut d'un arbre ou d'une montagne. *La **cime** du mont Blanc est enneigée.* **Synonyme : sommet.**

ciment **nom masculin**
Le **ciment** est une poudre gris clair que l'on mélange avec de l'eau et qui durcit quand elle sèche. *Pour construire un mur, le maçon met du **ciment** entre les briques.*

Le maçon met du **ciment** sur le mur.

cimetière **nom masculin**
Un **cimetière** est un lieu où l'on enterre les morts.

une **cigogne**

cinéma **nom masculin**
1 Le **cinéma**, c'est l'art de tourner des films. *Mon frère veut faire du **cinéma**.*
2 Un **cinéma** (ou une **salle de cinéma**) est une salle où l'on projette des films sur un grand écran. *Nous avons vu « le Roi et l'Oiseau » au **cinéma**.*

cintre **nom masculin**
Un **cintre** est un objet en forme d'arc avec un crochet sur le dessus. Il sert à suspendre les vêtements.

cirage **nom masculin**
Le **cirage** est un produit qui sert à nettoyer et à faire briller le cuir. *Mon frère passe du **cirage** sur ses chaussures.*

circonflexe **adjectif**
Un accent **circonflexe** est un accent qu'on met sur les voyelles de certains mots. *« Pâte », « prêt », « abîmer », « rôti », « sûr » s'écrivent avec un accent **circonflexe**.*

circuit **nom masculin**
Un **circuit** est un parcours qui ramène au point de départ. *Nous avons fait un **circuit** en car.*

circulation **nom féminin**
La **circulation** est le mouvement de ce qui circule. *La **circulation** des véhicules dans les rues. La **circulation** du sang dans le corps.*

circuler **verbe**
1 **Circuler**, c'est se déplacer, aller et venir. *Les voitures **circulent** lentement quand il pleut.* **Synonyme : rouler.**
2 **Circuler**, c'est se déplacer selon un circuit. *Le sang **circule** dans le corps.*
● Mot de la même famille : **circulation**.

A B C D E F G H I J K L M N O P Q R S T U V W X Y Z

cire nom féminin

① La **cire** est une matière jaune produite par les abeilles. Elles l'utilisent pour construire les rayons de la ruche. *Certaines bougies sont en **cire**.*

② La **cire** est un produit qui nettoie et fait briller les meubles en bois et les parquets.

● Mots de la même famille : cirage, cirer.

cirer verbe

① **Cirer** un meuble, c'est le frotter avec de la cire.

② **Cirer** des chaussures, c'est les faire briller avec du cirage.

cirque nom masculin

Un **cirque** est un lieu où l'on présente des spectacles faits par des acrobates, des jongleurs, des clowns, des magiciens et des dompteurs avec leurs animaux sauvages qui ont été dressés. *Le **cirque** a installé son chapiteau.*

Monsieur Loyal présente les numéros du **cirque**.

ciseaux nom masculin pluriel

Une paire de **ciseaux** est un instrument formé de deux lames, qui sert à découper du papier, du tissu ou à couper du fil. *Léo se sert de **ciseaux** à bouts ronds.*

cité nom féminin

① Une **cité** est une ville importante. *Londres et Paris sont de grandes **cités**.*

② Une **cité** est un groupe d'immeubles. *Paul et Sabri habitent dans la même **cité**.*

citer verbe

Citer, c'est donner le nom d'une personne ou d'une chose. *Peux-tu **citer** trois villes de France ?*

Synonyme : nommer.

citoyen nom masculin
citoyenne nom féminin

Un **citoyen**, une **citoyenne** sont les personnes qui font partie d'un pays, d'une nation. *Les **citoyens** ont des droits mais aussi des devoirs.*

citron nom masculin

Un **citron** est un fruit jaune ou vert au goût acide et qui a du jus et des pépins.

▶ Les citrons poussent sur un arbre, le **citronnier**.

citrouille nom féminin

Une **citrouille** est un gros fruit de couleur verte ou orange. *Dans « Cendrillon », la **citrouille** est changée en carrosse.*

civière nom féminin

Une **civière** est une sorte de lit qui sert à transporter les blessés.

Synonyme : brancard.

1. civil, civile adjectif

① Le mariage **civil** est le mariage qui a lieu à la mairie.

② Une guerre **civile** est une guerre qui oppose les habitants d'un même pays.

🔍 Ne confonds pas avec « civique ».

2. civil **nom masculin**

❶ Un **civil** est une personne qui n'est pas un soldat. *Les guerres du 20e siècle ont provoqué la mort de nombreux* ***civils****.*

❷ Être **en civil**, c'est être habillé comme n'importe quelle personne, ne pas porter l'uniforme. *Le policier se promène* ***en civil****.*

civique **adjectif**

Un cours d'éducation **civique** est un cours où l'on apprend les droits et les devoirs de chaque citoyen.

Ne confonds pas avec « civil ».

clair, claire **adjectif**

❶ Un endroit **clair** reçoit beaucoup de lumière. *Avec ses grandes fenêtres, notre classe est très* ***claire****.* Synonyme : **lumineux.** Contraires : **obscur, sombre.**

❷ Une couleur **claire** est une couleur proche du blanc. *En été, on porte souvent des vêtements* ***clairs****.* Contraire : **foncé.**

❸ Une eau **claire** est transparente. *L'eau de la rivière est* ***claire****.* Synonyme : **limpide.** Contraire : **trouble.**

❹ Une idée, une explication **claire** se comprend facilement. *La maîtresse nous a donné des explications* ***claires****.*

● Mots de la même famille : **clairière, clarté**.

clair de lune **nom masculin**

Le **clair de lune** est la lumière que la lune répand la nuit.

clairière **nom féminin**

Une **clairière** est un endroit sans arbres dans une forêt. *Nous avons pique-niqué dans une* ***clairière****.*

clandestin, clandestine **adjectif**

Un passager **clandestin** est une personne qui voyage sans billet, en se cachant. *Les marins ont découvert un passager* ***clandestin****.*

claque **nom féminin**

Une **claque** est un coup donné sur la joue avec la main ouverte. *Pierre a reçu une paire de* ***claques****.* Synonyme : **gifle.**

claquer **verbe**

Claquer, c'est faire un bruit sec. *Les volets* ***claquent*** *à cause du vent.*

● Mot de la même famille : **claque**.

clarinette **nom féminin**

Une **clarinette** est un instrument de musique en bois qui a la forme d'un tube. *On souffle dans une* ***clarinette****.*

☛ Va voir « les instruments de musique », page 355.

clarté **nom féminin**

❶ La **clarté** est la lumière qui rend les choses visibles. *En été, je suis réveillé par la* ***clarté*** *du jour.*

❷ La **clarté** est la qualité d'une parole, d'une pensée claire, facile à comprendre. *Le maître nous a expliqué l'exercice avec* ***clarté****.*

Un bel endroit pour pique-niquer dans la **clairière**.

classe nom féminin

1 Une **classe** est un ensemble d'élèves qui suivent les mêmes cours pendant une année.

2 Une **classe** est une salle d'école, de collège ou de lycée.

3 Une **classe verte**, une **classe de neige**, une **classe de mer** sont des séjours que des élèves font à la campagne, à la montagne ou à la mer avec leur instituteur. *En **classe verte**, nous découvrons la nature tout en continuant les cours.*

● Mots de la même famille : classement, classer, classeur.

classement nom masculin

Le **classement**, c'est l'action de classer des personnes, de ranger des objets dans un certain ordre. *Ma sœur fait du **classement** dans ses papiers. Antonin est premier au **classement**.*

classer verbe

Classer, c'est ranger dans un certain ordre. *Je **classe** les fiches par couleurs. Luna **a été classée** deuxième au championnat de ski des écoles.*

Lucas **classe** ses crayons du plus petit au plus grand.

classeur nom masculin

Un **classeur** est un objet en carton ou en plastique avec des anneaux à l'intérieur, qui sert à classer des feuilles de papier.

clavier nom masculin

Un **clavier** est l'ensemble des touches de certains appareils et de certains instruments de musique. *On appuie sur les touches du **clavier** pour faire fonctionner un ordinateur, un téléphone ou pour jouer du piano.*

clé nom féminin

1 Une **clé** est un objet en métal que l'on tourne dans une serrure pour l'ouvrir ou pour la fermer.

2 En musique, une **clé** est un signe placé au début de la portée. *Au piano, on joue de la main droite ce qui est écrit en **clé** de « sol ».*

On écrit aussi « clef ».

clémentine nom féminin

Une **clémentine** est un fruit orange qui peut avoir des pépins et qui ressemble à une petite mandarine.

► Les clémentines poussent sur un arbre, le **clémentinier**.

client nom masculin
cliente nom féminin

Un **client**, une **cliente** sont des personnes qui font des achats dans un magasin. *Le samedi, les magasins sont pleins de **clients**.*

● Mot de la même famille : clientèle.

clientèle nom féminin

La **clientèle** d'un commerçant est l'ensemble de ses clients.

clignotant nom masculin

Le **clignotant** d'un véhicule est le signal lumineux qu'un conducteur fait fonctionner pour avertir qu'il va changer de direction. *Avant de tourner ou de doubler, on met toujours son **clignotant**.*

clignoter **verbe**
Quand la lumière **clignote**, elle s'allume et s'éteint rapidement, plusieurs fois de suite. *La lumière de l'ambulance **clignote**.*
● Mot de la même famille : clignotant.

La lumière de l'ambulance **clignote**.

climat **nom masculin**
Le **climat** est le temps qu'il fait généralement dans une région, dans un pays. *Le **climat** de la Bretagne est doux et humide ; celui de l'Alsace est froid et sec.*

clin d'œil **nom masculin**
Un **clin d'œil** est un signe que l'on fait discrètement à quelqu'un en fermant et en ouvrant très rapidement un œil. *Marion m'a fait des **clins d'œil** pour me prévenir qu'elle plaisantait.*
🔍 Au pluriel, on écrit *des clins d'œil.*

clinique **nom féminin**
Une **clinique** est un établissement privé où l'on soigne les malades et les blessés et où les femmes peuvent accoucher. *Eva a été opérée dans une **clinique**.*
→ Cherche hôpital.

clochard **nom masculin**
clocharde **nom féminin**
Les **clochards** sont des personnes très pauvres qui vivent dans la rue et qui n'ont pas d'habitation ni de travail.

cloche **nom féminin**
Une **cloche** est un objet creux en métal qui résonne quand on l'agite ou quand on le frappe. *La **cloche** de l'église sonne toutes les heures.*
● Mots de la même famille : clocher, clochette.

à **cloche-pied** **adverbe**
À cloche-pied signifie : en sautant sur un pied. *Quand on joue à la marelle, on saute **à cloche-pied**.*
🔍 La nouvelle orthographe permet d'écrire aussi *à clochepied,* sans trait d'union.

Paul saute **à cloche-pied**.

clocher **nom masculin**
Le **clocher** est la tour d'une église où se trouvent les cloches.

clochette **nom féminin**
❶ Une **clochette** est une petite cloche. *Les chèvres ont parfois une **clochette** au cou.*
❷ Une **clochette** est une fleur en forme de petite cloche. *Le muguet a des **clochettes**.*

a b c d e f g h i j k l m n o p q r s t u v w x y z

A B C D E F G H I J K L M N O P Q R S T U V W X Y Z

cloison **nom féminin**
Une **cloison** est un mur intérieur. *Les pièces d'une maison sont séparées par des* ***cloisons****.*

cloque **nom féminin**
Une **cloque** est une petite bulle de liquide qui se forme sur la peau. *Anaïs s'est brûlée la main : elle a une* ***cloque****.*
Synonyme : ampoule.

clôture **nom féminin**
Une **clôture** est une barrière, un grillage ou un mur qui entoure un terrain.
Le *o* prend un accent circonflexe.

clou **nom masculin**
Un **clou** est une petite tige pointue, en fer ou en acier. Il sert à suspendre ou à fixer un objet. *Audrey a planté un* ***clou*** *dans le mur.*
Au pluriel, on écrit *des clous*.
● Mot de la même famille : clouer.

clouer **verbe**
Clouer, c'est fixer avec des clous. *On a* ***cloué*** *un écriteau sur la porte.*

clown **nom masculin**
Un **clown** est un artiste de cirque qui fait rire par des farces et des grimaces. *Le* ***clown*** *très maquillé qui porte un costume de toutes les couleurs, de grandes chaussures et un faux nez rouge est l'auguste ; l'autre est le* ***clown*** *blanc.*
Ce mot vient de l'anglais : on prononce [klun].

club **nom masculin**
Un **club** est un groupe de personnes qui se réunissent régulièrement pour faire la même activité. *Solène est inscrite à un* ***club*** *de gymnastique.*
Synonyme : association.

Les **clowns** font leur numéro.

Ce mot vient de l'anglais : on prononce [klœb].

coasser **verbe**
Pour un crapaud, une grenouille, **coasser**, c'est pousser son cri.
Ne confonds pas « coasser » et « croasser ».

cobaye **nom masculin**
Un **cobaye** est un petit rongeur sans queue que l'on utilise parfois pour faire des expériences scientifiques.
Synonyme : cochon d'Inde.

cobra **nom masculin**
Un **cobra** est un grand serpent venimeux d'Asie ou d'Afrique. Le cobra d'Asie est appelé « serpent à lunettes » à cause du dessin en forme de lunettes qu'il a sur le haut du corps.
☛ Va voir « les reptiles », page 587.

coccinelle **nom féminin**
Une **coccinelle** est un insecte au dos rouge avec des points noirs que l'on appelle aussi « bête à bon Dieu » ou « ogre des jardins ». *Les* ***coccinelles***

sont très utiles car elles mangent une grande quantité de pucerons.

Ce mot s'écrit avec deux c.

1. cocher **nom masculin**
Un **cocher** est un homme qui conduisait une voiture à cheval pour transporter des passagers.

2. cocher **verbe**
Cocher, c'est marquer d'un signe écrit. *Dans ce jeu, vous devez* ***cocher*** *la bonne réponse.*

cochon **nom masculin**
1 Un **cochon** est un mammifère qui a la peau rose ou grise et la queue en tire-bouchon. **Synonyme : porc.**
2 Un **cochon d'Inde** est un cobaye. *Jérémy élève un couple de* ***cochons d'Inde****.*

cocker **nom masculin**
Un **cocker** est un chien roux ou noir qui a de longs poils et des oreilles qui pendent.

coco **nom masculin**
Une **noix de coco** est un gros fruit marron à chair blanche.
▶ Les noix de coco poussent sur un arbre des pays chauds, le **cocotier**.

cocon **nom masculin**
Un **cocon** est une enveloppe formée d'un fil de soie que les chenilles produisent pour se transformer en papillons.

cocotte **nom féminin**
1 Une **cocotte** est un récipient avec un couvercle et deux poignées qui ressemble à une marmite.
2 Une **cocotte en papier** est un papier plié qui rappelle la forme d'une poule.

code **nom masculin**
1 Un **code** est un ensemble de règles. *Les automobilistes doivent respecter le* ***Code*** *de la route.*
2 Un **code** est un ensemble de chiffres et de lettres que l'on doit garder secret. *Pour entrer dans l'immeuble, il faut connaître le* ***code****.*
3 En France, le **code postal** d'une ville est l'ensemble des cinq chiffres qui précèdent le nom de la ville.

cœur **nom masculin**
1 Le **cœur** est un muscle qui se trouve dans la poitrine. Il envoie le sang dans tout le corps.
2 **Avoir bon cœur**, c'est donner aux autres, être généreux.
3 **Avoir mal au cœur**, c'est avoir mal à l'estomac et avoir envie de vomir. *Rémi a mangé trop de chocolat : il* ***a mal au cœur****.*
4 Savoir quelque chose **par cœur**, c'est pouvoir le réciter de mémoire sans oublier un seul mot. *Luna sait sa poésie* ***par cœur****.*

Ne confonds pas « cœur » et chanter « en chœur ».

coffre **nom masculin**
1 Un **coffre** est une grande caisse avec un couvercle. *Aurélie range ses poupées dans son* ***coffre*** *à jouets.*
2 Le **coffre** d'une voiture est la partie située à l'arrière, où l'on range les bagages.
● Mot de la même famille : **coffre-fort**.

une **coccinelle**

A B C D E F G H I J K L M N O P Q R S T U V W X Y Z

coffre-fort nom masculin
Un **coffre-fort** est une armoire en métal où l'on enferme de l'argent et des objets précieux. *Dans une banque, on contrôle l'accès aux* ***coffres-forts****.*

Ce mot s'écrit avec un trait d'union. Au pluriel, on écrit *des coffres-forts*.

se **cogner** verbe
Se cogner, c'est heurter une chose. *Alice* ***s'est cognée*** *à l'armoire.*

coiffer verbe
Coiffer une personne, c'est arranger ses cheveux avec une brosse ou un peigne. *Marion* ***coiffe*** *sa petite sœur.* Synonyme : peigner. *Avant de sortir, Solène se* ***coiffe****.* Synonyme : se peigner.

● Mots de la même famille : coiffeur, coiffure.

La coiffeuse **coiffe** Manon.

coiffeur nom masculin
coiffeuse nom féminin
Un **coiffeur**, une **coiffeuse** sont des personnes qui coiffent, qui coupent les cheveux. C'est un nom de métier.

coiffure nom féminin
La **coiffure** d'une personne, c'est la manière dont ses cheveux sont coupés ou peignés. *Ma sœur change très souvent de* ***coiffure****.*

coin nom masculin
1. Un **coin**, c'est l'angle formé par deux côtés, deux murs, deux rues. *Nous avons mis la table dans un* ***coin*** *de la cuisine.*
2. Un **coin** est un endroit. *Nous passons nos vacances dans un* ***coin*** *agréable.*

coincer verbe
Quand un objet **est coincé**, il ne peut plus bouger. *La porte* ***est coincée*** *par l'humidité.* Synonyme : bloquer.

coïncidence nom féminin
Une **coïncidence**, c'est le fait que deux événements se produisent au même moment. *Je pensais à mon frère et à cet instant il a téléphoné. Quelle* ***coïncidence*** *!*

Il y a un tréma sur le premier *i*.

col nom masculin
1. Le **col** d'un vêtement est la partie qui entoure le cou. *Le* ***col*** *de ta chemise est taché.*
2. À la montagne, un **col** est un passage entre deux sommets. *Les cyclistes ont franchi le* ***col****.*

● Mot de la même famille : collier.

colère nom féminin
La **colère** est la réaction violente d'une personne qui crie fort parce qu'elle est très fâchée. *Mon père se met* ***en colère*** *quand je désobéis.*

● Mot de la même famille : coléreux.

coléreux, coléreuse adjectif
Une personne **coléreuse** se met facilement en colère.

colibri **nom masculin**
Le **colibri** est un tout petit oiseau d'Amérique très coloré que l'on appelle aussi « oiseau-mouche ».

colimaçon **nom masculin**
Un **colimaçon** est un escargot. Un escalier **en colimaçon** est un escalier qui tourne sur lui-même. **Synonyme : en spirale.**

Le deuxième *c* prend une cédille.

colin-maillard **nom masculin**
Colin-maillard est un jeu où l'un des joueurs a les yeux bandés et essaie d'attraper un autre joueur et de deviner qui il est en le touchant.

Ce mot s'écrit avec un trait d'union.

colis **nom masculin**
Un **colis** est un paquet que l'on envoie par la poste. *Le facteur a déposé deux **colis**.*

Ce mot se termine par un *s*.

collage **nom masculin**
Faire un **collage**, c'est réaliser un tableau en collant des images découpées.

Sébastien est **en colère**.

Ils jouent à **colin-maillard**.

1. collant, collante **adjectif**
1 Du papier **collant**, c'est un papier spécial qui colle. *Lucas a réparé la couverture du livre avec du papier **collant**.* **Synonyme : adhésif.**
2 Une chose **collante** fait le même effet que la colle quand on la touche. *Clément a renversé du sirop : la table est toute **collante**.* **Synonyme : gluant.**

2. collant **nom masculin**
Un **collant** est un sous-vêtement qui couvre le bas du corps des pieds à la taille. *En hiver, je mets un **collant** sous mon pantalon.*

colle **nom féminin**
La **colle** est une matière gluante qui sert à faire tenir deux choses ensemble.
● Mots de la même famille : collage, collant, coller.

collectif, collective **adjectif**
Un travail **collectif** est fait par un groupe de personnes. *Le spectacle de fin d'année est le résultat d'un travail **collectif**.* Un sport **collectif** se joue en équipe. **Contraire : individuel.**

A B C D E F G H I J K L M N O P Q R S T U V W X Y Z

collection nom féminin
Une **collection** est un ensemble d'objets que l'on recherche, que l'on réunit et que l'on garde pour son plaisir. *Rachid a une **collection** de petites voitures.*
● Mots de la même famille : collectionner, collectionneur.

collectionner verbe
Collectionner des objets, c'est les rechercher, les réunir, les garder pour son plaisir et les échanger avec d'autres collectionneurs. *Lucas **collectionne** les billes de verre.*

collectionneur nom masculin
collectionneuse nom féminin
Un **collectionneur**, une **collectionneuse** sont des personnes qui collectionnent des objets. *Marion est une **collectionneuse** de cartes postales.*

collège nom masculin
Un **collège** est un établissement scolaire où vont les élèves après l'école élémentaire. *Au **collège**, il y a quatre classes : la sixième, la cinquième, la quatrième et la troisième.*
→ Cherche lycée.

collègue nom masculin et nom féminin
Des **collègues** sont des personnes qui travaillent ensemble, dans un bureau ou dans un magasin. *Madame Legal est en réunion avec ses **collègues** de bureau.*

une colombe

coller verbe
Coller, c'est fixer avec de la colle. *Élise **colle** des images sur son cahier.*
Contraire : décoller.

collier nom masculin
1 Un **collier** est un bijou qui se porte autour du cou. *Marion a fabriqué un **collier** de perles.*
2 Un **collier** est une bande de cuir ou de plastique que l'on met autour du cou d'un animal. *On a attaché la laisse au **collier** du chien.*

colline nom féminin
Une **colline** est une petite montagne qui a un sommet arrondi.

colombe nom féminin
Une **colombe** est un pigeon blanc. *On représente l'idée de la paix par une **colombe**.*
▶ Quand la colombe crie, on dit qu'elle roucoule.

Le son [ɔ̃] s'écrit *om* devant un *b*.

colonie nom féminin
Une **colonie de vacances** est un groupe d'enfants qui passent leurs vacances avec des moniteurs. *Julien a fait du cheval, cet été, en **colonie de vacances**.*

colonne nom féminin
1 Une **colonne** est un grand pilier rond qui soutient un bâtiment en pierre.
2 Une **colonne** est une suite de lettres, de mots ou de chiffres écrits les uns sous les autres. *Nous faisons des additions en **colonnes**.*
3 Une **colonne** est un groupe de personnes ou de véhicules qui avancent les uns derière les autres. *Les musiciens de la fanfare défilent en **colonne**.*
4 La **colonne vertébrale** est la partie du squelette qui se trouve dans le dos.

Elle est formée par les vertèbres et soutient le haut du corps.

Il y a un *l* et deux *n*.

colorer verbe

Colorer, c'est donner une couleur, des couleurs à une chose ou à une personne. *Le feu d'artifice* ***colore*** *le ciel. Le vent glacé nous* ***colorait*** *les joues.* **Se colorer**, c'est prendre une certaine couleur. *En mûrissant, les cerises commencent à* ***se colorer*** *en rouge.*

Ne confonds pas avec « colorier ».

coloriage nom masculin

Le **coloriage**, c'est le fait de colorier. Un album de **coloriages** est un album de dessins à colorier.

Marie et Anne font des **coloriages**.

colorier verbe

Colorier, c'est mettre des couleurs sur un dessin. *Julie* ***colorie*** *la maison en rouge et les arbres en vert avec son pinceau.*

Ne confonds pas avec « colorer ».

● Mot de la même famille : coloriage.

combat nom masculin

❶ Un **combat** est une bataille ou une guerre. *Le* ***combat*** *armé a fait de nombreuses victimes.* **Synonyme :** lutte.

❷ Un **combat** de boxe est une lutte sportive entre deux adversaires. **Synonyme :** match.

combattre verbe

❶ **Combattre**, c'est participer à un combat. *Ils* ***ont combattu*** *à l'épée.*

❷ **Combattre** un mal, une maladie, c'est chercher des moyens de les supprimer, de les guérir. *Les médecins* ***combattent*** *le cancer.* **Synonyme :** lutter contre.

● Mot de la même famille : combat.

combien adverbe

Combien signifie : quel nombre, quel prix, quel poids. *Sais-tu* ***combien*** *d'élèves il y a dans ta classe ?* ***Combien*** *coûte ce pull ?* ***Combien*** *pèses-tu ?*

Combien de billes y a-t-il ?

combinaison nom féminin

❶ Une **combinaison**, c'est le fait d'assembler et d'organiser des éléments d'une certaine façon. *Dans un exercice, on devait faire des* ***combinaisons*** *avec des voiles et des coques.*

❷ Une **combinaison** est un vêtement d'une seule pièce qui couvre tout le corps. *Pour skier, Laura porte une* ***combinaison*** *de ski. Les plongeurs ont des* ***combinaisons*** *de plongée.*

A B C D E F G H I J K L M N O P Q R S T U V W X Y Z

comédie nom féminin

❶ Une **comédie** est une pièce de théâtre ou un film gais. *Ma sœur joue dans une **comédie** de Molière.*

❷ La **comédie**, c'est un comportement qui n'est pas sincère. *Pauline dit qu'elle a mal au ventre mais c'est de la **comédie**.*

● Mot de la même famille : **comédien**.

comédien nom masculin
comédienne nom féminin

Les **comédiens** sont des artistes qui jouent dans des pièces de théâtre. C'est un nom de métier.

→ Cherche **acteur**.

comestible adjectif

Un aliment **comestible** peut être mangé sans risque pour la santé. *Es-tu sûr que ce champignon est **comestible** ?* Contraire : **vénéneux**.

☛ Va voir « les champignons », page 127.

comique adjectif

Une personne ou une chose **comique** fait rire. *Les clowns sont **comiques**.* Synonymes : **amusant**, **drôle**. Contraire : **triste**.

Julien est **comique**.

commandant nom masculin

❶ Un **commandant** est un militaire qui commande une troupe de soldats ou des marins.

❷ Le **commandant de bord** est la personne qui pilote un gros avion ou un vaisseau spatial.

commande nom féminin

❶ Faire une **commande**, passer une **commande**, c'est demander des marchandises à l'avance. *Maman a passé une **commande** de gâteaux au pâtissier.*

❷ Les **commandes** d'un avion sont les appareils qui permettent à l'avion de voler. *Le pilote est aux **commandes**.*

commander verbe

❶ **Commander**, c'est donner des ordres. *Un général **commande** une armée.*

❷ **Commander** des marchandises, c'est les demander à l'avance. *Notre institutrice **a commandé** des livres.*

● Mots de la même famille : **commandant**, **commande**.

comme conjonction

❶ **Comme** signifie : autant que, de même que. *Mon frère est curieux **comme** un chat.*

❷ **Comme** signifie : étant donné que. ***Comme** il fait froid, nous resterons à la maison.* Synonyme : **puisque**.

commencement nom masculin

Le **commencement** est le moment où quelque chose commence. *Nous sommes au **commencement** du 21e siècle.* Synonyme : **début**. Contraire : **fin**.

commencer verbe

❶ **Commencer** quelque chose, c'est se mettre à le faire. *Sébastien **a commencé** son exercice.* Contraires : **achever**, **finir**, **terminer**.

❷ Quand une chose **commence**, elle en est à son début. *Le film va bientôt* ***commencer****.* **Synonyme : débuter.** **Contraire : s'achever, finir, se terminer.**
● Mot de la même famille : **commencement**.

comment adverbe
❶ **Comment** signifie : de quelle manière. *Je ne sais pas encore* ***comment*** *je vais me déguiser.*
❷ **Comment ?** s'emploie pour demander à quelqu'un de répéter quelque chose. **Synonyme : pardon?**

commerçant nom masculin
commerçante nom féminin
Les **commerçants** sont des personnes qui achètent des marchandises et les revendent ensuite dans leur boutique, leur magasin. *Les boulangers, les épiciers, les fleuristes sont des* ***commerçants****.*
Le deuxième c prend une cédille.
→ Cherche **marchand** et **vendeur**.

commerce nom masculin
Faire du **commerce**, c'est acheter et revendre des marchandises.
● Mots de la même famille : **commerçant, commercial**.

commercial, commerciale adjectif
Un local **commercial**, une activité **commerciale** se rapportent au commerce.
Au pluriel, on écrit *commerciaux, commerciales.*

commettre verbe
Commettre une mauvaise action, c'est la faire. *Un vol* ***a été commis*** *chez nos voisins.*

commissaire nom masculin et nom féminin
Un **commissaire**, une **commissaire** sont des personnes qui dirigent les inspecteurs et les agents de police. *La* ***commissaire*** *et son équipe enquêtent sur un meurtre.*
● Mot de la même famille : **commissariat**.

commissariat nom masculin
Le **commissariat** est le bâtiment où se trouve le bureau du commissaire. *Le voleur a été conduit au* ***commissariat****.*

commission nom féminin
❶ Une **commission** est un message que l'on doit transmettre de la part de quelqu'un. *L'institutrice m'a chargé d'une* ***commission*** *pour ma mère.*
❷ Les **commissions** sont les achats pour la maison. *Ma sœur va faire les* ***commissions****.* **Synonyme : courses.**

1. commode adjectif
❶ Un objet **commode** est facile à utiliser. *Cette table pliante est très* ***commode****.* **Synonyme : pratique.**
❷ Une personne qui n'est pas **commode** a un caractère difficile.

2. commode nom féminin
Une **commode** est un meuble bas avec des tiroirs.

La **commode** est en désordre.

A B C D E F G H I J K L M N O P Q R S T U V W X Y Z

commun, commune adjectif
❶ Un local **commun**, une pièce **commune** sont partagés par plusieurs personnes. *Le préau est **commun** à tous les élèves.*
❷ **En commun**, c'est tous ensemble. *Les élèves préparent un spectacle **en commun**.*

commune nom féminin
Une **commune** est une ville ou un village. Elle est dirigée par un maire. *Un département est divisé en **communes**.*

communication nom féminin
Une **communication** est un échange de paroles, de textes, de sons, d'images. *La **communication** téléphonique a été coupée. Internet est un moyen de **communication**.*

communiquer verbe
Communiquer, c'est échanger des idées ou des informations avec une personne ou avec un groupe. *Aujourd'hui, on peut **communiquer** avec les habitants de toute la Terre par le téléphone ou par Internet.*
● Mot de la même famille : communication.

compagnie nom féminin
La **compagnie** d'un être, c'est sa présence auprès d'une autre personne. *Mathis apprécie la **compagnie** de Laura. David est parti **en compagnie de** ses amis. Romain **tient compagnie** à sa grand-mère.*

compagnon nom masculin
compagne nom féminin
Un **compagnon**, une **compagne** vivent avec quelqu'un ou ont les mêmes activités qu'une autre personne. *Le chien est un fidèle **compagnon**. C'est bientôt les vacances : Zohra a hâte de retrouver ses **compagnes** de jeu.*

comparaison nom féminin
La **comparaison**, c'est l'action de comparer. *Notre instituteur nous a demandé de faire la **comparaison** entre une chouette et un hibou.*

comparer verbe
Comparer, c'est regarder attentivement deux choses ou deux personnes pour trouver leurs ressemblances et leurs différences. *Nous **avons comparé** un cerf et un renne.*
● Mot de la même famille : comparaison.

compartiment nom masculin
Un **compartiment** est une partie d'une voiture de chemin de fer. *Toutes les places du **compartiment** sont réservées.*

compas nom masculin
Un **compas** est un instrument qui sert à tracer des cercles.
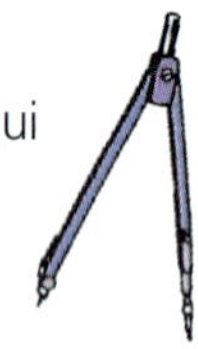
Ce mot se termine par un *s*.

compétition nom féminin
Une **compétition** est un concours sportif. *Coralie va participer à une **compétition** de natation.*
Synonyme : championnat.

complément nom masculin
Le **complément**, c'est ce qui complète quelque chose. *Le vélo coûtait cher, ma mère a versé la plus grosse partie de la somme et ma grand-mère a donné le **complément**. Dans la phrase « Il mange du pain », « du pain » est le **complément** du verbe « manger ».*

complet, complète adjectif
❶ Quand un ensemble est **complet**, il ne lui manque aucun élément. *Le jeu de cartes est **complet**.* **Synonyme :** entier. **Contraire :** incomplet.

❷ Quand un transport en commun est **complet**, il n'y a plus une seule place. *L'autobus était **complet**.*
Synonyme : plein. Contraire : vide.

● Mots de la même famille : complètement, compléter.

complètement adverbe
Complètement signifie : tout à fait, entièrement. *Ce que tu dis est **complètement** faux.*
Synonymes : absolument, totalement.

compléter verbe
Compléter, c'est rendre complet en ajoutant ce qui manque. *Dans un exercice, nous devions **compléter** un tableau de chiffres.*

Ce coquillage **complète** ma collection.

complice nom masculin et nom féminin
Un **complice**, une **complice** sont des personnes qui participent à une mauvaise action avec une autre. *Le voleur avait trois **complices**.*

compliment nom masculin
Un **compliment** est une parole agréable que l'on adresse à quelqu'un pour le féliciter. *Zohra a eu une bonne note : l'institutrice lui a fait des **compliments**.*
Synonyme : félicitations.
Contraires : critique, reproche.

compliqué, compliquée adjectif
Une chose **compliquée** est difficile à comprendre ou à faire. *Ce problème est trop **compliqué** pour moi.*
Synonyme : dur. Contraires : facile, simple.

complot nom masculin
Un **complot** est un projet secret mis au point par plusieurs personnes, contre une personne ou contre un groupe. *On a découvert un **complot** contre le président.*

● Mot de la même famille : comploter.

comploter verbe
Comploter, c'est préparer un complot.

comportement nom masculin
Le **comportement** d'une personne est sa manière de se tenir et d'agir. *Son **comportement** avec ses parents a beaucoup changé.*
Synonymes : attitude, conduite.

comporter verbe
❶ **Comporter**, c'est avoir, contenir. *L'appartement **comporte** trois pièces.*
Synonymes : se composer de, comprendre.
❷ **Se comporter**, c'est agir d'une certaine manière. *Mon petit frère **s'est** bien **comporté** pendant la cérémonie.*
Synonyme : se conduire.

● Mot de la même famille : comportement.

composé, composée adjectif
❶ Un **mot composé** est un mot formé de plusieurs mots. *« Chef-d'œuvre », « compte rendu », « pomme de terre » sont des **mots composés**.*
❷ Le **passé composé** d'un verbe est un temps du passé. *« J'ai mangé », « je suis parti » sont au **passé composé**.*

A B C D E F G H I J K L M N O P Q R S T U V W X Y Z

composer verbe

❶ **Composer**, c'est inventer et écrire de la musique, une chanson. *Le chanteur a **composé** de nombreuses mélodies.*

❷ **Composer** un numéro de téléphone, c'est appuyer sur les touches du clavier.

❸ **Se composer de**, c'est être formé de telles choses, de telles personnes. *Un marteau **se compose d'**une tête et d'un manche. Une équipe de football **se compose de** onze joueurs.*
Synonymes : avoir, comporter, comprendre.

● Mots de la même famille : composé, compositeur.

compositeur nom masculin
compositrice nom féminin

Un **compositeur**, une **compositrice** sont des personnes qui composent de la musique. *Mozart est un grand **compositeur**.*

composter verbe

Composter un billet, c'est le glisser dans un appareil pour le rendre valable. *Il ne faut pas oublier de **composter** son billet avant de prendre le train.*

Alice **composte** son billet.

compote nom féminin

Une **compote** est faite de fruits cuits dans du sucre et de l'eau. *Au dessert, nous avons mangé de la **compote** de pommes.*

compréhensible adjectif

Une chose **compréhensible** se comprend. *Tes explications sont parfaitement **compréhensibles**.*
Contraire : incompréhensible.

🔍 Ne confonds pas avec « compréhensif ».

compréhensif, compréhensive adjectif

Une personne **compréhensive** essaie de comprendre les autres. *Les parents de Natacha ne se fâchent pas souvent, ils sont **compréhensifs**.*
Synonyme : indulgent.

🔍 Ne confonds pas avec « compréhensible ».

comprendre verbe

❶ **Comprendre**, c'est savoir ce que les choses veulent dire. *Pauline **a compris** mes explications.*

❷ **Comprendre** quelqu'un, c'est l'écouter et se montrer indulgent avec lui. *Valentin a une famille qui le **comprend**.*

❸ **Comprendre**, c'est avoir, contenir. *Une semaine **comprend** sept jours.*
Synonymes : comporter, se composer de.

🔍 Le son [ɔ̃] s'écrit *om* devant un *p*.

● Mots de la même famille : compréhensible, compréhensif.

compresse nom féminin

Une **compresse** est un morceau de tissu fin que l'on utilise comme pansement ou pour faire des soins.

comprimé nom masculin

Un **comprimé** est un médicament qui a la forme d'une pastille et que l'on avale.

*Il a pris un **comprimé** contre le mal de tête.* **Synonyme : cachet.**

compte nom masculin

❶ **Un compte**, c'est le calcul d'un nombre. *Fatou fait le **compte** des amis qu'elle va inviter à son anniversaire.*

❷ **Faire ses comptes**, c'est calculer l'argent qu'on a reçu et l'argent qu'on a dépensé.

❸ **Se rendre compte** de quelque chose, c'est le constater. *Julie **s'est rendu compte** qu'elle avait perdu son stylo.* **Synonymes : s'apercevoir, remarquer.**

Le son [ɔ̃] s'écrit *om* devant un *p*. On ne prononce pas le *p*. Ne confonds pas « compte » et « un conte », une histoire.

compter verbe

❶ **Compter**, c'est dire les nombres dans l'ordre. *Jonathan sait **compter** jusqu'à cent.*

❷ **Compter**, c'est faire une somme, un calcul. *Romain **compte** son argent.*

❸ **Compter sur** quelqu'un, c'est lui faire confiance pour qu'il fasse quelque chose. *Ma mère **compte sur** moi pour garder mon petit frère.*

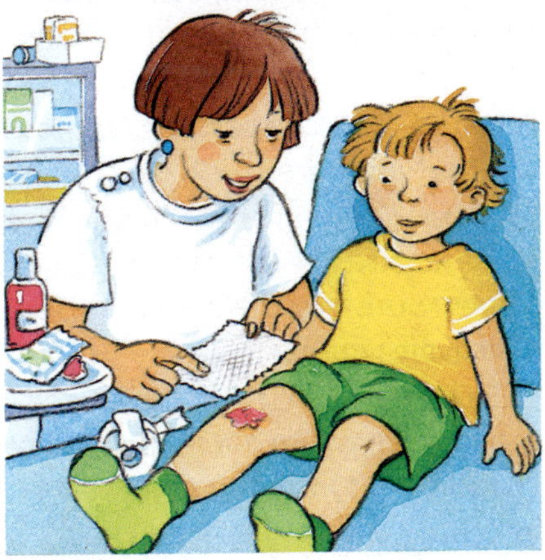

L'infirmière met une **compresse**.

❹ **Compter**, c'est avoir de l'importance. *Gagner le match, c'est ce qui **compte** le plus pour mon frère.*

Le son [ɔ̃] s'écrit *om* devant un *p*. On ne prononce pas le *p*.

● Mots de la même famille : **compte, compte rendu, compteur, comptine, comptoir.**

compte rendu nom masculin

Un **compte rendu** est le récit d'un événement, d'un livre ou d'une réunion.

Le son [ɔ̃] s'écrit *om* devant un *p*. Au pluriel, on écrit *des comptes rendus*. On écrit aussi « compte-rendu », avec un trait d'union.

compteur nom masculin

Un **compteur** est un appareil qui sert à compter, à mesurer. *Le **compteur** de vitesse de la voiture indique 90.*

Ne confonds pas « compteur » et « un conteur » qui raconte.

comptine nom féminin

Une **comptine** est une petite chanson que les enfants récitent en se comptant, pour tirer l'un d'eux au sort. « *Une oie, deux oies, trois oies, quatre oies, cinq oies, six oies, c'est toi* » est une **comptine**.

Le son [ɔ̃] s'écrit *om* devant un *p*. On ne prononce pas le *p*.

comptoir nom masculin

Le **comptoir** d'un café est la table haute et étroite où sont servies les boissons. **Synonyme : bar.**

Le son [ɔ̃] s'écrit *om* devant un *p*. On ne prononce pas le *p*.

concert nom masculin

Un **concert** est un spectacle où l'on écoute de la musique.

A B C D E F G H I J K L M N O P Q R S T U V

concierge nom masculin et nom féminin
Un **concierge**, une **concierge** sont des personnes qui gardent un immeuble. C'est un nom de métier. Synonyme : gardien.

conciliabule nom masculin
Un **conciliabule** est une conversation secrète, à voix basse. *Dans « les Contes du chat perché », les parents de Delphine et Marinette tiennent de longs* ***conciliabules****.*

conclure verbe
Conclure un texte, un discours, c'est le terminer. *La maîtresse* ***a conclu*** *son discours en nous souhaitant de bonnes vacances.*
● Mot de la même famille : conclusion.

conclusion nom féminin
La **conclusion** d'un texte, d'un discours, c'est la partie qui le termine. *Nous avons applaudi la* ***conclusion*** *du discours.* Synonyme : fin.

concombre nom masculin
Un **concombre** est un légume allongé qui a la peau verte. On le mange cru.
🔍 Le son [ɔ̃] s'écrit *om* devant un *p*.

concours nom masculin
Un **concours** est une sorte d'examen où les candidats sont classés d'après leurs résultats. *Ma sœur passe un* ***concours*** *pour devenir ingénieur.*

Les **concurrents** ont pris le départ.

🔍 Ce mot se termine par un *s*.
● Mot de la même famille : concurrent.

concurrent nom masculin
concurrente nom féminin
Des **concurrents** sont des personnes qui participent à un concours ou à une compétition. *Les* ***concurrents*** *sont sur la ligne de départ de la course.*

condamner verbe
Condamner une personne, c'est déclarer qu'elle est coupable et la punir. *Le juge* ***a condamné*** *le voleur à six mois de prison.*
🔍 On ne prononce pas le *m* : [kɔ̃dane].

condition nom féminin
Une **condition** est ce qui est absolument nécessaire pour qu'une chose arrive. *J'irai chez Paul à* ***condition*** *que Lisa vienne aussi.*

conducteur nom masculin
conductrice nom féminin
Un **conducteur**, une **conductrice** sont des personnes qui conduisent un véhicule. *Les* ***conducteurs*** *doivent être prudents.* Synonyme : chauffeur.

conduire verbe
1 **Conduire** un véhicule, c'est le diriger, le faire rouler. *Mon frère apprend à* ***conduire****.*
2 **Conduire** une personne, c'est l'emmener quelque part. *Un taxi nous* ***conduit*** *à la gare.*
3 Quand une route **conduit** à un endroit, elle permet d'y aller. *Cette route* ***conduit*** *à la maison.* Synonyme : mener.
4 **Se conduire**, c'est agir d'une certaine manière. *Tu risques d'être puni si tu* ***te conduis*** *mal.* Synonyme : se comporter.
● Mots de la même famille : conducteur, conduite.

conduite **nom féminin**
La **conduite** d'une personne, c'est sa manière de se conduire, de se comporter. *L'institutrice a félicité les élèves pour leur bonne* ***conduite****.* **Synonymes : attitude, comportement.**

cône **nom masculin**
Un **cône** est une forme géométrique qui a une base ronde et un sommet pointu.

Le *o* prend un accent circonflexe.

Va voir « les couleurs et les formes », page 171.

confetti **nom masculin**
Un **confetti** est une petite rondelle de papier de couleur. *Pendant le carnaval, on se lance des* ***confettis****.*

confiance **nom féminin**
Avoir **confiance** en quelqu'un, c'est pouvoir compter sur lui. *Maman a* ***confiance*** *en nous.*

confidence **nom féminin**
Une **confidence** est un secret que l'on dit sur soi-même. *Alexis a fait des* ***confidences*** *à Clara.*

Alexis fait des **confidences**.

confier **verbe**
1 **Confier** un objet, c'est le laisser à une personne en qui l'on a confiance. *Nous* ***avons confié*** *nos clés au gardien de l'immeuble.*
2 **Confier** quelque chose, c'est dire un secret, faire une confidence à quelqu'un. *Ma sœur m'****a confié*** *qu'elle était amoureuse de Kien.*
● Mot de la même famille : **confidence**.

confiserie **nom féminin**
1 Une **confiserie** est un aliment fabriqué avec du sucre. *Les bonbons, les caramels, les sucettes sont des* ***confiseries****.* **Synonyme : friandise.**
2 Une **confiserie** est un magasin où l'on achète des bonbons et d'autres friandises.

Un étalage de **confiseries**.

confisquer **verbe**
Confisquer un objet, c'est le prendre à quelqu'un et le garder un certain temps. *Le professeur* ***a confisqué*** *mon baladeur jusqu'à ce soir.*

confiture **nom féminin**
La **confiture** est un mélange de fruits cuits et de sucre. *Julien s'est fait une tartine de* ***confiture****.*

confondre **verbe**
Confondre deux choses ou deux personnes, c'est prendre l'une pour l'autre. *Lucas et Paul sont jumeaux et Camille les* ***confond*** *souvent.*

confort **nom masculin**

Le **confort** d'un logement, c'est ce qui rend la vie plus facile et plus agréable. *Leur maison de campagne a le chauffage, une salle de bains et tout le* ***confort****.*

● Mot de la même famille : confortable.

confortable **adjectif**

Un meuble, un logement **confortable** offre du confort. *On est bien dans ce canapé, il est très* ***confortable****.*

congé **nom masculin**

Être en **congé**, c'est ne pas travailler. *Monsieur Bertin est en* ***congé*** *pour trois semaines.* **Synonyme : vacances.**

congélateur **nom masculin**

Un **congélateur** est un appareil ménager qui sert à geler de la nourriture pour la conserver plusieurs mois.

conifère **nom masculin**

Un **conifère** est un arbre qui a des feuilles en forme d'aiguilles. *Les pins et les sapins sont des* ***conifères****.*

➔ Cherche arbre et feuillu.

conjonction **nom féminin**

Une **conjonction** est un mot invariable. Elle sert à relier des mots ou des phrases. *« Mais », « ou », « et » sont des* ***conjonctions****.*

conjugaison **nom féminin**

La **conjugaison** est l'ensemble des formes que peut prendre un verbe.

conjuguer **verbe**

Conjuguer un verbe, c'est donner ses formes à toutes les personnes. *Peux-tu* ***conjuguer*** *le verbe « aimer » au futur ?*

● Mot de la même famille : conjugaison.

Les conifères

connaissance **nom féminin**

1 Avoir des **connaissances**, c'est avoir appris des choses. *Romain a quelques **connaissances** en anglais.*

2 **Faire la connaissance** de quelqu'un (ou **faire connaissance** avec quelqu'un), c'est le rencontrer pour la première fois. *Nous **avons fait la connaissance** de notre nouveau voisin.*

3 **Perdre connaissance**, c'est s'évanouir. *Le choc lui a fait **perdre connaissance**.*

connaître **verbe**

1 **Connaître** quelque chose, c'est le savoir, en être informé. ***Connais**-tu la dernière nouvelle ?* **Contraire : ignorer.**

Connaître une science, une technique, c'est avoir appris beaucoup de choses sur ce sujet. *Mon frère **connaît** bien la mécanique.*

2 **Connaître** une personne, c'est savoir qui elle est. *Audrey **connaît** le frère de Zohra.*

La nouvelle orthographe permet d'écrire aussi *connaitre,* sans accent circonflexe.

● Mots de la même famille : connaissance, connu.

connu, connue **adjectif**

Quand une personne est **connue**, tout le monde sait qui elle est. *Picasso est un peintre **connu**.* **Synonyme : célèbre.** **Contraire : inconnu.**

conquérir **verbe**

Conquérir un pays, c'est s'en emparer par la force. *Napoléon **a conquis** plusieurs pays d'Europe.*

consciencieux, consciencieuse **adjectif**

Être **consciencieux**, c'est faire son travail de son mieux. *Aurélie est une élève **consciencieuse**.*

conseil **nom masculin**

Un **conseil** est un avis que l'on donne à quelqu'un sur ce qu'il doit faire. *Grand-père me donne toujours de bons **conseils**.*

● Mot de la même famille : conseiller.

conseiller **verbe**

Conseiller une personne, c'est lui donner un conseil, l'aider à prendre une décision. *Pourquoi n'as-tu pas fait ce que je t'**avais conseillé** ?*

conséquence **nom féminin**

La **conséquence** est le résultat d'une action ou d'un événement. *Les arbres cassés sont la **conséquence** de la tempête.* **Contraire : cause.**

conserve **nom féminin**

Une **conserve** est un aliment vendu dans une boîte métallique ou dans un bocal. *Maman achète des **conserves** de légumes.*

conserver **verbe**

1 **Conserver** un aliment, c'est le garder en bon état. *Dans un réfrigérateur, on peut **conserver** les aliments plusieurs jours.*

2 **Conserver** un objet, c'est le garder avec soin. *Grand-père **a conservé** ses jouets d'enfant.* **Contraires : se débarrasser de, jeter.**

● Mot de la même famille : conserve.

consigne **nom féminin**

1 Une **consigne**, c'est un ordre que l'on doit respecter. *Les **consignes** de sécurité sont affichées dans le couloir de l'immeuble.* **Synonyme : instruction.**

2 Dans une gare ou un aéroport, la **consigne** est l'endroit où l'on peut déposer ses bagages.

A B C D E F G H I J K L M N O P Q R S T U V W X Y Z

console nom féminin

Une **console** de jeux est un appareil électronique que l'on utilise pour jouer à des jeux vidéo.

consoler verbe

Consoler une personne, c'est calmer son chagrin. *Pierre pleurait et sa sœur l'a **consolé**.*

Les enfants **consolent** Lucas.

consommer verbe

1. **Consommer**, c'est manger un aliment ou boire une boisson. *À la maison, nous **consommons** beaucoup de riz et de thé.*
2. Quand un véhicule **consomme** de l'essence, il l'utilise pour fonctionner.

consonne nom féminin

Une **consonne** est l'une des vingt-six lettres de l'alphabet. *Le mot « lecture » contient quatre **consonnes** : « l », « c », « t » et « r ».*

→ Cherche voyelle.

constater verbe

Constater, c'est remarquer une chose, s'en rendre compte. *L'instituteur a **constaté** que Léo était absent.*
Synonyme : s'apercevoir.

consterner verbe

Consterner quelqu'un, c'est le rendre très triste. *Monsieur Seguin **était consterné** de voir que sa chèvre voulait le quitter.*

constipé, constipée adjectif

Être **constipé**, c'est avoir du mal à vider son intestin.

→ Cherche diarrhée.

construction nom féminin

1. La **construction**, c'est l'action de construire, de bâtir. *La **construction** du pont a duré un an.*
Contraires : démolition, destruction.
2. Une **construction** est un bâtiment. *Notre école est une **construction** en béton.*

construire verbe

1. **Construire** une maison, c'est monter les murs et poser le toit.
Synonyme : bâtir. Contraires : démolir, détruire.
2. **Construire** une phrase, c'est mettre les mots dans le bon ordre.

● Mot de la même famille : construction.

Ils **construisent** une cabane.

consulter verbe

1. **Consulter** un livre, c'est le lire pour trouver un renseignement. *J'ai consulté*

mon dictionnaire pour trouver le sens du mot « tintinnabuler ».

2 **Consulter** un médecin, c'est le voir pour se faire examiner. *Quand on est malade, on* ***consulte*** *un médecin.*

contact **nom masculin**

1 Le **contact**, c'est le fait de toucher un objet. *Lisa s'est brûlée au* ***contact*** *du four.*

2 Mettre le **contact** dans un véhicule, c'est tourner la clé pour faire passer le courant et faire démarrer le véhicule.

contagieux, contagieuse **adjectif**

Une maladie **contagieuse** se transmet d'une personne à une autre. *La rougeole est une maladie* ***contagieuse****.*

conte **nom masculin**

Un **conte** est une histoire qui raconte des aventures merveilleuses. *« La Belle au bois dormant » est un* ***conte*** *célèbre.*

Ne confonds pas « conte » et « faire ses comptes ».

● Mot de la même famille : conteur.

contempler **verbe**

Contempler, c'est regarder longtemps en admirant. *Nous* ***contemplons*** *le coucher du soleil sur la mer.*

On aperçoit le **continent** africain sur ce globe.

contenir **verbe**

Contenir, c'est avoir à l'intérieur. *La boîte en métal* ***contient*** *des gâteaux. Cette bouteille* ***contient*** *un litre d'eau.*

● Mot de la même famille : contenu.

Mon sac **contient** beaucoup de choses.

content, contente **adjectif**

Être **content**, c'est ressentir du plaisir, de la joie. *Aurélie est* ***contente*** *de revoir ses amis.* Contraire : mécontent.

contenu **nom masculin**

Le **contenu** d'une chose, c'est ce qui se trouve à l'intérieur. *Le* ***contenu*** *de la boîte s'est renversé.*

conteur **nom masculin**
conteuse **nom féminin**

Un **conteur**, une **conteuse** sont des personnes qui disent des contes.

Ne confonds pas « conteur » et « un compteur de vitesse ».

continent **nom masculin**

Un **continent** est une grande étendue de terre que l'on peut parcourir sans traverser un océan. *L'Europe, l'Asie, l'Amérique, l'Afrique, l'Australie et l'Antarctique sont les six* ***continents****.*

A B C D E F G H I J K L M N O P Q R S T U V W X Y Z

continuer verbe
Continuer, c'est ne pas s'arrêter de faire quelque chose. *Vous* ***continuerez*** *à jouer après dîner.* Contraires : s'arrêter, cesser.

contour nom masculin
Le **contour** d'un objet est la ligne qui en fait le tour. *Julien repasse les* ***contours*** *du dessin à l'encre.*

1. contraire adjectif
Le sens **contraire**, c'est celui qui va dans la direction opposée. *Léo distribue les cartes dans le sens* ***contraire*** *des aiguilles d'une montre.* Synonyme : inverse.

2. contraire nom masculin
1 Le **contraire**, c'est ce qui est opposé. *Mon frère fait toujours le* ***contraire*** *de ce qu'on lui demande.* Synonyme : inverse.
2 Des **contraires** sont des mots de sens opposé. *« Gentil » et « méchant » sont des* ***contraires****.* Contraire : synonyme.

contrarier verbe
Contrarier une personne, c'est lui causer du souci en n'agissant pas comme elle le souhaite. *Léo a oublié de prévenir qu'il allait chez Paul et cela* ***contrarie*** *ses parents.*

contravention nom féminin
Une **contravention** est une somme d'argent à payer quand on a fait une chose interdite par le Code de la route. *Le conducteur roulait trop vite : il a eu une* ***contravention****.* Synonyme : amende.

contre préposition
1 Quand une chose est **contre** une autre chose, elle la touche. *Mon lit est* ***contre*** *le mur.*
2 **Contre** signifie : en échange. *Mathis m'a donné des billes* ***contre*** *des timbres.*
3 **Contre** signifie : en s'opposant à. *Dans « Astérix », les Romains se battent* ***contre*** *les Gaulois.*

à contrecœur adverbe
À contrecœur signifie : à regret, en se forçant. *Léo a prêté sa console de jeux* ***à contrecœur****.*

contredire verbe
Contredire quelqu'un, c'est dire le contraire de ce qu'il dit. *Pourquoi me* ***contredisez****-vous sans arrêt ?*

contrôle nom masculin
Le **contrôle**, c'est l'action de contrôler, d'examiner une chose. *Les pompiers sont venus faire un* ***contrôle*** *du système de sécurité.* Synonyme : vérification.

Le deuxième *o* prend un accent circonflexe.

Le **contrôle** d'un billet de banque.

contrôler verbe
Contrôler, c'est examiner une chose pour voir si elle fonctionne ou si elle est en règle. *Le contrôleur du train* ***a contrôlé*** *nos billets.* Synonyme : vérifier.

Le deuxième *o* prend un accent circonflexe.

● Mots de la même famille : contrôle, contrôleur.

contrôleur **nom masculin**
contrôleuse **nom féminin**

Un **contrôleur**, une **contrôleuse** sont des personnes chargées de faire des contrôles. C'est un nom de métier. *Le* ***contrôleur*** *d'autobus nous a demandé nos tickets.*

🔍 Le deuxième *o* prend un accent circonflexe.

convaincre **verbe**

Convaincre une personne, c'est l'amener à reconnaître qu'une chose est vraie, juste ou bonne. *Mes parents m'****ont convaincu*** *qu'il ne fallait pas inviter cinquante personnes à mon anniversaire.* **Synonyme : persuader.**

convalescence **nom féminin**

La **convalescence** est la période de passage de la maladie à la santé. *Ma grand-mère est en* ***convalescence****, elle reprend des forces.*

🔍 Il y a un *c* après le *s*.

convenable **adjectif**

1 Ce qui est **convenable** respecte la politesse. *Ce n'est pas* ***convenable*** *de dire des gros mots.* **Synonyme : poli.**

2 Une chose **convenable** est une chose qui convient, qui est assez réussie. *Léo a fait un travail* ***convenable****.*

convenir **verbe**

1 **Convenir**, c'est aller bien avec quelque chose. *Parmi tous ces mots, choisissez celui qui* ***convient*** *pour rimer avec « chanteur ».*

2 **Convenir** à quelqu'un, c'est l'arranger, lui plaire. *Je vous attends samedi, si cette date vous* ***convient****.*

● Mot de la même famille : **convenable**.

conversation **nom féminin**

Avoir une **conversation** avec quelqu'un, c'est parler avec lui. *Mes parents ont eu une longue* ***conversation*** *avec la directrice de l'école.*

→ Cherche **débat** et **discussion**.

convocation **nom féminin**

Une **convocation** est une lettre qui demande à quelqu'un d'aller passer un examen ou d'aller à une réunion. *Ma sœur a reçu une* ***convocation*** *pour passer le permis de conduire.*

convoi **nom masculin**

Un **convoi** est un ensemble de voitures ou de camions qui circulent les uns derrière les autres.

La police accompagne le **convoi**.

convoquer **verbe**

Convoquer une personne, c'est lui demander de venir pour une chose importante. *Le directeur* ***a convoqué*** *des élèves dans son bureau.*

● Mot de la même famille : **convocation**.

A B C D E F G H I J K L M N O P Q R S T U V W X Y Z

coopérative nom féminin
Une **coopérative** est une association de personnes qui se réunissent pour acheter ou vendre des objets, des produits. *Avec l'argent de la* ***coopérative****, la maîtresse a acheté des livres pour la classe.*

copain nom masculin
copine nom féminin
Un **copain**, une **copine** sont des camarades que l'on aime bien. *Romain va souvent à la piscine avec ses* ***copains*** *de l'école.*
→ Cherche ami et camarade.

copie nom féminin
Une **copie** est une feuille de papier qu'on utilise à l'école pour faire ses devoirs. *Mon frère utilise des* ***copies*** *à grands carreaux.*
● Mot de la même famille : copier.

copier verbe
1 **Copier**, c'est reproduire exactement un modèle. *Le maître a écrit une poésie au tableau et nous l'****avons copiée****. Simon* ***a copié*** *son dessin dans un livre.* Synonyme : recopier.
2 **Copier** sur quelqu'un, c'est regarder ce qu'il a fait et écrire la même chose. *Cet élève* ***a copié*** *sur son voisin.*

copine → copain

un coq

coq nom masculin
Un **coq** est un oiseau de basse-cour qui a de belles plumes et une crête sur la tête. *Les* ***coqs*** *font « cocorico » quand ils chantent au lever du soleil.*
▶ C'est une volaille. La femelle est la poule. Les petits sont le poussin et le poulet.
Ne confonds pas « un coq » et « une coque » de bateau.

coque nom féminin
1 Un œuf **à la coque** est un œuf que l'on fait cuire trois minutes dans l'eau bouillante avec sa coquille.
2 La **coque** est la partie extérieure d'un bateau.
3 Une **coque** est un coquillage comestible que l'on trouve dans le sable.
Ne confonds pas « une coque » et « un coq ».
● Mot de la même famille : coquetier.

coquelicot nom masculin
Un **coquelicot** est une fleur fragile et légère d'un rouge vif. *Les* ***coquelicots*** *poussent dans les champs de blé en été.*

coquet, coquette adjectif
Une personne **coquette** aime être bien habillée pour plaire aux autres.

coquetier nom masculin
Un **coquetier** est un petit récipient qui sert à faire tenir droit un œuf à la coque.

coquillage nom masculin
Un **coquillage** est un petit animal marin. Son corps est protégé par une coquille. *Les huîtres et les moules sont des* ***coquillages****.*

coquille nom féminin
Une **coquille** est une enveloppe dure. *Les escargots, les coquillages possèdent une* ***coquille****. Les œufs, les noix sont recouverts d'une* ***coquille****.*
● Mot de la même famille : coquillage.

Les coquillages

coquin nom masculin
coquine nom féminin

Un **coquin**, une **coquine** sont des personnes malicieuses qui aiment taquiner les autres et faire des farces. *Petit **coquin**, où t'étais-tu caché ?*

corbeau nom masculin

Un **corbeau** est un grand oiseau noir qui vit souvent en bandes dans les arbres. *Les **corbeaux** font souvent des dégâts dans les cultures de céréales.*

▶ Quand le corbeau crie, on dit qu'il croasse.

Au pluriel, on écrit *des corbeaux*.
→ Cherche corneille.

corbeille nom féminin

1 Une **corbeille** est un petit panier, en général sans anse. *J'ai mis la **corbeille** de pain sur la table.*

2 Une **corbeille à papier** est un récipient où l'on jette les papiers.

corde nom féminin

1 Une **corde** est une grosse ficelle très solide. *La barque est attachée à un piquet avec une **corde**.*

2 Une **corde** est un gros fil tendu sur certains objets ou instruments. *Les raquettes de tennis ont des **cordes** très solides. Les guitares ont six **cordes**.*

● Mot de la même famille : cordon.

des **corbeaux**

A B C D E F G H I J K L M N O P Q R S T U V W X Y Z

cordon nom masculin

Un **cordon** est une petite corde. *J'ai fermé les rideaux en tirant sur le* ***cordon****.*

cordonnier nom masculin
cordonnière nom féminin

Un **cordonnier**, une **cordonnière** sont des personnes qui réparent les chaussures et les objets en cuir. C'est un nom de métier.

Le **cordonnier** répare un talon.

corne nom féminin

Une **corne** est une pointe dure qui pousse sur la tête de certains animaux. *Les vaches et les chèvres ont deux* ***cornes*** *sur le front, le rhinocéros en a une ou deux sur le nez.*

corneille nom féminin

Une **corneille** est un oiseau noir qui ressemble à un petit corbeau.

▶ Quand la corneille crie, on dit qu'elle **craille**.

cornet nom masculin

Un **cornet** est un sachet en papier ou un objet qui a la forme d'un cône. *J'ai acheté un* ***cornet*** *de frites et un* ***cornet*** *de glace.*

cornichon nom masculin

Un **cornichon** est un petit concombre que l'on conserve dans du vinaigre pour lui donner un goût piquant.

corps nom masculin

Le **corps**, c'est l'ensemble de toutes les parties d'un être vivant. *La tête, le tronc, les bras et les jambes forment le* ***corps*** *humain.*

Ce mot se termine par un *s*. On ne prononce pas le *p* ni le *s*.

Va voir « le corps », page 167.

correct, correcte adjectif

Une chose **correcte** n'a pas de faute. *Ton opération est* ***correcte****.* **Synonyme : juste. Contraires : faux, incorrect.**

● Mot de la même famille : **correctement**.

correctement adverbe

Correctement signifie : comme il faut. *Mathis sait écrire* ***correctement*** *son nom. Tiens-toi* ***correctement*** *!*

correction nom féminin

1. La **correction**, c'est l'action de corriger, de relever les erreurs. *L'instituteur a fait la* ***correction*** *des exercices.*
2. Une **correction** est une erreur corrigée. *Les* ***corrections*** *sont écrites en rouge sur nos cahiers.*

correspondance nom féminin

1. La **correspondance**, c'est l'ensemble des lettres et des cartes postales que l'on reçoit et que l'on écrit. **Synonyme : courrier.**
2. Prendre la **correspondance**, c'est changer de ligne de train ou de métro.

Le corps

les cheveux
la tête
un œil
une oreille
la bouche
le cou
une épaule
un bras
la poitrine
le coude
l'avant-bras
le nombril
le poignet
le ventre
l'aine
la taille
un doigt
le sexe
la cuisse
une main
la cheville
des genoux
le mollet
une jambe
un pied
le dos
la nuque
les orteils
une fossette
une fesse

correspondant nom masculin
correspondante nom féminin
Un **correspondant**, une **correspondante** s nt des personnes avec lesquelles on échange régulièrement des lettres. *Notre classe a une **correspondante** qui vit en Afrique.*

correspondre verbe
1 Quand une chose **correspond** à une autre chose, elle va avec. *Écris le mot qui **correspond** au dessin.*
2 **Correspondre** avec une personne, c'est lui envoyer des lettres et en recevoir régulièrement. *Jérémy et Rachid **ont correspondu** pendant six mois.*
● Mots de la même famille : correspondance, correspondant.

corriger verbe
Corriger, c'est supprimer les erreurs. *L'institutrice **a corrigé** la dictée.*
● Mot de la même famille : correction.

corsage nom masculin
Un **corsage** est un vêtement de femme qui couvre le haut du corps.

corsaire nom masculin
Un **corsaire** était un navigateur qui poursuivait les navires de commerce des pays ennemis. *Les **corsaires** donnaient la plus grande partie de leur butin au roi.*
→ Cherche pirate.

cortège nom masculin
Un **cortège** est un ensemble de personnes qui marchent les unes derrière les autres, à l'occasion d'une cérémonie ou pour défiler. *Un long **cortège** suit les mariés.*

corvée nom féminin
Une **corvée** est un travail pénible et désagréable que l'on doit faire. *Le ménage, quelle **corvée** !*

Les **corsaires** attaquent le navire.

cosmonaute nom masculin et nom féminin
Un **cosmonaute**, une **cosmonaute** sont des personnes qui voyagent dans l'espace à bord d'un vaisseau spatial ou d'une fusée. C'est un nom de métier. Synonyme : astronaute.
On dit parfois un, une **spationaute**.

costaud adjectif
Être **costaud**, c'est être grand et fort. *Les déménageurs sont **costauds**.*
C'est un mot familier.

costume nom masculin
1 Un **costume** est un vêtement d'homme fait d'un pantalon et d'une veste assortis.
2 Un **costume** est un habit que l'on porte pour se déguiser. *Pour son anniversaire, Rachid a eu un **costume** de cow-boy.* Synonyme : déguisement.
● Mot de la même famille : costumé.

costumé, costumée adjectif
Un **bal costumé** est un bal où tout le monde est déguisé.

côte **nom féminin**

1 Les **côtes** sont les os courbes qui protègent le cœur et les poumons. *Nous avons douze paires de **côtes**.*

2 Une **côte** est une route qui monte. *Nous arrivons en haut de la **côte**.* **Synonyme : montée.**

3 La **côte** est le bord de la mer. *Le bateau longe la **côte**.* **Synonyme : rivage.**

4 **Côte à côte** signifie : l'un à côté de l'autre. *Audrey et David marchent **côte à côte**.*

Le *o* prend un accent circonflexe.

→ Cherche **pente**.

côté **nom masculin**

1 Le **côté** d'une chose est la partie située à droite ou à gauche. *Le **côté** droit de la voiture est abîmé.*

2 Un **côté** est une direction. *Pour se rendre à la piscine, il faut aller de ce **côté**.*

3 Un **côté** est une ligne droite qui forme une figure géométrique. *Un carré et un rectangle ont quatre **côtés**.*

4 **À côté de** signifie : près de. *Laura est assise **à côté de** moi.*

Le *o* prend un accent circonflexe.

Le piéton marche du **côté** gauche de la route.

coton **nom masculin**

Le **coton** est une matière douce et blanche qui pousse sur un arbuste des pays chauds, le *cotonnier*. Il sert à fabriquer du fil et du tissu. Il sert aussi à faire des soins quand il n'est pas tissé. *Rémi porte un tee-shirt de **coton** bleu.*

cotylédon **nom masculin**

Le **cotylédon** d'une graine est la partie qui contient les réserves de la plante. *Quand la graine germe, les premières feuilles apparaissent entre les **cotylédons**.*

Ce mot s'écrit avec un *y*.

cou **nom masculin**

Le **cou** est la partie du corps qui relie la tête au tronc. *Le **cou** permet de baisser la tête, de la relever et de la tourner.*

Au pluriel, on écrit *des cous*. Ne confonds pas « cou » et « donner un coup ».

couchage **nom masculin**

Un **sac de couchage** est une enveloppe de tissu remplie de duvet. *Quand on campe, on dort dans un **sac de couchage**.* **Synonyme : duvet.**

couche **nom féminin**

1 Une **couche** de peinture, de vernis est une épaisseur régulière que l'on étale. *J'ai mis trois **couches** de peinture blanche sur le mur.*

2 Une **couche** est un linge ou une culotte épaisse qui sert à envelopper les fesses d'un bébé.

a b c d e f g h i j k l m n o p q r s t u v w x y z

A B C D E F G H I J K L M N O P Q R S T U V W X Y Z

1. coucher verbe

1 **Coucher** un enfant, c'est le mettre au lit. *Madame Arlot **a couché** son bébé.* Contraire : lever.

2 **Se coucher**, c'est se mettre au lit pour dormir. *Nous **nous couchons** tous les soirs à neuf heures.* Contraire : se lever.

3 Quand le soleil **se couche**, il disparaît à l'horizon pour faire place à la nuit. Contraire : se lever.

● Mots de la même famille : couchage, couche, couchette.

2. coucher nom masculin

Le **coucher du soleil**, c'est le moment où le soleil disparaît à l'horizon. *Nous avons admiré le **coucher du soleil** sur la mer.* Contraire : lever du soleil.

couchette nom féminin

Une **couchette** est un lit étroit dans un train ou dans un bateau.

Pierre a pris la **couchette** du haut.

coucou nom masculin

Un **coucou** est un oiseau migrateur gris qui pond ses œufs dans le nid d'autres oiseaux. *Le **coucou** fait « cou-cou » quand il chante.*

Au pluriel, on écrit *des coucous*.

coude nom masculin

Le **coude** est la partie du bras qui permet de le plier.

coudre verbe

Coudre, c'est assembler avec une aiguille et du fil. *J'**ai cousu** un bouton à ma chemise. Ma sœur **coud** à la machine.*

couette nom féminin

1 Une **couette** est une grande enveloppe de tissu remplie de duvet et recouverte d'une housse. Elle sert à la fois de drap et de couverture.

2 Une **couette** est une mèche de cheveux attachée sur le côté de la tête.

couffin nom masculin

Un **couffin** est un grand panier souple fait pour transporter un bébé.

Il y a deux *f*.

coulant, coulante adjectif

Un **nœud coulant** est un nœud fait d'une boucle qui se serre quand on tire. *Un lasso se termine par un **nœud coulant**.*

couler verbe

1 Quand un liquide **coule**, il se répand, s'écoule. *Kien s'est coupé, son sang **coule**. L'eau des fleuves **coule** vers la mer.*

2 **Couler**, c'est tomber au fond de l'eau. *Après avoir heurté un iceberg, le bateau **a coulé**.* Synonyme : s'engloutir.

● Mot de la même famille : coulant.

couleur nom féminin

Ce qui est en **couleur** n'est ni noir ni blanc. *Aujourd'hui, on fait des photos et des films en **couleurs**. Un arc-en-ciel a sept **couleurs**.* Synonyme : teinte.

☞ Va voir « les couleurs et les formes », page 171.

Les couleurs et les formes

Les couleurs

Les formes

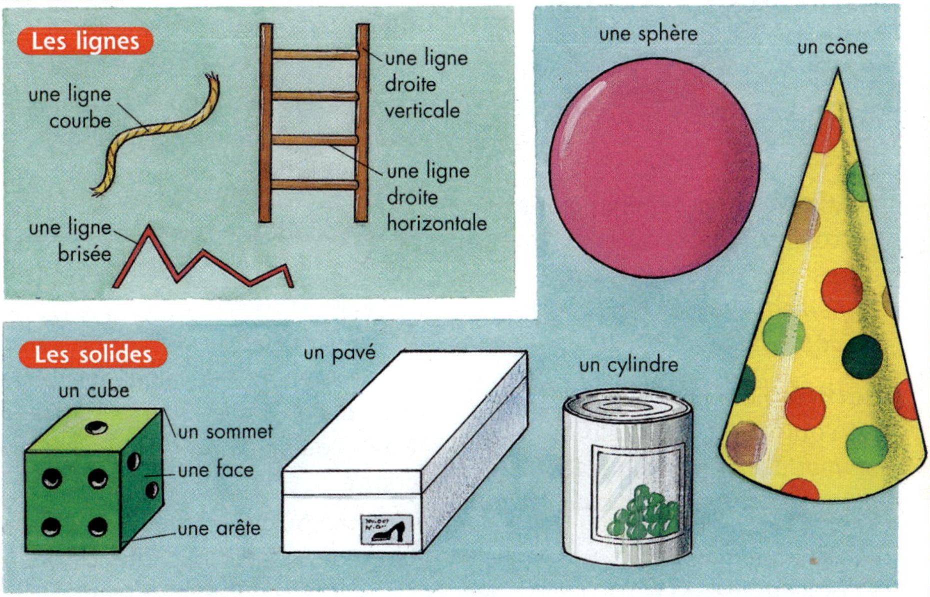

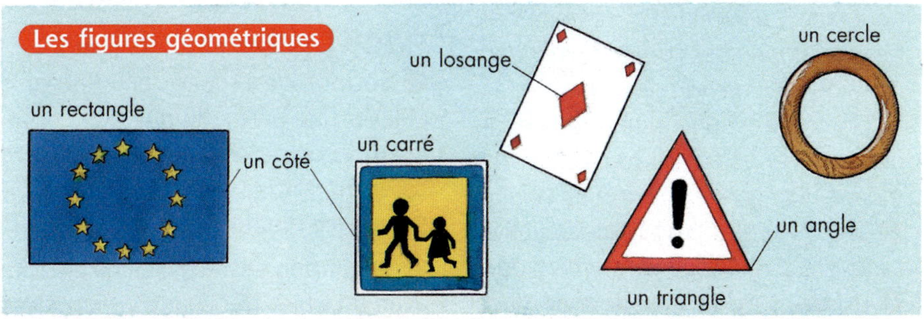

A B C D E F G H I J K L M N O P Q R S T U V W X Y Z

couleuvre nom féminin
Une **couleuvre** est un serpent qui peut mesurer deux mètres de long et qui n'est pas venimeux. *Les **couleuvres** se nourrissent de rongeurs.*
▶ Le petit est le **couleuvreau**. Les couleuvres ont une tête arrondie et n'ont pas de crochets.
→ Cherche vipère.

une **couleuvre**

coulisses nom féminin pluriel
Les **coulisses** sont la partie d'un théâtre qui est située derrière les décors. *Les comédiens arrivent sur la scène par les **coulisses**.*

couloir nom masculin
Un **couloir** est un long passage qui permet d'aller d'une pièce à l'autre. *Ma chambre est au fond du **couloir**.*

coup nom masculin
1 Un **coup** est un geste que l'on fait pour taper ou frapper. *Pour enfoncer un clou, on donne des **coups** de marteau. Il m'a donné un **coup** de poing.*
2 Un **coup** est une action rapide, un geste vif. *J'ai jeté un **coup** d'œil sur ma montre. Il se donne un **coup** de peigne.*
3 Un **coup** est un essai, une tentative. *Laura a réussi à plonger du premier **coup**.*
4 Un **coup de feu** est le bruit d'une balle tirée avec un pistolet, un fusil.
5 Un **coup de soleil** est une brûlure causée par le soleil.
6 Un **coup de téléphone** est un appel téléphonique. *J'ai donné un **coup de téléphone** à mon frère.*

Ce mot se termine par un *p* qu'on ne prononce pas. Ne confonds pas « coup » et « le cou », la partie du corps.
→ Cherche tout à coup.

coupable adjectif
Être **coupable**, c'est avoir commis une faute grave. *Elle a avoué qu'elle était **coupable**.* Contraire : innocent.

coupant, coupante adjectif
Un objet **coupant** est un objet qui coupe. *Ce couteau a une lame **coupante**.* Synonyme : tranchant.

coupe nom féminin
1 Une **coupe** est un verre à pied, large et peu profond. *Le champagne se boit dans des **coupes**.*
2 Une **coupe** est un vase de métal qui récompense le vainqueur d'une compétition, appelée aussi « coupe ». *Notre équipe de football a gagné la **coupe**.*
3 Une **coupe** de cheveux est une façon de se faire couper les cheveux. *Ta nouvelle **coupe** te va bien.*

couper verbe
1 **Couper**, c'est séparer en morceaux, enlever une partie de quelque chose. *Mathis **coupe** du pain. Papi **coupe** sa moustache avec des ciseaux.* Synonyme : tailler.
2 **Se couper**, c'est se faire une blessure avec un objet tranchant. *Julien **s'est coupé** le doigt avec un canif.*

❸ **Couper** l'eau, le gaz, l'électricité, c'est interrompre leur circulation en fermant le compteur.

● Mots de la même famille : coupant, coupe.

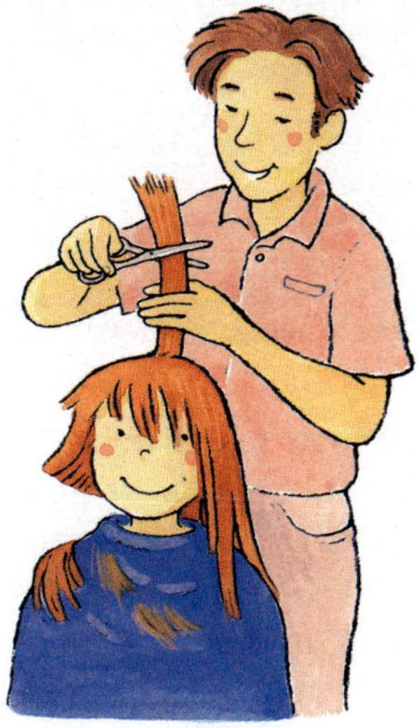

Le coiffeur **coupe** les cheveux de Zoé.

couple nom masculin

❶ Un **couple**, c'est deux personnes qui vivent ensemble.

❷ Un **couple** est un mâle et une femelle. *Fatou élève un **couple** de hamsters.*

couplet nom masculin

Un **couplet**, c'est chacune des parties d'une chanson séparées par le refrain. *Cette chanson a six **couplets**.*

→ Cherche refrain.

cour nom féminin

❶ Une **cour** est un terrain découvert, entouré de bâtiments ou de murs. *Les élèves jouent dans la **cour** de l'école.*

❷ La **cour** d'un roi, d'une reine est l'endroit où ils habitent avec toutes les personnes qui vivent auprès d'eux. *La **cour** du roi Louis XIV était à Versailles.*

Ne confonds pas « une cour » et « un cours ».

● Mot de la même famille : courtisan.

courage nom masculin

Le **courage**, c'est la force d'affronter le danger, de supporter les ennuis ou la douleur. *Pour être sauveteur, il faut avoir du **courage**.*

● Mot de la même famille : courageux.

courageux, courageuse adjectif

Une personne **courageuse** a du courage, affronte les risques même si elle a peur. *Les pompiers sont des gens très **courageux**.*

Contraires : lâche, peureux.

1. courant, courante adjectif

❶ Une chose **courante** est une chose que l'on a l'habitude de voir, d'entendre ou de faire. *En Europe, le pigeon est une espèce **courante**.*

Synonymes : fréquent, ordinaire.

Contraire : rare.

❷ L'**eau courante**, c'est l'eau qui arrive aux robinets par des tuyaux.

2. courant nom masculin

❶ Le **courant**, c'est le mouvement de l'eau qui se déplace ou de l'air qui souffle. *Fais attention au **courant** de la rivière. Ferme la fenêtre, il y a un **courant** d'air.*

❷ Le **courant**, c'est le déplacement de l'électricité dans les fils et les câbles. *Quand nous partons en vacances, nous coupons le **courant**.*

Synonyme : électricité.

❸ Être **au courant**, c'est être informé, savoir ce qui se passe. *Je suis **au courant** de leur déménagement.*

courbature nom féminin

Une **courbature** est une douleur dans un muscle due à un grand effort ou à la fièvre. *Léa a fait de la gymnastique hier et aujourd'hui elle a des **courbatures**.*

A B C D E F G H I J K L M N O P Q R S T U V W X Y Z

1. courbe adjectif

Une ligne **courbe** est une ligne en forme d'arc. Contraire : droit.

→ Cherche brisé.

☛ Va voir « les couleurs et les formes », page 171.

2. courbe nom féminin

Une **courbe** est une ligne courbe, arrondie. *La ligne des sourcils est une courbe.*

coureur nom masculin
coureuse nom féminin

Un **coureur**, une **coureuse** sont des sportifs qui participent à une course. *Les **coureurs** ont pris le départ.*

courgette nom féminin

Une **courgette** est un légume allongé à la peau verte. On la mange cuite.

courir verbe

Courir, c'est avancer très vite en levant haut les genoux. *Adrien **court** après Paul.*

● Mots de la même famille : coureur, course.

couronne nom féminin

Une **couronne** est un cercle de métal précieux orné de pierres et de diamants. *Les rois et les reines portent une couronne.*

● Mot de la même famille : couronner.

→ Cherche diadème.

couronner verbe

Couronner une personne, c'est lui mettre une couronne sur la tête pour la désigner comme roi ou reine. *Les rois de France **étaient couronnés** à Reims.*

une **couronne** royale

courrier nom masculin

Le **courrier**, c'est l'ensemble des lettres et des cartes postales que l'on envoie et que l'on reçoit. *Le facteur met le **courrier** dans les boîtes aux lettres.* Synonyme : correspondance.

🔍 Il y a deux *r*.

courroie nom féminin

Une **courroie** est une petite bande souple qui sert à attacher ou à serrer. *Mon sac à dos a deux **courroies**.*

🔍 Il y a deux *r*.

cours nom masculin

1 Un **cours** est une suite de leçons. *Léo est inscrit au **cours** de dessin.*
2 En France, un **cours** est un niveau de l'école primaire. *Paul est au **cours** préparatoire, Alexandra au **cours** élémentaire 1 et Lola au **cours** moyen 2.*
3 Un **cours d'eau** est un fleuve, une rivière ou un ruisseau.

🔍 Ne confonds pas « un cours » et « une cour ».

course nom féminin

1 Une **course** est une compétition de vitesse à pied, à cheval, à vélo, à moto, en voiture. *Audrey et Élisa font la **course**.*

② Une **course** est un achat à faire. *Nous faisons nos **courses** au supermarché.* Synonyme : commissions.

court, courte adjectif

① Ce qui est **court** a une petite longueur. *Élisa a les cheveux **courts**.* Contraire : long.

② Ce qui est **court** dure peu de temps. *Les vacances sont trop **courtes**.* Contraire : long.

courtisan nom masculin

Un **courtisan** est un homme qui vivait à la cour du roi.

couscous nom masculin

Le **couscous** est un plat fait de semoule de blé, de légumes et de viande.

Ce mot se termine par un *s* qu'on prononce.

cousin nom masculin
cousine nom féminin

Le **cousin** et la **cousine** d'une personne sont les enfants de son oncle et de sa tante. *J'ai deux **cousins** et trois **cousines**.*

Va voir « la famille », page 273.

coussin nom masculin

Un **coussin** est une enveloppe de tissu remplie de plumes ou de duvet.

couteau nom masculin

Un **couteau** est un instrument formé d'une lame et d'un manche et qui sert à couper. *Les **couteaux** sont des couverts.*

Au pluriel, on écrit *des couteaux*.

coûter verbe

Coûter, c'est avoir un certain prix. *Ce jeu **coûte** vingt euros.* Synonyme : valoir.

La nouvelle orthographe permet d'écrire aussi *couter*, sans accent circonflexe.

● Mot de la même famille : coûteux.

coûteux, coûteuse adjectif

Un objet **coûteux** est cher. *Ce matériel informatique est **coûteux**.*

La nouvelle orthographe permet d'écrire aussi *couteux, couteuse,* sans accent circonflexe.

coutume nom féminin

Une **coutume** est une habitude ou une manière de vivre. *En France, c'est la **coutume** d'offrir du muguet le jour du 1er mai.* Synonyme : tradition.

couture nom féminin

La **couture**, c'est l'action de coudre. *Mélanie fait de la **couture**.*

● Mot de la même famille : couturier.

couturier nom masculin
couturière nom féminin

Un **couturier**, une **couturière** sont des personnes qui taillent et cousent des vêtements. C'est un nom de métier.

→ Cherche tailleur.

couver verbe

Pour un oiseau, **couver**, c'est se coucher sur ses œufs jusqu'à leur éclosion. *La poule **couve**.*

couvercle nom masculin

Un **couvercle** est un objet qui sert à couvrir, à fermer une boîte ou un récipient. *J'ai mis un **couvercle** sur la casserole.*

La poule **couve** ses œufs.

a b c d e f g h i j k l m n o p q r s

A B C D E F G H I J K L M N O P Q R S T U V W X Y Z

1. couvert **nom masculin**

① Les **couverts** sont les ustensiles de table que l'on met devant chaque personne. *Le couteau, la fourchette et la cuillère sont des* ***couverts****.*

② **Mettre le couvert**, c'est mettre sur la table tout ce qui est nécessaire au repas. *Léo* ***a mis le couvert****.*

2. couvert, couverte **adjectif**

① Être **couvert**, c'est porter des vêtements. *Tu n'es pas assez* ***couverte*** *par ce froid.*

② Un endroit **couvert** est abrité par un toit. *Nous nageons dans une piscine* ***couverte****.* **Contraire : découvert.**

couverture **nom féminin**

① Une **couverture** est un grand tissu épais que l'on met sur les draps pour avoir chaud.

② La **couverture** d'un livre est la feuille de carton très épais qui le recouvre et le protège. *Le titre du livre est écrit sur la* ***couverture****.*

couvrir **verbe**

① **Couvrir** un objet, un véhicule, c'est le protéger en mettant quelque chose dessus. *Camille* ***couvre*** *ses livres. Mon père* ***a couvert*** *sa voiture avec une toile.* **Synonyme : recouvrir.**

② **Se couvrir**, c'est s'habiller de manière à avoir chaud. ***Couvre-toi*** *bien pour aller faire du ski.*

③ Quand le ciel **se couvre**, il se remplit de nuages.

● Mots de la même famille : **couvercle, couvert, couverture**.

un **crabe**

COVID-19 **nom masculin**

Le **COVID-19** est une maladie très contagieuse. *Le COVID-19 a entraîné une épidémie mondiale.*

cow-boy **nom masculin**

Un **cow-boy** est un homme qui garde de grands troupeaux de vaches, aux États-Unis. *Les* ***cow-boys*** *sont à cheval pour mener le bétail au ranch.*

🔍 Ce mot vient de l'anglais : on prononce [kɔbɔj]. Au pluriel, on écrit *des cow-boys*. – La nouvelle orthographe permet d'écrire aussi *cowboy*, sans trait d'union.

Lucas est déguisé en **cow-boy**.

crabe **nom masculin**

Un **crabe** est un animal marin qui a une carapace épaisse, quatre paires de pattes et deux grosses pinces. *Les* ***crabes*** *appelés « tourteaux » se déplacent sur le côté.*

▶ C'est un crustacé.

☛ Va voir « les crustacés », page 183.

cracher **verbe**

① **Cracher**, c'est lancer de la salive hors de sa bouche. *Il est interdit de* ***cracher*** *dans la rue.*

② **Cracher** quelque chose, c'est le rejeter hors de sa bouche. *Lucas* ***a craché*** *le noyau de sa prune.*

craie **nom féminin**
La **craie** est une roche blanche qui se casse facilement. On la transforme en bâtons pour écrire sur un tableau noir ou une ardoise.

craindre **verbe**
① **Craindre** une chose ou un être, c'est en avoir peur. *Ne **crains** rien, mon chien ne mord pas.*
② **Craindre** quelque chose, c'est s'inquiéter. *Nous courons parce que nous **craignons** d'être en retard.*
● Mot de la même famille : **craintif**.

craintif, craintive **adjectif**
Un être **craintif** a peur de tout. *Ma chatte va se cacher au moindre bruit car elle est très **craintive**.*
Synonymes : **farouche, peureux.**

crampe **nom féminin**
Une **crampe** est une douleur provoquée par un muscle qui se durcit d'un seul coup. *Après la course, Léo a eu une **crampe** dans le mollet.*
Le son [ɑ̃] s'écrit *am* devant un *p*.

des **cratères** de volcans

se cramponner **verbe**
Se cramponner, c'est s'accrocher à quelqu'un ou à quelque chose en le serrant fort. *À la patinoire, je **me cramponne** au bras de ma sœur.*
Le son [ɑ̃] s'écrit *am* devant un *p*.

crâne **nom masculin**
Le **crâne**, c'est l'ensemble des os qui forment le squelette de la tête.
Le *a* prend un accent circonflexe.

crâneur **nom masculin**
crâneuse **nom féminin**
Être **crâneur**, c'est faire le fier, être prétentieux.
Le *a* prend un accent circonflexe. C'est un mot familier.

crapaud **nom masculin**
Un **crapaud** est un animal qui ressemble à une grosse grenouille, mais sa peau est rugueuse. Il se nourrit d'insectes. *Les **crapauds** vivent près de l'eau et les femelles pondent dans l'eau.*
▶ Les crapauds sont actifs la nuit. Quand ils crient, on dit qu'ils coassent. Ce sont des **amphibiens**.

craquer **verbe**
① **Craquer**, c'est faire un bruit sec. *Dans une maison de campagne, les parquets **craquent**.*
② **Craquer**, c'est se casser ou se déchirer. *La branche **a craqué**.* Synonyme : **se briser.** *Ton pantalon est trop serré, il va **craquer**.*

cratère **nom masculin**
Le **cratère** d'un volcan est le grand trou situé à son sommet. *La lave et les cendres sortent par le **cratère**.*
▶ Des lacs se sont parfois formés dans les cratères des volcans.

un **crapaud**

a b c d e f g h i j k l m n o p q r s t u v w x y

A B C D E F G H I J K L M N O P Q R S T U V W X Y Z

cravate **nom féminin**
Une **cravate** est une bande de tissu que les hommes passent sous le col de leur chemise et qu'ils nouent devant.

crayon **nom masculin**
Un **crayon** est un petit bâton de bois qui contient une mine pour écrire ou pour dessiner. *Clara fait des coloriages avec ses* ***crayons*** *de couleur.*

crèche **nom féminin**
1 Une **crèche** est un établissement où l'on s'occupe des bébés pendant que leurs parents travaillent.
2 Une **crèche** de Noël est un ensemble de figurines installées dans un décor. Elle représente la naissance de Jésus dans une étable.

crédit **nom masculin**
Acheter un objet **à crédit**, c'est le prendre et le payer plus tard.

créer **verbe**
Créer, c'est réaliser une chose qui n'existait pas avant. *Les ingénieurs* ***créent*** *de nouveaux modèles d'ordinateurs.* **Synonyme : inventer.**

crème **nom féminin**
1 La **crème** est la matière grasse qui provient du lait. *Avec la* ***crème****, on fabrique le beurre.*
2 Une **crème** est un dessert fait avec des œufs et du lait. *Solène mange un gâteau à la* ***crème****.*
3 Une **crème** est un produit pour les soins de la peau. *Ma sœur met une* ***crème*** *sur son visage.*

créneau **nom masculin**
Un **créneau** est une ouverture rectangulaire faite à intervalles réguliers au sommet d'un château fort. *Les* ***créneaux*** *servaient à observer l'ennemi et à envoyer des projectiles.*
Au pluriel, on écrit *des créneaux.*
Va voir « le château fort », page 131.

crêpe **nom féminin**
Une **crêpe** est une galette très mince que l'on fait frire. *Chloé mange une* ***crêpe*** *au chocolat.*
Le premier e prend un accent circonflexe.
● Mot de la même famille : **crêperie**.

une belle **crêpe** !

crêperie **nom féminin**
Une **crêperie** est un restaurant où l'on mange des crêpes.
Le premier e prend un accent circonflexe.

crépiter **verbe**
Crépiter, c'est faire entendre de petits bruits secs en brûlant. *Le bois* ***crépite*** *dans la cheminée.*

crépuscule **nom masculin**
Le **crépuscule** est le moment où le soleil se couche et où la lumière baisse. *Les chauves-souris sortent au* ***crépuscule****.*

cresson **nom masculin**
Le **cresson** est une plante qui a des petites feuilles rondes et qui pousse dans l'eau douce. *Avec le* ***cresson****, on fait des salades et des soupes.*

crête nom féminin

❶ La **crête** d'un coq, c'est le morceau de chair rouge qu'il a sur la tête.

❷ La **crête** d'une montagne, c'est son sommet.

Le premier e prend un accent circonflexe.

creuser verbe

Creuser, c'est faire un trou, rendre creux. *On **a creusé** un tunnel dans la montagne.* Synonyme : percer. *Le chien **creuse** le sol pour cacher son os.*

La piste est pleine de **creux**.

1. creux, creuse adjectif

❶ Un objet **creux** est vide à l'intérieur. *J'ai trouvé un coquillage **creux**.* Contraire : plein.

❷ Une assiette **creuse** est plus profonde qu'une assiette plate. *On sert la soupe dans des assiettes **creuses**.*

● Mot de la même famille : creuser.

2. creux nom masculin

Un **creux**, c'est la partie vide ou la partie enfoncée d'une chose. *Certains oiseaux font leur nid dans le **creux** d'un arbre.* Synonyme : cavité.

crevasse nom féminin

Une **crevasse** est une fente dans un glacier. *L'alpiniste est tombé dans une **crevasse**.*

crever verbe

❶ **Crever** une chose, c'est la faire éclater. *Ma petite sœur **a crevé** son ballon.*

❷ **Crever**, c'est s'ouvrir en éclatant. *Le pneu de mon vélo **a crevé** en roulant sur un clou.*

crevette nom féminin

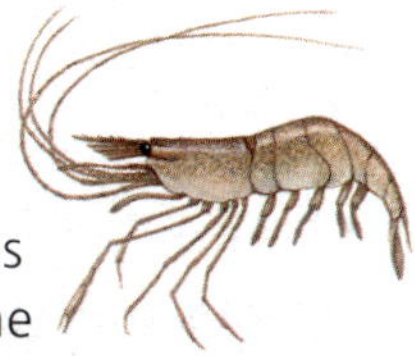

Une **crevette** est un petit animal marin qui a cinq paires de pattes, deux longues antennes et une fine carapace. *On pêche les **crevettes** avec un filet.*

► C'est un crustacé.

cri nom masculin

❶ Un **cri** est un son très fort que fait une personne. *Valentin a poussé un **cri** de joie quand il a vu son cadeau.*

❷ Un **cri** est un son que fait un animal. *Le **cri** du chat est le miaulement.*

● Mot de la même famille : crier.

Il a poussé un **cri** quand il a vu l'araignée.

cric **nom masculin**
Un **cric** est un instrument qui sert à soulever un véhicule ou un objet très lourd. *Le garagiste a mis un **cric** sous la voiture pour changer une roue.*

crier **verbe**
1 **Crier**, c'est pousser des cris. *Léo a crié quand il a vu un scorpion.* Synonyme : hurler.
2 **Crier**, c'est parler fort pour montrer son mécontentement.

crime **nom masculin**
Un **crime**, c'est l'action de tuer volontairement une personne. *Il est en prison pour avoir commis un **crime**.* Synonyme : meurtre.
● Mot de la même famille : criminel.

criminel **nom masculin**
criminelle **nom féminin**
Un **criminel**, une **criminelle** sont des personnes qui ont commis un crime. *Le **criminel** a été condamné à vingt ans de prison.* Synonymes : assassin, meurtrier.

crinière **nom féminin**
Une **crinière**, c'est un ensemble de longs poils qui poussent sur le dessus de la tête et sur le cou de certains animaux. *Les chevaux, les bisons et les lions ont une **crinière**.*

criquet **nom masculin**
Un **criquet** est un insecte de couleur grise ou brune qui ressemble à une sauterelle. *Les **criquets** se déplacent en sautant et en volant.*

un **criquet**

crise **nom féminin**
1 Une **crise** est l'apparition brutale d'une maladie. *Mon frère a eu une **crise** d'appendicite.*
2 Avoir une **crise** de nerfs, de rire ou de larmes, c'est s'énerver, rire ou pleurer tout d'un coup et ne plus pouvoir s'arrêter.
3 Une **crise** est une période difficile dans la vie de quelqu'un ou d'une société.

cristal **nom masculin**
1 Le **cristal** est un verre très fin et très transparent.
2 Un **cristal** est un objet en cristal.
Au pluriel, on écrit *des cristaux*.

critique **nom féminin**
Faire une **critique** à quelqu'un, c'est lui faire un reproche. *Le professeur a fait des **critiques** sur notre conduite.* Synonymes : observation, remarque. Contraire : compliment.
● Mot de la même famille : critiquer.

critiquer **verbe**
Critiquer une personne, c'est ne pas être de son avis, lui donner tort. *Ma sœur **critique** toujours ses camarades.* Contraire : approuver.

croasser **verbe**
Pour un corbeau, **croasser**, c'est pousser son cri.
Ne confonds pas « croasser » et « coasser ».

croc **nom masculin**
Les **crocs** sont les longues canines pointues d'un chien, d'un loup. *Le chien montre ses **crocs**.*
Ce mot se termine par un c qu'on ne prononce pas : [kro].

croche-pied **nom masculin**
Faire un **croche-pied**, c'est accrocher

avec son pied la jambe de quelqu'un pour le faire tomber.

Au pluriel, on écrit *des croche-pieds*. – La nouvelle orthographe permet d'écrire aussi *crochepied,* sans trait d'union.

crochet **nom masculin**

❶ Un **crochet** est un morceau de métal recourbé qui sert à accrocher un objet. *Rémi plante un* ***crochet*** *dans le mur pour suspendre un tableau.*

❷ Un **crochet** est une dent recourbée qu'ont les serpents venimeux. *La vipère a des* ***crochets****.*

● Mot de la même famille : crochu.

crochu, crochue **adjectif**

Un objet **crochu** a une forme recourbée vers le bas. *L'aigle a un bec* ***crochu****.*

crocodile **nom masculin**

Un **crocodile** est un grand reptile carnivore qui a de grosses mâchoires, de courtes pattes palmées et le corps recouvert d'écailles très dures. Il vit dans les lacs et les fleuves des pays chauds.

▶ Quand le crocodile crie, on dit qu'il **vagit**.

croire **verbe**

❶ **Croire** quelqu'un, c'est penser qu'il dit la vérité. *Camille m'****a cru*** *quand je lui ai dit que je changeais d'école.*

❷ **Croire en** (ou **croire à**), c'est être sûr qu'une chose ou un être existent. *Elle* ***croit*** *en Dieu. Est-ce que tu* ***crois*** *au père Noël ?*

❸ **Croire**, c'est penser quelque chose sans en être certain. *Je* ***crois*** *qu'il va faire beau demain.*

croisement **nom masculin**

Un **croisement** est un endroit où deux routes, deux rues, deux chemins se croisent. *Un accident s'est produit au* ***croisement*** *des deux rues.* **Synonymes : carrefour, intersection.**

croiser **verbe**

❶ **Croiser** les bras, c'est avoir les bras pliés l'un sur l'autre. *Zohra a les bras* ***croisés****.*

❷ **Croiser** une personne ou un véhicule, c'est les rencontrer alors qu'ils vont dans une direction opposée. ***J'ai croisé*** *Bastien dans la rue.*

❸ Quand une route **croise** une autre voie, elle la coupe, la traverse. *Notre rue* ***croise*** *un boulevard.*

● Mot de la même famille : croisement.

Audrey **croise** les bras.

croissance **nom féminin**

La **croissance**, c'est le fait de grandir. *Aurélie est en pleine* ***croissance****.* **Synonyme : développement.**

un **crocodile**

A B C D E F G H I J K L M N O P Q R S T U V W X Y Z

1. croissant **nom masculin**

① Un **croissant** de lune, c'est la partie de la lune qui forme deux cornes.

② Un **croissant** est une pâtisserie de forme recourbée.

Marie regarde le **croissant** de lune.

2. croissant, croissante **adjectif**

L'**ordre croissant**, c'est le classement des nombres du plus petit au plus grand. *Je sais classer les nombres 12, 2, 5, 8 par **ordre croissant**.* Contraire : décroissant.

croix **nom féminin**

Une **croix** est faite de deux traits qui se coupent au milieu. *J'ai mis une **croix** devant les bonnes réponses.*

Ce mot se termine par un *x*.

croque-monsieur **nom masculin**

Un **croque-monsieur** est un sandwich chaud fait de pain de mie, de fromage et de jambon.

Au pluriel, on écrit *des croque-monsieur*. – La nouvelle orthographe permet d'écrire aussi *croquemonsieur*, sans trait d'union.

croquer **verbe**

Croquer un aliment, c'est l'écraser entre ses dents avec un bruit sec. *Mélanie **croque** un bonbon.*

croquis **nom masculin**

Un **croquis** est un dessin rapide. *Avant de peindre son tableau, Chloé a fait un **croquis**.*

Ce mot se termine par un *s*.

crotte **nom féminin**

① Une **crotte** est une quantité de matière solide qui est rejetée après la digestion. *Les chiens bien dressés font leurs **crottes** dans le caniveau.*

② Des **crottes** de chocolat sont des bonbons au chocolat en forme de petites boules.

croustillant, croustillante **adjectif**

Un aliment **croustillant** croque sous la dent. *Julien mange un petit biscuit **croustillant**.*

croûte **nom féminin**

① La **croûte** est la partie extérieure de certains aliments. *Camille préfère la **croûte** du pain à la mie. Mon chien mange les **croûtes** de fromage.*

② Une **croûte** est une plaque dure et brune formée par le sang qui a séché sur une plaie. *Mon frère a des **croûtes** au genou.*

La nouvelle orthographe permet d'écrire aussi *croute*, sans accent circonflexe.

● Mot de la même famille : croûton.

croûton **nom masculin**

Le **croûton** du pain est le bout du pain. Il est formé surtout de croûte.

La nouvelle orthographe permet d'écrire aussi *crouton*, sans accent circonflexe.

cru, crue **adjectif**

Un aliment **cru** est un aliment que l'on n'a pas fait cuire. *Pauline aime les artichauts **crus**.* Contraire : cuit.

● Mot de la même famille : crudités.

crudités **nom féminin pluriel**
Les **crudités** sont des légumes que l'on peut manger crus. *Les carottes et les concombres sont des **crudités**.*

crue **nom féminin**
Quand une rivière est en **crue**, ses eaux montent et peuvent provoquer une inondation.

La rivière est en **crue**.

cruel, cruelle **adjectif**
Être **cruel**, c'est être très méchant, aimer faire souffrir. *Ne sois pas **cruel** avec les animaux.*

crustacé **nom masculin**
Un **crustacé** est un animal qui a un corps mou, sans os, protégé par une carapace. *Les langoustes, les crabes, les homards sont des **crustacés** marins. Les écrevisses sont des **crustacés** d'eau douce.*

cube **nom masculin**
Un **cube** est une forme géométrique qui a six côtés formés par six carrés de la même taille.

☛ Va voir « les couleurs et les formes », page 171.

cueillette **nom féminin**
Faire la **cueillette** de fruits, c'est les cueillir. *En été, on fait la **cueillette** des pêches.*

Il y a un *u* après le *c*.

→ Cherche **vendange**.

Les crustacés

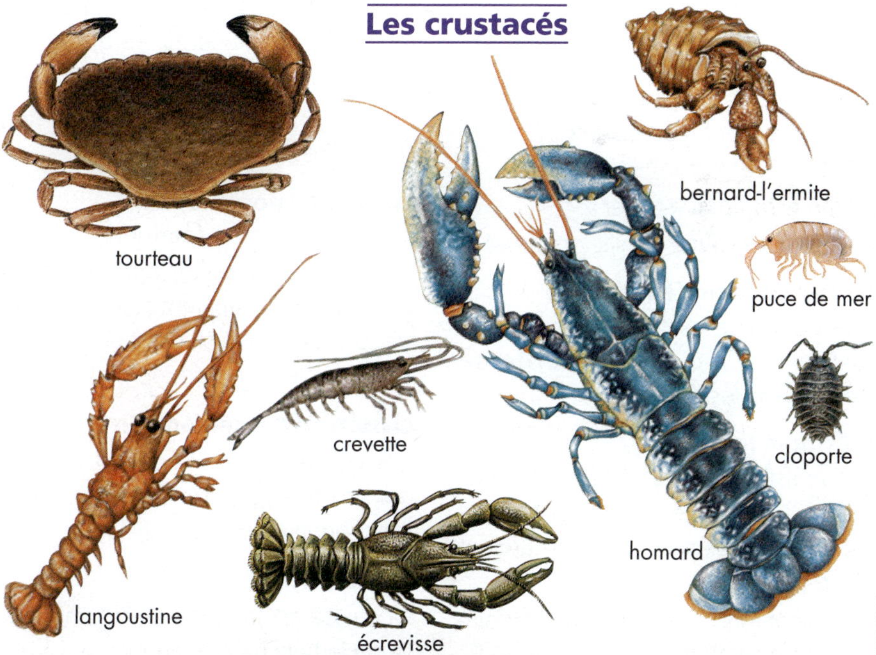

A B C D E F G H I J K L M N O P Q R S T U V W X Y Z

cueillir verbe
Cueillir des fleurs, des fruits, des légumes, c'est les détacher de leur tige ou de leur branche. *Simon **cueille** des haricots.*

Il y a un *u* après le *c*.

● Mot de la même famille : cueillette.

Les enfants **cueillent des cerises**.

cuillère nom féminin
Une **cuillère** est un couvert formé d'un manche et d'une partie creuse. *J'ai mis des petites **cuillères** pour le dessert.*

On écrit aussi « cuiller ».

● Mot de la même famille : cuillerée.

cuillerée nom féminin
Une **cuillerée** est le contenu d'une cuillère. *J'ai mis une **cuillerée** de crème dans les fraises.*

cuir nom masculin
Le **cuir** est la peau de certains animaux. Il sert à faire des vêtements, des chaussures, des sacs, des ceintures et d'autres objets.

Ne confonds pas « le cuir » et « faire cuire » un aliment.

● Mot de la même famille : cuirasse.

cuirasse nom féminin
Une **cuirasse** est une armure qui couvre la poitrine, le ventre et le dos. *Autrefois, les guerriers portaient une **cuirasse**.*

cuire verbe
1 Faire **cuire** un aliment, c'est le chauffer pour le rendre bon à manger. *Maman fait **cuire** un bifteck dans une poêle. Les pâtes **cuisent**.*
2 Faire **cuire** un objet en céramique, c'est le mettre dans un four spécial pour le rendre dur. *Le potier fait **cuire** ses pots.*

Ne confonds pas « cuire » et « le cuir ».

● Mots de la même famille : cuisson, cuit.

cuisine nom féminin
1 La **cuisine** est la pièce où l'on prépare les repas.
2 **Faire la cuisine**, c'est préparer et faire cuire les aliments. *Le dimanche midi, mon frère **fait la cuisine**.*

● Mots de la même famille : cuisinier, cuisinière.

cuisinier nom masculin
cuisinière nom féminin
Un **cuisinier**, une **cuisinière** sont des personnes qui préparent et font cuire les aliments dans un restaurant ou dans une cantine. C'est un nom de métier.

cuisinière nom féminin
Une **cuisinière** est un appareil ménager qui sert à faire cuire les aliments. Elle fonctionne au gaz ou à l'électricité.

cuisse nom féminin
La **cuisse** est la partie de la jambe qui va de la hanche au genou.

cuisson **nom féminin**
La **cuisson** est la façon de faire cuire les aliments. *Pour certaines viandes, la* ***cuisson*** *se fait à feu doux.*

cuit, cuite **adjectif**
Un aliment **cuit** a fini de cuire. *Jérémy n'aime pas le céleri* ***cuit****.* Contraire : cru.

cuivre **nom masculin**
Le **cuivre** est un métal rouge assez mou. *Les fils électriques sont en* ***cuivre****.*

culotte **nom féminin**
Une **culotte** est un sous-vêtement qui couvre les fesses et le bas du ventre. Synonyme : slip.

cultivateur **nom masculin**
cultivatrice **nom féminin**
Un **cultivateur**, une **cultivatrice** sont des personnes qui cultivent la terre. C'est un nom de métier.
→ Cherche agriculteur.

cultiver **verbe**
Cultiver des plantes, c'est les faire pousser et les récolter. *Dans cette région, les agriculteurs* ***cultivent*** *des céréales.*
● Mots de la même famille : cultivateur, culture.

culture **nom féminin**
1 La **culture**, c'est l'action de cultiver la terre, de faire pousser des plantes. *Il faut de grands espaces pour la* ***culture*** *des céréales.*
2 Les **cultures** sont les plantes que l'on cultive. *Les inondations ont détruit les* ***cultures****.*

cure-dents **nom masculin**
Un **cure-dents** est un petit bâton pointu que l'on utilise pour débarrasser ses dents des restes de nourriture.
Ce mot s'écrit avec un trait d'union. Au pluriel, on écrit *des cure-dents.* – La nouvelle orthographe permet d'écrire aussi *un cure-dent,* sans *s.*

curieux, curieuse **adjectif**
1 Une personne **curieuse** cherche à savoir, à connaître, à s'informer. *Je serais* ***curieuse*** *de savoir pourquoi Léo n'est pas venu à la piscine.*
2 Une personne **curieuse** cherche à savoir ce qui ne la regarde pas. *Ton frère n'arrête pas de poser des questions, il est trop* ***curieux****.* Synonyme : indiscret. Contraire : discret.
● Mot de la même famille : curiosité.

curiosité **nom féminin**
1 La **curiosité** est le désir de connaître des choses nouvelles. *La* ***curiosité*** *des savants est à l'origine de nombreuses découvertes.*
2 La **curiosité** est le défaut d'une personne curieuse, indiscrète. *La* ***curiosité*** *te jouera de mauvais tours.*

cursive **adjectif féminin**
L'écriture **cursive** est l'écriture qui est tracée à la main avec des lettres attachées.
→ Cherche script.

cutter **nom masculin**
Un **cutter** est un instrument très tranchant qui sert à découper du carton ou du papier épais.
La nouvelle orthographe permet d'écrire aussi *cutteur.*

cuvette **nom féminin**
1 Une **cuvette** est un récipient large et peu profond qui sert au lavage. *Maman a mis du linge à tremper dans une* ***cuvette****.*

a b c d e f g h i j k l m n o p q r s t u v w x y z

A B C D E F G H I J K L M N O P Q R S T U V W X Y Z

❷ La **cuvette** des cabinets est la partie profonde qui contient l'eau.

cyclable adjectif
Une piste **cyclable** est une voie réservée aux cyclistes, sur le bord d'une route ou d'une rue.

Ce mot s'écrit avec un *y*.

On est en sécurité lorsqu'on roule sur une piste **cyclable**.

cycle nom masculin
Un **cycle** est une suite de faits qui reviennent toujours dans le même ordre. *L'eau des nuages tombe lorsqu'il pleut et s'écoule vers la mer, puis l'eau de la mer s'évapore et les nuages se reforment : c'est le* ***cycle*** *de l'eau.*

Ce mot s'écrit avec un *y*.

cycliste nom masculin et nom féminin
Un **cycliste**, une **cycliste** sont des personnes qui roulent à bicyclette. *La voiture a dépassé un groupe de* ***cyclistes***.

Ce mot s'écrit avec un *y*.

cyclomoteur nom masculin
Un **cyclomoteur** est un véhicule à deux roues qui a un moteur moins puissant que celui d'une moto.

cyclone nom masculin
Un **cyclone** est une tempête très violente qui forme de gros tourbillons de vent. *Les îles chaudes et humides sont parfois dévastées par des* ***cyclones***.

Ce mot s'écrit avec un *y*.

→ Cherche **ouragan**, **tempête** et **tornade**.

cygne nom masculin
Un **cygne** est un grand oiseau migrateur qui a un long cou très souple, des pattes palmées et des plumes blanches ou noires. Il vit sur les eaux douces.

▶ Quand le cygne crie, on dit qu'il **siffle** ou qu'il **trompette**.

Ce mot s'écrit avec un *y*. Ne confonds pas « cygne » et « faire un signe ».

cylindre nom masculin
Un **cylindre** est une forme géométrique qui ressemble à un rouleau.

Ce mot s'écrit avec un *y*.

Va voir « les couleurs et les formes », page 171.

d'abord → **abord**

daim **nom masculin**
Un **daim** est un mammifère qui vit dans les forêts. Il appartient à la même famille que le cerf mais il est plus petit. Son pelage est marron avec des taches blanches, et ses cornes, appelées « bois », sont aplaties.
▶ C'est un ruminant. La femelle est la **daine**, le petit est le faon. Quand le daim crie, on dit qu'il **brame**.
Dans ce mot, le son [ɛ̃] s'écrit *aim*.

dalle **nom féminin**
Une **dalle** est une plaque de pierre ou de ciment qui sert à recouvrir le sol.
→ Cherche **carreau**.

dalmatien **nom masculin**
Un **dalmatien** est un grand chien qui a un pelage blanc avec de très nombreuses taches noires. *J'ai vu le dessin animé « les 101* ***Dalmatiens*** *».*
▶ La femelle est la **dalmatienne**.

dame **nom féminin**
1 Une **dame** est une femme. *Je ne connais pas cette* ***dame****.*
2 Le **jeu de dames** est un jeu qui se joue à deux avec vingt pions noirs et vingt pions blancs que l'on déplace sur un plateau appelé *damier*.
→ Cherche **demoiselle**.

danger **nom masculin**
Un **danger** est un risque d'accident. *Un automobiliste qui roule trop vite représente un* ***danger****.*
● Mot de la même famille : **dangereux**.
☛ Va voir « les panneaux de signalisation », page 491.

dangereux, dangereuse **adjectif**
1 Une chose **dangereuse** présente un danger, un risque d'accident. *Les cascadeurs font un métier dangereux.*
2 Un animal **dangereux** peut faire du mal aux humains. *Certains serpents sont dangereux.* **Contraire : inoffensif.**

dans **préposition**
Dans signifie : à l'intérieur. *Mes clés sont* ***dans*** *ma poche.*

danse **nom féminin**
Une **danse** est une suite de pas et de mouvements que l'on fait sur un air de musique. *La valse est une* ***danse****.*
● Mots de la même famille : **danser, danseur**.

danser verbe

Danser, c'est faire une suite de pas et de mouvements sur un air de musique. *Marie **danse** bien.*

Kelly **danse** pour le spectacle.

danseur nom masculin
danseuse nom féminin

❶ Un **danseur**, une **danseuse** sont des artistes qui dansent dans un ballet. C'est un nom de métier.

❷ Des **danseurs** sont des personnes qui dansent pour leur plaisir.

dard nom masculin

Un **dard** est une petite pointe venimeuse. *Les abeilles et les guêpes ont un **dard**.*

date nom féminin

La **date**, c'est l'indication du jour, du mois et de l'année. *Quelle est ta **date** de naissance ?*

🔍 Ne confonds pas « date » et « la datte », le fruit.

● Mot de la même famille : dater.

dater verbe

Dater, c'est mettre la date sur une feuille de papier. *Paul **a daté** sa lettre.*

datte nom féminin

Une **datte** est un petit fruit brun très sucré qui a un noyau.

▶ Les dattes poussent sur un arbre des pays chauds, le **dattier**.

🔍 Ne confonds pas « datte » et « la date » de naissance.

dauphin nom masculin

Un **dauphin** est un grand mammifère marin. Il a un museau pointu et le corps d'un poisson. *Les **dauphins** font de grands bonds hors de l'eau.*

▶ Les dauphins recherchent la compagnie des humains. Ils peuvent faire de grands bonds hors de l'eau pour se déplacer encore plus vite ou pour jouer.

🔍 Ce mot s'écrit avec *ph*.

des **dauphins**

davantage adverbe

Davantage signifie : plus. *Léa voudrait **davantage** de glace.* Contraire : moins.

de **préposition**

De est un petit mot que l'on emploie pour donner différentes indications. *Le livre **de** Julien. Il vient **de** Bruxelles. Je meurs **de** froid. Un tas **de** sable. Elle fait un signe **de** la main.*

De s'écrit *d'* devant une voyelle ou un « h » muet : le livre *d'*Anaïs. On ne dit pas « de le » ni « de les » mais *du* et *des* : *le livre du professeur, des élèves.*

dé **nom masculin**

1 Un **dé** à jouer est un petit cube qui a un nombre de points sur chaque face, de 1 à 6.

2 Un **dé** à coudre est un petit objet en métal que l'on met au bout d'un doigt pour ne pas se piquer.

déballer **verbe**

Déballer un objet, c'est le sortir de son emballage. *Solène **déballe** son cadeau d'anniversaire.* Contraire : emballer.

Il y a deux *l*.

se débarbouiller **verbe**

Se débarbouiller, c'est se laver le visage. *Valentin **s'est débarbouillé** après avoir mangé une tarte aux myrtilles.* Contraire : se barbouiller.

Marie et Paul **se débarbouillent**.

débarquer **verbe**

Débarquer, c'est descendre d'un avion ou d'un bateau après un voyage. *Les passagers **ont débarqué** à Montréal.* Contraires : embarquer, monter à bord.

débarras **nom masculin**

Un **débarras** est une petite pièce où l'on met les affaires qui embarrassent.

Ce mot s'écrit avec deux *r* et se termine par un *s*.

débarrasser **verbe**

1 **Débarrasser**, c'est enlever ce qui embarrasse. *Nous **avons débarrassé** le grenier.* Contraire : encombrer. *Jérémy voudrait **se débarrasser** de ses vieux jouets.* Contraires : conserver, garder.

2 **Débarrasser la table**, c'est enlever tout ce qui a servi au repas.

● Mot de la même famille : débarras.

débat **nom masculin**

Un **débat** est une discussion sur un sujet où chaque personne donne son avis. *Mes parents ont participé à un **débat** sur la pollution.*

se débattre **verbe**

Se débattre, c'est lutter pour échapper à quelqu'un ou à quelque chose. *Le poisson **se débattait** au bout de la ligne.*

débloquer **verbe**

Débloquer une chose, c'est la faire bouger quand elle est bloquée. *J'ai réussi à **débloquer** la fenêtre.* Contraire : bloquer.

déboisement **nom masculin**

Le **déboisement**, c'est l'action de couper les arbres dans les bois et dans les forêts. *Les bûcherons font du **déboisement**.*

A B C D E F G H I J K L M N O P Q R S T U V W X Y Z

déborder verbe

Déborder, c'est se répandre par-dessus bord. *J'ai oublié de fermer le robinet et la baignoire **a débordé**.*

Oh ! le lavabo **a débordé** !

déboucher verbe

Déboucher une bouteille, c'est enlever le bouchon. **Contraire : boucher.**

debout adverbe

1 Être **debout** (ou tenir **debout**), c'est se tenir sur ses pieds. *La malade ne tient pas **debout**.*

2 Être **debout**, c'est être levé. *Ma mère est **debout** à six heures tous les matins.*

déboutonner verbe

Déboutonner un vêtement, c'est l'ouvrir en sortant les boutons des boutonnières. **Contraire : boutonner.**

Il y a deux *n*.

débrancher verbe

Débrancher un appareil électrique, c'est enlever le fil de la prise pour que le courant ne passe plus. **Contraire : brancher.**

débris nom masculin pluriel

Des **débris** sont des morceaux cassés. *Il faut ramasser les **débris** de la bouteille.*

débrouillard, débrouillarde adjectif

Une personne **débrouillarde** sait se débrouiller, trouver des solutions pour sortir d'une situation difficile. **Synonymes : astucieux, dégourdi, malin.**

se **débrouiller** verbe

Se débrouiller, c'est trouver comment sortir d'une situation difficile. *Jonathan a raté son car, mais il **s'est débrouillé** pour arriver à l'heure à l'école.* **Synonyme : s'arranger.**

● Mot de la même famille : débrouillard.

débroussailler verbe

Débroussailler un lieu, c'est couper les broussailles. *Pour éviter les incendies, il faut **débroussailler** les forêts.*

début nom masculin

Le **début** est le moment où quelque chose débute, commence. *Nous sommes au **début** de l'hiver.* **Synonyme : commencement.** **Contraire : fin.**

débutant nom masculin
débutante nom féminin

Un **débutant**, une **débutante** sont des personnes qui commencent à apprendre. *Hugo ne nage pas encore très bien, c'est un **débutant**.*

débuter verbe

Quand une chose **débute**, elle en est au début, au commencement. *La séance **débute** à vingt heures.* **Synonyme : commencer.** **Contraires : s'achever, finir, se terminer.**

● Mots de la même famille : début, débutant.

décalquer verbe

Décalquer un dessin, c'est le copier en suivant le contour à l'aide d'un papier transparent placé sur le dessin.

Julie **a décalqué** un dessin.

décapotable adjectif

Une voiture **décapotable** est une voiture qui a une capote.

décéder verbe

Décéder, c'est mourir. *Ma grand-mère **est décédée** hier.*

décembre nom masculin

Décembre est le douzième et dernier mois de l'année. Il vient après novembre. *Le 25 **décembre**, c'est Noël.*

Le son [ɑ̃] s'écrit *em* devant un *b*.

Va voir « le calendrier », page 111.

déception nom féminin

Avoir une **déception**, c'est être triste parce qu'on n'a pas obtenu ce que l'on espérait. *Paul a eu une grande **déception** quand son équipe a perdu.*

décès nom masculin

Le **décès** est la mort d'une personne.

Ce mot se termine par un *s*.

● Mot de la même famille : déchirer.

décevant, décevante adjectif

Une chose ou une personne **décevante** déçoit, n'est pas aussi bien qu'on l'espérait. *Ce film était **décevant**.*

décevoir verbe

Décevoir quelqu'un, c'est ne pas être aussi bien qu'il l'espérait. *Ce dessin animé m'**a déçu**.*

● Mots de la même famille : déception, décevant, déçu.

déchaîné, déchaînée adjectif

Être **déchaîné**, c'est être très excité. *Les petits sont **déchaînés** dans la cour.*

La nouvelle orthographe permet d'écrire aussi *déchainé, déchainée,* sans accent circonflexe.

décharger verbe

Décharger, c'est enlever des objets d'un véhicule ou du dos d'un animal. *Nous **déchargeons** la voiture avec grand-père.* **Contraire :** charger.

déchets nom masculin pluriel

Les **déchets** sont les épluchures, les emballages, les restes que l'on jette, que l'on n'utilise pas. *J'ai trié les **déchets** à mettre à la poubelle.* **Synonyme :** ordures.

déchiffrer verbe

1 **Déchiffrer** un message, c'est comprendre le code du message. *L'espion a réussi à **déchiffrer** le message secret.*

2 **Déchiffrer** une écriture, c'est réussir à la lire. *L'écriture de Léo est si petite qu'on a du mal à la **déchiffrer**.*

a b c d e f g h i j k l m n o p q r s t u v w x y z

A B C D E F G H I J K L M N O P Q R S T U V W X Y Z

déchirer verbe

Déchirer du papier, du tissu, c'est le mettre en morceaux, arracher des morceaux. *Chloé **a déchiré** sa lettre. J'**ai déchiré** mon pull dans les ronces.*
● Mot de la même famille : **déchirure**.

Kien **a déchiré** son tee-shirt.

déchirure nom féminin

Une **déchirure** est une partie déchirée dans du tissu, du papier. *Marie a fait une **déchirure** à son pantalon.* **Synonyme : trou.**

décider verbe

Décider, c'est choisir de faire quelque chose après avoir réfléchi. *Ma sœur **a décidé** d'apprendre le judo.*
● Mot de la même famille : **décision**.

décimètre nom masculin

1 Il faut dix **décimètres** pour faire un mètre.

2 Un **double décimètre** est une règle plate graduée qui mesure vingt centimètres.

☛ Va voir « les mesures », page 443.

décision nom féminin

Prendre une **décision**, c'est décider de faire quelque chose, choisir de le faire. *Mes parents ont pris la **décision** de déménager.*

déclaration nom féminin

Faire une **déclaration**, c'est déclarer quelque chose, le faire savoir. *Le ministre a fait une **déclaration** à la télévision.*

déclarer verbe

Déclarer quelque chose, c'est le faire savoir dans un discours.
● Mot de la même famille : **déclaration**.

déclencher verbe

Déclencher un mécanisme, c'est le mettre en marche. *L'entrée des voleurs **a déclenché** le signal d'alarme.*

décoiffer verbe

Décoiffer une personne, c'est mettre ses cheveux en désordre. *Le vent m'**a décoiffée**.* **Contraire : coiffer.**

décollage nom masculin

Le **décollage**, c'est le moment où un avion, une fusée décollent, quittent le sol. *Il est interdit de se lever pendant le **décollage** de l'avion.* **Contraire : atterrissage.**

décoller verbe

1 **Décoller**, c'est détacher ce qui était collé. *Clara **a décollé** un timbre.* **Contraire : coller.**

2 Quand un avion, une fusée **décollent**, ils quittent le sol pour s'envoler. **Contraires : atterrir, se poser.**
● Mot de la même famille : **décollage**.

L'avion **a décollé**.

décolleté, décolletée adjectif
Un vêtement **décolleté** laisse voir le cou et le haut de la poitrine. *Ma sœur a mis sa robe **décolletée**.*

décontracté, décontractée adjectif
Être **décontracté**, c'est être à l'aise, ne pas être gêné, intimidé ou inquiet.

décor nom masculin
Sur la scène d'un théâtre, le **décor** montre le lieu où l'histoire se passe.

décoratif, décorative adjectif
Un objet **décoratif** décore, orne un lieu. *Ce bouquet est très **décoratif** dans la salle à manger.*

décoration nom féminin
1 La **décoration**, c'est la façon de décorer. *La **décoration** de ma chambre me plaît.*
2 Une **décoration** est un objet qui sert à décorer. *Laura a sorti les **décorations** de Noël.* Synonyme : ornement.

décorer verbe
Décorer un lieu, c'est le rendre plus beau, en plaçant de jolis objets. *Pour Noël, on **a décoré** nos chambres.*
Synonyme : orner.
● Mots de la même famille : décor, décoratif, décoration.

décortiquer verbe
Décortiquer un fruit, c'est enlever sa coquille. *J'**ai décortiqué** toutes les noix.*

découpage nom masculin
Un **découpage**, c'est le fait de découper du papier ou du carton. *Natacha fait des **découpages**.*

découper verbe
Découper, c'est couper en suivant les contours. *Léa **a découpé** des photos de chanteurs.*
● Mot de la même famille : découpage.

Lucas **découpe** du papier.

décourageant, décourageante adjectif
Une chose ou une personne **décourageante** enlève le courage de continuer ce qu'on fait. *Cet exercice est trop compliqué : c'est **décourageant** !*

décourager verbe
Décourager quelqu'un, c'est lui enlever son courage. *Sa mauvaise note **l'a découragé**.* Contraire : encourager.

décousu, décousue adjectif
Un vêtement **décousu** a des fils défaits. *L'ourlet de ton pantalon est **décousu**.*

découvert, découverte adjectif
Une piscine **découverte** est une piscine construite en plein air. Contraire : couvert.

A B C D E F G H I J K L M N O P Q R S T U V W X Y Z

découverte nom féminin

1 Partir à la **découverte**, c'est découvrir ce qui était caché. *Les enfants sont partis à la* ***découverte*** *du trésor.*

2 Une **découverte**, c'est une chose que l'on découvre après avoir fait des recherches. *La* ***découverte*** *des antibiotiques a été très importante pour la médecine.*

découvrir verbe

1 **Découvrir** quelque chose, c'est trouver ce qui était caché. *Les enfants* ***ont découvert*** *un trésor dans une grotte.*

2 **Découvrir** quelque chose, c'est trouver ce qui était inconnu. *Pasteur* ***a découvert*** *un vaccin contre la rage.*

● Mots de la même famille : découvert, découverte.

Si tu regardes l'image à l'envers, tu **découvriras** un oiseau.

décrire verbe

Décrire un être ou une chose, c'est dire comment ils sont. *Peux-tu* ***décrire*** *ton école ?*

● Mot de la même famille : description.

décrocher verbe

1 **Décrocher** un objet, c'est le détacher de l'endroit où il était attaché. *Grand-mère* ***a décroché*** *les rideaux.* Contraire : accrocher.

2 **Décrocher** le téléphone, c'est soulever la partie qui permet de parler et d'écouter. *Le téléphone sonne, veux-tu* ***décrocher*** *?* Contraire : raccrocher.

décroissant, décroissante adjectif

L'**ordre décroissant** va du plus grand au plus petit. *Je classe les nombres 12, 2, 5, 8 par* ***ordre décroissant****.* Contraire : croissant.

déçu, déçue adjectif

Être **déçu**, c'est ne pas avoir obtenu ce qu'on désirait, ce qu'on espérait. *Rémi n'est pas venu dimanche et Audrey était très* ***déçue****.*

Le c prend une cédille.

dedans adverbe

Dedans signifie : à l'intérieur. *Regarde dans le placard, j'ai mis tes affaires* ***dedans****.* Contraires : dehors, à l'extérieur.

déesse → **dieu**

défaire verbe

1 **Défaire**, c'est détruire ou enlever ce qui est fait. *Marion* ***défait*** *le nœud de son lacet.* Contraire : faire.

2 **Défaire** des bagages, c'est les vider. *Dès notre arrivée, nous* ***défaisons*** *les valises.* Contraire : faire.

défaite nom féminin

Une **défaite**, c'est la perte d'une guerre, d'une bataille, d'une compétition. *Le match s'est terminé par la* ***défaite*** *de notre équipe.* Contraire : victoire.

défaut **nom masculin**
1 Un **défaut**, c'est ce qui n'est pas bien dans le caractère d'une personne. *Nous avons tous des **défauts**.* Contraire : qualité.
2 Un **défaut**, c'est ce qui n'est pas bien fait dans une chose. *Notre nouveau téléphone a un **défaut**.*

défendre **verbe**
1 **Défendre** quelque chose à quelqu'un, c'est le lui interdire. *Le gardien nous **a défendu** de marcher sur les pelouses.* Contraires : autoriser, permettre.
2 **Défendre** quelqu'un, c'est le protéger contre une attaque. *Si on t'attaque, je te **défendrai**. Les avocats **défendent** les personnes accusées.*
● Mot de la même famille : défense.

défense **nom féminin**
1 La **défense**, c'est l'action d'interdire. *Un panneau indiquait « **Défense** de faire du feu ».* Synonyme : interdiction. Contraires : autorisation, permission.
2 Prendre la **défense** d'une personne, c'est la protéger contre des attaques. *Jérémy a pris la **défense** de son frère.*
3 Les **défenses** sont deux dents très longues qui sortent de la mâchoire d'un éléphant, d'un sanglier.

Rachid prend la **défense** des petits.

défilé **nom masculin**
Un **défilé** est un groupe de personnes qui marchent les unes derrière les autres. *J'ai assisté au **défilé** du 14 Juillet.*
● Mot de la même famille : défiler.

défiler **verbe**
Défiler, c'est marcher en files, en rangs. *Les soldats **ont défilé** deux par deux.*

définir **verbe**
Définir un mot, c'est expliquer ce que ce mot veut dire. *Un dictionnaire **définit** les mots.*
● Mot de la même famille : définition.

définition **nom féminin**
Une **définition** est une explication qui permet de comprendre un mot. *Cherche la **définition** du mot « conciliabule » dans le dictionnaire.*

défoncer **verbe**
1 **Défoncer** une porte, un mur, c'est les casser pour pénétrer dans un lieu. *Les pompiers **ont défoncé** la porte.* Synonyme : enfoncer.
2 **Défoncer** une surface, c'est la creuser profondément. *La route **est défoncée** par les camions.*

déformer **verbe**
Déformer un vêtement, c'est changer sa forme en tirant dessus. *Ne tire pas sur ton tee-shirt, tu vas le **déformer**.*

dégager **verbe**
Dégager un lieu, c'est le débarrasser de ce qui l'encombre. *L'agent a demandé aux automobilistes de **dégager** le passage.* Contraire : encombrer. *Le ciel **s'est dégagé**.*

A B C D E F G H I J K L M N O P Q R S T U V W X Y Z

dégât nom masculin
Faire du **dégât** (ou des **dégâts**), c'est détruire beaucoup de choses. *L'incendie a fait beaucoup de* ***dégâts****.*
Le *a* prend un accent circonflexe.
➜ Cherche ravage.

dégel nom masculin
Le **dégel** est la fonte de la neige et de la glace, au début du printemps. *Des inondations ont été causées par le* ***dégel****.* Synonyme : fonte des neiges. Contraire : gel.

La neige fond, c'est le **dégel**.

dégivrer verbe
Dégivrer, c'est faire fondre le givre. *Ma mère* ***a dégivré*** *le réfrigérateur.*

dégonfler verbe
Dégonfler un objet, c'est faire sortir l'air qui est à l'intérieur. *Nous* ***avons dégonflé*** *le matelas pneumatique.* Contraire : gonfler.

Le pneu **est dégonflé**.

dégourdi, dégourdie adjectif
Une personne **dégourdie** sait se débrouiller, trouver une solution dans une situation difficile. Synonymes : astucieux, débrouillard, malin.

dégourdir verbe
Se dégourdir les jambes, c'est les faire bouger en marchant après être resté longtemps immobile.
● Mot de la même famille : dégourdi.
➜ Cherche engourdi.

dégoût nom masculin
Avoir du **dégoût** pour un aliment, c'est le détester et avoir mal au cœur quand on le mange. *Paul a un vrai* ***dégoût*** *pour les endives.*
La nouvelle orthographe permet d'écrire aussi *dégout,* sans accent circonflexe.
● Mots de la même famille : dégoûtant, dégoûter.

dégoûtant, dégoûtante adjectif
Une chose **dégoûtante** est très sale et provoque le dégoût. *Mes mains sont* ***dégoûtantes*** *!* Contraire : propre.
La nouvelle orthographe permet d'écrire aussi *dégoutant, dégoutante,* sans accent circonflexe.

dégoûter verbe
Dégoûter quelqu'un, c'est lui donner mal au cœur. *La crème me* ***dégoûte****.*
La nouvelle orthographe permet d'écrire aussi *dégouter,* sans accent circonflexe.

degré nom masculin
Un **degré** est une unité qui sert à mesurer la température. *Ce matin, le thermomètre indique une température de 15* ***degrés****.*
Va voir « les mesures », page 443.

dégringoler verbe

Dégringoler, c'est tomber. *Paul a* ***dégringolé*** *de sa chaise.*

C'est un mot familier.

déguisement nom masculin

Un **déguisement**, c'est un costume et tous les objets nécessaires pour se déguiser. *Pour son anniversaire, Julien a eu un* ***déguisement*** *de mousquetaire.* Synonyme : costume.

se **déguiser** verbe

Se déguiser, c'est mettre un costume pour ressembler à un personnage, un animal ou une chose. *Pour le carnaval, Laura* ***s'est déguisée*** *en grenouille.*
● Mot de la même famille : déguisement.

déguster verbe

Déguster un aliment ou une boisson, c'est les goûter lentement et avec plaisir. *Léo* ***déguste*** *sa glace à la fraise.*

dehors adverbe

Dehors signifie : à l'extérieur. *Maman nous a demandé d'aller jouer* ***dehors****.* Contraires : dedans, à l'intérieur.

déjà adverbe

1 **Déjà** signifie : dès maintenant. *Tu as* ***déjà*** *fini de manger !* Contraire : pas encore.

2 **Déjà** signifie : dans le passé. *Natacha est* ***déjà*** *allée en colonie de vacances.* Contraire : jamais.

1. déjeuner verbe

Déjeuner, c'est prendre le repas de midi. *Nous* ***déjeunons*** *vers 13 heures.*

2. déjeuner nom masculin

1 Le **déjeuner** est le repas de midi. *Nous avons eu du poulet et de la purée pour le* ***déjeuner****.*

2 Le **petit déjeuner** est le repas du matin. *Laura mange des céréales au* ***petit déjeuner****.*

Ils prennent le **déjeuner** à la cantine.

délabré, délabrée adjectif

Une habitation **délabrée** est en très mauvais état, elle tombe en ruine. *Le vieux château est* ***délabré****.* Synonyme : en ruine.

délai nom masculin

Un **délai** est un temps donné pour faire une chose. *J'ai un* ***délai*** *de huit jours pour rendre le livre de bibliothèque.*

délayer verbe

Délayer de la poudre dans un liquide, c'est mélanger les deux choses de façon bien régulière. *Zohra* ***délaie*** *de la farine dans du lait.*

délicat, délicate adjectif

1 Une chose **délicate** est fine, légère, agréable. *Le muguet a un parfum* ***délicat****.*

2 Une santé **délicate** est fragile.

délice nom masculin

Un **délice** est une chose très bonne à manger ou à boire. *Ce gâteau au chocolat est un* ***délice****.* Synonyme : régal.
● Mot de la même famille : délicieux.

A B C D E F G H I J K L M N O P Q R S T U V W X Y Z

délicieux, délicieuse adjectif

Un aliment, un repas **délicieux** est très bon. *Nous avons mangé une tarte **délicieuse**.* Synonyme : excellent. Contraire : infect.

délirer verbe

Délirer, c'est dire des mots qui n'ont aucun sens. *Le malade a beaucoup de fièvre et il **délire**.*

délivrer verbe

Délivrer une personne, c'est la remettre en liberté. *Les otages **ont été délivrés**.* Synonymes : libérer, relâcher.

deltaplane nom masculin

Un **deltaplane** est une sorte de petit avion très léger et sans moteur. *On se suspend sous le **deltaplane** pour planer dans l'air.*

un **deltaplane**

déluge nom masculin

Un **déluge** est une pluie très forte, très violente. *L'orage s'est transformé en **déluge**.*

demain adverbe

Demain, c'est le jour qui suit aujourd'hui. *Aujourd'hui, nous sommes lundi, **demain** nous serons mardi.*

→ Cherche lendemain.

demander verbe

1 **Demander** quelque chose, c'est chercher à savoir, poser une question. *Kien m'**a demandé** si je voulais dormir chez lui.*

2 **Demander** une chose, c'est dire qu'on voudrait l'avoir. *Léo **a demandé** un baladeur pour son anniversaire.*

démangeaison nom féminin

Une **démangeaison** est une sensation désagréable qui donne envie de se gratter. *Les piqûres de moustiques provoquent des **démangeaisons**.*

Il y a un *e* après le *g*.

démanger verbe

Démanger, c'est causer une démangeaison, donner envie de se gratter. *Léo a la varicelle et ses boutons le **démangent**.*

● Mot de la même famille : démangeaison.

démarche nom féminin

La **démarche** d'une personne, c'est sa façon de marcher. *Lucas imite bien la **démarche** de Charlot.*

démarrage nom masculin

Le **démarrage**, c'est l'action de démarrer, de commencer à rouler. *Anaïs a attaché sa ceinture avant le **démarrage**.*

Il y a deux *r*.

démarrer verbe

Faire **démarrer** un véhicule, c'est mettre le moteur en marche et commencer à rouler. *Papi n'arrive pas à faire **démarrer** la voiture.*

Il y a deux *r*.
● Mot de la même famille : **démarrage**.

démasquer verbe
Démasquer une personne, c'est découvrir son identité. *La police **a démasqué** le voleur.*

démêler verbe
Démêler des cheveux, c'est les remettre en ordre. *Clara **démêle** ses cheveux avec une brosse.* **Contraire : emmêler.**

Le deuxième *e* prend un accent circonflexe.

déménagement nom masculin
Le **déménagement**, c'est l'action de déménager, de quitter son logement. *Nos voisins ont besoin de cartons pour leur **déménagement**.*

déménager verbe
Déménager, c'est quitter son logement en emportant ses meubles, ses affaires pour aller habiter ailleurs.
● Mots de la même famille : **déménagement, déménageur**.

Ils **déménagent** le canapé.

déménageur nom masculin
Un **déménageur** est une personne qui transporte les meubles et les affaires des gens qui déménagent. C'est un nom de métier.

demeure nom féminin
Une **demeure** est une grande maison. *Dans « Aladin et la lampe merveilleuse », Aladin conduit la princesse dans sa nouvelle **demeure**.*

demeurer verbe
Demeurer est un mot ancien qui signifie « habiter » ou « rester ». *Autrefois, nous **avons demeuré** dans cette rue. Elle **est demeurée** immobile pendant une heure.*
● Mot de la même famille : **demeure**.

demi, demie adjectif
Demi désigne la moitié de quelque chose. *J'ai acheté une **demi**-baguette. Rachid sort de l'école à cinq heures et **demie**. Marion a quatre ans et **demi**.*

demi-finale nom féminin
La **demi-finale** d'une compétition est le match qui précède la finale. *Notre équipe a été battue en **demi-finale**.*

Ce mot a un trait d'union. Au pluriel, on écrit *des demi-finales*.

demi-frère nom masculin
Un **demi-frère** n'a pas le même père ou la même mère que les autres enfants de la famille.

Ce mot a un trait d'union. Au pluriel, on écrit *des demi-frères*.

demi-heure nom féminin
Une **demi-heure** est la moitié d'une heure.

Ce mot a un trait d'union. Au pluriel, on écrit *des demi-heures*.

A B C D E F G H I J K L M N O P Q R S T U V W X Y Z

demi-sœur **nom féminin**
Une **demi-sœur** n'a pas le même père ou la même mère que les autres enfants de la famille.

Ce mot a un trait d'union. Au pluriel, on écrit *des demi-sœurs*.

démissionner **verbe**
Démissionner, c'est quitter volontairement son emploi.
→ Cherche licencier.

demi-tour **nom masculin**
Faire demi-tour, c'est se retourner pour partir en sens inverse. *Nous **avons fait** **demi-tour** car nous étions perdus.*

Ce mot a un trait d'union. Au pluriel, on écrit *des demi-tours*.

démodé, démodée **adjectif**
Une chose **démodée** n'est plus à la mode. *Ces vêtements sont **démodés**.*

demoiselle **nom féminin**
1 Une **demoiselle** est une jeune fille.
2 Une **demoiselle d'honneur** est une jeune fille qui accompagne une mariée.
→ Cherche dame.

démolir **verbe**
Démolir une construction, c'est l'abattre. *On **a démoli** les vieux immeubles de notre quartier.* Synonyme : détruire. Contraires : bâtir, construire.
● Mot de la même famille : démolition.

démolition **nom féminin**
La **démolition**, c'est l'action de démolir, de détruire une construction. *On a commencé la **démolition** d'un vieil immeuble.* Synonyme : destruction. Contraire : construction.

démonstratif **adjectif masculin**
Un adjectif **démonstratif** est un déterminant qui désigne un être ou une chose que l'on montre. *Les adjectifs **démonstratifs** sont « ce », « cet », « cette » et « ces ».*

démonter **verbe**
Démonter un objet, c'est défaire une à une toutes ses parties. *Alexandre **a démonté** le réveil pour essayer de le réparer.* Contraires : monter, remonter.

démouler **verbe**
Démouler une glace, un gâteau, c'est les retirer d'un moule. *Pauline **démoule** la tarte pour la mettre sur un plat.*

On **démolit** la petite maison.

dénombrer **verbe**
Dénombrer des êtres, des choses, c'est les compter. *Nicolas **a dénombré** quinze nouveaux élèves dans l'école.*

dénoncer **verbe**
Dénoncer une personne, c'est donner son nom à ceux qui veulent la punir. *Le voleur **a dénoncé** ses complices à la police.*

dent **nom féminin**
1 Les **dents** sont plantées dans les mâchoires. Elles sont en ivoire et elles servent à mâcher et à croquer. *Un enfant a vingt **dents** et un adulte en*

*a trente-deux. Paul se brosse les **dents** après les repas.*

❷ Les **dents** de certains objets sont leurs parties pointues. *Les fourchettes, les peignes, les scies ont des **dents**.*

● Mots de la même famille : **dentaire, dentifrice, dentiste**.

dentaire **adjectif**

Un **appareil dentaire** est un objet qui sert à redresser les dents.

dentelle **nom féminin**

La **dentelle** est un tissu très léger avec des sortes de petits trous qui forment des dessins. *La mariée portait une robe de **dentelle**.*

dentifrice **nom masculin**

Le **dentifrice** est une pâte qui sert à nettoyer les dents.

dentiste **nom masculin et nom féminin**

Un **dentiste**, une **dentiste** sont des personnes qui soignent les dents. C'est un nom de métier. *Simon a une carie, il doit aller chez le **dentiste**.*

déodorant **nom masculin**

Un **déodorant** est un produit de toilette qui sert à supprimer les odeurs de transpiration.

dépannage **nom masculin**

Le **dépannage**, c'est l'action de dépanner, de remettre en marche. *Un garagiste s'est occupé du **dépannage** de notre voiture.*

Il y a deux *n*.

dépanner **verbe**

Dépanner un appareil, un véhicule, c'est le réparer quand il est en panne. *Un mécanicien a **dépanné** l'ascenseur.*

Il y a deux *n*.

● Mots de la même famille : **dépannage, dépanneuse**.

dépanneuse **nom féminin**

Une **dépanneuse** est un petit camion qui peut tirer une voiture en panne. *La **dépanneuse** a remorqué notre voiture jusqu'au garage.*

Il y a deux *n*.

La **dépanneuse** charge une voiture.

dépareillé, dépareillée **adjectif**

Des objets **dépareillés** ne sont pas pareils ou ne forment pas une série complète. *Léo a mis des chaussettes **dépareillées**, l'une jaune, l'autre verte.* Contraire : **assorti**.

départ **nom masculin**

Le **départ**, c'est le moment où une personne part, où un véhicule part. *Les coureurs ont pris le **départ**. Le **départ** de l'avion est prévu à dix heures.* Contraire : **arrivée**.

départager **verbe**

Départager deux concurrents qui sont à égalité, c'est désigner le vainqueur par une épreuve supplémentaire. *On a rejoué une partie pour **départager** les deux équipes.*

A B C D E F G H I J K L M N O P Q R S T U V W X Y Z

département **nom masculin**
Un **département** est une partie de la France. *Il y a 100* ***départements*** *en France. Solène habite à Cahors, dans le* ***département*** *du Lot.*

dépasser **verbe**
① **Dépasser** une personne, un véhicule, c'est passer devant. *La voiture a accéléré pour* ***dépasser*** *un camion.* Synonyme : doubler.
② **Dépasser**, c'est être plus haut, plus grand, plus long qu'un autre. *Natacha* ***dépasse*** *Kien de cinq centimètres.*

Julie **a dépassé** Thomas.

dépaysé, dépaysée **adjectif**
Être **dépaysé**, c'est être un peu perdu et mal à l'aise lorsqu'on a changé de pays ou d'endroit. *Zoé va s'habituer à sa nouvelle école, mais pour l'instant elle est* ***dépaysée****.*

se **dépêcher** **verbe**
Se dépêcher, c'est faire vite. ***Dépêche-toi****, sinon nous allons être en retard.* Synonyme : se presser.
Le deuxième e prend un accent circonflexe.

dépendre **verbe**
Quand une chose **dépend** d'une autre, les deux choses sont liées. *Nous ne savons pas si nous irons pique-niquer dimanche, cela* ***dépendra*** *du temps.*

dépense **nom féminin**
Une **dépense** est une somme à payer. *L'achat de la nourriture est une* ***dépense*** *nécessaire.*

dépenser **verbe**
① **Dépenser** de l'argent, c'est l'employer pour acheter une chose. *Mes parents* ***ont dépensé*** *beaucoup d'argent pour acheter un appartement.* Contraire : économiser.
② **Se dépenser**, c'est faire de grands efforts physiques. *Les enfants ont besoin de* ***se dépenser****.*
● Mot de la même famille : dépense.

déplacement **nom masculin**
Le **déplacement**, c'est l'action de se déplacer. *Le télescope permet d'observer le* ***déplacement*** *des étoiles dans le ciel.* Synonyme : mouvement.

déplacer **verbe**
① **Déplacer** des objets, c'est les changer de place. *Nous* ***déplaçons*** *les chaises dans la classe.*
② **Se déplacer**, c'est aller d'un endroit à un autre. *Paul* ***se déplace*** *à pied.*
● Mot de la même famille : déplacement.

déplaire **verbe**
Déplaire à quelqu'un, c'est ne pas lui plaire, ne pas lui convenir. *Cette B. D. m'****a déplu****.* Contraire : plaire.

déplier **verbe**
Déplier, c'est ouvrir une chose qui était pliée. *Maman* ***déplie*** *les draps.* Contraires : plier, replier.

déposer verbe

Déposer, c'est poser ce que l'on portait. *Le voyageur **a déposé** sa valise à l'hôtel.*

déprimé, déprimée adjectif

Être **déprimé**, c'est être triste et découragé, ne plus avoir de goût à rien.

depuis préposition

Depuis signifie : à partir de. *Le soleil brille **depuis** deux jours.*

député nom masculin
députée nom féminin

Un **député**, une **députée** sont des personnes élues par les citoyens. *En France, les **députés** votent les lois à l'Assemblée nationale.*

déraillement nom masculin

Un **déraillement** est un accident qui a fait sortir le train des rails.

dérailler verbe

Quand un train **déraille**, il sort des rails au cours d'un accident.

● Mot de la même famille : déraillement.

déranger verbe

1 **Déranger** des objets, c'est les mettre en désordre. *Quelqu'un **a dérangé** mes affaires.* Contraire : ranger.

2 **Déranger** une personne, c'est la gêner dans ses occupations. *Si je vous **dérange**, je reviendrai demain.*

déraper verbe

Déraper, c'est glisser sur le sol. *À vélo, Rémi **a dérapé** sur le gravier.*

dernier, dernière adjectif

1 Être **dernier**, c'est venir après les autres. *Ma sœur est **dernière** en sport. Le 31 décembre est le **dernier** jour de l'année.* Contraire : premier.

2 L'année **dernière**, c'est l'année qui était juste avant l'année où nous sommes. *Léo et Chloé étaient dans la même classe l'année **dernière**.* Synonyme : précédent. Contraires : prochain, suivant.

Le **dernier** coureur est habillé en rouge.

déroulement nom masculin

Le **déroulement**, c'est la manière de se dérouler, de se passer. *Thomas nous a raconté le **déroulement** du match.*

dérouler verbe

1 **Dérouler**, c'est défaire ce qui était enroulé. *Anaïs **a déroulé** la pelote de laine.* Contraire : enrouler.

2 **Se dérouler**, c'est avoir lieu. *L'histoire **se déroule** dans un château.* Synonyme : se passer.

● Mot de la même famille : déroulement.

1. derrière préposition

Derrière une chose, c'est dans la partie opposée au devant. *Le jardin se trouve **derrière** la maison.* Contraire : devant.

a b c d e f g h i j k l m n o p q r s t u v w x y z

A B C D E F G H I J K L M N O P Q R S T U V W X Y Z

2. derrière **adverbe**

Derrière signifie : à l'arrière. *En voiture, les enfants doivent monter* ***derrière***.
Contraire : devant.

Le chat s'est caché **derrière** la porte.

3. derrière **nom masculin**

❶ Le **derrière** est la partie située derrière. *La porte de* ***derrière*** *est ouverte.*

❷ Le **derrière**, c'est les fesses. *Léa est tombée sur le* ***derrière***.

des **article pluriel**

Des est un déterminant qui se place devant un nom pluriel : ***des*** *garçons,* ***des*** *filles.*

Des est le pluriel de « un » et de « une ».

dès **préposition**

❶ **Dès** signifie : à partir de. *La boulangerie est ouverte* ***dès*** *sept heures.*

❷ **Dès que** signifie : à partir du moment où. *Elle a couru vers lui* ***dès qu'****elle l'a aperçu.*

désagréable **adjectif**

❶ Une chose **désagréable** est une chose qui déplaît. *L'odeur du tabac est* ***désagréable***. Contraire : agréable.

❷ Une personne **désagréable** est une personne qui n'est pas agréable. Synonyme : antipathique. Contraires : aimable, charmant, sympathique.

désaltérer **verbe**

Désaltérer, c'est calmer la soif. *L'eau est une boisson qui* ***désaltère***.

Les lions **se désaltèrent**.

désastre **nom masculin**

Un **désastre** est un grand malheur qui provoque des dégâts. *La sécheresse est un* ***désastre*** *pour les agriculteurs.*
Synonyme : catastrophe.

descendre **verbe**

❶ **Descendre**, c'est aller en bas. *Paul* ***est descendu*** *à la cave.*
Contraire : monter.

❷ **Descendre** une chose, c'est la porter en bas. *Thomas* ***a descendu*** *la poubelle.* Contraire : monter.

Il y a un *c* après le *s*.

● Mot de la même famille : descente.

descente **nom féminin**

❶ La **descente**, c'est l'action de descendre. *L'avion a commencé sa* ***descente***.

❷ Une **descente**, c'est la partie d'une route qui descend. *La voiture freine* *dans la* ***descente****.* **Contraires : côte, montée.**

Il y a un *c* après le *s*.

→ Cherche **pente**.

description **nom féminin**
La **description**, c'est l'action de décrire. *Rémi nous a fait la* ***description*** *de sa maison.*

1. désert, déserte **adjectif**
Un endroit **désert** est un endroit où il n'y a presque personne. *Le soir, les rues sont* ***désertes****.*

2. désert **nom masculin**
Un **désert** est une région très sèche faite de sable et de pierres, où il ne pousse presque rien.
→ Cherche **dune** et **oasis**.

Une caravane traverse le **désert**.

désespéré, désespérée **adjectif**
Être **désespéré**, c'est être très malheureux, ne plus avoir d'espoir. *Camille est* ***désespérée*** *parce que son chat est très malade.*
● Mot de la même famille : **désespoir**.

désespoir **nom masculin**
Le **désespoir** est une grande tristesse que l'on ressent quand on n'a plus l'espoir que les choses s'arrangent. *L'agriculteur regardait ses champs inondés avec* ***désespoir****.* **Contraire : espoir.**

se déshabiller **verbe**
Se déshabiller, c'est enlever ses vêtements. *Mon petit frère* ***se déshabille*** *tout seul.* **Contraire : s'habiller.**

désherber **verbe**
Désherber, c'est arracher les mauvaises herbes. *Le jardinier* ***désherbe*** *les allées du jardin.*

se déshydrater **verbe**
Se déshydrater, c'est perdre l'eau qu'on a dans le corps. *Quand il fait très chaud, il faut donner beaucoup à boire aux bébés car ils* ***se déshydratent*** *vite.*

Ce mot s'écrit avec un *h* et un *y*.

désigner **verbe**
1 **Désigner** une chose, c'est la montrer. *Sur un plan, peux-tu* ***désigner*** *la rue où tu habites ?* **Synonyme : indiquer.**
2 **Désigner** une personne, c'est la choisir pour faire quelque chose. *Le directeur* ***a désigné*** *son successeur.*

désinfecter **verbe**
Désinfecter une plaie, c'est la nettoyer avec un produit qui détruit les microbes.

désir **nom masculin**
Un **désir** est une envie très forte. *Aller à la mer, c'est le seul* ***désir*** *de Laura.*
Synonyme : souhait.

désirer **verbe**
Désirer une chose, c'est en avoir envie. *Grand-père* ***désire*** *réunir toute la famille pour son anniversaire.*
Synonyme : souhaiter.
● Mot de la même famille : **désir**.

A B C D E F G H I J K L M N O P Q R S T U V W X Y Z

désobéir verbe
Désobéir à une personne, c'est refuser de faire ce qu'elle a demandé, ou faire ce qu'elle a défendu. *David* ***a désobéi*** *à ses parents.* Contraire : obéir.
● Mot de la même famille : désobéissant.

désobéissant, désobéissante adjectif
Un enfant **désobéissant** n'obéit pas. *La maîtresse a puni les élèves* ***désobéissants***. Contraire : obéissant.

désolé, désolée adjectif
Être **désolé**, c'est être triste, contrarié. *Maman est* ***désolée*** *de ne pas pouvoir aller à la fête de l'école.* Contraires : enchanté, ravi.

désordonné, désordonnée adjectif
Une personne **désordonnée** n'a pas d'ordre, vit dans le désordre. *Pierre ne retrouve jamais rien parce qu'il est* ***désordonné***. Contraire : ordonné.
Il y a deux *n*.

désordre nom masculin
Le **désordre** est le manque d'ordre. *Ta chambre est en* ***désordre***. Contraire : ordre.
● Mot de la même famille : désordonné.

Oh ! quel **désordre** !

désormais adverbe
Désormais signifie : à partir de maintenant. ***Désormais****, mon petit frère pourra nager sans ses bouées.* Synonyme : dorénavant.

desserrer verbe
Desserrer une chose, c'est la rendre moins serrée. *Raphaël* ***a desserré*** *sa ceinture.* Contraire : serrer.
Il y a deux *s* et deux *r*.

dessert nom masculin
Un **dessert** est un aliment ou un plat sucré que l'on mange à la fin du repas. *Pour le* ***dessert****, nous avons le choix entre une tarte et une glace.*

dessin nom masculin
Un **dessin** est une image tracée sur un papier. *Solène a fait un* ***dessin*** *de sa maison.*
→ Cherche animé.

Hugo a terminé son **dessin**.

dessinateur nom masculin
dessinatrice nom féminin
Un **dessinateur**, une **dessinatrice** sont des personnes qui font des dessins. C'est un nom de métier. *Mon oncle est* ***dessinateur*** *de bandes dessinées.*

dessiner verbe

Dessiner, c'est tracer un dessin, représenter un être vivant ou une chose. *Rachid **a dessiné** un château fort.*
● Mots de la même famille : dessin, dessinateur.

1. dessous adverbe

Dessous signifie : sous quelque chose. *Le crayon n'est pas sur la table, regarde **dessous** !* Contraire : dessus.

2. dessous nom masculin

Le **dessous** est la partie qui est sous quelque chose. *Le **dessous** de mes chaussures est usé. Les voisins du **dessous** sont des amis.* Contraire : dessus.

1. dessus adverbe

Dessus signifie : sur quelque chose. *Le banc est mouillé, ne mets pas tes affaires **dessus**.* Contraire : dessous.

Le A est **dessus,** le C est dessous.

2. dessus nom masculin

Le **dessus** est la partie qui est sur quelque chose. *Le **dessus** de la table est verni. Les voisins du **dessus** sont rentrés.* Contraire : dessous.

destinataire nom masculin et nom féminin

Un **destinataire** est une personne à qui l'on envoie une lettre, une carte ou un colis. Contraire : expéditeur.

destination nom féminin

La **destination**, c'est l'endroit où l'on va, où l'on envoie quelque chose. *L'avion à **destination** de Bruxelles va décoller.*

destruction nom féminin

La **destruction**, c'est l'action de détruire. *Nous avons assisté à la **destruction** d'une vieille maison.* Synonyme : démolition.

détacher verbe

1 **Détacher** une chose, un être, c'est défaire ce qui les attachait. *J'**ai détaché** le chien pour le faire courir.* Contraire : attacher.

2 **Détacher** un vêtement, c'est faire disparaître ses taches. Contraire : tacher.

détail nom masculin

Un **détail** est un fait peu important. *Pierre voulait connaître tous les **détails** de l'histoire.*

détaler verbe

Détaler, c'est se sauver. *Au moindre bruit, les écureuils **détalent**.* Synonyme : s'enfuir.

détective nom masculin et nom féminin

Un **détective**, une **détective** sont des personnes qui font des enquêtes mais qui ne sont pas des policiers. C'est un nom de métier. *Le **détective** a retrouvé le voleur de bijoux.*

déteindre verbe

Quand un vêtement **déteint**, il perd un peu de sa couleur. *Mon tee-shirt **a déteint** au lavage.*

A B C D E F G H I J K L M N O P Q R S T U V W X Y Z

se détendre verbe
Se détendre, c'est se reposer après un effort. *Je vais prendre un bain pour **me détendre**.*

déterminant nom masculin
Un **déterminant** est un petit mot qui accompagne un nom commun. « *Un, une, des* », « *le, la, les* », « *ce, cette, ces* », « *mon, ma, mes* » *sont des **déterminants**.*
➜ Cherche article.

déterminer verbe
Déterminer quelque chose, c'est l'indiquer avec précision. *Dans un exercice, nous devions **déterminer** les obstacles à franchir sur un parcours.*
● Mot de la même famille : déterminant.

déterrer verbe
Déterrer un objet, c'est le sortir de terre. *Le chien **déterre** un os.*
Contraire : enterrer.
Il y a deux *r*, comme dans « terre ».

Sam **a déterré** son os.

détester verbe
Détester un être ou une chose, c'est ne pas les aimer du tout, les avoir en horreur. *Léa **déteste** les araignées.*
Contraires : adorer, aimer.

détonation nom féminin
Une **détonation** est un bruit de coup de feu, d'explosion. *Les chasseurs ne doivent pas être loin, on entend des **détonations**.*

détour nom masculin
Faire un **détour**, c'est s'écarter du chemin direct. *Nous avons fait un **détour** pour rentrer de l'école.*

détruire verbe
Détruire une construction, c'est l'abattre, la réduire en un tas de pierres. *Un tremblement de terre **a détruit** le village.* Synonymes : démolir, dévaster.
Contraire : construire.
● Mot de la même famille : destruction.

La vague va **détruire** le château.

dette nom féminin
Une **dette** est une somme d'argent que l'on doit à quelqu'un. *Monsieur Bertin rembourse ses **dettes** petit à petit.*

deuil nom masculin
Être en **deuil**, c'est être dans la tristesse quand une personne de sa famille est morte. *En Asie, on porte des vêtements blancs quand on est en **deuil**.*

dévaler verbe
Dévaler un escalier, c'est le descendre très vite. *Alexis **dévale** l'escalier pour ouvrir la porte à son ami.*

dévaliser verbe
Dévaliser une personne, un magasin, c'est voler tout ce qu'ils possèdent. *Des cambrioleurs **ont dévalisé** une bijouterie.*

1. devant préposition
Devant une chose, c'est dans la partie située en avant. *La terrasse se trouve **devant** la maison.* Contraire : derrière.

2. devant adverbe
Devant signifie : à l'avant. *Pour prendre la photo, on a mis les petits **devant**.*
Contraire : derrière.

3. devant nom masculin
Le **devant** est la partie située devant. *Le **devant** de la voiture est abîmé.*
Contraires : arrière, derrière.

dévaster verbe
Dévaster un endroit, c'est le détruire, provoquer de gros dégâts. *La tempête **a dévasté** les récoltes.*

développement nom masculin
Le **développement**, c'est le fait de se développer, de grandir. *Un enfant en plein **développement** a besoin de vitamines et de laitages.*
Synonyme : croissance.

développer verbe
❶ **Développer** un être vivant, c'est le rendre plus gros, plus grand, plus fort. *La gymnastique **développe** les muscles. Le bambou est une plante qui **se développe** très vite.*
❷ **Développer** une pellicule de photos, c'est faire apparaître les images qui sont sur la pellicule et obtenir des photos.
Il y a un *l* et deux *p*.

devenir verbe
Devenir, c'est commencer à être. *Mathilde **est devenue** raisonnable. Le têtard **deviendra** une grenouille.*

deviner verbe
Deviner, c'est trouver la réponse à une question. ***Devine** qui j'ai rencontré !*
● Mot de la même famille : devinette.

J'**ai deviné** ce que tu m'as offert.

devinette nom féminin
Une **devinette** est une question amusante que l'on pose à quelqu'un. *Voici une **devinette** : Quel est le pain qui est blanc d'un côté et noir de l'autre ? (réponse : le pingouin).*
→ Cherche charade.

devise nom féminin
Une **devise** est une règle de conduite, un idéal. *« Liberté, Égalité, Fraternité » est la **devise** de la République française.*

dévisser verbe
Dévisser, c'est défaire ce qui est vissé. *Marion **dévisse** le bouchon du tube.*
Contraire : visser.

1. devoir verbe

① **Devoir**, c'est être obligé de faire quelque chose. *Demain, Kien **doit** se lever tôt. Nous **avons dû** annuler notre voyage.*

② Il **doit**..., elle **doit**... indique une possibilité. *À cette heure-ci, Pauline **doit** être couchée.*

③ **Devoir** de l'argent à quelqu'un, c'est avoir à le payer, à le rembourser. *Je **dois** deux euros à Julien.*

➜ Cherche dû.

2. devoir nom masculin

① Un **devoir** est une chose que l'on doit faire. *Voter fait partie des **devoirs** d'un citoyen.*

② Un **devoir** est un travail écrit que les élèves doivent faire à la maison.

dévorer verbe

① **Dévorer** une proie, c'est la manger en la déchirant avec ses dents. *Le lion **a dévoré** une gazelle.*

② **Dévorer** un aliment, c'est le manger vite, avec beaucoup d'appétit. *Paul **a dévoré** une tablette de chocolat.*

③ **Dévorer** un livre, c'est le lire avec beaucoup d'intérêt et très rapidement.

Zoé et Théo sont prêts à **dévorer** le gâteau !

diable nom masculin

① Pour les chrétiens, le **diable** représente le mal et s'oppose à Dieu. *On représente le **diable** en enfer.*

② On dit qu'un enfant est un **diable** quand il est turbulent et malicieux.

Contraire : ange.

diadème nom masculin

Un **diadème** est une couronne que les reines portaient très haut sur le front. *La statue de la Liberté, à New York, porte un **diadème** à sept pointes.*

diagnostic nom masculin

Faire un **diagnostic**, c'est dire quelle maladie a une personne après l'avoir examinée. *Le médecin a fait son **diagnostic** : Léo a les oreillons.*

diagonale nom féminin

Dans un carré ou un rectangle, une **diagonale** est une ligne droite qui joint les deux sommets opposés.

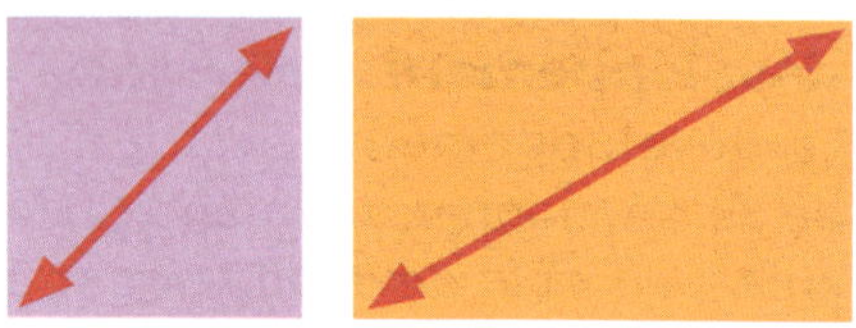

la **diagonale** d'un carré et la **diagonale** d'un rectangle

dialogue nom masculin

Un **dialogue** est une conversation entre deux personnes.

diamant nom masculin

Un **diamant** est une pierre précieuse très brillante et transparente. *La reine portait une couronne de **diamants**.*

▶ Le diamant est la plus recherchée des pierres précieuses.

diapositive **nom féminin**
Une **diapositive** est une photographie que l'on passe sur un écran avec un projecteur.

diarrhée **nom féminin**
Avoir la **diarrhée**, c'est vider son intestin très souvent.

🔍 Il y a deux *r* et un *h*.
➜ Cherche **constipé**.

dictée **nom féminin**
Une **dictée** est un exercice d'orthographe que l'on fait à l'école. Les élèves doivent écrire un texte que leur professeur lit à haute voix.

dicter **verbe**
Dicter un texte, c'est dire les mots à une personne qui les écrit. *La directrice **a dicté** une lettre à sa secrétaire.*
● Mot de la même famille : **dictée**.

dictionnaire **nom masculin**
Un **dictionnaire** est un livre qui présente des mots classés dans l'ordre alphabétique. Il donne l'orthographe et la signification des mots.
▶ Les informations que l'on donne sur chaque mot sont réunies dans un texte appelé **article**.

🔍 Il y a deux *n*. On écrit *ti* mais on prononce [si].

dieu **nom masculin**
déesse **nom féminin**
① Les chrétiens, les juifs et les musulmans croient en un seul **Dieu**, un être qui a créé le monde et qui est éternel. *On représente **Dieu** au paradis.*
② Les **dieux** et les **déesses** sont des êtres supérieurs aux pouvoirs magiques. *Les Grecs et les Romains avaient des **dieux** et des **déesses**.*

🔍 Au pluriel, on écrit *des dieux, des déesses.*

différence **nom féminin**
① Une **différence**, c'est ce qui fait que deux êtres ou deux choses ne sont pas pareils. *Je ne vois pas la **différence** entre ces deux consoles de jeux.*
Contraire : **ressemblance.**
② Une **différence** est un écart entre deux nombres. *La **différence** entre 7 et 4, c'est 3.*
● Mot de la même famille : **différent**.

différent, différente **adjectif**
① Deux êtres **différents**, deux choses **différentes** ne se ressemblent pas. *Notre maison est **différente** de la vôtre.*
Contraires : **identique, pareil, semblable.**
② **Différents** objets, **différentes** personnes, ce sont plusieurs objets, plusieurs personnes. *Paul a visité **différents** monuments.*

difficile **adjectif**
Une chose **difficile** ne se fait pas facilement ou ne se comprend pas facilement. *Ce problème est **difficile**.*
Synonymes : **compliqué, dur.**
Contraires : **facile, simple.**
● Mot de la même famille : **difficulté**.

C'est **difficile** de jongler avec quatre balles !

A B C D E F G H I J K L M N O P Q R S T U V W X Y Z

difficulté nom féminin

❶ La **difficulté**, c'est le fait d'être difficile. *Elle se fait comprendre avec **difficulté**.* Contraire : facilité.

❷ Une **difficulté** est une chose difficile. *Ce problème comporte plusieurs **difficultés**.*

digérer verbe

Digérer, c'est transformer les aliments dans le corps. *Quand nous mâchons bien, nous **digérons** mieux.*

● Mot de la même famille : digestion.

digestion nom féminin

La **digestion** est la transformation des aliments dans l'estomac et l'intestin.

▶ Pendant la digestion, une partie de ce que nous avons mangé va dans le sang, le reste est rejeté.

digue nom féminin

Une **digue** est un long mur construit pour arrêter les eaux d'un fleuve ou de la mer. Synonyme : jetée.

Ils se promènent sur la **digue**.

diligence nom féminin

Une **diligence** est une voiture tirée par des chevaux. *Autrefois, on voyageait en **diligence**.*

dimanche nom masculin

Le **dimanche** est le septième et le dernier jour de la semaine. Il vient après le samedi. *Le **dimanche** est un jour de repos.*

☛ Va voir « le calendrier », page 111.

dimension nom féminin

Les **dimensions** d'une chose sont sa longueur, sa largeur et sa hauteur. *Quelles sont les **dimensions** de cette pièce ?* Synonyme : mesure.

diminuer verbe

❶ **Diminuer**, c'est être moins important ou d'un prix moins élevé. *La température a **diminué**.* Synonyme : baisser. Contraire : augmenter.

❷ **Diminuer**, c'est devenir plus court. *À partir de juillet, les jours **diminuent**.* Synonyme : raccourcir. Contraire : rallonger.

● Mots de la même famille : diminutif, diminution.

diminutif nom masculin

Un **diminutif** est un petit nom qui est formé à partir du prénom d'une personne et qui est plus court. *Le **diminutif** de Nicolas est Nico.*

diminution nom féminin

Une **diminution**, c'est le fait de diminuer. *La limitation de la vitesse a entraîné une **diminution** des accidents de la circulation.* Synonyme : baisse. Contraire : augmentation.

des **dindons**

dinde **nom féminin**

Une **dinde** est un gros oiseau de basse-cour.

▶ C'est une volaille. Le mâle est le dindon, le petit le **dindonneau**. Quand la dinde crie, on dit qu'elle **glougloute**.

dindon **nom masculin**

Un **dindon** est un gros oiseau de basse-cour qui a des plumes noires, blanches ou rousses. Sa tête et son cou sont recouverts d'une peau rouge plissée.

▶ C'est une volaille. La femelle est la dinde, le petit, le **dindonneau**. Quand le dindon crie, on dit qu'il **glougloute**. Il peut dresser les plumes de sa queue, comme le paon.

1. dîner **verbe**

Dîner, c'est prendre le repas du soir. *Nous **dînons** vers 20 heures.*

🔍 La nouvelle orthographe permet d'écrire aussi *diner,* sans accent circonflexe.

● Mot de la même famille : **dînette**.

2. dîner **nom masculin**

Le **dîner** est le repas du soir. *Ma mère mange légèrement au **dîner**.*

🔍 La nouvelle orthographe permet d'écrire aussi *diner,* sans accent circonflexe.

dînette **nom féminin**

Une **dînette** est de la vaisselle en miniature que l'on utilise pour jouer. *Chloé a sorti sa **dînette**.*

🔍 La nouvelle orthographe permet d'écrire aussi *dinette,* sans accent circonflexe.

dinosaure **nom masculin**

Un **dinosaure** est un animal préhistorique qui vivait sur la Terre il y a plusieurs millions d'années, bien avant les premiers êtres humains. C'est un énorme reptile qui pondait des œufs avec une coquille très dure.

▶ Certains dinosaures étaient carnivores, d'autres herbivores.

➜ Cherche **diplodocus** et **tyrannosaure**.

diplodocus **nom masculin**

Un **diplodocus** est un animal préhistorique de la famille des dinosaures.

▶ Le diplodocus était herbivore.

🔍 Ce mot se termine par un *s* qu'on prononce.

dire **verbe**

① **Dire**, c'est faire savoir par la parole. *Papa m'**a dit** d'aller me coucher.*

② **Vouloir dire**, c'est avoir telle signification. *Que **veut dire** le mot « potion » ?* **Synonyme : signifier.**

③ **On dirait que** signifie : on a l'impression que. ***On dirait qu**'il va pleuvoir.*

direct, directe **adjectif**

① Un chemin **direct** va en ligne droite, sans faire de détours. *Quel est le chemin **direct** pour aller à la piscine ?*

② Un train **direct** ne s'arrête pas. *On a pris un train **direct** pour aller à Lille.*

● Mot de la même famille : **directement**.

un **diplodocus**

A B C D E F G H I J K L M N O P Q R S T U V W X Y Z

directement adverbe
Directement signifie : sans faire de détours ou sans s'arrêter. *Raphaël est rentré **directement** chez lui.*

directeur nom masculin
directrice nom féminin
Un **directeur**, une **directrice** sont des personnes qui dirigent un magasin, une école, une entreprise. C'est un nom de métier.

direction nom féminin
1 La **direction** est le sens que l'on prend. *Dans quelle **direction** allez-vous ?*
2 Prendre la **direction** d'une entreprise, c'est la diriger, donner les ordres.

diriger verbe
1 **Diriger** une entreprise, une école, un magasin, c'est être le responsable, le chef. *Mon oncle **dirige** un club de judo.*
2 **Se diriger** vers un lieu, c'est aller vers ce lieu. *Les spectateurs **se dirigeaient** vers la sortie du cinéma.*
● Mots de la même famille : directeur, direction.

discipline nom féminin
La **discipline**, c'est le règlement qu'il faut suivre pour éviter le désordre dans un groupe. *La **discipline** militaire est très dure.*
Il y a un *c* après le *s*.
● Mot de la même famille : discipliné.

discipliné, disciplinée adjectif
Être **discipliné**, c'est respecter la discipline, le règlement. Synonyme : sage. Contraires : dissipé, indiscipliné.
Il y a un *c* après le *s*.

discours nom masculin
Faire un **discours**, c'est dire des paroles en public. *La directrice a fait un **discours** aux parents d'élèves.*
Ce mot se termine par un *s*.

discret, discrète adjectif
Une personne **discrète** ne se mêle pas de ce qui ne la regarde pas. Contraires : curieux, indiscret.

discussion nom féminin
Une **discussion** est une conversation où chaque personne donne son avis. Synonyme : débat.

discuter verbe
Discuter, c'est donner son avis, exprimer ses idées. *Mes parents **discutent** avec leurs amis.*
● Mot de la même famille : discussion.

disparaître verbe
Disparaître, c'est ne plus être visible, ne plus être là, ne plus exister. *Le soleil **disparaît** à l'horizon.* Contraire : apparaître. *Notre voisin **a disparu**. On ignore pourquoi les dinosaures **ont disparu**.*
La nouvelle orthographe permet d'écrire aussi *disparaitre*, sans accent circonflexe.
● Mot de la même famille : disparition.

Le soleil **disparaît** à l'horizon.

disparition **nom féminin**

La **disparition**, c'est l'action de disparaître. *Julien est triste depuis la **disparition** de sa tortue.* Contraire : apparition.

dispenser **verbe**

Dispenser une personne de quelque chose, c'est lui permettre de ne pas le faire. *Le médecin **a dispensé** Raphaël de sport.*

disperser **verbe**

Disperser des objets, des personnes, c'est les faire aller de tous les côtés. *Un courant d'air **a dispersé** mes papiers.* Synonyme : éparpiller. Contraire : rassembler. *La foule **s'est dispersée**.* Contraires : se grouper, se rassembler.

disponible **adjectif**

1 Une chose **disponible** est une chose que l'on peut utiliser ou occuper. *Il y a des chambres **disponibles** dans l'hôtel.* Synonyme : libre. Contraire : occupé.

2 Une personne **disponible** n'est pas occupée, a du temps libre.

disposer **verbe**

Disposer des objets, c'est les placer d'une certaine façon. *J'**ai disposé** les chaises en rond.*

dispute **nom féminin**

Une **dispute** est une discussion violente où l'on crie. *Une **dispute** a éclaté dans l'immeuble.*

se **disputer** **verbe**

Se disputer, c'est se dire des paroles méchantes en criant. *Marion et son frère **se disputent** sans arrêt.*

● Mot de la même famille : dispute.

Les enfants **se disputent**.

disqualifier **verbe**

Quand un concurrent **est disqualifié**, il n'a pas le droit de continuer une compétition parce qu'il n'a pas respecté le règlement.

disque **nom masculin**

Un **disque** est un objet rond et plat où sont enregistrés des sons. *Natacha écoute un **disque**.*

● Mot de la même famille : disquette.

➜ Cherche CD et DVD.

disquette **nom féminin**

Une **disquette** est un petit disque que l'on met dans un ordinateur pour enregistrer des textes ou des images et pour les voir sur l'écran.

dissimuler **verbe**

Dissimuler un objet, c'est le cacher au regard des autres.

dissipé, dissipée **adjectif**

Être **dissipé**, c'est manquer d'attention et s'agiter. *Cet élève est **dissipé**, il n'écoute pas et il chahute.* Synonymes : indiscipliné, turbulent. Contraires : discipliné, sage.

A B C D E F G H I J K L M N O P Q R S T U V W X Y Z

distance nom féminin
La **distance**, c'est le nombre de mètres ou de kilomètres qui sépare deux endroits. *Nous avons parcouru une **distance** de 200 km en deux heures et demie.*

La **distance** entre ici et Bruxelles est de 50 km.

distinguer verbe
❶ **Distinguer**, c'est voir ou entendre nettement. *Par beau temps, on **distingue** les montagnes au loin.*
❷ **Distinguer** une chose d'une autre, un être d'un autre, c'est faire la différence entre les deux. *Sais-tu **distinguer** un jaguar d'une panthère ?*

distraction nom féminin
Une **distraction** est une activité que l'on fait pour s'occuper de manière agréable. *Les jeux vidéo sont mes **distractions** préférées.* Synonymes : divertissements, loisirs.

distraire verbe
Distraire une personne, c'est lui faire passer un moment agréable. *L'histoire de Marion m'a bien **distrait**.* Synonymes : amuser, divertir.
● Mots de la même famille : distraction, distrait, distrayant.

distrait, distraite adjectif
Être **distrait**, c'est ne pas faire attention à ce que l'on fait parce qu'on pense à autre chose. *Léo est très **distrait**, il a encore oublié son cahier.* Synonyme : étourdi. Contraire : attentif.

distrayant, distrayante adjectif
Une chose **distrayante** fait passer le temps de manière agréable. *Ce film est **distrayant**.* Contraire : ennuyeux.

distribuer verbe
Distribuer des choses, c'est les donner à plusieurs personnes. *Romain a **distribué** des gâteaux.*
● Mots de la même famille : distributeur, distribution.

Rémi **distribue** les cartes.

distributeur nom masculin
Un **distributeur** est un appareil automatique qui fournit des produits, des tickets de transport ou des billets. *Ma mère a retiré de l'argent au **distributeur**.*

distribution nom féminin
La **distribution**, c'est l'action de distribuer. *En colonie de vacances, chacun attend la **distribution** du courrier.*

divertir verbe
Divertir une personne, c'est la distraire, l'amuser. *Le spectacle de marionnettes nous **a divertis**.*
● Mot de la même famille : divertissement.

divertissement nom masculin
Un **divertissement** est une occupation qui divertit. *La lecture est un bon **divertissement**.* Synonyme : distraction.

diviser verbe
1 **Diviser** une chose, c'est la séparer en plusieurs parties. *On **a divisé** la tarte en six.* Synonyme : partager.
2 **Diviser** un nombre, c'est compter combien de fois un nombre est contenu dans un autre. *Si on **divise** 8 par 2, on obtient 4.* Contraire : multiplier.
● Mot de la même famille : division.

division nom féminin
La **division** est l'opération qui permet de diviser un nombre appelé *dividende* par un autre nombre appelé *diviseur*. *On utilise le signe (:) pour faire une **division**.* Contraire : multiplication.

divorce nom masculin
Le **divorce** est la séparation de deux personnes qui étaient mariées ensemble.
● Mot de la même famille : divorcer.

divorcer verbe
Divorcer, c'est ne plus être marié et ne plus vivre avec une personne. *Mes parents **ont divorcé**.*

dizaine nom féminin
1 Une **dizaine** est un groupe de dix unités. *Dans 37, le chiffre des **dizaines** est 3.*
2 Une **dizaine** est un groupe d'environ dix. *Il y avait une **dizaine** de personnes dans la salle.*

docteur nom masculin
Un **docteur** en médecine est un médecin. *Le **docteur** Colin a soigné ma sœur.*

document nom masculin
Un **document** est un texte, une photo ou un dessin qui renseigne sur quelque chose. *Pour écrire son livre sur les fourmis, l'auteur a consulté de nombreux **documents**.*
● Mot de la même famille : documentaire.

documentaire nom masculin
Un **documentaire** est un film qui fait découvrir la vie des humains, des animaux, des plantes. *À la télévision, j'ai vu un **documentaire** sur la vie des éléphants.*
« Documentaire » est un nom masculin qui se termine par un *e*.

dodu, dodue adjectif
Être **dodu**, c'est être gras et rond. *Ce bébé est **dodu**.* Synonyme : potelé.

doigt nom masculin
Les **doigts** sont les cinq parties allongées qui terminent la main et le pied.
On ne prononce pas le *g* ni le *t*.

les **doigts** de la main

A B C D E F G H I J K L M N O P Q R S T U V W X Y Z

domaine **nom masculin**
① Un **domaine** est une grande propriété à la campagne.
② Un **domaine** est une activité, une science que l'on connaît très bien. *L'électricité, c'est son* ***domaine****.*

1. domestique **adjectif**
Un animal **domestique** est un animal qui vit auprès des humains. *Le chien et le chat sont des animaux* ***domestiques****.* **Synonyme :** familier. **Contraire :** sauvage.

2. domestique **nom masculin et nom féminin**
Un **domestique**, une **domestique** sont des personnes qui s'occupent de la maison d'une famille. C'est un nom de métier.

Aujourd'hui, on dit un *employé de maison*, une *employée de maison*.

domicile **nom masculin**
Le **domicile** d'une personne est l'endroit où elle habite.

dominer **verbe**
① **Dominer**, c'est être situé au-dessus de quelque chose. *Un château* ***domine*** *le village.*
② **Dominer**, c'est être supérieur, plus fort. *Notre équipe* ***a dominé*** *dès le début du match.*

domino **nom masculin**
Un **domino** est un pion rectangulaire qui a des points noirs, de 0 à 6.

Nous jouons aux ***dominos****.*

dommage **nom masculin**
Un **dommage** est une chose que l'on regrette. *Tu ne peux pas venir à la fête ? quel* ***dommage*** *!*

Il y a deux *m*.

dompteur **nom masculin**
dompteuse **nom féminin**
Un **dompteur**, une **dompteuse** sont des personnes qui dressent des animaux sauvages et qui leur font faire des numéros au cirque. C'est un nom de métier. *La* ***dompteuse*** *est entrée dans la cage aux lions.*

Le son [ɔ̃] s'écrit *om* devant un *p*. On ne prononce pas le *p*.

Le numéro du **dompteur** avec ses lions.

don **nom masculin**
① Un **don** est une chose que l'on donne. *Une dame a fait* ***don*** *d'un tableau au musée de la ville.*
② Avoir un **don**, c'est être doué pour un art, avoir toutes les qualités nécessaires. *Sarah a des* ***dons*** *pour la musique.* **Synonyme :** talent.

donc **conjonction**
① **Donc** annonce une conséquence. *Je suis en retard,* ***donc*** *je dois me dépêcher.*
② **Donc** sert à insister. *Viens* ***donc*** *chez nous pour le goûter. Pourquoi* ***donc*** *ris-tu ?*

donjon **nom masculin**

Le **donjon** est la tour la plus haute et la mieux protégée d'un château fort. *Le seigneur habitait dans le* ***donjon****.*

☛ Va voir « le château fort », page 131.

donnée **nom féminin**

Les **données** d'un problème sont les indications que l'on donne dans l'énoncé et qui permettent de trouver la solution.

donner **verbe**

❶ **Donner** une chose à quelqu'un, c'est lui faire un don, un cadeau. *Mathis* ***a donné*** *une cassette à Mathilde.* **Synonyme : offrir.**

❷ **Donner** un renseignement, c'est le dire. *Zohra m'****a donné*** *son adresse.*

❸ Quand un arbre **donne** des fruits, il les produit. *Le pommier* ***a donné*** *beaucoup de pommes.*

❹ **Donner une explication**, c'est expliquer. **Donner une réponse**, c'est répondre.

● Mots de la même famille : don, donnée.

doré, dorée **adjectif**

Un objet **doré** est recouvert d'or ou est de la couleur de l'or. *Le cadre du tableau est* ***doré****. Les cheveux de Clara ont des reflets* ***dorés****.*

dorénavant **adverbe**

Dorénavant signifie : à partir de maintenant. ***Dorénavant****, la bibliothèque sera ouverte jusqu'à 19 heures.* **Synonyme : désormais.**

dorloter **verbe**

Dorloter une personne, c'est s'occuper d'elle avec tendresse, en lui faisant des câlins et en l'embrassant. *La maman* ***dorlote*** *son bébé.* **Synonyme : cajoler.**

dormir **verbe**

❶ **Dormir**, c'est fermer les yeux et plonger dans le sommeil. ***Dors*** *bien pour être en forme demain.*

❷ **Dormir** debout, c'est être très fatigué. *Lucas s'est couché très tard et, ce matin, il* ***dort*** *debout.*

Quand on dort d'un sommeil profond, on dit qu'on **dort comme un loir**.

● Mot de la même famille : dortoir.

dortoir **nom masculin**

Un **dortoir** est une grande salle avec plusieurs lits. *En colonie de vacances, on dort dans des* ***dortoirs****.*

dos **nom masculin**

Le **dos** est la partie du corps qui va des épaules aux fesses. *Marie dort sur le* ***dos****.*

● Mots de la même famille : dossard, dossier.

dose **nom féminin**

La **dose** d'un médicament est la quantité à prendre en une fois.

dossard **nom masculin**

Un **dossard** est un carré de tissu qui a un numéro et qui est fixé sur le dos d'un concurrent.

Les coureuses portent des **dossards**.

a b c d e f g h i j k l m n o p q r s t u v w x y z

A B C D E F G H I J K L M N O P Q R S T U V W X Y Z

dossier nom masculin

❶ Le **dossier** d'un siège, c'est la partie qui sert à appuyer le dos. *Les chaises, les fauteuils et les canapés ont un* ***dossier****.*

❷ Un **dossier**, c'est un ensemble de documents, de textes, de photos que l'on rassemble sur un sujet. *Mon cousin a un* ***dossier*** *à faire sur les loups.*

douane nom féminin

La **douane** est un endroit situé à la frontière de deux pays, où l'on contrôle les passeports et les bagages.

● Mot de la même famille : douanier.

douanier nom masculin
douanière nom féminin

Un **douanier**, une **douanière** sont des personnes qui font les contrôles à la frontière entre deux pays, qui travaillent à la douane. C'est un nom de métier.

1. double adjectif

❶ Ce qui est **double** est répété deux fois. *Ferme la porte à* ***double*** *tour.*

❷ Une rue à **double sens** est une rue où les véhicules roulent dans les deux sens. Contraire : sens unique.

2. double nom masculin

❶ Le **double** d'un nombre, c'est deux fois ce nombre. *Le* ***double*** *de quatre, c'est huit.* Contraire : moitié.

❷ Le **double** d'un jeu de clés, c'est un deuxième jeu.

➜ Cherche triple.

doubler verbe

❶ **Doubler**, c'est être multiplié par deux. *Le prix de certains produits* ***a doublé****.*

❷ **Doubler** un véhicule, c'est passer devant. *La voiture* ***a doublé*** *un car.* Synonyme : dépasser.

❸ **Doubler** un vêtement, c'est lui mettre une doublure. *Ma veste* ***est doublée*** *de satin.*

● Mots de la même famille : double, doublure.

La moto rouge est en train de **doubler** la moto bleue.

doublure nom féminin

Une **doublure** est un tissu léger qui est cousu à l'intérieur d'un vêtement.

douce ➜ **doux**

doucement adverbe

❶ **Doucement** signifie : avec douceur, sans bruit, sans violence. *Ferme la porte* ***doucement*** *!* Contraire : brutalement. *Parle* ***doucement****, je ne suis pas sourd !* Contraire : fort.

❷ **Doucement** signifie : lentement. *Nous avons roulé tout* ***doucement*** *car il y avait un épais brouillard.* Contraires : rapidement, vite.

douceur nom féminin

❶ La **douceur** est la qualité de ce qui est doux, agréable à toucher. *La peau des bébés est d'une grande* ***douceur****.*

❷ La **douceur** est le caractère doux d'une personne. *Grand-mère nous parle toujours avec **douceur**.* Synonyme : gentillesse.

douche nom féminin

❶ Une **douche** est un appareil avec un jet d'eau qui permet de mouiller tout le corps.

❷ **Prendre une douche**, c'est mouiller son corps avec le jet d'une douche pour se laver.

● Mot de la même famille : se doucher.

se **doucher** verbe

Se doucher, c'est prendre une douche. *Alice **se douche** tous les matins.*

Les enfants **se douchent**.

doué, douée adjectif

Être **doué**, c'est avoir des qualités, du talent pour apprendre un art, une technique. *Armelle est **douée** pour le chant.*

douillet, douillette adjectif

Une personne **douillette** ne supporte pas la plus petite douleur. *Ma sœur est si **douillette** qu'elle pleure pour une égratignure.*

douleur nom féminin

Une **douleur** est la sensation d'avoir mal, de souffrir. *Après sa chute, Mathis a eu une violente **douleur** dans le bras.*

● Mot de la même famille : douloureux.

douloureux, douloureuse adjectif

Ce qui cause une douleur est **douloureux**. *Les piqûres de frelons sont **douloureuses**.* Contraire : indolore.

doute nom masculin

❶ Avoir un **doute**, c'est ne pas être sûr de quelque chose, se poser des questions. *J'ai un **doute** sur la date de l'anniversaire de Kien.*

❷ **Sans doute** signifie : sûrement. *Hugo n'est pas venu, il a **sans doute** oublié notre rendez-vous.* Synonymes : certainement, probablement.

douter verbe

❶ **Douter**, c'est ne pas être sûr de quelque chose. *Je **doute** que Sarah vienne.*

❷ **Se douter** de quelque chose, c'est le soupçonner, le deviner. *Aurélie **se doute** que son père lui a préparé une surprise.*

● Mot de la même famille : doute.

doux adjectif masculin
douce adjectif féminin

❶ Une chose **douce** est agréable à toucher, à voir ou à entendre. *Le pelage du chat est **doux**.* Contraire : rugueux. *Notre institutrice a une voix **douce**.*

❷ Un être **doux** a un caractère facile, gentil, des gestes tendres. Contraires : agressif, brutal, dur, sévère. *Alice a des gestes **doux**.* Contraire : brusque.

❸ L'eau **douce** est l'eau des fleuves, des rivières et des lacs. *Les truites sont des poissons d'eau **douce**.* Contraire : salé

● Mots de la même famille : doucement, douceur.

a b c d e f g h i j k l m n o p q r s t u v w x y z

A B C D E F G H I J K L M N O P Q R S T U V W X Y Z

douzaine nom féminin
Une **douzaine** est un groupe de douze unités. *J'ai acheté une **douzaine** d'œufs.*

dragée nom féminin
Une **dragée** est un bonbon fait d'une amande recouverte de sucre. *Aux baptêmes et aux mariages, on offre souvent des **dragées**.*

dragon nom masculin
Un **dragon** est un animal fabuleux que l'on représente avec des ailes, des griffes et une longue queue. *Le **dragon** crache du feu.*

le **dragon** du carnaval

dramatique adjectif
Ce qui est **dramatique** est très grave. *La situation des victimes est **dramatique**.*
Synonyme : **tragique.**

drame nom masculin
Un **drame** est une chose très grave qui arrive, un événement terrible. *L'accident de train est un **drame** pour les familles des victimes.*
Synonymes : **catastrophe, tragédie.**
● Mot de la même famille : **dramatique**.

drap nom masculin
Un **drap** est un grand morceau de tissu léger que l'on met dans un lit entre le matelas et la couverture. *On met deux draps : le **drap** de dessous et le **drap** de dessus.*

On ne prononce pas le *p*.
● Mot de la même famille : **drapeau**.

drapeau nom masculin
Un **drapeau** est un morceau de tissu qui porte les couleurs d'un pays. *Le **drapeau** de l'Europe est bleu et comporte douze étoiles jaunes disposées en cercle.*

Au pluriel, on écrit *des drapeaux*.
Va voir « les drapeaux », page 223.

dresser verbe
1. **Dresser**, c'est lever, tenir droit. *La gazelle **a dressé** ses oreilles.*
Contraire : **baisser.**
2. **Dresser** un animal, c'est l'habituer à obéir. *Julien **a bien dressé** son chien.*
3. **Se dresser**, c'est se mettre debout, se tenir droit.

Clara **dresse** son chien.

drogue nom féminin
Une **drogue** est un produit très dangereux pour la santé car il agit sur le cerveau.

Les drapeaux

1. droit **nom masculin**

❶ Un **droit** est une chose permise par une personne ou par un règlement. *Ce soir, j'ai le **droit** de regarder la télévision.* **Synonymes :** **autorisation, permission.**

❷ Un **droit** est une chose que la loi accorde à chaque personne. *Avoir un nom et une nationalité dès sa naissance est un **droit** pour chaque enfant.*

2. droit, droite **adjectif**

❶ Une ligne **droite** est une ligne qui ne tourne pas. *La ligne **droite** est le plus court chemin pour aller d'un endroit à un autre.* **Contraire :** **courbe.**

❷ Un objet **droit** est vertical ou horizontal, il ne penche pas. *Le mur de la maison est bien **droit**.* **Contraire :** **oblique.**

❸ La main **droite** est située du côté opposé à celui du cœur. *Léa écrit de la main **droite**.* **Contraire :** **gauche.**

❹ Un angle **droit** est un angle formé par deux lignes perpendiculaires.

● Mots de la même famille : **droite, droitier.**

➜ Cherche **brisé**.

☛ Va voir « les couleurs et les formes », page 171.

3. droit **adverbe**

Marcher **droit**, c'est marcher en ligne droite.

un **dromadaire**

droite **nom féminin**

La **droite**, c'est le côté droit. *Pour aller à la poste, il faut tourner à **droite** après le feu.* **Contraire :** **gauche.**

droitier, droitière **adjectif**

Être **droitier**, c'est se servir surtout de sa main droite. **Contraire :** **gaucher.**

drôle **adjectif**

❶ Une personne ou une chose **drôle** fait rire. *Clément nous a raconté une histoire **drôle**.* **Synonymes :** **amusant, comique.** **Contraire :** **triste.**

❷ Une **drôle** de personne, une **drôle** de chose étonne, surprend. *On sent une **drôle** d'odeur ici.* **Synonyme :** **bizarre.**

🔍 Le *o* prend un accent circonflexe.

● Mot de la même famille : **drôlement.**

drôlement **adverbe**

Drôlement signifie : très. *Il fait **drôlement** chaud aujourd'hui !*

🔍 Le *o* prend un accent circonflexe.

dromadaire **nom masculin**

Un **dromadaire** est un grand mammifère du désert au pelage beige. Il ressemble à un chameau mais il n'a qu'une seule bosse.

▶ C'est un ruminant. Quand le dromadaire crie, on dit qu'il **blatère**.

➜ Cherche **chameau**.

druide **nom masculin**

Un **druide** était un prêtre au temps des Gaulois. *Les **druides** cueillaient le gui tous les ans.*

du ➜ **de**

dû, due **adjectif**

❶ Une somme **due** est une somme que l'on doit à quelqu'un.

❷ Être **dû** à, c'est être causé par quelque chose. *L'accident est **dû** au verglas. L'inondation est **due** aux fortes pluies.*

Au masculin singulier, le *u* prend un accent circonflexe.

→ Cherche le verbe devoir.

duc nom masculin
duchesse nom féminin

Un **duc**, une **duchesse** sont des nobles dont la position se situe juste derrière un prince, une princesse.

duel nom masculin

Un **duel** est un combat à l'épée ou au pistolet qui opposait deux nobles. *On se battait en **duel** pour se venger d'une injure.*

Ils se battent en **duel**.

dune nom féminin

Une **dune** est une colline de sable formée par le vent, au bord de la mer ou dans le désert.

duo nom masculin

Un **duo** est un morceau de musique pour deux instruments ou deux voix. *Marie et Julien ont chanté en **duo**.*

dur, dure adjectif

❶ Un objet **dur**, une matière **dure** sont difficiles à casser, à couper. *Le diamant est une pierre précieuse très **dure**.* Synonyme : résistant. *Ce beurre est un peu **dur**.* Contraire : mou. *Ce bifteck est **dur**.* Contraire : tendre.

❷ Une chose **dure** ne se fait pas facilement. *Cette multiplication est trop **dure**.* Synonymes : compliqué, difficile. Contraires : facile, simple.

❸ Une personne **dure** manque de gentillesse, de douceur. *Le gardien est un homme **dur**.* Synonymes : brutal, sévère. Contraires : doux, gentil, indulgent, tendre.

● Mot de la même famille : durcir.

durcir verbe

Durcir, c'est devenir dur. *Le beurre a **durci** dans le réfrigérateur.* Contraire : se ramollir.

durée nom féminin

La **durée** est le temps que dure une chose. *Quelle est la **durée** du voyage ?*

la **dune** du Pilat,
dans le département de la Gironde

A B C D E F G H I J K L M N O P Q R S T U V W X Y Z

durer verbe
Durer, c'est avoir lieu pendant une période de temps. *Le film **dure** une heure et demie. Le beau temps **dure** depuis une semaine.*

duvet nom masculin
❶ Le **duvet**, c'est l'ensemble des plumes douces et légères qui couvrent le corps des jeunes oiseaux.
❷ Un **duvet** est un sac de couchage rempli de duvet. *Les campeurs dorment dans un **duvet**.*

DVD nom masculin
Un **DVD** est un petit disque de douze centimètres sur lequel sont enregistrés un grand nombre d'images et de sons. *Théo a eu trois **DVD** à Noël.*

dynamique adjectif
Une personne **dynamique** fait les choses avec énergie et enthousiasme. *Zoé a de nombreuses occupations : c'est une fille **dynamique**.* Synonymes : actif, énergique. Contraire : mou.
Le premier son [i] s'écrit *y*.

dynamite nom féminin
La **dynamite** est un explosif puissant, une matière qui provoque des explosions. *Les soldats ont fait sauter un pont à la **dynamite**.*
Le premier son [i] s'écrit *y*.

dynastie nom féminin
Une **dynastie** est une suite de rois ou d'empereurs d'une même famille.
Le premier son [i] s'écrit *y*.

dyslexique adjectif
Être **dyslexique**, c'est avoir des difficultés à lire et à écrire parce qu'on inverse des lettres.
Le premier son [i] s'écrit *y*.

le **duvet** des oisons

eau **nom féminin**
L'**eau** est un liquide transparent qui n'a pas d'odeur et pas de goût. *L'**eau** des rivières et des lacs est douce, l'**eau** de mer est salée.*

Au pluriel, on écrit *des eaux*.

ébahi, ébahie **adjectif**
Être **ébahi**, avoir un air **ébahi**, c'est être très étonné. *Quand il m'a vu faire du deltaplane, Léo m'a regardé d'un air **ébahi**.* Synonyme : stupéfait.

éblouir **verbe**
1 Quand une lumière **éblouit**, elle fait mal aux yeux et empêche de bien voir. *Les phares de la voiture **ont ébloui** un automobiliste.*
2 **Éblouir**, c'est remplir d'admiration. *La pièce de théâtre **a ébloui** les spectateurs.*
Synonyme : émerveiller.
● Mot de la même famille : éblouissant.

éblouissant, éblouissante **adjectif**
1 Une lumière **éblouissante** est trop vive, elle éblouit. *La lumière du soleil est **éblouissante**.*
Synonyme : aveuglant.
2 Une personne, une chose **éblouissante** est très belle. *Hélène était **éblouissante** dans sa robe de mariée.* Synonymes : magnifique, splendide, superbe.

éboueur **nom masculin**
Un **éboueur** est un homme qui ramasse les ordures dans les rues. C'est un nom de métier. *Les **éboueurs** vident les poubelles dans le camion à ordures.*

ébouriffé, ébouriffée **adjectif**
Être **ébouriffé**, c'est avoir les cheveux en désordre, tout décoiffés. *Sébastien s'est réveillé tout **ébouriffé**.*

Il y a deux *f*.

ébullition **nom féminin**
Quand l'eau est en **ébullition**, elle est en train de bouillir. *Maman jette les pâtes dans l'eau en **ébullition**.*

écaille **nom féminin**
Des **écailles** sont des petites plaques dures qui recouvrent le corps de certains animaux. *Les poissons, les tortues ont des **écailles**.*

écarquiller **verbe**
Écarquiller les yeux, c'est les ouvrir très grands.

écart **nom masculin**
1 Un **écart** est une différence entre deux nombres, deux niveaux. *Dans le désert, il y a de grands **écarts** de température entre le jour et la nuit.*
2 **À l'écart** signifie : loin de, en dehors de. *Notre maison est située **à l'écart** du village.*
3 Quand une danseuse fait le **grand écart**, ses jambes sont écartées au maximum et touchent le sol sur toute leur longueur.

écarter **verbe**
Écarter des choses, des personnes, c'est mettre une distance entre elles. *Essaie d'**écarter** les doigts.*
Contraire : **rapprocher.** ***Écartez-vous** du blessé pour qu'il puisse respirer.* Synonyme : **s'éloigner.**
Contraires : **s'approcher, se rapprocher.**
● Mot de la même famille : **écart**.

échafaud **nom masculin**
Un **échafaud** est une estrade où l'on coupait autrefois la tête des personnes condamnées à mort. *Louis XVI est mort sur l'**échafaud**.*
→ Cherche **guillotine**.

échafaudage **nom masculin**
Un **échafaudage** est une construction faite de barres et de planches que l'on installe le long d'un mur pour faire des travaux en hauteur.

échange **nom masculin**
Un **échange**, c'est l'action d'échanger, de donner une chose contre une autre. *Julien et Léa ont fait un **échange** de billes.*

échanger **verbe**
1 **Échanger** des choses, c'est donner une chose pour en obtenir une autre à la place. *Hugo **a échangé** une cassette contre un jeu vidéo.*
2 **Échanger** des lettres, c'est en envoyer à une personne et en recevoir régulièrement d'elle.
● Mot de la même famille : **échange**.

échantillon **nom masculin**
Un **échantillon** est une petite quantité de produit qu'un commerçant donne à ses clients pour qu'ils l'essaient.

s'échapper **verbe**
S'échapper, c'est réussir à s'enfuir. *Le lion **s'est échappé** de sa cage.*
Synonyme : **se sauver.**

Il y a deux *p*.

écharde **nom féminin**
Une **écharde** est un petit morceau de bois pointu qui est rentré sous la peau.

écharpe **nom féminin**
Une **écharpe** est une longue bande d'étoffe que l'on porte autour du cou pour avoir chaud.

On a mis un **échafaudage** pour réparer le bâtiment.

échasse nom féminin

Une **échasse** est un long bâton avec une petite barre pour poser le pied. Elle sert à marcher à une certaine hauteur du sol.

Paul et Virginie apprennent à marcher sur des **échasses**.

s'échauffer verbe

S'échauffer, c'est faire des mouvements de gymnastique pour rendre ses muscles plus souples et plus chauds. *Avant un match, les joueurs* ***s'échauffent****.*

échec nom masculin

❶ Un **échec**, c'est le fait d'échouer, de ne pas réussir quelque chose. *Kien nous a annoncé son* ***échec*** *à l'examen.* **Contraires : réussite, succès.**

❷ Le jeu d'**échecs** se joue avec des pièces que l'on déplace sur un plateau appelé *échiquier*. Le but du jeu est de capturer le roi de son adversaire.

échelle nom féminin

Une **échelle** est un objet fait de deux longues barres verticales reliées par des barreaux. *Les pompiers montent sur la grande* ***échelle****.*

écho nom masculin

L'**écho** est la répétition d'un son qui est renvoyé par un mur ou par une montagne. *Il y a de l'****écho*** *dans cette grotte, tout ce que l'on dit se répète.*

On écrit *ch*, mais on prononce [k].

échouer verbe

❶ **Échouer**, c'est ne pas réussir. *Notre plan* ***a échoué****.* **Synonyme : rater.**

❷ Quand un bateau **s'échoue**, il touche le rivage ou le fond de la mer par accident.

éclabousser verbe

Éclabousser, c'est mouiller en faisant jaillir un liquide. *L'autobus nous* ***a éclaboussés*** *en passant dans une flaque d'eau.* **Synonyme : asperger.**

éclair nom masculin

❶ Un **éclair** est une lumière très forte et très rapide qui est produite par la foudre pendant un orage.

❷ Un **éclair** est un gâteau fourré de crème au chocolat ou au café.

→ Cherche **tonnerre**.

Les **éclairs** font des zigzags dans le ciel.

A B C D E F G H I J K L M N O P Q R S T U V W X Y Z

éclairage **nom masculin**
L'**éclairage**, c'est l'action ou la manière d'éclairer. *L'**éclairage** de la pièce est trop fort.*

éclaircie **nom féminin**
Une **éclaircie** est un moment où le ciel s'éclaircit et où la pluie ne tombe plus. *Je profite d'une **éclaircie** pour sortir.*

éclaircir **verbe**
1 **Éclaircir** une chose, c'est la rendre plus claire. *La peinture blanche **éclaircit** la pièce.*
2 **S'éclaircir**, c'est devenir plus clair. *Le ciel **s'éclaircit**.*
● Mot de la même famille : **éclaircie**.

éclairer **verbe**
Éclairer un endroit, c'est lui donner de la lumière. *Un grand lampadaire **éclaire** la salle à manger.*
● Mots de la même famille : **éclair**, **éclairage**.

éclat **nom masculin**
1 L'**éclat**, c'est la lumière vive du soleil, d'une lampe. *Je suis ébloui par l'**éclat** du soleil.*
2 Un **éclat** de verre est un petit morceau de verre brisé. *Rémi a marché sur des **éclats** de verre.*
3 Un **éclat de rire** est le bruit que fait une personne qui éclate de rire.

éclatant, éclatante **adjectif**
Une chose **éclatante** brille, a beaucoup d'éclat. *Elle portait une veste d'un jaune **éclatant**.* **Synonyme :** **brillant**. **Contraire :** **terne**.

éclater **verbe**
1 **Éclater**, c'est se casser brusquement ou faire un grand bruit. *La pierre **a éclaté**. Le tonnerre **éclata**.*
2 **Éclater** de rire, **éclater** en sanglots, c'est se mettre à rire ou à pleurer très fort. *Quand elle m'a vu avec les cheveux verts, Zoé **a éclaté** de rire.*
● Mots de la même famille : **éclat**, **éclatant**.

éclipse **nom féminin**
Quand il y a une **éclipse** de Soleil, le Soleil est caché par la Lune. Quand il y a une **éclipse** de Lune, la Lune est cachée par l'ombre de la Terre.

éclosion **nom féminin**
L'**éclosion**, c'est le moment où un poussin sort d'un œuf ou le moment où une fleur s'ouvre. *Les poules couvent leurs œufs jusqu'à l'**éclosion**.*

écluse **nom féminin**
Une **écluse** est une construction sur une rivière ou un canal, à l'endroit où l'eau est plus haute d'un côté que de l'autre. On peut changer la hauteur de l'eau, ce qui permet aux bateaux de passer.

les portes d'une **écluse**

écœurant, écœurante adjectif

Un aliment **écœurant** donne mal au cœur. *Ces gâteaux à la crème sont **écœurants**.*

école nom féminin

Une **école** est un endroit où les enfants vont pour apprendre ce qu'ils doivent savoir. *Léo a quatre ans, il va à l'**école** maternelle. Paul a six ans, il va à l'**école** élémentaire.*

▶ En France, l'école publique est gratuite et obligatoire pour tous les enfants de six à seize ans.

● Mot de la même famille : écolier.

écolier nom masculin
écolière nom féminin

Un **écolier**, une **écolière** sont des enfants qui vont à l'école.

→ Cherche élève.

écologie nom féminin

L'**écologie** est la science qui étudie l'environnement des êtres vivants et s'occupe de la protection de la nature. *Trier ses déchets, c'est faire de l'**écologie**.*

● Mot de la même famille : écologiste.

écologiste nom masculin et nom féminin

Un **écologiste**, une **écologiste** sont des personnes qui s'intéressent à l'écologie, qui participent à la protection de la nature. *Les **écologistes** s'inquiètent des dangers de la pollution.*

économe adjectif

Une personne **économe** dépense peu d'argent, évite les dépenses inutiles.

économies nom féminin pluriel

Les **économies** d'une personne, c'est l'argent qu'elle n'a pas dépensé. *Kien a fait des **économies** pour acheter un cadeau à son frère.*

● Mots de la même famille : économe, économiser.

économiser verbe

Économiser de l'argent, c'est le garder, éviter de le dépenser pour faire des économies. **Contraires :** dépenser, gaspiller.

écorce nom féminin

L'**écorce** est la couche dure qui recouvre le tronc et les branches d'un arbre. *L'**écorce** protège le bois.*

Clara enlève l'**écorce** de la branche.

s'écorcher verbe

S'écorcher, c'est se déchirer un peu la peau. *Sarah est tombée et elle **s'est écorché** le genou.* **Synonyme :** s'égratigner.

● Mot de la même famille : écorchure.

écorchure nom féminin

Une **écorchure** est une petite blessure que l'on a sur la peau quand on s'est écorché. **Synonyme :** égratignure.

écossais, écossaise adjectif

Un tissu **écossais** est un tissu qui a des rayures et des carreaux de différentes couleurs qui se croisent.

A B C D E F G H I J K L M N O P Q R S T U V W X Y

s'écouler verbe
❶ Quand un liquide **s'écoule**, il coule et disparaît. *L'eau de pluie **s'écoule** par la gouttière.*
❷ Quand le temps **s'écoule**, il passe. *Une semaine **s'est écoulée** depuis le début des vacances.*

écouter verbe
❶ **Écouter**, c'est faire attention aux sons, aux paroles que l'on entend. *Maman **écoute** la radio.*
❷ **Écouter** quelqu'un, c'est suivre ses conseils. *Tu devrais **écouter** ta grand-mère, elle te conseillera bien.*
● Mot de la même famille : écouteur.

écouteur nom masculin
Un **écouteur** est la partie d'un appareil qui sert à écouter. *Avec les **écouteurs** d'un baladeur, on écoute de la musique sans gêner les autres.*
➜ Cherche casque.

écran nom masculin
❶ Un **écran** est la partie plate d'un téléviseur ou d'un ordinateur où apparaissent des images ou des textes.
❷ Un **écran** est une surface blanche sur laquelle on projette des films ou des diapositives.

écraser verbe
❶ **Écraser** une chose, c'est la déformer, l'aplatir ou la réduire en petits morceaux en appuyant très fort dessus. *Pour faire du vin, on **écrase** les grappes de raisin.*
❷ **Écraser** un être, c'est le renverser et lui passer sur le corps avec un véhicule. *Notre chat s'est fait **écraser** par une moto.*

une **écrevisse**

écrevisse nom féminin
Une **écrevisse** est un petit animal qui a une carapace, deux grosses pinces et qui se déplace à reculons. Elle vit dans les lacs ou dans les petites rivières.
▶ C'est un crustacé.

s'écrier verbe
S'écrier, c'est dire en criant. *Tout à coup, Valentin **s'est écrié** : « Bravo, j'ai réussi ! »* Synonyme : s'exclamer.

écrire verbe
❶ **Écrire**, c'est tracer des lettres, des mots, des chiffres. *Maxime apprend à **écrire**. Camille **a écrit** la date sur son cahier.*
Synonymes : inscrire, marquer, noter.
❷ **Écrire** à quelqu'un, c'est lui écrire une lettre, une carte postale. *Les élèves **écrivent** à leurs correspondants qui vivent en Afrique.*
● Mots de la même famille : écrit, écriteau, écriture, écrivain.

écrit nom masculin
L'**écrit**, c'est l'ensemble des exercices où l'on doit écrire. *Jérémy a de bonnes notes à l'**écrit**.* Contraire : oral.

écriteau nom masculin
Un **écriteau** est un panneau avec une inscription. *Devant la maison, un **écriteau** indiquait « À vendre ».*
Synonyme : pancarte.
🔍 Au pluriel, on écrit *des écriteaux*.

écriture nom féminin
L'**écriture**, c'est le fait d'écrire, de tracer des lettres. *À l'école, on apprend l'**écriture**, la lecture et le calcul. Coralie a une belle **écriture**.*

écrivain nom masculin
Un **écrivain** est une personne qui écrit des livres. *Jules Verne est un **écrivain** français, Daniel Defoe est un **écrivain** anglais.* Synonyme : auteur.

s'écrouler verbe
S'écrouler, c'est tomber tout d'un coup. *Le mur du jardin **s'est écroulé**.* Synonyme : s'effondrer.

écume nom féminin
L'**écume** est la mousse blanche qui se forme sur les vagues. *En se retirant, la mer laisse de l'**écume** sur la plage.*

écureuil nom masculin
Un **écureuil** est un petit rongeur roux ou gris, très agile, qui a une longue queue épaisse et qui vit dans les arbres. *Les **écureuils** se nourrissent de noisettes, de fruits secs et de glands.*

écurie nom féminin
Une **écurie** est un bâtiment qui sert d'abri aux chevaux.

écuyer nom masculin
écuyère nom féminin
Un **écuyer**, une **écuyère** sont des personnes qui savent monter à cheval et qui dressent les chevaux. *Au cirque, j'ai vu un numéro d'**écuyers**.*

édifice nom masculin
Un **édifice** est un bâtiment de grande taille. *La mairie de notre ville est un bel **édifice**.*

éditeur nom masculin
éditrice nom féminin
Un **éditeur**, une **éditrice** sont des personnes qui font écrire et imprimer des livres et qui les mettent en vente. C'est un nom de métier.

éducateur nom masculin
éducatrice nom féminin
Un **éducateur**, une **éducatrice** sont des personnes qui s'occupent de l'éducation des enfants et des jeunes.

éducation nom féminin
L'**éducation**, c'est l'action de développer les qualités morales et physiques d'un enfant. *Les parents s'occupent de l'**éducation** de leurs enfants.*
● Mot de la même famille : éducateur.

effacer verbe
Effacer, c'est faire disparaître ce qui est écrit ou enregistré. *Marie **a effacé** un film sur la cassette vidéo.*

effectivement adverbe
Effectivement s'emploie pour confirmer quelque chose. *Oui, **effectivement**, j'ai oublié ton anniversaire.* Synonyme : en effet.

effectuer verbe
Effectuer, c'est faire une chose, un travail. *Les travaux **seront effectués** le mois prochain.* Synonyme : réaliser.

effet nom masculin
1 L'**effet** d'une chose, c'est son résultat, son action. *L'**effet** de ce médicament est très rapide. Les inondations ont eu des **effets** catastrophiques sur les cultures.* Synonyme : conséquence.
2 Un **effet**, c'est une impression. *Léo me fait l'**effet** d'un garçon franc.*
3 **En effet** s'emploie pour constater quelque chose. *Il fait froid, **en effet**.* Synonyme : effectivement.

un **écureuil**

efficace adjectif

Un produit **efficace** agit vite, donne de bons résultats. *Ce médicament est **efficace** contre la toux.*

effleurer verbe

Effleurer une chose, c'est la toucher très légèrement. *J'**ai effleuré** sa joue et il s'est réveillé.*

Il y a deux *f*.

s'effondrer verbe

S'effondrer, c'est tomber tout d'un coup. *Le vieux pont **s'est effondré**.* Synonyme : s'écrouler.

effort nom masculin

Faire un **effort** (ou des **efforts**), c'est se donner du mal pour réussir quelque chose. *Cet élève a fait de gros **efforts** en calcul.*

effrayant, effrayante adjectif

Un être **effrayant**, une chose **effrayante** font très peur, effraient. *Hugo a rêvé d'un monstre **effrayant**.* Synonymes : effroyable, épouvantable, horrible.

effrayer verbe

Effrayer une personne, c'est lui faire très peur. *Le bruit de nos pas **a effrayé** l'écureuil.*

● Mot de la même famille : effrayant.

effroi nom masculin

L'**effroi** est une très grande peur. *Quand la femme de Barbe-Bleue entra dans le cabinet, elle fut saisie d'un tel **effroi** qu'elle lâcha la clé.* Synonymes : frayeur, terreur.

● Mot de la même famille : effroyable.

Lucas **est effrayé** par le chien.

effroyable adjectif

Un être **effroyable**, une chose **effroyable** font très peur, remplissent d'effroi. *Sébastien nous a raconté une histoire **effroyable**.* Synonymes : effrayant, épouvantable, horrible.

égal, égale adjectif

1. Des choses **égales** ont la même dimension, la même valeur. *Les chances sont **égales** entre les concurrents.* Synonyme : identique. Contraire : inégal.
2. Quand on dit que tous les hommes sont **égaux** devant la loi, cela signifie qu'ils ont les mêmes droits.
3. **Cela m'est égal** signifie : cela n'a pas d'importance pour moi.

Au pluriel, on écrit *égaux, égales*.

● Mots de la même famille : également, égaler, égaliser, égalité.

également adverbe

Également signifie : aussi. *Alice vient, et Rachid **également**.*

égaler verbe
Égaler, c'est être égal. *Cinq plus deux **égale** sept.* Synonyme : faire.

égaliser verbe
En sport, **égaliser**, c'est obtenir le même nombre de points que l'adversaire. *Notre équipe **a égalisé** à la fin de la partie.*

égalité nom féminin
L'**égalité**, c'est le fait d'être égal. *À la mi-temps, les deux équipes étaient à **égalité**. Je suis pour l'**égalité** entre les personnes.*

égarer verbe
Égarer une chose, c'est ne plus la retrouver. *Paul **a égaré** ses lunettes.* Synonyme : perdre.

église nom féminin
Une **église** est un bâtiment où les catholiques se rassemblent pour prier.
→ Cherche mosquée, pagode, synagogue et temple.

égoïsme nom masculin
L'**égoïsme** est le défaut d'une personne qui ne pense qu'à elle et jamais aux autres. Contraire : générosité.

Tom a coupé le gâteau en parts **égales**.

égoïste adjectif
Une personne **égoïste** ne pense qu'à elle et jamais aux autres. *Mon frère ne prête jamais ses jouets, il est **égoïste**.*
Contraire : généreux.
● Mot de la même famille : égoïsme.

égout nom masculin
Les **égouts** sont de gros tuyaux situés sous terre, par où s'écoulent les eaux sales des maisons et des rues.

égratigner verbe
Égratigner une partie du corps, c'est la griffer légèrement. *Les ronces **m'ont égratigné** les jambes.*
Synonyme : écorcher.
● Mot de la même famille : égratignure.

égratignure nom féminin
Une **égratignure** est une petite blessure que l'on a sur la peau quand on s'est égratigné. Synonyme : écorchure.

Clara s'est fait des **égratignures**.

eh ! interjection
1 **Eh** s'emploie pour attirer l'attention, pour appeler. ***Eh !** Viens voir ici !*
2 **Eh bien** introduit une question, une explication ou une conclusion. ***Eh bien !** venez plus tard !*

A B C D E F G H I J K L M N O P Q R S T U

éjecter verbe
Éjecter, c'est projeter au-dehors. *Un passager **a été éjecté** de la voiture. **Éjecte** la cassette du magnétoscope.*

1. élan nom masculin
Prendre de l'**élan**, c'est courir pour s'élancer. *Pauline a pris son **élan** pour sauter.*

2. élan nom masculin
Un **élan** est un grand cerf qui vit dans les pays du Nord.

s'élancer verbe
S'élancer, c'est se jeter en avant ou courir vers une personne. *Léo **s'est élancé** vers son ami.* **Synonyme :** se précipiter.
● Mot de la même famille : élan.

élargir verbe
Élargir une chose, c'est la rendre plus large. *On **a élargi** la route pour améliorer la circulation des voitures.*
Contraire : rétrécir.

un **élan**

La rivière **s'élargit** à cet endroit.

1. élastique adjectif
Un objet **élastique** change de forme quand on l'étire et reprend ensuite sa dimension normale. *Ma ceinture est **élastique**.*

2. élastique nom masculin
Un **élastique** est un cordon, un ruban de caoutchouc. *Sarah a fermé le paquet de bonbons avec un **élastique**.*

électeur nom masculin
électrice nom féminin
Un **électeur**, une **électrice** sont des personnes qui ont le droit de voter, de participer à une élection. *Quand Clara aura dix-huit ans, elle deviendra **électrice**.*

élection nom féminin
Une **élection**, c'est l'action d'élire, de choisir en votant. *En France, l'**élection** du président de la République a lieu tous les cinq ans.*

électricien nom masculin
électricienne nom féminin
Un **électricien**, une **électricienne** sont des personnes qui installent et réparent les fils et les appareils électriques. C'est un nom de métier.

électricité **nom féminin**

L'**électricité** est une source d'énergie qui permet de s'éclairer, de se chauffer, de faire fonctionner des appareils. *Un téléviseur fonctionne à l'****électricité****.*
● Mots de la même famille : **électricien, électrique, s'électrocuter.**

électrique **adjectif**

Un appareil **électrique** fonctionne à l'électricité. *Nous avons une cuisinière* ***électrique****.*

s'**électrocuter** **verbe**

S'électrocuter, c'est être tué par le courant électrique. *Ne touche jamais un appareil électrique avec les mains mouillées, tu pourrais* ***t'électrocuter****.*

électronique **adjectif**

La musique **électronique** utilise des éléments électriques pour créer des sons. Le courrier **électronique**, ce sont les messages envoyés et reçus par les ordinateurs.

élégant, élégante **adjectif**

Une personne **élégante** s'habille avec goût.

élément **nom masculin**

Un **élément** est une partie d'un ensemble. *La bibliothèque est vendue par* ***éléments*** *qu'il faut assembler.* **Synonyme : pièce.**

élémentaire **adjectif**

1 Une chose **élémentaire** est une chose très facile. *L'addition à un chiffre est une opération* ***élémentaire****.* **Synonymes : facile, simple.** **Contraires : compliqué, difficile.**

2 Dans les écoles françaises, le cours **élémentaire** est le cours qui vient après le cours préparatoire et avant le cours moyen.

3 En France, l'école **élémentaire** accueille les élèves après l'école maternelle. **Synonyme : primaire.**

éléphant **nom masculin**

Un **éléphant** est un gros mammifère herbivore des pays chauds qui a une peau épaisse et grise, de grandes oreilles, une trompe et des défenses en ivoire. C'est le plus gros animal terrestre.

► La femelle est l'**éléphante**. Le petit est l'**éléphanteau**. Quand l'éléphant crie, on dit qu'il **barrit**.

Ce mot s'écrit avec *ph*.

élevage **nom masculin**

L'**élevage**, c'est l'action d'élever des animaux. *Nos voisins ont un* ***élevage*** *de canards.*

un **éléphant**

A B C D E F G H I J K L M N O P Q R S T U V W X Y Z

élève **nom masculin et nom féminin**

Un **élève**, une **élève** sont des enfants, des adolescents qui reçoivent des leçons d'un maître, d'un professeur.

🔎 Les élèves qui vont à l'école sont des écoliers, ceux qui vont au collège sont des **collégiens** et ceux qui vont au lycée sont des **lycéens**.

Ces deux **élèves** chuchotent.

élevé, élevée **adjectif**

① Une chose **élevée** a une grande hauteur, un haut niveau. *La température est **élevée**.*

② Être bien **élevé** ou mal **élevé**, c'est être poli ou impoli.

élever **verbe**

① **Élever** des enfants, c'est les nourrir, les soigner et s'occuper de leur éducation jusqu'à ce qu'ils soient grands.

② **Élever** des animaux, c'est les nourrir et les soigner. *Mon oncle **élève** des chevaux.*

③ **Élever** un mur, c'est le construire.

④ **S'élever**, c'est monter de plus en plus haut. *Un cerf-volant **s'élève** dans le ciel.*

● Mots de la même famille : élevage, élevé.

éliminer **verbe**

① **Éliminer** une personne, c'est l'exclure d'un jeu, d'une compétition. *Dans ce jeu, le premier qui dit « oui » **est éliminé**.*

② **Éliminer** une chose, c'est la faire disparaître. *Il faut se brosser les dents pour **éliminer** le sucre qui abîme l'émail.*

élire **verbe**

Élire une personne, c'est la choisir par un vote. *Madame Blondin **a été élue** députée.*

● Mots de la même famille : électeur, élection.

élixir **nom masculin**

Un **élixir** est une boisson qui a des effets magiques. *La sorcière de la mer prépara un **élixir** à la petite sirène.*

➜ Cherche potion.

elle **pronom féminin**

Elle représente la troisième personne du féminin. ***Elle** a six ans. Ces livres sont à **elles** deux.*

➜ Cherche il.

éloigner **verbe**

Éloigner une personne, c'est la faire partir plus loin. *Les pompiers **ont éloigné** les passants.* **Synonymes :** écarter, repousser. **Contraire :** attirer. *Ne **vous éloignez** pas !* **Contraires :** s'approcher, se rapprocher.

email **nom masculin**

① L'**émail** est la couche dure et blanche qui recouvre et protège les dents.

② L'**émail** est un vernis dur et brillant qui protège et décore. *Les lavabos sont recouverts d'**émail**.*

emballage nom masculin
Un **emballage** est un papier ou un carton qui sert à emballer un objet, à faire un paquet.
Il y a deux *l*.

emballer verbe
Emballer, c'est envelopper dans du papier, du carton. *Pour déménager, on* ***a emballé*** *la vaisselle.* Contraire : déballer.
Il y a deux *l*.
● Mot de la même famille : emballage.

Léa et Tom **emballent** un cadeau.

embarquer verbe
Embarquer, c'est monter à bord d'un avion ou d'un bateau pour faire un voyage. *Les passagers* ***embarqueront*** *dans une heure.* Contraire : débarquer.

embarrasser verbe
1 **Embarrasser** un endroit, c'est prendre trop de place. *Des piles de vieux journaux* ***embarrassent*** *le couloir.* Synonyme : encombrer.
2 **Embarrasser** une personne, c'est la troubler au point qu'elle ne sait plus quoi dire. *Ta question m'****embarrasse****.*
Il y a deux *r* et deux *s*.

embaucher verbe
Embaucher une personne, c'est l'engager pour un travail. *Le directeur de l'usine* ***a embauché*** *dix ouvriers.* Contraires : licencier, renvoyer.

embellir verbe
Embellir, c'est rendre plus beau ou devenir plus beau. *Les fleurs* ***embellissent*** *le jardin.* Contraire : enlaidir.
Il y a deux *l*, comme dans « belle ».

embêter verbe
1 **Embêter** une personne, c'est la taquiner, l'agacer. *Cesse d'****embêter*** *ta sœur avec tes blagues.*
2 **S'embêter**, c'est s'ennuyer. Contraires : s'amuser, se distraire.
Le deuxième e prend un accent circonflexe. C'est un mot familier.

emblème nom masculin
Un **emblème** est un objet qui représente une idée, un pays, un métier, etc. *Les cinq anneaux sont l'****emblème*** *des jeux Olympiques.*

s'emboîter verbe
Des objets qui **s'emboîtent** entrent l'un dans l'autre. *Les tuyaux* ***s'emboîtent****.*
La nouvelle orthographe permet d'écrire aussi *s'emboiter*, sans accent circonflexe.

Les pièces **s'emboîtent** bien.

A B C D E F G H I J K L M N O P Q R S T U V W X Y Z

embouchure **nom féminin**
L'**embouchure** d'un fleuve est l'endroit où il se jette dans la mer.

embouteillage **nom masculin**
Un **embouteillage** est un encombrement sur une route. *Le vendredi soir, il y a des* ***embouteillages*** *à la sortie des grandes villes.* Synonyme : bouchon.

embrasser **verbe**
Embrasser une personne, c'est lui donner des baisers. *J'**embrasse** mes amis quand j'arrive à l'école.*

Les deux amis **s'embrassent**.

émerveiller **verbe**
Émerveiller quelqu'un, c'est le remplir d'admiration. *Les enfants* ***sont émerveillés*** *par le spectacle.* Synonyme : éblouir.

émigrer **verbe**
Émigrer, c'est quitter son pays pour aller vivre dans un autre pays. *Les parents de Fatou* ***ont émigré*** *il y a vingt ans.*

émission **nom féminin**
Une **émission** de télévision ou de radio est une partie du programme. *Je regarde souvent les* ***émissions*** *de télévision sur les animaux.*

emmêler **verbe**
Emmêler des cheveux, c'est les mettre en désordre. *Le vent* ***a emmêlé*** *mes cheveux.* Contraire : démêler.

Le deuxième e prend un accent circonflexe.

emmener **verbe**
Emmener une personne, c'est la prendre avec soi pour aller quelque part. *Papa* ***emmène*** *mon petit frère à la crèche.* Synonyme : accompagner. *Un taxi nous* ***emmène*** *à la gare.* Synonyme : conduire.

On dit « j'ai emmené une personne » mais « j'ai emporté un objet ».

s'emmitoufler **verbe**
S'emmitoufler, c'est s'envelopper dans des vêtements chauds.

Zoé **s'est emmitouflée**.

émotif, émotive **adjectif**
Une personne **émotive** est facilement émue par ce qu'elle voit ou ce qu'elle entend. *Elle est* ***émotive****, elle a les larmes aux yeux quand on lui raconte une histoire triste.* Synonyme : sensible.

émotion **nom féminin**

Avoir une **émotion**, c'est ressentir de la joie, de la tristesse ou de la peur. *Paul cache ses **émotions**.*

émouvoir **verbe**

Émouvoir une personne, c'est lui donner envie de pleurer. *L'histoire de Bambi m'**émeut** beaucoup. Je **suis ému** par votre gentillesse.*
Synonyme : toucher.

● Mots de la même famille : émotif, émotion, ému.

empailler **verbe**

Empailler un animal mort, c'est remplir sa peau avec de la paille pour le conserver. *Au musée, j'ai vu des oiseaux **empaillés**.*

s'**emparer** **verbe**

S'emparer d'une chose, c'est la prendre avec force. *Mathis **s'est emparé** du paquet de bonbons.*

Le joueur **s'est emparé** du ballon.

empêcher **verbe**

① **Empêcher** une personne de faire quelque chose, c'est ne pas la laisser faire. *Les cris des enfants m'**empêchent** de dormir.* Contraire : permettre.

② **S'empêcher** de faire quelque chose, c'est se retenir de le faire. *Paul n'a pas pu **s'empêcher** de répondre aux insultes.*

Le deuxième *e* prend un accent circonflexe.

empereur **nom masculin**

Un **empereur** est le chef d'un empire. *Napoléon a été l'**empereur** de la France.*

→ Cherche impératrice.

empiler **verbe**

Empiler des objets, c'est les mettre en pile. *La libraire **a empilé** des livres.*

empire **nom masculin**

Un **empire** est un pays ou un ensemble de pays dirigés par un empereur ou une impératrice.

● Mots de la même famille : empereur, impératrice.

emploi **nom masculin**

① L'**emploi du temps** d'une personne, c'est le programme de ses activités, de ses cours. *Quel est ton **emploi du temps** cette semaine ?*

② Un **emploi** est un travail payé. *Paul a un nouvel **emploi**.*

employé **nom masculin**
employée **nom féminin**

Un **employé**, une **employée** sont des personnes qui ont un emploi dans un bureau, une banque, un magasin, une maison. *La mère de Valentin est **employée** de banque.*

employer **verbe**

① **Employer** une chose, c'est s'en servir. *Grand-mère **emploie** de l'huile d'olive pour faire la cuisine.*
Synonyme : utiliser.

② **Employer** un mot, c'est l'utiliser, le dire ou l'écrire. *Le verbe « tintinnabuler » **s'emploie** rarement.*

empoisonner verbe
Empoisonner une personne ou un animal, c'est leur faire avaler du poison pour les tuer. *La reine a voulu **empoisonner** Blanche-Neige. On peut **s'empoisonner** si l'on mange des champignons vénéneux.* Synonyme : s'intoxiquer.
Il y a deux *n*.

emporter verbe
1 **Emporter** un objet, c'est partir avec cet objet. *Mon petit frère **a emporté** son ours en peluche à l'école.*
2 Quand le vent ou le courant **emporte** un objet, il l'entraîne au loin avec force. *Le courant **a emporté** le radeau.*
On dit « il a emporté un objet » mais « il a emmené une personne ».

Simon **emporte** toutes ses affaires à la plage.

empoté, empotée adjectif
Une personne **empotée** ne sait pas bien se servir de ses mains. Synonyme : maladroit. Contraires : adroit, dégourdi.
C'est un mot familier.

empreinte nom féminin
1 Une **empreinte** est une marque laissée sur une surface. *Regarde, il y a des **empreintes** de pas sur la neige.* Synonyme : trace.
2 Les **empreintes digitales** sont les lignes que l'on a sur la peau, au bout des doigts. *Les **empreintes digitales** sont différentes d'une personne à l'autre.*

emprisonner verbe
Emprisonner une personne, c'est la mettre en prison. Contraires : libérer, relâcher.

emprunter verbe
Emprunter quelque chose à une personne, c'est se le faire prêter par elle. *Est-ce que je peux t'**emprunter** un livre jusqu'à samedi ?*

ému, émue adjectif
Être **ému**, c'est ressentir une émotion. *Anaïs était très **émue** de monter sur la scène pour recevoir son prix.*

en préposition
En est un petit mot que l'on emploie pour donner différentes indications. *Je vis **en** France. Nous sommes **en** juin. La table est **en** bois. Léo est **en** colère. J'ai un CD, tu **en** as deux.*

encadrer verbe
1 **Encadrer** une photo ou un tableau, c'est les mettre dans un cadre.
2 **Encadrer** un mot, une phrase, un dessin, c'est les entourer d'un trait qui fait comme un cadre. *J'ai **encadré** mon dessin en rouge.*

enceinte adjectif féminin
Quand une femme est **enceinte**, elle attend un enfant.

encercler verbe

Encercler un lieu, des personnes, c'est les entourer de tous les côtés. *Les policiers **ont encerclé** la maison.*

enchaîner verbe

1 **Enchaîner** un animal, c'est l'attacher avec une chaîne.

2 Quand des événements **s'enchaînent**, ils se suivent régulièrement.

La nouvelle orthographe permet d'écrire aussi *enchainer,* sans accent circonflexe.

enchanté, enchantée adjectif

Être **enchanté**, c'est être très heureux. *Grand-mère est **enchantée** de son voyage.* Synonyme : ravi. Contraire : désolé.

enchanteur nom masculin
enchanteresse nom féminin

Un **enchanteur**, une **enchanteresse** sont des personnes qui ont des pouvoirs magiques. *Dans « les Chevaliers de la Table ronde », l'**enchanteur** se nomme Merlin.* Synonyme : magicien.

La maman de Sarah est **enceinte**.

encombrant, encombrante adjectif

Un objet **encombrant** prend beaucoup de place, encombre le passage. *Dans le couloir, il y a des caisses **encombrantes**.*

Le son [ɔ̃] s'écrit *om* devant un *b*.

Il y a beaucoup d'objets **encombrants** dans le grenier.

encombrement nom masculin

Un **encombrement**, c'est une ou plusieurs files de véhicules qui encombrent la route et qui empêchent d'avancer. *Nous sommes arrivés en retard à cause des **encombrements**.* Synonymes : bouchon, embouteillage.

Le son [ɔ̃] s'écrit *om* devant un *b*.

encombrer verbe

Encombrer un endroit, un meuble, c'est prendre trop de place. *Ta valise **encombre** la chambre.* Synonyme : embarrasser.

Le son [ɔ̃] s'écrit *om* devant un *b*.

● Mots de la même famille : encombrant, encombrement.

A B C D E F G H I J K L M N O P Q R S T U V W X Y Z

encore adverbe

❶ **Encore** indique qu'une action continue. *Rémi dort* ***encore****.* Synonyme : toujours.

❷ **Encore** indique qu'une chose se répète. *J'ai* ***encore*** *oublié mes clés.* Synonyme : de nouveau.

❸ **Encore** indique qu'une chose vient en supplément. *Le gâteau était bon, j'en prendrais bien* ***encore****.*

encourager verbe

Encourager quelqu'un, c'est lui donner du courage. *Nous* ***encourageons*** *notre équipe par nos applaudissements.* Contraire : décourager.

encre nom féminin

L'**encre** est un liquide coloré qui sert à écrire. *Papi écrit avec un stylo à* ***encre*** *bleue.*

Ne confonds pas « encre » et « l'ancre » d'un bateau.

endive nom féminin

Une **endive** est une plante qui a de longues feuilles blanches. On la mange crue ou cuite.

endormir verbe

❶ **Endormir** un enfant, c'est le faire dormir. *Maman berce bébé pour l'****endormir****.* **S'endormir**, c'est se mettre à dormir. *Je* ***me suis endormie*** *très tôt.* Contraire : se réveiller.

❷ **Endormir** un malade, un blessé, c'est lui faire prendre un produit pour qu'il dorme profondément et ne sente pas la douleur pendant une opération.

endroit nom masculin

❶ Un **endroit** est une place, un lieu. *À quel* ***endroit*** *ranges-tu les verres ? J'habite dans un* ***endroit*** *calme.*

❷ L'**endroit** d'une chose est le côté que l'on voit. Contraire : l'envers. *Mets ta chaussette* ***à l'endroit****.* Contraire : à l'envers.

Camille remet son pull **à l'endroit**.

en effet → **effet**

énergie nom féminin

❶ L'**énergie** est la force et la volonté. *Léa est pleine d'****énergie****.*

❷ Une source d'**énergie** sert à faire fonctionner des machines, à éclairer et à se chauffer. *Le pétrole, l'électricité sont des sources d'****énergie****.*

● Mot de la même famille : énergique.

énergique adjectif

Une personne **énergique** se dépense beaucoup et fait les choses avec énergie. *Léa est une fille* ***énergique****.* Synonymes : actif, dynamique. Contraire : mou.

énerver verbe

❶ **Énerver** quelqu'un, c'est lui faire perdre patience. *Arrête de bouger, tu m'****énerves*** *!* Synonyme : agacer. Contraire : calmer.

❷ **S'énerver**, c'est perdre son calme. *Ne* ***t'énerve*** *pas !* Contraire : se calmer.

enfance **nom féminin**
L'**enfance** est la période de la vie où l'on est enfant. *Grand-père a passé son **enfance** à Marseille.*
➜ Cherche **jeunesse** et **vieillesse**.

enfant **nom masculin et nom féminin**
1 Un **enfant**, une **enfant** sont un garçon, une fille qui ont moins de treize ans.
2 Un **enfant** est le fils ou la fille d'une personne. *Ma tante a deux **enfants**, ce sont mes cousins.*
● Mot de la même famille : **enfance**.
➜ Cherche **adolescent** et **adulte**.

enfer **nom masculin**
Dans certaines religions, l'**enfer** est le lieu où vont, après leur mort, ceux qui n'ont pas respecté Dieu. *On représente le diable en **enfer**.*
➜ Cherche **paradis**.

enfermer **verbe**
1 **Enfermer** une personne ou un animal, c'est les mettre dans un endroit fermé. *Le chien **est enfermé** dans le garage.*
2 **S'enfermer**, c'est fermer sa porte pour ne pas être dérangé. *Léa **s'est enfermée** dans sa chambre.*

enfiler **verbe**
1 **Enfiler** une aiguille, des perles, c'est passer un fil dans le trou.
2 **Enfiler** un vêtement, c'est le mettre en le passant par la tête.
Contraire : **enlever**.

enfin **adverbe**
1 **Enfin** s'emploie pour dire qu'un événement a fini par arriver. *Pierre a **enfin** trouvé ses clés.*
2 **Enfin** s'emploie pour conclure une énumération. *Léo a invité David, Candice, Hugo et, **enfin**, Clara.*

Lucas **enfile** sa combinaison de surf.

enflammer **verbe**
Enflammer, c'est mettre en flammes, faire brûler. *Une allumette **a enflammé** la paille.* **S'enflammer**, c'est prendre feu. *Le bois sec **s'enflamme** facilement.*

🔍 Il y a deux *m*, comme dans « flamme ».

enfler **verbe**
Enfler, c'est devenir gros, gonfler. *Pierre a un abcès et sa joue **a enflé**.*

enfoncer **verbe**
1 **Enfoncer** un clou, c'est le faire pénétrer dans un mur ou dans du bois.
Synonyme : **planter**.

Marie regarde l'allumette **s'enflammer**.

A B C D E F G H I J K L M N O P Q R S T U V W X Y Z

❷ **Enfoncer** une porte, un mur, c'est les casser pour pénétrer à l'intérieur d'un lieu. *Les pompiers **ont enfoncé** la porte.* Synonyme : défoncer.

❸ **S'enfoncer**, c'est aller vers le fond de quelque chose. *Le bateau **s'enfonce** dans la mer.* Synonyme : couler.

enfouir verbe

Enfouir un objet, c'est le mettre dans la terre en creusant. *Le chien **a enfoui** son os dans le jardin.* Synonyme : enterrer.

Ne confonds pas avec « s'enfuir ».

s'**enfuir** verbe

S'enfuir, c'est partir en courant. *Les cambrioleurs **se sont enfuis**.* Synonymes : fuir, se sauver.

Ne confonds pas avec « enfouir ».

engager verbe

❶ **Engager** une personne, c'est la prendre à son service, la faire travailler. *Le coiffeur **a engagé** une nouvelle employée.* Synonyme : embaucher. Contraires : licencier, renvoyer.

❷ **S'engager** à faire quelque chose, c'est promettre de le faire. *Paul **s'est engagé** à rembourser ses dettes.*

engin nom masculin

❶ Un **engin** est une machine que l'on utilise pour des travaux. *Les grues, les bulldozers sont des **engins** de construction.*

❷ Un **engin** de guerre est un objet qui blesse et qui tue. *Les chars d'assaut sont des **engins** de guerre.*

engloutir verbe

❶ **Engloutir** un aliment, c'est l'avaler très vite. *L'otarie **a englouti** trois gros poissons.*

❷ **S'engloutir**, c'est disparaître dans l'eau. *Un navire **s'est englouti** dans la mer.* Synonyme : couler.

engourdi, engourdie adjectif

Quand une partie du corps est **engourdie**, on ne la sent presque plus. *Au réveil, j'avais un bras tout **engourdi**.*

➜ Cherche dégourdir.

engrais nom masculin

L'**engrais** est un produit que l'on met dans la terre pour que les plantes poussent mieux.

● Mot de la même famille : engraisser.

engraisser verbe

Engraisser un animal, c'est lui donner beaucoup de nourriture pour qu'il devienne gras. *On **engraisse** les oies et les canards.*

énigme nom féminin

Une **énigme** est une chose mystérieuse, difficile à comprendre. *La disparition des dinosaures est une **énigme**.* Synonyme : mystère.

enjamber verbe

Enjamber un espace, un obstacle, c'est passer par-dessus en étendant la jambe. *J'ai **enjambé** le fossé.*

enlacer verbe

Enlacer une personne, c'est la serrer dans ses bras. *La mère **enlace** son fils.*

enlaidir verbe

Enlaidir, c'est rendre laid. *Les usines **enlaidissent** la campagne.* Contraire : embellir.

enlèvement nom masculin

Un **enlèvement**, c'est le fait d'enlever une personne par la force. *Les journalistes ont parlé d'un **enlèvement** d'enfant.*

Julien **enjambe** la clôture.

enlever verbe

1 **Enlever** une chose, c'est la faire sortir de l'endroit où elle est. *Léo **enlève** ses affaires de la cuisine.* Synonymes : ôter, retirer. ***Enlève** ton tee-shirt !* Contraires : enfiler, mettre.

2 **Enlever** une chose, c'est la faire partir, la supprimer. *J'**ai enlevé** la tache avec du savon.*

3 **Enlever** une personne, c'est l'emmener de force. *Des gangsters **ont enlevé** une dame.* Synonyme : kidnapper.

● Mot de la même famille : enlèvement.

s'enliser verbe

S'enliser, c'est s'enfoncer dans un sol mou. *La voiture **s'est enlisée** dans le sable.*

enneigé, enneigée adjectif

Une route **enneigée** est couverte de neige.

ennemi nom masculin
ennemie nom féminin

1 L'**ennemi** (ou les **ennemis**) sont les soldats que l'on combat en temps de guerre.

2 Un **ennemi** est une personne qui veut du mal à quelqu'un. *Tintin a retrouvé son **ennemi** Rastapopoulos.* Contraire : ami.

ennui nom masculin

1 L'**ennui** est l'impression de vide que l'on éprouve quand on n'a rien à faire ou quand ce que l'on fait n'est pas intéressant. *Rester trois heures sans rien faire, quel **ennui** !*

2 Un **ennui** est une chose qui inquiète, contrarie. *Paul a des **ennuis** de santé.* Synonymes : problème, souci.

ennuyer verbe

1 **Ennuyer** quelqu'un, c'est lui donner une impression de vide. *Cette émission m'**ennuie**.* Contraire : intéresser. *Quand Paul n'a rien à faire, il **s'ennuie**.*

2 **Ennuyer** quelqu'un, c'est le contrarier ou l'inquiéter. *Cela m'**ennuie** de quitter mes amis.*

● Mots de la même famille : ennui, ennuyeux.

Eva **s'ennuie** sans ses amis.

ennuyeux, ennuyeuse adjectif

Une chose **ennuyeuse** provoque une sensation de vide. *Le film était **ennuyeux**.* Contraires : distrayant, intéressant, passionnant.

énoncé nom masculin

L'**énoncé** d'un problème est le texte qui donne des informations et qui pose des questions. *Pour résoudre un problème, il faut lire attentivement l'**énoncé**.*

énorme adjectif

Une chose ou un être **énormes** sont très gros et très grands. *Les éléphants sont des animaux **énormes**.* Synonyme : gigantesque. Contraire : minuscule.

● Mot de la même famille : énormément.

énormément adverbe

Énormément signifie : vraiment beaucoup. *Léa a **énormément** changé.*

enquête nom féminin

Une **enquête** est une recherche faite par la police ou par un détective pour découvrir ce qui s'est passé. *Après le cambriolage, la police a mené une **enquête**.*

Le deuxième e prend un accent circonflexe.

enrager verbe

Faire enrager une personne, c'est l'agacer pour la mettre en colère. *Lucas et Alexandra **font enrager** leur sœur.* Synonyme : taquiner.

Le crocodile a une **énorme** gueule.

enregistrer verbe

① **Enregistrer** une voix, des sons, des images, c'est les fixer sur une bande spéciale. *Un journaliste **a enregistré** les déclarations du maire. J'**ai enregistré** le film « les 101 Dalmatiens » au magnétoscope.*

② **Enregistrer** des bagages, c'est les confier au service qui s'occupe de leur transport. *À l'aéroport, nous **avons enregistré** nos bagages.*

s'enrhumer verbe

S'enrhumer, c'est attraper un rhume. *Je **me suis enrhumée** en sortant de la piscine.*

Simon **s'est enrhumé**.

s'enrichir verbe

S'enrichir, c'est devenir riche. *Les pays qui ont du pétrole dans leur sous-sol **s'enrichissent**.*

enroué, enrouée adjectif

Être **enroué**, c'est avoir une voix plus grave que d'habitude et avoir du mal à parler. *Léa a trop crié, elle est **enrouée**.*

enrouler verbe

Enrouler une chose, c'est la rouler autour d'une autre chose ou sur elle-même. *Maman **a enroulé** la nappe.* Contraire : dérouler.

enseigne nom féminin

Une **enseigne** est un panneau ou une décoration qui indique un magasin, un restaurant, une salle de cinéma. *L'**enseigne** de la pharmacie est une croix verte.*

une **enseigne** de restaurant

enseigner verbe

Enseigner, c'est transmettre des connaissances. *Un professeur de français **enseigne** le français.* Synonyme : apprendre.

Les personnes qui enseignent sont des **enseignants**.

1. ensemble adverbe

Ensemble signifie : l'un avec l'autre, les uns avec les autres. *Léo et Yasmina sont partis **ensemble**.*

2. ensemble nom masculin

Un **ensemble**, c'est un groupe qui forme un tout. *La clientèle est l'**ensemble** des clients. L'athlétisme est l'**ensemble** des sports que font les athlètes.*

ensevelir verbe

Ensevelir une chose, un être, c'est les recouvrir entièrement d'une masse de terre, de sable, de neige. *L'avalanche **a enseveli** un skieur.*

ensoleillé, ensoleillée adjectif

Un endroit **ensoleillé** est rempli de la lumière du soleil. *Notre classe est très **ensoleillée**.* Synonyme : lumineux. Contraires : obscur, sombre.

ensommeillé, ensommeillée adjectif

Être **ensommeillé**, c'est être mal réveillé, avoir sommeil. *À six heures du matin, les voyageurs **sont ensommeillés**.*

Il y a deux *m* et deux *l*.

ensorceler verbe

Ensorceler une personne ou une chose, c'est avoir sur elle un pouvoir magique, lui jeter un sort. *Le chant des sirènes **a ensorcelé** Ulysse et ses compagnons.*

ensuite adverbe

Ensuite signifie : après. *Finis ton repas, tu iras jouer **ensuite**.* Contraires : d'abord, avant.

entaille nom féminin

Une **entaille** est une blessure faite en se coupant. *Je me suis fait une **entaille** au doigt.*

entamer verbe

Entamer des aliments, c'est commencer à les manger. *Qui **a entamé** le gâteau ?*

A B C D E F G H I J K L M N O P Q R S T U V W X Y Z

entasser verbe
Entasser des objets, c'est les mettre en tas, les uns sur les autres. *Tom **a entassé** des livres sur son bureau.*

entendre verbe
❶ Quand on **entend** un bruit, un son, il arrive à nos oreilles. *J'**entends** des pas dans l'escalier.*
❷ Quand des personnes **s'entendent** bien, elles sont d'accord, elles ne se disputent pas. *Léa et David **s'entendent** bien.*
● Mot de la même famille : entente.

entente nom féminin
L'**entente** entre des personnes, c'est leurs bonnes relations. *L'**entente** est bonne dans la classe.*

enterrement nom masculin
Un **enterrement** est une cérémonie que l'on fait pour enterrer un mort, pour le mettre en terre.
Il y a deux *r*, comme dans « terre ».

enterrer verbe
❶ **Enterrer** un objet, c'est le mettre dans la terre. *Sam **a enterré** son os dans le jardin.* Synonyme : enfouir. Contraire : déterrer.
❷ **Enterrer** un mort, c'est le mettre en terre après l'avoir déposé dans un cercueil.
Il y a deux *r*, comme dans « terre ».
● Mot de la même famille : enterrement.

On **entend** le bruit de la mer dans ce coquillage.

s'entêter verbe
S'entêter, c'est ne pas vouloir changer d'avis, être têtu. *David sait qu'il a tort mais il **s'entête**.*
Le deuxième *e* prend un accent circonflexe, comme dans « tête ».

enthousiasme nom masculin
Faire quelque chose avec **enthousiasme**, c'est être content et excité. *Florian a accepté avec **enthousiasme** d'aller au cinéma.*
Ce mot s'écrit avec *th*.

entier, entière adjectif
Quand une chose est **entière**, il ne manque pas un élément. *La boîte de bonbons est **entière**.* Synonyme : plein. Contraire : vide.
*Le jeu de dames est **entier**.*
Synonyme : complet.
● Mot de la même famille : entièrement.

entièrement adverbe
Entièrement signifie : complètement. *Mon exercice est **entièrement** faux.*

entonnoir nom masculin
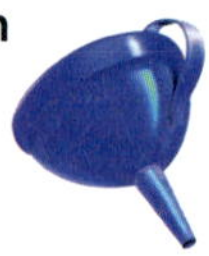
Un **entonnoir** est un ustensile en forme de cône, qui sert à verser un liquide ou de la poudre dans un récipient.

entorse nom féminin
Se faire une **entorse**, c'est se tordre la cheville ou le genou.

entortiller verbe
Entortiller une chose, c'est la rouler dans un papier que l'on tord aux deux bouts. *Les bonbons **sont entortillés** dans du papier doré.*

entourer **verbe**
Entourer un lieu, une chose, c'est être autour ou mettre autour. *Un mur* ***entoure*** *le jardin. J'****ai entouré*** *les verbes en rouge.*

entracte **nom masculin**
Un **entracte** est une pause entre les parties d'un spectacle.

entraînement **nom masculin**
Un **entraînement** est une préparation régulière à un sport, à une compétition. *David a repris l'****entraînement*** *de judo.*

🔍 La nouvelle orthographe permet d'écrire aussi *entrainement,* sans accent circonflexe.

entraîner **verbe**
1 Quand le vent **entraîne** une chose, il la pousse dans une direction. *Le vent* ***entraîne*** *le ballon au large.* Synonyme : emporter.
2 **Entraîner** quelque chose, c'est en être la cause. *Le mariage de Franck* ***a entraîné*** *de grosses dépenses.*
3 **S'entraîner**, c'est se préparer régulièrement à un sport, à une compétition. *David* ***s'entraîne*** *pour passer sa ceinture orange de judo.* Synonyme : s'exercer.

🔍 La nouvelle orthographe permet d'écrire aussi *entrainer,* sans accent circonflexe.
● Mots de la même famille : entraînement, entraîneur.

entraîneur **nom masculin**
entraîneuse **nom féminin**
Un **entraîneur**, une **entraîneuse** sont des personnes qui préparent un sportif ou un cheval de course pour les compétitions. C'est un nom de métier.

🔍 La nouvelle orthographe permet d'écrire aussi *entraineur, entraineuse,* sans accent circonflexe.

entre **préposition**
1 **Entre** deux choses, **entre** deux personnes, **entre** deux heures, c'est au milieu. *Je suis assise* ***entre*** *Léa et Chloé. Ils déjeunent* ***entre*** *midi et une heure.*
2 **Entre** s'emploie dans une comparaison. *Quelle différence y a-t-il* ***entre*** *un chat et un lynx ? Il y a une grande ressemblance* ***entre*** *mon frère et moi.*

entrebâiller **verbe**
Entrebâiller une porte ou une fenêtre, c'est l'ouvrir un petit peu.

🔍 Le *a* prend un accent circonflexe, comme dans « bâiller ».

entrée **nom féminin**
1 L'**entrée**, c'est l'action d'entrer. *Florian a fait une* ***entrée*** *bruyante dans la classe.* Contraire : sortie. *L'****entrée*** *de l'usine est interdite au public.* Synonyme : accès.
2 L'**entrée** est l'endroit par où l'on entre. *Attends-moi dans l'****entrée*** *de l'appartement. L'****entrée*** *du cinéma est éclairée.*
3 Une **entrée** est un plat que l'on sert au début du repas. *Nous avons eu des crudités en* ***entrée****.* Synonyme : hors-d'œuvre.

C'est l'**entrée** de l'école.

entreprise **nom féminin**
Une **entreprise** est un endroit où l'on travaille. *Mon oncle travaille dans une **entreprise** de transport.*

entrer **verbe**
❶ **Entrer**, c'est passer de l'extérieur à l'intérieur. *Je **suis entré** dans un théâtre.* Contraire : sortir.
❷ **Entrer**, c'est être admis dans une classe. *L'année prochaine, j'**entrerai** au CE2 et mon frère **entrera** en sixième.*
● Mot de la même famille : entrée.

entretenir **verbe**
Entretenir une habitation, un véhicule, c'est les tenir en bon état. *Pierre **entretient** bien sa moto.*
● Mot de la même famille : entretien.

entretien **nom masculin**
❶ L'**entretien**, c'est l'action d'entretenir. *Le jardinier s'occupe de l'**entretien** des allées.*
❷ Des **produits d'entretien** sont des produits qui servent à garder une maison propre.

énumération **nom féminin**
Une **énumération** est une suite de mots. *Lucas nous a fait l'**énumération** de ses cadeaux.* Synonyme : liste.

énumérer **verbe**
Énumérer, c'est dire une suite de mots, l'un après l'autre. *Peux-tu **énumérer** les mois de l'année ?* Synonyme : citer.
● Mot de la même famille : énumération.

envahir **verbe**
❶ **Envahir** un pays, c'est y entrer de force. *Des troupes de soldats **ont envahi** le pays voisin.*
❷ **Envahir** un lieu, c'est le remplir entièrement. *Les broussailles **envahissent** le jardin.*

enveloppe **nom féminin**

❶ Une **enveloppe** est un papier plié dans lequel on met une lettre. *N'oublie pas de coller un timbre sur l'**enveloppe**.*
❷ L'**enveloppe** d'une chose, d'une plante ou d'un animal, c'est la partie qui les recouvre. *La gousse est l'**enveloppe** des petits pois.*
Il y a un *l* et deux *p*.
● Mot de la même famille : envelopper.

envelopper **verbe**
Envelopper, c'est recouvrir une chose avec une autre chose. *On **enveloppe** les verres dans du papier.*
Il y a un *l* et deux *p*.

envers **nom masculin**
L'**envers** d'une chose est le côté que l'on ne voit pas. Contraire : l'endroit. *Tu as mis ton pull **à l'envers**.* Contraire : à l'endroit.
Ce mot se termine par un *s*.

envie **nom féminin**
❶ **Avoir envie** de quelque chose, c'est le désirer. *J'**ai envie** d'aller faire du ski.*
❷ L'**envie** est le désir d'avoir ce qu'une autre personne a. *On critique souvent les autres par **envie**.* Synonyme : jalousie.
● Mot de la même famille : envier.

envier **verbe**
Envier quelqu'un, c'est désirer avoir ce qu'il a ou faire ce qu'il fait. *Tu as de la chance d'aller voir le match, je t'**envie**.*

environ **adverbe**
Environ signifie : à peu près. *Dans notre classe, il y a vingt-cinq élèves **environ**.* Contraire : exactement.

environnement **nom masculin**
L'**environnement**, c'est la nature qui est autour de nous. *La pollution est un grave danger pour l'**environnement**.*

environs **nom masculin pluriel**
Les **environs** sont les lieux qui entourent un endroit. *Solène habite dans les **environs** de Montréal.*

s'**envoler** **verbe**
1 Quand un oiseau **s'envole**, il part en volant.
2 Quand un avion **s'envole**, il monte dans le ciel. Contraire : se poser.

Les pigeons **se sont envolés**.

envoyer **verbe**
1 **Envoyer** une personne quelque part, c'est la faire partir. *Maman **a envoyé** mon frère à la campagne.*
2 **Envoyer** un objet, c'est le lancer. ***Envoie** le ballon !*
3 **Envoyer** une lettre, un colis, c'est les mettre à la poste après avoir écrit l'adresse du destinataire. *Demain, j'**enverrai** un colis à Marion.* Synonymes : adresser, expédier, poster. Contraire : recevoir.

épais, épaisse **adjectif**
1 Ce qui est **épais** est très gros. *Les éléphants ont une peau **épaisse**.* Contraires : fin, mince.
2 Une sauce **épaisse** n'est pas très liquide. Contraires : fluide, liquide.
● Mot de la même famille : épaisseur.

épaisseur **nom féminin**
L'**épaisseur** d'un objet est sa dimension entre les deux faces. *La planche a trois centimètres d'**épaisseur**.*

s'**épanouir** **verbe**
Quand une fleur **s'épanouit**, elle s'ouvre complètement.

éparpiller **verbe**
Éparpiller des objets, des personnes, c'est les faire aller de tous les côtés. *Le vent **a éparpillé** les feuilles mortes.* Synonyme : disperser. Contraire : rassembler. *Les enfants **se sont éparpillés** dans la cour.* Contraires : se grouper, se rassembler.

épaule **nom féminin**
L'**épaule** est la partie du corps qui relie le bras au tronc.

épave **nom féminin**
Une **épave** est un bateau qui s'est échoué, qui est au fond de la mer ou rejeté sur le rivage. *Des scaphandriers ont trouvé une **épave**.*

Il y a une **épave** sur la plage.

épée **nom féminin**
Une **épée** est une arme qui est faite d'une longue lame pointue et d'une poignée. *Autrefois, on se battait à l'**épée**.*

épeler **verbe**
Épeler un mot, c'est dire chacune des lettres l'une après l'autre. *J'**épelle** le mot « comptine ».*

éperon **nom masculin**
Un **éperon** est une pointe de métal que les cavaliers fixent au talon de leurs bottes. *Le cavalier donne un léger coup d'**éperon** pour faire avancer son cheval.*

épi **nom masculin**
L'**épi** d'une céréale est le bout de la tige qui porte des grains.
➜ Cherche **céréale**.

épice **nom féminin**
Une **épice** est un aliment qui donne plus de goût aux plats. *Le poivre et le piment sont des **épices**.*

épicerie **nom féminin**
Une **épicerie** est un magasin où l'épicier vend des produits d'alimentation.
● Mot de la même famille : **épicier**.

épicier **nom masculin**
épicière **nom féminin**
Un **épicier**, une **épicière** sont des personnes qui travaillent dans une épicerie. C'est un nom de métier. *J'ai acheté du jus d'orange et des yaourts chez l'**épicier**.*

épidémie **nom féminin**
Une **épidémie** est une maladie qui atteint un grand nombre de personnes en même temps. *Cet hiver, il y a eu une **épidémie** de grippe.*

épinard **nom masculin**
L'**épinard** est une plante qui a des feuilles vertes. *Nous avons mangé des **épinards** à la crème.*

épine **nom féminin**
Une **épine** est un piquant qui pousse sur certaines plantes. *Les roses, les ronces ont des **épines**.*

épingle **nom féminin**
1 Une **épingle** est une petite tige de métal qui sert à attacher, à maintenir du tissu, du papier.
2 Une **épingle à linge** est une pince à linge.

épisode **nom masculin**
Un **épisode** est une partie d'une histoire que l'on raconte en plusieurs fois. *J'ai regardé le premier **épisode** du feuilleton, à la télévision.*

éplucher **verbe**
Éplucher un légume ou un fruit, c'est retirer leur peau et toutes les parties qui ne se mangent pas.
● Mot de la même famille : **épluchure**.

Le singe **épluche** une banane.

épluchure **nom féminin**
Les **épluchures** d'un fruit ou d'un légume sont les morceaux de peau, les parties que l'on enlève en épluchant.

éponge **nom féminin**
Une **éponge** est un objet en matière souple qui absorbe les liquides.
● Mot de la même famille : éponger.

éponger **verbe**
Éponger un liquide, c'est l'essuyer avec une éponge.

époque **nom féminin**
Une **époque** est un moment de l'histoire d'un pays. *On roulait en calèche **à l'époque de** Louis XVI.*
Synonyme : au temps de.

épouse → **époux**

épouser **verbe**
Épouser une personne, c'est se marier avec elle. *Hélène **a épousé** Franck l'année dernière.*
● Mot de la même famille : époux.

épouvantable **adjectif**
Une chose **épouvantable** fait très peur, remplit d'épouvante. *On a entendu un hurlement **épouvantable**.*
Synonymes : effroyable, horrible, terrifiant.

épouvantail **nom masculin**
Un **épouvantail** est une sorte de mannequin habillé de vieux vêtements. *Les **épouvantails** éloignent les oiseaux des cultures.*

épouvante **nom féminin**
Un film d'**épouvante** est un film qui fait peur aux spectateurs.
● Mots de la même famille : épouvantable, épouvantail.

L'**épouvantail** fait fuir les oiseaux.

époux **nom masculin**
épouse **nom féminin**
Des **époux** sont des personnes qui sont mariées ensemble. *Grand-père est l'**époux** de grand-mère.*
Synonyme : mari. *Madame Arlot est l'**épouse** de monsieur Arlot.*
Synonyme : femme.

épreuve **nom féminin**
1 Une **épreuve** est une chose difficile que l'on donne à faire à quelqu'un pour qu'il montre sa force et son courage.
2 Une **épreuve** est une partie d'un examen ou d'une compétition. *Marie a réussi l'**épreuve** de natation.*

éprouver **verbe**
Éprouver un sentiment, c'est le sentir au fond de soi. *Quand je vois mes amis, j'**éprouve** de la joie.*
Synonyme : ressentir.

épuiser **verbe**
Épuiser une personne, c'est la fatiguer énormément. *Ce travail nous **a épuisés**.* Contraire : reposer.

a b c d e f g h i j k l m n o p q r s t u v w x y z

A B C D E F G H I J K L M N O P Q R S T U V W X Y Z

épuisette **nom féminin**
Une **épuisette** est un petit filet fixé au bout d'un long manche.

Julie a attrapé un crabe dans son **épuisette**.

équateur **nom masculin**
L'**équateur** est la ligne imaginaire qui fait le tour de la Terre, en son milieu. *Le climat des pays situés près de l'**équateur** est chaud et humide.*

▶ Dans les régions proches de l'équateur, se trouve la **forêt équatoriale** où vivent de nombreux animaux.

☛ Va voir la planche illustrée ⓮

équerre **nom féminin**
Une **équerre** est un instrument qui sert à tracer des angles droits.

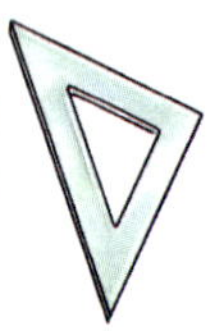

équilibre **nom masculin**
L'**équilibre** est la position stable qui permet de ne pas tomber. *Marion est en **équilibre** sur la poutre. Paul a glissé et il a perdu l'**équilibre**.*

équipage **nom masculin**
L'**équipage** d'un bateau ou d'un avion, c'est l'ensemble des personnes qui y travaillent.

équipe **nom féminin**
Une **équipe** est un groupe de travailleurs ou de joueurs. *Les ouvriers travaillent en **équipe**. Aziz fait partie d'une **équipe** de football.*

● Mots de la même famille : équipage, équipement.

équipement **nom masculin**
Un **équipement**, c'est l'ensemble des objets et des vêtements nécessaires à une activité. *J'ai emporté mon **équipement** de ski en classe de neige.*

équitation **nom féminin**
Faire de l'**équitation**, c'est monter à cheval.

erreur **nom féminin**
Faire une **erreur**, c'est se tromper. *J'ai fait une **erreur** de calcul.*
Synonyme : faute.

éruption **nom féminin**
❶ Un volcan est en **éruption** quand de la lave et des cendres jaillissent du cratère.
❷ Avoir une **éruption** de boutons, c'est avoir soudain le corps couvert de boutons.

escabeau **nom masculin**
Un **escabeau** est une petite échelle pliante qui a des marches.

Au pluriel, on écrit *des escabeaux*.

escalade **nom féminin**
Faire de l'**escalade**, c'est grimper en haut d'une montagne, d'un rocher ou d'un mur en s'aidant des mains. *Nous avons fait de l'**escalade** dans les Alpes.*

● Mot de la même famille : escalader.

escalader **verbe**
Escalader une montagne, des rochers, un mur, c'est monter tout en haut. *Les*

Ils font de l'**escalade**.

volcanologues ***ont escaladé*** *le volcan pour atteindre le cratère.*

escale **nom féminin**
Une **escale** est un arrêt au cours d'un voyage. *Le paquebot a fait une* ***escale*** *à Miami.*

escalier **nom masculin**
① Un **escalier** est une suite de marches qui permettent de monter et de descendre.
② Un **escalier roulant** (ou un **escalier mécanique**) est un escalier qui est mis en mouvement par un système automatique.

escalope **nom féminin**
Une **escalope** de veau ou de dinde est une tranche mince.

escargot **nom masculin**
Un **escargot** est un petit animal au corps mou qui porte une coquille en spirale et qui rampe. *Les quatre cornes des* ***escargots*** *leur permettent de toucher et de voir.*
▶ Les escargots sont des mollusques.

des **escargots**

esclave **nom masculin et nom féminin**
Les **esclaves** étaient des personnes qui travaillaient sans être payées. Ils n'étaient pas libres et appartenaient à un maître qui avait tous les pouvoirs sur eux.

escrime **nom féminin**
L'**escrime** est un sport de combat où deux adversaires se battent à l'épée.

espace **nom masculin**
① L'**espace** est l'étendue située au-dessus de l'atmosphère. *Les astronautes voyagent dans l'****espace****.*
② L'**espace**, c'est ce qui sépare deux choses, deux personnes. *Entre chaque maison, il y a un* ***espace*** *de cent mètres.*
Synonymes : **distance, intervalle.**
● Mot de la même famille : **espacer**.
☛ Va voir la planche illustrée ⑯

espacer **verbe**
Espacer des choses, c'est mettre un espace entre elles. ***Espacez*** *davantage vos mots.* Synonyme : **séparer.**

espèce **nom féminin**
① Une **espèce** est un groupe d'êtres vivants qui se ressemblent beaucoup. *Il existe différentes* ***espèces*** *d'animaux et de végétaux. L'****espèce*** *humaine regroupe tous les êtres humains.*
② **Une espèce de**, c'est une chose ou une personne qu'on ne sait pas nommer exactement. *Paul habite dans* ***une espèce de*** *chaumière.*
Synonymes : **un genre de, une sorte de.**

a b c d e f g h i j k l m n o p q r s t u v w x y z

espérer verbe
Espérer, c'est croire qu'une chose que l'on désire va se réaliser. *J'**espère** que tu viendras dimanche.*
● Mot de la même famille : espoir.

espion nom masculin
espionne nom féminin
Un **espion**, une **espionne** sont des personnes qui cherchent à découvrir les secrets d'un pays étranger.
🔍 On dit aussi « agent secret ».
● Mots de la même famille : espionnage, espionner.

espionnage nom masculin
L'**espionnage** est l'activité des espions.

espionner verbe
Espionner une personne, c'est la surveiller sans qu'elle le sache.

espoir nom masculin
L'**espoir**, c'est le fait d'espérer quelque chose. *Les sauveteurs ont l'**espoir** de retrouver des survivants.*

esprit nom masculin
L'**esprit** est ce qui permet de réfléchir et de comprendre. *Certaines personnes ont l'**esprit** vif.*

Esquimau nom masculin
Un **Esquimau** est une glace recouverte de chocolat et fixée sur un bâton plat.
🔍 Ce mot s'écrit avec une majuscule parce que c'est un nom de marque.

essai nom masculin
❶ L'**essai**, c'est le fait d'essayer. *Mon oncle a fait l'**essai** d'une nouvelle voiture.*
❷ Un **essai**, c'est le fait de tenter quelque chose. *J'ai réussi mon saut au premier **essai**.* Synonyme : tentative.

essaim nom masculin
Un **essaim** est un groupe d'abeilles en vol. *Un **essaim** comporte une reine et des milliers d'abeilles appelées « ouvrières ».*
🔍 Le son [ɛ̃] s'écrit *aim*.

essayer verbe
❶ **Essayer** une chose, c'est l'utiliser pour la première fois et voir si elle convient. *Mon oncle **a essayé** une nouvelle voiture.*
❷ **Essayer** un vêtement, c'est le mettre pour voir s'il va bien.
❸ **Essayer** de faire quelque chose, c'est faire son possible pour y arriver. ***Essaie** de te rappeler le nom de cette dame.*
Synonyme : tâcher.
● Mot de la même famille : essai.

Lucas **essaie** les chaussures de son père.

essence nom féminin
L'**essence** est un liquide qui provient du pétrole et qui fait fonctionner les moteurs. *L'**essence** s'enflamme facilement.*

essentiel, essentielle adjectif
Ce qui est **essentiel**, c'est ce qui est le plus important. *Vous avez manqué*

la partie ***essentielle*** *du film.*
Synonyme : **principal.**

On écrit *tiel* mais on prononce [sjɛl], comme « ciel ».

essorer verbe

Essorer du linge, c'est faire sortir l'eau qui est à l'intérieur. *Chloé* ***essore*** *son maillot de bain avant de le mettre dans son sac.*

essoufflé, essoufflée adjectif

Être **essoufflé**, c'est avoir du mal à reprendre son souffle, à respirer normalement. *Après la course, j'étais tout* ***essoufflée****.*

Il y a deux *f*, comme dans « souffle ».

essuie-glace nom masculin

Un **essuie-glace** est un appareil qui essuie automatiquement le pare-brise et la vitre arrière d'une voiture.

Ce mot a un trait d'union. Au pluriel, il n'y a pas de *s* à « essuie » : on écrit *des essuie-glaces.*

essuyer verbe

1 **Essuyer**, c'est sécher avec un torchon ou une serviette. *Tom* ***essuie*** *la vaisselle.* ***Essuie-toi*** *la figure !*

2 **Essuyer**, c'est frotter pour enlever la poussière, la boue. *Maman* ***essuie*** *les meubles.* ***Essuyez*** *vos pieds avant d'entrer.*

Marion **essuie** le tableau.

est nom masculin

L'**est** est l'un des quatre points cardinaux qui permettent de se diriger. *Quand on regarde vers le nord, l'****est*** *est à droite. Le soleil se lève à l'****est****.*

On prononce le *s* et le *t*.

➜ Cherche **nord**, **ouest** et **sud**.

est-ce que adverbe

Est-ce que s'emploie pour poser une question. ***Est-ce que*** *tu veux un gâteau ?*

estomac nom masculin

L'**estomac** est un organe qui se trouve dans le ventre. Il a la forme d'une poche et sert à digérer les aliments.

On ne prononce pas le c.

➜ Cherche **intestin**.

estrade nom féminin

Une **estrade** est un plancher avec des marches que l'on installe au-dessus du sol. *Pour le spectacle, on a installé une* ***estrade*** *dans la cour.*

et conjonction

Et est un petit mot qui sert à relier des mots ou des phrases. *J'aime le chocolat* ***et*** *le caramel. Il est venu* ***et*** *il est reparti.*

Ne confonds pas avec « il, elle, on est ».

étable nom féminin

Une **étable** est un bâtiment qui sert d'abri aux bœufs, aux vaches et aux veaux.

établi nom masculin

Un **établi** est une grosse table qu'un menuisier, un bricoleur utilise pour travailler.

A B C D E F G H I J K L M N O P Q R S T U V W X Y Z

établissement **nom masculin**
Un **établissement** est un bâtiment réservé à un travail, à une activité. *Une école est un* ***établissement*** *scolaire. Une usine est un* ***établissement*** *industriel.*

étage **nom masculin**
Un **étage** est un niveau dans un immeuble. *Nous habitons au premier* ***étage****.*
● Mot de la même famille : **étagère**.

étagère **nom féminin**
Une **étagère** est une planche fixée au mur ou qui fait partie d'un meuble. *J'ai rangé mes livres sur une* ***étagère****.*

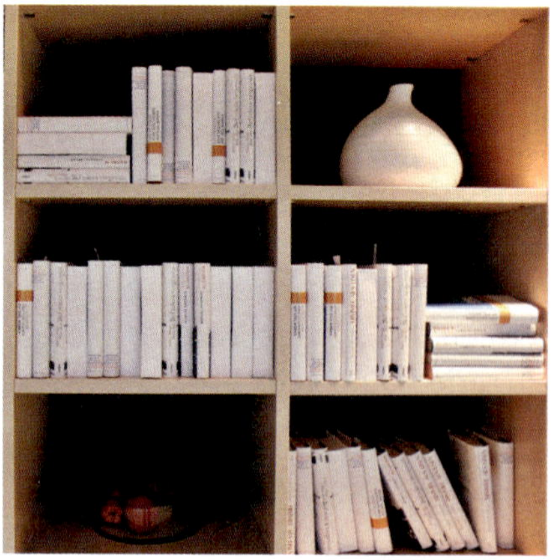

Les livres sont bien rangés sur les **étagères**.

étalage **nom masculin**
Un **étalage**, c'est l'ensemble des marchandises étalées et l'endroit où elles sont présentées. *Nous regardons les* ***étalages*** *du marché.*

étaler **verbe**
❶ **Étaler** des objets, des marchandises, c'est les disposer sur toute la surface disponible. *J'****étale*** *mes affaires de classe sur la table.*
❷ **Étaler** un papier, une étoffe, c'est les mettre à plat. *Nous* ***étalons*** *le drap sur le lit.* **Synonyme : étendre.**
● Mot de la même famille : **étalage**.

étanche **adjectif**
Un objet **étanche** ne laisse pas passer l'eau. *Paul a une montre* ***étanche****.*

étang **nom masculin**
Un **étang** est une étendue d'eau douce. *On peut pêcher des têtards dans un* ***étang****.*
▶ Un étang est plus grand qu'une mare et plus petit qu'un lac.
🔍 On ne prononce pas le *g*.

Quel calme au bord de l'**étang** !

étape **nom féminin**
❶ Une **étape** est une partie d'un voyage, d'une excursion, d'une course. *Nous avons fait une course cycliste en dix* ***étapes****.*
❷ Une **étape** est l'endroit où l'on s'arrête pour se reposer. **Synonyme : halte.**

1. état **nom masculin**
❶ Un objet **en bon état** n'est pas abîmé. *La voiture est* ***en bon état****.*

❷ Quand l'**état de santé** d'une personne est bon, elle est en bonne santé.

2. État **nom masculin**
Un **État** est un pays organisé qui a un gouvernement. *Le chef de l'**État** a fait un discours.* **Synonyme : nation.**
Ce mot s'écrit avec une majuscule.

etc. **adverbe**
Etc. signifie : et d'autres choses. *Nous avons acheté des jus de fruits, des bonbons, des gâteaux, **etc**.*
On écrit *etc.* mais on prononce [ɛtsetera].
– La nouvelle orthographe permet d'écrire aussi *etcétéra*.

été **nom masculin**
L'**été** est la saison de l'année qui vient après le printemps et avant l'automne. Il commence le 21 ou le 22 juin et finit le 22 ou le 23 septembre.
☛ Va voir « les saisons », page 607.

éteindre **verbe**
❶ **Éteindre**, c'est faire cesser de brûler. *J'ai **éteint** la bougie.* **Contraire : allumer.**
❷ **Éteindre**, c'est interrompre le fonctionnement d'un appareil électrique en appuyant sur un bouton. ***Éteins** la lumière quand tu sors d'une pièce !* **Contraire : allumer.**

On **a éteint** une des deux bougies.

étendre **verbe**
❶ **Étendre** une chose, c'est la mettre à plat. *On **a étendu** une couverture sur l'herbe.* **Synonyme : étaler.**
❷ **S'étendre** sur un lit, c'est se mettre dessus. **Synonyme : s'allonger.**
❸ **S'étendre** sur une surface, c'est occuper cette surface. *La plaine **s'étend** sur des kilomètres.*
● Mot de la même famille : **étendue**.

étendue **nom féminin**
Une **étendue** est une surface, un espace. *Un lac est une **étendue** d'eau douce.*

éternel, éternelle **adjectif**
❶ Ce qui est **éternel** n'a pas de commencement ni de fin. *Ils se sont juré un amour **éternel**.*
❷ Les **neiges éternelles** ne fondent pas, ne disparaissent jamais.

éternuement **nom masculin**
Un **éternuement**, c'est le fait d'éternuer.
Il y a un e avant le *m*.

éternuer **verbe**
Éternuer, c'est rejeter brusquement de l'air par le nez et la bouche. *Quand on a pris froid, on **éternue**.*
● Mot de la même famille : **éternuement**.

étinceler **verbe**
Étinceler, c'est briller en faisant comme de petites étincelles. *La neige **étincelle** au soleil.* **Synonyme : scintiller.**

étincelle **nom féminin**
Une **étincelle** est une flamme minuscule qui s'échappe d'un feu et s'éteint tout de suite. *Dans le feu, les pommes de pin font des **étincelles**.*
● Mot de la même famille : **étinceler**.

étiquette nom féminin

Une **étiquette** est un petit morceau de papier ou de carton fixé sur un objet et qui donne différents renseignements. *Le prix du manteau est écrit sur l'**étiquette**.*

étirer verbe

① **Étirer** une chose, c'est l'allonger en tirant dessus. *On peut **étirer** un élastique.*

② **S'étirer**, c'est tendre son dos et ses membres. *Le chien bâille et **s'étire**.*

Le chat **s'étire**.

étoffe nom féminin

Une **étoffe** est un tissu qui sert à faire des vêtements. *Le satin est une **étoffe** brillante.*

Il y a deux *f*.

étoile nom féminin

① Les **étoiles** sont des astres brillants.

② Une **étoile de mer** est un petit animal marin qui a la forme d'une étoile.

→ Cherche **astre**.

étonnant, étonnante adjectif

Une chose **étonnante**, un être **étonnant** causent de la surprise, étonnent. *Nous avons appris une nouvelle **étonnante**.*

étonner verbe

Étonner, c'est causer de la surprise par quelque chose d'inattendu. *Cela m'**étonnerait** que David me prête son baladeur.* Synonyme : **surprendre**.

● Mot de la même famille : **étonnant**.

étouffer verbe

Étouffer, c'est manquer d'air, ne plus pouvoir respirer. *En été, on **étouffe** dans cette pièce.*

Il y a deux *f*.

étourderie nom féminin

L'**étourderie** est le défaut d'une personne étourdie, distraite. *Dans ma dictée, j'ai fait une faute d'**étourderie**.*

étourdi, étourdie adjectif

Être **étourdi**, c'est agir sans réfléchir ou ne pas faire attention à ce qu'on doit faire. Synonyme : **distrait**. Contraire : **attentif**.

● Mot de la même famille : **étourderie**.

étourdir verbe

Étourdir quelqu'un, c'est lui faire perdre connaissance quelques instants. *Pierre est tombé sur la tête et le choc l'a **étourdi**.* Synonyme : **assommer**.

étrange adjectif

Une chose **étrange**, un être **étrange** surprennent parce qu'ils ne semblent pas normaux. *J'ai vu un animal **étrange**.* Synonyme : **bizarre**.

1. étranger nom masculin
étrangère nom féminin

Un **étranger**, une **étrangère** sont des personnes qui viennent d'un autre pays. *Notre ville est visitée par de nombreux **étrangers**.*

2. étranger **nom masculin**
L'étranger, c'est l'ensemble des autres pays. *Je ne suis jamais allé à l'**étranger**.*

étrangler **verbe**
Étrangler une personne, c'est lui serrer le cou et l'empêcher de respirer.

1. être **verbe**
❶ Le verbe **être** s'emploie pour décrire un être ou une chose. *Je **suis** blonde. Le ciel **est** bleu. Nous **sommes** grandes.*
❷ Le verbe **être** indique le lieu et le temps. *Les enfants **sont** à l'école. **Il est** trois heures.*
❸ **Être à** quelqu'un, c'est lui appartenir. *Ce livre **est à** ma sœur.*

2. être **nom masculin**
Les **êtres** vivants sont les humains, les animaux et les plantes.

étrier **nom masculin**
Un **étrier** est un anneau de métal qui sert à maintenir le pied d'un cavalier.

étroit, étroite **adjectif**
Ce qui est **étroit** a une petite largeur. *Le couloir est **étroit**.* Contraire : large.

étude **nom féminin**
❶ **L'étude**, c'est l'action d'étudier, d'apprendre. *L'**étude** d'un instrument de musique demande beaucoup de patience.*
❷ À l'école, l'**étude** est le temps que les élèves passent à travailler, après les heures de cours. *Après la classe, je reste à l'**étude**.*
❸ Faire des **études**, c'est suivre des cours et passer un examen ou un concours. *Ma grande sœur fait des **études** d'anglais.*
● Mots de la même famille : **étudiant, étudier**.

étudiant **nom masculin**
étudiante **nom féminin**
Un **étudiant**, une **étudiante** sont des personnes qui font des études après avoir quitté le lycée. *Mon grand frère est **étudiant** en médecine.*

étudier **verbe**
Étudier, c'est chercher à s'instruire, à apprendre quelque chose. *Marion **étudie** la musique.*

étui **nom masculin**
Un **étui** est une sorte de boîte faite spécialement pour ranger un objet, un instrument. *Mes jumelles sont dans un **étui**.*

eu → **avoir**

euh ! **interjection**
Euh s'emploie quand on hésite, quand on doute ou quand on est gêné. ***Euh !** je ne sais pas quoi répondre.*
On écrit aussi « heu ! ».

euro **nom masculin**
L'**euro** est la monnaie qui est utilisée dans de nombreux pays d'Europe depuis le 1er janvier 2002.
▶ Un euro est divisé en cent centimes.

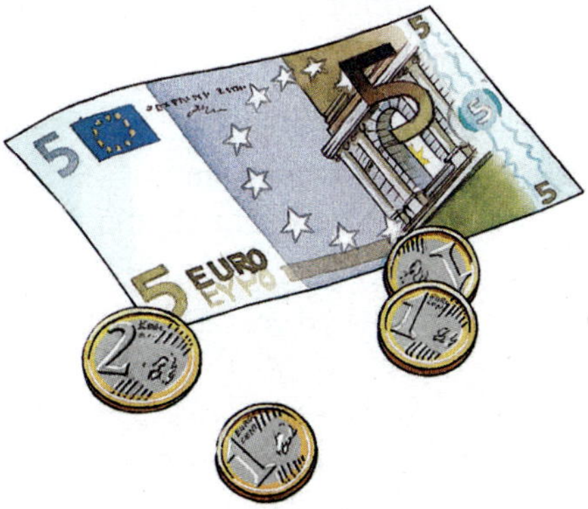

Il y a dix **euros** en tout.

a b c d e f g h i j k l m n o p q r s t u v w x y z

A B C D E F G H I J K L M N O P Q R S T U V W X Y Z

eux **pronom masculin pluriel**
Eux est le pluriel de « lui ». *Léo et Julien s'en vont, je pars avec* ***eux****.*

s'évader **verbe**
S'évader, c'est s'enfuir de l'endroit où l'on est retenu prisonnier. *Le prisonnier* ***s'est évadé****.*
● Mot de la même famille : **évasion**.

évaluer **verbe**
Évaluer une chose, c'est donner sa valeur, son prix. *Le garagiste* ***a évalué*** *notre voiture.*

s'évanouir **verbe**
S'évanouir, c'est perdre connaissance, ne plus se rendre compte de ce qui se passe. *Le blessé* ***s'est évanoui****.*

s'évaporer **verbe**
Quand l'eau **s'évapore**, elle se transforme en vapeur d'eau.

évasion **nom féminin**
Une **évasion**, c'est l'action de s'évader, de s'enfuir d'une prison.

éveillé, éveillée **adjectif**
Être **éveillé**, c'est avoir l'esprit vif et curieux. *Léa est une enfant* ***éveillée****.*

événement **nom masculin**
Un **événement**, c'est une chose importante qui arrive. *Le journal télévisé donne les principaux* ***événements*** *de la journée.*
On écrit aussi *évènement*.

éventail **nom masculin**
Un **éventail** est un petit objet qui se déplie et que l'on agite devant son visage pour faire de l'air.
Au pluriel, on écrit *des éventails*.

évidemment **adverbe**
Évidemment signifie : sans doute, bien sûr. *Viendras-tu à mon anniversaire ? — Évidemment !*
On écrit *emment* mais on prononce [amɑ̃].

évident, évidente **adjectif**
Ce qui est **évident** est certain. *Pierre a de la fièvre : il est malade, c'est* ***évident****.*
● Mot de la même famille : **évidemment**.

évier **nom masculin**
Un **évier** est une sorte de bassin fixé au mur d'une cuisine et qui sert à laver la vaisselle.

éviter **verbe**
❶ **Éviter** une chose, c'est tout faire pour qu'elle ne se produise pas. *Le conducteur* ***a évité*** *un accident.* ***Évitez*** *de manger trop de sucre.*
❷ **Éviter** une personne, c'est passer à côté sans la toucher. *Le cycliste* ***a évité*** *un piéton.*

exact, exacte **adjectif**
Ce qui est **exact** est juste, sans erreur. *Ton calcul est* ***exact****.* **Contraires :** **faux, inexact.** *Ma montre donne l'heure* ***exacte****.* **Synonyme :** **précis.**

exactement **adverbe**
Exactement signifie : de façon exacte, précise. *Il est trois heures* ***exactement****.* **Synonyme :** **juste.** **Contraires :** **à peu près, environ.**

ex aequo **adverbe**
Être **ex aequo**, c'est avoir le même classement. *Marion est première* ***ex aequo*** *avec Solène.*

exagérer verbe

❶ **Exagérer**, c'est donner trop d'importance à quelque chose. *Léo **exagère** quand il raconte ses exploits à la patinoire.*

❷ **Exagérer**, c'est dépasser les limites de ce qui est raisonnable. *Tu veux encore un jeu vidéo ! Tu **exagères**.*

examen nom masculin

❶ Un **examen** est une série d'exercices qui permet de vérifier le niveau d'un élève, d'un candidat. *Le permis de conduire est un **examen**.*

❷ Faire l'**examen** d'une chose, c'est la regarder attentivement. *Les policiers ont fait l'**examen** des lieux.*

On écrit *men* mais on prononce [mɛ̃], comme « main ».

● Mot de la même famille : examiner.

examiner verbe

❶ **Examiner** une chose, c'est la regarder attentivement. *Les policiers **ont examiné** l'appartement de la victime.*

❷ **Examiner** un malade, c'est regarder son corps avec soin. *Le médecin **m'a examiné**.* Synonyme : ausculter.

exaucer verbe

Exaucer un vœu ou un désir, c'est le réaliser. *Dans les contes, les génies et les fées **exaucent** les vœux.*

excellent, excellente adjectif

Ce qui est **excellent** est très bon ou très bien. *Ce gâteau est **excellent**.* Synonyme : délicieux. Contraire : infect. *Léo est un **excellent** nageur.* Contraire : lamentable.

exception nom féminin

❶ Une **exception** est un cas particulier, une chose qui ne suit pas la règle. *Dans la grammaire française, il y a de nombreuses **exceptions**.*

❷ **À l'exception de** signifie : sauf. *Toute la famille est venue **à l'exception de** Camille.*

● Mot de la même famille : exceptionnel.

exceptionnel, exceptionnelle adjectif

Un être **exceptionnel**, une chose **exceptionnelle** sont très rares. *Léo a eu l'autorisation **exceptionnelle** de sortir.* Contraires : courant, habituel, normal. *Nous avons vu jouer des acteurs **exceptionnels**.* Synonymes : extraordinaire, remarquable.

excès nom masculin

Un **excès** dépasse la quantité normale. *Mangez à votre faim, mais ne faites pas d'**excès**. Le chauffeur a eu une amende pour **excès** de vitesse.*

Ce mot se termine par un *s*.

excité, excitée adjectif

Être **excité**, c'est être très énervé et impatient. *La veille des vacances, les élèves sont très **excités**.* Contraire : calme.

exclamation nom féminin

Un **point d'exclamation** (!) est un signe de ponctuation qui se met après une interjection. *« Ah ! », « eh ! », « oh ! » sont suivis d'un **point d'exclamation**.*

→ Cherche interrogation.

s'exclamer verbe

S'exclamer, c'est exprimer sa joie, sa surprise d'une voix forte. *Enfin ! tu es là ! **s'est exclamée** ma mère.*

Synonyme : s'écrier.

● Mot de la même famille : exclamation.

exclure verbe

Exclure une personne, c'est la mettre à la porte. *Mon frère **a été exclu** du club de natation.* Synonyme : renvoyer.

A B C D E F G H I J K L M N O P Q R S T U V W X Y Z

excursion **nom féminin**
Une **excursion** est un petit voyage ou une longue promenade que l'on fait pour visiter une région.

Ils partent en **excursion**.

excuse **nom féminin**
❶ Une **excuse** est une explication, une raison que l'on donne. *As-tu une* ***excuse*** *pour expliquer ton retard ?*
❷ Faire ses **excuses** (ou présenter ses **excuses**), c'est dire que l'on regrette son action, demander pardon. *Si je vous ai fait de la peine, je vous présente mes* ***excuses****.*

excuser **verbe**
❶ **Excuser** une personne, c'est ne pas lui en vouloir pour ce qu'elle a fait. ***Excusez****-le, il n'a pas voulu vous faire de la peine.*
❷ **S'excuser**, c'est présenter ses excuses. *Elle* ***s'est excusée*** *de s'être mise en colère.*
● Mot de la même famille : excuse.

exemplaire **nom masculin**
Un **exemplaire**, c'est chacun des objets fabriqués sur le même modèle. *La libraire a déjà vendu cent* ***exemplaires*** *du nouveau roman.*
Le son [ɑ̃] s'écrit *em* devant un *p*.

exemple **nom masculin**
❶ Un **exemple** est un modèle que l'on peut imiter. *Suivez l'****exemple*** *de votre camarade.*
❷ On donne un **exemple** pour rendre plus claire une explication, une définition. *Dans ce dictionnaire, les* ***exemples*** *sont écrits en lettres penchées.*
Le son [ɑ̃] s'écrit *em* devant un *p*.

s'exercer **verbe**
S'exercer, c'est faire des exercices régulièrement pour progresser dans un art, dans un sport. *Marion* ***s'exerce*** *tous les jours à jouer de la guitare.*
Synonyme : s'entraîner.
● Mot de la même famille : exercice.

exercice **nom masculin**
❶ Un **exercice** est un travail scolaire qui permet de vérifier que l'on a compris une leçon. *Nous faisons un* ***exercice*** *de calcul.*
❷ Faire de l'**exercice**, c'est faire une activité physique. *Après sa maladie, Léo doit faire un peu d'****exercice****.*

Tom fait un **exercice**.

exigeant, exigeante **adjectif**
Être **exigeant**, c'est exiger beaucoup des autres, être difficile à satisfaire.

*Le nouveau directeur est **exigeant**.*
Contraire : indulgent.

Il y a un *e* après le *g*.

exiger verbe
Exiger quelque chose, c'est le vouloir absolument. *Maman **exige** que je me lave les mains avant les repas.*
Synonyme : ordonner.
● Mot de la même famille : exigeant.

exil nom masculin
Être en **exil**, c'est être obligé de vivre loin de son pays. *Autrefois, le roi condamnait des personnes à l'**exil**.*

existence nom féminin
L'**existence**, c'est l'état des êtres qui existent. *Grand-père dit qu'il a eu une **existence** heureuse.* Synonyme : vie.

exister verbe
1 **Exister**, c'est avoir une réalité. *Je ne crois pas que les fantômes **existent**. Il **existe** encore des trains à vapeur.*
Synonyme : il y a.
2 **Exister**, c'est être en vie. *On ne pourrait pas **exister** sans oxygène.*
Synonyme : vivre.
● Mot de la même famille : existence.

Crois-tu que cet animal **existe** ?

exotique adjectif
Une plante **exotique** pousse dans un pays lointain, généralement dans un pays chaud. *Les ananas sont des fruits **exotiques**.*

expédier verbe
Expédier une lettre, un colis, c'est les envoyer par la poste. *Ma mère **a expédié** un colis au Canada.*
● Mots de la même famille : expéditeur, expédition.

expéditeur nom masculin
expéditrice nom féminin
Un **expéditeur**, une **expéditrice** sont des personnes qui envoient une lettre, une carte ou un colis. *Le nom de l'**expéditeur** est écrit au dos de l'enveloppe.* Contraire : destinataire.

expédition nom féminin
Une **expédition** est un voyage dans des régions mal connues. *Un groupe de savants est parti en **expédition**.*

expérience nom féminin
1 Une **expérience** est un essai, une observation que l'on fait avec certains produits, dans un laboratoire. *Ma grande sœur fait des **expériences** scientifiques.*
2 Avoir de l'**expérience**, c'est faire un métier, une activité depuis très longtemps. *Notre maître a beaucoup d'**expérience**.*

explication nom féminin
Une **explication**, c'est ce qu'on dit pour expliquer, pour faire comprendre quelque chose. *Les **explications** de notre maîtresse sont claires.*

expliquer verbe
Expliquer quelque chose, c'est le faire comprendre avec des mots. *Grand-père m'**a expliqué** comment fonctionne un moteur.*
● Mot de la même famille : explication.

A B C D E F G H I J K L M N O P Q R S T U V W X Y Z

exploit nom masculin

Un **exploit** est une action très difficile à faire. *L'équipe nationale de football a réalisé un* ***exploit*** *pendant la Coupe du monde.*

explorateur nom masculin
exploratrice nom féminin

Un **explorateur**, une **exploratrice** sont des personnes qui explorent un pays, qui partent à la découverte d'une région lointaine.

Les **explorateurs** sont au pôle Nord.

explorer verbe

Explorer un lieu, c'est partir à sa découverte pour l'étudier. *Les astronautes* ***explorent*** *l'espace.*

● Mot de la même famille : explorateur.

exploser verbe

Exploser, c'est éclater en faisant un grand bruit *Des bombes* ***ont explosé*** *et ont fait beaucoup de dégâts.*

● Mots de la même famille : explosif, explosion.

explosif nom masculin

Un **explosif** est un produit qui provoque des explosions. *La dynamite est un* ***explosif****.*

explosion nom féminin

Une **explosion**, c'est le fait d'exploser. *Les voisins ont entendu une* ***explosion****.*

exposer verbe

1 **Exposer** des objets, c'est les placer dans un endroit pour les montrer au public. *La libraire* ***expose*** *les livres dans la vitrine.*

2 **S'exposer** au soleil, c'est se mettre au soleil pour bronzer.

● Mot de la même famille : exposition.

Les élèves **exposent** leurs dessins.

exposition nom féminin

Une **exposition** est une présentation au public d'objets, d'œuvres d'art. *Nous avons visité une* ***exposition*** *de voitures anciennes.*

exprès adverbe

Quand on fait quelque chose **exprès**, on le fait en le voulant vraiment. *J'ai fait* ***exprès*** *de laisser la porte ouverte.*

expression nom féminin

1 Une **expression** du visage est un signe qui montre les sentiments d'une

personne. *Mon petit frère avait une **expression** de tristesse.*

❷ Une **expression** est un groupe de mots qui a un sens particulier. « *Rouge comme un coquelicot* » *est une **expression**.*

exprimer verbe

❶ **Exprimer** un sentiment, une idée, c'est les montrer ou les dire. *Par leurs applaudissements, les spectateurs **expriment** leur joie.*

❷ Bien **s'exprimer**, c'est bien parler, employer les mots justes.

● Mot de la même famille : expression.

L'enfant **exprime** sa joie.

1. extérieur, extérieure adjectif

Ce qui est **extérieur** est situé dehors. *Certaines maisons ont un escalier **extérieur**.* Contraire : intérieur.

2. extérieur nom masculin

L'**extérieur** d'un objet, d'un lieu, c'est la partie qui est dehors. *L'**extérieur** de la voiture est impeccable.* Contraire : intérieur. *Les animaux de la ferme restent **à l'extérieur** de la maison.* Synonyme : dehors. Contraire : à l'intérieur.

extincteur nom masculin

Un **extincteur** est un appareil qui sert à éteindre un début d'incendie. *Nous avons un **extincteur** dans le coffre de la voiture.*

extrait nom masculin

Un **extrait** est une partie d'un livre ou d'un film. *En classe, nous avons lu un **extrait** des aventures du Petit Nicolas.* Synonyme : passage.

extraordinaire adjectif

Une chose, un être **extraordinaires** surprennent parce qu'on n'a pas l'habitude de les voir. *Les acrobates font des numéros **extraordinaires**.* Synonymes : étonnant, formidable. Contraires : banal, courant, ordinaire. *Nous avons entendu des musiciens **extraordinaires**.* Synonymes : exceptionnel, remarquable.

extraterrestre nom masculin et nom féminin

Les **extraterrestres** sont des êtres qui ne vivent pas sur la Terre mais qui vivent peut-être sur une autre planète.

🔍 Il y a deux r, comme dans « terre ».

extrémité nom féminin

L'**extrémité** d'une chose, c'est la partie qui la termine. *La flèche a une **extrémité** pointue.* Synonyme : bout.

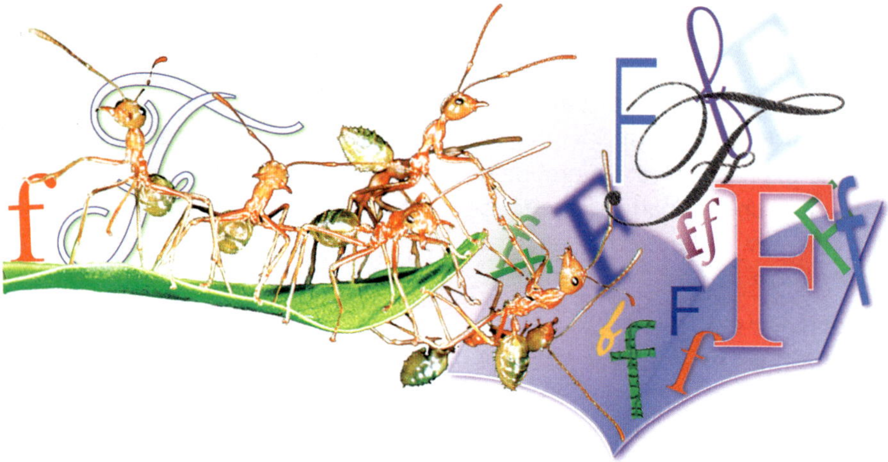

fable nom féminin
Une **fable** est un récit qui se termine par une leçon de morale. *« Le Corbeau et le Renard » est une* ***fable*** *de La Fontaine.*
● Mot de la même famille : fabuleux.

fabrication nom féminin
La **fabrication**, c'est l'action de fabriquer. *Nous avons assisté à la* ***fabrication*** *d'une voiture.*

fabriquer verbe
Fabriquer un objet, c'est le faire à partir d'une matière. *Mon oncle* ***a fabriqué*** *une balançoire.*
● Mot de la même famille : fabrication.

fabuleux, fabuleuse adjectif
1 Un animal **fabuleux** n'existe que dans les contes, dans l'imagination. *La licorne est un animal* ***fabuleux****.* Synonyme : imaginaire.
2 Une chose **fabuleuse** dépasse ce qu'on peut imaginer. *Ali Baba a découvert un trésor* ***fabuleux*** *dans une caverne.* Synonyme : extraordinaire.

façade nom féminin
La **façade** d'une maison est la partie où se trouve l'entrée principale. *Des ouvriers ont repeint la* ***façade*** *de l'immeuble.* Contraire : arrière.
Le c prend une cédille.

face nom féminin
1 La **face** d'une personne est son visage, sa figure. Une photo **de face** est une photo prise du côté où l'on voit le devant. Contraires : de dos, de profil.
2 Le côté **face** d'une pièce de monnaie est le côté qui porte une figure ou un dessin. Contraire : pile.
3 Les **faces** d'un cube, ce sont ses côtés. *Un dé a six* ***faces****.*
4 **En face** signifie : devant. *La poste est* ***en face*** *de la maison. J'habite* ***en face****.*
● Mot de la même famille : façade.

se fâcher verbe
1 **Se fâcher**, c'est se mettre en colère. *Quand je désobéis, ma mère* ***se fâche****.*
2 Quand deux personnes **se fâchent**, elles ne se parlent plus. *Lucas* ***s'est fâché*** *avec Léa.* Synonyme : se brouiller. Contraire : se réconcilier.

facile adjectif
Une chose **facile** se fait, se comprend sans effort. *La maîtresse m'a posé une question* ***facile****.* Synonymes : élémentaire, simple. Contraires : compliqué, difficile, dur.
● Mots de la même famille : facilement, facilité.

facilement adverbe

Facilement signifie : avec facilité, sans effort. *J'ai réussi à sauter* ***facilement****.*

facilité nom féminin

La **facilité**, c'est la qualité de ce qui est facile. *Cet exercice est d'une grande* ***facilité****.* Synonyme : simplicité. Contraire : difficulté.

façon nom féminin

1 Une **façon** de faire, c'est une manière de faire. *Je vais te montrer de quelle* ***façon*** *il faut s'y prendre.*

2 **De toute façon** signifie : quoi qu'il arrive. ***De toute façon****, je ne bougerai pas d'ici.* Synonyme : de toute manière.

Le c prend une cédille.

facteur nom masculin
factrice nom féminin

Un **facteur**, une **factrice** sont des personnes chargées de distribuer le courrier.

Le **facteur** apporte le courrier.

facture nom féminin

Une **facture** est un papier qui donne la liste et le prix des produits achetés ou des travaux faits.

facultatif, facultative adjectif

Une activité **facultative** est une activité que l'on choisit de faire ou de ne pas faire. *Cette année, les cours de natation sont* ***facultatifs****.* Contraire : obligatoire.

fade adjectif

Un aliment **fade** n'a pas beaucoup de goût. *La sauce est* ***fade****, il faudrait ajouter un peu de sel.*

faible adjectif

1 Être **faible**, c'est ne pas avoir beaucoup de forces. *Paul a été malade, il est encore* ***faible****. Elle parlait d'une voix* ***faible****.* Contraires : ferme, forte.

2 Être **faible en quelque chose**, c'est ne pas bien réussir. *Je suis* ***faible*** *en calcul.* Contraires : bon, fort.

faillir verbe

Faillir, c'est être sur le point de faire quelque chose. *J'ai* ***failli*** *tomber.*

Il **a failli** tomber !

faim **nom féminin**
Avoir **faim**, c'est avoir besoin de manger.
Le son [ɛ̃] s'écrit *aim*.
→ Cherche **soif**.

fainéant, fainéante **adjectif**
Une personne **fainéante** ne veut rien faire. **Synonyme : paresseux.**

faire **verbe**
❶ **Faire**, c'est fabriquer un objet, réaliser une chose. *L'imprimeur **fait** des livres. Nous **avons fait** une cabane.* **Synonyme : construire.**
❷ **Faire**, c'est avoir pour résultat. *Deux plus deux **font** quatre.* **Synonyme : égaler.**
❸ **Il fait froid, il fait beau, il fait nuit** signifient : la température de l'air est froide, le temps est beau, la nuit est tombée.
❹ **Se faire du souci** (ou **s'en faire**), c'est s'inquiéter. *Elle **se fait du souci** pour ses enfants.*

faire-part **nom masculin**
Un **faire-part** est une carte que l'on envoie pour annoncer un événement important. *Nous avons reçu un **faire-part** de naissance.*
Au pluriel, on écrit *des faire-part*. – La nouvelle orthographe permet d'écrire aussi *un fairepart, des faireparts*, sans trait d'union et avec un *s* au pluriel.

faisan **nom masculin**
Un **faisan** est un gros oiseau à longue queue et au plumage coloré. *Un chasseur a tué un **faisan**.*
► La femelle est la **faisane**. Le petit est le **faisandeau**.
On écrit *ai*, mais on prononce [ə], comme dans « le ».

un **faisan**

fait **nom masculin**
❶ Un **fait** est une chose qui arrive. *Il a neigé en juillet : c'est un **fait** curieux.* **Synonyme : événement.**
❷ **Prendre** une personne **sur le fait**, c'est la surprendre en train de faire quelque chose d'interdit.
❸ **En fait** signifie : en réalité. *J'ai cru voir Léa, **en fait** c'était Marie.*

fakir **nom masculin**
Un **fakir** est un homme qui s'est entraîné pour ne pas ressentir la douleur. *Au cirque, j'ai vu un **fakir** s'allonger sur une planche à clous.*

falaise **nom féminin**
Une **falaise** est une partie très haute de la côte qui tombe à pic dans la mer.

falloir **verbe**
Falloir, c'est être nécessaire ou obligatoire. *Il **faudra** que je rentre tôt. Pour que l'équipe soit complète, **il faut** onze joueurs.*
Ce mot s'écrit avec deux *l*.

familial, familiale **adjectif**
La vie **familiale** est la vie de famille.
Au pluriel, on écrit *familiaux, familiales*.

familier, familière **adjectif**
❶ Des animaux **familiers** sont des animaux qui vivent avec les humains. *Les chats et les chiens sont des animaux **familiers**.* **Synonyme : domestique. Contraire : sauvage.**
❷ Un mot **familier** est un mot que l'on emploie avec ses camarades mais que l'on n'écrit pas. *« Balade » et « se balader » sont des mots **familiers**.*

famille **nom féminin**
❶ La **famille** est le groupe de personnes que forment les parents, les enfants, les grands-parents, les oncles, les tantes, les cousins.

La famille

les grands-parents paternels
mon grand-père
ma grand-mère
les grands-parents maternels
mon grand-père
ma grand-mère
mon oncle
ma tante
les parents
mon oncle
ma tante
mon père
ma mère
ma cousine
ma cousine
mon cousin
ma soeur
mon frère
moi

A B C D E F G H I J K L M N O P Q R S T U V W X

❷ Une **famille** d'animaux est un groupe d'animaux qui ont des ressemblances. *Le chat et le jaguar appartiennent à la même **famille**.*

❸ Une **famille** de mots est un ensemble de mots formés à partir d'un même mot. *Les mots « terrain », « terrestre » et « territoire » sont des mots de la **famille** de « terre ».*

● Mot de la même famille : familial.

☛ Va voir « la famille », page 273.

famine **nom féminin**

La **famine** est le manque de nourriture dans un pays. *Des personnes meurent de **famine** dans le monde.*

se faner **verbe**

Quand une fleur **se fane**, elle perd ses couleurs et sèche. **Synonyme : se flétrir.**

fanfare **nom féminin**

Une **fanfare** est un orchestre composé de trompettes et d'autres instruments en cuivre et de tambours. *La **fanfare** défile dans les rues.*

fantastique **adjectif**

❶ Un film **fantastique** est un film qui raconte une histoire étrange ou effrayante.

❷ Ce qui est **fantastique** étonne beaucoup. *Léo a une chance **fantastique**.*
Synonymes : extraordinaire, incroyable.

un **faon**

fantôme **nom masculin**

Dans les histoires, un **fantôme** est un mort qui revient sur terre. *Des **fantômes** apparaissent la nuit dans le château hanté.* **Synonyme : revenant.**

🔍 Le *o* prend un accent circonflexe.

faon **nom masculin**

Le **faon** est le petit de la biche et du cerf. *Bambi est le nom d'un **faon**.*

🔍 On écrit *faon* mais on prononce [fɑ̃], comme dans « fanfare ».

farandole **nom féminin**

Une **farandole** est une longue file de personnes qui dansent en se tenant par la main. *À la fin du repas, nous avons fait une **farandole**.*

farce **nom féminin**

Faire une **farce**, c'est jouer un tour à quelqu'un. *Cachons-nous sous le lit pour faire une **farce** à Marie !*

● Mot de la même famille : farceur.

➜ Cherche blague et plaisanterie.

Qui a fait une **farce** à David ?

farceur **nom masculin**
farceuse **nom féminin**

Un **farceur**, une **farceuse** sont des personnes qui aiment faire des farces.

farci, farcie adjectif

Des tomates **farcies**, des choux **farcis** sont des tomates, des choux que l'on a remplis d'aliments hachés.

fardeau nom masculin

Un **fardeau** est une chose très lourde à porter. *Un sac de ciment est un **fardeau** sur les épaules du maçon.*

Au pluriel, on écrit *des fardeaux*.

farine nom féminin

La **farine** est la poudre que l'on obtient quand on a moulu des grains de blé ou d'autres céréales.

farouche adjectif

Un animal **farouche** est un animal qui a peur et qui s'enfuit quand on s'approche de lui. Synonymes : **craintif, sauvage.**

fatigant, fatigante adjectif

Un travail **fatigant** fatigue, demande beaucoup d'efforts.

« Fatiguer » s'écrit avec un *u* mais « fatigant » n'en a pas.

fatigue nom féminin

On ressent de la **fatigue** après un gros effort ou lorsqu'on est resté trop longtemps sans repos. *Le 24 décembre, Adrien est resté debout jusqu'à minuit malgré sa **fatigue**.*

fatigué, fatiguée adjectif

Être **fatigué**, c'est ressentir de la fatigue. *Anaïs était très **fatiguée** après le match.*

fatiguer verbe

Fatiguer quelqu'un, c'est lui causer de la fatigue, lui ôter ses forces. *Les longues promenades **fatiguent** grand-mère.*

● Mots de la même famille : **fatigant, fatigue, fatigué**.

Le bébé bâille, il est **fatigué** !

faucher verbe

Faucher l'herbe, c'est la couper avec une faux.

faucon nom masculin

Un **faucon** est un oiseau de proie très rapide que l'on dressait autrefois pour la chasse.

▶ C'est un rapace.

se faufiler verbe

Se faufiler, c'est se glisser adroitement quelque part. *Audrey **s'est faufilée** dans la foule.*

faune nom féminin

La **faune**, c'est l'ensemble des animaux. *Nous avons étudié la **faune** des régions polaires.*

➜ Cherche **flore**.

un **faucon**

A B C D E F G H I J K L M N O P Q R S T U V W X Y Z

fausse → **faux**

il faut → **falloir**

faute **nom féminin**

1 Une **faute** est une action qui ne respecte pas la loi ou le règlement. *Les enfants ont été pris en **faute**.*

2 Une **faute** est une erreur. *J'ai fait une **faute** d'orthographe.*

fauteuil **nom masculin**

Un **fauteuil** est un siège qui a un dossier et deux bras.

fauve **nom masculin**

Un **fauve** est un animal féroce et carnivore. *Le lion, le tigre et la panthère sont des **fauves**.*

1. faux **adjectif masculin**
fausse **adjectif féminin**

1 Ce qui est **faux** est contraire à la vérité. *Tu dis que j'ai triché mais c'est **faux**.* Contraire : vrai.

2 Un calcul **faux**, une opération **fausse** comportent des fautes, des erreurs. *Mon problème est **faux**.* Synonymes : incorrect, inexact. Contraires : correct, exact, juste.

3 Un **faux** bijou est une imitation d'un vrai.

2. faux **adverbe**

Chanter **faux**, c'est ne pas pouvoir suivre l'air, la musique. Contraire : juste.

3. faux **nom féminin**

Une **faux** est un outil qui a une grande lame courbe au bout d'un long manche. *La **faux** sert à faucher les hautes herbes.*

Ce mot se termine par un *x*. Il ne change pas au pluriel : *des faux*.

favori, favorite **adjectif**

Un objet **favori**, une personne **favorite** sont ceux que l'on préfère. *J'écoute mon disque **favori**.* Synonyme : préféré.

fax **nom masculin**

1 Le **fax** est un appareil qui permet de transmettre des documents en utilisant les lignes téléphoniques.

2 Un **fax** est un courrier transmis par le fax.

Ce mot ne change pas au pluriel : on écrit *des fax*.

fée **nom féminin**

Dans les contes, les **fées** sont des femmes qui ont des pouvoirs magiques. *Dans « la Belle au bois dormant », les **fées** ont fait des dons à la princesse, le jour de sa naissance.*

La **fée** tient sa baguette magique.

fêler **verbe**

Fêler un objet, c'est le fendre légèrement. *Je n'ai pas cassé la tasse, je l'**ai** seulement **fêlée**.*

Le premier e prend un accent circonflexe.

félicitations **nom féminin pluriel**

Des **félicitations** sont des paroles que l'ont dit à quelqu'un pour le féliciter. *J'ai reçu les **félicitations** de la maîtresse.*
Synonyme : compliments.

féliciter **verbe**

Féliciter une personne, c'est lui faire des compliments. *Après le match, notre entraîneur nous **a félicités**.*
Contraire : gronder.
● Mot de la même famille : félicitations.

félin **nom masculin**

Un **félin** est un animal carnivore de la famille du chat. *Les **félins** peuvent rentrer leurs griffes.*

femelle **nom féminin**

Une **femelle** est un animal de sexe féminin qui porte des petits ou qui pond des œufs. *La louve est la **femelle** du loup. La poule est la **femelle** du coq.*

▶ Les femelles des mammifères ont des mamelles pour allaiter leurs petits.

➜ Cherche mâle.

féminin, féminine **adjectif**

❶ Ce qui est **féminin** se rapporte aux femmes, aux filles. *Ma sœur suit la mode **féminine**. Une robe est un vêtement **féminin**.*

❷ Un nom **féminin** est précédé de « la » ou « une ». *« Une roue », « la circulation », « la fraternité » sont des noms **féminins**.* Un adjectif **féminin** s'accorde avec un nom féminin. *« Jolie », « éternelle », « coquette » sont des adjectifs **féminins**.*

➜ Cherche masculin.

Les félins

A B C D E F G H I J K L M N O P Q R S T U V W X Y Z

femme nom féminin

1 Une **femme** est une adulte de sexe féminin. *Ma grand-mère est une **femme** douce.*

2 Une **femme** est une personne mariée de sexe féminin. *Hélène est la **femme** de Franck.* **Synonyme : épouse.**

● Mot de la même famille : **féminin.**

➜ Cherche **homme** et **mari**.

fendre verbe

Fendre une bûche, c'est la couper dans le sens de la longueur. Quand un objet **se fend**, il se forme une ouverture longue et étroite sur sa surface. *La planche **s'est fendue**.*

● Mot de la même famille : **fente.**

Grand-père **fend** du bois.

fenêtre nom féminin

Une **fenêtre** est une ouverture faite dans un mur pour laisser passer de la lumière et de l'air. On monte un cadre et des vitres sur cette ouverture.

fente nom féminin

Une **fente** est une ouverture longue et étroite. *J'ai glissé une pièce dans la **fente** de la tirelire. L'eau coule par terre, il y a une **fente** dans la baignoire.*

fer nom masculin

1 Le **fer** est un métal gris et résistant. *La grille est en **fer**.*

2 Un **fer à cheval** est un objet en fer qui a la forme d'un demi-cercle et que l'on fixe sous les sabots des chevaux.

3 Un **fer à repasser** est un appareil électrique qui sert à repasser le linge.

férié, fériée adjectif

Un jour **férié** est un jour de fête où l'on ne travaille pas. *En France, le 14 juillet est un jour **férié**.*

1. ferme nom féminin

Une **ferme** est l'habitation d'un fermier, d'un agriculteur. Elle comprend des bâtiments pour le bétail et les récoltes et est entourée de champs.

● Mot de la même famille : **fermier.**

☞ Va voir la planche illustrée 1

2. ferme adjectif

1 Un objet **ferme**, une matière **ferme** sont un peu durs. *Je dors sur un matelas **ferme**.* **Contraire : mou.**

2 Un ton **ferme**, une voix **ferme** ne tremblent pas. *Le maître parle d'une voix **ferme**.* **Contraire : faible.**

fermer verbe

1 **Fermer**, c'est empêcher le passage en tirant une porte, en tournant un robinet. *J'ai **fermé** la porte à clé. On a **fermé** le robinet d'eau et le robinet de gaz.* **Contraire : ouvrir.**

2 Quand un magasin, un établissement **ferme**, il ne reçoit pas les clients, les visiteurs. *La boucherie **ferme** le lundi.* **Contraire : ouvrir.**

3 **Fermer**, c'est rapprocher des parties ouvertes. ***Ferme** les yeux ! **Fermez** vos livres !* **Contraire : ouvrir.**

● Mot de la même famille : **fermeture.**

Il **ferme** la porte du garage.

fermeture **nom féminin**
❶ La **fermeture**, c'est l'action de fermer. *Le directeur a ordonné la **fermeture** du magasin.* **Contraire : ouverture.**
❷ Une **fermeture** est un système qui permet de fermer un objet. *La **fermeture** de mon anorak est cassée.*
➜ Cherche **clôture**.

fermier **nom masculin**
fermière **nom féminin**
Un **fermier**, une **fermière** sont des personnes qui habitent dans une ferme et qui s'en occupent. C'est un nom de métier. **Synonyme : agriculteur.**

féroce **adjectif**
Un animal **féroce** est un animal sauvage qui tue par instinct. *Le tigre est une bête **féroce**.*

fertile **adjectif**
Une terre **fertile** est une terre où les plantes poussent bien et en grand nombre.

fesse **nom féminin**
Les **fesses** sont les deux parties rondes qui forment le derrière.
● Mot de la même famille : fessée.

fessée **nom féminin**
Une **fessée** est une série de tapes sur les fesses. *Mes parents me donnent parfois des **fessées**.*

festin **nom masculin**
Un **festin** est un grand repas de fête.

fête **nom féminin**
❶ Une **fête** est une grande réunion de personnes qui dansent et s'amusent en souvenir d'un événement important ou heureux. *Le 14 Juillet est le jour de la **fête** nationale en France. Marie organise une **fête** pour son anniversaire.*
❷ Une **fête** est un lieu en plein air où sont installés toutes sortes de stands et d'attractions. *À la **fête**, j'ai fait des tours d'autos tamponneuses.*

Le premier e prend un accent circonflexe.
● Mot de la même famille : fêter.

fêter **verbe**
Fêter un événement ou une personne, c'est faire une fête en leur honneur. *Le 25 décembre, on **fête** Noël.*

Le premier e prend un accent circonflexe.

feu **nom masculin**
❶ Le **feu**, c'est de la chaleur et des flammes qui proviennent d'une matière qui brûle. *En été, il y a souvent des **feux** de forêt.* **Synonyme : incendie.** *À la campagne, nous faisons du **feu** dans la cheminée.*
❷ Une **arme à feu** est une arme qui produit une détonation. *Un pistolet est une **arme à feu**.*
❸ Un **feu** (ou un **feu tricolore**) est un signal lumineux pour la circulation. *Quand le **feu** est vert, les piétons doivent attendre pour traverser.*

Au pluriel, on écrit *des feux*.

A B C D E F G H I J K L M N O P Q R S T U V W X Y Z

feu d'artifice **nom masculin**
Un **feu d'artifice** est une série de fusées lumineuses et de feux colorés que l'on envoie, la nuit, dans le ciel pour fêter un événement. *Le 14 juillet, en France, on tire des* ***feux d'artifice****.*

Au pluriel, on écrit *des feux d'artifice*.

feuillage **nom masculin**
Le **feuillage**, c'est l'ensemble des feuilles d'un arbre.

feuille **nom féminin**
1 Une **feuille** est la partie verte et plate qui pousse sur les tiges des plantes et sur les branches des arbres. *En automne, les* ***feuilles*** *tombent.*
2 Une **feuille** est un morceau de papier que l'on utilise pour écrire, dessiner ou peindre.
● Mots de la même famille : **feuillage, feuilleter, feuilleton, feuillu**.

feuilleter **verbe**
Feuilleter un livre, c'est tourner les pages en les regardant rapidement.

Quel beau **feu d'artifice** !

feuilleton **nom masculin**
Un **feuilleton** est une histoire en plusieurs épisodes. *Nous regardons un* ***feuilleton*** *à la télévision.*

Les feuilles

feuillu **nom masculin**

Un **feuillu** est un arbre qui a des feuilles et non des aiguilles. *Le chêne et le peuplier sont des* ***feuillus****.*

➜ Cherche **arbre** et **conifère**.

feutre **nom masculin**

Un **feutre** est un stylo à encre qui a une pointe souple en matière plastique.

fève **nom féminin**

Une **fève** est une petite figurine que l'on cache dans la galette des Rois. *J'ai la* ***fève****, c'est moi le roi !*

février **nom masculin**

Février est le deuxième mois de l'année. Il vient après janvier et avant mars. *En* ***février****, les écoliers français ont des vacances.*

☛ Va voir « le calendrier », page 111.

fiancé **nom masculin**
fiancée **nom féminin**

Des **fiancés** sont des personnes qui se sont engagées à se marier. *Mon grand frère nous a présenté sa* ***fiancée****.*

ficeler **verbe**

Ficeler un objet, c'est l'entourer de ficelle. *J'ai* ***ficelé*** *mon colis avant de l'expédier.*

Tom **a ficelé** le colis.

ficelle **nom féminin**

Une **ficelle** est une corde mince.
● Mot de la même famille : **ficeler**.

fiche **nom féminin**

Une **fiche** est une feuille de carton mince. *À la bibliothèque, les titres des livres sont inscrits sur des* ***fiches****.*

fidèle **adjectif**

Un ami **fidèle** est un ami qui est là quand on a besoin de lui, qui n'oublie pas ceux qu'il aime.

fier, fière **adjectif**

Être **fier** de quelque chose ou de quelqu'un, c'est être content et éprouver un peu d'orgueil. *Adrien est* ***fier*** *d'avoir gagné la course. Mamie est* ***fière*** *de ses petits-enfants.*

« Fier » se prononce [fjɛr].

fièvre **nom féminin**

Avoir de la **fièvre**, c'est avoir une température du corps au-dessus de 37°.
● Mot de la même famille : **fiévreux**.

fiévreux, fiévreuse **adjectif**

Être **fiévreux**, c'est avoir plus de 37° de température.

figue **nom féminin**

Une **figue** est un fruit à la peau violette. *Les* ***figues*** *se mangent fraîches ou sèches.*

► Les figues poussent sur un arbre des régions chaudes, le **figuier**.

figure **nom féminin**

1 La **figure** est le devant de la tête. **Synonymes : face, visage.**

2 Une **figure** géométrique est un dessin qui a une forme géométrique. *Le carré, le losange, le cercle sont des* ***figures*** *géométriques.*

A B C D E F G H I J K L M N O P Q R S T U V W X Y Z

③ Une **figure** est un ensemble de pas et de mouvements.

● Mot de la même famille : **figurine**.

Les patineurs font des **figures**.

figurine **nom féminin**

Une **figurine** est une très petite statue. *On met des* ***figurines*** *dans la crèche de Noël.*

fil **nom masculin**

① Un **fil** est un long brin de coton ou d'une autre matière qu'on utilise pour coudre.

② Un **fil électrique** est un brin de métal qui transporte le courant.

file **nom féminin**

Une **file** est une suite de personnes ou de choses placées les unes derrière les autres. *La* ***file*** *d'attente est très longue devant le cinéma.*

filer **verbe**

Filer, c'est partir très vite. **Synonyme : se sauver.**

C'est un mot familier.

filet **nom masculin**

Un **filet** est un objet fait de mailles en ficelle ou en corde. *Les pêcheurs réparent leurs* ***filets****.*

fille **nom féminin**

Une **fille** est un enfant de sexe féminin. *Nos voisins ont deux* ***filles****.*

➜ Cherche **fils** et **garçon**.

Va voir « la famille », page 273.

filleul **nom masculin**
filleule **nom féminin**

Un **filleul**, une **filleule**, c'est l'enfant qu'une personne présente à l'église le jour de son baptême. *Mathis est le* ***filleul*** *de mon père.*

➜ Cherche **marraine** et **parrain**.

film **nom masculin**

① Un **film** est une pellicule que l'on place dans une caméra ou dans un appareil photo.

② Un **film** est une suite d'images projetées sur un écran et qui montrent des êtres en action. *J'aime les* ***films*** *d'aventures.*

● Mot de la même famille : **filmer**.

une bobine de **film**

filmer **verbe**

Filmer, c'est enregistrer des images sur un film avec une caméra. *Papi nous a* ***filmés*** *pendant le match.*

fils **nom masculin**

Un **fils** est un enfant de sexe masculin. *Madame Arlot a un* ***fils****.*
Synonyme : garçon.

🔍 Dans « fils », il y a un *l* qu'on ne prononce pas.

➜ Cherche **fille**.

☛ Va voir « la famille », page 273.

filtre nom masculin

Un **filtre à café** est un objet en papier ou en tissu qui laisse passer l'eau et qui retient la poudre de café.

➜ Cherche **passoire**.

1. fin nom féminin

La **fin** est le moment où quelque chose finit. *J'ai regardé le match jusqu'à la **fin**.* Contraires : **commencement, début.**

🔍 Ne confonds pas « fin » et « avoir faim ».

● Mots de la même famille : **final, finale, finalement, finaliste, finir.**

2. fin, fine adjectif

Un objet **fin**, une matière **fine** ont très peu d'épaisseur. *On a coupé le saucisson en tranches **fines**.* Contraire : **épais.** *On met du sel **fin** sur les frites.* Contraire : **gros.** *Le héron a les pattes **fines**.* Synonyme : **mince.**

final, finale adjectif

Un **point final** marque la fin d'un paragraphe, d'un texte. *J'ai terminé ma lettre par un **point final**.*

🔍 Au masculin pluriel, on écrit *finals* ou *finaux*.

finale nom féminin

La **finale** d'une compétition est le dernier match, celui qui désigne le champion. *En 1998, l'équipe de France a gagné la **finale** de la Coupe du monde de football.*

➜ Cherche **demi-finale**.

finalement adverbe

Finalement signifie : pour finir. *Nous t'avons attendu un long moment et **finalement**, nous sommes rentrés.*

finaliste nom masculin et nom féminin

Un **finaliste** est un joueur qui joue la finale d'une compétition.

finir verbe

1 **Finir**, c'est prendre fin, arriver à la fin. *Le film **finit** bientôt.* Synonymes : **s'achever, se terminer.** Contraire : **commencer.**

2 **Finir**, c'est faire complètement. *J'ai **fini** de lire mon livre.* Synonymes : **achever, terminer.** Contraires : **commencer, débuter.**

fixe adjectif

1 Un siège **fixe** est attaché et ne peut pas être déplacé. Contraire : **mobile.**

2 Un regard **fixe** ne bouge pas. Synonyme : **immobile.**

● Mot de la même famille : **fixer.**

fixer verbe

1 **Fixer** un objet, c'est l'attacher ou le faire tenir. *Papi **fixe** un tableau au mur.* Synonymes : **accrocher, clouer.**

2 **Fixer** du regard, c'est regarder sans bouger les yeux. *Zoé me **fixe** du regard depuis cinq minutes.*

flacon nom masculin

Un **flacon** est une petite bouteille qui contient du parfum ou un médicament.

flair nom masculin

Le **flair** est l'odorat des animaux. *Les chiens ont un bon **flair**.*

● Mot de la même famille : **flairer.**

flairer verbe

Pour un animal, **flairer**, c'est sentir, pour découvrir quelque chose.

Filou **flaire** les traces du gibier.

flamant nom masculin

Un **flamant** est un grand oiseau qui a de longues pattes et des plumes blanches ou roses. *Les **flamants** vivent au bord de l'eau.*

flambeau nom masculin

Un **flambeau** est un long bâton enflammé à un bout pour faire de la lumière. *Des **flambeaux** éclairaient la piste de ski.* **Synonyme : torche.**

Le son [ɑ̃] s'écrit *am* devant un *b*. Au pluriel, on écrit *des flambeaux*.

des **flamants**

flamber verbe

Flamber, c'est brûler avec de grandes flammes. *Les bûches **flambent** dans la cheminée.*

Le son [ɑ̃] s'écrit *am* devant un *b*.

● Mot de la même famille : flambeau.

flamme nom féminin

Une **flamme**, c'est ce qui jaillit d'une matière qui brûle. *Je regarde la **flamme** de la bougie.*

Il y a deux *m*.

flan nom masculin

Un **flan** est un dessert fait d'une crème cuite.

Ne confonds pas « flan » et « le flanc », le côté.

flanc nom masculin

Le **flanc**, c'est le côté du corps. *Le chien est couché sur le **flanc**.*

Ce mot se termine par un c qu'on ne prononce pas. Ne confonds pas « flanc » et « un flan », un dessert.

flâner verbe

Flâner, c'est se promener sans savoir où l'on va. *Le dimanche, nous **flânons** dans les rues.*

Le *a* prend un accent circonflexe.

flaque nom féminin

Une **flaque** d'eau est une petite mare qui se forme sur le sol. *Ne saute pas dans les **flaques** d'eau.*

flash nom masculin

Un **flash** est un petit appareil qui produit un éclair très vif et qui permet de prendre des photos dans un endroit sombre.

Ce mot se termine par *sh*.

flèche **nom féminin**
1 Une **flèche** est une longue tige de bois qui a une pointe à un bout. C'est un projectile que l'on tire avec un arc.
2 Une **flèche** est un dessin qui indique une direction. *La sortie du cinéma est indiquée par une* ***flèche****.*
● Mot de la même famille : **fléchette**.

fléchette **nom féminin**
Une **fléchette** est une petite flèche que l'on lance à la main sur une cible.

se flétrir **verbe**
Quand une fleur **se flétrit**, elle perd ses couleurs et sèche. **Synonyme : se faner.**

fleur **nom féminin**
Une **fleur** est la partie d'une plante qui est souvent colorée et parfumée. *Le muguet est une* ***fleur*** *des bois. La marguerite est une* ***fleur*** *des champs.*
● Mots de la même famille : **fleurir, fleuriste, flore**.

un jeu de **fléchettes**

fleurir **verbe**
Fleurir, c'est être en fleur. *Les jonquilles* ***fleurissent*** *au printemps.*

fleuriste **nom masculin et nom féminin**
Un **fleuriste**, une **fleuriste** sont des personnes qui vendent des fleurs et des plantes. C'est un nom de métier.

fleuve **nom masculin**
Un **fleuve** est un cours d'eau qui se jette dans la mer. *Le Nil, la Seine, le Saint-Laurent sont des* ***fleuves****.*
→ Cherche **rivière**.

Les fleurs

A B C D E F G H I J K L M N O P Q R S T U V W X Y Z

flocon **nom masculin**

❶ Un **flocon** de neige est un petit morceau de neige qui tombe des nuages. *Le petit chien essayait d'attraper les **flocons** de neige.*

❷ Les **flocons d'avoine** sont des morceaux d'avoine très fins et très légers. *Clara met des **flocons d'avoine** dans son lait.*

flore **nom féminin**

La **flore**, c'est l'ensemble des plantes. *Nous avons étudié la **flore** des Alpes.*

➜ Cherche faune.

flot **nom masculin**

❶ Les **flots**, ce sont les eaux de la mer. *Les bateaux naviguent sur les **flots**.*

❷ Un **flot** est une grande quantité. *Elle a versé des **flots** de larmes.*

● Mot de la même famille : flotter.

flotter **verbe**

Flotter, c'est rester à la surface de l'eau. *Ne crains rien, avec une bouée, tu vas **flotter**.* Contraire : couler.

Le bateau et le morceau de bois **flottent**.

flou, floue **adjectif**

Une photo **floue** est une photo où l'on ne voit pas nettement les formes. *Si vous bougez, la photo sera **floue**.* Contraire : net.

Au pluriel, on écrit *flous*, *floues*.

fluide **adjectif**

Une sauce, une crème **fluide** coule facilement. *Ma pâte à crêpes est **fluide**.* Contraire : épais.

flûte **nom féminin**

Une **flûte** est un instrument de musique en bois ou en métal formé d'un tube percé de trous. *On souffle dans une **flûte** et on bouche les trous avec ses doigts.*

► Un joueur, une joueuse de flûte sont des **flûtistes**.

La nouvelle orthographe permet d'écrire aussi *flute*, sans accent circonflexe.

Va voir « les instruments de musique », page 355.

fœtus **nom masculin**

Un **fœtus** est un enfant ou un animal qui est encore dans le ventre de sa mère.

On prononce [fetys].

foi **nom féminin**

Avoir la **foi**, c'est croire en Dieu.

Ne confonds pas « la foi » avec « le foie » ou « une fois ».

Paul joue de la **flûte**.

foie **nom masculin**

❶ Le **foie** est un organe situé dans le haut du ventre. Il joue un rôle important dans la digestion.

❷ Le **foie gras** est le foie d'un canard ou d'une oie que l'on a engraissés.

« Foie » est un nom masculin qui se termine par un *e*. Ne confonds pas « le foie » avec « la foi » ou « une fois ».

foin **nom masculin**

Le **foin** est l'herbe fauchée et séchée qui sert de nourriture au bétail pendant l'hiver.

foire **nom féminin**

❶ Une **foire** est un grand marché où les agriculteurs vendent leurs produits ou leurs animaux.

❷ Une **foire** est une fête en plein air avec des stands et des attractions. *J'ai gagné un ours en peluche à la **foire**.* Synonyme : fête foraine.

fois **nom féminin**

❶ Le mot **fois** indique qu'une chose se répète. *J'ai fait trois **fois** le tour de la cour.*

❷ Le mot **fois** indique la multiplication. *Deux **fois** deux font quatre.*

❸ **À la fois** signifie : en même temps. *Les enfants parlaient tous **à la fois**.*

❹ **Il était une fois** signifie : il y avait un jour. ***Il était une fois** un pauvre bûcheron...*

Ne confonds pas « une fois » avec « la foi » ou « le foie ».

folie **nom féminin**

❶ La **folie** est une maladie du cerveau qui empêche de contrôler ses gestes et ses paroles.

❷ **C'est de la folie** veut dire : ce n'est pas raisonnable, c'est dangereux. ***C'est de la folie** de rouler à cette vitesse !*

folle → **fou**

foncé, foncée **adjectif**

Une couleur **foncée** est une couleur proche du noir. *J'ai peint la forêt en vert **foncé**.* Synonyme : sombre. Contraire : clair.

foncer **verbe**

Foncer sur une personne, une chose, c'est se diriger vers elle à toute vitesse. *J'ai eu peur quand j'ai vu une voiture **foncer** sur nous.*

fonction **nom féminin**

La **fonction** d'une chose, c'est le rôle qu'elle joue dans un ensemble. *Quelle est la **fonction** de l'estomac ?*

● Mots de la même famille : fonctionnement, fonctionner.

fonctionnement **nom masculin**

Le **fonctionnement** d'un appareil, c'est la manière dont il fonctionne, dont on s'en sert. *Explique-moi le **fonctionnement** d'un ordinateur.*

fonctionner **verbe**

Fonctionner, c'est être en état de marche. *L'ascenseur **fonctionne** de nouveau.* Synonyme : marcher.

fond **nom masculin**

❶ Le **fond** d'un objet, c'est sa partie inférieure. *J'ai brûlé le **fond** de la casserole.*

❷ Le **fond** d'un endroit, c'est la partie la plus éloignée de l'entrée. *Ma chambre est au **fond** du couloir.*

❸ Faire quelque chose **à fond**, c'est le faire jusqu'au bout, complètement. *Marie a rangé sa chambre **à fond**.*

A B C D E F G H I J K L M N O P Q R S T U V W X Y Z

fondre verbe

❶ **Fondre**, c'est devenir liquide à la chaleur. *Le chocolat* ***fond*** *au soleil.*

❷ Quand le sel ou le sucre **fond** dans l'eau, il se mélange à l'eau et disparaît.

● Mot de la même famille : **fonte**.

La glace **a fondu** !

fontaine nom féminin

Une **fontaine** est une petite construction avec un bassin où coule l'eau.

fonte nom féminin

La **fonte des neiges**, c'est la transformation de la neige en eau. *La* ***fonte des neiges*** *a lieu au printemps.*

Synonyme : **dégel**. Contraire : **gel**.

football nom masculin

Le **football** est un sport d'équipe. Les onze joueurs d'une équipe doivent envoyer un ballon dans les buts de l'autre équipe, avec le pied.

► Un joueur de football est un **footballeur**, une joueuse est une **footballeuse**.

Ce mot vient de l'anglais. Il s'écrit avec deux *o* et deux *l*. L'abréviation courante de « football » est « foot ».

forain, foraine adjectif

Une **fête foraine** est une fête en plein air avec des stands et des attractions. *Nous avons fait des tours de manège à la* ***fête foraine****.*

force nom féminin

❶ Avoir de la **force**, c'est pouvoir faire de grands efforts. *Il faut avoir de la* ***force*** *pour déplacer un piano !*

❷ Être de la même **force**, c'est être du même niveau qu'une autre personne. *Léo et Adrien ne sont pas de la même* ***force*** *aux fléchettes.*

❸ **À force de** signifie : en répétant son effort. ***À force de*** *crier, je n'ai plus de voix.*

forcément adverbe

Forcément signifie : obligatoirement. *Quand on arrive dans une nouvelle école, on est* ***forcément*** *intimidé.*

forcer verbe

❶ **Forcer** quelqu'un, c'est l'obliger à faire quelque chose. *L'orage nous* ***a forcés*** *à rentrer.*

❷ **Forcer** une serrure ou une porte, c'est l'ouvrir par la force.

forêt nom féminin

Une **forêt** est un lieu couvert d'arbres. C'est un grand bois. *En automne, on peut cueillir des champignons dans la* ***forêt****.*

Le e prend un accent circonflexe.

Va voir la planche illustrée 2

forgeron nom masculin

Un **forgeron** est une personne qui fabrique des objets en fer. Il chauffe le fer et le travaille à chaud à coups de marteau. C'est un métier qui a presque disparu en France.

format nom masculin

Le **format**, c'est la dimension d'un papier ou d'un livre. *J'ai acheté des enveloppes de grand* ***format****.*

forme nom féminin

❶ La **forme**, c'est le contour, l'aspect d'une chose ou d'une personne. *Mon visage a une* ***forme*** *ovale.*

❷ Une **forme**, c'est l'aspect que prend un mot. « Chantons » est une **forme** du verbe « chanter ».

❸ Être **en forme**, c'est se sentir bien et plein d'énergie.

● Mot de la même famille : **former**.

☛ Va voir « les couleurs et les formes », page 171.

Un **forgeron** au travail.

former verbe

❶ **Former**, c'est donner une certaine forme à quelque chose. ***Formez*** *bien vos lettres !*

❷ **Former** un groupe, c'est le faire, le créer. *Nous* ***avons formé*** *deux équipes.*

❸ Quand une chose **se forme**, elle apparaît. *Une flaque d'eau* ***s'est formée*** *devant la maison.*

formidable adjectif

Une chose **formidable** est excellente. *Nous avons passé des vacances* ***formidables****.* **Synonyme : extraordinaire.**

formule nom féminin

❶ Une **formule** est un mot ou une suite de mots que l'on prononce dans certaines occasions. *« Abracadabra » est une* ***formule*** *magique.*

❷ La **formule 1** est une catégorie de voitures de course.

1. fort, forte adjectif

❶ Être **fort**, c'est avoir de la force. *Les sportifs qui soulèvent des haltères sont très* ***forts****.* **Contraire : faible.**

❷ Être **fort** en quelque chose, c'est bien réussir. *Je suis* ***fort*** *en orthographe.* **Synonyme : bon. Contraires : faible, mauvais.**

● Mot de la même famille : **force**.

Julien est **fort**.

2. fort adverbe

Taper **fort**, c'est taper avec une grande force. Parler **fort**, c'est parler d'une voix forte. **Contraire : doucement.**

fortune nom féminin

Avoir de la **fortune**, c'est avoir beaucoup d'argent, être riche.

a b c d e f g h i j k l m n o p q r s t u v w x y z

A B C D E F G H I J K L M N O P Q R S T U V W X Y Z

fossé **nom masculin**

Un **fossé** est un creux situé le long d'une route pour que l'eau s'écoule.

fossette **nom féminin**

Une **fossette** est un petit creux naturel que l'on a parfois à certains endroits du corps. *Élise a deux **fossettes** sur la joue.*

☛ Va voir « le corps », page 167.

fou **adjectif masculin**
folle **adjectif féminin**

1 Être **fou**, être **folle**, c'est avoir perdu la raison, ne plus contrôler ses actes et ses paroles.

2 Être **fou de joie**, c'est être très joyeux. *Rémi est **fou de joie** d'avoir gagné le match.*

3 On dit qu'il y a un **monde fou** quand il y a énormément de monde.

4 Un **fou rire** est un rire que l'on ne peut pas arrêter.

Au pluriel, on écrit *fous*, *folles*.

foudre **nom féminin**

La **foudre** est de l'électricité contenue dans l'air quand il y a de l'orage et qui tombe sur terre en faisant des zigzags. *La **foudre** est attirée par les objets élevés et pointus.*

→ Cherche **éclair** et **tonnerre**.

fouet **nom masculin**

Un **fouet** est une lanière de cuir attachée à un manche. On l'utilise pour donner des coups et dresser les animaux. *Le dompteur fait claquer son **fouet**.*

● Mot de la même famille : **fouetter**.

fouetter **verbe**

Fouetter, c'est donner des coups de fouet.

Il y a deux *t*.

fougère **nom féminin**

Les **fougères** sont des plantes sans fleurs qui ont des feuilles très découpées et qui poussent dans les bois.

des **fougères**

fouiller **verbe**

Fouiller, c'est chercher avec soin dans un endroit. *Je n'ai pas retrouvé ma montre, et pourtant j'**ai fouillé** dans toute la maison.*

fouillis **nom masculin**

Le **fouillis** est un grand désordre. *Quel **fouillis** dans ma chambre !*

Ce mot se termine par un *s*.

foulard **nom masculin**

Un **foulard** est un morceau de tissu léger que l'on met autour du cou ou sur la tête.

foule **nom féminin**

La **foule** est un grand nombre de personnes rassemblées. *Après le match, la **foule** s'est dispersée.*

fouler **verbe**

Se fouler la cheville, s'est se la tordre, se faire une entorse.

Léo a peur de se perdre dans la **foule**.

four nom masculin

Un **four** est un appareil fermé par une porte, qui sert à cuire ou à chauffer les aliments. *Il existe des **fours** électriques, des **fours** à gaz et des **fours** à micro-ondes.*

fourche nom féminin

Une **fourche** est un outil qui a plusieurs dents en métal et un long manche. *Le fermier remue le foin avec une **fourche**.*

● Mots de la même famille : **fourchette**, **fourchu**.

fourchette nom féminin

Une **fourchette** est un couvert qui a des dents et un manche et qui sert à piquer les aliments.

fourchu, fourchue adjectif

Une chose **fourchue** se divise comme une fourche. *Les hirondelles ont une queue **fourchue**.*

fourmi nom féminin

1 Une **fourmi** est un insecte noir ou rouge qui vit en groupe dans une fourmilière.

2 **Avoir des fourmis**, c'est avoir les jambes ou les bras qui picotent.

● Mot de la même famille : **fourmilière**.

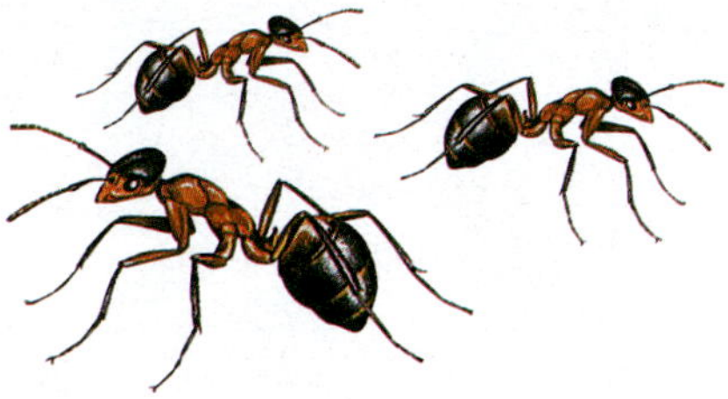

des **fourmis**

fourmilière nom féminin

1 Une **fourmilière** est un endroit où les fourmis ont creusé la terre et où elles vivent. *Les **fourmilières** sont formées de galeries à plusieurs étages.*

2 Une **fourmilière** est un groupe de fourmis.

fournir verbe

1 **Fournir** des choses, c'est donner ce qui est nécessaire à quelqu'un, à un groupe. *L'école **fournit** les manuels aux élèves.*

2 **Fournir** un effort, c'est faire un effort.

● Mot de la même famille : **fournitures**.

fournitures nom féminin pluriel

Les **fournitures** scolaires sont les objets utilisés par les écoliers, comme les stylos, les trousses, les cahiers. *À la rentrée, nous achetons des **fournitures**.*

fourrage nom masculin

Le **fourrage**, c'est l'ensemble des plantes que l'on donne à manger au bétail.

a b c d e f g h i j k l m n o p q r s t u v w x y z

A B C D E F G H I J K L M N O P Q R S T U V W X Y Z

1. fourré nom masculin

Un **fourré** est un groupe d'arbustes et de broussailles très serrés. Synonyme : buisson.

Le faon est caché dans un **fourré**.

2. fourré, fourrée adjectif

❶ Un vêtement **fourré**, une chaussure **fourrée** sont doublés de fourrure. *En hiver, je mets des gants **fourrés**.*

❷ Un gâteau **fourré** à la crème est un gâteau rempli de crème.

● Mot de la même famille : fourrure.

fourrière nom féminin

La **fourrière** est l'endroit où sont conduits les chiens et les chats abandonnés ou les véhicules mal garés.

fourrure nom féminin

La **fourrure** est le poil épais de certains animaux. *La **fourrure** protège les animaux du froid.* Synonyme : pelage.

foyer nom masculin

Le **foyer** est la maison, l'endroit où vit une famille.

fracas nom masculin

Un **fracas** est un bruit très fort. *L'arbre s'est écroulé dans un grand **fracas**.* Synonyme : vacarme.

Ce mot se termine par un *s*.

fracture nom féminin

Une **fracture** est une blessure qu'on se fait en se cassant un os. *Adrien a une **fracture** du bras.*

fragile adjectif

❶ Un objet **fragile** se casse facilement. *Les verres en cristal sont **fragiles**.* Contraires : résistant, robuste, solide.

❷ Une personne **fragile** est souvent malade, a une santé délicate. *Mon frère est un enfant **fragile**.* Contraires : résistant, robuste.

fraîcheur nom féminin

❶ La **fraîcheur** est la température fraîche, l'air frais. *Allons sous les arbres pour avoir un peu de **fraîcheur**.* Contraire : chaleur.

❷ La **fraîcheur** est la qualité d'un produit frais. *Regarde sur la boîte quelle est la date limite de **fraîcheur** des œufs.*

La nouvelle orthographe permet d'écrire aussi *fraicheur*, sans accent circonflexe.

1. frais adjectif masculin
fraîche adjectif féminin

❶ De l'eau **fraîche**, c'est de l'eau un peu froide. Contraire : tiède.

❷ Du pain **frais**, c'est du pain qui vient d'être fait. Contraire : rassis.

La nouvelle orthographe permet d'écrire aussi, au féminin, *fraiche*, sans accent circonflexe.

● Mot de la même famille : fraîcheur.

2. frais nom masculin pluriel

Les **frais**, c'est l'argent que l'on dépense pour quelque chose. *Mes parents ont eu beaucoup de **frais** pour l'entretien de la voiture.* Synonyme : dépenses.

fraise nom féminin

Une **fraise** est un petit fruit rouge.

▶ Les fraises poussent sur une plante basse, le **fraisier**.

framboise nom féminin

Une **framboise** est un petit fruit rouge foncé.

▶ Les framboises poussent sur un petit arbuste, le **framboisier**.

🔍 Le son [ɑ̃] s'écrit *am* devant un *b*.

1. franc nom masculin

Le **franc** a été la monnaie de la France, de la Belgique, de la Suisse, du Luxembourg et de quelques autres pays. Depuis le 1er janvier 2002, il a été remplacé par l'euro.

🔍 Ce mot se termine par un *c*.

➜ Cherche **euro**.

2. franc adjectif masculin
franche adjectif féminin

Une personne **franche** est une personne qui ne ment pas. *Simon a été **franc** avec moi.*

🔍 Au masculin, ce mot se termine par un *c*.

● Mots de la même famille : **franchement, franchise**.

français nom masculin

Le **français** est la langue parlée en France, en Belgique, en Suisse, au Canada et dans d'autres pays.

▶ Il y a environ 110 millions de personnes qui parlent le français dans le monde.

🔍 Le *c* prend une cédille.

franchement adverbe

Franchement signifie : avec franchise, sans mentir. *Raconte-moi **franchement** ce qui s'est passé.*

franchir verbe

❶ **Franchir** un obstacle, c'est sauter par-dessus ou l'escalader. *Le cerf **a franchi** le fossé.*

❷ **Franchir** une ligne, une frontière, c'est passer de l'autre côté. *Le coureur **a franchi** la ligne d'arrivée. Le bateau **franchit** l'écluse.*

Le cheval **franchit** l'obstacle.

franchise nom féminin

La **franchise** est la qualité d'une personne franche, qui ne ment pas. *Adrien m'a parlé avec **franchise**.*

frange nom féminin

Une **frange** est faite des cheveux qui recouvrent le front et font une sorte de bande. *Léa a coupé sa **frange**.*

frapper verbe

❶ **Frapper**, c'est donner un coup, des coups. *On **a frappé** à la porte. Au théâtre, on **frappe** trois coups avant de lever le rideau. On ne doit pas **frapper** un animal avec la main.*
Synonymes : battre, taper.

❷ **Frapper**, c'est faire une forte impression. *Adrien a vu un spectacle qui l'a **frappé**.* Synonyme : impressionner.

Alice **frappe** à la porte.

fraternité nom féminin
La **fraternité** est le sentiment qui existe entre des personnes qui s'aident et qui se traitent comme des frères et des sœurs. *« Liberté, Égalité, **Fraternité** » est la devise de la République française.*

frayeur nom féminin
Une **frayeur** est une grande peur. *Elle a poussé un cri de **frayeur**.* Synonymes : effroi, terreur.

fredonner verbe
Fredonner un air, c'est le chanter doucement. Synonyme : chantonner.
🔍 Il y a deux *n*.

frein nom masculin
Le **frein** est la pédale d'une voiture ou la poignée d'un vélo qui permet de ralentir ou d'arrêter le véhicule.
● Mot de la même famille : freiner.

freiner verbe
Freiner, c'est arrêter un véhicule avec le frein. *Au carrefour, le conducteur a **freiné**.* Contraire : accélérer.

frelon nom masculin
Un **frelon** est une grosse guêpe.

☛ Va voir « les insectes », page 351.

fréquent, fréquente adjectif
Une chose **fréquente** se produit souvent. *Les chutes de neige sont **fréquentes** en altitude.* Synonyme : courant. Contraires : exceptionnel, rare.

frère nom masculin
Le **frère** d'une personne est un garçon qui a les mêmes parents que cette personne. *Mathis est le **frère** de Lucas.*
● Mot de la même famille : fraternité.
➜ Cherche sœur.
☛ Va voir « la famille », page 273.

frétiller verbe
Quand un poisson **frétille**, il s'agite par de petits mouvements rapides.

friandise nom féminin
Les **friandises** sont les bonbons, les chocolats et tout ce qui contient du sucre. Synonyme : confiserie.

Frigidaire nom masculin
Un **Frigidaire** est un appareil ménager qui produit du froid et qui sert à conserver les aliments. Synonyme : réfrigérateur.
🔍 Ce mot s'écrit avec une majuscule parce que c'est un nom de marque.

frileux, frileuse adjectif
Une personne **frileuse** a souvent froid.

frimousse nom féminin
Une **frimousse** est un visage d'enfant. *Ce bébé a une jolie **frimousse**.*

fripé, fripée adjectif
Un vêtement **fripé** est couvert de plis. *Ma robe est toute **fripée**.* Synonymes : chiffonné, froissé.

frire verbe
Frire, c'est cuire dans de l'huile bouillante. *Maman a mis les pommes de terre à **frire**.*
● Mot de la même famille : frite.

frise nom féminin
Une **frise** est une bordure décorative. Elle est faite d'un ensemble de dessins, de motifs qui se répètent.

Anaïs dessine une **frise**.

frisé, frisée adjectif
Des cheveux **frisés** sont des cheveux qui forment de petites boucles. Synonyme : bouclé. Contraire : raide.

frisson nom masculin
Un **frisson** est un petit tremblement. *Quand on a de la fièvre, on a souvent des **frissons**.*
● Mot de la même famille : frissonner.

frissonner verbe
Frissonner, c'est avoir des frissons, des petits tremblements. *Paul **frissonne** quand il sort de l'eau.* Synonyme : grelotter.

Il y a deux *s* et deux *n*.

frite nom féminin
Les **frites** sont des pommes de terre coupées en longs morceaux et que l'on fait frire. *J'ai mangé un bifteck avec des **frites**.*

1. froid, froide adjectif
1 Ce qui est **froid** a une température peu élevée. *Paul prend une douche **froide**.* Contraire : chaud.
2 Un repas **froid** est fait d'aliments crus ou que l'on a fait refroidir. Contraire : chaud.

2. froid nom masculin
Le **froid**, c'est la température basse. *Je ne sors pas par ce **froid**.* Contraire : chaleur. **Avoir froid**, c'est éprouver une sensation de froid. Contraire : avoir chaud. **Prendre froid**, c'est s'enrhumer.

froissé, froissée adjectif
Un vêtement **froissé** est couvert de plis. *Ton pantalon est tout **froissé**.* Synonymes : chiffonné, fripé.

frôler verbe
Frôler une personne, une chose, c'est passer très près, en la touchant à peine. *J'ai **frôlé** un passant dans la rue.*

Le *o* prend un accent circonflexe.

fromage nom masculin
Le **fromage** est un aliment fait avec du lait de vache, de brebis ou de chèvre. *Le camembert, le gruyère, le roquefort sont des **fromages**.*

froncer verbe
Froncer les sourcils, c'est les rapprocher en formant des plis sur le front. *Quand papa **fronce** les sourcils, je sais qu'il est fâché.*

front **nom masculin**
Le **front** est le haut du visage, au-dessus des sourcils.

frontière **nom féminin**
Une **frontière** est la limite qui sépare deux pays. *À la **frontière**, les douaniers contrôlent les bagages.*

frotter **verbe**
Frotter, c'est passer une chose sur une autre en appuyant. *Je **frotte** mes genoux avec un gant de toilette. Le chien **se frotte** contre le mur.*

frousse **nom féminin**
La **frousse**, c'est la peur. *Dans le noir, j'ai la **frousse**.*
C'est un mot familier.

fruit **nom masculin**
1 Un **fruit** est la partie d'une plante ou d'un arbre qui contient les graines. Il provient de la fleur. *Les fraises, les pêches, les ananas sont des **fruits**.*
2 Les **fruits de mer** sont les crustacés et les coquillages. *Les homards, les huîtres sont des **fruits de mer**.*
● Mots de la même famille : **fruité**, **fruitier**.

fruité, fruitée **adjectif**
Un aliment **fruité** a un goût de fruit. *L'huile d'olive a un goût **fruité**.*

fruitier, fruitière **adjectif**
Un arbre **fruitier** est un arbre qui donne des fruits comestibles. *Les pommiers, les abricotiers, les cerisiers sont des arbres **fruitiers**.*

fuir **verbe**
1 **Fuir**, c'est s'éloigner très vite pour échapper à quelqu'un ou à quelque chose. *Mon chien est très bizarre, il **fuit** quand on l'appelle.*
Synonymes : s'enfuir, se sauver.

Les fruits

une **fusée**

❷ **Fuir**, c'est laisser échapper un liquide ou un gaz. *Le robinet de la baignoire **fuit**.*

● Mot de la même famille : **fuite**.

fuite **nom féminin**

❶ La **fuite**, c'est l'action de fuir, de se sauver. *Les cambrioleurs ont pris la **fuite**.*

❷ Une **fuite** se produit lorsqu'un liquide ou un gaz s'échappe. *Je sens une odeur de gaz, il doit y avoir une **fuite**.*

fumée **nom féminin**

La **fumée** est un nuage qui s'échappe d'une matière qui brûle.

fumer **verbe**

❶ **Fumer**, c'est faire de la fumée en brûlant. *Le feu n'est pas éteint, les cendres **fument** encore.*

❷ **Fumer** une cigarette, un cigare, une pipe, c'est aspirer puis rejeter la fumée. *Merci de ne pas **fumer**, car cela nous gêne beaucoup.*

● Mots de la même famille : **fumée**, **fumeur**.

fumeur **nom masculin**
fumeuse **nom féminin**

Un **fumeur**, une **fumeuse** sont des personnes qui fument. *Ma mère est une ancienne **fumeuse**.*

funambule **nom masculin et nom féminin**

Un **funambule**, une **funambule** sont des acrobates qui marchent et qui dansent sur une corde tendue au-dessus du sol.

🔍 Le son [ɑ̃] s'écrit *am* devant un *b*.

Le **funambule** fait son numéro.

furet **nom masculin**

Un **furet** est un petit mammifère qui a un pelage brun ou blanc et des yeux rouges.

furieux, furieuse **adjectif**

Être **furieux**, c'est être très en colère. *Marion est **furieuse** contre son frère.*

fusée **nom féminin**

❶ Une **fusée** est un engin qui transporte un satellite, des hommes ou du matériel, à grande vitesse dans l'espace.

A B C D E F G H I J K L M N O P Q R S T U V W X Y Z

❷ Une **fusée** est une sorte de tube rempli de poudre que l'on envoie dans l'air quand on fait un feu d'artifice.

➜ Cherche **satellite**.

fusil **nom masculin**

Un **fusil** est une arme à feu qui a un canon long. *Le chasseur a pris son fusil.*

Ce mot se termine par un *l* qu'on ne prononce pas.

● Mots de la même famille : **fusillade, fusiller**.

➜ Cherche **carabine**.

fusillade **nom féminin**

Une **fusillade** est une suite de coups de fusil.

fusiller **verbe**

Fusiller une personne condamnée à mort, c'est la tuer à coups de fusil.

futé, futée **adjectif**

Une personne **futée** est intelligente et rusée. **Synonymes : astucieux, débrouillard, malin.**

C'est un mot familier.

1. futur, future **adjectif**

Les siècles **futurs** sont les siècles qui viendront après le siècle présent. **Contraires : passé, présent.**

2. futur **nom masculin**

❶ Le **futur**, c'est ce qui se passera plus tard. *On ne peut pas connaître le **futur**.* **Synonyme : avenir. Contraire : passé.**

❷ Le **futur** est un temps que l'on emploie quand une action va avoir lieu. *Dans la phrase « Demain, j'irai chez Paul », le verbe « aller » est au **futur**.*

➜ Cherche **imparfait**, **passé** et **présent**.

une ville du **futur**

gâcher verbe

Gâcher quelque chose, c'est ne pas en prendre soin et en jeter une grande quantité. *Adrien* ***gâche*** *du papier quand il dessine.* **Synonyme :** gaspiller.

Le *a* prend un accent circonflexe.

● Mot de la même famille : gâchis.

gâchette nom féminin

La **gâchette** est la partie d'un fusil ou d'un pistolet qui fait partir le coup de feu quand on appuie dessus. *Le chasseur a le doigt sur la* ***gâchette****.*

Le *a* prend un accent circonflexe. On dit aussi « détente ».

gâchis nom masculin

Le **gâchis**, c'est l'action de gâcher, de gaspiller. *Toute cette nourriture jetée ; quel* ***gâchis*** *!* **Synonyme :** gaspillage.

Le *a* prend un accent circonflexe et le mot se termine par un *s*.

gag nom masculin

Un **gag** est une petite scène drôle dans un film ou un autre spectacle.

Ne confonds pas avec « un gage ».

gage nom masculin

Un **gage** est une petite épreuve amusante que l'on doit subir quand on a perdu à un jeu.

Ne confonds pas avec « un gag ».

gagnant nom masculin
gagnante nom féminin

Un **gagnant**, une **gagnante** sont des personnes qui ont gagné à un jeu, à un concours. *Les* ***gagnants*** *ont été applaudis.* **Contraire :** perdant.

Les **gagnants** lèvent leur coupe.

gagner verbe

❶ **Gagner**, c'est remporter la victoire. *Notre équipe a **gagné**.* Contraire : perdre.

❷ **Gagner** un lot, c'est l'obtenir après avoir été tiré au sort. *J'ai **gagné** une montre à la loterie.*

❸ **Gagner** de l'argent, c'est recevoir de l'argent pour un travail. *Ma sœur **gagne** de l'argent en gardant des enfants.*

❹ **Gagner** du temps, de la place, c'est prendre moins de temps, moins de place. *En prenant l'avion, on **gagne** du temps.*

● Mot de la même famille : gagnant.

gai, gaie adjectif

❶ Une personne **gaie** est de bonne humeur. *Pierre a un caractère **gai**, il aime rire.* Synonyme : joyeux. Contraire : triste.

❷ Un air **gai**, une musique **gaie** mettent de bonne humeur. Contraire : triste.

● Mots de la même famille : gaiement, gaieté.

gaiement adverbe

Gaiement signifie : avec gaieté, dans la joie. *Les enfants parlaient **gaiement**.* Synonyme : joyeusement. Contraire : tristement.

La nouvelle orthographe permet d'écrire aussi *gaiment,* sans e avant le *m*.

gaieté nom féminin

La **gaieté**, c'est la bonne humeur, la joie. *Le visage de Pierre montre de la **gaieté**.* Contraire : tristesse.

La nouvelle orthographe permet d'écrire aussi *gaité,* sans e avant le *t*.

galaxie nom féminin

Une **galaxie** est un gigantesque groupe d'étoiles. *Le Soleil est l'une des étoiles de notre **galaxie** qui contient des centaines de milliards d'étoiles.*

galerie nom féminin

Une **galerie** est un couloir souterrain. *Les mineurs travaillent dans des **galeries**. Les fourmis, les taupes creusent des **galeries**.*

galet nom masculin

Un **galet** est un caillou qui devient lisse et arrondi par le mouvement de l'eau.

galette nom féminin

Une **galette** est un gâteau rond et plat. *Dans la **galette** des Rois, il y a une fève.*

galipette nom féminin

Faire la **galipette**, c'est mettre les mains et la tête par terre, lancer les jambes en l'air et rouler sur le dos. Synonyme : roulade.

Les enfants font des **galipettes**.

galop nom masculin

Le **galop** est la vitesse la plus rapide d'un cheval. *Les chevaux sont partis au **galop**.*

Ce mot se termine par un *p* qu'on ne prononce pas.

● Mot de la même famille : galoper.

→ Cherche trot.

galoper verbe
Pour un cheval, **galoper**, c'est aller au galop, à la vitesse la plus rapide.

Le cheval **galope**.

gambader verbe
Gambader, c'est courir gaiement, faire de petits bonds. *Les enfants **gambadent** dans le pré.*

Le son [ɑ̃] s'écrit *am* devant un *b*.

gamelle nom féminin
Une **gamelle** est une sorte de boîte en métal qui sert à transporter de la nourriture.

gamin nom masculin
gamine nom féminin
Un **gamin**, une **gamine** sont des enfants.

C'est un mot familier.

gamme nom féminin
Une **gamme** est une suite de notes de musique chantées ou jouées dans un ordre précis. *Raphaël fait des **gammes** au piano.*

Il y a deux *m*.

gang nom masculin
Un **gang** est un groupe de personnes malhonnêtes qui volent ou qui tuent.

● Mot de la même famille : gangster.

ganglion nom masculin
Un **ganglion** est une petite boule située sous la peau, à certains endroits du corps. *Quand on a une angine, les **ganglions** du cou sont enflés.*

gangster nom masculin
Un **gangster** est un homme qui fait partie d'un gang. Synonyme : bandit.

gant nom masculin
1 Un **gant** est un vêtement qui recouvre la main et enveloppe chaque doigt.

2 Un **gant de toilette** est une sorte de poche en tissu-éponge où l'on met la main et que l'on utilise pour se laver.

→ Cherche moufle.

garage nom masculin
1 Un **garage** est un endroit couvert qui sert d'abri aux véhicules. *Papa rentre sa voiture au **garage**.*

2 Un **garage** est un atelier de mécanique pour les véhicules. *Notre voiture est en réparation dans un **garage**.*

● Mot de la même famille : garagiste.

l'intérieur d'un **garage**

A B C D E F **G** H I J K L M N O P Q R S T U V W X Y Z

garagiste nom masculin et nom féminin
Un **garagiste**, une **garagiste** sont des personnes qui réparent des véhicules dans un garage. C'est un nom de métier.

garantir verbe
Quand un appareil **est garanti**, le vendeur le répare gratuitement pendant un certain temps, en cas de panne. *Notre ordinateur **est garanti** deux ans.*
Le papier qui garantit est une **garantie**.

garçon nom masculin
Un **garçon** est un enfant de sexe masculin. *Adrien est un **garçon** intelligent. Madame Charniot a trois **garçons**.*
Le *c* prend une cédille.
→ Cherche **fille** et **fils**.

1. garde nom masculin et nom féminin
1 Un **garde**, une **garde** sont des personnes chargées de surveiller quelqu'un, un lieu ou de prendre soin d'une personne. *Le prisonnier a échappé à ses **gardes**. La **garde-malade** arrive à huit heures.*
2 Un **garde du corps** est un homme chargé de protéger certaines personnes. *Le président de la République est entouré de ses **gardes du corps**.*

2. garde nom féminin
1 La **garde**, c'est l'action de garder, de surveiller. *Maman m'a confié la **garde** de mon petit frère.*
Synonyme : surveillance.
2 Un **chien de garde** est un chien dressé pour garder un bâtiment.
3 **Prendre garde** à quelque chose, c'est faire attention pour éviter un ennui ou un danger. *En été, **prends garde** aux vipères !*

garder verbe
1 **Garder** une personne, c'est la surveiller, s'occuper d'elle. *Ma grande sœur **garde** des enfants.* **Garder** un lieu, c'est le surveiller, empêcher d'y entrer. *Le chien **garde** la maison.*
2 **Garder** une chose, c'est la conserver, ne pas s'en séparer. *Léa a gardé ses jouets de bébé.*
Contraires : se débarrasser de, jeter.
*Paul **garde** sa montre pour dormir.*
Contraires : enlever, ôter, retirer.
3 **Garder un secret**, c'est ne le dire à personne.
● Mots de la même famille : **garde**, **garderie**, **gardien**.

Le chien **garde** le troupeau.

garderie nom féminin
Une **garderie** est un endroit où l'on garde les très jeunes enfants. *Papi emmène sa petite-fille à la **garderie**.*

gardien nom masculin
gardienne nom féminin
1 Un **gardien**, une **gardienne** gardent des personnes, des animaux, des habitations ou d'autres lieux. C'est

un nom de métier. *La **gardienne** de l'immeuble est serviable.*

❷ Le **gardien de but** est le joueur qui est chargé de protéger les buts de son équipe. *Le **gardien de but** a arrêté le ballon.*

1. gare **nom féminin**

Une **gare** est un endroit où les trains s'arrêtent et d'où ils partent. *Le train entre en **gare**.*

☛ Va voir la planche illustrée ❻

2. gare ! **interjection**

Gare à s'emploie pour menacer quelqu'un ou pour prévenir d'un danger. ***Gare à** toi si tu tires encore les poils du chat ! **Gare aux** chutes de pierres !*

garer **verbe**

Garer un véhicule, c'est le ranger le long d'un trottoir, ou dans un garage. *Grand-mère **a garé** sa voiture en face de la maison.*

● Mots de la même famille : garage, gare.

gaspillage **nom masculin**

Le **gaspillage**, c'est l'action de gaspiller, de gâcher. *Ne jette pas ces fruits, c'est du **gaspillage**.* Synonyme : gâchis.

gaspiller **verbe**

Gaspiller une chose, c'est l'utiliser sans en prendre soin et en jeter une grande quantité. *Mon frère **gaspille** la peinture.* Synonyme : gâcher.

● Mot de la même famille : gaspillage.

gâteau **nom masculin**

Un **gâteau** est une pâtisserie faite avec de la farine, des œufs, du sucre, du beurre. *Un éclair est un **gâteau**. Un biscuit est un petit **gâteau** sec.*

🔍 Le premier *a* prend un accent circonflexe. Au pluriel, on écrit *des gâteaux*.

gâter **verbe**

❶ **Gâter** quelqu'un, c'est lui donner beaucoup de cadeaux et de choses agréables. *Mes grands-parents m'**ont gâté** pour mon anniversaire.*

❷ **Gâter les dents**, c'est les abîmer. *Le sucre **gâte** les dents et fait des caries.*

❸ Quand le temps **se gâte**, il devient mauvais.

🔍 Le *a* prend un accent circonflexe.

1. gauche **adjectif**

La main **gauche** est située du même côté que le cœur. *Benjamin écrit de la main **gauche**.* Contraire : droit.

● Mot de la même famille : gaucher.

2. gauche **nom féminin**

La **gauche** est le côté gauche. *Pour aller à la gare, il faut tourner à **gauche**.* Contraire : droite.

gaucher, gauchère **adjectif**

Être **gaucher**, c'est se servir surtout de sa main gauche. Contraire : droitier.

gaufre **nom féminin**

Une **gaufre** est un gâteau cuit dans un moule rectangulaire qui fait des petits carrés sur le dessus.

● Mot de la même famille : gaufrette.

gaufrette **nom féminin**

Une **gaufrette** est une petite gaufre, un petit gâteau sec léger et croustillant.

gaver **verbe**

Gaver une oie, un canard, c'est leur donner beaucoup à manger pour les engraisser. *Le foie gras est le foie des oies et des canards que l'on **a gavés**.*

A B C D E F G H I J K L M N O P Q R S T U

gaz **nom masculin**

❶ Un **gaz** est une matière invisible, ou bleue quand elle forme une couche très épaisse. Il n'a pas d'odeur. *L'air est un **gaz**.*

❷ Le **gaz** sert au chauffage ou à la cuisson des aliments. *Nous avons une cuisinière à **gaz**.*

● Mot de la même famille : gazeux.

gazelle **nom féminin**

Une **gazelle** est un mammifère des pays chauds qui a un pelage beige et blanc et de longues cornes. *Les **gazelles** peuvent courir à 100 kilomètres à l'heure.*

► Les gazelles sont des ruminants.

→ Cherche antilope.

gazeux, gazeuse **adjectif**

L'eau **gazeuse** est de l'eau qui contient un gaz. *L'eau **gazeuse** pétille.*

gazon **nom masculin**

Le **gazon** est de l'herbe courte et fine que l'on tond régulièrement.

gazouiller **verbe**

Pour un oiseau, **gazouiller**, c'est faire de petits sons doux et mélodieux. *On entend les oiseaux **gazouiller** très tôt le matin.*

une **gazelle**

1. géant **nom masculin**
géante **nom féminin**

Un **géant**, une **géante** sont des personnes d'une taille extraordinaire. *Le **géant** Gulliver regardait l'armée de Lilliput défiler entre ses jambes.*
Contraire : nain.

→ Cherche ogre.

Le **géant** enjambe les montagnes.

2. géant, géante **adjectif**

Un animal, une plante, un objet **géants** sont très grands. *Au zoo, j'ai vu des tortues **géantes**.*
Synonyme : gigantesque.
Contraires : minuscule, nain.

gecko **nom masculin**

Un **gecko** est un grand lézard d'Asie qui a de gros yeux et qui est très bruyant.

gel **nom masculin**

Le **gel**, c'est de l'eau qui s'est transformée en glace. *Les cultures ont été abîmées par le **gel**.* Contraire : dégel.

gelée **nom féminin**
❶ La **gelée**, c'est une forte baisse de température qui fait geler l'eau. *La météo annonce de fortes **gelées**.*
❷ La **gelée** est une sorte de confiture faite avec le jus des fruits.

geler **verbe**
❶ Quand l'eau **gèle**, elle se transforme en glace.
❷ Quand **il gèle**, la température descend au-dessous de zéro degré.
● Mots de la même famille : **gel, gelée**.

L'eau du lac **a gelé**.

gémir **verbe**
Gémir, c'est pousser de petits cris de douleur et se plaindre. *Le malade **a gémi** toute la nuit.*
● Mot de la même famille : **gémissement**.

gémissement **nom masculin**
Un **gémissement** est un cri faible que pousse une personne ou un animal qui souffre. **Synonyme : plainte.**

gênant, gênante **adjectif**
Une chose **gênante** gêne, dérange. *Au cinéma, le bavardage de mes voisins était très **gênant**.*
🔍 Le e prend un accent circonflexe.

gencive **nom féminin**
La **gencive** est la chair rose qui recouvre la base des dents. *Quand on se brosse les dents trop fort, on a parfois mal aux **gencives**.*

gendarme **nom masculin et nom féminin**
Un **gendarme**, une **gendarme** sont des militaires qui font respecter la loi. C'est un nom de métier. *Les **gendarmes** arrêtent les automobilistes qui roulent trop vite sur les routes.*
● Mot de la même famille : **gendarmerie**.

gendarmerie **nom féminin**
La **gendarmerie** est le bâtiment où les gendarmes travaillent et habitent.

gêne **nom féminin**
La **gêne**, c'est le fait d'être gêné, de se sentir mal à l'aise. *Il n'y a pas de **gêne** entre amis.*
🔍 Le premier e prend un accent circonflexe.
● Mots de la même famille : **gênant, gêner**.

un **gecko**

A B C D E F G H I J K L M N O P Q R S T U V W X Y Z

gêner **verbe**

❶ **Gêner** une personne, c'est lui causer une gêne, la déranger. *Vos cris me **gênent** pour travailler. Est-ce que la fumée vous **gêne** ?*

❷ **Gêner** une personne, c'est la mettre mal à l'aise. *Son regard me **gêne**.*

🔎 Le premier e prend un accent circonflexe.

1. général, générale **adjectif**

❶ Ce qui est **général** se rapporte à un ensemble de choses ou de personnes. *Quand Léo a fini son histoire, il y a eu un éclat de rire **général**.*

❷ **En général** signifie : presque toujours. *Nous déjeunons vers 13 heures **en général**.* **Synonymes : d'habitude, généralement. Contraire : rarement.**

🔎 Au pluriel, on écrit *généraux, générales*.

● Mot de la même famille : généralement.

2. général **nom masculin**

Un **général** est un militaire qui commande une armée.

🔎 Au pluriel, on écrit *des généraux*.

généralement **adverbe**

Généralement signifie : le plus souvent. *Ici, la neige tombe **généralement** en janvier.* **Synonyme : en général. Contraire : rarement.**

généreux, généreuse **adjectif**

Une personne **généreuse** donne beaucoup aux autres. **Contraires : avare, égoïste.**

● Mot de la même famille : générosité.

générique **nom masculin**

Le **générique** d'un film est la liste des personnes qui ont joué dans le film et qui l'ont fait.

Tom est **généreux** avec ses camarades.

générosité **nom féminin**

La **générosité** est la qualité d'une personne généreuse. *Grand-père nous fait souvent des cadeaux et nous le remercions pour sa **générosité**.* **Contraire : égoïsme.**

génial, géniale **adjectif**

Une personne, une chose **géniale** montre du génie, une grande intelligence. *Mon oncle est un inventeur **génial**. Paul a eu une idée **géniale**.*

🔎 Au pluriel, on écrit *géniaux, géniales*.

génie **nom masculin**

❶ **Avoir du génie**, c'est être très intelligent et inventer des choses nouvelles.

❷ Un **génie** est une personne qui a du génie, des dons extraordinaires. *Mozart était un **génie**.*

❸ Dans les contes, les **génies** sont des êtres qui ont des pouvoirs magiques. *Le **génie** apparut quand Aladin frotta la lampe.*

● Mot de la même famille : génial.

génisse **nom féminin**
Une **génisse** est une jeune vache.
→ Cherche **veau**.

genou **nom masculin**
❶ Le **genou** est la partie ronde qui est située entre la cuisse et la partie inférieure de la jambe et qui permet de plier la jambe.
❷ Être **à genoux**, se mettre **à genoux**, c'est poser les genoux par terre. *Yann se met **à genoux** pour jouer.* **Synonyme : s'agenouiller.**
Au pluriel, on écrit *des genoux*.

genre **nom masculin**
❶ Un **genre** est une sorte de choses, de personnes. *Je n'aime pas ce **genre** de vêtements.*
❷ En grammaire, le **genre** d'un nom est sa terminaison qui indique s'il est masculin ou féminin. *« Avion » est un nom du **genre** masculin, « maison » est un nom du **genre** féminin .*

gens **nom masculin pluriel**
Des **gens** sont des personnes. *La rue était pleine de **gens**.*

gentil, gentille **adjectif**
❶ Une personne **gentille** est aimable, douce et ne se met pas en colère facilement. **Synonyme : bon.** **Contraires : dur, méchant, sévère.**
❷ Un enfant **gentil** est sage et obéissant. **Contraires : insupportable, odieux.**
« Gentil » se termine par un *l* qu'on ne prononce pas.
● Mots de la même famille : **gentillesse, gentiment.**

gentillesse **nom féminin**
La **gentillesse** est la qualité d'une personne gentille. *Elle a été d'une grande **gentillesse** avec moi.* **Synonyme : bonté.** **Contraire : méchanceté.**

gentiment **adverbe**
Gentiment signifie : avec gentillesse. *Pierre m'a répondu **gentiment**.* **Contraire : méchamment.**

géographie **nom féminin**
La **géographie** est l'étude de la Terre, de ses pays et de ses villes, de ses fleuves, de ses montagnes, de ses plaines, de ses déserts.

géométrie **nom féminin**
La **géométrie** est l'étude des lignes, des surfaces et des volumes.
● Mot de la même famille : **géométrique.**

géométrique **adjectif**
Une figure, une forme **géométrique** est une forme simple que l'on trace avec une règle et un compas. *Le cercle, le carré, le cylindre sont des figures **géométriques**.*
☛ Va voir « les couleurs et les formes », page 171.

géranium **nom masculin**
Un **géranium** est une plante à fleurs rouges, roses ou blanches.
On écrit *um* mais on prononce [ɔm], comme « homme ».

Grand-mère arrose les **géraniums**.

A B C D E F G H I J K L M N O P Q R S T U V W X Y Z

gercé, gercée adjectif
Une peau **gercée** est légèrement fendue. *Quand il fait très froid, on a souvent les lèvres **gercées**.*

germe nom masculin
Le **germe** est la première pousse d'une graine qui va se développer pour former une nouvelle plante.
● Mot de la même famille : germer.

germer verbe
Quand une plante **germe**, elle commence à pousser.

La graine **a germé**.

geste nom masculin
Un **geste** est un mouvement que l'on fait avec les bras, les mains ou la tête. *Marion fait beaucoup de **gestes** en parlant.*
● Mot de la même famille : gesticuler.

gesticuler verbe
Gesticuler, c'est faire beaucoup de gestes. *Mon petit frère ne tient pas en place et n'arrête pas de **gesticuler**.*

gibier nom masculin
Le **gibier**, c'est l'ensemble des animaux que l'on chasse. *Le faisan fait partie du **gibier** à plume.*

gicler verbe
Quand un liquide **gicle**, il jaillit en éclaboussant. *L'eau **a giclé** de la fontaine.*

gifle nom féminin
Une **gifle** est un coup donné sur la joue avec la main ouverte. Synonyme : claque.
● Mot de la même famille : gifler.

gifler verbe
Gifler une personne, c'est lui donner une gifle.

gigantesque adjectif
Un animal, une plante, un objet **gigantesques** sont très grands. *En Amérique du Nord, il y a des arbres **gigantesques**.* Synonymes : énorme, géant, immense. Contraire : minuscule.

gigot nom masculin
Un **gigot** est une cuisse de mouton ou d'agneau. *Nous avons mangé du **gigot** à midi.*

gigoter verbe
Gigoter, c'est agiter sans arrêt ses bras et ses jambes. *Le bébé **gigote** dans son berceau.* Synonyme : se trémousser.

gilet nom masculin
1. Un **gilet** est un vêtement de laine à manches longues qui se boutonne sur le devant.
2. Un **gilet** est un vêtement court et sans manches. *Les hommes portent parfois un **gilet** sous leur veste.*

girafe nom féminin
Une **girafe** est un mammifère qui a un très long cou et un pelage beige avec des taches brunes. Elle vit dans les savanes d'Afrique. C'est le plus grand des animaux terrestres.
► Les girafes sont des ruminants. Le petit est le **girafeau** ou le **girafon**.

giratoire **adjectif**

Le **sens giratoire** est le sens que les véhicules doivent suivre pour faire le tour d'un rond-point.

girouette **nom féminin**

Une **girouette** est une plaque de métal qui tourne autour d'un axe et indique la direction du vent. *Les **girouettes** ont souvent la forme d'un coq.*

givre **nom masculin**

Le **givre** est de la vapeur d'eau qui s'est transformée en une mince couche de glace. *Ce matin, il y a du **givre** sur le pare-brise.*

glace **nom féminin**

1 La **glace** est de l'eau qui a gelé et qui est devenue solide.

2 Une **glace** est une crème glacée parfumée. *J'aime les **glaces** à la framboise.*

3 Une **glace** est une plaque de verre qui est faite pour refléter les images. *Je me regarde dans la **glace**.*
Synonyme : **miroir.**

● Mots de la même famille : **glacé, glacial, glacier, glaçon.**

glacé, glacée **adjectif**

1 Ce qui est **glacé** est très froid. *Je ne bois pas d'eau **glacée**. J'ai les pieds **glacés**.* Contraire : **brûlant.**

2 Une **crème glacée** est une crème que l'on a fait geler.

3 Des **marrons glacés** sont des marrons qui ont été recouverts d'une couche de sucre fondu.

glacial, glaciale **adjectif**

Une eau **glaciale** est froide comme de la glace. Contraire : **brûlant.**

Au pluriel, on écrit *glacials, glaciales*.

glacier **nom masculin**

Un **glacier** est une étendue de glace en montagne. *Dans les Alpes, il y a de nombreux **glaciers**.*

Il y a des crevasses dans un **glacier**.

glaçon **nom masculin**

Un **glaçon** est un petit morceau de glace. *J'ai mis deux **glaçons** dans mon jus d'orange.*

Le *c* prend une cédille.

des **girafes**

glaïeul **nom masculin**
Un **glaïeul** est une grande fleur rouge, rose ou blanche qui a une très longue tige.
Il y a un tréma sur le *i*.
Va voir « les fleurs », page 285.

gland **nom masculin**
Le **gland** est le fruit marron clair du chêne. Il est contenu dans une sorte de petite coupe verte. *Les sangliers mangent des **glands**.*

glissade **nom féminin**
Une **glissade**, c'est l'action de se laisser glisser. *Je fais des **glissades** sur le parquet ciré.*

glissant, glissante **adjectif**
Une surface **glissante** est lisse et fait glisser. *Le parquet ciré est **glissant**.*

glisser **verbe**
1 **Glisser**, c'est se déplacer sur une surface lisse. *Les patineurs **glissent** sur la piste.*
2 **Glisser**, c'est perdre l'équilibre sur une surface glissante. *Julien **a glissé** sur une plaque de verglas.*
Synonyme : **déraper**.
3 **Glisser** une chose, c'est la faire passer dans un petit espace. *Le gardien **glisse** le courrier sous la porte.*
● Mots de la même famille : **glissade**, **glissant**.

Camille **a glissé** sur le parquet ciré.

globe **nom masculin**
1 Un **globe** est un objet en forme de boule. *La cuisine est éclairée par un **globe**.*
2 Un **globe terrestre** est une boule qui représente la Terre avec ses mers, ses océans, ses pays.
Un globe terrestre est parfois appelé une **mappemonde**.
→ Cherche **sphère**.

gloire **nom féminin**
La **gloire** est une grande célébrité. *Les héros se couvrent de **gloire**.*

glousser **verbe**
Pour une poule, **glousser**, c'est pousser de petits cris pour appeler ses petits.

glouton **nom masculin**
gloutonne **nom féminin**
Un **glouton**, une **gloutonne** sont des personnes ou des animaux qui mangent beaucoup et très vite.
→ Cherche **goinfre**.

gluant, gluante **adjectif**
Une chose **gluante** est collante et molle. *Les escargots laissent des traces **gluantes**.*

glucide **nom masculin**
Les **glucides** sont les sucres contenus dans les aliments. Ils aident le corps à conserver son énergie.
→ Cherche **lipide** et **protéine**.

gobelet **nom masculin**
Un **gobelet** est un verre en métal, en carton ou en plastique.
→ Cherche **timbale**.

godet **nom masculin**
Un **godet** est un petit récipient où l'on met de l'eau pour rincer les pinceaux.

goéland **nom masculin**
Un **goéland** est un gros oiseau gris et blanc qui a les pattes palmées et qui vit près des côtes. *Les **goélands** ressemblent à de grosses mouettes.*

un **goéland**

goinfre **nom masculin et nom féminin**
Un **goinfre**, une **goinfre** sont des personnes qui mangent beaucoup. *Mon frère a mangé la moitié de la tarte, quel **goinfre** !* **Synonyme :** **glouton.**
C'est un mot familier.

golf **nom masculin**
Le **golf** est un sport qui se joue sur une grande pelouse qui a dix-huit trous. Il faut envoyer la balle dans chaque trou en la frappant avec une canne spéciale.
Ne confonds pas avec « un golfe », au bord de la mer.

golfe **nom masculin**
Un **golfe** est une partie de la mer qui avance dans la terre et qui forme une grande étendue d'eau.
Ne confonds pas avec « le golf », le sport.

gomme **nom féminin**
Une **gomme** est un petit bloc de caoutchouc ou de plastique qui sert à effacer ce que l'on a écrit.
Il y a deux *m*.
● Mots de la même famille : **gommer, gommette.**

gommer **verbe**
Gommer, c'est effacer quelque chose avec une gomme. *J'**ai gommé** un mot.*
Il y a deux *m*.

gommette **nom féminin**
Les **gommettes** sont des petits morceaux de papier de toutes les formes et de toutes les couleurs que l'on mouille sur l'envers pour les coller.
▶ Le papier collant des gommettes est appelé du **papier gommé**.
Il y a deux *m* et deux *t*.

gondole **nom féminin**
Une **gondole** est un bateau plat que l'on fait avancer à l'aide d'un aviron. *À Venise, on se promène sur l'eau dans des **gondoles**.*
▶ Une gondole est conduite par un **gondolier**.

La **gondole** glisse sur l'eau.

A B C D E F G H I J K L M N O P Q R S T U

gonfler verbe

1 Gonfler un objet, c'est le remplir d'air. *Léo **gonfle** sa bouée.* Contraire : dégonfler.

2 Quand une partie du corps **gonfle**, elle devient plus grosse. *Je me suis tordu le pied et ma cheville a **gonflé**.* Synonyme : enfler. Contraire : dégonfler.

gorge nom féminin

1 La **gorge** est le fond de la bouche. *Quand on a une angine, on a mal à la **gorge**.*

2 La **gorge** est la partie avant du cou. *Le chien a mordu le chat à la **gorge**.*
● Mot de la même famille : gorgée.

gorgée nom féminin

Une **gorgée** est la quantité de liquide que l'on avale en une fois. *J'ai bu mon chocolat à grandes **gorgées**.*

gorille nom masculin

Un **gorille** est un grand singe qui a un pelage très foncé. *Les **gorilles** vivent dans les forêts d'Afrique.*

▶ C'est le plus grand et le plus fort des singes. Il se nourrit de fruits et de feuilles.

un **gorille** et son petit

gosier nom masculin

Le **gosier** est le fond de la bouche. *Élise a une arête dans le **gosier**.*

gosse nom masculin et nom féminin

Un **gosse**, une **gosse** sont des enfants.
C'est un mot familier.

goudron nom masculin

Le **goudron** est une pâte noire qui durcit en refroidissant. *La route est recouverte de **goudron**.*

gouffre nom masculin

Un **gouffre** est un trou très profond dans le sol. *Le **gouffre** de Padirac a 75 mètres de profondeur.*

Il y a deux *f*.

Ils descendent dans le **gouffre**.

goulot nom masculin

Le **goulot** est la partie étroite qui forme le haut d'une bouteille. *Ne bois pas au **goulot**, prends un verre !*

gourde nom féminin

Une **gourde** est un récipient qui sert à transporter de la boisson. *J'ai rempli ma **gourde** à la fontaine.*

1. gourmand, gourmande adjectif

Une personne **gourmande** aime manger beaucoup de bonnes choses.
● Mot de la même famille : gourmandise.

2. gourmand **nom masculin**
gourmande **nom féminin**
Un **gourmand**, une **gourmande** sont des personnes qui aiment manger beaucoup de bonnes choses. *Quel **gourmand**, il a fini tout le chocolat !*

gourmandise **nom féminin**
La **gourmandise** est le défaut d'un gourmand. *Léa a eu une indigestion à cause de sa **gourmandise**.*

gousse **nom féminin**
La **gousse** des petits pois ou des haricots est l'enveloppe qui contient les graines.

goût **nom masculin**
1 Le **goût** est le sens qui permet de reconnaître ce que l'on mange et de savoir si un aliment est acide, amer, salé ou sucré.
2 Le **goût** d'un aliment, c'est ce que l'on sent dans la bouche. *Cette sauce a un bon **goût**.*
3 **Avoir du goût**, c'est savoir reconnaître les belles choses et les aimer.
4 Les **goûts** d'une personne, ce sont les choses qui l'intéressent, ses préférences. *Mathis et Clément ont les mêmes **goûts**.*
La nouvelle orthographe permet d'écrire aussi *gout,* sans accent circonflexe.
● Mot de la même famille : goûter.
→ Cherche odorat, ouïe, toucher et vue.

1. goûter **verbe**
1 **Goûter** un aliment, c'est en manger un peu pour savoir s'il est bon.
2 **Goûter**, c'est prendre un petit repas dans l'après-midi, faire un goûter.
La nouvelle orthographe permet d'écrire aussi *gouter,* sans accent circonflexe.

2. goûter **nom masculin**
Le **goûter** est le petit repas que l'on prend dans l'après-midi. *Je prends un pain au chocolat et du lait pour mon **goûter**.*
La nouvelle orthographe permet d'écrire aussi *gouter,* sans accent circonflexe.

Ils prennent leur **goûter** dans la cour.

goutte **nom féminin**
Une **goutte** est une petite quantité de liquide. *J'ai reçu quelques **gouttes** de pluie.*
Il y a deux *t*.
● Mots de la même famille : gouttelette, gouttière.

gouttelette **nom féminin**
Une **gouttelette** est une très petite goutte.
Il y a deux fois deux *t*.

gouttière **nom féminin**
Une **gouttière** est un gros tuyau ouvert qui est fixé sur le bord des toits pour recueillir l'eau de pluie.
Il y a deux *t*.

gouvernail **nom masculin**
Le **gouvernail** d'un bateau est l'appareil mobile qui sert à le diriger. *Certains **gouvernails** ont une hélice.*

A B C D E F G H I J K L M N O P Q R S T U V W X Y Z

gouvernante **nom féminin**
Une **gouvernante** est une femme qui gardait les enfants et qui s'occupait de leur éducation.

gouvernement **nom masculin**
Le **gouvernement**, c'est l'ensemble des personnes qui dirigent un pays. *Les ministres sont les membres du **gouvernement**.*

gouverner **verbe**
Gouverner un pays, c'est le diriger.
● Mots de la même famille : gouvernail, gouvernement.

grâce **nom féminin**
❶ La **grâce** d'une personne, c'est la beauté qui apparaît dans sa démarche et ses mouvements. *Les danseuses ont beaucoup de **grâce**.*
❷ **Grâce à** signifie : avec l'aide de quelqu'un ou de quelque chose. *Maman a trouvé un emploi **grâce à** un ami.*
🔎 Le *a* prend un accent circonflexe.
● Mot de la même famille : gracieux.

gracieux, gracieuse **adjectif**
Un être **gracieux** a de la grâce. *Les biches sont des animaux **gracieux**. Audrey est une enfant souriante et **gracieuse**.*

gradin **nom masculin**
Les **gradins** sont des bancs placés comme les marches d'un escalier. *Au stade et au cirque, les spectateurs sont assis sur des **gradins**.*

gradué, graduée **adjectif**
Une règle **graduée** est marquée d'un petit trait à chaque millimètre et d'un grand trait à chaque centimètre.

grain **nom masculin**
❶ Les **grains** sont les fruits des céréales. *Je mange des **grains** de maïs cuit.*
❷ Des **grains de raisin** sont les petits fruits ronds qui forment une grappe.
❸ Un **grain** d'une matière est un très petit morceau. *Je sens des **grains** de sable dans mes chaussures.*
● Mot de la même famille : graine.

graine **nom féminin**
La **graine** d'une plante est la petite partie que l'on sème pour obtenir une nouvelle plante.
→ Cherche cotylédon et germe.

graisse **nom féminin**
❶ La **graisse** est la matière grasse qui se forme sous la peau et qui protège du froid.
❷ La **graisse** est un produit gras, comme le beurre ou l'huile.

grammaire **nom féminin**
La **grammaire**, c'est l'ensemble des règles qui permettent de faire des phrases correctes.

gramme **nom masculin**
Le **gramme** est une unité de mesure des masses. *Mille **grammes** font un kilogramme.*
🔎 L'abréviation de « gramme » est *g*.
☛ Va voir « les mesures », page 443.

1. grand, grande **adjectif**
❶ Être **grand**, c'est avoir une haute taille ou des dimensions importantes. *Léo est **grand** pour son âge.* **Contraire :** petit. *Nous avons un **grand** jardin.* **Synonyme :** vaste.
❷ Un **grand** frère, une **grande** sœur sont les enfants les plus âgés d'une famille. **Contraire :** petit.
❸ Un **grand homme** est un homme célèbre, qui a réalisé des choses importantes.
● Mots de la même famille : grandeur, grandir.

2. grand **nom masculin**
grande **nom féminin**

1 Un **grand**, une **grande** sont des personnes plus âgées que soi. *Sarah est dans la classe des* ***grands****.*
Contraire : petit.

2 Les **grands** sont les adultes, les grandes personnes. *Ce soir, je me couche tard comme les* ***grands****.*

Raphaël est plus **grand** que Julie.

grand-chose **pronom**
Pas **grand-chose** signifie : peu de choses, presque rien. *On n'a pas* ***grand-chose*** *à manger ce soir.*
Ce mot s'écrit avec un trait d'union.

grandeur **nom féminin**
1 La **grandeur** est la dimension, la taille d'une chose. *J'ai vu un appareil photo de la* ***grandeur*** *d'un briquet.*
2 Un objet **grandeur nature** a les mêmes dimensions que dans la réalité.

grandir **verbe**
Grandir, c'est devenir plus grand.
Contraire : rapetisser.

grand-mère **nom féminin**
La **grand-mère** d'une personne est la mère de sa mère ou la mère de son père. *La mère de ma mère est ma* ***grand-mère*** *maternelle.*
Ce mot s'écrit avec un trait d'union. Au pluriel, on écrit *des grands-mères*.
Va voir « la famille », page 273.

grand-père **nom masculin**
Le **grand-père** d'une personne est le père de sa mère ou le père de son père. *Le père de mon père est mon* ***grand-père*** *paternel.*
Ce mot s'écrit avec un trait d'union. Au pluriel, on écrit *des grands-pères*.
Va voir « la famille », page 273.

grands-parents **nom masculin pluriel**
Les **grands-parents** d'une personne sont les parents de ses parents.
Ce mot s'écrit avec un trait d'union.
Va voir « la famille », page 273.

grange **nom féminin**
Dans une ferme, une **grange** est un bâtiment où l'on range le foin et les récoltes.

grappe **nom féminin**
Une **grappe** de fruits est un groupe de fruits qui poussent sur une même tige. *Je cueille une* ***grappe*** *de raisin, une* ***grappe*** *de groseilles.*

Il y a deux *p*.

1. gras, grasse **adjectif**
1 Les **matières grasses** contiennent de la graisse. *Le beurre, la margarine, l'huile sont des* ***matières grasses****.*
2 Être **gras**, c'est avoir trop de graisse. *Mon chien est devenu* ***gras****.*
Synonyme : gros. Contraire : maigre.
3 Des papiers **gras** sont tachés de graisse. *Nous jetons les papiers* ***gras*** *dans la poubelle.*

A B C D E F G H I J K L M N O P Q R S T

2. gras **nom masculin**
Le **gras** de la viande est la partie grasse. *J'aime bien le* ***gras*** *du jambon.*

gratter **verbe**
① **Gratter**, c'est frotter avec ses ongles ou ses griffes. *Ne* ***gratte*** *pas tes boutons ! Le chien se* ***gratte*** *le cou.*
② **Gratter**, c'est frotter pour enlever une couche de matière. *Le peintre* ***gratte*** *la vieille peinture du mur.*
Il y a deux *t*.

gratuit, gratuite **adjectif**
Une chose **gratuite** s'obtient sans qu'on la paye. *Aujourd'hui, l'entrée du musée est* ***gratuite****.* Contraire : payant.
● Mot de la même famille : gratuitement.

gratuitement **adverbe**
Gratuitement signifie : sans payer. *Nous sommes entrés au concert* ***gratuitement****.*

grave **adjectif**
① Ce qui est **grave** peut avoir des conséquences importantes. *Mon cousin a une* ***grave*** *blessure.* Contraire : léger. *Tu as perdu ton stylo, ce n'est pas* ***grave****.*
② Une voix **grave** est une voix très basse. Contraire : aigu.

Le chien **se gratte** l'oreille.

③ Un accent **grave** est un accent qu'on met sur le « e » pour prononcer le son [ɛ]. *Dans « très », il y a un accent* ***grave****.*
● Mot de la même famille : gravement.

gravement **adverbe**
Être **gravement** blessé, c'est avoir des blessures importantes. Contraire : légèrement.

graver **verbe**
Graver, c'est écrire ou dessiner en creux sur une matière dure. *Mon prénom* ***est gravé*** *sur ma médaille.*

gravier **nom masculin**
Le **gravier**, c'est un ensemble de tout petits cailloux. *L'allée du jardin est recouverte de* ***gravier****.*

grêle **nom féminin**
La **grêle** est une pluie de petits morceaux de glace.
Le premier e prend un accent circonflexe.
● Mot de la même famille : grêlon.

grêlon **nom masculin**
Un **grêlon** est un grain de grêle.
Le e prend un accent circonflexe.

grelot **nom masculin**
Un **grelot** est une boule de métal qui contient un grain de métal. Il sonne comme une clochette quand on l'agite.
● Mot de la même famille : grelotter.

grelotter **verbe**
Grelotter, c'est trembler de froid. *Je* ***grelottais*** *en sortant de la piscine.* Synonyme : frissonner.
La nouvelle orthographe permet d'écrire aussi *greloter*, avec un seul *t*.

grenadine **nom féminin**
La **grenadine** est un sirop de fruits rouges.

grenier **nom masculin**

Le **grenier** est la partie d'une maison qui se trouve juste sous le toit. *On a mis les vieux meubles dans le **grenier**.*

grenouille **nom féminin**

Une **grenouille** est un petit animal à la peau lisse, verte ou rousse. Elle vit près des mares et des étangs. *Les têtards se transforment en **grenouilles**.*

▶ Quand les grenouilles crient, on dit qu'elles coassent. Ce sont des **amphibiens**.

→ Cherche **crapaud**.

une **grenouille**

grève **nom féminin**

Faire la **grève**, c'est s'arrêter de travailler pour obtenir quelque chose. *Les ouvriers font la **grève** pour avoir une augmentation de salaire.*

gribouillage **nom masculin**

Un **gribouillage** est un ensemble de traits qui ne représentent rien. *Mon petit frère fait des **gribouillages**.*

🔍 On dit aussi « gribouillis ».

gribouiller **verbe**

Gribouiller, c'est tracer des traits qui ne représentent rien. *Mon petit frère **a gribouillé** sur mon cahier.*
● Mot de la même famille : **gribouillage**.

griffe **nom féminin**

Les **griffes** sont les ongles crochus et pointus de certains animaux. *Le chat rentre ses **griffes**.*

🔍 Il y a deux *f*.
● Mots de la même famille : **griffer**, **griffon**.

→ Cherche **serre**.

griffer **verbe**

Griffer, c'est donner un coup de griffe. *Le chat d'Adrien m'**a griffé** la main.*
Synonyme : **égratigner**.

griffon **nom masculin**

Un **griffon** est un animal fabuleux. Il a un corps de lion, une tête d'aigle et d'énormes griffes. *Dans « Alice au pays des merveilles », la reine emmène Alice voir le **griffon**.*

un **griffon**

grignoter **verbe**

Grignoter, c'est manger en rongeant. *L'écureuil **a grignoté** la noisette.*

grillade **nom féminin**

Une **grillade** est une tranche de viande grillée.

grillage **nom masculin**

Un **grillage** est une clôture de fils métalliques qui se croisent. *Le poulailler est entouré d'un **grillage**.*

grille **nom féminin**
❶ Une **grille** est une clôture, une porte ou un objet faits de barreaux. *Le jardin est fermé par une **grille**.*
❷ Une **grille** de mots croisés est un quadrillage qui sert à placer les lettres dans des cases.
● Mot de la même famille : grillage.

griller **verbe**
Griller de la viande, c'est la cuire à feu très fort. *Dimanche, j'ai mangé du mouton **grillé**.*
● Mot de la même famille : grillade.

grillon **nom masculin**
Un **grillon** est un insecte noir ou brun qui saute.

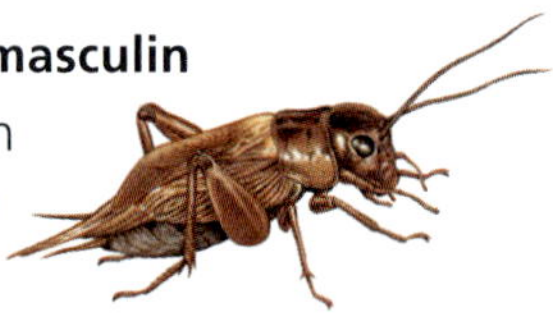

▶ Le mâle fait entendre un bruit aigu en frottant ses ailes.
➔ Cherche cigale et sauterelle.
☛ Va voir « les insectes », page 351.

grimace **nom féminin**
Une **grimace** est un mouvement qui déforme le visage. *Mon frère fait des **grimaces** pour nous faire rire.*

grimper **verbe**
Grimper, c'est monter en s'aidant des pieds et des mains. *J'aime **grimper** aux arbres.*

grincement **nom masculin**
Un **grincement**, c'est le bruit que fait un objet qui grince. *On entend le **grincement** d'une porte.*

grincer **verbe**
Grincer, c'est faire entendre un bruit aigu désagréable. *La girouette est rouillée, elle **grince**.*
● Mot de la même famille : grincement.

grincheux, grincheuse **adjectif**
Être **grincheux**, c'est être de mauvaise humeur et se plaindre. *« **Grincheux** » est le nom de l'un des sept nains dans « Blanche-Neige ».*
Synonyme : bougon.
➔ Cherche grognon.

grippe **nom féminin**
La **grippe** est une maladie contagieuse due à un virus. *Marion a de la fièvre et elle tousse beaucoup, elle a peut-être la **grippe**.*

1. gris, grise **adjectif**
La couleur **grise** est une couleur entre le blanc et le noir. *Les souris sont **grises**.*

2. gris **nom masculin**
Le **gris** est la couleur grise. *Le mur est peint en **gris**.*
☛ Va voir « les couleurs et les formes », page 171.

grogner **verbe**
❶ Pour un porc, un ours, **grogner**, c'est pousser son cri.
❷ **Grogner**, c'est montrer que l'on n'est pas content en protestant à voix basse.
Synonyme : bougonner.
● Mot de la même famille : grognon.
➔ Cherche ronchonner.

grognon, grognonne **adjectif**
Être **grognon**, c'est grogner sans arrêt, être de mauvaise humeur.
Synonymes : bougon, grincheux.
🔍 C'est un mot familier.

grommeler **verbe**
Grommeler, c'est grogner et parler entre ses dents. *Dans « Alice au pays des merveilles », le lapin blanc **grommelle** parce qu'il est en retard.*
Synonyme : bougonner.
➔ Cherche ronchonner.

gronder verbe
❶ Quand le tonnerre **gronde**, on entend comme un bruit de tambour.
❷ **Gronder** quelqu'un, c'est lui faire des reproches. *Quand je fais une bêtise, mes parents me* ***grondent***. Contraire : féliciter.

Son père le **gronde**.

1. gros, grosse adjectif
❶ Ce qui est **gros** est épais et lourd. *Aide-moi à porter la* ***grosse*** *branche !* Contraire : fin. Être **gros**, c'est avoir trop de graisse. *Mon chat est* ***gros***. Synonyme : gras. Contraires : maigre, mince.
❷ Une **grosse** somme, un **gros** lot, ce sont une somme, un lot importants. *J'ai gagné le* ***gros*** *lot à la loterie.*
❸ Un **gros mot** est un mot grossier, qui n'est pas convenable, pas poli. Synonyme : grossièreté.
● Mots de la même famille : grosseur, grossir.

2. gros nom masculin
grosse nom féminin
Un **gros**, une **grosse** sont des personnes trop grosses. *Ce n'est pas intelligent de se moquer des* ***gros***.

groseille nom féminin
Une **groseille** est un petit fruit rond, rouge ou blanc, qui a un goût acide et qui pousse en grappes.

▶ Les groseilles poussent sur un petit arbre, le **groseillier**.

grosseur nom féminin
La **grosseur** d'un objet, c'est sa taille. *Le prix des œufs varie selon leur* ***grosseur***.

grossier, grossière adjectif
Une personne **grossière** est très impolie. *Mon frère a été puni parce qu'il a été* ***grossier***. Contraires : correct, poli. *Elle dit des* ***mots grossiers***. Synonymes : gros mot, grossièreté.
● Mot de la même famille : grossièreté.

grossièreté nom féminin
Une **grossièreté** est un mot grossier.

grossir verbe
❶ **Grossir**, c'est devenir plus gros. *Mon chien a* ***grossi***. Contraire : maigrir.
❷ **Grossir** un objet, c'est le faire paraître plus gros. *Une loupe* ***grossit*** *les objets.*
➔ Cherche engraisser.

grotte nom féminin
Une **grotte** est un grand creux dans une roche ou dans le sol. *Les hommes préhistoriques vivaient dans des* ***grottes***. Synonyme : caverne.

Ils explorent une **grotte**.

A B C D E F G H I J K L M N O P Q R S T

groupe nom masculin

❶ Un **groupe** est un ensemble de personnes ou de choses rassemblées. *Le guide est entouré d'un* ***groupe*** *de touristes.* **Synonyme : bande.** *Un* ***groupe*** *d'immeubles va être démoli.*

❷ En grammaire, un **groupe** est un ensemble de mots organisés autour d'un mot principal. *J'ai entouré le* ***groupe*** *du nom en rouge et le* ***groupe*** *du verbe en vert.*

● Mot de la même famille : **grouper**.

grouper verbe

Grouper, c'est mettre en groupe. *Nous avons* ***groupé*** *nos valises dans le hall de l'hôtel.* **Synonyme : rassembler. Contraire : disperser.** *Les élèves se sont* ***groupés*** *autour de la maîtresse.* **Synonyme : se rassembler. Contraires : se disperser, s'éparpiller.**

grue nom féminin

Une **grue** est un engin très haut que l'on utilise sur les chantiers pour soulever et déplacer des poids très lourds.

gruyère nom masculin

Le **gruyère** est un fromage cuit fait avec du lait de vache. Il a une pâte percée de trous.

un **guépard** et son petit

La **grue** déplace un bloc de béton.

guenon nom féminin

La **guenon** est la femelle du singe.

guépard nom masculin

Un **guépard** est un mammifère carnivore d'Afrique et d'Asie. Il ressemble à une panthère mais il a un pelage clair tacheté de noir.

▶ Les guépards sont des félins. Ce sont les animaux terrestres les plus rapides. Leur vitesse peut atteindre 115 kilomètres à l'heure.

→ Cherche **félin**, **jaguar** et **léopard**.

guêpe nom féminin

Une **guêpe** est un insecte volant qui a le corps rayé de jaune et de noir et un dard venimeux. Elle ressemble à une abeille, mais ne produit pas de miel ni de cire.

▶ Les guêpes vivent en groupes dans un **guêpier**.

→ Cherche **frelon**.

☛ Va voir « les insectes », page 351.

guérir verbe

Guérir, c'est aller bien après avoir été malade. *Avec du repos et des médicaments, tu vas* ***guérir*** *vite.*

● Mot de la même famille : **guérison**.

guérison **nom féminin**
La **guérison**, c'est le fait d'être guéri. *La **guérison** de Maxime a été lente.*

guerre **nom féminin**
Une **guerre** est un combat armé entre des pays ou entre des peuples. *De nombreux pays sont en **guerre**.*

guet **nom masculin**
Faire le guet, c'est surveiller les environs pour voir si quelqu'un approche. *Pendant le cambriolage, l'un des voleurs **faisait le guet**.*

guetter **verbe**
Guetter, c'est surveiller attentivement. *Le chat **guette** la souris. Chloé **guette** l'arrivée du facteur.*

Il y a deux *t*.

● Mot de la même famille : guet.

gueule **nom féminin**
La **gueule** est la bouche des animaux. *Le chien ouvre la **gueule** pour attraper la balle.*

C'est un mot grossier quand on parle des personnes.

gui **nom masculin**
Le **gui** est une plante qui reste toujours verte et qui a des petites boules blanches. Il prend racine sur le tronc de certains arbres.

→ Cherche houx.

guichet **nom masculin**
Un **guichet** est une ouverture dans une vitre qui permet de parler avec un employé dans une banque, à la poste, dans une gare, un cinéma.

guide **nom masculin et nom féminin**
Un **guide**, une **guide** sont des personnes qui accompagnent ou qui font visiter. C'est un nom de métier. *Nous avons fait l'ascension avec un **guide** de montagne.*

● Mot de la même famille : guider.

guider **verbe**
Guider une personne, c'est l'accompagner pour lui montrer le chemin ou lui faire visiter quelque chose. *Pouvez-vous nous **guider** jusqu'à la piscine ?*

guidon **nom masculin**
Un **guidon** est une barre en métal qui a deux poignées et que l'on tient pour diriger une bicyclette ou une moto.

guignol **nom masculin**
Le **guignol** est un théâtre de marionnettes. *Les enfants sont allés au **guignol**.*

Le héros de ce théâtre s'appelle Guignol.

une marionnette de **guignol**

guillemets **nom masculin pluriel**
Les **guillemets** « » sont des signes que l'on met avant et après un mot ou une phrase que l'on cite.

guillotine **nom féminin**
La **guillotine** est une machine qui servait à couper la tête des gens condamnés à mort.

→ Cherche échafaud.

a b c d e f g h i j k l m n o p q r s t u v w x y z

guirlande **nom féminin**

Une **guirlande** est une longue suite de papiers découpés, de fleurs, de petites ampoules. *À Noël, on a décoré le sapin avec des **guirlandes** électriques.*

guitare **nom féminin**

Une **guitare** est un instrument de musique qui a six cordes que l'on pince.

● Mot de la même famille : guitariste.

Ils sont au cours de **guitare**.

guitariste **nom masculin et nom féminin**

Un **guitariste**, une **guitariste** sont des musiciens qui jouent de la guitare.

gymnase **nom masculin**

Un **gymnase** est une grande salle qui est installée pour faire de la gymnastique.

🔍 Ce mot s'écrit avec un *y*.

gymnastique **nom féminin**

La **gymnastique**, c'est l'ensemble des exercices que l'on fait pour rendre son corps plus souple et ses muscles plus forts.

▶ Les sportifs qui font de la gymnastique sont des **gymnastes**.

🔍 Il y a un *y* au début du mot.

● Mot de la même famille : gymnase.

gyrophare **nom masculin**

Un **gyrophare** est un phare qui tourne et qui clignote. Il est placé sur le toit d'une ambulance, d'une voiture de police ou de pompiers.

🔍 Ce mot s'écrit avec un *y*.

Un jeune homme fait de la **gymnastique**.

*L'étoile placée devant certains mots indique qu'on ne fait pas la liaison avec les mots qui précèdent.

***ha !** **interjection**

Ha s'emploie quand on est surpris ou quand on rit. *Ha ! vous partez déjà ? Ha ! ha ! ha ! elle est drôle ton histoire !*

habile **adjectif**

Être **habile**, c'est bien savoir se servir de ses mains, faire des gestes précis. *Élise fabrique des colliers avec de toutes petites perles : elle est très **habile**.* **Synonyme :** adroit. **Contraire :** maladroit.

● Mot de la même famille : habileté.

habileté **nom féminin**

L'**habileté**, c'est le fait d'être habile, adroit. *Les prestidigitateurs sont très **habiles**.*

s'habiller **verbe**

S'habiller, c'est mettre ses vêtements. *Aziz est assez grand pour **s'habiller** tout seul.* **Contraire :** se déshabiller.

● Mot de la même famille : habit.

habit **nom masculin**

Des **habits** sont des vêtements. *Je range mes **habits** dans l'armoire.*

habitant **nom masculin**
habitante **nom féminin**

Un **habitant**, une **habitante** sont des personnes qui habitent dans un endroit. *Notre ville a plus de vingt mille **habitants**.*

habitat **nom masculin**

1. L'**habitat**, c'est la façon d'organiser les habitations. *Les architectes s'occupent de l'**habitat**.*
2. L'**habitat** d'un animal, c'est l'endroit où il vit. *La savane est l'**habitat** des girafes.*

habitation **nom féminin**

L'**habitation**, c'est l'endroit où les personnes habitent. *Nous cherchons une **habitation** plus grande.* **Synonyme :** logement.

habiter **verbe**

Habiter quelque part, c'est y vivre, y avoir son logement. *Nous **habitons** dans un immeuble de six étages.* **Synonyme :** loger.

● Mots de la même famille : habitant, habitat, habitation.

A B C D E F G H I J K L M N O P Q R S T U V W X Y Z

habitude **nom féminin**
❶ Une **habitude**, c'est une chose que l'on fait régulièrement. *J'ai l'**habitude** de me lever tôt.*
❷ **D'habitude** signifie : en général. ***D'habitude**, nous allons chez grand-mère le mardi soir.* Synonyme : généralement.
● Mot de la même famille : s'habituer.

s'habituer **verbe**
S'habituer à quelque chose, c'est en prendre l'habitude. *Rémi **s'est habitué** à se lever tôt.*

***hache** **nom féminin**
Une **hache** est un outil qui a une grosse lame fixée à un manche. *Papi fend du bois avec une **hache**.*

***hacher** **verbe**
Hacher, c'est couper en tout petits morceaux avec un instrument tranchant. *Ma mère **hache** du persil.*

***haie** **nom féminin**
Une **haie** est une rangée d'arbustes qui forme une clôture.

Le jardinier taille la **haie**.

***haillons** **nom masculin pluriel**
Les **haillons** sont des vêtements vieux et déchirés.

***haine** **nom féminin**
La **haine** est le sentiment violent que l'on éprouve quand on déteste quelqu'un. *J'éprouve de la **haine** pour les gens injustes.* Contraire : amour.

***haïr** **verbe**
Haïr une personne, c'est la détester et lui vouloir du mal. *Elle **hait** celui qui a écrasé son petit chat.* Contraires : adorer, aimer.
Il y a un tréma sur le *i*.
● Mot de la même famille : haine.

haleine **nom féminin**
L'**haleine** est l'air que l'on rejette par la bouche. *Le dentifrice à la menthe donne une **haleine** fraîche.*

***hall** **nom masculin**
Le **hall** d'un bâtiment ou d'une gare est la très grande salle qui sert d'entrée. *Le bureau d'accueil est dans le **hall** de l'hôtel.*
Ce mot vient de l'anglais : on prononce [ol].

halogène **adjectif**
Une lampe **halogène** est une lampe qui a une ampoule spéciale pour donner un éclairage proche de la lumière du jour.

***halte** **nom féminin**
Une **halte** est un arrêt pendant une marche, un voyage. *Nous avons fait une **halte** au sommet de la montagne.* Synonyme : pause.

haltère **nom masculin**
Un **haltère** est une barre avec deux boules ou deux disques lourds à chaque extrémité. *Les **haltères** sont très lourds à soulever.*
« Haltère » est un nom masculin qui se termine par un e.

***hamac** **nom masculin**
Un **hamac** est un tissu ou un filet que l'on suspend et dans lequel on peut s'allonger.

Théo fait la sieste dans le **hamac**.

***hamburger** **nom masculin**
Un **hamburger** est une sorte de sandwich fait avec un pain rond et un bifteck haché et grillé.

***hameau** **nom masculin**
Un **hameau** est un groupe de maisons, à la campagne, à l'écart d'un village.

Au pluriel, on écrit *des hameaux*.

hameçon **nom masculin**
Un **hameçon** est un petit crochet pointu fixé au bout d'une ligne et qui sert à attraper les poissons.

Le *c* prend une cédille.

***hamster** **nom masculin**
Un **hamster** est un petit rongeur qui vit dans les champs et qui creuse des galeries. *Les **hamsters** entassent des graines pour l'hiver.*

***hanche** **nom féminin**
La **hanche** est la partie du corps où la jambe s'attache au tronc.

***handball** **nom masculin**
Le **handball** est un sport d'équipe. Les sept joueurs d'une équipe doivent envoyer, avec les mains, le ballon dans les buts de l'autre équipe.

► Un joueur de handball est un **handballeur**, une joueuse est une **handballeuse**.

On prononce [bal], comme « balle ».

***handicapé, *handicapée** **adjectif**
Une personne **handicapée** est une personne qui ne peut pas bouger une partie de son corps, après un accident ou dès la naissance.

***hangar** **nom masculin**
Un **hangar** est une construction ouverte sur les côtés, qui sert à ranger des machines et des récoltes.

***hanneton** **nom masculin**
Un **hanneton** est un gros insecte volant qui a des antennes. *Les **hannetons** vivent dans les forêts, où ils causent de gros dégâts à la végétation.*

→ Cherche **scarabée**.

des **hamsters**

A B C D E F G H I J K L M N O P Q R S T U V W X Y Z

***hanté, *hantée** adjectif
Une maison **hantée** est une maison où l'on croit qu'il y a des fantômes.

***haricot** nom masculin
Les **haricots** sont des plantes. On mange, en légumes, les gousses vertes et les graines.

harmonica nom masculin
Un **harmonica** est un petit instrument de musique. *On souffle et on aspire dans l'**harmonica** pour obtenir les sons.*

***harpe** nom féminin
Une **harpe** est un grand instrument de musique en forme de triangle avec de nombreuses cordes que l'on pince.
▶ Un joueur, une joueuse de harpe sont des **harpistes**.
☛ Va voir « les instruments de musique », page 355.

une joueuse de **harpe**

***harpon** nom masculin
Un **harpon** est une tige de métal pointue, avec des dents, qui sert à pêcher les gros poissons et les baleines.

***hasard** nom masculin
1 Le **hasard**, c'est ce qui fait que les choses arrivent de manière imprévue. *Nous nous sommes revus par **hasard**.*
2 Faire quelque chose **au hasard**, c'est le faire sans choisir, sans réfléchir. *Le prestidigitateur m'a fait tirer une carte **au hasard**.*
3 Un **jeu de hasard** est un jeu où c'est la chance qui compte et pas la réflexion. *La loterie est un **jeu de hasard**.*

***hâte** nom féminin
Avoir hâte de faire quelque chose, c'est être pressé, impatient. *J'**ai hâte** de commencer le judo.*
🔍 Le *a* prend un accent circonflexe.

***hausse** nom féminin
La **hausse**, c'est le fait d'augmenter, de devenir plus important ou d'une valeur plus élevée. *On prévoit une **hausse** des prix.* **Synonyme :** augmentation. **Contraires :** baisse, diminution.

***hausser** verbe
1 **Hausser** les sourcils, **hausser** les épaules, c'est les lever. *Léo **a haussé** les épaules pour montrer qu'il se moquait de ce qu'on lui disait.*
2 **Hausser** la voix, **hausser** le ton, c'est parler plus fort, d'un ton autoritaire. *Notre instituteur doit parfois **hausser** la voix.*
● Mot de la même famille : hausse.

1. *haut, *haute adjectif
Ce qui est **haut** a une grande hauteur ou un niveau élevé. *Le mur du jardin est **haut**. La marée est **haute**.* **Contraire :** bas. *Vous pouvez parler à voix **haute**.* **Contraire :** bas.
● Mot de la même famille : hauteur.

2. *haut **adverbe**

❶ **Haut** signifie : à une hauteur ou à un niveau élevés. *L'avion vole* ***haut****.*

Contraire : bas.

❷ **En haut** signifie : au-dessus, à l'étage du dessus. *Arthur est* ***en haut****.*

Contraire : en bas.

3. *haut **nom masculin**

❶ Le **haut**, c'est la partie supérieure d'une chose, d'un lieu. *La valise est rangée dans le* ***haut*** *du placard.* Contraire : bas. *Le* ***haut*** *de la montagne est enneigé.* **Synonymes : cime, sommet.**

❷ **De haut** signifie : de hauteur. *La tour a 300 mètres* ***de haut****.*

***hauteur** **nom féminin**

La **hauteur** d'une chose est sa dimension dans le sens vertical, à partir du sol. *La* ***hauteur*** *de la bibliothèque est de deux mètres.*

→ Cherche largeur et longueur.

***haut-parleur** **nom masculin**

Un **haut-parleur** est un appareil qui augmente le volume des sons. *À la gare, l'arrivée des trains est annoncée par les* ***haut-parleurs****.*

🔍 Au pluriel, il n'y a pas de *s* à « haut » : on écrit *des haut-parleurs.* – La nouvelle orthographe permet d'écrire aussi *hautparleur,* sans trait d'union.

***hé !** **interjection**

Hé s'emploie pour appeler quelqu'un. ***Hé !*** *toi, viens ici !*

🔍 On écrit aussi « eh ! ».

hebdomadaire **adjectif**

Un magazine **hebdomadaire** est un magazine que l'on peut acheter chaque semaine.

→ Cherche mensuel.

héberger **verbe**

Héberger une personne, c'est la loger chez soi. *Cette semaine, nous* ***hébergeons*** *des amis.*

***hélas !** **interjection**

Hélas s'emploie quand on regrette quelque chose. ***Hélas !*** *je n'ai pas pu voir le match !*

hélice **nom féminin**

Une **hélice** est un objet en métal formé de sortes d'ailes qui tournent autour d'un axe. *Les hélicoptères et les bateaux à moteur ont des* ***hélices****.*

hélicoptère **nom masculin**

Un **hélicoptère** est une sorte d'avion qui se déplace grâce à une grande hélice placée dessus. *Les* ***hélicoptères*** *décollent à la verticale.*

L'**hélicoptère** va atterrir.

***hennir** **verbe**

Pour un cheval, **hennir**, c'est pousser son cri.

herbe **nom féminin**

L'**herbe**, c'est un ensemble de plantes vertes à fine tige qui couvrent le sol. *Les vaches broutent l'****herbe*** *du pré.*

● Mots de la même famille : herbier, herbivore.

A B C D E F G H I J K L M N O P Q R S T

herbier nom masculin

Un **herbier** est une collection de plantes séchées et fixées sur les feuilles d'un gros cahier. *Émilie regarde les fleurs de son **herbier**.*

herbivore adjectif

Les animaux **herbivores** sont les animaux qui se nourrissent d'herbe ou de feuilles. *Les bœufs et les moutons sont **herbivores**.*

➜ Cherche carnivore, omnivore et végétarien.

***hérisson** nom masculin

Un **hérisson** est un petit mammifère nocturne au dos recouvert de piquants. *Les **hérissons** se mettent en boule quand ils sont en danger.*

héritage nom masculin

Un **héritage** est l'ensemble des choses qu'une personne laisse à sa mort. *Maman a reçu un appartement en **héritage**.*

hériter verbe

Hériter, c'est recevoir des choses après la mort d'une personne de sa famille. *Nous **avons hérité** de la maison de grand-père.*

● Mots de la même famille : héritage, héritier.

un **hérisson**

héritier nom masculin
héritière nom féminin

Un **héritier**, une **héritière** sont des personnes qui héritent, qui reçoivent ce qu'une personne a laissé après sa mort.

***héron** nom masculin

Un **héron** est un grand oiseau migrateur qui a un long cou, un long bec et des pattes fines. *Les **hérons** se nourrissent de poissons et de grenouilles.*

***héros** nom masculin
héroïne nom féminin

1 Un **héros**, une **héroïne** sont des personnes qui ont fait preuve d'un grand courage devant le danger. *Le pompier s'est conduit en **héros** quand il a sauvé un enfant des flammes.*

2 Le **héros**, l'**héroïne** d'une histoire sont les personnages principaux. On les admire pour leurs actions et leurs qualités. *La Petite Sirène est l'**héroïne** d'un conte d'Andersen.*

🔍 « Héros » se termine par un *s*. Il y a un tréma sur le *i* de « héroïne ».

hésitation nom féminin

L'**hésitation**, c'est l'action d'hésiter. *Avant de répondre, Zohra eut une **hésitation**.*

hésiter verbe

Hésiter, c'est avoir du mal à se décider. *J'**hésite** entre une glace au chocolat et une crêpe à la confiture.*

● Mot de la même famille : hésitation.

*heu ! interjection

Heu s'emploie quand on hésite, quand on doute ou quand on est gêné. *Heu ! je crois que j'ai perdu ton livre.*

On écrit aussi « euh ! ».

heure nom féminin

❶ L'**heure** est une unité de mesure du temps. *Il y a vingt-quatre* ***heures*** *dans une journée.*

❷ **C'est l'heure** signifie : c'est le moment. ***C'est l'heure*** *de manger.*

❸ **De bonne heure** signifie : tôt. *Rachid se lève* ***de bonne heure****.* **Contraire :** tard.

❹ **Tout à l'heure** signifie : dans un moment. *Je reviendrai* ***tout à l'heure****.*

Va voir « les mesures », page 443.

C'est l'**heure** d'aller au cours de violon.

heureusement adverbe

Heureusement signifie : par chance. *J'avais perdu mes clés, mais* ***heureusement*** *je les ai retrouvées.* **Contraire :** malheureusement.

heureux, heureuse adjectif

Être **heureux**, c'est avoir de grandes joies, connaître le bonheur. *Sébastien est* ***heureux*** *de partir en colonie de vacances.* **Contraire :** malheureux.

● Mot de la même famille : heureusement.

*heurter verbe

Heurter une personne ou un objet, c'est les toucher brutalement. *La voiture* ***a heurté*** *un mur.* **Synonyme :** percuter.

hibernation nom féminin

L'**hibernation**, c'est la période où certains animaux hibernent. *Pendant l'****hibernation****, le rythme du cœur et de la respiration ralentit beaucoup.*

hiberner verbe

Quand un animal **hiberne**, il passe l'hiver dans une sorte de sommeil où le rythme de son cœur et de sa respiration est très lent. *Les marmottes* ***hibernent****.*

● Mot de la même famille : hibernation.

un **héron**

A B C D E F G H I J K L M N O P Q R S T U V W X Y Z

***hibou** **nom masculin**
Un **hibou** est un oiseau de proie nocturne qui ressemble à une chouette, mais qui a des plumes dressées sur chaque côté de la tête.
▶ C'est un rapace. Quand le hibou crie, on dit qu'il **hulule** ou qu'il **hue**.
🔍 Au pluriel, on écrit *des hiboux*.

des **hiboux**

hideux, hideuse **adjectif**
Une personne ou une chose **hideuse** est très laide. *Dans « Aladin et la lampe merveilleuse », le génie apparut soudain, **hideux** et terrifiant.*
Synonymes : affreux, horrible.
Contraires : magnifique, superbe.

hier **adverbe**
Hier, c'est le jour qui est venu avant aujourd'hui. *Aujourd'hui nous sommes dimanche, **hier**, c'était samedi.*
→ Cherche **veille**.

***hi-fi** **nom féminin**
Une chaîne **hi-fi** est un appareil qui reproduit parfaitement les sons enregistrés sur un disque ou sur une cassette.
🔍 Ce mot s'écrit avec un trait d'union.

hippique **adjectif**
Un concours **hippique** est une compétition à cheval.
🔍 Il y a deux *p*.

hippocampe **nom masculin**
Un **hippocampe** est un petit poisson de mer qui nage à la verticale. Sa tête ressemble à celle d'un cheval et sa queue est courbe. *La femelle **hippocampe** pond des œufs dans une poche du mâle.*
🔍 Il y a deux *p* au début du mot.
☛ Va voir « les poissons », page 530.

hippodrome **nom masculin**
Un **hippodrome** est un grand terrain réservé aux courses de chevaux.
🔍 Il y a deux *p*.

hippopotame **nom masculin**
Un **hippopotame** est un très gros mammifère herbivore qui vit dans les fleuves d'Afrique.
🔍 Il y a deux *p* au début du mot.

hirondelle **nom féminin**
Une **hirondelle** est un petit oiseau migrateur au dos noir, au ventre blanc et à la queue fourchue. *Les **hirondelles** se nourrissent d'insectes qu'elles attrapent en volant.*

▶ Quand l'hirondelle crie, on dit qu'elle gazouille.

***hisser** **verbe**
Hisser une chose, c'est la faire monter en la tirant ou en la soulevant. *Les marins **hissent** les voiles.*

histoire **nom féminin**
1 L'**histoire**, c'est l'ensemble des événements importants qui se sont passés autrefois. *À l'école, nous apprenons l'**histoire** de France.*
2 Une **histoire** est le récit d'un événement réel ou inventé. *Léo nous a raconté une **histoire** très drôle.*

hiver **nom masculin**
L'**hiver** est la saison de l'année qui vient après l'automne et avant le printemps. Il commence le 21 ou le 22 décembre et finit le 20 ou le 21 mars.
☛ Va voir « les saisons », page 607.

***hocher** **verbe**
Hocher la tête, c'est la remuer de haut en bas pour montrer que l'on est d'accord ou d'un côté et de l'autre quand on n'est pas d'accord.
● Mot de la même famille : **hochet**.

***hochet** **nom masculin**
Un **hochet** est un petit jouet à grelots. *Le bébé agite son **hochet**.*

***hockey** **nom masculin**
Le **hockey** est un sport d'équipe qui se joue sur la glace ou sur le gazon.
▶ Un joueur de hockey est un **hockeyeur**, une joueuse est une **hockeyeuse**.
🔍 Ne confonds pas « hockey » avec « avoir le hoquet ».

***hold-up** **nom masculin**
Un **hold-up** est une attaque de personnes armées qui commettent un vol. *Un **hold-up** a été commis à la banque.*
🔍 Ce mot vient de l'anglais : il se prononce [ɔldœp]. Au pluriel, on écrit *des hold-up*.
– La nouvelle orthographe permet d'écrire aussi *un holdup, des holdups*, sans trait d'union et avec un *s* au pluriel.

***homard** **nom masculin**
Un **homard** est un animal marin qui a une carapace bleue. Il a de grosses pinces, comme la langoustine, mais il est plus grand. *Les **homards** deviennent rouges quand on les fait cuire.*
☛ Va voir « les crustacés », page 183.

homme **nom masculin**
1 Un **homme** est un être humain. *Tous les **hommes** ne parlent pas la même langue.*
2 Un **homme** est un adulte de sexe masculin. *Les petits garçons deviennent des **hommes**.*
➜ Cherche **femme**.

honnête **adjectif**
Une personne **honnête** respecte la morale, ne vole pas les autres, ne triche pas. **Contraire : malhonnête.**
🔍 Le premier *e* prend un accent circonflexe.
● Mots de la même famille : **honnêtement**, **honnêteté**.

honnêtement **adverbe**
Honnêtement signifie : de façon honnête. *Cet homme riche a fait fortune **honnêtement**.*
🔍 Le premier *e* prend un accent circonflexe.

honnêteté **nom féminin**
L'**honnêteté** est la qualité d'une personne honnête, qui respecte la morale. *Elle a eu l'**honnêteté** de rapporter le porte-monnaie à son propriétaire.*
🔍 Le premier *e* prend un accent circonflexe.

honneur **nom masculin**
1 L'**honneur** est le sentiment d'une personne qui est fière de ce qu'elle fait et qui pense mériter le respect des autres. *Autrefois, les nobles se battaient en duel pour défendre leur **honneur**.*

un **hippopotame** et son petit

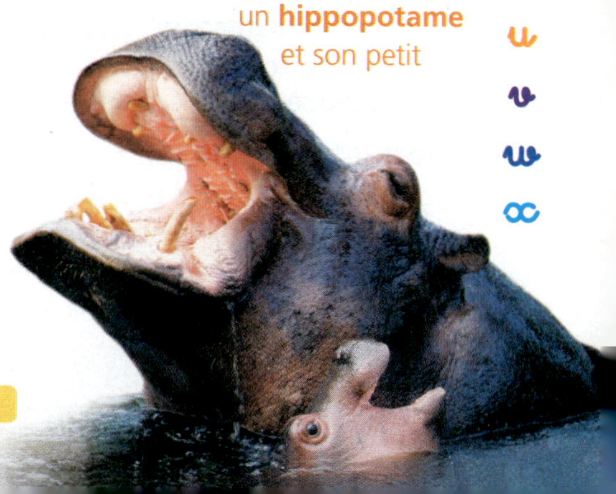

A B C D E F G H I J K L M N O P Q R S T U V W X Y Z

❷ Faire quelque chose **en l'honneur d'**une personne, c'est le faire spécialement pour elle. *Nous avons fait une fête **en l'honneur de** nos nouveaux voisins.*

***honte** **nom féminin**
La **honte** est le sentiment que l'on a après avoir fait une mauvaise action ou quand on a été ridicule. *Tu devrais avoir **honte** d'avoir été aussi lâche.*
● Mot de la même famille : honteux.

***honteux, *honteuse** **adjectif**
❶ Être **honteux**, c'est avoir honte de ce qu'on a fait ou dit. *Je suis **honteuse** d'avoir désobéi.* Contraire : fier.
❷ Une action **honteuse** cause de la honte. *C'est vraiment **honteux** d'attaquer un plus petit que soi.*

Zoé se cache, car elle est **honteuse**.

hôpital **nom masculin**
Un **hôpital** est un établissement où l'on soigne les malades et les blessés. *Grand-père s'est fait opérer à l'**hôpital**.*
Le *o* prend un accent circonflexe. Au pluriel, on écrit *des hôpitaux*.
● Mot de la même famille : hospitaliser.

***hoquet** **nom masculin**
Avoir le **hoquet**, c'est être agité de petites secousses qui soulèvent la poitrine en provoquant un bruit spécial. *Ne mange pas trop vite, tu vas avoir le **hoquet** !*
Ne confonds pas « hoquet » avec « le hockey », le sport.

horaire **nom masculin**
Un **horaire** est un tableau où sont indiquées les heures de départ et d'arrivée d'un moyen de transport, les heures d'ouverture et de fermeture d'un lieu. *Les **horaires** de trains sont affichés dans le hall de la gare.*

horizon **nom masculin**
L'**horizon** est la ligne imaginaire où le ciel semble rejoindre la terre ou la mer. *Le soleil disparaît à l'**horizon**.*
● Mots de la même famille : horizontal, horizontale.

horizontal, horizontale **adjectif**
Ce qui est **horizontal** suit la ligne de l'horizon. *La surface d'un liquide est **horizontale**.* Contraire : vertical.
Au pluriel, on écrit *horizontaux, horizontales*.

Rémi écrit sur les lignes **horizontales**.

horizontale **nom féminin**
L'**horizontale** est une ligne droite horizontale. *Étendez les bras à l'**horizontale**.* Contraire : verticale.

horloge **nom féminin**
Une **horloge** est une grande pendule. *L'**horloge** de la gare indique trois heures.*

horreur **nom féminin**
❶ **Avoir horreur** de quelque chose, c'est le détester. *Simon **a horreur** des gâteaux à la crème.* Contraire : **adorer.**
❷ Un film d'**horreur** est un film qui fait peur ou qui provoque du dégoût.
● Mot de la même famille : **horrible.**

horrible **adjectif**
❶ Une chose **horrible** fait horreur, provoque une très grande peur ou du dégoût. *Lucas nous a raconté une histoire **horrible**.* Synonymes : **atroce, effroyable, épouvantable, terrifiant.**
❷ Un être ou une chose **horribles** sont très laids. *Mon dessin est **horrible**.* Synonymes : **affreux, hideux.** Contraires : **magnifique, splendide, superbe.**

***hors de** **préposition**
Hors de signifie : à l'extérieur de. *Valentin nage avec la tête **hors de** l'eau.* Contraire : **dans.**

***hors-d'œuvre** **nom masculin**
Un **hors-d'œuvre** est un plat que l'on sert avant le plat principal. *Nous avons eu des crudités en **hors-d'œuvre**.*
Synonyme : **entrée.**

🔍 Ce mot s'écrit avec un trait d'union. Au pluriel, il n'y a pas de *s* à « œuvre » : on écrit *des hors-d'œuvre.*

hospitaliser **verbe**
Hospitaliser une personne, c'est la faire entrer à l'hôpital pour la soigner. *Le blessé **a été hospitalisé**.*

***hot dog** **nom masculin**
Un **hot dog** est une sorte de sandwich qui contient une saucisse chaude.
🔍 Au pluriel, on écrit *des hot dogs.* – La nouvelle orthographe permet d'écrire aussi *hotdog,* en un seul mot.

hôtel **nom masculin**
Un **hôtel** est un bâtiment où l'on peut louer une chambre pour une nuit ou plus.
🔍 Le *o* prend un accent circonflexe.

hôtesse **nom féminin**
❶ Une **hôtesse** est une femme qui renseigne et qui oriente les visiteurs dans une exposition ou une entreprise. C'est un nom de métier.
❷ Une **hôtesse de l'air** est une femme qui s'occupe des passagers d'un avion. C'est un nom de métier.
🔍 Le *o* prend un accent circonflexe.

***hotte** **nom féminin**
❶ Une **hotte** est une sorte de grand panier que l'on porte sur le dos à l'aide de bretelles. Elle sert à transporter des objets.
❷ Une **hotte** est un appareil situé au-dessus d'une cuisinière. Elle sert à aspirer les odeurs et les fumées.
🔍 Il y a deux *t.*

Le père Noël a des jouets plein sa **hotte**.

A B C D E F G H I J K L M N O P Q R S T U V W X Y Z

***hourra !** interjection

Hourra est un cri que l'on pousse pour montrer sa joie, son enthousiasme. *Hourra ! on a gagné !*

Il y a deux *r*.

***housse** nom féminin

Une **housse** est une enveloppe en tissu ou en plastique qui sert à recouvrir et à protéger un objet. *J'ai une **housse** de couette bleue.*

***houx** nom masculin

Le **houx** est un arbuste qui a des feuilles vertes piquantes et des petites boules rouges. *À Noël, nous avons décoré la maison avec du **houx**.*

Ce mot se termine par un *x*.

→ Cherche **gui**.

***hublot** nom masculin

Un **hublot** est une petite fenêtre ronde, dans un bateau ou un avion. *En avion, Tom se met toujours près du **hublot**.*

Le marin fait briller le **hublot**.

huile nom féminin

L'**huile** est un liquide gras que l'on utilise pour faire la cuisine ou pour graisser les moteurs.

huître nom féminin

Une **huître** est un coquillage comestible qui vit fixé aux rochers.

La nouvelle orthographe permet d'écrire aussi *huitre*, sans accent circonflexe.

Va voir « les coquillages », page 165, et « les mollusques », page 452.

1. humain, humaine adjectif

Un être **humain** est un être vivant qui n'est ni un animal ni une plante. Le corps **humain** est le corps des hommes et des femmes.

● Mots de la même famille : **humanitaire**, **humanité**.

2. humain nom masculin

Un **humain** est un être humain : un homme, une femme ou un enfant. *Les dauphins aiment la compagnie des **humains**.*

humanitaire adjectif

Une association **humanitaire** est un groupe de gens qui viennent en aide à des personnes pauvres, malades, aux victimes d'une catastrophe naturelle ou d'une guerre.

humanité nom féminin

L'**humanité** est l'ensemble des êtres humains.

humeur nom féminin

L'**humeur** d'une personne est un aspect de son caractère. *Natacha est toujours de bonne **humeur**.*

humide adjectif

1 Une chose **humide** est légèrement mouillée. *Mon maillot de bain est encore **humide**.* **Contraire : sec.**

2 Une région **humide** est une région où il pleut beaucoup. **Contraire : sec.**

● Mot de la même famille : **humidité**.

humidité nom féminin
L'**humidité** est l'eau qui est contenue dans l'air. *L'**humidité** fait rouiller le fer.*

humilier verbe
Humilier une personne, c'est la couvrir de honte. *Elle **a humilié** mon petit frère en se moquant de lui devant tout le monde.*

humour nom masculin
Avoir de l'**humour**, c'est savoir rire des choses désagréables qui arrivent tout en prenant un air sérieux.

***hurlement** nom masculin
1 Le **hurlement** est le cri du loup et de la hyène.
2 Un **hurlement** est un grand cri. *Sarah a poussé des **hurlements** en voyant un rat.*

***hurler** verbe
1 Pour un loup, une hyène, **hurler**, c'est pousser son cri.
2 **Hurler**, c'est pousser de grands cris. *Léa s'est coincé les doigts dans la portière et elle **a hurlé** de douleur.*
● Mot de la même famille : hurlement.

Les loups **hurlent** dans la nuit.

***hutte** nom féminin
Une **hutte** est une petite maison faite avec des branches, de la terre et de la paille. *Dans certains pays chauds, les habitants vivent dans des **huttes**.*
Synonyme : case.

un village de **huttes**

***hyène** nom féminin
Une **hyène** est un mammifère carnivore des pays chauds qui a un pelage gris ou roux avec des taches brunes. *Les **hyènes** se nourrissent d'animaux morts.*

▶ Quand la hyène crie, on dit qu'elle hurle.

Ce mot s'écrit avec un *y*. On dit « la hyène » ou « l'hyène ».

hygiène nom féminin
L'**hygiène** est l'ensemble des soins nécessaires pour rester propre et en bonne santé. *À la piscine, je respecte les règles d'**hygiène**.*

Il y a un *y* au début du mot.
● Mot de la même famille : hygiénique.

une **hyène**

A B C D E F G H I J K L M N O P Q R S T U V W X Y Z

hygiénique **adjectif**
Ce qui est **hygiénique** se rapporte à la propreté du corps et à la santé. *Ma mère a acheté des rouleaux de papier hygiénique.*

hymne **nom masculin**
Un **hymne** national est un chant en l'honneur d'un pays.

Ce mot s'écrit avec un *y*.

hypnotiser **verbe**
Hypnotiser une personne, c'est provoquer chez elle un état proche du sommeil en la regardant droit dans les yeux et en lui parlant.

Il y a un *y* au début du mot.

hypocrite **adjectif**
Une personne **hypocrite** ne dit pas ce qu'elle pense réellement et fait semblant d'éprouver de bons sentiments.
Contraire : sincère.

Il y a un *y* au début du mot.

Le fakir **a hypnotisé** le garçon.

L'équipe de France de rugby chante l'**hymne** national.

ibis **nom masculin**
Un **ibis** est un grand oiseau au long bec recourbé et au plumage blanc et noir ou bien rouge.

Ce mot se termine par un *s* qu'on prononce.

Va voir l'illustration ci-dessus.

iceberg **nom masculin**
Un **iceberg** est un énorme bloc de glace qui flotte dans les mers polaires. *Les **icebergs** ne sont pas formés d'eau de mer comme la banquise.*

ici **adverbe**
Ici signifie : à cet endroit. *N'allez pas aussi loin, venez **ici** ! Le chien est passé par **ici**.*

→ Cherche **là**.

1. idéal, idéale **adjectif**
Un endroit **idéal**, une personne **idéale** sont vraiment bien. *Voilà un endroit **idéal** pour passer de bonnes vacances.* Synonyme : **parfait.**

Au pluriel, on écrit *idéaux*, *idéales*.

2. idéal **nom masculin**
1 Avoir un **idéal**, c'est se donner un but à atteindre dans la vie. *En devenant infirmier, mon frère a réalisé son **idéal**.*
2 L'**idéal**, c'est une chose parfaite. *L'**idéal**, ce serait que tout le monde trouve du travail.*

Au pluriel, on écrit *des idéaux*.

idée **nom féminin**
Une **idée** est ce qui vient à l'esprit quand on réfléchit. *Camille a toujours de bonnes **idées**.*

identique **adjectif**
Des objets ou des êtres **identiques** se ressemblent parfaitement. *Nos vélos sont **identiques**.* Synonymes : **pareil, semblable.** Contraire : **différent.**

→ Cherche **même**.

identité **nom féminin**
1 L'**identité** d'une personne est son nom, son prénom et d'autres renseignements qui permettent de la reconnaître.
2 Un **papier d'identité** est un document qui prouve l'identité d'une personne. *Un passeport est un **papier d'identité**.*

idiot, idiote **adjectif**
Être **idiot**, c'est ne jamais rien comprendre. Synonymes : **bête, sot, stupide.** Contraire : **intelligent.**
● Mot de la même famille : **idiotie**.

A B C D E F G H I J K L M N O P Q R S T U V W X Y Z

idiotie **nom féminin**
Une **idiotie** est une parole ou une action idiote. *Arrête de raconter des idioties.* Synonyme : bêtise.

On écrit *tie* mais on prononce [si].

idole **nom féminin**
Une **idole** est une personne qu'on adore, qu'on admire par-dessus tout. *Cet acteur est l'**idole** de ma grande sœur.*

igloo **nom masculin**
Un **igloo** est une habitation ronde faite avec des blocs de neige dure. *Les Esquimaux habitent dans des **igloos** pendant les périodes de chasse.*

Les deux *o* se prononcent « ou » : [iglu].
– La nouvelle orthographe permet d'écrire aussi *iglou.*

Les Esquimaux construisent un **igloo**.

ignorant **nom masculin**
ignorante **nom féminin**
Un **ignorant**, une **ignorante** sont des personnes qui ne savent rien, qui n'ont rien retenu de ce qu'on leur a appris. Contraire : savant.

ignorer **verbe**
Ignorer, c'est ne pas savoir. *J'**ignore** le nom du nouveau voisin.*
● Mot de la même famille : ignorant.

iguane **nom masculin**
Un **iguane** est une sorte de gros lézard d'Amérique.

On prononce [igwan].

il **pronom masculin**
Il représente la troisième personne du masculin. *Il a cinq ans. Ils arrivent.*
➜ Cherche elle.

île **nom féminin**
Une **île** est une terre entourée d'eau. *La Corse est une **île**.*

La nouvelle orthographe permet d'écrire aussi *ile*, sans accent circonflexe.
➜ Cherche presqu'île.

Le bateau est près de l'**île**.

illisible **adjectif**
Une écriture **illisible** est une écriture mal formée, que l'on a du mal à lire. Contraire : lisible.

Il y a deux *l*.

illuminer **verbe**
Illuminer, c'est éclairer d'une lumière vive. *Des éclairs **illuminent** le ciel.*

Il y a deux *l*.

illusion **nom féminin**
1 Une **illusion** est une impression qui ne correspond pas à la réalité. *J'ai cru entendre ta voix, mais c'était une illusion.*

❷ **Se faire des illusions**, c'est imaginer des choses fausses. *Mathieu croit qu'il peut gagner la course sans s'entraîner : il **se fait des illusions**.*

Il y a deux *l*.

● Mot de la même famille : illusionniste.

illusionniste **nom masculin et nom féminin**

Un **illusionniste**, une **illusionniste** sont des personnes qui font des tours de magie sur scène. C'est un nom de métier. *L'**illusionniste** a fait sortir une colombe de son chapeau.* Synonymes : magicien, prestidigitateur.

Il y a deux *l* et deux *n*.

illustration **nom féminin**

Une **illustration** est un dessin ou une photo qui illustre un livre ou un magazine. *Ce dictionnaire contient de nombreuses **illustrations**.* Synonyme : image.

illustré, illustrée **adjectif**

Un livre **illustré** est un livre qui a des dessins ou des photos. *Nous avons acheté un dictionnaire **illustré**.*

illustrer **verbe**

Illustrer, c'est décorer un livre, un magazine, un cahier avec des dessins ou des photos.

● Mots de la même famille : illustration, illustré.

image **nom féminin**

❶ Une **image** est un dessin ou une photo. *Dans un livre, je regarde d'abord les **images**.* Synonyme : illustration.

❷ Une **image**, c'est ce qui apparaît sur un écran. *L'**image** n'est pas nette sur notre téléviseur.*

Marie regarde le livre d'**images**.

imaginaire **adjectif**

Un être, un objet **imaginaire** est créé par l'imagination. *Le griffon et la licorne sont des animaux **imaginaires**.* Synonyme : fabuleux. Contraire : réel.

imagination **nom féminin**

L'**imagination** est le pouvoir d'imaginer. *Chloé a de l'**imagination**, elle est capable d'inventer des tas d'histoires.*

un **iguane**

A B C D E F G H I J K L M N O P Q R S T U V W X Y Z

imaginer verbe

❶ **Imaginer**, c'est créer par l'esprit. *Clément **a imaginé** un nouveau jeu.* Synonyme : inventer.

❷ **S'imaginer** quelque chose, c'est le croire à tort. *Si tu **t'imagines** qu'il va se laisser faire, tu te trompes.*

● Mots de la même famille : imaginaire, imagination.

J'**imagine** que je suis sur une plage.

imam nom masculin

Un **imam** est un chef religieux musulman.

On prononce [imam].

➜ Cherche pasteur, prêtre et rabbin.

imbécile nom masculin et nom féminin

Un **imbécile**, une **imbécile** sont des personnes stupides, peu intelligentes. *Ne me prends pas pour un **imbécile**.*

● Mot de la même famille : imbécillité.

imbécillité nom féminin

Une **imbécillité** est une action ou une parole stupide. *Arrête tes **imbécillités** !* Synonymes : bêtise, idiotie.

La nouvelle orthographe permet d'écrire aussi *imbécilité*, avec un seul *l*, comme dans *imbécile*.

imitation nom féminin

❶ L'**imitation**, c'est l'action d'imiter. *Pierre a fait une excellente **imitation** du directeur.*

❷ Une **imitation** est un objet fait en copiant sur un autre. *Ce n'est pas une vraie perle, c'est une **imitation**.*

imiter verbe

❶ **Imiter** une personne ou un animal, c'est reproduire ses gestes, sa voix, son cri. *Adrien s'amuse à **imiter** sa mère.*

❷ **Imiter** une personne, c'est chercher à lui ressembler en suivant son exemple. *Alice **imite** sa grande sœur.*

● Mot de la même famille : imitation.

immatriculation nom féminin

Une **immatriculation** est un numéro que l'on donne à une personne, à un véhicule. *Les voitures et les motos ont un numéro d'**immatriculation**.*

Il y a deux *m*.

immédiatement adverbe

Immédiatement signifie : sans attendre. *Elle est partie **immédiatement** après le repas.* Synonymes : aussitôt, tout de suite.

Il y a deux *m* au début du mot.

immense adjectif

Ce qui est **immense** est très grand. *Le Canada est un pays **immense**.* Synonymes : gigantesque, vaste. Contraire : minuscule.

Il y a deux *m*.

immeuble nom masculin

Un **immeuble** est un bâtiment de plusieurs étages qui est divisé en appartements.

Il y a deux *m*.

immigré nom masculin
immigrée nom féminin

Un **immigré**, une **immigrée** sont des personnes qui ont quitté leur pays pour aller vivre et travailler dans un autre pays.

Il y a deux *m*.

immobile adjectif

Une personne, un animal **immobiles** ne bougent pas. *Il est difficile de rester longtemps **immobile**.*

Il y a deux *m*.

Restez **immobiles** !

immortel, immortelle adjectif

Un être **immortel** ne meurt jamais. *Tom nous a raconté une histoire de dragon **immortel**.* Contraire : mortel.

Il y a deux *m*.

impair, impaire adjectif

Un nombre **impair** est un nombre qui se termine par 1 ou par 3 ou par 5 ou par 7 ou par 9. *27 est un nombre **impair**.* Contraire : pair.

imparfait nom masculin

L'**imparfait** est un temps que l'on emploie quand une action dure dans le passé. *Dans la phrase « Au Moyen Âge, il y avait des chevaliers », le verbe « avoir » est à l'**imparfait**.*

impasse nom féminin

Une **impasse** est une petite rue qui est fermée au fond. *Nous faisons du roller dans l'**impasse**.*

impatience nom féminin

L'**impatience**, c'est le fait d'être impatient. *J'attends l'arrivée de David avec **impatience**.* Contraire : patience.

impatient, impatiente adjectif

Une personne **impatiente** supporte mal d'attendre. *Les enfants sont souvent **impatients**.* Contraire : patient. *Natacha est **impatiente** d'être en vacances.* Synonyme : pressé.

Le son [ɛ̃] s'écrit *im* devant un *p*.
● Mots de la même famille : impatience, s'impatienter.

s'impatienter verbe

S'impatienter, c'est perdre patience, commencer à s'énerver parce qu'on attend depuis longtemps. *Le train a du retard, les voyageurs **s'impatientent**.* Contraire : patienter.

La chienne **s'impatiente** !

impeccable adjectif

Un vêtement **impeccable** est un vêtement parfaitement propre et repassé, très bien entretenu. Synonyme : net.

Le son [ɛ̃] s'écrit *im* devant un *p* et il y a deux *c*.

A B C D E F G H I J K L M N O P Q R S T U V W X Y Z

impératrice nom féminin
Une **impératrice** est une femme qui dirige un empire ou la femme d'un empereur.

1. imperméable adjectif
Un tissu **imperméable** est un tissu qui ne laisse pas passer l'eau. *Les parapluies sont en tissu* ***imperméable****.*

2. imperméable nom masculin
Un **imperméable** est un manteau qui protège de la pluie.

impoli, impolie adjectif
Une personne **impolie** manque de politesse, d'éducation. *Il ne dit jamais bonjour, il est* ***impoli****.*
Synonyme : malpoli. Contraire : poli.

impolitesse nom féminin
L'**impolitesse**, c'est le fait d'être impoli. *Partir sans dire au revoir, c'est de l'****impolitesse****.*

importance nom féminin
L'**importance**, c'est le fait d'être important, intéressant. *Cette découverte est d'une grande* ***importance****. Tu as cassé un verre mais cela n'a pas d'****importance****.*

important, importante adjectif
1 Ce qui est **important** importe beaucoup, a un grand intérêt. *J'ai une question* ***importante*** *à te poser.*
2 Une somme **importante** est une grosse somme. *Les réparations de la maison ont coûté une somme* ***importante****.*

importer verbe
1 **Importer**, c'est compter beaucoup pour quelqu'un. *Être en bonne santé, c'est ce qui* ***importe*** *le plus pour lui.*
2 **N'importe qui, n'importe quoi** signifient : une personne quelconque, une chose quelconque. ***N'importe qui*** *peut faire une erreur.*
Le son [ɛ̃] s'écrit *im* devant un *p*.
● Mots de la même famille : importance, important.

impossible adjectif
Ce qui est **impossible** ne peut pas se faire. *Pour un être humain, vivre sans respirer, c'est* ***impossible****.*
Contraire : possible.

impôt nom masculin
Un **impôt** est une somme d'argent que l'on donne à l'État.
► Les impôts servent à construire des routes, des hôpitaux, des écoles et tout ce qui est utile aux habitants.
Le *o* prend un accent circonflexe.

impression nom féminin
1 Une **impression**, c'est ce que l'on ressent quand quelque chose arrive. *Cela fait une drôle d'****impression*** *de nager sans bouée pour la première fois.* Synonyme : effet.
2 **J'ai l'impression que** signifie : il me semble que, on dirait que. ***J'ai l'impression que*** *nous sommes perdus.*
Le son [ɛ̃] s'écrit *im* devant un *p*.
● Mots de la même famille : impressionnant, impressionner.

impressionnant, impressionnante adjectif
Une chose, un être **impressionnants** impressionnent, font un peu peur. *Les tigres sont* ***impressionnants****.*

impressionner verbe
Impressionner quelqu'un, c'est lui faire une forte impression. *Le numéro du magicien* ***a impressionné*** *les enfants.*
Synonyme : frapper.

imprévu, imprévue adjectif

Ce qui est **imprévu** arrive sans avoir été prévu. *La visite **imprévue** de ma tante a étonné toute la famille.*
Synonyme : inattendu.

imprimante nom féminin

Une **imprimante** est une machine qui est reliée à un ordinateur et qui sert à imprimer ce que l'on voit à l'écran.

La feuille sort de l'**imprimante.**

imprimer verbe

Imprimer des livres et des journaux, c'est reproduire des textes et des dessins sur du papier avec de grosses machines appelées des *presses*. *On **imprime** des livres, des journaux, des affiches dans une imprimerie.*

Le son [ɛ̃] s'écrit *im* devant un *p*.
● Mots de la même famille : imprimante, imprimerie, imprimeur.

imprimerie nom féminin

Une **imprimerie** est un atelier ou une usine où l'on imprime des livres et des journaux.

imprimeur nom masculin

Un **imprimeur** est une personne qui travaille dans une imprimerie ou qui la dirige. C'est un nom de métier.

imprudence nom féminin

1. L'**imprudence**, c'est le manque de prudence.
2. Une **imprudence** est une action dangereuse qui peut provoquer un accident. *Rouler vite quand il pleut, c'est commettre une **imprudence**.*

imprudent, imprudente adjectif

Être **imprudent**, c'est manquer de prudence, ne pas faire attention au danger. *Tu as été **imprudent** de traverser la rue sans regarder.*
Contraire : prudent.
● Mot de la même famille : imprudence.

inadmissible adjectif

Une chose **inadmissible** est une chose que l'on ne peut pas admettre, accepter. *Un tel chahut est **inadmissible** en classe.*

inattendu, inattendue adjectif

Une chose **inattendue** est une chose que l'on n'attendait pas. *Leur mariage est un événement **inattendu**.*
Synonyme : imprévu.

inattention nom féminin

L'**inattention** est le manque d'attention. *Quand on conduit, il ne faut pas avoir une seconde d'**inattention**.*

incapable adjectif

Être **incapable** de faire quelque chose, c'est ne pas pouvoir le faire. *Mon petit frère est **incapable** de s'habiller tout seul.* Contraire : capable.

A B C D E F G H I J K L M N O P Q R S T U V W X Y Z

incassable adjectif
Un objet, une matière **incassables** ne peuvent pas se casser. *J'ai des lunettes avec des verres **incassables**.*

incendie nom masculin
Un **incendie** est un grand feu qui s'étend et qui cause des dégâts importants. *Les pompiers ont éteint l'**incendie** de forêt.*

« Incendie » est un nom masculin qui se termine par un *e*.

Les pompiers éteignent l'**incendie.**

incident nom masculin
Un **incident**, c'est un ennui qui n'est pas très grave. *Notre voyage s'est déroulé sans **incident**.*

incisive nom féminin
Les **incisives** sont les dents plates qui sont situées sur le devant de la mâchoire.

→ Cherche canine et molaire.

incliner verbe
Incliner, c'est faire pencher. *Le vent **incline** les peupliers.* **S'incliner**, c'est se pencher en avant. *L'acteur **s'est incliné** pour saluer le public.*

incolore adjectif
Ce qui est **incolore** n'a pas de couleur. *L'eau est un liquide **incolore**.*

incomplet, incomplète adjectif
Quand un ensemble est **incomplet**, il lui manque un ou plusieurs éléments. *On ne peut pas jouer, le jeu de dominos est **incomplet**.* Contraire : complet.

incompréhensible adjectif
Une chose **incompréhensible** est impossible à comprendre. *Ce qu'il dit est **incompréhensible**.* Contraire : compréhensible.

Il y a un *h* après le *é*.

inconnu, inconnue adjectif
Quand une personne ou une chose est **inconnue**, personne ne la connaît. *Ce roman a été écrit par un auteur **inconnu**.* Contraires : célèbre, connu.

inconscient, inconsciente adjectif
Être **inconscient**, c'est ne pas se rendre compte des conséquences de ses actes. *Mon petit frère est **inconscient** du danger.*

Il y a un *c* après le *s*.

inconvénient nom masculin
Un **inconvénient**, c'est une chose qui pose un problème. *L'**inconvénient** de cet appartement, c'est qu'il est trop petit.* Contraire : avantage.

incorrect, incorrecte adjectif
Une chose **incorrecte** a des fautes. *Le résultat de ton opération est **incorrect**.* Synonyme : faux, inexact. Contraires : correct, exact, juste.

Il y a deux *r*.

incroyable **adjectif**
Une chose **incroyable** est difficile à croire. *Ton histoire de soucoupe volante est **incroyable**.*
Synonyme : invraisemblable.

indemne **adjectif**
Être **indemne**, c'est ne pas être blessé. *Léo est sorti **indemne** de l'accident.*
Synonyme : sain et sauf.

indépendance **nom féminin**
L'**indépendance**, c'est le fait d'être indépendant, de décider seul de ses actes. *Ma grande sœur aimerait avoir plus d'**indépendance**.*

indépendant, indépendante **adjectif**
1 Une personne **indépendante** prend ses décisions seule. *Sarah est une jeune fille **indépendante**.*
2 Un pays **indépendant** est un pays libre, qui n'est pas dirigé par un autre pays.
● Mot de la même famille : indépendance.

index **nom masculin**
L'**index** est le doigt de la main qui est le plus près du pouce.
Ce mot ne change pas au pluriel : *des index.*
Va voir « les doigts », page 217.

indication **nom féminin**
Une **indication**, c'est l'action d'indiquer une chose, de renseigner sur quelque chose. *Pour aller chez toi, j'ai besoin de quelques **indications**.*
Synonymes : information, renseignement.

indice **nom masculin**
Un **indice** est un signe ou un objet qui donne la preuve de quelque chose. *La police a des **indices** pour trouver le coupable.*

indien, indienne **adjectif**
Un village **indien**, une coutume **indienne** sont ceux des premiers habitants de l'Amérique, les Indiens. *Certaines coutumes **indiennes** ont été oubliées.*

un chef **indien**

indifférence **nom féminin**
L'**indifférence** est l'attitude d'une personne qui n'est pas intéressée ni touchée par ce qu'elle voit ou entend. *La voisine regarde les autres avec **indifférence**.* **Contraire :** intérêt.

indifférent, indifférente **adjectif**
Être **indifférent**, c'est n'éprouver aucun intérêt, aucun sentiment pour une chose ou une personne. *Elle est **indifférente** aux problèmes des autres.*
● Mot de la même famille : indifférence.

indigène **nom masculin et nom féminin**
Un **indigène**, une **indigène** sont des personnes qui sont nées dans le pays où elles vivent. *Les touristes ne parlent pas la même langue que les **indigènes**.*

indigestion nom féminin
Avoir une **indigestion**, c'est être un peu malade après une digestion difficile. *Marion a mangé trop de gâteaux, elle a une **indigestion**.*

indigo nom masculin
L'**indigo** est un bleu foncé, légèrement violet. *L'**indigo** est l'une des couleurs de l'arc-en-ciel.*

indiquer verbe
Indiquer, c'est montrer. *La flèche **indique** la sortie.* Synonyme : désigner. *La petite aiguille **indique** les heures.* Synonyme : marquer. *L'automobiliste met son clignotant pour **indiquer** qu'il va tourner.* Synonyme : signaler.
● Mot de la même famille : indication.

Les panneaux **indiquent** le chemin.

indiscipliné, indisciplinée adjectif
Être **indiscipliné**, c'est ne pas respecter la discipline. *La maîtresse a puni les élèves **indisciplinés**.* Synonyme : dissipé. Contraire : discipliné.

Il y a un c après le *s*.

indiscret, indiscrète adjectif
Une personne **indiscrète** se mêle de ce qui ne la regarde pas. *Une personne qui écoute aux portes est **indiscrète**.* Synonyme : curieux. Contraire : discret.
● Mot de la même famille : indiscrétion.

indiscrétion nom féminin
L'**indiscrétion** est le défaut d'une personne indiscrète, qui se mêle de ce qui ne la regarde pas.

indispensable adjectif
Une chose **indispensable** est absolument nécessaire. *En hiver, des vêtements chauds sont **indispensables**.* Contraire : inutile.

individu nom masculin
Un **individu** est une personne, un être unique. *La société est composée d'un ensemble d'**individus**.*
● Mot de la même famille : individuel.

individuel, individuelle adjectif
Un travail **individuel** est fait par une seule personne. Un sport **individuel** ne se joue pas en équipe. *La course, le saut sont des sports **individuels**.* Contraire : collectif.

indolore adjectif
Ce qui est **indolore** ne cause pas de douleur. *N'aie pas peur, ce vaccin est **indolore**.* Contraire : douloureux.

indulgence nom féminin
L'**indulgence** est la qualité d'une personne indulgente, qui pardonne facilement. *Notre grand-mère nous traite avec **indulgence**.* Contraire : sévérité.

indulgent, indulgente adjectif
Une personne **indulgente** pardonne facilement les erreurs, les défauts des autres. *Le maître est **indulgent**.*

Synonyme : compréhensif.
Contraires : dur, sévère.
● Mot de la même famille : indulgence.

industrie nom féminin
L'**industrie**, c'est l'ensemble des usines qui fabriquent des produits.
● Mot de la même famille : industriel.

industriel, industrielle adjectif
Une région **industrielle** est une région où l'industrie est importante, où il y a beaucoup d'usines.

inégal, inégale adjectif
1 Des choses **inégales** n'ont pas la même dimension, la même valeur. *Léo a coupé le gâteau en parts **inégales**.*
Contraire : égal.
2 Un travail **inégal** n'est pas régulier. *Le travail scolaire de mon frère est **inégal**.* **Synonyme :** irrégulier.
Contraire : régulier.
Au pluriel, on écrit *inégaux*, *inégales*.

Les jambes de mon pantalon sont de longueur **inégale**.

inespéré, inespérée adjectif
Une chose **inespérée** est une chose que l'on n'attendait plus, que l'on croyait impossible. *Deux minutes avant la fin du match, la victoire de notre équipe était **inespérée**.* **Contraires :** certain, sûr.

inévitable adjectif
Une chose **inévitable** est une chose que l'on ne pouvait pas éviter, qui devait forcément arriver. *Le conducteur roulait trop vite, un accident était **inévitable**.*

inexact, inexacte adjectif
Ce qui est **inexact** est faux, contient des erreurs. *Le résultat de mon opération est **inexact**.* **Contraires :** exact, juste.

infantile adjectif
Une maladie **infantile** est une maladie que l'on attrape quand on est enfant. *La varicelle est une maladie **infantile**.*

infect, infecte adjectif
Un aliment, un repas **infect** est très mauvais. *Les frites étaient **infectes**.*
Contraire : délicieux.

s'infecter verbe
Quand une plaie **s'infecte**, elle est envahie par les microbes. *Nettoie bien la plaie, sinon elle risque de **s'infecter**.*
● Mot de la même famille : infection.

infection nom féminin
Une **infection**, c'est le développement de microbes dans le corps. *Une blessure mal nettoyée peut provoquer une **infection**.*

inférieur, inférieure adjectif
1 Ce qui est **inférieur** est situé plus bas. *Bastien habite à l'étage **inférieur**.*
Contraire : supérieur.
2 Un nombre **inférieur** à un autre est plus petit. *Six est **inférieur** à neuf.*
Contraire : supérieur.

A B C D E F G H I J K L M N O P Q R S T U V W X Y Z

infernal, infernale adjectif

Une personne, une chose **infernale** est difficile à supporter. *Elles font un bruit **infernal**. En ce moment, les enfants sont **infernaux**.* Synonymes : insupportable, odieux, terrible. Contraire : adorable.

Au pluriel, on écrit *infernaux, infernales*.

infini, infinie adjectif

1. Ce qui est **infini** est sans fin, sans limites. *La suite des nombres est **infinie**.*
2. Ce qui est **infini** est très grand. *Sur l'étang, il y a un nombre **infini** d'insectes.*

● Mot de la même famille : infinité.

infinité nom féminin

Une **infinité** de choses est un nombre de choses si grand qu'on ne peut pas les compter. *Il y a une **infinité** d'étoiles.*

infinitif nom masculin

L'**infinitif** est la forme d'un verbe quand on ne le conjugue pas. *« Chanter », « finir », « faire » sont des verbes à l'**infinitif**.*

infirme adjectif

Une personne **infirme** ne peut pas se servir d'une partie de son corps. Synonyme : paralysé.

● Mots de la même famille : infirmerie, infirmier.

infirmerie nom féminin

Une **infirmerie** est une pièce installée dans une école, une colonie de vacances ou une prison pour accueillir et soigner les personnes malades ou légèrement blessées.

Leur voisin est **infirme**.

infirmier nom masculin
infirmière nom féminin

Un **infirmier**, une **infirmière** sont des personnes qui soignent les malades et les blessés. C'est un nom de métier. *Une **infirmière** est venue me faire une piqûre.*

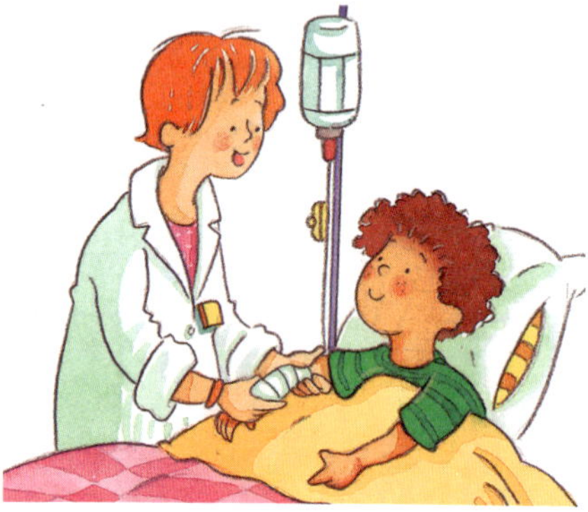

L'**infirmière** soigne Rémi.

influence nom féminin

L'**influence**, c'est l'action d'une personne ou d'une chose sur une autre personne ou une autre chose. *L'alimentation a une **influence** sur la santé.*

informaticien nom masculin
informaticienne nom féminin
Un **informaticien**, une **informaticienne** sont des personnes qui travaillent dans l'informatique. C'est un nom de métier.

information nom féminin
1 Une **information** est un renseignement qui informe. *J'ai demandé des **informations** sur le judo.*
2 Les **informations**, ce sont les nouvelles que l'on donne à la radio et à la télévision.

informatique nom féminin
L'**informatique** est la science et la technique des ordinateurs.
● Mot de la même famille : informaticien.

informer verbe
Informer quelqu'un de quelque chose, c'est le lui faire savoir. *Rémi nous a **informés** de son arrivée.* Synonymes : **annoncer, avertir de, prévenir de.**
● Mot de la même famille : information.

infusion nom féminin
Une **infusion** est une boisson chaude faite avec des plantes que l'on met dans de l'eau bouillante. *J'ai bu une **infusion** de menthe.* Synonyme : **tisane.**

ingénieur nom masculin
Un **ingénieur** est un homme ou une femme qui fait des recherches scientifiques et dirige des travaux dans une entreprise. C'est un nom de métier. *Ma cousine est **ingénieur** en informatique.*

ingrédient nom masculin
Un **ingrédient** est un produit que l'on utilise dans un mélange, dans une préparation. *Pour faire une pâte à crêpes, il faut plusieurs **ingrédients** : du lait, des œufs et de la farine.*

Ils ont préparé tous les **ingrédients**.

inhumain, inhumaine adjectif
Ce qui est **inhumain** est cruel, sans pitié. *Personne n'a secouru le blessé, c'est **inhumain**.*

initiale nom féminin
Une **initiale** est la première lettre d'un mot. *« P. A. » sont les initiales de Paul Arlot.*
On écrit *ti* mais on prononce [si].

initiation nom féminin
L'**initiation** à une chose, c'est le fait de commencer à l'apprendre. *Ce cours est une bonne **initiation** à l'informatique.*
On écrit *ti* mais on prononce [si].

initiative nom féminin
Prendre une **initiative**, c'est faire le premier une chose. *Marie a pris l'**initiative** d'organiser une randonnée.*
Au milieu du mot, on écrit *ti* mais on prononce [si].

A B C D E F G H I J K L M N O P Q R S T U V W X Y Z

injure nom féminin

Une **injure** est une parole méchante et grossière que l'on adresse à quelqu'un. *Le voleur criait des **injures** aux policiers.* Synonyme : insulte.

● Mot de la même famille : injurier.

injurier verbe

Injurier quelqu'un, c'est lui dire des injures, des paroles méchantes. *Elle m'a **injurié** en me traitant d'imbécile.*

Synonyme : insulter.

injuste adjectif

Ce qui est **injuste** est contraire à la justice. *Zoé chahutait, et c'est Julie qui a été punie : c'est **injuste** !*

Contraire : juste.

● Mot de la même famille : injustice.

injustice nom féminin

Une **injustice** est un acte injuste. *Mettre une personne innocente en prison, c'est une **injustice**.*

innocent, innocente adjectif

Être **innocent**, c'est n'avoir pas fait de mal, de faute grave. *On accuse Valentin d'avoir cassé un carreau, mais il dit qu'il est **innocent**.* Contraire : coupable.

inoffensif, inoffensive adjectif

Un animal **inoffensif** ne peut pas faire de mal aux humains. *N'aie pas peur du chien, il est **inoffensif**.*

Contraire : dangereux.

inondation nom féminin

Une **inondation** est une grande quantité d'eau qui se répand et qui recouvre un endroit. *La rivière a débordé et a provoqué une **inondation**.*

➜ Cherche crue.

La rivière est en crue, quelle **inondation** !

inonder verbe

Inonder un lieu, c'est le recouvrir entièrement d'eau. *Les grosses pluies **ont inondé** les champs.*

● Mot de la même famille : inondation.

inquiet, inquiète adjectif

Être **inquiet**, c'est ne pas avoir l'esprit calme et se faire du souci. *Laura n'est pas rentrée et maman est **inquiète**.*

● Mots de la même famille : s'inquiéter, inquiétude.

s'inquiéter verbe

S'inquiéter, c'est se faire du souci, attendre dans l'inquiétude. *Quand mon frère fait de la planche à voile, mes parents **s'inquiètent**.*

inquiétude nom féminin

L'inquiétude, c'est l'état d'une personne qui s'inquiète, qui se fait du souci. *La maladie de Rémi a causé beaucoup d'**inquiétude** à sa mère.*

Synonyme : souci.

inscription nom féminin

1 **L'inscription**, c'est l'action d'inscrire. *Mamie s'est occupée de mon **inscription** au cours de danse.*

2 Une **inscription**, c'est ce qui est inscrit, écrit. *Le mur est couvert d'**inscriptions**.*

Les insectes

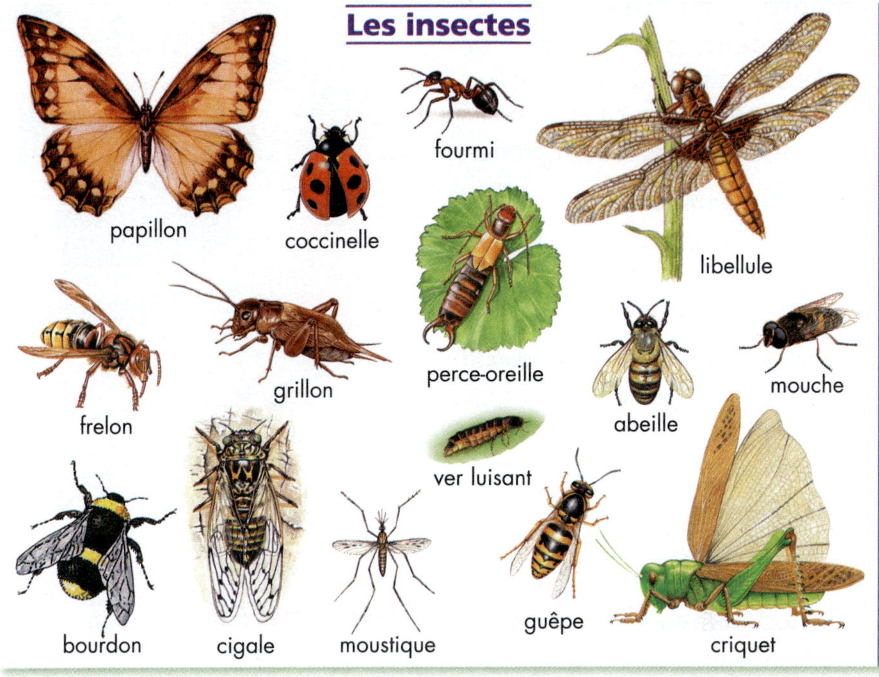

inscrire verbe

❶ **Inscrire** quelqu'un, c'est noter son nom sur une liste. *Le directeur du club m'a **inscrite** au judo.*

❷ **Inscrire** quelque chose, c'est l'écrire. *Léa **a inscrit** son nom sur la première page du cahier.* Synonymes : **marquer, noter.**

Mot de la même famille : *inscription*.

insecte nom masculin

Un **insecte** est un petit animal qui a six pattes et qui a souvent des ailes. *Les poux, les abeilles, les papillons sont des **insectes**.*

inséparable adjectif

Des personnes **inséparables** sont toujours ensemble, ne se séparent pas. *Dans les aventures de Tintin, Dupond et Dupont sont **inséparables**.*

insigne nom masculin

Un **insigne** est un signe que portent les membres d'un groupe. *Rémi porte l'**insigne** de son club de karaté.*

insister verbe

Insister, c'est demander plusieurs fois. *Léo **a insisté** pour que je vienne à son exposition de poteries.*

insolation nom féminin

Avoir une **insolation**, c'est se sentir malade après être resté trop longtemps au soleil. *Une **insolation** commence par un coup de soleil.*

insolence nom féminin

L'**insolence**, c'est l'attitude d'une personne qui manque de respect, de politesse. *Cet élève a été puni pour son **insolence**.*

A B C D E F G H I J K L M N O P Q R S T U V W X Y Z

insolent, insolente adjectif
Être **insolent**, c'est montrer de l'insolence, manquer de respect. *Elle a été **insolente** avec sa mère.*
● Mot de la même famille : insolence.

insomnie nom féminin
Avoir une **insomnie**, c'est avoir beaucoup de mal à s'endormir ou à se rendormir.

insouciant, insouciante adjectif
Une personne **insouciante** ne se fait aucun souci. *Les adultes disent souvent que les adolescents sont **insouciants**.*

inspecteur nom masculin
inspectrice nom féminin
❶ Un **inspecteur**, une **inspectrice** sont des personnes chargées d'inspecter, de contrôler. C'est un nom de métier. *Une **inspectrice** est venue dans notre classe.*
❷ Un **inspecteur de police** est un policier qui fait des enquêtes. C'est un nom de métier.

installer verbe
❶ **Installer** un objet, un appareil, c'est le mettre en place. *On a fait **installer** le chauffage dans la maison de campagne.*
❷ **Installer** une personne, c'est la mettre dans un endroit, dans une position confortable. *Léo a **installé** le bébé dans le landau.*

instant nom masculin
Un **instant** est un petit moment. *J'arrive dans un **instant**.*

instinct nom masculin
L'**instinct** est ce qui guide les animaux. *Grâce à son **instinct**, l'hirondelle s'envole vers les pays chauds au début de l'automne.*
Ce mot se termine par *ct*.

Le livreur **installe** le lecteur de DVD.

instituteur nom masculin
institutrice nom féminin
Un **instituteur**, une **institutrice** sont des personnes qui font la classe, qui enseignent dans une école. C'est un nom de métier. **Synonymes : maître, professeur des écoles.**

instructif, instructive adjectif
Ce qui est **instructif** permet de s'instruire, de connaître des choses nouvelles. *C'est très **instructif** de voyager.*

instruction nom féminin
❶ L'**instruction**, c'est l'action d'apprendre des choses à quelqu'un pour qu'il s'instruise. *Les professeurs s'occupent de l'**instruction** des élèves.*
❷ Une **instruction**, c'est un ordre, une explication donnés à quelqu'un pour qu'il puisse agir. *Ma mère m'a laissé ses **instructions**.* **Synonyme : consigne.**

s'instruire verbe
S'instruire, c'est développer ses connaissances. *On va à l'école pour **s'instruire**.*
● Mots de la même famille : **instructif, instruction**.

instrument nom masculin
1 Un **instrument** est un objet qui sert à faire un travail. *Les médecins ont des **instruments** pour examiner les malades.*
2 Un **instrument de musique** est un objet qui sert à jouer de la musique. *La guitare, le piano, la flûte sont des **instruments de musique**.*
☛ Va voir « les instruments de musique », page 355.

insuffisant, insuffisante adjectif
Ce qui est **insuffisant** ne suffit pas. *Cette quantité de pâtes est **insuffisante** pour quatre personnes.* Contraire : **suffisant**.

insulte nom féminin
Une **insulte** est une parole méchante, que l'on dit à quelqu'un quand on est en colère. Synonyme : **injure**.

insulter verbe
Insulter quelqu'un, c'est lui crier des insultes, des paroles méchantes. *Elle s'est mise en colère et m'**a insulté** en me traitant de brute.* Synonyme : **injurier**.

insupportable adjectif
Une chose, une personne **insupportable** est difficile à supporter. *Sa brûlure lui a causé des douleurs **insupportables**. Aujourd'hui, les enfants ont été **insupportables**.* Synonymes : **infernal, odieux, terrible**. Contraire : **adorable**.

intact, intacte adjectif
Un objet, un véhicule **intact** est resté en bon état, n'a pas été abîmé. *Malgré l'accident, la voiture est **intacte**.*

intelligence nom féminin
L'**intelligence** est la qualité d'une personne qui comprend vite les choses, apprend facilement et s'adapte bien aux situations nouvelles. *Tu as fait preuve d'**intelligence**.* Contraire : **stupidité**.
● Mot de la même famille : **intelligent**.

intelligent, intelligente adjectif
Être **intelligent**, c'est comprendre vite, apprendre facilement et s'adapter facilement aux situations nouvelles. Contraires : **bête, idiot, sot, stupide**.

intempéries nom féminin pluriel
Les **intempéries**, c'est le mauvais temps. *Le match a été annulé à cause des **intempéries**.*

Le son [ɑ̃] s'écrit *em* devant un *p*.

intention nom féminin
Avoir l'**intention** de faire quelque chose, c'est vouloir le faire. *J'ai l'**intention** d'apprendre à skier.*

intercaler verbe
Intercaler, c'est mettre entre deux choses. *Dans un exercice, on devait **intercaler** un nombre entre 16 et 18.*

interdiction nom féminin
L'**interdiction**, c'est l'action d'interdire. *Un panneau signale l'**interdiction** de stationner.* Synonyme : **défense**. Contraires : **autorisation, permission**.
☛ Va voir « les panneaux de signalisation », page 491.

interdire verbe

Interdire, c'est ordonner de ne pas faire quelque chose. *On m'a **interdit** de sortir sous la pluie.* **Synonyme : défendre.** **Contraires : autoriser, permettre.** *Il est **interdit** de faire du feu dans le bois.*
● Mot de la même famille : interdiction.

Ce panneau **interdit** de poser des affiches.

intéressant, intéressante adjectif

❶ Une idée, un fait **intéressants** retiennent l'attention, apprennent des choses. *Nous avons regardé un documentaire très **intéressant**.* **Contraire : ennuyeux.**

❷ Un prix **intéressant** est un prix peu élevé. *Mes parents ont acheté une voiture à un prix **intéressant**.*

🔎 Il y a un *r* et deux *s*.

intéresser verbe

Intéresser quelqu'un, c'est retenir son attention, sa curiosité, son intérêt. *La visite de la Cité des sciences nous a beaucoup **intéressés**.* **Contraire : ennuyer.** *Clément **s'intéresse** beaucoup au sport.*

🔎 Il y a un *r* et deux *s*.

intérêt nom masculin

L'**intérêt**, c'est l'attention que l'on porte à quelque chose ou à quelqu'un. *Les élèves écoutent leur professeur avec beaucoup d'**intérêt**.* **Contraires : ennui, inattention, indifférence.**

🔎 Le deuxième *e* prend un accent circonflexe.
● Mots de la même famille : intéressant, intéresser.

1. intérieur, intérieure adjectif

Ce qui est **intérieur** est situé dans une chose. *Papi met son portefeuille dans la poche **intérieure** de sa veste.* **Contraire : extérieur.**

2. intérieur nom masculin

L'**intérieur** d'un objet, d'un lieu, c'est la partie qui est dedans. *L'**intérieur** du tiroir est peint en blanc.* **Contraire : extérieur.** *Aujourd'hui, on est restés **à l'intérieur**.* **Contraires : dehors, à l'extérieur.**

interjection nom féminin

Une **interjection** est un petit mot invariable que l'on emploie quand on est content, surpris, déçu, quand on hésite. *« Ah ! », « euh ! », « hélas ! » sont des **interjections**.*

🔎 Une interjection est toujours suivie d'un point d'exclamation.

international, internationale adjectif

Une compétition, une rencontre **internationale** se fait entre des personnes de plusieurs nations.

🔎 On écrit *ti* mais on prononce [si]. Au pluriel, on écrit *internationaux, internationales.*

Internet nom masculin

Internet est un système de communication mondial. Il permet de trouver des informations et d'envoyer des messages à l'aide d'un ordinateur.

🔎 Ce mot peut s'écrire avec une minuscule : « internet ».

Les instruments de musique

Interphone **nom masculin**
Un **Interphone** est une sorte de téléphone qui se trouve à l'entrée d'un immeuble et qui permet de parler aux personnes qui sont dans les appartements.
Ce mot s'écrit avec *ph*. Il prend une majuscule parce que c'est un nom de marque.

interrogation **nom féminin**
❶ Une **interrogation** est un ensemble de questions que l'on pose à un élève pour vérifier ses connaissances.
❷ Un **point d'interrogation** (?) est un signe de ponctuation qui se met à la fin d'une phrase quand on pose une question.
➜ Cherche **exclamation**.

interrogatoire **nom masculin**
Un **interrogatoire** est une série de questions qu'un policier ou un juge pose au cours d'une enquête.
« Interrogatoire » est un nom masculin qui se termine par un e.

interroger **verbe**
Interroger quelqu'un, c'est lui poser des questions. *La maîtresse **m'a interrogé** sur la leçon d'histoire.* **Synonyme : questionner.**
● Mots de la même famille : **interrogation, interrogatoire**.

interrompre **verbe**
❶ **Interrompre** quelque chose, c'est le faire cesser. *Mamie **a interrompu** son voyage.* **Synonyme : arrêter.** **Contraire : continuer.**
❷ **Interrompre** quelqu'un, c'est lui couper la parole. *J'ai des choses importantes à te dire, ne **m'interromps** pas !*
● Mots de la même famille : **interrupteur, interruption**.

interrupteur **nom masculin**
Un **interrupteur** est un petit appareil qui permet de couper ou de faire passer le courant électrique. *L'**interrupteur** de ma chambre est près de la porte.*

interruption **nom féminin**
Une **interruption**, c'est le fait de s'interrompre, de s'arrêter. *Une panne d'électricité a entraîné l'**interruption** du film. Élise a parlé toute la soirée sans **interruption**.* **Synonyme : arrêt.**

intersection **nom féminin**
Une **intersection** est un endroit où deux lignes, deux routes se coupent. *La boulangerie se trouve à l'**intersection** de deux rues.* **Synonymes : carrefour, croisement.**
Va voir « les panneaux de signalisation », page 491.

intervalle **nom masculin**
Un **intervalle** est un espace entre deux choses. *Mets un **intervalle** entre les mots.*

Il y a trois **intervalles** entre les salades.

intervenir **verbe**
Intervenir, c'est arriver quelque part et agir. *Les pompiers **sont intervenus** très vite sur le lieu de l'incendie.*

intervertir verbe

Intervertir deux choses, c'est mettre l'une à la place de l'autre. *Tu **as interverti** deux lettres dans un mot.*
Synonyme : inverser.

interview nom féminin

Une **interview** est une conversation entre une personne célèbre et un journaliste qui lui pose des questions.

Ce mot vient de l'anglais : on prononce [ɛ̃tɛrvju].
● Mot de la même famille : interviewer.

interviewer verbe

Interviewer une personne, c'est lui poser des questions sur sa vie, sur son métier. *Les journalistes **ont interviewé** le champion après sa victoire.*

Ce mot vient de l'anglais : on prononce [ɛ̃tɛrvjuve].

intestin nom masculin

L'**intestin** est un organe qui se trouve sous l'estomac, dans le ventre, et qui a la forme d'un long tuyau enroulé.

▶ Les aliments passent dans l'intestin à la fin de la digestion.

➜ Cherche estomac.

intime adjectif

1 Une personne **intime** est une personne avec laquelle on est très lié. *Rachid est l'ami **intime** de Julien.*

2 Une chose **intime** est une chose très personnelle. *Elle écrit ses pensées et ses secrets dans son journal **intime**.*

intimider verbe

Intimider quelqu'un, c'est lui faire un peu peur. *Le nouveau gardien de l'immeuble nous **intimide**.*

Emma **est intimidée**.

s'intituler verbe

Pour un livre, un journal, un film, **s'intituler**, c'est avoir pour titre. *Comment **s'intitule** ton livre ?*

intonation nom féminin

L'**intonation**, c'est le ton de la voix. *J'ai senti que tu étais furieux à ton **intonation**.*

intoxication nom féminin

Une **intoxication** est une maladie provoquée par un aliment ou un produit qui empoisonne. *David a eu une **intoxication** à cause des champignons.*

s'intoxiquer verbe

S'intoxiquer, c'est être malade comme avec du poison. *Elle **s'est intoxiquée** avec des crustacés.*
Synonyme : s'empoisonner.
● Mot de la même famille : intoxication.

intrépide **adjectif**
Une personne **intrépide** ne craint pas le danger. *Pour faire du saut à l'élastique, il faut être* ***intrépide****.* Contraire : peureux.

introduire **verbe**
❶ **Introduire**, c'est faire entrer une chose dans une autre. *J'****ai introduit*** *la clé dans la serrure.*
❷ **S'introduire** quelque part, c'est réussir à y entrer. *Dans la nuit, les voleurs* ***se sont introduits*** *dans la bijouterie.* Synonyme : pénétrer.

introuvable **adjectif**
Une chose **introuvable** est une chose qu'on ne peut pas trouver. *Nous avons cherché partout, la clé est* ***introuvable****.*

intrus **nom masculin**
intruse **nom féminin**
Un **intrus**, une **intruse** sont des personnes qui s'introduisent quelque part sans avoir été invitées. *À la fête de Pauline, il y avait une* ***intruse****.*

inusable **adjectif**
Un objet **inusable** ne s'use pas. *Mon sac à dos est* ***inusable****.* Synonyme : résistant.

inutile **adjectif**
Une chose **inutile** ne sert à rien. *Dans ton sac à dos, il y a beaucoup d'affaires* ***inutiles****.* Contraires : nécessaire, utile.

invariable **adjectif**
Un mot **invariable** est un mot qui s'écrit toujours de la même façon, qui ne change pas de forme. *« Avec », « dans », « demain » sont des mots* ***invariables****.*

invasion **nom féminin**
Une **invasion** est une arrivée soudaine d'un très grand nombre de personnes, d'animaux ou de choses. *Une* ***invasion*** *de sauterelles a détruit les récoltes.*

inventaire **nom masculin**
Faire un **inventaire**, c'est faire une liste précise. *Le libraire fait l'****inventaire*** *des livres qu'il n'a pas vendus.*
🔍 « Inventaire » est un nom masculin qui se termine par un *e*.

inventer **verbe**
❶ **Inventer**, c'est créer une chose qui n'existait pas avant. *La pile* ***a été inventée*** *par Volta.*
❷ **Inventer**, c'est imaginer. *Mathis* ***a inventé*** *une histoire.*
● Mots de la même famille : inventeur, invention.

Il **a inventé** une histoire d'extraterrestres.

inventeur **nom masculin**
inventrice **nom féminin**
Un **inventeur**, une **inventrice** sont des personnes qui inventent, qui créent des objets ou des techniques. *Denis Papin est l'****inventeur*** *de la machine à vapeur.*

invention **nom féminin**
❶ Une **invention** est un objet ou une technique que l'on a inventés. *L'informatique est une grande* ***invention*** *du 20e siècle.*

A B C D E F G H I J K L M N O P Q R S T U V W X Y Z

❷ Une **invention** est une chose que l'on invente, que l'on imagine. *Ce qu'il t'a dit est une **invention**, ce n'est pas la réalité.*

1. inverse **adjectif**
Le sens **inverse**, c'est celui qui va dans la direction opposée. *Une voiture venait en sens **inverse**.* **Synonyme :** contraire.
● Mot de la même famille : inverser.

2. inverse **nom masculin**
L'**inverse**, c'est le contraire. *Tu as fait l'**inverse** de ce que je t'avais demandé.*

inverser **verbe**
Inverser des choses, c'est les mettre dans le sens inverse. *Je voulais écrire 27 et j'ai écrit 72 : j'ai **inversé** le 2 et le 7.* **Synonyme :** intervertir.

invincible **adjectif**
Une personne, un groupe de personnes **invincibles** ne peuvent pas être vaincus, battus. *Le boxeur se croyait **invincible**.*

invisible **adjectif**
Une chose, un être **invisibles** sont une chose, un être que l'on ne peut pas voir. *Sans microscope, les microbes sont **invisibles**.* **Contraire :** visible.

invitation **nom féminin**
L'**invitation**, c'est le fait d'inviter. *J'accepte ton **invitation** avec plaisir.*

Clara a reçu une **invitation** !

invité **nom masculin**
invitée **nom féminin**
Un **invité**, une **invitée** sont des personnes que l'on a invitées. *Les **invités** sont arrivés.*

inviter **verbe**
Inviter une personne, c'est la recevoir quelque part. *Je vous **invite** tous chez moi pour mon anniversaire. Grand-mère nous **a invités** au restaurant.*
● Mots de la même famille : invitation, invité.

involontaire **adjectif**
Une erreur, un geste **involontaires** ne sont pas voulus, ne sont pas fait exprès. *Excuse-moi si je t'ai fait de la peine, c'était **involontaire**.*

invraisemblable **adjectif**
Une chose **invraisemblable** est difficile à croire, ne semble pas vraie. *Bastien nous a fait un récit **invraisemblable** de ses vacances.* **Synonyme :** incroyable.

iris **nom masculin**
❶ Un **iris** est une fleur à longue tige, de couleur violette, blanche, jaune ou brune.
❷ L'**iris** est la partie colorée qui est au milieu de l'œil.

Ce mot se termine par un *s* qu'on prononce.

→ Cherche pupille.

☛ Va voir « les fleurs », page 285.

ironie **nom féminin**
L'**ironie** est une façon de se moquer en disant le contraire de ce que l'on pense. *« Tu es impeccable », m'a dit Léo par **ironie** quand il m'a vu tout sale.*
● Mot de la même famille : ironique.

ironique **adjectif**
Une parole, un ton **ironiques** montrent de l'ironie, sont un peu moqueurs. *Quand je suis arrivé dernier à la course, Mathilde m'a félicité d'un ton **ironique**.*

irrégulier, irrégulière **adjectif**

1 Une chose **irrégulière** n'a pas une forme régulière ou un rythme régulier. *Le malade a un pouls* ***irrégulier****.* Synonyme : inégal. Contraire : régulier.

2 En grammaire, ce qui est **irrégulier** ne suit pas la règle générale. *Le mot « œil » a un pluriel* ***irrégulier****.* Contraire : régulier.

Il y a deux *r*.

irréparable **adjectif**

Un objet **irréparable** ne peut pas être réparé. *Mon baladeur est* ***irréparable****.*

Il y a deux *r*.

irrespirable **adjectif**

Un air **irrespirable** est très désagréable à respirer. *Dans certaines grandes villes, l'air est* ***irrespirable****.*

Il y a deux *r*.

irriguer **verbe**

Irriguer un champ, c'est l'arroser par un système de canaux ou de tuyaux. *Dans les régions très sèches, on* ***irrigue*** *les champs.*

Il y a deux *r*.

irriter **verbe**

1 **Irriter** quelqu'un, c'est l'énerver et le mettre un peu en colère. *Tes remarques moqueuses l'****ont irrité****.* Synonyme : agacer.

2 **Irriter** une partie du corps, c'est provoquer une réaction désagréable. *La fumée nous* ***irrite*** *les yeux.*

Il y a deux *r*.

isolé, isolée **adjectif**

Une chose, une personne **isolée** est située à l'écart des autres choses ou des autres personnes. *Nous habitons une maison* ***isolée****.*

● Mot de la même famille : isoloir.

isoloir **nom masculin**

Un **isoloir** est une sorte de cabine où un électeur s'isole pour mettre son bulletin de vote dans une enveloppe. *Pour qu'un vote reste secret, on doit aller dans l'****isoloir****.*

Maman entre dans l'**isoloir**.

1. israélite **adjectif**

La religion **israélite** est celle des descendants de Moïse et d'Abraham. *David est* ***israélite****, il va à la synagogue.* Synonyme : juif.

2. israélite **nom masculin et nom féminin**

Les **israélites** sont des personnes qui croient en Dieu et qui vont prier à la synagogue. Synonyme : juif.

▶ Le samedi est le jour de repos des israélites.

➜ Cherche bouddhiste, catholique, musulman et protestant.

issue **nom féminin**

Une **issue** est un passage par où l'on peut sortir. *Les* ***issues*** *de secours* *sont indiquées par des panneaux.* **Synonyme : sortie.**

itinéraire **nom masculin**

Un **itinéraire** est un chemin à suivre pour aller d'un lieu à un autre. *J'ai choisi l'**itinéraire** le plus court pour aller chez toi.* **Synonyme : trajet.**

« Itinéraire » est un nom masculin qui se termine par un *e*.

ivoire **nom masculin**

1 L'**ivoire** est la partie dure des dents de l'homme et des mammifères. *L'**ivoire** est recouvert d'émail.*

2 L'**ivoire** est la matière dure et blanche des défenses d'éléphants, d'hippopotames, de sangliers.

« Ivoire » est un nom masculin.

ivre **adjectif**

Une personne **ivre** est une personne qui a bu trop d'alcool et qui a un comportement anormal.

● Mots de la même famille : **ivresse, ivrogne**.

→ Cherche **soûl**.

des défenses d'éléphant en **ivoire**

ivresse **nom féminin**

L'**ivresse** est l'état d'une personne ivre. *Il est interdit de conduire en état d'**ivresse**.*

ivrogne **nom masculin et nom féminin**

Un **ivrogne**, une **ivrogne** sont des personnes qui sont souvent ivres, qui boivent trop d'alcool.

jabot **nom masculin**
Le **jabot** est la poche que certains oiseaux ont à la base du cou. *La nourriture est gardée dans le **jabot** avant de passer dans l'estomac.*

jacasser **verbe**
Pour une pie, **jacasser**, c'est pousser son cri.

jadis **adverbe**
Jadis signifie : dans le temps passé. ***Jadis**, il y avait davantage d'agriculteurs en France.* **Synonyme :** autrefois. **Contraires :** actuellement, aujourd'hui, maintenant.

🔍 Ce mot se termine par un *s* qu'on prononce.

jaguar **nom masculin**
Un **jaguar** est un mammifère carnivore d'Amérique du Sud qui ressemble à une panthère.

▶ Les jaguars sont des félins. Ils chassent la nuit.

➜ Cherche guépard et félin.

jaillir **verbe**
Quand un liquide **jaillit**, il sort avec force. *Le pétrole **a jailli** du puits.* **Synonyme :** gicler.

jalousie **nom féminin**
La **jalousie** est l'état d'esprit d'une personne qui voudrait avoir ce que les autres ont. **Synonyme :** envie.

jaloux, jalouse **adjectif**
Être **jaloux**, c'est vouloir ce qu'une autre personne a. *Elle est **jalouse** de la réussite de sa sœur.*

● Mot de la même famille : jalousie.

jamais **adverbe**
Jamais signifie : à aucun moment. *Camille ne triche **jamais**.* **Contraires :** toujours, tout le temps. *Pauline n'est **jamais** allée à la mer.* **Contraire :** déjà.

jambe **nom féminin**
La **jambe** est la partie du corps qui va de la hanche au pied.

🔍 Le son [ɑ̃] s'écrit *am* devant un *b*.

jambon **nom masculin**
Le **jambon** est la cuisse ou l'épaule du porc préparée par le charcutier. *Je mange un sandwich au **jambon**.*

🔍 Le son [ɑ̃] s'écrit *am* devant un *b*.

janvier **nom masculin**

Janvier est le premier mois de l'année. Il vient avant février. *Le 1er **janvier**, on se souhaite une bonne année.*

☛ Va voir « le calendrier », page 111.

jardin **nom masculin**

Un **jardin** est un terrain où l'on cultive des plantes. *Dans les **jardins**, on fait pousser des fleurs, des légumes et des arbres.*

● Mots de la même famille : jardinage, jardinier.

➜ Cherche potager et verger.

jardinage **nom masculin**

Le **jardinage**, c'est la culture et l'entretien des jardins.

jardinier **nom masculin**
jardinière **nom féminin**

Un **jardinier**, une **jardinière** sont des personnes qui cultivent et entretiennent des jardins.

Léo et sa maman sont de bons **jardiniers**.

jars **nom masculin**

Le **jars** est le mâle de l'oie.

▶ Le petit est l'**oison**. Quand le jars crie, on dit qu'il **jargonne**.

🔍 Ce mot se termine par un *s*.

1. jaune **adjectif**

La couleur **jaune** est la couleur du soleil et des citrons.

● Mot de la même famille : jaunir.

2. jaune **nom masculin**

① Le **jaune** est la couleur jaune. *J'ai peint les fenêtres en **jaune**.*

② Le **jaune d'œuf** est la partie jaune qui est au centre de l'œuf.

☛ Va voir « les couleurs et les formes », page 171.

jaunir **verbe**

Jaunir, c'est devenir jaune. *Les feuilles des arbres **jaunissent** en automne.*

javelot **nom masculin**

Un **javelot** est une lance utilisée en athlétisme. *On lance le **javelot** d'une main, le plus loin possible.*

L'athlète lance le **javelot**.

jazz **nom masculin**

Le **jazz** est une musique rythmée créée vers 1900, aux États-Unis, par des musiciens noirs.

🔍 On prononce [dʒaz].

je **pronom**

Je représente la première personne du singulier. ***Je** m'appelle Adrien.*

🔍 *Je* s'écrit *j'* devant une voyelle ou un « h » muet : *j'ai, **j'**hésite.*

A B C D E F G H I J K L M N O P Q R S T U V W X Y Z

jean **nom masculin**
Un **jean** est un pantalon de toile très solide.
Ce mot vient de l'anglais : on prononce [dʒin].

jet **nom masculin**
Un **jet** d'eau est une colonne d'eau qui jaillit. *Au milieu du bassin, il y a un jet d'eau.*

jetée **nom féminin**
Une **jetée** est un mur qui s'avance dans la mer et qui sert à protéger un port des grosses vagues. **Synonyme : digue.**

jeter **verbe**
1 **Jeter**, c'est envoyer avec force. *Les enfants **jettent** des pierres dans l'eau.* **Synonyme : lancer.**
2 **Jeter**, c'est se débarrasser de quelque chose. *Paul **a jeté** tous les vieux journaux.* **Contraires : conserver, garder.**
3 **Se jeter sur** quelque chose, sur quelqu'un, sur un animal, c'est bondir pour l'attraper. *Le chat **s'est jeté** sur la souris.*
4 Quand un cours d'eau **se jette** dans un fleuve ou dans la mer, ses eaux y coulent. *La Marne **se jette** dans la Seine.*
● Mot de la même famille : jet.

Elle **jette** la peau de banane à la poubelle.

jeton **nom masculin**
Un **jeton** est un petit objet utilisé dans certains jeux ou dans certains appareils pour remplacer les pièces de monnaie.

jeu **nom masculin**
1 Un **jeu** est un objet avec lequel on joue selon certaines règles. *Simon a un jeu d'échecs.*
2 Un **jeu** est une façon de s'amuser, de se distraire. *Nous avons inventé un jeu.*
3 Un **jeu de clés** est une série de clés.
Au pluriel, on écrit *des jeux*.
→ Cherche jouet.

jeudi **nom masculin**
Le **jeudi** est le quatrième jour de la semaine. Il vient après le mercredi et avant le vendredi. *Je vais chez Léo tous les **jeudis**.*
Va voir « le calendrier », page 111.

à jeun **adverbe**
Être **à jeun**, c'est n'avoir rien mangé ni bu depuis le réveil. *Pour sa prise de sang, Marie doit être **à jeun**.*
On prononce : [aʒɛ̃].

1. jeune **adjectif**
Être **jeune**, c'est n'avoir pas un grand âge. *Ma mère a trente ans, elle est jeune.* **Contraires : âgé, vieux.**
● Mot de la même famille : jeunesse.

2. jeune **nom masculin et nom féminin**
Un **jeune**, une **jeune** sont des adolescents ou de jeunes adultes. *Le surf est un sport qui plaît aux **jeunes**.*

jeunesse **nom féminin**
1 La **jeunesse** est la période de la vie entre l'enfance et l'âge adulte. *Grand-mère parle souvent de sa **jeunesse**.*

❷ La **jeunesse**, c'est l'ensemble des jeunes et des enfants. *Nous regardons des émissions pour la **jeunesse**.*

➜ Cherche enfance et vieillesse.

jockey **nom masculin**

Un **jockey** est un cavalier qui monte des chevaux de course. C'est un nom de métier.

jogging **nom masculin**

Le **jogging** est une course à pied, à petite vitesse, que l'on fait régulièrement pour être en forme. *Mes parents font du **jogging** dans le parc.*

Il y a deux *g* au milieu du mot.

joie **nom féminin**

La **joie** est l'émotion que l'on ressent quand on est très content. *J'accepte ton invitation avec **joie**.* **Synonyme :** **plaisir.**

● Mots de la même famille : joyeusement, joyeux.

joindre **verbe**

❶ **Joindre** deux choses, c'est les rapprocher complètement. *Nicolas **joint** les pieds pour plonger.*

❷ **Joindre** quelque chose, c'est le mettre avec une autre chose. *Romain **a joint** un dessin à sa lettre.*

❸ **Joindre** quelqu'un, c'est lui parler au téléphone. *Ma mère a réussi à **joindre** la directrice.*

joli, jolie **adjectif**

Ce qui est **joli** est agréable à regarder ou à écouter. *Tu as fait une **jolie** photo. Ta sœur est très **jolie**.* **Synonyme :** **beau.** **Contraire :** **laid.** *Lola a une **jolie** voix.* **Synonyme :** **mélodieux.**

jongler **verbe**

Jongler, c'est lancer des objets en l'air, les rattraper et les relancer aussitôt. *Rémi **jongle** avec trois balles.*

● Mot de la même famille : jongleur.

jongleur **nom masculin**
jongleuse **nom féminin**

Un **jongleur**, une **jongleuse** sont des artistes de cirque qui jonglent.

La **jongleuse** fait son numéro.

jonquille **nom féminin**

Une **jonquille** est une fleur jaune qui pousse au printemps dans les bois, dans les prés et dans les jardins.

des **jonquilles**

A B C D E F G H I J K L M N O P Q R S T U V W X Y Z

joue nom féminin
La **joue** est la partie du visage qui se trouve entre le nez et l'oreille.
● Mot de la même famille : **joufflu**.

jouer verbe
❶ **Jouer**, c'est se distraire en faisant des jeux. *Pendant la récréation, nous **jouons** dans la cour.* **Synonyme : s'amuser.**
❷ **Jouer**, c'est faire un sport. *Mathilde **joue** au basket.*
❸ **Jouer** d'un instrument de musique, c'est en tirer des sons mélodieux. *Lucas **joue** de la guitare.*
❹ Au théâtre, au cinéma, **jouer**, c'est avoir un rôle. *Natacha **a joué** la Petite Sirène.*
● Mots de la même famille : **jeu, jouet, joueur**.

jouet nom masculin
Un **jouet** est un objet fait pour jouer. *Nous regardons les **jouets** dans les vitrines de Noël.*
➜ Cherche **jeu**.

joueur nom masculin
joueuse nom féminin
Un **joueur**, une **joueuse** sont des personnes qui participent à un jeu ou à un match. *Arthur a distribué des cartes aux **joueurs**. Léa est une **joueuse** de tennis.*

joufflu, joufflue adjectif
Une personne **joufflue** a de grosses joues. *Mon petit frère est un bébé dodu et **joufflu**.*

jour nom masculin
❶ Un **jour** est une durée de 24 heures. *Une année a 365 ou 366 **jours**. En hiver, les **jours** sont plus courts qu'en été.* **Synonyme : journée.**
❷ Le **jour**, c'est la clarté, la lumière du soleil. *Demain, il fera **jour** à 6 heures.*
Contraire : nuit.
● Mots de la même famille : **journal, journaliste, journée**.
☛ Va voir « le calendrier », page 111.

journal nom masculin
❶ Un **journal** est un ensemble de feuilles imprimées qui donnent des informations sur les événements du jour.
❷ Le **journal télévisé** est l'émission qui donne les informations à la télévision.
🔍 Au pluriel, on écrit *des journaux*.

journaliste nom masculin et nom féminin
Un **journaliste**, une **journaliste** sont des personnes qui écrivent dans les journaux ou qui donnent des informations à la télévision ou à la radio. C'est un nom de métier.

journée nom féminin
La **journée** est le temps qui se passe entre le lever et le coucher du soleil, entre le matin et le soir. *Nous avons passé une **journée** à la montagne.*
Synonyme : jour.
➜ Cherche **matinée** et **soirée**.
☛ Va voir « les activités de la journée », page 37.

joyau nom masculin
Un **joyau** est un bijou qui a une grande valeur. *À la fin du conte, Hansel et Gretel emportèrent tous les **joyaux** de la sorcière.*
🔍 Au pluriel, on écrit *des joyaux*.

joyeusement adverbe
Joyeusement signifie : avec joie, dans la gaieté. *Quand je rentre de l'école, mon petit frère m'accueille **joyeusement**.* **Synonyme : gaiement.**
Contraire : tristement.

joyeux, joyeuse adjectif
Une personne **joyeuse** montre sa joie, son plaisir. *On n'a jamais vu Léa aussi joyeuse.* Synonymes : **content**, **gai**. Contraire : **triste**.

judo nom masculin
Le **judo** est un sport de combat qui vient du Japon.
▶ Une personne qui fait du judo est un **judoka** ou une **judoka**.

Lucas et Tom font du **judo**.

juge nom masculin et nom féminin
Un **juge**, une **juge** sont des personnes qui décident si quelqu'un est coupable ou innocent d'après la loi. C'est un nom de métier.
➜ Cherche **justice** et **tribunal**.

juger verbe
1 **Juger** une personne, c'est dire si elle est coupable ou innocente, et la condamner à la peine qu'elle mérite.
2 **Juger**, c'est avoir une opinion, un avis sur une chose. *Mamie* ***a jugé*** *qu'il fallait rentrer de bonne heure.*
● Mot de la même famille : **juge**.

1. juif, juive adjectif
La religion **juive** est la religion israélite.

2. juif nom masculin
juive nom féminin
Un **juif**, une **juive** sont des israélites.
➜ Cherche **bouddhiste**, **catholique**, **musulman** et **protestant**.

juillet nom masculin
Juillet est le septième mois de l'année. Il vient après juin et avant août. *Mes parents prennent leurs vacances en juillet.*
☛ Va voir « le calendrier », page 111.

juin nom masculin
Juin est le sixième mois de l'année. Il vient après mai et avant juillet. *Fin* ***juin****, les jours sont les plus longs de l'année.*
☛ Va voir « le calendrier », page 111.

jumeau nom masculin
jumelle nom féminin
Des **jumeaux** sont deux frères ou une sœur et un frère qui sont nés au même moment de la même mère. Des **jumelles** sont deux sœurs qui sont nées au même moment de la même mère.
🔍 Au masculin pluriel, on écrit *des jumeaux*.

Chloé et Marie sont **jumelles**.

A B C D E F G H I J K L M N O P Q R S T U V W X Y Z

jumelles **nom féminin pluriel**
Des **jumelles** sont des lunettes spéciales qui permettent de voir ce qui est loin. *Nicolas observe les oiseaux avec des **jumelles**.*

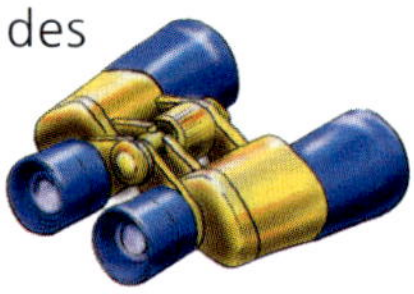

jument **nom féminin**
La **jument** est la femelle du cheval.
▶ Le petit est le poulain. Quand la jument crie, on dit qu'elle hennit.

jungle **nom féminin**
En Inde, la **jungle** est une vaste région où le sol est recouvert de hautes herbes et de broussailles où vivent les grands fauves.

jupe **nom féminin**
Une **jupe** est un vêtement féminin qui serre la taille et qui descend jusqu'aux jambes.

jurer **verbe**
Jurer, c'est promettre en faisant un serment. *Au tribunal, le témoin **a juré** de dire toute la vérité.*

jury **nom masculin**
Le **jury** est un groupe de personnes chargé de juger un accusé dans un tribunal.
Ce mot se termine par un *y*.

jus **nom masculin**
Le **jus** est le liquide qui est contenu dans un fruit ou dans un légume. *Le matin, je bois un **jus** d'orange.*
Ce mot se termine par un *s*.

jusque **préposition**
Jusque est un mot qui sert à indiquer une limite. *Je reste là **jusqu'**à ce soir.*
Jusque s'écrit *jusqu'* devant une voyelle : *jusqu'ici, tout est parfait.*

Alice a de l'eau **jusqu'**aux chevilles.

1. juste **adjectif**
1 Ce qui est **juste** ne comporte pas d'erreur. *Ton addition est **juste**.* **Synonyme :** exact. **Contraires :** faux, inexact.
2 Une personne **juste** respecte la justice. *Notre maître est **juste**. Cette punition est **juste**.* **Contraire :** injuste.
3 Un vêtement, des chaussures **justes** sont trop étroits.
● Mot de la même famille : justice.

2. juste **adverbe**
1 **Juste** signifie : exactement. *Sophie habite **juste** à côté de la poste. Il est midi **juste**.*
2 Chanter **juste**, c'est bien suivre la musique. **Contraire :** faux.

justice **nom féminin**
1 La **justice** est une règle de vie qui permet de respecter les droits de chacun. *Le professeur traite les élèves avec **justice**.* **Contraire :** injustice.
2 **Rendre la justice**, c'est la faire respecter dans un tribunal. *Les juges **rendent la justice**.*

kangourou **nom masculin**
Un **kangourou** est un mammifère d'Australie qui avance en sautant sur ses grandes pattes de derrière. *La femelle **kangourou** porte son petit, pendant six mois, dans une poche qu'elle a sur le ventre.*

Au pluriel, on écrit *des kangourous.*

karaté **nom masculin**
Le **karaté** est un sport de combat qui vient du Japon. *Au **karaté**, on arrête les coups avant de toucher son adversaire.*

▶ Une personne qui fait du karaté est un **karatéka** ou une **karatéka**.

kayak **nom masculin**
Un **kayak** est un canoë fermé que l'on fait avancer avec des pagaies.

képi **nom masculin**
Un **képi** est une sorte de casquette rigide que portent certains militaires.

kermesse **nom féminin**
Une **kermesse** est une fête organisée en plein air, avec des jeux et des stands.

kidnapper **verbe**
Kidnapper une personne, c'est l'enlever, en général pour obtenir une rançon.

kilogramme **nom masculin**
Le **kilogramme** est la principale unité de mesure des masses. *Un **kilogramme** est égal à mille grammes.*

L'abréviation de « kilogramme » est *kg*. On dit aussi un « kilo ».

Va voir « les mesures », page 443.

kilomètre **nom masculin**
Le **kilomètre** est une unité de mesure des longueurs. *Un **kilomètre** est égal à mille mètres.*

L'abréviation de « kilomètre» est *km*.

Va voir « les mesures », page 443.

un **kangourou** et son petit

kimono **nom masculin**
Un **kimono** est un vêtement de sport fait d'une veste et d'un pantalon larges. On le porte pour faire du judo ou du karaté.

kinésithérapeute **nom masculin et nom féminin**
Un **kinésithérapeute**, une **kinésithérapeute** sont des personnes qui soignent par des mouvements de gymnastique et par des massages. C'est un nom de métier.

Il y a *th* au milieu du mot.

kiosque **nom masculin**
Un **kiosque** à journaux est une petite boutique sur un trottoir où l'on vend les journaux.

kiwi **nom masculin**
Un **kiwi** est un fruit des pays chauds qui a une peau brune recouverte de petits poils et une chair verte.

klaxonner **verbe**
Klaxonner, c'est appuyer sur un appareil sonore, appelé *Klaxon*, pour prévenir d'un danger.

koala **nom masculin**
Un **koala** est un petit mammifère nocturne d'Australie qui a un épais pelage gris et des oreilles rondes. *Les **koalas** vivent dans les arbres.*

des **koalas**

la → **le**

là adverbe
Là signifie : à cet endroit qui est plus loin. *Ne reste pas ici, installe-toi **là** ! Le chien est passé par **là**.*
Le *a* prend un accent grave.
→ Cherche ici.

là-bas adverbe
Là-bas signifie : au loin. *Regarde la moto, **là-bas**.*
Le premier *a* prend un accent grave et il y a un trait d'union.

laboratoire nom masculin
Un **laboratoire** est une salle qu'on utilise pour faire des analyses et des expériences ou pour développer des photos.
« Laboratoire » est un nom masculin qui se termine par un *e*.

labourer verbe
Labourer un champ, c'est retourner la terre avec une charrue avant de semer.

labyrinthe nom masculin
Un **labyrinthe** est un ensemble de chemins compliqués où l'on peut se perdre.
Ce mot s'écrit avec un *y* et avec *th*.

lac nom masculin
Un **lac** est une grande étendue d'eau. *Nous avons fait de la barque sur le **lac**.*
▶ Un lac est beaucoup plus grand qu'un étang.

lacer verbe
Lacer ses chaussures, c'est les attacher avec des lacets.
Ne confonds pas « lacer » et « lasser ».
● Mot de la même famille : lacet.

lacet nom masculin
1 Un **lacet** est un cordon que l'on passe dans les trous d'une chaussure pour l'attacher. *Paul noue ses **lacets**.*
2 Une route **en lacets** a de nombreux virages. *Il ne faut pas conduire vite sur une route **en lacets**.*

lâche adjectif
Une personne **lâche** manque de courage. *Ce garçon est **lâche**, il s'attaque aux petits.* **Contraires : brave, courageux.**
Le *a* prend un accent circonflexe.

A B C D E F G H I J K L M N O P Q R S T U V W X Y Z

lâcher verbe

Lâcher quelque chose, quelqu'un, c'est le laisser s'échapper en desserrant la main. *Ton ballon va s'envoler si tu **lâches** la ficelle !* Contraires : **attraper, saisir, tenir.**

Le *a* prend un accent circonflexe.

Aziz **a lâché** son ballon.

là-haut adverbe

Là-haut signifie : dans un endroit situé plus haut. *Regarde l'avion **là-haut** !*

Le premier *a* prend un accent grave et il y a un trait d'union.

laid, laide adjectif

Ce qui est **laid** est désagréable à regarder. *Ces couleurs sont très **laides**.* Contraires : **beau, joli.**

● Mot de la même famille : **laideur**.

laideur nom féminin

La **laideur** est le défaut de ce qui est laid. *Les villes industrielles sont souvent d'une grande **laideur**.*

laine nom féminin

La **laine** est une matière souple et douce qui provient de la fourrure du mouton.

laisse nom féminin

Une **laisse** est une lanière que l'on attache au collier d'un chien. *Solène tient Sam en **laisse**.*

Chloé promène son chien en **laisse**.

laisser verbe

1 **Laisser**, c'est ne pas emmener quelqu'un, un animal, ne pas emporter quelque chose. *Elle **a laissé** son fils à la crèche. Tom **a laissé** son livre chez moi.*

2 **Laisser**, c'est permettre à quelqu'un de faire quelque chose. ***Laisse**-moi passer !* Contraire : **empêcher.**

lait nom masculin

Le **lait** est le liquide blanc qui est produit par les seins des femmes qui viennent d'accoucher et par les mamelles des vaches, des chèvres, des brebis et de toutes les femelles de mammifères. *Le **lait** est un aliment très équilibré et très nourrissant qui permet la croissance.*

● Mot de la même famille : **laitage**.

laitage nom masculin

Un **laitage** est un aliment qui contient du lait. *Les yaourts et les petits-suisses sont des **laitages**.*

laitue **nom féminin**
La **laitue** est une salade verte toute ronde qui a un cœur jaune.

lama **nom masculin**
Un **lama** est un mammifère ruminant d'Amérique du Sud. *Les **lamas** sont utilisés pour porter des chargements.*

lambeau **nom masculin**
Un **lambeau** est un morceau déchiré de tissu, de papier ou de peau. *Je suis tombé dans les ronces et ma chemise est en **lambeaux**.*

Le son [ɑ̃] s'écrit *am* devant un *b*. Au pluriel, on écrit *des lambeaux*.

lame **nom féminin**
Une **lame** de métal, de verre ou de bois est un morceau plat et mince. *Le couteau ne coupe plus, il faut aiguiser la **lame**.*

lamentable **adjectif**
Ce qui est **lamentable** est très mauvais. *Tes notes en classe sont **lamentables**.* Contraire : excellent.

se lamenter **verbe**
Se lamenter, c'est raconter ses malheurs. *La voisine **se lamente** toute la journée.* Synonyme : se plaindre.

lampadaire **nom masculin**
Un **lampadaire** est une lampe qui a un grand pied et qui est posée ou fixée au sol.

Le son [ɑ̃] s'écrit *am* devant un *p*.

lampe **nom féminin**
Une **lampe** est un objet qui sert à éclairer. *Tu verras plus clair si tu allumes ta **lampe** de bureau.*

▶ Avant l'invention de l'électricité, on utilisait des lampes à huile et des lampes à pétrole.

Le son [ɑ̃] s'écrit *am* devant un *p*.
● Mots de la même famille : lampadaire, lampion.

lampion **nom masculin**
Un **lampion** est une lanterne en papier de toutes les couleurs. *La place était éclairée par des **lampions**.*

Le son [ɑ̃] s'écrit *am* devant un *p*.

On a allumé les **lampions**.

lance **nom féminin**
Une **lance** est une arme ancienne faite d'un long morceau de bois terminé par une pointe en métal.

lancer **verbe**
1 **Lancer**, c'est envoyer avec force. *À toi de **lancer** les dés.* Synonyme : jeter.
2 **Se lancer** à la poursuite de quelqu'un, d'un animal, c'est se précipiter pour l'attraper. *Elle **s'est lancée** à la poursuite du voleur.*

landau **nom masculin**
Un **landau** est une voiture d'enfant qui a une capote. *On promène les bébés dans un **landau**.*

Au pluriel, on écrit *des landaus*.

→ Cherche **poussette**.

a b c d e f g h i j k l m n o p q r s t u v w x y z

A B C D E F G H I J K L M N O P Q R S T U V W X Y Z

langage **nom masculin**
❶ Le **langage** est la capacité qu'ont les êtres humains de parler, de s'exprimer. *Certains enfants ont des difficultés de* ***langage****.*
❷ Un **langage** est un système de signes et de gestes qui permet de communiquer. *Les sourds-muets utilisent le* ***langage*** *des signes.*

langouste **nom féminin**
Une **langouste** est un animal marin qui a une carapace rose et deux longues antennes, mais qui n'a pas de pinces.

▶ C'est un crustacé.
● Mot de la même famille : langoustine.

langoustine **nom féminin**
Une **langoustine** est un animal marin qui a une carapace rose, des pinces comme le homard, mais qui est plus petite.
▶ C'est un crustacé.

langue **nom féminin**
❶ La **langue** est un organe situé dans la bouche. Elle sert à parler et à goûter les aliments.

un **lapin**

❷ Une **langue**, c'est l'ensemble des mots utilisés pour parler et écrire. *Les Français et les Anglais ne parlent pas la même* ***langue****.*
❸ **Donner sa langue au chat**, c'est ne pas savoir répondre à une devinette.
● Mot de la même famille : langage.

lanière **nom féminin**
Une **lanière** est une longue bande de cuir ou de tissu. *Le dompteur fait claquer la* ***lanière*** *de son fouet.*

lanterne **nom féminin**
Une **lanterne** est une sorte de boîte en verre qui contient une lampe. *Notre porte d'entrée est éclairée par une* ***lanterne****.*

laper **verbe**
Pour un animal, **laper**, c'est boire à petits coups de langue. *Le chat* ***lape*** *de l'eau.*

Roméo **lape** son lait.

lapin **nom masculin**
Le **lapin** est un mammifère herbivore qui ronge ses aliments. *On élève les* ***lapins*** *dans des petites cabanes appelées « clapiers ».*
▶ La femelle est la **lapine**. Le petit est le **lapereau**. Quand le lapin crie, on dit qu'il **clapit** ou qu'il **glapit**.
➜ Cherche **lièvre**.

laquelle → **lequel**

1. large adjectif
Ce qui est **large** a une grande distance d'un bord à l'autre. *La rivière est **large**.*
Contraire : étroit.
● Mot de la même famille : largeur.

2. large nom masculin
① **De large** signifie : de largeur. *La rue a cinq mètres **de large**.*
② **Le large**, c'est la pleine mer. *Le navire a gagné **le large**.*
● Mot de la même famille : largeur.

largeur nom féminin
Dans une surface, la **largeur** est la plus petite dimension. *La **largeur** de la table est de 60 centimètres.* Dans un rectangle, la **largeur** est le petit côté. *J'ai mesuré la **largeur** du rectangle.*
Contraire : longueur.
→ Cherche hauteur.

larme nom féminin
Une **larme** est une goutte de liquide salé qui sort des yeux quand on pleure. *En nous quittant, ma petite sœur était **en larmes**.* Synonyme : en pleurs.

larve nom féminin
Une **larve** est la forme que prennent certains animaux avant de devenir adultes. *Le têtard est la **larve** de la grenouille.*

laser nom masculin
Le **laser** est un appareil qui produit des rayons très puissants. *Le **laser** est utilisé dans les lecteurs de CD.*

lasser verbe
Lasser quelqu'un, c'est le fatiguer, l'ennuyer. *Ma sœur a fini par **lasser** mes parents avec ses caprices.*
Ne confonds pas « lasser » et « lacer » ses chaussures.

lasso nom masculin
Un **lasso** est une longue corde terminée par un nœud coulant. *Les cow-boys attrapent les taureaux au **lasso**.*

lavabo nom masculin
Un **lavabo** est une sorte de bassin situé dans une salle de bains et qui sert à se laver.

lavage nom masculin
Le **lavage**, c'est l'action de laver. *Mon pull a rétréci au **lavage**.*

lavande nom féminin
La **lavande** est une plante à petites fleurs bleues très parfumées. *On a mis des sachets de **lavande** séchée dans l'armoire.*

lave nom féminin
La **lave** est une matière épaisse, molle et brûlante qui s'échappe des volcans en éruption. Elle devient solide en refroidissant.

laver verbe
Laver, c'est nettoyer avec de l'eau et du savon ou de la lessive. *Paul **lave** son maillot de bain.* Synonyme : nettoyer. *Nous **nous lavons** avant de dîner.*
● Mots de la même famille : lavabo, lavage.

David et Léa **se lavent** dans la baignoire.

A B C D E F G H I J K L M N O P Q R S T U V W X Y

layette **nom féminin**
La **layette** est le linge et les vêtements d'un bébé. *Mamie tricote de la* ***layette*** *pour son petit-fils.*

le, la **article**
Le et **la** sont des déterminants : ***le*** *maître,* ***la*** *voiture.*

🔍 *Le* et *la* s'écrivent *l'* devant une voyelle ou un « h » muet : *l'os, l'homme, l'eau, l'herbe.* Au pluriel, on dit *les.*

lécher **verbe**
Lécher, c'est passer la langue sur quelque chose. *Le chat me* ***lèche*** *la main.*

leçon **nom féminin**
Une **leçon**, c'est ce qu'un professeur donne à apprendre. *Hugo récite sa* ***leçon*** *d'histoire.*

🔍 Le *c* prend une cédille.

1. lecteur **nom masculin**
lectrice **nom féminin**
Un **lecteur**, une **lectrice** sont des personnes qui lisent des livres ou des journaux. *Mes sœurs sont* ***lectrices*** *du même journal.*

2. lecteur **nom masculin**
Un **lecteur de cassettes**, un **lecteur de CD**, un **lecteur de DVD** sont des appareils que l'on utilise pour écouter des cassettes et des CD, pour regarder des DVD.

La chatte **lèche** son petit.

lecture **nom féminin**
La **lecture**, c'est le fait de lire, de déchiffrer un texte. *Nous apprenons la* ***lecture****. La maîtresse nous fait parfois la* ***lecture****.*

légende **nom féminin**
❶ Une **légende** est un récit merveilleux que l'on raconte depuis très longtemps. *Ma grand-mère m'a raconté la* ***légende*** *de Merlin l'Enchanteur.*
❷ La **légende** d'une photo ou d'un dessin est le texte qui l'accompagne et qui donne parfois des précisions. La **légende** d'une carte de géographie, c'est la liste des signes et des couleurs.

léger, légère **adjectif**
❶ Une chose ou une personne **légère** a peu de poids. *Ma valise est* ***légère****.* Contraire : lourd.
❷ Un vent **léger** ne souffle pas fort. *La brise est un vent* ***léger****.* Contraires : fort, violent.
❸ Une blessure **légère** est peu importante et peu profonde. *Sarah a une blessure* ***légère*** *au genou.* Contraire : grave.
● Mots de la même famille : légèrement, légèreté.

légèrement **adverbe**
❶ **Légèrement** signifie : de façon légère. *Le chat l'a griffé* ***légèrement****.* Contraire : fort. *Grand-mère mange* ***légèrement****.* Synonyme : peu. Contraire : beaucoup.

② Être **légèrement** blessé, c'est ne pas avoir de blessure importante ou profonde. **Contraire : gravement.**

légèreté **nom féminin**
La **légèreté** est l'état de ce qui est léger. *Le liège est d'une grande* ***légèreté****.* **Contraires : lourdeur, poids.**

légume **nom masculin**
Un **légume** est une plante. On mange ses feuilles, ses tiges, ses racines ou ses graines. *Les carottes, les haricots verts, les asperges sont des* ***légumes*** *verts. Les lentilles sont des* ***légumes*** *secs.*

lendemain **nom masculin**
Le lendemain, c'est le jour suivant. *Nous attendions mon oncle samedi, mais il est arrivé* ***le lendemain****.*
→ Cherche **veille**.

lent, lente **adjectif**
Une personne, un animal, un véhicule **lents** ne se déplacent pas vite. *Sur l'autoroute, les véhicules* ***lents*** *roulent sur la voie de droite.* **Contraire : rapide.**
Avoir l'esprit **lent**, c'est ne pas comprendre vite. **Contraire : : vif.**
● Mots de la même famille : **lentement, lenteur.**

lentement **adverbe**
Lentement signifie : avec lenteur. *Mon arrière-grand-mère marche* ***lentement****.* **Contraires : rapidement, vite.**

lenteur **nom féminin**
Quand on fait quelque chose avec **lenteur**, on le fait sans aller vite. *Maman me dit souvent de me dépêcher, elle se plaint de ma* ***lenteur****.* **Contraire : rapidité.**

Les légumes

A B C D E F G H I J K L M N O P Q R S T U V W X Y Z

lentille nom féminin

① Les **lentilles** sont des petites graines rondes, brunes ou vertes, que l'on mange cuites. Ce sont des légumes secs.

② Des **lentilles** sont des petits disques transparents que l'on place sur les yeux pour corriger la vue. *Franck porte des **lentilles**.*

léopard nom masculin

Un **léopard** est une panthère d'Afrique. Il a un pelage jaune à taches noires.

▶ Les léopards sont des félins.

➜ Cherche guépard et félin.

lequel, laquelle pronom

Lequel, **laquelle** sont des mots qui remplacent un nom. *C'est une idée à **laquelle** je n'avais pas pensé.*

🔍 Au pluriel, on écrit *lesquels*, *lesquelles*.

les ➜ **le**

lessive nom féminin

① La **lessive** est un produit que l'on utilise pour laver le linge.

② La **lessive**, c'est le lavage du linge. *Mon frère a fait la **lessive**.*

lettre nom féminin

① Une **lettre** est un signe de l'alphabet. *L'alphabet français a 26 **lettres**.*

② Une **lettre** est un texte que l'on écrit à quelqu'un et que l'on signe. *Notre correspondant nous a envoyé une **lettre** d'Afrique.*

Maman lit une **lettre**.

un **léopard**

1. leur adjectif

Leur est un déterminant qui se place devant un nom masculin ou un nom féminin : ***leur** fils, **leur** fille.*

🔍 Au pluriel, on écrit *leurs*.

2. leur pronom

Leur représente la troisième personne du pluriel. *Je **leur** parle.*

➜ Cherche lui.

1. lever verbe

① **Lever**, c'est diriger vers le haut ou mettre plus haut. *Sarah **a levé** la main.* Contraire : baisser.

② **Lever** un enfant, c'est le sortir du lit. Contraire : coucher. **Se lever**, c'est sortir du lit, se mettre debout. *Le dimanche, je **me lève** plus tard.* Contraire : se coucher.

une **libellule**

3 Quand le soleil **se lève**, il apparaît à l'horizon et il va faire jour. Contraire : se coucher.

2. lever nom masculin

Le **lever du soleil**, c'est le moment où le soleil apparaît à l'horizon. Contraire : coucher du soleil.

lèvre nom féminin

Les **lèvres** sont les deux parties roses qui entourent la bouche.

lézard nom masculin

Un **lézard** est un animal qui a un corps couvert d'écailles, quatre pattes courtes et une longue queue. *Les **lézards** se chauffent au soleil.*

▶ Les lézards sont des reptiles.

liaison nom féminin

Faire une **liaison**, c'est prononcer ensemble la dernière lettre d'un mot et la première lettre du mot suivant. *Quand je dis « les **h**ommes », je fais une **liaison**.*

liane nom féminin

Une **liane** est une plante à longues tiges souples qui s'accrochent aux arbres. *Dans la jungle, les singes s'élancent d'une **liane** à l'autre.*

Il y a beaucoup de **lianes** dans cette forêt.

libellule nom féminin

Une **libellule** est un insecte qui a quatre longues ailes transparentes. *Les **libellules** vivent près de l'eau et se nourrissent de petits insectes qu'elles attrapent en volant.*

libérer verbe

Libérer un prisonnier, c'est le faire sortir de prison, le rendre libre. Synonymes : délivrer, relâcher. Contraire : emprisonner.

liberté nom féminin

1 La **liberté**, c'est le droit de penser, de dire ce que l'on veut en respectant les autres. *« **Liberté**, Égalité, Fraternité » est la devise de la République française.*

2 Être **en liberté**, c'est ne pas être enfermé ou attaché, pouvoir aller où l'on veut. *Le prisonnier a été remis **en liberté**. Marie élève des animaux **en liberté** dans son jardin.*

un **lézard**

libraire **nom masculin et nom féminin**

Un **libraire**, une **libraire** sont des personnes qui vendent des livres. C'est un nom de métier.

● Mot de la même famille : librairie.

librairie **nom féminin**

Une **librairie** est un magasin où le libraire vend des livres.

libre **adjectif**

❶ Être **libre**, c'est ne pas être enfermé et pouvoir aller où l'on veut. *J'ai ouvert la cage, l'oiseau est* ***libre****.*

❷ Une place **libre** est une place que l'on peut occuper. *Vous pouvez vous asseoir, la place est* ***libre****.* **Synonyme :** disponible. **Contraire :** occupé.

❸ Avoir du **temps libre**, c'est faire ce que l'on veut de son temps. *Maman ne travaille pas le mercredi : elle a du* ***temps libre****.* **Synonyme :** loisirs.

● Mot de la même famille : liberté.

licencier **verbe**

Licencier une personne, c'est la renvoyer de son travail. *Le directeur de l'usine* ***a licencié*** *des ouvriers.* **Contraires :** embaucher, engager.

licorne **nom féminin**

Une **licorne** est un animal fabuleux que l'on représente comme un cheval d'un blanc éclatant avec une longue corne au milieu du front. *Dans les légendes, la* ***licorne*** *est le symbole de ce qui est innocent et pur et sa corne a des pouvoirs magiques.*

On distingue une **licorne** sur cette tapisserie.

liège **nom masculin**

Le **liège** est l'écorce légère et imperméable de certains chênes. On l'utilise surtout pour fabriquer des bouchons.

lien **nom masculin**

Un **lien** est un objet qui sert à lier, à attacher. *Une corde, une ficelle, un ruban sont des* ***liens****.*

lier **verbe**

❶ **Lier**, c'est attacher. *On* ***a lié*** *les mains du prisonnier.*

❷ **Se lier** avec quelqu'un, c'est devenir son ami. *Sébastien et Marie* ***se sont liés****.*

● Mot de la même famille : lien.

lierre **nom masculin**

Le **lierre** est une plante aux feuilles toujours vertes, qui pousse en s'accrochant aux arbres ou aux murs. *Du* ***lierre*** *recouvre la façade de la maison.*

Il y a deux *r*.

lieu **nom masculin**

❶ Un **lieu** est un endroit précis. *Quel est ton* ***lieu*** *de naissance ? Ma mère n'habite pas loin de son* ***lieu*** *de travail.*

2 **Au lieu de** signifie : plutôt que de. *Tu ferais mieux d'aller jouer dehors* ***au lieu de*** *regarder la télévision.*

3 **Avoir lieu**, c'est se produire, se dérouler. *La fête de l'école* ***aura lieu*** *dans un parc.*

🔍 Au pluriel, on écrit *des lieux*.

lieue nom féminin

Une **lieue** est une ancienne mesure de longueur qui correspond à quatre kilomètres environ. *Dans le conte « le Petit Poucet », l'ogre met ses bottes de sept* ***lieues*** *pour faire des pas gigantesques.*

L'ogre a mis ses bottes de sept **lieues**.

lièvre nom masculin

Un **lièvre** est un mammifère herbivore sauvage qui ronge ses aliments et qui court très vite. Il ressemble à un lapin, mais il est plus grand et a les pattes de derrière plus fortes.

▶ La femelle est la **hase**, le petit est le **levraut**. Quand le lièvre crie, on dit qu'il **vagit**.

ligne nom féminin

1 Une **ligne** est un trait long et fin. *Quand je dessine un cercle, on ne peut pas voir le début et la fin de la* ***ligne****.*

2 Une **ligne** est une suite de lettres, de mots ou de chiffres écrits les uns à côté des autres. *Rémi a lu dix* ***lignes*** *de son livre de lecture.*

3 Une **ligne** est un fil attaché au bout d'une canne à pêche. *Le pêcheur a cassé sa* ***ligne****.*

4 Les **lignes** électriques, téléphoniques sont les installations qui permettent de s'éclairer et de téléphoner.

5 Une **ligne** est un trajet en transport en commun. *Nous avons pris la* ***ligne*** *21 de l'autobus.*

☛ Va voir « les couleurs et les formes », page 171.

ligoter verbe

Ligoter une personne, c'est l'attacher pour qu'elle ne puisse plus bouger. *Les voleurs* ***ont ligoté*** *le gardien de la bijouterie.*

lilas nom masculin

Le **lilas** est un arbuste qui a des fleurs en grappes mauves, violettes ou blanches, très parfumées.

🔍 Ce mot se termine par un *s*.

un **lièvre**

A B C D E F G H I J K L M N O P Q R S T Z

limace nom féminin

Une **limace** est un petit animal au corps mou qui ressemble à un escargot, mais qui n'a pas de coquille. *Les **limaces** mangent les salades.*

▶ Les limaces sont des mollusques.

limande nom féminin

Une **limande** est un poisson de mer très plat qui a les deux yeux sur le même côté.

lime nom féminin

❶ Une **lime** est un outil en métal qui sert à rendre une matière lisse ou moins épaisse. *Le menuisier arrondit les angles de la planche avec une **lime**.*

❷ Une **lime à ongles** est un petit instrument en acier ou en carton qui sert à raccourcir ou à arrondir les ongles.

● Mot de la même famille : limer.

limer verbe

Limer, c'est frotter avec une lime. *Le menuisier **lime** les bords de la planche.*

limitation nom féminin

La **limitation**, c'est l'action de limiter. *Sur la route, il y a des panneaux de **limitation** de vitesse.*

un lion

limite nom féminin

❶ Une **limite** est l'endroit ou la ligne qui marque la fin d'un lieu. *Le ballon est sorti des **limites** du terrain.*

❷ **La dernière limite**, c'est le dernier moment. *Aujourd'hui, c'est **la dernière limite** pour s'inscrire aux cours de judo.*

● Mots de la même famille : limitation, limiter.

limiter verbe

Limiter, c'est marquer la limite d'une chose. *Sur l'autoroute, la vitesse **est limitée** à 130 kilomètres à l'heure.*

limonade nom féminin

La **limonade** est une boisson gazeuse sucrée qui a un léger goût de citron.

limpide adjectif

Une eau **limpide** est une eau très claire. **Synonyme : transparente. Contraire : trouble.**

le son [ɛ̃] s'écrit *im* devant un *p*.

linge nom masculin

Le **linge** est l'ensemble des objets en tissu que l'on utilise dans la maison ou comme vêtements. *On a mis le **linge** sale dans la machine à laver.*

lingot nom masculin

Un **lingot** d'or est un bloc d'or de forme rectangulaire. *Un **lingot** d'or pèse un kilogramme.*

lion nom masculin

Le **lion** est un mammifère carnivore sauvage d'Afrique. Il a un pelage beige et une crinière.

▶ C'est un félin. La femelle, la **lionne,** n'a pas de crinière. Le petit est le **lionceau**. Quand le lion crie, on dit qu'il rugit.

lipide nom masculin

Les **lipides** sont des aliments gras qui aident le corps à conserver son énergie. *Le beurre et l'huile sont des **lipides**.*

➜ Cherche glucide et protéine.

liqueur nom féminin

Une **liqueur** est une boisson sucrée qui contient de l'alcool.

1. liquide adjectif

Une chose **liquide** coule, n'est pas solide. *Quand elle fond, la glace devient **liquide**. Ta sauce est trop **liquide**.* Contraire : épais. *Le lait est un aliment **liquide**.* Contraire : solide.

2. liquide nom masculin

Un **liquide** est une matière qui coule et qui n'a pas de forme. *L'eau, le lait sont des **liquides**.*

lire verbe

1 **Lire**, c'est reconnaître les lettres et les mots et comprendre leur sens. *Valentin apprend à **lire**.*

2 **Lire** quelque chose à quelqu'un, c'est le dire à voix haute en suivant le texte. *Ma sœur me **lit** une histoire.*

● Mots de la même famille : lecteur, lecture, lisible, lisiblement.

lisible adjectif

Une écriture **lisible** est une écriture que l'on peut lire facilement. Contraire : illisible.

lisiblement adverbe

Écrire **lisiblement**, c'est écrire de façon lisible.

lisière nom féminin

La **lisière** d'un bois, d'une forêt, c'est la limite, le bord. *Notre maison se trouve à la **lisière** de la forêt.* Synonyme : orée.

lisse adjectif

Une chose **lisse** est douce au toucher. *Les bébés ont la peau **lisse**.* Contraire : rugueux.

liste nom féminin

Une **liste** est une série de mots ou de nombres. *La maîtresse lit la **liste** des élèves.*

lit nom masculin

1 Un **lit** est un meuble fait pour se coucher. *Dans un **lit**, il y a un matelas sur un sommier.*

2 Le **lit** d'un cours d'eau est l'endroit creux du sol où coule l'eau. *La rivière est sortie de son **lit** à cause des pluies.*

● Mot de la même famille : litière.

litière nom féminin

1 La **litière** des chevaux, des bœufs, c'est la paille sur laquelle ils se couchent.

2 La **litière** des animaux domestiques, c'est le mélange de gravier et de sable sur lequel ils font leurs besoins.

litre nom masculin

Le **litre** est une unité de mesure des liquides. *J'ai acheté une bouteille d'eau d'un **litre** et demi.*

L'abréviation de « litre » est *l*.

Va voir « les mesures », page 443.

Quel plaisir de **lire** !

littérature nom féminin
La **littérature**, c'est l'ensemble des livres écrits par les écrivains. *« Le Chat botté », « la Petite Sirène » sont des œuvres de la* ***littérature*** *de jeunesse.*

livraison nom féminin
La **livraison**, c'est l'action de livrer. *Ce magasin fait les* ***livraisons*** *à domicile.*

1. livre nom masculin
Un **livre** est un ensemble de feuilles imprimées qui sont fixées ensemble dans l'ordre où elles doivent se lire.

2. livre nom féminin
Une **livre** est la moitié d'un kilogramme.
On dit aussi « cinq cents grammes ».

livrer verbe
Livrer une marchandise, c'est l'apporter à domicile. *On nous* ***a livré*** *un ordinateur.*
● Mots de la même famille : livraison, livreur.

Le livreur leur **livre** une pizza.

livreur nom masculin
livreuse nom féminin
Un **livreur**, une **livreuse** sont des personnes qui livrent des marchandises, qui font des livraisons.

local nom masculin
Un **local** est une partie d'un bâtiment ou une pièce d'un immeuble. *Dans notre immeuble, il y a un* ***local*** *pour ranger les vélos et les poussettes.*
Au pluriel, on écrit *des locaux*.

locataire nom masculin et nom féminin
Un **locataire**, une **locataire** sont des personnes qui louent un logement. Ils paient un loyer pour habiter dans un logement qui appartient à une autre personne.
● Mot de la même famille : location.
➜ Cherche propriétaire.

location nom féminin
La **location**, c'est l'action de louer et le logement loué. *Pour les vacances, mes parents ont pris une* ***location*** *au bord de la mer.*

locomotion nom féminin
Les **moyens de locomotion** sont des moyens de transport. *La voiture, le train, l'avion sont des* ***moyens de locomotion****.*
● Mot de la même famille : locomotive.

locomotive nom féminin
Une **locomotive** est une machine qui tire les wagons d'un train.

logement nom masculin
Un **logement** est un endroit où les personnes vivent, dans un immeuble ou une maison. *Mes parents ont trouvé un* ***logement*** *plus grand.*
Synonyme : habitation.

loger verbe
❶ **Loger** quelque part, c'est y vivre, y avoir son habitation. ***Nous logeons*** *dans un petit immeuble.*
Synonyme : habiter.

② **Loger** une personne, c'est lui fournir un logement. *Nous* ***logeons*** *une amie à la maison.* **Synonyme : héberger.**

● Mot de la même famille : **logement**.

logique adjectif

Une chose **logique** est pleine de bon sens. *Si Léa est l'aînée de la famille, elle a donc au moins un frère ou une sœur, c'est* ***logique****.*

loi nom féminin

La **loi**, c'est l'ensemble des règles qui indiquent les droits et les devoirs de chacun dans la société. *Tous les citoyens doivent respecter la* ***loi****.*

loin adverbe

Loin signifie : à une grande distance. *L'école est* ***loin*** *de la maison.*
Contraire : près.

● Mot de la même famille : **lointain**.

lointain, lointaine adjectif

Un pays **lointain** est un pays situé à une grande distance du pays où l'on se trouve. *Jérémy rêve de voyager dans les pays* ***lointains****.* **Contraire : proche.**

loir nom masculin

Un **loir** est un petit rongeur gris qui ressemble à un écureuil et qui vit dans les arbres.

▶ C'est un animal végétarien qui hiberne.

un **loir**

loisirs nom masculin pluriel

① Les **loisirs** sont les moments libres pour se distraire. *Que fais-tu pendant tes* ***loisirs*** *?*

② Des **loisirs** sont des distractions, des divertissements. *Le cinéma et les jeux vidéo sont mes* ***loisirs*** *préférés.*

1. long, longue adjectif

① Ce qui est **long** a une grande distance d'un bout à l'autre. *Cette rue est* ***longue****.* **Contraire : court.**

② Ce qui est **long** dure longtemps. *En été, les jours sont* ***longs****.*
Contraire : court.

● Mots de la même famille : **longer, longueur**.

2. long nom masculin

① **De long** signifie : de longueur. *Le mur a dix mètres* ***de long****.*

② **Le long de** signifie : en longeant, en suivant. *Nous nous sommes promenés* ***le long de*** *la rivière.*

longer verbe

Longer, c'est suivre le bord. *Le chemin* ***longe*** *le lac.*

Les enfants **longent** le bois.

A B C D E F G H I J K L M N O P Q R S T U

longtemps adverbe
Longtemps signifie : pendant un long moment. *Je t'ai attendu **longtemps**.*

longueur nom féminin
Dans une surface, la **longueur** est la plus grande dimension. *La **longueur** de la table est de deux mètres.* Dans un rectangle, la **longueur** est le grand côté. *J'ai mesuré la **longueur** du rectangle.* **Contraire :** largeur.
➜ Cherche hauteur.
☛ Va voir « les mesures », page 443.

lorsque conjonction
Lorsque indique le moment où quelque chose se passe. *Téléphone-moi **lorsque** tu arriveras.* **Synonyme :** quand.
🔍 *Lorsque* s'écrit *lorsqu'* devant « en », « il », « elle », « on », « un », « une » : *lorsqu'il pleut ; lorsqu'on viendra.*

losange nom masculin
Un **losange** est une forme géométrique qui a quatre côtés égaux.
➜ Cherche carré.
☛ Va voir « les couleurs et les formes », page 171.

lot nom masculin
Un **lot** est un objet ou une somme d'argent qu'on gagne dans une loterie.
● Mot de la même famille : loterie.

un **loup**

loterie nom féminin
Une **loterie** est un jeu de hasard qui permet de gagner un lot quand on est tiré au sort. *Nous avons acheté des billets de **loterie**.*

1. louche nom féminin
Une **louche** est une grande cuillère ronde qui a un long manche. *On sert la soupe avec une **louche**.*

2. louche adjectif
Une chose ou une personne **louche** est une chose, une personne bizarre, dont il faut se méfier. *Mon frère ne veut pas dire où il va ce soir, c'est **louche** !*
Synonyme : suspect.

loucher verbe
Loucher, c'est avoir les yeux qui ne regardent pas dans la même direction. *Les nouveau-nés **louchent** parfois à la naissance.*

louer verbe
Louer un logement, c'est donner une somme d'argent au propriétaire pour y habiter. *Mon grand frère **loue** un studio.* **Louer** un objet, un appareil, c'est l'emprunter en donnant une somme d'argent. *Nous **avons loué** des DVD.*
● Mots de la même famille : locataire, location, loyer.

loup nom masculin
Un **loup** est un mammifère sauvage qui ressemble à un grand chien, mais qui a des mâchoires plus fortes.
▶ Les loups vivent en bandes appelées **meutes** et s'abritent dans une tanière. La femelle est la **louve**, le petit est le **louveteau**. Quand le loup crie, on dit qu'il hurle.
🔍 Ce mot se termine par un *p* qu'on ne prononce pas.

loupe nom féminin

Une **loupe** est un instrument en verre très épais qui grossit les objets. *David regarde ses timbres à la **loupe**.*

louper verbe

Louper, c'est manquer quelque chose. *J'ai **loupé** le train.* Synonyme : rater.

C'est un mot familier.

lourd, lourde adjectif

Une chose ou une personne **lourde** a un grand poids. *Je ne peux pas porter cette planche, elle est trop **lourde**.* Contraire : léger.

● Mots de la même famille : lourdaud, lourdeur.

Ces cartons sont trop **lourds** !

lourdaud, lourdaude adjectif

Un être **lourdaud** est lent et maladroit. *Les canards sont **lourdauds**.*

lourdeur nom féminin

La **lourdeur** est l'état de ce qui est lourd. *Mon cartable est d'une telle **lourdeur** que j'ai du mal à le porter.* Synonyme : poids. Contraire : légèreté.

loutre nom féminin

Une **loutre** est un petit mammifère carnivore qui a un pelage brun épais, des pattes palmées et une queue qui lui sert de gouvernail. *La **loutre** construit son terrier près de l'eau et se nourrit de poissons.*

loyer nom masculin

Un **loyer** est une somme d'argent qu'un locataire paie à un propriétaire pour habiter dans un logement.

lucarne nom féminin

Une **lucarne** est une petite fenêtre dans un toit.

lueur nom féminin

Une **lueur** est une petite clarté. *Nous avons dîné à la **lueur** d'une bougie.*

luge nom féminin

Une **luge** est un petit traîneau qu'on utilise pour glisser sur la neige. *Zoé fait de la **luge**.*

lui pronom

Lui représente la troisième personne du singulier. *Tu **lui** manques beaucoup.*

➜ Cherche leur.

des **loutres**

A B C D E F G H I J K L M N O P Q R S T U V W X Y Z

luisant, luisante adjectif
① Une chose **luisante** est brillante. *Mon chien a le poil **luisant**.*
② Un **ver luisant** est un petit insecte qui brille dans la nuit.

lumière nom féminin
① La **lumière** est la clarté qui vient du soleil ou d'une lampe. *La **lumière** entre dans ma chambre.* Synonyme : jour. Contraires : obscurité, ombre.
② La **lumière** est l'éclairage électrique. *Éteins la **lumière** !*
● Mot de la même famille : lumineux.

lumineux, lumineuse adjectif
① Un objet **lumineux** brille dans l'obscurité. *Ma montre a un cadran **lumineux**.*
② Une pièce **lumineuse** reçoit beaucoup de lumière. *Ma chambre est très **lumineuse**.* Synonymes : clair, ensoleillé. Contraires : obscur, sombre.

lundi nom masculin
Le **lundi** est le premier jour de la semaine. Il vient avant le mardi. *De nombreux magasins sont fermés le **lundi**.*
☛ Va voir « le calendrier », page 111.

lune nom féminin
① La **Lune** est un astre qui tourne autour de la Terre et qui est éclairé par le Soleil.
② **Être dans la lune**, c'est être distrait, rêveur.
🔍 Quand ce mot désigne l'astre, il s'écrit avec une majuscule.

lunettes nom féminin pluriel
Des **lunettes** sont deux verres maintenus par une monture et par deux branches. Elles servent à corriger la vue ou à protéger les yeux du soleil. *Marie porte des **lunettes**. Paul met ses **lunettes** de soleil.*

lutin nom masculin
Dans les contes, un **lutin** est un petit personnage malicieux qui a des pouvoirs magiques.

Le **lutin** porte un bonnet pointu.

lutte nom féminin
① Une **lutte** est un combat. *Les deux adversaires ont abandonné la **lutte**.*
② Une **lutte** est une action menée pour vaincre un mal, une maladie. *Cette association continue sa **lutte** contre le cancer.*
🔍 Il y a deux *t*.
● Mot de la même famille : lutter.

un croissant de **lune**

lutter **verbe**

1 **Lutter** contre un adversaire, c'est se battre contre lui.

2 **Lutter** contre un mal, une maladie, c'est les combattre, chercher des moyens de les supprimer, de les guérir. *Cette association **lutte** pour le droit au logement.*

Il y a deux *t*.

luxe **nom masculin**

Le **luxe**, c'est un ensemble d'objets rares et de grande valeur. *Ils vivent dans le **luxe**.* Synonyme : richesse.

luzerne **nom féminin**

La **luzerne** est une plante avec des petites fleurs violettes. *La **luzerne** sert de nourriture au bétail et aux lapins.*

lycée **nom masculin**

Un **lycée** est un établissement scolaire où vont les élèves après le collège.

Ce mot s'écrit avec un *y*. C'est un nom masculin qui se termine par un *e*.

lynx **nom masculin**

Un **lynx** est un mammifère carnivore sauvage qui ressemble à un grand chat, mais qui a une queue plus courte et des oreilles plus pointues terminées par une touffe de poils.

▶ Les lynx sont des félins.

Ce mot s'écrit avec un *y*. Il se termine par un *x* que l'on prononce. Il ne change pas au pluriel : *des lynx*.

un **lynx**

1 À la campagne

1 un **château d'eau**
2 un **village**
3 une **hirondelle**
4 un **silo à grain**
5 des **vignes**
6 des **peupliers**
7 des **meules de paille**
8 une **moissonneuse-batteuse**
9 un **bois**
10 un **pommier**
11 des **serres**
12 un **clapier**
13 un **poulailler**
14 une **grange**
15 du **fumier**
16 un **tracteur**
17 des **moutons**
18 un **verger**
19 une **pie**
20 des **oies**
21 des **cochons**

22 une **porcherie**
23 un **champ de blé**
24 un **pré**
25 des **vaches**
26 des **ruches**
27 une **chèvre** et un **chevreau**
28 un **cheval** et un **poulain**
29 des **taupinières**
30 une **clôture**
31 un **lapin de garenne**
32 un **faisan**
33 un **papillon**
34 des **marguerites**
35 un **coquelicot**

Adjectifs	Verbes
agricole	brouter
boisé, e	cultiver
campagnard, e	labourer
fleuri, e	moissonner
fruitier, ère	planter
mûr, e	semer
....	....

2 Dans la forêt

1. un **châtaignier**
2. un **marronnier**
3. un **hêtre**
4. un **pin**
5. un **hibou**
6. un **geai**
7. un **pic épeiche**
8. un **chêne**
9. un **écureuil**
10. un **coucou**
11. une **chouette**
12. un **pivert**
13. un **cerf**
14. une **biche**
15. un **chevreuil**
16. une **mésange**
17. des **fougères**
18. une **couleuvre**
19. une **souche**
20. un **blaireau**
21. des **marcassins**

22 un **sanglier**
23 des **châtaignes**
24 un **hérisson**
25 un **terrier**
26 une **ortie**
27 un **lièvre**
28 des **pommes de pin**
29 un **crapaud**
30 une **vipère**
31 un **noisetier**
32 un **mulot**
33 un **renard**
34 des **champignons**
35 des **glands**

Adjectifs	**Verbes**
feuillu, e	se cacher
forestier, ère	creuser
piquant, e	gazouiller
sauvage	grimper
silencieux, euse	observer
sombre	ramasser
....	....

3 Au bord de la mer

1 le **volley-ball**
2 une **mouette**
3 le **surf**
4 une **planche à voile**
5 le **ski nautique**
6 une **voile**
7 un **voilier**
8 un **paquebot**
9 un **phare**
10 la **jetée**
11 le **port**
12 des **bateaux de pêche**
13 un **parasol**
14 des **cabines**
15 des **palmes**
16 un **masque de plongée**
17 un **tuba**
18 un **canot pneumatique**
19 un **maître-nageur sauveteur**
20 un **cerf-volant**
21 des **rochers**

22 une **chaise longue**
23 un **château de sable**
24 un **râteau**
25 une **pelle**
26 un **seau**
27 un **bernard-l'ermite**
28 une **bouée**

29 le **sable**
30 une **étoile de mer**
31 des **coquillages**
32 des **moules**
33 une **épuisette**
34 une **crevette**
35 des **algues**

Adjectifs	Verbes
agité, e	se baigner
bronzé, e	flotter
calme	jouer
ensoleillé, e	nager
mouillé, e	naviguer
nautique	pêcher
....	....

4 À la montagne

1. un **pylône**
2. un **aigle**
3. un **sommet**
4. un **glacier**
5. un **restaurant d'altitude**
6. un **chalet**
7. des **sapins**
8. un **téléphérique**
9. un **télésiège**
10. une **route en lacets**
11. une **dameuse**
12. un **slalom**
13. une **perche**
14. un **gant**
15. un **bonnet**
16. un **remonte-pente**
17. une **luge**
18. une **patinoire**
19. une **cagoule**
20. un **moniteur de ski**
21. des **lunettes**

22 un **casque**
23 un **bâton**
24 une **piste**
25 la **neige**
26 un **skieur**, une **skieuse**
27 un **surf**
28 un **secouriste**
29 un **ski**
30 la **spatule**
31 un **anorak**

Adjectifs	**Verbes**
alpin, e	descendre
enneigé, e	glisser
haut, e	monter
montagneux, euse	patiner
sportif, ive	skier
....	....
....	....

5 Sur l'autoroute

1 le **péage**
2 un **camion**
3 un **lampadaire**
4 une **station-service**
5 des **pompes à essence**
6 une **caravane**
7 des **clignotants**
8 un **radar**
9 une **moto**
10 un **autocar**
11 un **panneau de signalisation**
12 une **camionnette**
13 une **voie**
14 une **voiture**
15 une **ligne blanche**
16 un **pont**
17 une **plaque d'immatriculation**
18 un **pare-chocs**
19 un **phare**
20 un **capot**
21 des **essuie-glaces**

22 un **pare-brise**
23 un **rétroviseur**
24 un **conducteur**
25 une **ceinture de sécurité**

Adjectifs	Verbes
encombré, e	conduire
lent, e	doubler
prudent, e	freiner
rapide	ralentir
vigilant, e	rouler
....	....
....	....

6 À la gare

1 des **lampadaires**
2 un **écran d'affichage**
3 un **sac de voyage**
4 une **voie**
5 un **mécanicien**
6 un **train**
7 un **T.G.V.**
8 le **chef de gare**
9 une **casquette**
10 une **horloge**
11 le **tableau des horaires**
12 une **traverse**
13 un **rail**
14 le **ballast**
15 un **quai**
16 un **voyageur**
17 un **guichet**
18 une **valise**

19 un **chariot à bagages**
20 un **composteur**
21 un **escalier roulant**
22 des **bagages**
23 un **colis**
24 un **banc**

Adjectifs	Verbes
impatient, e	attendre
lourd, e	consulter
patient, e	monter
pressé, e	partir
prudent, e	réparer
....	....
....	....

7 À l'aéroport

1. un **hangar**
2. la **tour de contrôle**
3. un **avion**
4. la **queue de l'avion**
5. un **camion-citerne**
6. une **piste**
7. un **conteneur**
8. la **soute**
9. la **rampe de chargement**
10. des **bagages**
11. une **aile**
12. la **cabine de pilotage**
13. la **passerelle d'embarquement**
14. une **navette**
15. un **réacteur**
16. un **véhicule d'entretien**
17. une **porte**
18. des **hublots**
19. des **passagers**
20. un **pilote**
21. une **hôtesse de l'air**

22 un **technicien**
23 un **chariot à bagages**
24 le **train d'atterrissage**
25 le **nez de l'avion**

Adjectifs	**Verbes**
aérien, enne	atterrir
aéronautique	débarquer
aérospatial, e	décoller
dangereux,euse	embarquer
prudent, e	survoler
supersonique	voler
volant, e	voyager

8 Dans la maison

1 un **immeuble**
2 un **volet**
3 une **cheminée**
4 un **pavillon**
5 le **toit**
6 des **antennes de télévision**
7 des **lits superposés**
8 une **commode**
9 une **bibliothèque**
10 un **bureau**
11 une **fenêtre**
12 les **toilettes**
13 la **chambre**
14 une **armoire**
15 une **table de chevet**
16 la **salle de bains**
17 une **baignoire**
18 un **miroir**
19 un **lavabo**
20 un **escalier**
21 la **cuisine**

22 une **cuisinière**
23 un **évier**
24 un **réfrigérateur**
25 la **salle à manger**
26 une **boîte aux lettres**
27 la **rampe de l'escalier**
28 un **fauteuil**
29 un **canapé**
30 un **téléviseur**
31 des **chaises**
32 un **radiateur**
33 une **porte**
34 le **sous-sol**
35 un **balcon**

Adjectifs	Verbes
confortable	se coucher
décoré, e	faire la cuisine
lumineux, euse	habiter
propre	jouer
sale	se laver
sombre	lire
....	....

9 Dans la ville

1. un **immeuble**
2. un **camion**
3. un **arrêt d'autobus**
4. une **voiture**
5. un **réverbère**
6. un **camion-poubelle**
7. une **poubelle**
8. un **camion de pompiers**
9. une **ambulance**
10. l'**école**
11. un **autobus**
12. un **taxi**
13. le **marché**
14. une **enseigne**
15. une **boutique**
16. une **boîte aux lettres**
17. un **passage pour piétons**
18. une **moto**
19. un **carrefour**
20. le **plan de la ville**
21. des **feux tricolores**

22 des **vélos**
23 un **scooter**
24 une **place**
25 le **trottoir**
26 la **chaussée**
27 une **vitrine**
28 une **rue**
29 un **panneau de signalisation**
30 un **kiosque à journaux**
31 un **square**
32 une **avenue**
33 des **piétons**
34 un **distributeur de billets**

Adjectifs	Verbes
animé, e	s'arrêter
bruyant, e	circuler
calme	faire les courses
encombré, e	marcher
piétonnier, ère	rouler
pollué, e	tourner
pressé, e	traverser

10 Dans un parc

1 un **tremplin**
2 une **piste de skateboard**
3 un **skateboard**
4 un **casque**
5 une **cabane**
6 un **pont en rondins**
7 une **tyrolienne**
8 une **échelle suspendue**
9 un **plot**
10 des **rollers**
11 une **poubelle**
12 un **ballon**
13 un **arbre**
14 un **vélo**
15 une **allée**
16 un **banc**
17 une **poussette**
18 le **jardinier**
19 un **seau**
20 un **bac à sable**
21 une **pelle**

22 une **balançoire**
23 un **portique**
24 une **corde**
25 une **raquette**
26 un **filet de badminton**
27 un **volant**
28 la **pelouse**
29 une **trottinette**
30 une **plate-bande**
31 des **feuilles**
32 un **toboggan**
33 un **buisson**

Adjectifs	Verbes
amusant, e	s'amuser
content, e	courir
distrayant, e	jouer
prudent, e	lancer
sportif, ive	se promener
vert, e	sauter
....	....

11 À la bibliothèque

1. des **CD**
2. des **affiches**
3. une **rangée de livres**
4. une **chaise**
5. une **table**
6. un **dictionnaire**
7. la **bibliothécaire**
8. un **lecteur**, une **lectrice**
9. une **pile de livres**
10. le **bureau**
11. un **chariot**
12. une **bibliothèque**
13. l'**écran**
14. le **clavier**
15. la **souris**
16. un **ordinateur**
17. un **fauteuil**
18. un **journal**

19 un **magazine**
20 un **portemanteau**
21 un **bac à albums**
22 un **album**
23 des **livres**
24 un **stylo**
25 un **présentoir**
26 la **couverture**
27 une **étagère**
28 la **conteuse**
29 un **tabouret à roulettes**
30 une **bande dessinée**

Adjectifs	Verbes
amusant, e	classer
attentif, ive	consulter
illustré, e	emprunter
silencieux, euse	feuilleter
soigneux, euse	lire
....	ranger
....	rendre

12 Au musée

1 une **nature morte**
2 un **cadre**
3 un **paysage**
4 un **banc**
5 des **lampes**
6 le **titre du tableau**
7 le **gardien**
8 le **sens de la visite**
9 la **guide**
10 des **tableaux**
11 des **écouteurs**
12 une **sculpture**
13 un **mobile**
14 le **vestiaire**
15 l'**accueil**
16 un **billet**
17 des **caméras de surveillance**
18 des **livres d'art**
19 la **librairie**
20 les **toilettes**
21 une **statue**

22 le **plan du musée**
23 un **autoportrait**
24 un **portrait**
25 des **dessins**
26 un **atelier**
27 un **panneau**
28 un **socle**
29 un **visiteur**, une **visiteuse**
30 un **ascenseur**
31 le **catalogue de l'exposition**
32 un **escalier**
33 la **salle de projection**
34 un **écran**
35 une **vitrine**

Adjectifs	Verbes
abstrait, e	dessiner
artistique	écouter
classique	expliquer
coloré, e	montrer
géométrique	observer
peint, e	représenter
....	....

13 Dans la savane

1 un **acacia**
2 un **léopard**
3 une **girafe**
4 un **baobab**
5 des **marabouts**
6 un **tisserin**
7 des **nids de tisserin**
8 des **babouins**
9 des **pintades**
10 une **termitière**
11 un **buffle**
12 des **gnous**
13 un **serpentaire**
14 un **crocodile**
15 une **antilope**
16 des **zèbres**
17 des **gazelles**
18 un **hippopotame**
19 un **rhinocéros**
20 un **éléphant**
21 la **trompe**

22 une **défense**
23 un **guépard** et son petit
24 un **ibis**
25 une **hyène**
26 un **lézard d'Afrique**
27 un **chacal**
28 un **vautour**
29 une **carcasse**
30 un **lion**
31 la **crinière**
32 une **lionne** et des **lionceaux**
33 une **mare**

Adjectifs	Verbes
chaud, e	boire
rapide	chasser
rayé, e	courir
sec, sèche	grimper
tacheté, e	se nourrir
....	....
....	....

14 Dans la forêt équatoriale

1 un **porc-épic**
2 un **anaconda**
3 un **paresseux**
4 un **singe-araignée**
5 un **toucan**
6 un **singe hurleur**
7 un **perroquet**
8 un **colibri**
9 un **ara**
10 un **jaguar**
11 un **ocelot**
12 des **singes-écureuils**
13 un **tatou**
14 une **mygale**
15 une **liane**
16 une **tortue**
17 un **caïman**
18 des **grenouilles venimeuses**

19 un **tapir**
20 un **iguane**
21 des **piranhas**
22 un **scarabée**
23 des **néons**
24 un **boa**

25 un **scalaire**
26 des **anguilles électriques**
27 des **racines**
28 un **fourmilier**
29 des **fougères**
30 un **papillon**

Adjectifs	Verbes
agile	s'accrocher
bruyant, e	se balancer
coloré, e	dévorer
humide	s'enrouler
touffu, e	ramper
venimeux, euse	sauter
....	....

15 Dans l'océan

1. un **espadon**
2. une **raie manta**
3. une **méduse**
4. une **tortue de mer**
5. un **banc de poissons**
6. un **poisson-pilote**
7. un **requin-marteau**
8. un **thon**
9. une **orque**
10. un **barracuda**
11. des **algues**
12. des **coraux**
13. un **poisson-chauve-souris**
14. des **dauphins**
15. des **poissons-clowns**
16. un **poisson-arlequin**
17. une **daurade**
18. un **poisson-lune**
19. un **poisson-chirurgien**
20. un **poisson-Picasso**
21. une **baudroie**

22 une **murène**
23 un **tentacule**
24 une **pieuvre**
25 une **crevette**
26 un **hippocampe**
27 un **poisson-ange**
28 des **anémones de mer**
29 un **poisson-papillon**
30 un **poisson-porc-épic**
31 une **sole**
32 une **étoile de mer**
33 un **oursin**
34 une **langouste**
35 une **éponge**

Adjectifs	**Verbes**
aquatique	se cacher
marin, e	capturer
maritime	chasser
salé, e	flotter
sombre	nager
....	....
....	....

16 Dans l'espace

1 le **Soleil**
2 une **sonde spatiale**
3 un **satellite d'observation**
4 une **comète**
5 la **Lune**
6 un **satellite de transmission**
7 la **planète Terre**
8 une **station spatiale**
9 des **panneaux solaires**
10 la **Galaxie**
11 un **astronaute**
12 un **scaphandre**
13 une **navette spatiale**
14 des **étoiles**
15 des **astéroïdes**

16 **Mercure**
17 **Vénus**
18 **Terre**
19 **Mars**
20 **Jupiter**
21 **Saturne**
22 **Uranus**
23 **Neptune**
24 **Pluton**

Adjectifs	Verbes
étoilé, e	briller
lunaire	se coucher
planétaire	éclairer
solaire	explorer
spatial, e	se lever
terrestre	tourner
....	....

ma → **mon**

mâcher verbe
Mâcher un aliment, c'est l'écraser avec les dents. *Il faut bien **mâcher** pour bien digérer.*

Le *a* prend un accent circonflexe.

● Mot de la même famille : mâchoire.

machin nom masculin
Un **machin** est un objet qu'on ne sait pas nommer. *Qu'est-ce que c'est ce **machin** qui est sur ton lit ?*
Synonyme : chose.

C'est un mot familier.

machine nom féminin
Une **machine** est un appareil qui fait des travaux ou qui les rend plus faciles. *Une **machine à laver** lave automatiquement le linge. Une **machine à calculer** permet de calculer plus vite.*

mâchoire nom féminin
Les **mâchoires** sont les os de la bouche. *Nous avons deux **mâchoires**. Les dents sont plantées dans les **mâchoires**.*

Le *a* prend un accent circonflexe.

maçon nom masculin
Un **maçon** est une personne qui construit les murs des maisons et répare les murs, les sols. C'est un nom de métier.

Le *c* prend une cédille.

madame nom féminin
Madame est le nom que l'on donne à une femme adulte quand on s'adresse à elle ou quand on parle d'elle. *Bonjour **madame** ! J'ai vu **madame** Florent ce matin.*

Au pluriel, on dit *mesdames*.

mademoiselle nom féminin
Mademoiselle est le nom que l'on donne à une jeune fille quand on s'adresse à elle ou quand on parle d'elle. *Au revoir **mademoiselle** ! J'ai parlé à **mademoiselle** Ledoux.*

Au pluriel, on dit *mesdemoiselles*.

magasin nom masculin
Un **magasin** est un local où un commerçant vend des marchandises. *Le **magasin** de jouets sera ouvert le dimanche qui précède Noël.*
Synonyme : boutique.
→ Cherche supermarché.

Ils font leurs courses
dans un **magasin**.

magazine nom masculin
Un **magazine** est un journal illustré qui paraît chaque semaine ou chaque mois.
Ce mot s'écrit avec un *z*.

mage nom masculin
1 Un **mage** est un homme qui fait de la magie.
2 Dans la religion catholique, les **Rois mages** sont les trois personnages qui sont venus adorer Jésus à Bethléem.

magicien nom masculin
magicienne nom féminin
Un **magicien**, une **magicienne** sont des personnes qui font des tours de magie. **Synonymes : illusionniste, prestidigitateur.**

magie nom féminin
La **magie** est l'art de faire des choses surprenantes avec des gestes et des mots mystérieux. *Mon oncle fait des tours de **magie**.*
● Mots de la même famille : **mage, magicien, magique**.

magique adjectif
Une formule **magique**, une baguette **magique** ont des pouvoirs extraordinaires. *« Abracadabra » est une formule **magique**.*

magnétophone nom masculin
Un **magnétophone** est un appareil qui permet d'enregistrer des sons sur une cassette et de les écouter.
Ce mot s'écrit avec *ph*.

magnétoscope nom masculin
Un **magnétoscope** est un appareil qui permet d'enregistrer des sons et des images sur une cassette vidéo et de les passer sur un écran de télévision.

magnifique adjectif
Une personne ou une chose **magnifique** est très belle. *Regarde ce **magnifique** paysage.*
Synonymes : merveilleux, splendide, superbe. Contraires : affreux, horrible.

mai nom masculin
Mai est le cinquième mois de l'année. Il vient après avril et avant juin. *En **mai**, fais ce qu'il te plaît, dit le proverbe.*
Va voir « le calendrier », page 111.

maigre adjectif
1 Être **maigre**, c'est n'avoir pas assez de graisse. *Ce chat est **maigre**.*
Contraires : gras, gros.
2 Un fromage, un yaourt **maigre** ne contient pas beaucoup de matières grasses. **Contraire : gras.**
● Mot de la même famille : **maigrir**.
→ Cherche **mince**.

maigrir verbe
Maigrir, c'est devenir plus maigre. *Mon chat **a** beaucoup **maigri**.*
Contraire : grossir.

a b c d e f g h i j k l m n o p q r s t u v w x y z

A B C D E F G H I J K L M N O P Q R S T U V W X Y Z

maille nom féminin
Une **maille** est une boucle de fil ou de laine qui est reliée à d'autres boucles pour former un tricot ou un filet. *Quand elle tricote, mamie compte les **mailles**.*
● Mot de la même famille : maillon.

Le pêcheur répare les **mailles** de son filet.

maillon nom masculin
Un **maillon** est un anneau d'une chaîne. *La chaîne du chien a de gros **maillons**.*

maillot nom masculin
1 Un **maillot** est un vêtement de sport qui couvre le haut du corps. *Les footballeurs ont enfilé leur **maillot**.*
2 Un **maillot de bain** est un vêtement de bain. *Ma sœur a un **maillot de bain** de deux pièces.*

main nom féminin
La **main** est la partie du corps qui est au bout du bras et qui sert à prendre, à toucher. *Fatou écrit de la **main** droite, Mathis de la **main** gauche.*

maintenant adverbe
1 **Maintenant** signifie : au moment où l'on parle. *Nous devons partir **maintenant**.* Synonyme : tout de suite.
2 **Maintenant** signifie : à notre époque. ***Maintenant**, on peut faire le tour du monde en quarante heures.* Synonymes : actuellement, aujourd'hui. Contraires : autrefois, jadis.

maintenir verbe
1 **Maintenir**, c'est empêcher de bouger. *Les câbles **maintiennent** le mât.* Synonyme : soutenir.
2 Maintenir, c'est affirmer avec force. *Je **maintiens** qu'il a tort.* Synonyme : soutenir.

maire nom masculin et nom féminin
Un **maire**, une **maire** sont des personnes qui ont été élues pour diriger une commune. *Le **maire** a marié mon cousin.*
● Mot de la même famille : mairie.

mairie nom féminin
La **mairie** est le bâtiment où se trouve le bureau du maire ou de la maire. *Mon cousin s'est marié à la **mairie**.*

mais conjonction
Mais signifie : malgré cela. *Ce problème est difficile, **mais** nous trouverons la solution.*

maïs nom masculin
Le **maïs** est une céréale qui a une grande tige et des épis de grains jaunes comestibles. *Avec le **maïs**, on fait de la farine et de l'huile.*
Il y a un tréma sur le *i* et on prononce le *s*.

maison nom féminin
1 Une **maison** est un bâtiment qui sert d'habitation. *Un chalet, une chaumière, un pavillon sont des **maisons**.*

❷ **À la maison** signifie : chez soi. *Je rentre **à la maison**.*

● Mot de la même famille : **maisonnette**.

☛ Va voir la planche illustrée ❽

maisonnette **nom féminin**

Une **maisonnette** est une petite maison.

🔍 Il y a deux *n* et deux *t*.

maître **nom masculin**
maîtresse **nom féminin**

❶ Le **maître**, la **maîtresse** sont les personnes qui enseignent, à l'école, ce que les élèves doivent savoir. *À la rentrée, nous aurons un nouveau **maître**.* **Synonymes : instituteur, professeur des écoles.**

❷ Le **maître**, la **maîtresse** d'un animal sont les personnes qui s'occupent de lui. *Sam attend son **maître**.*

des épis de **maïs**

❸ Un **maître nageur** est un professeur de natation. *Le **maître nageur** nous a appris à plonger.*

🔍 Ne confonds pas « maître » avec « un mètre » pour mesurer.
– La nouvelle orthographe permet d'écrire aussi *maitre, maitresse*, sans accent circonflexe.

majesté **nom féminin**

Majesté est le nom que l'on donne à un roi ou à une reine, à un empereur ou à une impératrice. *Les espions de Sa **Majesté** la reine ont découvert un complot.*

1. majeur, majeure **adjectif**

Être **majeur**, c'est avoir l'âge de la majorité, c'est-à-dire 18 ans, en France. *Quand on est **majeur**, on a le droit et le devoir de voter.* **Contraire : mineur.**

● Mot de la même famille : **majorité**.

2. majeur **nom masculin**

Le **majeur** est le doigt du milieu de la main, celui qui est plus grand que les autres.

☛ Va voir « les doigts », page 217.

majorité **nom féminin**

❶ La **majorité** des personnes, c'est le plus grand nombre. *La **majorité** des élèves déjeune à la cantine.* **Synonyme : : la plupart.**

❷ La **majorité**, c'est l'âge où l'on devient responsable de ce que l'on fait. *En France, la **majorité** est à 18 ans.*

majuscule **nom féminin**

Une **majuscule** est une grande lettre. *Les noms propres commencent par une **majuscule**. Une phrase commence par une **majuscule**.* **Contraire : minuscule.**

1. mal **adverbe**

Mal signifie : d'une façon qui ne convient pas. *À deux ans, on parle **mal**.* **Contraire : bien.**

a b c d e f g h i j k l m n o p q r s t u v w x y z

A B C D E F G H I J K L M N O P Q R S T U V W X Y Z

2. mal nom masculin

❶ Le **mal**, c'est ce qui est contraire à la morale, ce qui ne respecte pas la vie. *À sept ans, on sait faire la différence entre le bien et le **mal**.* Contraire : bien.

❷ **Avoir mal, faire mal**, c'est ressentir une douleur, faire souffrir. *Ne tire pas les poils du chat, tu lui **fais mal** !*

❸ Se donner du **mal**, c'est faire beaucoup d'efforts. *Maxime se donne du **mal** pour apprendre à lire.* Synonyme : peine.

Au pluriel, on écrit *des maux*.

1. malade adjectif

Une personne **malade** n'est pas en bonne santé. *Léo a de la fièvre, il est **malade**.* Synonyme : souffrant.

● Mot de la même famille : maladie.

Julien est **malade**.

2. malade nom masculin et nom féminin

Un **malade**, une **malade** sont des personnes qui ne sont pas en bonne santé, qui ont une maladie. *À l'hôpital, les infirmières et les médecins soignent les **malades**.*

maladie nom féminin

La **maladie**, c'est ce qui empêche d'être en bonne santé. *Ta **maladie** n'est pas grave.*

maladroit, maladroite adjectif

Être **maladroit**, c'est ne pas avoir des gestes précis. *Elle est **maladroite**, elle renverse souvent son verre.* Contraires : adroit, habile.

mâle nom masculin

Un **mâle** est un animal de sexe masculin. Il fait des petits avec une femelle. *Le coq est le **mâle** de la poule. Le taureau est le **mâle** de la vache. Le bélier est le **mâle** de la brebis.*

Le *a* prend un accent circonflexe.

→ Cherche femelle.

maléfique adjectif

Dans les contes, une chose ou une personne **maléfique** a une mauvaise influence, porte malheur. *Dans le conte des frères Grimm, Hans, le joueur de flûte, a quelque chose de **maléfique** et d'attirant à la fois.*

malgré préposition

Malgré signifie : sans tenir compte de quelque chose. *Julien est allé jouer dehors **malgré** la pluie.*

malheur nom masculin

Le **malheur**, c'est un ensemble d'événements tragiques, de grandes peines qui touchent une personne. *Elle a eu le **malheur** de perdre sa mère.* Contraire : bonheur.

Il y a un *h* après le *l*.

● Mots de la même famille : malheureusement, malheureux.

malheureusement adverbe

Malheureusement signifie : par manque de chance. *Je voulais aller nager, mais **malheureusement** la piscine était fermée.* Contraire : heureusement.

malheureux, malheureuse **adjectif**
Être **malheureux**, c'est avoir de grands chagrins, connaître le malheur. *Romain est **malheureux** parce que son hamster est mort.* Contraire : heureux.

malhonnête **adjectif**
Une personne **malhonnête** ne respecte pas la morale, vole, triche, trompe les autres. Contraire : honnête.

Le premier *e* prend un accent circonflexe.

malicieux, malicieuse **adjectif**
Une personne **malicieuse** taquine les autres sans méchanceté. *Les lutins sont des êtres **malicieux**.*

malin, maligne **adjectif**
Être **malin**, être **maligne**, c'est avoir l'esprit vif, savoir se débrouiller, trouver des idées pour résoudre des choses difficiles. *Elle est **maligne**, elle a compris qu'il y avait un piège.* Synonymes : astucieux, débrouillard, dégourdi.

Le petit Paul est très **malin**.

malle **nom féminin**
Une **malle** est un grand coffre qui sert à transporter les affaires que l'on emporte en voyage.

Il y a deux *l*.

● Mot de la même famille : mallette.

mallette **nom féminin**
Une **mallette** est une petite valise rigide. *Papa emporte sa **mallette** au bureau.*

Il y a deux *l*.

malnutrition **nom féminin**
La **malnutrition** est une mauvaise alimentation qui n'apporte pas assez de vitamines et de protéines. *Dans les pays pauvres, les enfants souffrent souvent de **malnutrition**.*

malpoli, malpolie **adjectif**
Une personne **malpolie** est mal élevée, manque de politesse. *C'est **malpoli** de couper la parole.* Synonyme : impoli. Contraire : poli.

maltraiter **verbe**
Maltraiter, c'est traiter brutalement, donner des coups. *C'est cruel de **maltraiter** un animal.*

maman **nom féminin**
Maman est le nom affectueux que l'on donne à sa mère. *J'attends **maman**.*

mamelle **nom féminin**
Les **mamelles** sont les parties du corps des femelles des mammifères qui produisent du lait. Synonyme : pis.

« Mamelle » ne prend qu'un *m* et « mammifère » en prend deux.

mamie **nom féminin**
Mamie est l'un des noms affectueux que l'on donne à sa grand-mère. *Je vais chez **mamie**.*

On écrit aussi « mamy ».

A B C D E F G H I J K L M N O P Q R S T U V W X Y Z

mammifère **nom masculin**
Un **mammifère** est un animal qui a la peau généralement couverte de poils. La femelle a des mamelles. *Les chats, les chauves-souris, les dauphins, les baleines sont des* ***mammifères****.*

🔍 Il y a deux *m* au milieu du mot.

mammouth **nom masculin**
Un **mammouth** est un éléphant préhistorique de très grande taille, recouvert de longs poils. *Les* ***mammouths*** *vivaient dans les pays froids.*

🔍 Il y a deux *m* au milieu du mot et *th* à la fin.

1. manche **nom féminin**
La **manche** d'un vêtement est la partie qui recouvre le bras. *Julie porte une robe à* ***manches*** *longues. Nicolas a une chemise à* ***manches*** *courtes.*

2. manche **nom masculin**
Un **manche** est la partie allongée d'un objet qui sert à le tenir. *Un balai, un couteau, un marteau ont un* ***manche****.*

manchot **nom masculin**
Un **manchot** est un gros oiseau de mer, noir et blanc, qui a des pattes palmées et des ailes qui lui servent de nageoires. *Les* ***manchots*** *ne peuvent pas voler car ils ont des ailes trop courtes.*

▶ Les manchots vivent en groupes près des mers froides du pôle Sud.

→ Cherche **pingouin**.

☛ Va voir l'illustration page 422.

Les mammifères

mandarine **nom féminin**
Une **mandarine** est un fruit qui ressemble à une petite orange.
▶ Les mandarines poussent sur un arbre, le **mandarinier**.

manège **nom masculin**
1 Un **manège** est une attraction. Il se compose de véhicules et d'animaux qui tournent, les uns derrière les autres. *Clara a fait trois tours de* ***manège****.*
2 Un **manège** est un endroit où l'on apprend à monter à cheval.

mangeoire **nom féminin**
Une **mangeoire** est un récipient où l'on met de la nourriture pour les animaux.
→ Cherche **abreuvoir**.

manger **verbe**
Manger un aliment, c'est l'absorber pour se nourrir. *À la maison, nous* ***mangeons*** *beaucoup de fruits.*
Synonyme : consommer.
● Mot de la même famille : **mangeoire**.

manie **nom féminin**
Une **manie** est une habitude bizarre. *Elle a la* ***manie*** *de se gratter la joue quand elle parle.*

manière **nom féminin**
1 Une **manière** est une façon d'être, de faire une chose. *Elle a des* ***manières*** *simples. Il y a plusieurs* ***manières*** *de faire cet exercice.* **Synonyme :** façon.
2 **De toute manière** signifie : quoi qu'il arrive. *Tu peux faire un caprice, je ne céderai pas* ***de toute manière****.*
Synonyme : de toute façon.

manifestation **nom féminin**
Une **manifestation** est un groupe de personnes qui se rassemblent et défilent dans les rues pour protester contre quelque chose. *La* ***manifestation*** *contre la guerre est passée dans notre rue.*

mannequin **nom masculin**
1 Un **mannequin** est une forme humaine que l'on habille pour essayer ou pour vendre des vêtements. *La commerçante habille les* ***mannequins*** *dans la vitrine.*
2 Un **mannequin** est une personne qui présente les modèles de vêtements au public. C'est un nom de métier. *Les* ***mannequins*** *participent à des défilés de mode.*

manque **nom masculin**
Le **manque** d'une chose, c'est une quantité insuffisante. *Dans certains pays, les gens souffrent du* ***manque*** *de nourriture.*

manquer **verbe**
1 **Manquer**, c'est ne pas avoir une chose nécessaire. *Nous allons bientôt* ***manquer*** *de provisions.*
2 **Manquer** d'une chose, c'est ne pas en avoir assez. *Ma sœur* ***manque*** *de patience.*

un **mammouth**

A B C D E F G H I J K L M N O P Q

❸ **Manquer**, c'est être absent de l'école, de son lieu de travail. *Ma sœur était malade, elle **a manqué** la classe.*

❹ **Manquer** quelque chose, c'est arriver trop tard. *Jérémy **a manqué** son train.* **Synonyme : rater.**

❺ **Manquer** à quelqu'un, c'est créer un vide par son absence. *Clara me **manque**.*

● Mot de la même famille : manque.

manteau **nom masculin**
Un **manteau** est un vêtement à manches longues que l'on porte pour se protéger du froid.

🔍 Au pluriel, on écrit *des manteaux*.

1. manuel, manuelle **adjectif**
Le travail **manuel** est le travail que l'on fait avec ses mains. *La poterie, la menuiserie, la couture sont des activités **manuelles**.*

2. manuel **nom masculin**
Un **manuel** est un livre de classe. *Ma sœur lit son **manuel** d'histoire.*

On **maquille** Hugo en clown.

maquette **nom féminin**
Une **maquette** est un modèle réduit. *Romain a fait une **maquette** d'avion.*

maquillage **nom masculin**
Des produits de **maquillage** sont des produits que l'on utilise pour se maquiller ou pour transformer son visage. *Pour la fête, maman m'a fait un **maquillage** de clown.*

se maquiller **verbe**
Se maquiller, c'est se mettre des produits de beauté sur le visage. *Ma sœur **se maquille** pour sortir.*

● Mot de la même famille : maquillage.

marâtre **nom féminin**
❶ Une **marâtre** est une mauvaise mère.
❷ Autrefois, une **marâtre** était la deuxième épouse d'un homme qui avait déjà des enfants. *Dans les contes, la **marâtre** est souvent méchante avec les enfants de son mari.*

🔍 Le deuxième *a* prend un accent circonflexe.

marbre **nom masculin**
Le **marbre** est une pierre très dure. *On fait des statues en **marbre**.*

un **marcassin**

marcassin **nom masculin**
Un **marcassin** est un jeune sanglier.

marchand **nom masculin**
marchande **nom féminin**

Un **marchand**, une **marchande** sont des personnes qui vendent des marchandises. *On m'a acheté des baskets chez le **marchand** de chaussures.*
● Mot de la même famille : marchandise.

➔ Cherche commerçant et vendeur.

marchandise **nom féminin**

Une **marchandise** est un produit fabriqué qui se vend et qui s'achète. *Au marché, on peut acheter toutes sortes de **marchandises**.*

marche **nom féminin**

1 La **marche**, c'est l'action de marcher. *La **marche** est un bon exercice. Nous avons fait une longue **marche**.*

2 Mettre un appareil **en marche**, c'est le faire fonctionner. *Paul a mis l'ordinateur **en marche**.*

3 Une **marche** d'escalier ou d'escabeau est un endroit plat où l'on pose le pied. *L'escalier du donjon a deux cents **marches**.*
● Mot de la même famille : marcher.

marché **nom masculin**

Un **marché** est un lieu public où les marchands s'installent pour vendre leurs marchandises. *Coralie va au **marché** tous les dimanches.*

marcher **verbe**

1 **Marcher**, c'est se déplacer en mettant un pied devant l'autre. *Nous **avons marché** toute la journée.*

2 **Marcher**, c'est être en état de marche. *Mon jouet ne **marche** plus.*
Synonyme : fonctionner.

Elle fait ses courses au **marché**.

mardi **nom masculin**

Le **mardi** est le deuxième jour de la semaine. Il vient après le lundi et avant le mercredi. *Léa va au cours de danse tous les **mardis après l'école**.*

☛ Va voir « le calendrier », page 111.

mare **nom féminin**

Une **mare** est une petite étendue d'eau immobile et peu profonde. *Les canards barbotent dans la **mare**.*

▶ Une mare est plus petite qu'un étang.

marécage **nom masculin**

Un **marécage** est un terrain couvert d'eau peu profonde, et envahi de plantes. *On chasse les canards dans les **marécages**.*

marée **nom féminin**

La **marée** est le mouvement des eaux de la mer, qui montent et qui descendent deux fois par jour et deux fois dans la nuit.

marelle **nom féminin**

La **marelle** est un jeu où l'on fait avancer une boîte plate ou un caillou dans des cases dessinées sur le sol, en sautant sur un pied. *Zohra joue à la **marelle**.*

A B C D E F G H I J K L M N O P Q R S T U V W X Y Z

marge **nom féminin**
Une **marge** est un espace blanc laissé sur le côté d'une page écrite. *L'instituteur écrit ses corrections dans la **marge** des cahiers.*

marguerite **nom féminin**
Une **marguerite** est une fleur des champs à pétales blancs et à cœur jaune.

mari **nom masculin**
Le **mari** d'une personne est l'homme qui est marié avec elle. *Franck est le **mari** d'Hélène.*
Synonyme : époux.
→ Cherche épouse et femme.

mariage **nom masculin**
Un **mariage** est une cérémonie où deux personnes se marient, s'unissent.

marié **nom masculin**
mariée **nom féminin**
Un **marié**, une **mariée** sont les personnes qui viennent de se marier. *Les invités ont félicité les **mariés**.*

se **marier** **verbe**
Se marier, c'est s'unir par une cérémonie. *Laura et Benjamin vont **se marier**.*
● Mots de la même famille : mariage, marié.

Claire et Aziz **se marient**.

1. marin, marine **adjectif**
Un animal **marin** est un animal qui vit dans la mer. *Le dauphin est un mammifère **marin**.*
● Mot de la même famille : marine.

2. marin **nom masculin**
Un **marin** est une personne qui navigue en mer, qui travaille sur un bateau. C'est un nom de métier.
→ Cherche matelot et navigateur.

marine **nom féminin**
La **marine**, c'est l'ensemble des navires et des marins d'un pays. *Clément voudrait travailler dans la **marine**.*

marionnette **nom féminin**
Une **marionnette** est un personnage en bois ou en tissu que l'on fait bouger avec les mains ou en tirant sur des fils. *Guignol est une célèbre **marionnette**.*
Il y a deux *n* et deux *t*.

marmite **nom féminin**
Une **marmite** est un grand récipient avec un couvercle et deux anses, qui sert à faire cuire les aliments.
→ Cherche cocotte.

marmotte **nom féminin**
Une **marmotte** est un petit rongeur qui a une fourrure marron-gris très épaisse. Elle vit dans les montagnes. *Les **marmottes** hibernent dans un terrier.*
▶ C'est un animal végétarien. Quand la marmotte crie, on dit qu'elle siffle.
Il y a deux *t*.

marque **nom féminin**
① Une **marque** est un signe qui permet de distinguer quelque chose. *Léo a fait une **marque** au crayon devant les CD qui lui plaisent . Le « s » et le « x » sont les **marques** du pluriel des noms.*

2 Une **marque** est une trace. *On distingue des* ***marques*** *de pas dans la neige.* Synonyme : empreinte. *Quand on se cogne, on a des* ***marques*** *sur la peau.*
3 La **marque** d'une marchandise est le nom de l'usine qui l'a fabriquée. *Quelle est la* ***marque*** *de votre voiture ?*
4 Un **nom de marque** est le nom donné à un appareil par ses inventeurs ou par ceux qui l'ont fabriqué. *« Caméscope » est un* ***nom de marque****.*
5 Une **marque** d'affection est un geste ou une parole qui montre ce sentiment. *Marie donne des* ***marques*** *d'affection à sa famille.*

marquer verbe
1 **Marquer**, c'est faire une marque, mettre une marque. *Ma mère* ***a marqué*** *mes vêtements à mon nom.*
2 **Marquer**, c'est écrire quelque chose. *J'****ai marqué*** *ton nom sur mon carnet.* Synonymes : inscrire, noter.
3 **Marquer**, c'est servir de repère. *Le coup de sifflet de l'arbitre* ***marque*** *la fin du match.*
4 **Marquer**, c'est indiquer sur un appareil de mesure. *L'aiguille de la boussole* ***marque*** *le nord.*
5 **Marquer** un but, un point, c'est le réussir, le gagner. *Notre équipe* ***a marqué*** *un but.*
● Mot de la même famille : marque.

marraine nom féminin
Dans la religion catholique, la **marraine** est la femme qui présente un enfant au baptême. *Patricia est ma* ***marraine*** *et je suis son filleul.*
Il y a deux *r*.
→ Cherche parrain.

marre adverbe
En avoir marre, c'est en avoir assez. *J'****en ai marre*** *de ranger tes affaires.*
Il y a deux *r*. C'est un mot familier.

1. marron adjectif
La couleur **marron** est la couleur des marrons. *Je n'aime pas les chaussures* ***marron****.*
Ce mot ne change pas au pluriel.

2. marron nom masculin
1 Le **marron** est la couleur marron. *Sur mon dessin, j'ai peint la terre en* ***marron****.*
2 Un **marron** est une espèce de châtaigne.

▶ Les marrons poussent sur un arbre, le **marronnier**. Les **marrons d'Inde** ne sont pas comestibles.
Va voir « les couleurs et les formes », page 171.

mars nom masculin
Mars est le troisième mois de l'année. Il vient après le mois de février et avant le mois d'avril. *En* ***mars****, les arbres se couvrent de bourgeons.*
Ce mot se termine par un *s* qu'on prononce.
Va voir « le calendrier », page 111.

une **marmotte**

A B C D E F G H I J K L M N O P Q R S T U V W X Y Z

marteau nom masculin

Un **marteau** est un outil fait d'un bloc de métal fixé à un manche. *Un **marteau** sert à planter des clous.*

Au pluriel, on écrit *des marteaux*.

mascotte nom féminin

Une **mascotte** est un objet, une personne ou un animal que l'on prend comme porte-bonheur. *La **mascotte** de notre équipe de football est un petit chien blanc.*

Il y a deux *t*.

masculin, masculine adjectif

1 Ce qui est **masculin** se rapporte aux hommes, aux garçons. *Mathis est un prénom **masculin**.*

2 Un nom **masculin** est un nom qui est précédé de « le » ou « un ». *« Un livre », « un chien », « le silence » sont des noms **masculins**.* Un adjectif **masculin** s'accorde avec un nom masculin. *« Blond », « maternel », « petit » sont des adjectifs **masculins**.*

→ Cherche **féminin**.

masque nom masculin

1 Un **masque** est un objet qui cache le visage et que l'on met pour se déguiser. *Le jour du carnaval, Audrey portait un **masque** d'oiseau.*

2 Un **masque** est un objet qui sert à se protéger le visage ou à respirer. *Quand on fait de l'escrime, on porte un **masque**.*

massage nom masculin

Faire un **massage**, c'est frotter une partie du corps avec les mains pour détendre les muscles ou calmer une douleur. *Le kinésithérapeute m'a fait un **massage** de la cheville.*

des **masques** de carnaval

masse nom féminin

1 Une **masse** est une grande quantité de matière, sans forme précise. *Une grosse **masse** de neige bloquait la route.* **Synonyme : bloc.**

2 La **masse** d'un objet, d'un corps, c'est ce qu'il pèse. *Les balances servent à mesurer les **masses**.* **Synonyme : poids.**

● Mot de la même famille : **massif**.

Va voir « les mesures », page 443.

massif nom masculin

1 Un **massif** de plantes est un ensemble de plantes situées les unes à côté des autres. *Nous avons un **massif** de roses dans le jardin.*

2 Un **massif** est un groupe de montagnes. *Le **massif** du Mont-Blanc se trouve dans les Alpes.*

mât nom masculin

Un **mât** est un grand poteau qui porte les voiles d'un bateau ou qui soutient une tente.

Le *a* prend un accent circonflexe.

match **nom masculin**
Un **match** est une compétition sportive qui oppose deux personnes ou deux équipes. *Nous avons remporté le* ***match****. Les deux équipes ont fait* ***match*** *nul.*

Elles font un **match** de volley sur la plage.

matelas **nom masculin**
Un **matelas** est une sorte de gros coussin rectangulaire que l'on pose sur le sommier d'un lit. On se couche dessus pour dormir.

Ce mot se termine par un *s*.

matelot **nom masculin**
Un **matelot** est un homme d'équipage qui travaille sur un navire. *Le* ***matelot*** *lave le pont.*

→ Cherche marin.

matériaux **nom masculin pluriel**
Des **matériaux** sont des matières qui servent à construire, à fabriquer. *Le bois et la pierre sont des* ***matériaux****.*

matériel **nom masculin**
Le **matériel**, c'est l'ensemble des objets nécessaires pour faire un travail. *Le plombier a apporté son* ***matériel*** *pour réparer le robinet.*

maternel, maternelle **adjectif**
1 Les grands-parents **maternels** sont les parents de la mère.
2 La **langue maternelle** est la langue que l'on a apprise quand on était tout petit. *Le français est la langue* ***maternelle*** *des Québécois.*
3 L'**école maternelle** est l'école où l'on va entre l'âge de trois ans et l'âge de six ans environ.
● Mot de la même famille : maternité.
→ Cherche paternel.

maternité **nom féminin**
Une **maternité** est un établissement où les femmes peuvent accoucher.

mathématiques **nom féminin pluriel**
Les **mathématiques** sont l'étude des nombres et de la géométrie.

Ce mot s'écrit avec *th* au début. L'abréviation de « mathématiques » est « maths ».

matière **nom féminin**
1 La **matière** existe à l'état solide, liquide ou gazeux.
2 Une **matière**, c'est ce qui forme une chose. *Le verre, le bois sont des* ***matières****. Le beurre est une* ***matière*** *grasse.*
● Mots de la même famille : matériaux, matériel.

matin **nom masculin**
Le **matin** est le début de la journée, entre le lever du soleil et midi. *Ce* ***matin****, je me suis levé tard.*
● Mots de la même famille : matinée, matines.
→ Cherche soir.

matinée **nom féminin**
La **matinée** est la partie de la journée qui s'écoule entre le lever du soleil et midi. *J'ai passé la* ***matinée*** *à dessiner.*
→ Cherche soirée.
Va voir « les activités de la journée », page 37.

A B C D E F G H I J K L M N O P Q R S T U V W X Y Z

matines nom féminin pluriel
Les **matines** sont une prière que les religieux font tôt le matin. *« Frère Jacques, Dormez-vous ? Sonnez les* ***matines*** *» est une chanson française très connue.*

Il sonne les **matines**.

1. mauvais, mauvaise adjectif
❶ Un air **mauvais** montre de la méchanceté. *Le chien me regarde d'un air* ***mauvais***. Synonyme : méchant. Contraire : gentil.
❷ Être **mauvais** en quelque chose, c'est ne pas réussir. *Mon frère est* ***mauvais*** *en gymnastique.* Contraires : bon, fort.
❸ Une chose **mauvaise** est désagréable, mal faite ou ne convient pas. *Le gâteau était* ***mauvais****. Ton idée est* ***mauvaise****. Elle est de* ***mauvaise*** *humeur.* Contraire : bon.

2. mauvais adverbe
Sentir **mauvais**, c'est avoir une odeur désagréable. *Les boucs sentent* ***mauvais****.* Contraire : bon.

mauve adjectif
La couleur **mauve** est une couleur violet clair.

maximum nom masculin
Le **maximum** de choses, le **maximum** de personnes, c'est le plus grand nombre possible de choses, de personnes. *Nous avons mis le* ***maximum*** *de choses dans le coffre de la voiture.* Contraire : minimum.

🔎 On écrit *um* mais on prononce [ɔm], comme « homme ».

mayonnaise nom féminin
Une **mayonnaise** est une sauce épaisse et froide faite avec de l'huile, des jaunes d'œufs et de la moutarde.

🔎 Il y a deux *n*.

me pronom
Me représente la première personne du masculin singulier et du féminin singulier. *Elle* ***me*** *regarde gentiment.*

🔎 *Me* s'écrit *m'* devant une voyelle ou un « h » muet : *il m'a fait rire. Je m'habille.*

mécanicien nom masculin
mécanicienne nom féminin
Un **mécanicien**, une **mécanicienne** sont des personnes qui entretiennent et qui réparent les machines et les moteurs. C'est un nom de métier.

Le **mécanicien** répare la voiture.

1. mécanique adjectif
Un objet **mécanique** fonctionne grâce à un mécanisme, à une machine. *Un escalier roulant est un escalier **mécanique**.*
● Mots de la même famille : mécanicien, mécanisme.

2. mécanique nom féminin
La **mécanique**, c'est la construction et le fonctionnement des machines et des moteurs. *Pour devenir mécanicien, il faut étudier la **mécanique**.*

mécanisme nom masculin
Un **mécanisme** est un ensemble de pièces, de petites roues et de ressorts qui permettent de faire fonctionner une machine ou un appareil.

méchamment adverbe
Méchamment signifie : avec méchanceté. *Julie m'a répondu **méchamment**.* Contraire : gentiment.

Il y a deux *m* au milieu du mot.

méchanceté nom féminin
La **méchanceté** est le défaut d'une personne méchante, qui fait volontairement du mal ou de la peine aux autres. Contraires : bonté, gentillesse.

méchant, méchante adjectif
Une personne **méchante** fait volontairement du mal ou de la peine aux autres. Contraires : bon, gentil. Un air **méchant** montre la volonté de faire du mal. Synonyme : mauvais.
● Mots de la même famille : méchamment, méchanceté.

mèche nom féminin
1 Une **mèche** est une touffe de cheveux. *Papi a une **mèche** blanche sur le front.*
2 Une **mèche** est un petit cordon qui dépasse d'une bougie et que l'on fait brûler. *Au contact de l'allumette, la **mèche** s'est enflammée.*

méchoui nom masculin
Un **méchoui** est un mouton ou un agneau cuit entier à la broche. *Le **méchoui** est un plat d'Afrique du Nord.*

mécontent, mécontente adjectif
Être **mécontent**, c'est ne pas être satisfait de quelque chose. *Héloïse est très **mécontente** d'avoir perdu la partie de dominos.* Contraires : content, satisfait.

médaille nom féminin
1 Une **médaille** est un petit bijou plat que l'on porte au cou, accroché à une chaîne.
2 Une **médaille** est une grosse pièce de métal que l'on donne en récompense au vainqueur d'une compétition. *L'équipe de natation du Maroc a obtenu une **médaille** d'argent aux jeux Olympiques.*

Elle a la **médaille** d'or.

A B C D E F G H I J K L M N O P Q R S T U V W X Y Z

médecin **nom masculin**
Un **médecin** est une personne qui soigne les malades. C'est un nom de métier. *La mère de Valentin est médecin.* **Synonyme : docteur.**

médecine **nom féminin**
La **médecine** est la science qui permet de soigner et d'éviter les maladies.
● Mots de la même famille : **médecin, médical, médicament.**

médical, médicale **adjectif**
Un examen **médical**, une visite **médicale** sont faits par un médecin.
Au pluriel, on écrit *médicaux, médicales.*

Loan passe la visite **médicale**.

médicament **nom masculin**
Un **médicament** est un produit qui permet de soigner ou d'éviter une maladie, de calmer la douleur. *On achète les* ***médicaments*** *dans une pharmacie.*

méduse **nom féminin**
Une **méduse** est un animal marin qui a un corps mou presque transparent et des tentacules.

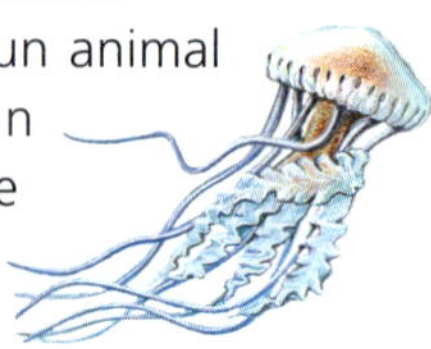

se **méfier** **verbe**
Se méfier de quelqu'un, c'est ne pas avoir vraiment confiance en lui. *Ce garçon répète tout ce qu'on lui dit :* ***méfie-toi*** *de lui !*

mégot **nom masculin**
Un **mégot** est le bout qui reste quand on a fumé une cigarette.

meilleur, meilleure **adjectif**
1 **Meilleur** s'emploie à la place de « plus bon ». *Je trouve le chocolat au lait* ***meilleur*** *que le chocolat noir. Le temps est* ***meilleur*** *qu'hier.* **Contraire : pire.**
2 Le **meilleur** ami d'une personne est son ami le plus cher.

mélange **nom masculin**
Un **mélange** est un ensemble de choses que l'on a mises ensemble. *Une salade de fruits est un* ***mélange*** *de fruits.*

mélanger **verbe**
1 **Mélanger**, c'est mettre des choses ou des personnes ensemble pour faire un tout. *Pour faire un gâteau, nous* ***mélangeons*** *du sucre, des œufs et de la farine.*
2 **Mélanger** des choses, c'est les mettre en désordre. *Quelqu'un* ***a mélangé*** *mes jouets.*
● Mot de la même famille : **mélange.**

Hugo **mélange** les couleurs.

se **mêler** verbe

Se mêler de quelque chose, c'est s'occuper de ce qui ne nous regarde pas. *Elle* ***se mêle*** *toujours des affaires des autres.*

Le premier e prend un accent circonflexe.

mélodie nom féminin

Une **mélodie** est un air de musique. *Audrey chante une* ***mélodie****.*
● Mot de la même famille : mélodieux.

mélodieux, mélodieuse adjectif

Un son **mélodieux**, une voix **mélodieuse** sont agréables à entendre.

melon nom masculin

Un **melon** est un gros fruit rond ou ovale avec une peau jaune épaisse et une chair sucrée.

membre nom masculin

① Un **membre** est une partie du corps qui est rattachée au tronc. *Les bras et les jambes sont nos* ***membres****.*

② Un **membre** est une personne qui fait partie d'un groupe. *Léa est* ***membre*** *d'un club de gymnastique.*

Le son [ɑ̃] s'écrit *em* devant un *b*.

1. **même** adjectif

① Une **même** chose est une chose pareille à une autre. *Marion et Émilie ont eu la* ***même*** *note.* Contraire : différent.

② **Moi-même** signifie : tout seul. *J'ai fait cette maquette* ***moi-même****.*

Le premier e prend un accent circonflexe.

→ Cherche identique et semblable.

2. **même** adverbe

Même s'emploie pour insister. *Mon frère est arrivé au moment* ***même*** *où je lui téléphonais.*

Le premier e prend un accent circonflexe.

→ Cherche quand même et tout de même.

mémoire nom féminin

La **mémoire** est l'activité de l'esprit qui permet d'avoir des souvenirs. *J'ai une bonne* ***mémoire****.*

menace nom féminin

Une **menace** est une parole ou un geste qu'on utilise pour faire peur. *Rachid a résisté aux* ***menaces*** *des voyous.*

menacer verbe

Menacer, c'est vouloir faire peur à quelqu'un. *Dans le film, les brigands* ***menaçaient*** *les habitants.*
● Mot de la même famille : menace.

ménage nom masculin

① Faire le **ménage**, c'est nettoyer, enlever la poussière sur les meubles, passer l'aspirateur et ranger tout ce qui traîne.

② Une **femme de ménage,** un **homme de ménage** sont des personnes qui font le ménage chez quelqu'un ou dans une entreprise.
● Mot de la même famille : ménager.

ménager, ménagère adjectif

① Un appareil **ménager** est un appareil qui rend plus faciles les tâches à faire dans une maison. *Une cafetière électrique, une machine à laver, un aspirateur sont des appareils* ***ménagers****.*

② Un produit **ménager** est un produit qui sert à nettoyer la maison.

A B C D E F G H I J K L **M** N O P Q R S T U V W X Y Z

ménagerie nom féminin
La **ménagerie** d'un cirque est l'endroit où vivent les animaux.

La girafe est dans la **ménagerie**.

mendiant nom masculin
mendiante nom féminin
Un **mendiant**, une **mendiante** sont des personnes très pauvres qui demandent de l'argent aux passants.

mendier verbe
Mendier, c'est demander de l'argent aux passants.
● Mot de la même famille : mendiant.

mener verbe
1 Quand une route **mène** à un endroit, elle permet d'y aller. *La route **mène** au lac.* Synonyme : conduire.
2 **Mener** une action, c'est la diriger. *L'inspecteur **mène** l'enquête.*
3 En sport, **mener**, c'est être en tête. *Notre équipe **mène** par 3 buts à 1.*

menotte nom féminin
1 Une **menotte** est une petite main d'enfant.
2 Des **menottes** sont des bracelets en métal reliés par une chaîne. *Les policiers ont attaché les **menottes** aux poignets du prisonnier.*

Il y a deux *t*.

mensonge nom masculin
Un **mensonge** est une chose que l'on dit et qui n'est pas vraie. *C'est un **mensonge** : je n'ai pas pris son livre.*
Contraire : la vérité.

mensuel, mensuelle adjectif
Un magazine **mensuel** est un magazine que l'on peut acheter chaque mois.
→ Cherche hebdomadaire.

mental, mentale adjectif
Le calcul **mental** se fait de tête, sans écrire. Une maladie **mentale** est une maladie du fonctionnement de l'esprit.

menteur nom masculin
menteuse nom féminin
Un **menteur**, une **menteuse** sont des personnes qui mentent, qui disent des mensonges.

menthe nom féminin
La **menthe** est une plante aux feuilles très parfumées qui pousse dans les endroits humides. *La **menthe** sert à faire des tisanes et à parfumer des bonbons ou du sirop.*

Ce mot s'écrit avec *th*.

mentir verbe
Mentir, c'est ne pas dire la vérité. *Mon frère m'**a menti**.*
● Mots de la même famille : mensonge, menteur.

menton nom masculin
Le **menton** est la partie du visage qui se trouve au-dessous de la bouche.

menu **nom masculin**
Un **menu** est la liste des plats proposés à un repas. *Au restaurant, le serveur nous a apporté le **menu**.*

menuiserie **nom féminin**
Une **menuiserie** est un atelier de menuisier.

menuisier **nom masculin**
menuisière **nom féminin**
Un **menuisier**, une **menuisière** sont des personnes qui fabriquent et qui réparent des objets en bois. C'est un nom de métier.
● Mot de la même famille : menuiserie.

mépriser **verbe**
Mépriser quelqu'un, c'est le considérer comme inférieur et ne pas s'intéresser à lui. *Elle **méprise** les petits.*

mer **nom féminin**
La **mer** est une grande étendue d'eau salée. *Les poissons, les baleines, les dauphins vivent dans la **mer**.*
▶ La mer est plus petite que l'océan.
Ne confonds pas « la mer » avec « la mère », la maman.
Va voir la planche illustrée 3

Elle a mis des feuilles de **menthe** dans le thé.

Le **menuisier** est en train de fabriquer une chaise.

merci ! **interjection**
Merci est une formule de politesse que l'on emploie pour remercier. « *Veux-tu un bonbon ? — Oui, **merci** !* »

mercredi **nom masculin**
Le **mercredi** est le troisième jour de la semaine. Il vient après le mardi et avant le jeudi. *Alexandre prend des cours de guitare tous les **mercredis après-midi**.*
Va voir « le calendrier », page 111.

mère **nom féminin**
1 Une **mère** est une femme qui a mis au monde ou qui a adopté un ou plusieurs enfants.
2 Une **mère** est une femelle qui a eu des petits. *Les chatons tètent leur **mère**.*
Ne confonds pas « la mère » avec « la mer », l'étendue d'eau.
→ Cherche père.
Va voir « la famille », page 273.

mériter **verbe**
Mériter quelque chose, c'est avoir droit à une récompense ou à une punition. *Tu as bien travaillé à l'école, tu **mérites** des félicitations.*

A B C D E F G H I J K L M N O P Q R S T U V

merle nom masculin
Un **merle** est un oiseau noir au bec jaune qui vit dans les bois et dans les parcs. *Les **merles** se nourrissent de vers et de graines.*
▶ La femelle est la **merlette**, le petit est le **merleau**. Quand le merle crie, on dit qu'il siffle.
☛ Va voir « les becs d'oiseaux », page 83.

merveille nom féminin
Une **merveille** est une chose très belle. *Ce tableau est une **merveille**.*
● Mot de la même famille : merveilleux.

merveilleux, merveilleuse adjectif
Une chose **merveilleuse** est une chose très belle. *Nous avons vu un spectacle **merveilleux**.* Synonymes : magnifique, splendide, superbe. Contraires : affreux, horrible.

mes → mon

mésange nom féminin
Une **mésange** est un petit oiseau au plumage souvent bleu ou jaune qui se nourrit surtout d'insectes.

une **mésange**

message nom masculin
Un **message** est un petit mot ou des paroles que l'on transmet à une personne pour l'informer de quelque chose. *Aziz m'a laissé un **message** sur le répondeur.*

un **merle**

mesure nom féminin
① La **mesure** est le calcul d'une grandeur, d'une quantité. *Le thermomètre est un instrument de **mesure**.*
② Les **mesures** sont les dimensions d'une chose, d'une personne. *Grand-mère prend mes **mesures** pour me faire une robe.*
● Mot de la même famille : mesurer.
☛ Va voir « les mesures », page 443.

mesurer verbe
① **Mesurer** une chose ou une personne, c'est prendre ses mesures, leurs dimensions. *Maman **mesure** l'armoire.*
② **Mesurer** un mètre vingt, c'est avoir cette taille.

métal nom masculin
Le **métal** est une matière, souvent dure et brillante, que l'on trouve dans une mine. *Le fer, l'or, l'argent sont des **métaux**.*
🔍 Au pluriel, on écrit *des métaux*.
● Mot de la même famille : métallique.

métallique adjectif
Un objet **métallique** est fait de métal. *Les gâteaux secs sont dans une boîte **métallique**.*
🔍 Il y a deux *l*.

Y Z

Les mesures

Les longueurs

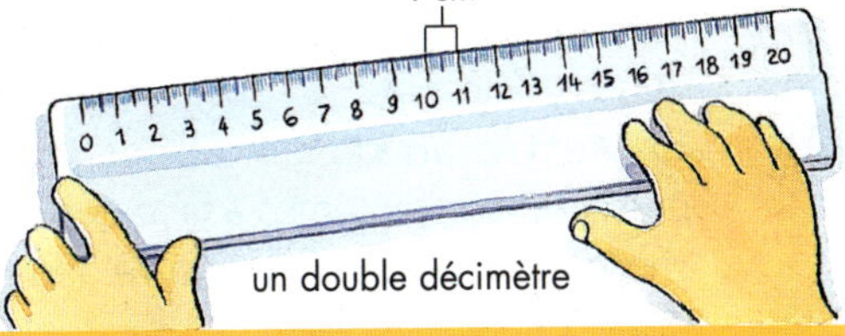

1 millimètre (1 mm)
1 centimètre (1 cm) = 10 mm
1 décimètre (1 dm) = 10 cm = 100 mm
1 mètre (1 m) = 10 dm = 100 cm
1 kilomètre (1 km) = 1 000 m

Les masses

1 gramme (1 g)
1 demi-livre = 250 g
1 livre = 500 g
1 kilogramme = 1 000 g

Les capacités

1 centilitre (1 cl)
1/2 litre = 50 cl
1 litre = 100 cl

Le temps

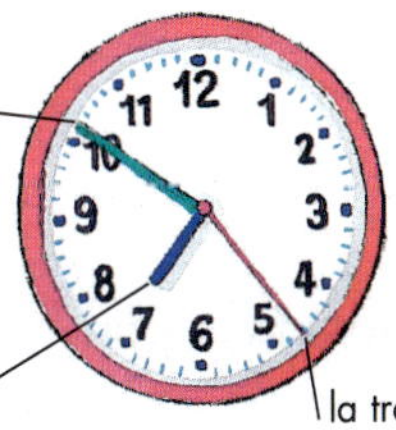

1 seconde (1 s)
1 minute (1 min) = 60 secondes
1 quart d'heure (1/4 h) = 15 minutes
1 demi-heure (1/2 h) = 30 minutes
3 quarts d'heure (3/4 h) = 45 minutes
1 heure (1 h) = 60 minutes
1 jour = 24 heures

La température

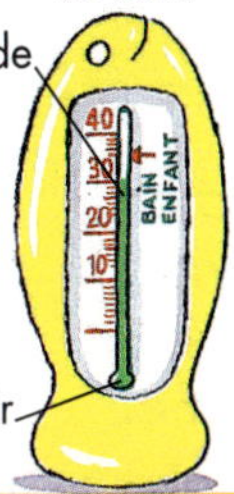

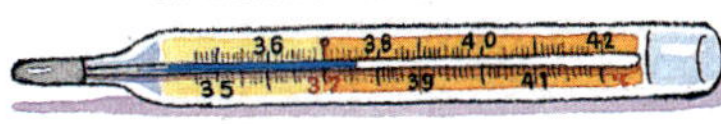

1 degré (1)
2 degrés (2)
5 degrés en dessous de 0 (– 5)
20 degrés au-dessus de 0 (+ 20)

A B C D E F G H I J K L M N O P Q R S T U V W X Y Z

météo nom féminin

La **météo** est la science qui étudie ce qui se passe dans l'atmosphère pour prévoir les changements de temps. *La **météo** annonce du soleil pour demain.*

🔍 « Météo » est l'abréviation de « météorologie ».

méthode nom féminin

Une **méthode** est une manière de faire quelque chose en suivant un ordre logique. *Quelle est la meilleure **méthode** pour classer les timbres ?*
Synonymes : moyen, système.

🔍 Ce mot s'écrit avec *th*.

métier nom masculin

Un **métier** est le travail que l'on fait pour gagner sa vie. *Médecin, instituteur, plombier sont des noms de **métier**.*
Synonyme : profession.

mètre nom masculin

Le **mètre** est la principale unité de mesure des longueurs. *Un **mètre** est égal à cent centimètres.*

🔍 L'abréviation de « mètre » est *m*. Ne confonds pas « mètre » avec « un maître » d'école.

☛ Va voir « les mesures », page 443.

métro nom masculin

Le **métro** est une sorte de train souterrain ou aérien qui permet de se déplacer dans une grande ville. *Nous prenons le **métro** pour aller chez nos grands-parents.*

mettre verbe

1 **Mettre**, c'est placer à un endroit. *J'**ai mis** tes lunettes sur ton bureau.* Synonyme : poser. *Elle **met** deux sucres dans son café. Marie **s'est mise** à côté de Pierre.*

2 **Mettre**, c'est placer sur le corps. *Marion **a mis** son pantalon noir.* Synonyme : enfiler. Contraires : enlever, ôter, retirer. *Les pompiers **mettent** un casque.*

3 **Mettre** un certain temps, c'est passer un certain temps à faire quelque chose. *Nous **avons mis** quatre heures pour rentrer.*

4 **Se mettre** à faire quelque chose, c'est commencer à le faire. *Jonathan **s'est mis** au travail.*

le **métro** aérien

meuble nom masculin

Un **meuble** est un gros objet qui est utile dans une maison. *Une table, une armoire, une chaise, un lit sont des **meubles**.*

meugler verbe

Pour un bœuf, une vache, un taureau, **meugler**, c'est pousser son cri.
Synonyme : beugler.

meule nom féminin

Une **meule** est un gros tas de foin ou de paille. *Après la moisson, on voyait des **meules** dans les champs.*

meunier **nom masculin**
meunière **nom féminin**

Un **meunier**, une **meunière** sont des personnes qui travaillent dans un moulin. Ils font de la farine avec des céréales. C'est un nom de métier.

meurtre **nom masculin**

Un **meurtre**, c'est l'action de tuer volontairement une personne. Synonyme : crime.
● Mot de la même famille : meurtrier.

meurtrier **nom masculin**
meurtrière **nom féminin**

Un **meurtrier**, une **meurtrière** sont des personnes qui ont commis un meurtre. *La police a retrouvé la **meurtrière**.* Synonymes : assassin, criminel.

meute **nom féminin**

Une **meute** est un groupe de chiens dressés pour la chasse. C'est aussi une bande de loups.

miauler **verbe**

Pour un chat, **miauler**, c'est pousser son cri.

micro **nom masculin**

Un **micro** est un appareil qui permet d'augmenter les sons et de les enregistrer. *Le chanteur a pris le **micro**.*

microbe **nom masculin**

Un **microbe** est un être vivant microscopique qui peut causer des maladies.

➔ Cherche virus.

micro-ondes **nom masculin**

Un **micro-ondes** est un four qui permet de réchauffer et de cuire très rapidement les aliments.

Ce mot s'écrit avec un trait d'union. Il ne change pas au pluriel.

microscope **nom masculin**

Un **microscope** est un instrument qui grossit énormément les objets. Il permet de voir les choses minuscules. *As-tu déjà observé une goutte de sang au **microscope** ?*
● Mot de la même famille : microscopique.

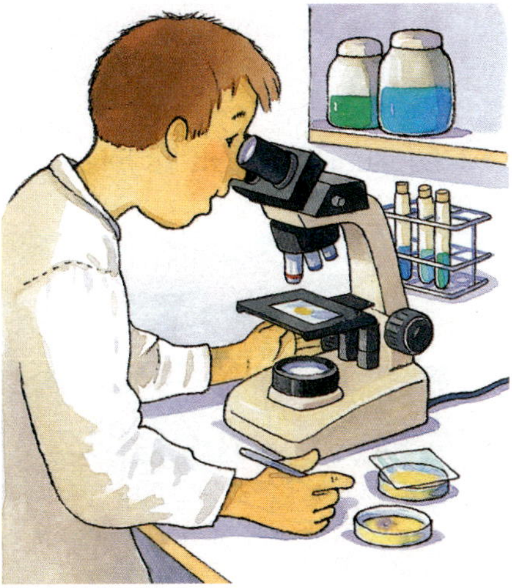

Il regarde dans son **microscope**.

microscopique **adjectif**

Une chose, un être **microscopiques** sont si petits qu'on ne peut les voir qu'au microscope. *Les microbes sont des êtres **microscopiques**.*

midi **nom masculin**

1 **Midi** est le milieu de la journée, entre le matin et l'après-midi. *On a rendez-vous à **midi** (12 heures).*

2 **Le Midi**, c'est le sud de la France. *Anaïs habite dans **le Midi**.*

mie **nom féminin**

La **mie** est la partie molle qui est à l'intérieur du pain. *Paul adore la **mie** et Julie préfère la croûte.*

➔ Cherche croûte.

A B C D E F G H I J K L M N O P Q R S T U V W X Y Z

miel nom masculin
Le **miel** est le produit sucré que les abeilles fabriquent quand elles ont butiné des fleurs. *Les abeilles déposent le **miel** dans les rayons de la ruche.*
→ Cherche apiculteur.

le **mien** pronom masculin
la **mienne** pronom féminin
Le mien, la mienne, c'est une chose qui est à moi. *Ce n'est pas ton cahier, c'est **le mien**.*
Au pluriel, on écrit *les miens*, *les miennes*.

Cette serviette, c'est **la mienne** !

miette nom féminin
Une **miette** est un tout petit morceau de pain ou de gâteau. *Zohra donne des **miettes** de pain aux moineaux.*

mieux adverbe
Mieux s'emploie à la place de « plus bien ». *Depuis un mois, Alexis travaille **mieux**. Clara va **mieux**.*
Contraire : moins bien.

mignon, mignonne adjectif
Une personne **mignonne** est charmante et agréable.

migraine nom féminin
Une **migraine** est un mal de tête très fort.

migrateur, migratrice adjectif
Un oiseau **migrateur** est un oiseau qui change de région à certaines saisons. *En Europe, les oiseaux **migrateurs** partent en Afrique au début de l'automne et reviennent au printemps.*

milieu nom masculin
1 Le **milieu**, c'est l'endroit qui se trouve à la même distance des bords. *La table est au **milieu** de la pièce.*
Synonyme : centre.
2 Le **milieu**, c'est le moment entre le début et la fin. *Nous sommes partis au **milieu** du film.*
Au pluriel, on écrit *des milieux*.

La fléchette est en plein **milieu** de la cible.

1. militaire adjectif
Un terrain **militaire**, un camion **militaire** appartient à l'armée. *Nous avons croisé des camions **militaires** sur la route.*

2. militaire nom masculin
Un **militaire** est une personne qui fait partie de l'armée. C'est un nom de métier. *Un gendarme est un **militaire**.*
Synonyme : soldat.
« Militaire » est un nom masculin qui se termine par un e.

mille-pattes **nom masculin**

Un **mille-pattes** est un petit animal au corps allongé et formé d'anneaux. Il ressemble à un ver mais il a de nombreuses pattes.

🔎 Au pluriel, on écrit *des mille-pattes*. Mais la nouvelle orthographe permet d'écrire aussi *un millepatte, des millepattes*, sans trait d'union et sans *s* au singulier.

milliard **nom masculin**
Un **milliard** est un nombre égal à mille millions. *Des* ***milliards*** *d'étoiles brillent dans le ciel.*
● Mot de la même famille : **milliardaire**.

milliardaire **nom masculin et nom féminin**
Un **milliardaire**, une **milliardaire** sont des personnes très riches, qui ont des milliards.

millier **nom masculin**
Un **millier**, c'est environ mille. *Au spectacle, il y avait un* ***millier*** *de personnes.*

million **nom masculin**
Un **million** est un nombre égal à mille fois mille.
● Mot de la même famille : **millionnaire**.

millionnaire **nom masculin et nom féminin**
Un **millionnaire**, une **millionnaire** sont des personnes très riches, qui ont des millions.
🔎 Il y a deux *l* et deux *n*.

mime **nom masculin**
❶ Un **mime** est une petite pièce de théâtre sans paroles.
❷ Un **mime** est un acteur qui raconte une histoire uniquement avec des gestes et des expressions du visage.
● Mot de la même famille : **mimer**.

mimer **verbe**
Mimer, c'est imiter en faisant uniquement des gestes, sans paroles et sans sons. *Lucas* ***a mimé*** *un éléphant.*

mimosa **nom masculin**

Le **mimosa** est un arbuste qui a de petites fleurs jaunes en forme de boules et parfumées.

mince **adjectif**
Ce qui est **mince** a une petite épaisseur. *Maman coupe le saucisson en tranches* ***minces***. **Synonyme : fin. Contraire : épais.** Une personne **mince** a des formes fines. *Léo est* ***mince***. **Contraire : gros.**
→ Cherche **maigre**.

mine **nom féminin**
❶ La **mine** d'une personne, c'est l'aspect de son visage qui montre son état de santé. *Mathilde revient de vacances : elle a bonne* ***mine***.
❷ La **mine** d'un crayon est la tige qui est à l'intérieur et qui permet d'écrire.
❸ Une **mine** est un ensemble de galeries creusées dans le sol pour trouver du charbon, des métaux ou des pierres précieuses.
● Mot de la même famille : un **mineur**.

1. mineur, mineure **adjectif**
Être **mineur**, c'est ne pas avoir atteint l'âge de la majorité, c'est-à-dire 18 ans, en France. **Contraire : majeur.**

2. mineur **nom masculin**
Un **mineur** est un ouvrier qui travaille dans une mine. C'est un nom de métier.

A B C D E F G H I J K L M N O P Q R S T U V W X Y Z

miniature nom féminin
Un objet, un lieu en **miniature** est reproduit en très petites dimensions.

des cyclistes en **miniature**

minimum nom masculin
Le **minimum**, c'est le moins de choses possible. *Nous avons pris le **minimum** pour partir en voyage.* Contraire : maximum.

On écrit *um* mais on prononce [ɔm], comme « homme ».

ministre nom masculin et nom féminin
Les **ministres** sont les personnes qui font partie du gouvernement d'un pays.

Minitel nom masculin
Le **Minitel** est un appareil composé d'un écran et d'un clavier et qui est branché sur la ligne du téléphone. *On peut avoir toutes sortes de renseignements sur le **Minitel**.*

Ce mot s'écrit avec une majuscule parce que c'est un nom de marque.

minuit nom masculin
Minuit, c'est le milieu de la nuit. C'est 24 heures ou 0 heure. *Le 31 décembre, on s'embrasse à **minuit**.*

1. minuscule adjectif
Une chose ou un être **minuscules** sont très petits. *Les fourmis sont des insectes **minuscules**.* Contraires : énorme, géant, gigantesque, immense.

2. minuscule nom féminin
Une **minuscule** est une petite lettre. *Les noms communs commencent par une **minuscule**.* Contraire : majuscule.

minute nom féminin
La **minute** est une unité de mesure du temps. *Il y a soixante **minutes** dans une heure.*

Va voir « les mesures », page 443.

miracle nom masculin
Un **miracle** est un événement extraordinaire que l'on ne peut pas expliquer. *Le bébé est sorti indemne de l'accident, c'est un **miracle**.*

mirage nom masculin
Un **mirage** est l'image d'un objet que l'on croit voir quand l'air est très chaud. *Les **mirages** se produisent parfois dans le désert.*

La souris est **minuscule** par rapport à l'éléphant.

miroir **nom masculin**
Un **miroir** est une plaque de verre qui est faite pour refléter les images. *Coralie se regarde dans un* ***miroir****.* Synonyme : glace.

mis → mettre

misère **nom féminin**
La **misère** est une grande pauvreté. *De nombreuses personnes vivent dans la* ***misère****.* Contraire : richesse.

mission **nom féminin**
Avoir une **mission**, c'est être chargé de faire quelque chose. *Solène a pour* ***mission*** *de décorer la classe.*

mite **nom féminin**
Une **mite** est un insecte qui ressemble à un petit papillon blanc. *Les larves des* ***mites*** *mangent les tissus de laine et les fourrures.*

mi-temps **nom féminin**
Dans un sport d'équipe, une **mi-temps**, c'est chacune des deux parties d'un match. C'est aussi la pause entre les deux parties. *Les deux équipes étaient à égalité à la fin de la première* ***mi-temps****.*
Ce mot s'écrit avec un trait d'union. Il ne change pas au pluriel : on écrit *des mi-temps*.

mixte **adjectif**
Une école, une équipe **mixte** se compose de filles et de garçons. *Notre équipe de football est* ***mixte****.*

1. mobile **adjectif**
Un objet **mobile** peut bouger ou être déplacé. *Notre mâchoire inférieure est* ***mobile****.* Contraire : fixe.

2. mobile **nom masculin**
Un **mobile** est un objet décoratif fait d'un assemblage de petits objets suspendus à des fils. *On a accroché un* ***mobile*** *au plafond de la chambre de Théo.*

Le **mobile** bouge quand on souffle dessus.

mobilier **nom masculin**
Le **mobilier**, c'est l'ensemble des meubles d'un logement.

moche **adjectif**
Ce qui est **moche** est laid. *Ce pull est* ***moche****.* Contraires : beau, joli.
C'est un mot familier.

1. mode **nom féminin**
La **mode** est une façon de s'habiller, de se coiffer, de vivre qui plaît à un moment, à une époque. *Les pantalons larges sont à la* ***mode*** *cette année.*

2. mode **nom masculin**
Un **mode d'emploi** est un document qui indique comment se servir d'un appareil. *Papi a lu le* ***mode d'emploi*** *de l'ordinateur.*

modelage **nom masculin**
Le **modelage**, c'est le fait de modeler. Faire du **modelage**, c'est employer de la pâte à modeler pour fabriquer un objet.

modèle **nom masculin**
① Un **modèle** est un objet, une personne ou un dessin que l'on essaie de reproduire. *Pierre dessine d'après un **modèle**.*
② **Prendre modèle** sur quelqu'un, c'est suivre son exemple. *Tu devrais **prendre modèle** sur ta sœur.*
③ Un **modèle** est un objet fabriqué en série. *Mon grand frère a acheté le dernier **modèle** de téléphone portable.*

Sarah se sert d'un **modèle** de chat.

modeler **verbe**
Modeler un objet, c'est le fabriquer avec de la terre ou avec une pâte molle, la *pâte à modeler*. *Julien a acheté de la pâte à **modeler**.*
● Mot de la même famille : modelage.

moderne **adjectif**
Ce qui est **moderne** appartient à notre époque, existe depuis peu de temps. *Marie fait de la danse **moderne**. La bibliothèque se trouve dans un bâtiment **moderne**.* Contraire : ancien.

modeste **adjectif**
Une personne **modeste** ne se vante pas. *Malgré ses découvertes importantes, ce savant est resté **modeste**.* Contraires : orgueilleux, prétentieux.

moelle **nom féminin**
La **moelle** est la matière molle et grasse qui se trouve dans certains os et dans la colonne vertébrale.
On prononce [mwal].

moi **pronom**
Moi représente la première personne du singulier. *C'est **moi** l'aînée.*

moindre **adjectif**
Moindre signifie : plus petit ou moins important. *Les chats entendent le **moindre** bruit.*

moineau **nom masculin**
Un **moineau** est un petit oiseau au plumage brun qui vit dans les champs et dans les villes.
▶ Quand le moineau crie, on dit qu'il **pépie**.
Au pluriel, on écrit *des moineaux*.
Va voir « les becs d'oiseaux », page 83.

moins **adverbe**
① **Moins** indique une quantité, une valeur plus petite. *Anaïs a **moins** de jouets que Julien.* Contraire : plus. *Donne-moi un sac à porter, tu te fatigueras **moins**.* Contraires : davantage, plus.
② **Moins** indique une soustraction, un nombre que l'on retranche. *Sept **moins** quatre font trois.* Contraire : plus.

mois **nom masculin**
Un **mois** est une partie d'une année. *Dans une année, il y a douze **mois**.*
Ce mot se termine par un *s*.
Va voir « le calendrier », page 111.

moisir verbe

Moisir, c'est s'abîmer en se couvrant de champignons microscopiques. *Les fruits ont **moisi** à cause de l'humidité.*

moisson nom féminin

La **moisson** est la récolte des céréales. *Les agriculteurs font la **moisson** en été.*

● Mot de la même famille : moissonner.

moissonner verbe

Moissonner un champ, c'est faire la moisson, couper et ramasser les céréales à l'aide d'une machine, la *moissonneuse*.

moite adjectif

Être **moite**, c'est être légèrement humide de sueur. *Quand on transpire, on a les mains **moites**.* Contraire : sec.

moitié nom féminin

1 La **moitié** d'une chose, c'est la partie qui est égale à l'autre partie. *Mamie a partagé le gâteau en deux **moitiés**.*

2 Remplir **à moitié**, c'est remplir jusqu'au milieu d'un récipient. *Ton verre est rempli **à moitié**.*

Léo a **moins** de bonbons que Léa.

molaire nom féminin

Les **molaires** sont les grosses dents du fond de la bouche, qui servent à broyer les aliments.

→ Cherche canine et incisive.

molle → **mou**

mollet nom masculin

Le **mollet** est la partie arrière de la jambe, entre la cheville et le genou. *Faire de la bicyclette développe les **mollets**.*

Il y a deux *l*.

mollusque nom masculin

Un **mollusque** est un animal qui a un corps mou, sans squelette et qui est parfois protégé par une coquille. Il vit dans l'eau ou dans les lieux humides. *Les escargots, les limaces, les pieuvres sont des **mollusques**.*

Il y a deux *l*.

Va voir « les mollusques », page 452.

moment nom masculin

1 Un **moment** est un temps court. *On nous a demandé d'attendre un **moment**.* Synonyme : instant.

2 **Au moment de, au moment où** indiquent l'instant précis où quelque chose se passe. *L'orage a éclaté tout juste **au moment où** nous sommes rentrés.*

momie nom féminin

Une **momie** est un cadavre humain conservé selon les méthodes des anciens Égyptiens. *On a retrouvé de nombreuses **momies** dans les pyramides.*

A B C D E F G H I J K L M N O P Q R S T U V W X Y Z

mon, ma **adjectif**
Mon et **ma** sont des déterminants qui indiquent qu'une chose m'appartient, qu'une personne est de la même famille que moi : ***mon** jouet, **ma** sœur.*
🔍 Quand un nom féminin commence par une voyelle ou un « h » muet, on dit *mon* : *mon amie, mon habitude.* Au pluriel, on dit *mes.*

monde **nom masculin**
❶ Le **monde**, c'est tout ce qui existe. *Autrefois, on croyait que la Terre était au centre du **monde**.*
Synonyme : Univers.
❷ Le **monde**, c'est la Terre. *J'aimerais faire le tour du **monde**.*
Synonyme : planète.
❸ **Il y a du monde** signifie : il y a un grand nombre de personnes.
❹ **Venir au monde**, c'est naître. **Mettre** un enfant **au monde**, c'est le faire naître.
● Mot de la même famille : mondial.

mondial, mondiale **adjectif**
La population **mondiale**, c'est la population du monde entier.
🔍 Au pluriel, on écrit *mondiaux, mondiales.*

moniteur **nom masculin**
monitrice **nom féminin**
❶ Un **moniteur**, une **monitrice** sont des personnes qui enseignent certains sports. *Danièle est **monitrice** de ski.*
❷ Un **moniteur**, une **monitrice** de colonie de vacances sont des personnes qui s'occupent des enfants dans une colonie de vacances.

monnaie **nom féminin**
❶ La **monnaie**, c'est l'ensemble des pièces et des billets utilisés dans un pays. *L'euro est la **monnaie** de nombreux pays d'Europe.*

Les mollusques

❷ **Rendre la monnaie**, c'est donner la différence entre l'argent reçu et le prix de la marchandise achetée. *Quand j'achète le pain avec un billet, la boulangère me* ***rend la monnaie****.*

Il y a deux *n*.

monotone **adjectif**

Ce qui est **monotone** est toujours pareil, ne varie pas. *Ces champs de maïs sont* ***monotones****.* Contraire : varié.

monsieur **nom masculin**

Monsieur est le nom que l'on donne à un homme quand on s'adresse à lui ou quand on parle de lui. *Merci,* ***monsieur*** *! J'ai rencontré* ***monsieur*** *Dumont.*

Ce mot se termine par un *r* qu'on ne prononce pas. Au pluriel, on dit *messieurs*.

monstre **nom masculin**

Un **monstre** est un être imaginaire qui fait très peur. *Les dragons sont des* ***monstres****.*

montage **nom masculin**

Faire un **montage**, c'est assembler les différentes parties d'un objet, d'un meuble. *Mon frère a fini le* ***montage*** *de l'armoire.*

montagne **nom féminin**

Une **montagne** est une région au relief élevé. *Les* ***montagnes*** *ont des sommets ronds ou pointus.*

→ Cherche colline.

☛ Va voir la planche illustrée ❹

montée **nom féminin**

❶ La **montée**, c'est l'action de monter. *Les alpinistes ont rencontré des difficultés pendant la* ***montée****.* Contraire : descente.

❷ Une **montée**, c'est la partie de la route qui monte. *La voiture a accéléré dans la* ***montée****.* Synonyme : côte. Contraire : descente.

→ Cherche pente.

monter **verbe**

❶ **Monter**, c'est aller en haut. *Je* ***suis monté*** *par l'ascenseur.* Contraire : descendre.

❷ **Monter** une chose, c'est la porter en haut. *Elle* ***a monté*** *les valises au grenier.* Contraire : descendre.

❸ **Monter** le son, c'est le rendre plus fort. ***Monte*** *le son de la chaîne.* Contraire : baisser.

❹ **Monter**, c'est augmenter. *La température* ***monte****. Le niveau de la rivière* ***a monté****.* Contraire : baisser.

❺ **Monter** un objet, c'est assembler toutes ses parties. *Les campeurs* ***ont monté*** *la tente.* Contraire : démonter.

❻ **Monter à cheval**, c'est faire du cheval, de l'équitation

● Mots de la même famille : montage, montée, monture.

Je vais essayer de **monter** au sommet.

A B C D E F G H I J K L M N O P Q R S T U V W X Y Z

montgolfière nom féminin
Une **montgolfière** est un immense ballon qui s'élève dans l'air grâce à de l'air chaud. Elle permet de transporter des passagers placés dans une sorte de grand panier appelé une *nacelle*.

Dans « montgolfière », il y a un *t* qu'on ne prononce pas.

montre nom féminin
Une **montre** est un instrument qui indique l'heure et que l'on porte au poignet.

montrer verbe
1 **Montrer** une chose, c'est la faire voir. *Sébastien m'**a montré** sa chambre. Peux-tu nous **montrer** ton village sur la carte ?* Synonymes : **désigner, indiquer.**
2 **Montrer** quelque chose, c'est le prouver. *Son comportement **montre** qu'il dit la vérité.*
3 **Se montrer**, c'est apparaître. *Le soleil **se montre** entre les nuages.*
● Mot de la même famille : **montre**.

monture nom féminin
La **monture** d'une paire de lunettes est la partie qui entoure les verres et qui les maintient.

monument nom masculin
Un **monument** est un grand bâtiment que l'on peut visiter. *Les églises, les châteaux, les palais sont des **monuments**.*

se **moquer** verbe
Se moquer de quelqu'un, c'est rire de lui et le rendre ridicule. *Léo a peur des souris et son frère **se moque** de lui.*
● Mot de la même famille : **moqueur**.

moquette nom féminin
Une **moquette** est un tapis qui recouvre toute la surface d'une pièce et qui est fixé au sol.

moqueur, moqueuse adjectif
Être **moqueur**, avoir un air **moqueur**, c'est se moquer de quelqu'un, rire de lui. *Quand je lui ai dit que j'avais peur de plonger, Kien m'a regardé d'un air **moqueur**.*

morale nom féminin
1 La **morale**, c'est l'ensemble des règles à suivre pour faire ce qui est bien. *Si tu triches, tu ne respectes pas la **morale**.*
2 La **morale** d'une histoire ou d'une fable est la leçon que l'on peut en retenir. *« On a toujours besoin d'un plus petit que soi » est la **morale** de la fable « le Lion et le Rat ».*

morceau nom masculin
1 Un **morceau** est une partie d'une chose que l'on peut diviser. *Peux-tu me couper un **morceau** de pain ?* Synonyme : **bout.**
2 Un **morceau** est une partie cassée d'un objet. *J'ai cassé un verre et je ramasse les **morceaux**.*
3 Un **morceau** de musique est une partie d'une œuvre. *Rachid nous a joué un **morceau** à la guitare.*

Au pluriel, on écrit *des morceaux*.

mordiller verbe
Mordiller, c'est mordre légèrement. *Jonathan **mordille** son crayon.*

mordre verbe
1 **Mordre**, c'est blesser en serrant fort entre les dents. *Un chien m'**a mordu**.*

② **Mordre** un aliment, c'est le croquer. *Je **mords** une pomme.*
● Mots de la même famille : **mordiller, morsure**.

morsure nom féminin
Une **morsure** est une blessure faite en mordant. *Les **morsures** de vipère peuvent être mortelles.*

1. mort, morte adjectif
① Être **mort**, c'est être sans vie. *Paul a trouvé son hamster **mort**.* Contraire : **vivant**. *Nous avons ramassé du bois **mort**.* Synonyme : **sec**. Contraire : **vert**.
② Être **mort de faim, de peur, de fatigue**, c'est être affamé, avoir très peur, être très fatigué. *Dans le train fantôme, j'étais **morte de peur**.*

2. mort nom masculin
morte nom féminin
Un **mort**, une **morte** sont des personnes qui ont cessé de vivre. *Dans l'incendie, il y a eu plusieurs **morts**.*
→ Cherche **cadavre**.

3. mort nom féminin
La **mort** est l'arrêt définitif de la vie. *Marie a eu beaucoup de chagrin à la **mort** de son grand-père.* Synonyme : **décès**.

mortel, mortelle adjectif
① Être **mortel**, c'est devoir mourir un jour. *Tous les êtres vivants sont **mortels**.* Contraire : **immortel**.
② Une chose **mortelle**, un aliment **mortel** provoquent la mort. *Elle a eu un accident **mortel**. Certains champignons sont **mortels**.*

morve nom féminin
La **morve** est le liquide épais qui coule du nez quand on est enrhumé.

mosaïque nom féminin
Une **mosaïque** est un assemblage de petits morceaux de verre ou de céramique qui forment un motif.
Il y a un tréma sur le *i*.

mosquée nom féminin
Une **mosquée** est un bâtiment où les musulmans se rassemblent pour prier.
→ Cherche **église**, **pagode**, **synagogue** et **temple**.

mot nom masculin
① Un **mot** est un ensemble de lettres qui a une signification. *Dans la phrase « Le soleil brille », il y a trois **mots**.*
② **Écrire un mot, dire un mot**, c'est écrire une petite lettre ou dire quelques paroles.
③ Faire des **mots croisés**, c'est trouver des mots d'après leur définition et les écrire dans une grille.

motard nom masculin
Un **motard** est un gendarme qui se déplace à moto pour faire son travail.

moteur nom masculin
Un **moteur** est un appareil qui fait fonctionner une machine ou avancer un véhicule.

Le chiot **mordille** l'oreille de sa mère.

A B C D E F G H I J K L M N O P Q R S T U V W X Y Z

motif **nom masculin**
❶ Le **motif** d'une action, c'est ce qui l'explique. *Quel est le* ***motif*** *de ton absence ?* Synonymes : cause, raison.
❷ Un **motif** est un dessin qui se répète. *On a posé un papier à* ***motifs*** *sur les murs de ma chambre.*

moto **nom féminin**
Une **moto** est un véhicule à deux roues et à moteur, qui sert à transporter une ou deux personnes. *Quand je serai grand, j'aurai une grosse* ***moto****.*
● Mot de la même famille : motard.

une **moto** de course

mou, molle **adjectif**
❶ Un objet **mou**, une matière **molle** s'enfoncent quand on appuie dessus. *Ce beurre est tout* ***mou****.* Contraire : dur. *La terre du jardin est* ***molle****.* Contraire : ferme.
❷ Une personne **molle** manque d'énergie, n'est pas vive. *Secoue-toi, tu es trop* ***mou*** *!* Contraires : actif, dynamique, énergique.
Au pluriel, on écrit *mous*, *molles*.

mouche **nom féminin**

Une **mouche** est un insecte volant qui a deux ailes, six pattes et une trompe pour aspirer sa nourriture. *Les* ***mouches*** *bourdonnent.*
● Mot de la même famille : moucheron.

se moucher **verbe**
Se moucher, c'est débarrasser son nez de ce qui l'encombre. *Quand on* ***se mouche****, on souffle fort dans son mouchoir.*
● Mot de la même famille : mouchoir.

moucheron **nom masculin**
Un **moucheron** est une sorte de petite mouche.

mouchoir **nom masculin**
Un **mouchoir** est un carré de tissu ou de papier qui sert à se moucher.

moudre **verbe**
Moudre une matière, c'est la réduire en poudre. *On* ***moud*** *le café dans un moulin électrique.* Synonyme : broyer.
→ Cherche moulu.

moue **nom féminin**
Faire la **moue**, c'est faire une grimace en avançant les lèvres quand on est mécontent.

mouette **nom féminin**
Une **mouette** est un oiseau au plumage blanc et gris qui a les pattes palmées. *Les* ***mouettes*** *vivent près des côtes.*
→ Cherche goéland.

moufle **nom féminin**
Une **moufle** est un gant qui enveloppe tous les doigts de la main, sauf le pouce.

mouiller **verbe**
Mouiller, c'est rendre humide, recouvrir d'eau. ***Mouille*** *ton gant pour te laver.*

Zoé a **mouillé** ses chaussures.

une **mouette**

moulage nom masculin

Faire un **moulage**, c'est fabriquer un objet en remplissant un moule avec du plâtre liquide. *À l'école, nous avons fait des **moulages** de personnages.*

1. moule nom masculin

Un **moule** est un objet creux où l'on verse une pâte ou du plâtre qui durcit. *On fait cuire une tarte dans un **moule** à tarte. Kien a versé du plâtre dans un **moule**.*

● Mot de la même famille : moulage.

2. moule nom féminin

Une **moule** est un coquillage noir comestible qui vit fixé aux rochers. *On a fait cuire les **moules** pour les manger.*

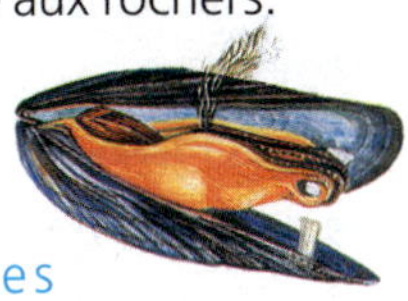

☛ Va voir « les coquillages », page 165.

moulin nom masculin

❶ Un **moulin** est un bâtiment où l'on moud les grains des céréales. *Les meuniers font la farine dans des **moulins**.*

❷ Un **moulin à café**, un **moulin à poivre** sont des appareils qui servent à moudre des grains de café, de poivre.

► Autrefois, il existait deux sortes de moulins pour faire la farine : les moulins à vent et les moulins à eau.

● Mot de la même famille : moulinet.

un **moulin** à vent

moulinet nom masculin

Un **moulinet** est un petit moulin qui sert de jouet. Il est fait de petites ailes qui tournent autour d'un axe.

moulu, moulue adjectif

Du café **moulu** est du café broyé, réduit en poudre.

mourir verbe

❶ **Mourir**, c'est cesser de vivre. *Mon hamster **est mort**.*

❷ **C'est à mourir de rire** signifie : c'est très drôle.

● Mots de la même famille : mort, mortel.

A B C D E F G H I J K L M N O P Q R S T U V W X Y Z

mousquetaire **nom masculin**

Un **mousquetaire** était un soldat chargé de la garde du roi.

« Mousquetaire » est un nom masculin qui se termine par un *e*.

mousse **nom féminin**

❶ La **mousse**, c'est un ensemble de petites bulles. *Le savon fait de la mousse.*

❷ La **mousse**, c'est une crème faite avec des blancs d'œufs.

❸ La **mousse** est une plante verte rase qui n'a pas de fleurs ni de racines. Elle forme une sorte de tapis sur le sol, les arbres et les pierres.

● Mot de la même famille : mousser.

La **mousse** déborde de la baignoire.

mousser **verbe**

Mousser, c'est faire de la mousse. *Cette lessive* ***mousse*** *beaucoup.*

moustache **nom féminin**

❶ La **moustache**, c'est l'ensemble des poils qui poussent au-dessus de la lèvre supérieure. *Papi a rasé sa* ***moustache****.*

❷ Les **moustaches** d'un animal sont les poils longs et raides qu'il a sur le museau. *Les chats ont des* ***moustaches*** *pour reconnaître les objets au toucher.*

● Mot de la même famille : moustachu.

moustachu, moustachue **adjectif**

Un homme **moustachu** a de la moustache.

moustique **nom masculin**

Un **moustique** est un insecte volant qui vit dans les lieux chauds et humides. La femelle pique les animaux et les humains pour se nourrir de leur sang.

☛ Va voir « les insectes », page 351.

moutarde **nom féminin**

La **moutarde** est une sauce épaisse au goût piquant. Elle est faite avec les graines écrasées d'une plante à fleurs jaunes, appelée aussi « moutarde ».

mouton **nom masculin**

Un **mouton** est un mammifère qui a une fourrure frisée et épaisse. On l'élève pour sa viande, sa laine et le lait des femelles.

▶ Les moutons sont des ruminants.

→ Cherche bélier et brebis.

mouvement **nom masculin**

❶ Faire un **mouvement**, c'est bouger une partie de son corps. *Natacha a fait un* ***mouvement*** *brusque.*
Synonyme : geste.

❷ Le **mouvement** d'une chose, c'est son déplacement régulier d'un endroit vers un autre. *Le bébé suit des yeux les* ***mouvements*** *du mobile.*

1. moyen, moyenne adjectif

❶ Avoir une taille **moyenne**, c'est n'être ni grand ni petit.

❷ Ce qui est **moyen** n'est ni bon ni mauvais. *Mes résultats scolaires sont **moyens**.*

❸ Dans les écoles françaises, le cours **moyen** est le cours qui vient après le cours élémentaire.

● Mot de la même famille : moyenne.

Charlotte a une taille **moyenne**.

2. moyen nom masculin

❶ Un **moyen**, c'est ce qui permet de faire quelque chose. *J'ai trouvé un **moyen** de convaincre mon frère.* **Synonyme :** manière.

❷ Les **moyens de transport** sont les véhicules qui permettent de se déplacer. *La voiture, le train, l'avion, le bateau sont des **moyens de transport**.* **Synonyme :** moyen de locomotion.

moyenne nom féminin

Avoir la **moyenne**, c'est avoir obtenu la moitié des points. *Si tu as 5 sur 10, tu as la **moyenne**.*

muer verbe

❶ Pour un animal, **muer**, c'est changer de peau, de pelage ou de plumage. *Les serpents et les oiseaux **muent**.*

❷ Pour un garçon, **muer**, c'est avoir la voix qui change au moment de l'adolescence.

muet, muette adjectif

❶ Une personne **muette** est une personne qui ne peut pas parler.

❷ Le cinéma **muet**, un film **muet** est sans paroles.

❸ Un « h » **muet** est un « h » qui n'empêche pas la liaison avec la voyelle qui suit. *Dans « les hommes », il y a un « h » **muet**.*

muguet nom masculin

Le **muguet** est une petite fleur des bois qui a des clochettes blanches parfumées.

mule nom féminin

Une **mule** est un mulet femelle, né d'un âne et d'une jument.

mulet nom masculin

Un **mulet** est un mammifère qui est né d'un âne et d'une jument. Il est plus petit qu'un cheval et plus grand qu'un âne.

multicolore adjectif

Un objet **multicolore** a plusieurs couleurs. *Élise porte un déguisement **multicolore**.* **Synonyme :** bariolé. **Contraire :** uni.

➔ Cherche tricolore.

multiplicande nom masculin

Dans une multiplication, le **multiplicande** est le nombre que l'on multiplie. *Dans la multiplication 3 × 4, le **multiplicande** est 3.*

➔ Cherche multiplicateur.

multiplicateur nom masculin
Dans une multiplication, le **multiplicateur** est le nombre qui multiplie. *Dans la multiplication 3 × 4, le **multiplicateur** est 4.*
→ Cherche multiplicande.

multiplication nom féminin
La **multiplication** est l'opération qui permet de multiplier un nombre, le multiplicande, par un autre nombre, le multiplicateur. *On utilise le signe × pour faire une **multiplication**.*
Contraire : division.

Clara a réussi deux **multiplications**.

multiplier verbe
Multiplier, c'est faire une opération qui revient à additionner plusieurs fois un nombre. *9 **multiplié** par 2 égale 18, c'est-à-dire 9 + 9 = 18.*
Contraire : diviser.
● Mots de la même famille : multiplicande, multiplicateur, multiplication.

munitions nom féminin pluriel
Les **munitions** sont les balles et les cartouches que l'on utilise pour charger les armes à feu.

mur nom masculin
Un **mur** est une construction verticale qui forme un côté d'un bâtiment ou qui sert à fermer un espace. *Les **murs** de la maison sont en brique. Un **mur** de pierre entoure le parc.*

mûr, mûre adjectif
1. Un fruit **mûr** est un fruit qui a fini de se développer et qui est bon à être cueilli et mangé. *Les cerises sont **mûres** au mois de juillet.*
2. On dit qu'un enfant est très **mûr** pour son âge quand il est capable de réfléchir et de se comporter comme une grande personne.

La nouvelle orthographe permet d'écrire aussi *mure, murs* et *mures,* sans accent circonflexe. Mais *mûr* garde l'accent.
● Mot de la même famille : mûrir.

mûre nom féminin
Une **mûre** est un petit fruit noir et rond qui pousse sur les ronces. *Simon et Clara cueillent des **mûres** pour faire de la confiture.*

La nouvelle orthographe permet d'écrire aussi *mure,* sans accent circonflexe.

mûrir verbe
Mûrir, c'est devenir mûr. *Le raisin **mûrit** tout l'été au soleil.*

La nouvelle orthographe permet d'écrire aussi *murir,* sans accent circonflexe.

Les tomates **ont** bien **mûri**.

murmure **nom masculin**
Un **murmure** est un petit bruit de voix. *On entend des **murmures** dans la salle.*
● Mot de la même famille : murmurer.

murmurer **verbe**
Murmurer, c'est dire quelque chose à voix basse. *Solène **a murmuré** quelques mots.* **Synonyme :** chuchoter.

muscle **nom masculin**
Les **muscles** du corps permettent de faire des mouvements. *Le biceps est le plus gros **muscle** du bras.*
● Mot de la même famille : musclé.

musclé, musclée **adjectif**
Être **musclé**, c'est avoir des muscles bien développés. *Les athlètes sont **musclés**.*

museau **nom masculin**
Le **museau** est la partie avant de la tête des mammifères. *Le chien a posé son **museau** sur ma main.*
Au pluriel, on écrit *des museaux*.
● Mot de la même famille : muselière.

musée **nom masculin**
Un **musée** est un bâtiment où l'on peut voir des œuvres d'art ou des objets anciens. *Nous avons visité le **musée** de l'Automobile.*
« Musée » est un nom masculin qui se termine par un e.
Va voir la planche illustrée 12

muselière **nom féminin**
Une **muselière** est un objet que l'on fixe sur le museau des chiens pour les empêcher de mordre.

musical, musicale **adjectif**
L'éducation **musicale** se rapporte à la musique.
Au pluriel, on écrit *musicaux, musicales*.

1. musicien **nom masculin**
musicienne **nom féminin**
Un **musicien**, une **musicienne** sont des personnes qui composent ou qui jouent de la musique. *Les pianistes, les guitaristes, les trompettistes sont des **musiciens**.*
Va voir « les instruments de musique », page 355.

2. musicien, musicienne
adjectif
Être **musicien**, c'est avoir des dons pour la musique.

musique **nom féminin**
1 La **musique** est l'art d'assembler les sons de manière à les rendre agréables à l'oreille.
2 La **musique**, c'est un ensemble de sons mélodieux. *J'aime la **musique** de cette chanson.* **Synonymes :** air, mélodie.
● Mots de la même famille : musical, musicien.
Va voir « les instruments de musique », page 355.

1. musulman, musulmane
adjectif
La religion **musulmane** a été créée par Mahomet. *Aziz est **musulman**, il va à la mosquée.*
La religion musulmane est aussi appelée « l'islam ».

2. musulman **nom masculin**
musulmane **nom féminin**
Les **musulmans** sont des personnes qui croient en un seul Dieu, Allah, et qui vont prier à la mosquée.
☒ Cherche bouddhiste, catholique, israélite et protestant.

A B C D E F G H I J K L M N O P Q R S T U V W X Y Z

mygale **nom féminin**

Une **mygale** est une grosse araignée des pays chauds. *La piqûre des **mygales** est très douloureuse.*

▶ Les mygales sont les plus grosses de toutes les araignées. Elles peuvent manger des souris et des lézards.

Ce mot s'écrit avec un *y*.

→ Cherche **tarentule**.

Julie est **myope,**
elle voit mal sans ses lunettes.

myope **adjectif**

Une personne **myope** voit mal les objets éloignés. *Quand on est **myope**, on porte des lunettes ou des lentilles.*

Ce mot s'écrit avec un *y*.

myrtille **nom féminin**

Une **myrtille** est un petit fruit rond et noir qui pousse dans la montagne sur de petits arbustes sauvages.

Ce mot s'écrit avec un *y*.

mystère **nom masculin**

Un **mystère** est une chose incompréhensible. *Comment le prisonnier s'est-il évadé ? C'est un **mystère** pour la police.*
Synonyme : **énigme.**

Ce mot s'écrit avec un *y*.
● Mot de la même famille : **mystérieux.**

mystérieux, mystérieuse **adjectif**

Une chose **mystérieuse** est inexplicable. *Cette disparition reste **mystérieuse**.*

Ce mot s'écrit avec un *y*.

nacre nom féminin
La **nacre** est une matière brillante d'un blanc rose qui se trouve à l'intérieur de la coquille de certains mollusques. *Les huîtres fabriquent de la **nacre**.*

nage nom féminin
① La **nage** est l'action et la manière de nager. *Paul a rejoint le bateau à la **nage**.*
② **Être en nage**, c'est être couvert de sueur.
► Les deux principales nages sont la **brasse** et le **crawl**.

nageoire nom féminin
Les **nageoires** sont les organes qui permettent aux poissons et aux mammifères marins de nager. *Les dauphins ont trois **nageoires**.*
Il y a un e après le *g*.

nager verbe
Nager, c'est se déplacer dans l'eau en faisant certains mouvements. *Sébastien apprend à **nager**.*
● Mots de la même famille : **nage, nageoire, nageur**.

nageur nom masculin
nageuse nom féminin
Un **nageur**, une **nageuse** sont des personnes qui nagent. *Léa est une bonne **nageuse**.*

naïf, naïve adjectif
Une personne **naïve** est une personne qui croit tout ce qu'on lui dit.
Il y a un tréma sur le *i*.

1. nain nom masculin
naine nom féminin
Un **nain**, une **naine** sont des personnes qui ont une taille très petite. *Blanche-Neige a dormi dans la maison des sept **nains**.* **Contraire : géant.**

2. nain, naine adjectif
Un animal **nain**, une plante **naine** sont très petits. *Léo a un lapin **nain**.*
Contraires : géant, gigantesque.

naissance nom féminin
La **naissance** est le moment où un bébé ou un animal sort du ventre de sa mère, où il vient au monde. *Juste après sa **naissance**, le petit veau se tenait déjà sur ses pattes.*

A B C D E F G H I J K L M N O P Q R S T U V W X Y Z

naître verbe

Naître, c'est sortir du ventre de sa mère, venir au monde. *Paul **est né** le 24 mars.*

La nouvelle orthographe permet d'écrire aussi *naitre*, sans accent circonflexe.

● Mots de la même famille : naissance, natal.

Le petit veau vient de **naître**.

naja nom masculin

Le **naja** est un serpent venimeux d'Asie et d'Afrique. *L'espèce de **naja** la plus connue est le cobra.*

Va voir l'illustration page 463.

nappe nom féminin

Une **nappe** est un grand morceau de tissu qui sert à protéger une table. *Maman a acheté une **nappe** brodée pour douze personnes.*

Il y a deux *p*.

narine nom féminin

Les **narines** sont les ouvertures du nez qui servent à respirer et à sentir.

narrateur nom masculin
narratrice nom féminin

Un **narrateur**, une **narratrice** sont des personnes qui racontent une histoire, qui font une narration, un récit.

Il y a deux *r*.

narration nom féminin

Une **narration** est le récit d'un événement. *Mon frère a fait la **narration** de son voyage en Australie.*

Il y a deux *r*.

● Mot de la même famille : narrateur.

natal, natale adjectif

Le pays **natal**, la ville **natale** sont le pays, la ville où l'on est né. *Le Sénégal est le pays **natal** de Bintou.*

Au pluriel, on écrit *natals*, *natales*.

natation nom féminin

La **natation** est le sport de la nage. *Tom est inscrit à un club de **natation**.*

Léa et Tom font de la **natation**.

nation nom féminin

Une **nation**, c'est l'ensemble des habitants d'un pays qui ont des traditions et une langue communes. *En France, le président de la République est le chef de la **nation**.* **Synonyme :** État.

● Mots de la même famille : national, nationalité.

national, nationale adjectif

1 Un hymne **national**, une fête **nationale** se rapportent à une nation. *On a chanté les hymnes **nationaux** avant le match.*

❷ En France, l'Assemblée **nationale**, c'est l'ensemble des députés de la nation.

🔎 Au pluriel, on écrit *nationaux*, *nationales*.

➔ Cherche international.

nationalité nom féminin

La **nationalité**, c'est le fait d'appartenir à une nation. *Pierre est de **nationalité** belge.*

natte nom féminin

Une **natte** est une coiffure faite avec trois mèches de cheveux que l'on croise.
Synonyme : tresse.

🔎 Il y a deux *t*.

Fatou fait des **nattes** à Clara.

nature nom féminin

La **nature**, c'est l'ensemble des êtres et des choses qui n'ont pas été fabriqués par les humains, comme la mer, la campagne, les montagnes, les plantes et les animaux. *En classe de découverte, nous étudions la **nature**.*
Synonyme : environnement.

● Mot de la même famille : naturel.

naturel, naturelle adjectif

Un phénomène **naturel** est produit par la nature. *L'orage est un phénomène **naturel**.* Des fleurs **naturelles** sont des fleurs qui ont poussé dans la nature.
Contraire : artificiel.

naufrage nom masculin

Quand un bateau fait **naufrage**, il coule. *Le bateau a fait **naufrage** dans la tempête.*

nautique adjectif

Un sport **nautique** est un sport que l'on fait dans l'eau ou sur l'eau. *La natation, l'aviron, le surf sont des sports **nautiques**.*

naval, navale adjectif

Un chantier **naval** est un chantier où l'on construit des navires, des bateaux.

🔎 Au pluriel, on écrit *navals*, *navales*.

navette nom féminin

❶ Une **navette** est un véhicule qui fait régulièrement des allers et retours entre deux endroits peu éloignés. *Nous avons pris la **navette** qui va du village à la station de ski.*

❷ Une **navette** spatiale est un véhicule que l'on envoie dans l'espace et qui revient sur terre.

navigateur nom masculin
navigatrice nom féminin

Un **navigateur**, une **navigatrice** sont des personnes qui font de grands voyages en mer. *Christophe Colomb était un grand **navigateur**.*

➔ Cherche marin et matelot.

navigation nom féminin

La **navigation**, c'est l'action de naviguer, de voyager par bateau. La **navigation** aérienne, c'est le transport par avion.

A B C D E F G H I J K L M N O P Q R S T U V W X Y Z

naviguer verbe

Naviguer, c'est voyager par bateau. *Christophe Colomb **a** longtemps **navigué** avant de découvrir l'Amérique.*

● Mots de la même famille : navigateur, navigation.

navire nom masculin

Un **navire** est un gros bateau qui navigue sur la mer. *Les **navires** peuvent transporter des marchandises ou des passagers.*

Le **navire** est en pleine mer.

ne adverbe

Ne s'emploie dans une phrase négative. *Je **ne** comprends pas. Elle **ne** triche jamais.*

🔍 Ne s'écrit *n'* devant une voyelle ou un « h » muet : *je n'ai plus de bonbons. N'hésite pas à m'appeler.*

né, née → **naître**

nécessaire adjectif

Une chose **nécessaire** est une chose qu'il faut avoir ou qu'il faut faire. *Il est **nécessaire** de bien dormir pour être en bonne santé.* Synonyme : indispensable. Contraire : inutile.

négatif, négative adjectif

1 Faire une réponse **négative**, c'est répondre non, refuser ce qu'une personne a demandé. Contraire : affirmatif.

2 Une phrase **négative** est une phrase qui sert à nier, à dire non. *« Elle ne viendra pas » est une phrase **négative**.*

négliger verbe

Négliger une chose, c'est ne pas s'en occuper assez. *Elle **néglige** son jardin.* Contraire : soigner.

neige nom féminin

La **neige** est de l'eau gelée qui tombe des nuages en flocons.

● Mot de la même famille : neiger.

neiger verbe

Quand **il neige**, il tombe de la neige.

nénuphar nom masculin

Un **nénuphar** est une plante qui pousse dans l'eau. Il a une longue tige, de grandes feuilles et des fleurs blanches, roses ou jaunes.

🔍 La nouvelle orthographe permet d'écrire aussi *nénufar.*

nerf nom masculin

Les **nerfs** relient le cerveau aux différentes parties du corps. Ils nous permettent de sentir, de voir, d'entendre, de parler, de toucher et de bouger.

🔍 Ce mot se termine par un *f* qu'on ne prononce pas.

● Mots de la même famille : nerveux, nervure.

nerveux, nerveuse adjectif

❶ Le **système nerveux**, c'est l'ensemble formé par les nerfs et le cerveau.

❷ Une personne **nerveuse** s'énerve et s'agite facilement. **Contraire :** calme.

nervure nom féminin

Les **nervures** d'une feuille sont les lignes que l'on voit dessus et dessous. *La sève circule dans les **nervures**.*

La feuille a des grosses **nervures** et des petites **nervures**.

net, nette adjectif

❶ Un vêtement **net**, une maison **nette** sont parfaitement propres et bien entretenus. **Synonyme :** impeccable. **Contraire :** sale.

❷ Une photo **nette** est une photo où l'on distingue bien les détails. **Contraire :** flou.

« Net » se prononce [nɛt].

● Mot de la même famille : nettement.

nettement adverbe

Nettement signifie : de façon nette. *Quand il fait beau, on voit **nettement** les étoiles.* **Contraire :** mal.

Il y a deux *t* au milieu du mot.

nettoyage nom masculin

Le **nettoyage** est l'action de nettoyer, de rendre propre. *Le gardien s'occupe du **nettoyage** de l'immeuble.*

Il y a deux *t*.

nettoyer verbe

Nettoyer une chose, c'est la rendre propre. *Il faut **nettoyer** la baignoire quand on a pris un bain.*

Il y a deux *t*.

● Mot de la même famille : nettoyage.

neuf, neuve adjectif

Ce qui est **neuf** vient d'être fabriqué, n'a jamais servi. *Nous habitons dans un immeuble **neuf**. Mathilde a une robe **neuve**.* **Contraires :** usé, vieux.

neveu nom masculin

Le **neveu** d'une personne est le fils de son frère ou de sa sœur. *Simon est le **neveu** de Brigitte.*

Au pluriel, on écrit *des neveux*.

→ Cherche nièce.

☞ Va voir « la famille », page 273.

nez nom masculin

❶ Le **nez** se trouve au milieu du visage, entre les deux joues. Il sert à respirer et à sentir.

❷ Se trouver **nez à nez** avec quelqu'un, c'est se trouver soudain en face de lui.

Ce mot se termine par un *z*. Il ne change pas au pluriel : on écrit *des nez*.

ni conjonction

Ni signifie : et pas non plus. *Je n'ai pas de papier **ni** de stylo.*

des **nénuphars**

A B C D E F G H I J K L M N O P Q R S T U V W X Y Z

niche **nom féminin**
Une **niche** est une petite cabane qui sert d'abri à un chien.

nichée **nom féminin**
Une **nichée**, c'est l'ensemble des petits oiseaux nés en même temps et vivant dans le même nid. *L'hirondelle nourrit sa **nichée**.*

nicotine **nom féminin**
La **nicotine** est un produit toxique qui est contenu dans le tabac.

nid **nom masculin**
Un **nid** est un abri que les oiseaux construisent pour pondre leurs œufs et les couver.

🔍 Ce mot se termine par un *d*.
● Mot de la même famille : nichée.

nièce **nom féminin**
La **nièce** d'une personne est la fille de son frère ou de sa sœur. *Clara est la **nièce** de Franck.*
→ Cherche neveu.
☛ Va voir « la famille », page 273.

nier **verbe**
Nier, c'est dire qu'une chose n'existe pas ou n'est pas vraie. *L'homme que la police a arrêté **nie** avoir commis un cambriolage.* **Contraires :** avouer, reconnaître.

niveau **nom masculin**
❶ Un **niveau**, c'est la hauteur qu'atteint une chose. *Le **niveau** de la rivière a monté.*
❷ Le **niveau** d'un élève, d'une classe, c'est la mesure de leurs connaissances. *Notre classe a un bon **niveau**.*
🔍 Au pluriel, on écrit *des niveaux*.

noble **nom masculin et nom féminin**
Au temps des rois, les **nobles** étaient des personnes riches et importantes. *Les **nobles** possédaient des châteaux et des terres.*

noce **nom féminin**
Une **noce** est une fête que l'on fait pour un mariage.

nocturne **adjectif**
Un animal **nocturne** vit la nuit et dort le jour. *Les chouettes sont des oiseaux **nocturnes**. Les hérissons sont des mammifères **nocturnes**.*

Noël **nom masculin**
Noël est une fête chrétienne, qui rappelle, le 25 décembre, la naissance de Jésus-Christ. *Le réveillon de **Noël**.*
▶ Pour la fête de Noël, on décore un **arbre** (ou **sapin**) **de Noël**. Le **père Noël** distribue des cadeaux aux enfants.
🔍 Ce mot s'écrit avec une majuscule et le *e* prend un tréma.

nœud **nom masculin**
Un **nœud** est une boucle que l'on fait en croisant les deux bouts d'un lien et en les tirant. *J'ai fait un **nœud** solide pour fermer le paquet.*
🔍 Ce mot se termine par un *d*.
● Mot de la même famille : nouer.

1. noir, noire **adjectif**
La couleur **noire** est la couleur du charbon.
● Mot de la même famille : noircir.

2. noir **nom masculin**
❶ Le **noir** est la couleur noire. *Elle s'habille toujours en **noir**.*

❷ Le **noir**, c'est l'absence de lumière. *Benjamin a peur dans le **noir**.* Synonyme : obscurité.

☛ Va voir « les couleurs et les formes », page 171.

noircir verbe
Noircir, c'est rendre noir ou devenir noir. *La fumée de la cheminée **a noirci** le mur.*

noisette nom féminin
Une **noisette** est un petit fruit formé d'une coquille brun clair et entouré de petites feuilles vertes. *On casse la coquille des **noisettes** pour manger la graine.*

► Les noisettes poussent sur un arbuste, le **noisetier**.

L'écureuil mange des **noisettes**.

noix nom féminin
Une **noix** est un petit fruit qui a une coquille. *On casse la coquille des **noix**.*

► Les noix poussent sur un arbre, le **noyer**.

🔍 Ce mot se termine par un *x*. Il ne change pas au pluriel : on écrit *des noix*.

nom nom masculin
Un **nom** est un mot qui désigne un être ou une chose. *Quel est ton **nom** ? « Garçon », « fille », « joie » sont des **noms** communs. « Simon », « Bousquet », « France » sont des **noms** propres.*

🔍 Dans ce mot, le son [ɔ̃] s'écrit *om*.
● Mot de la même famille : **nommer**.

➔ Cherche **prénom**.

nomade nom masculin et nom féminin
Un **nomade**, une **nomade** sont des personnes qui n'ont pas d'habitation fixe et qui se déplacent d'un lieu à un autre. *Les **nomades** dorment sous une tente ou dans une caravane.*

nombre nom masculin
❶ Un **nombre**, c'est ce qui permet de compter et de mesurer. *50 est un **nombre** à deux chiffres.*
❷ Un **nombre**, c'est une quantité. *Un grand **nombre** d'élèves sont malades.*

🔍 Le son [ɔ̃] s'écrit *om* devant un *b*.
● Mot de la même famille : **nombreux**.

☛ Va voir « les nombres », page 471.

nombreux, nombreuse adjectif
De **nombreuses** personnes, de **nombreux** objets, ce sont beaucoup de personnes, beaucoup d'objets. *J'ai de **nombreux** amis.* Contraire : rare.

🔍 Le son [ɔ̃] s'écrit *om* devant un *b*.

nombril nom masculin
Le **nombril** est la petite cicatrice ronde que l'on a au milieu du ventre. C'est la marque du cordon qui rattachait le bébé à sa mère et qui a été coupé à la naissance.

🔍 Le son [ɔ̃] s'écrit *om* devant un *b*.

nommer verbe
❶ **Nommer**, c'est donner un nom. *Comment **as**-tu **nommé** ton chien ?* Synonyme : appeler. **Se nommer**, c'est avoir tel nom. *Notre voisin **se nomme** Adrien Manet.* Synonyme : s'appeler.

A B C D E F G H I J K L M N O P Q R S T U V W X Y Z

❷ **Nommer**, c'est donner le nom d'un être ou d'une chose. *Peux-tu **nommer** trois poissons de rivière ?*
Synonyme : citer.

Il y a deux *m*.

non adverbe
❶ **Non** s'emploie pour refuser ou pour nier quelque chose. *« Veux-tu de la glace ? – **Non,** merci. » « C'est toi qui as pris mon livre ? – **Non.** »*
Contraire : oui.
❷ **Non plus** employé dans une phrase négative signifie : aussi. *Léa n'est pas arrivée et Tom **non plus**.*

nord nom masculin
Le **nord** est l'un des quatre points cardinaux qui permettent de se diriger. *L'étoile Polaire indique la direction du **nord**.*
→ Cherche est, ouest et sud.

L'aiguille de la boussole indique toujours le **nord**.

normal, normale adjectif
Ce qui est **normal** n'a rien de particulier. *Alice a une taille **normale**.*
Synonyme : ordinaire. *C'est **normal** de pleurer quand on a du chagrin.*
Contraire : anormal.

Au pluriel, on écrit *normaux, normales*.
● Mot de la même famille : normalement.

normalement adverbe
Normalement signifie : de façon normale. *Le voyage s'est passé **normalement**.*

nos → **notre**

note nom féminin
❶ Une **note** est un chiffre ou une lettre qui indique la valeur du devoir d'un élève. *Marie a eu une bonne **note** à sa récitation.*
❷ Une **note de musique** est un signe qui représente un son et qui sert à écrire la musique. *Je connais les sept **notes** de la gamme.*
❸ Une **note** est un papier qui indique une somme à payer. *Au restaurant, les clients demandent la **note**.*
● Mot de la même famille : noter.

noter verbe
❶ **Noter** un devoir, c'est lui mettre une note.
❷ **Noter** quelque chose, c'est l'écrire. *J'ai **noté** ton numéro de téléphone.*
Synonymes : inscrire, marquer.

notre adjectif
Notre est un déterminant qui indique qu'une chose nous appartient, qu'une personne est de la même famille que nous : ***notre** maison, **notre** mère.*

Au pluriel, on dit *nos*.
● Mot de la même famille : le nôtre.

le **nôtre** pronom masculin
la **nôtre** pronom féminin
Le nôtre, la nôtre, c'est une chose qui nous appartient. *Vous prenez vos jouets et nous prenons **les nôtres**.*

Le *o* prend un accent circonflexe. Au pluriel, on écrit *les nôtres*.

Les nombres

Les unités

0 zéro
1 un
2 deux

un abricot

deux cerises

3 trois
4 quatre
5 cinq
6 six

cinq grains de raisin

7 sept
8 huit
9 neuf

huit noisettes

Les dizaines

10 dix
11 onze
12 douze
13 treize
14 quatorze
15 quinze
16 seize
17 dix-sept
18 dix-huit
19 dix-neuf
20 vingt

dix coccinelles

une douzaine d'œufs

21 vingt et un
22 vingt-deux
30 trente
31 trente et un

trente et une fourmis

40 quarante
42 quarante-deux

50 cinquante
53 cinquante-trois
60 soixante
64 soixante-quatre
70 soixante-dix
71 soixante et onze
72 soixante-douze
80 quatre-vingts
88 quatre-vingt-huit
90 quatre-vingt-dix
99 quatre-vingt-dix-neuf

Les centaines

100 cent
101 cent un
102 cent deux
110 cent dix
200 deux cents

203 deux cent trois
220 deux cent vingt
300 trois cents
400 quatre cents
500 cinq cents

600 six cents
700 sept cents
800 huit cents
900 neuf cents

des centaines de papillons

Les milliers

1 000 mille
2000 deux mille
10 000 dix mille

des milliers d'étoiles

Le rangement dans l'ordre

1re 2e 3e 4e 5e 6e 7e 8e 9e 10e

11e 12e 13e 14e 15e 16e 17e 18e 19e 20e

nouer verbe
Nouer, c'est faire un nœud. *Lucas **a noué** la ficelle du paquet.*

Paul **noue** ses lacets.

nougat nom masculin
Le **nougat** est une confiserie faite d'amandes, de sucre cuit et de miel. *J'aime le **nougat** quand il n'est pas trop dur.*

nouille nom féminin
Les **nouilles** sont des pâtes plates ou rondes.

nourrice nom féminin
Une **nourrice** est une femme qui garde les petits enfants chez elle. *Pendant que je suis à l'école, ma petite sœur est chez la **nourrice**.*

nourrir verbe
❶ **Nourrir**, c'est donner à manger. *Nous **nourrissons** notre chat.*
❷ **Se nourrir**, c'est absorber des aliments. *Ma voisine **se nourrit** de légumes et de fruits.* **Synonymes : consommer, manger.**

Il y a deux *r* au milieu du mot.

● Mots de la même famille : **nourrice, nourrissant, nourrisson, nourriture.**

nourrissant, nourrissante adjectif
Un aliment **nourrissant** nourrit bien. *Les produits laitiers sont très **nourrissants**.*

Il y a deux *r* et deux *s*.

nourrisson nom masculin
Un **nourrisson** est un bébé qui se nourrit encore de lait.

Il y a deux *r* et deux *s*.

nourriture nom féminin
La **nourriture**, c'est l'ensemble des aliments qui nourrissent un être vivant. **Synonyme : alimentation.**

Il y a deux *r* au milieu du mot.

nous pronom pluriel
Nous représente la première personne du pluriel. ***Nous** partirons demain.*

1. nouveau, nouvelle adjectif
❶ Une **nouvelle** chose est une chose qui n'existait pas avant. *Ce lecteur de DVD est un **nouveau** modèle.* **Contraires : ancien, vieux.**
❷ Un **nouvel** objet est un objet qui remplace l'ancien. *Papi a acheté une **nouvelle** voiture.* **Synonyme : autre.**
❸ Un **nouvel** élève est un élève qui vient d'arriver. **Contraire : ancien.**
❹ **De nouveau** signifie : une fois de plus. *Notre équipe a **de nouveau** gagné.* **Synonyme : encore.**

On dit « un *nouvel* élève », « un *nouvel* hôtel » parce que ces mots commencent par une voyelle ou un « h » muet. Au pluriel, on écrit *nouveaux*, *nouvelles*.

● Mots de la même famille : **nouveau-né, nouvelle.**

2. nouveau nom masculin
nouvelle nom féminin
Un **nouveau**, une **nouvelle** sont des personnes qui viennent d'arriver. *Dans notre classe, il y a un **nouveau**.*

Au pluriel, on écrit *des nouveaux, des nouvelles.*

nouveau-né **nom masculin**

Un **nouveau-né** est un enfant qui vient de naître.

Ce mot s'écrit avec un trait d'union. Au pluriel, il n'y a pas de *x* à « nouveau » : on écrit *des nouveau-nés.*

nouveauté **nom féminin**

Une **nouveauté** est une chose nouvelle. *Le commerçant présente ses* ***nouveautés.***

novembre **nom masculin**

Novembre est le onzième mois de l'année. Il vient après le mois d'octobre et avant le mois de décembre.

Le son [ɑ̃] s'écrit *em* devant un *b.*

Va voir « le calendrier », page 111.

noyau **nom masculin**

Un **noyau** est la partie dure qui se trouve dans certains fruits et qui contient une graine. *Les pêches, les abricots, les cerises ont un* ***noyau.***

Au pluriel, on écrit *des noyaux.*

se noyer **verbe**

Se noyer, c'est mourir dans l'eau. *Deux personnes* ***se sont noyées*** *dans le lac.*

Le **nouveau-né** est tout petit.

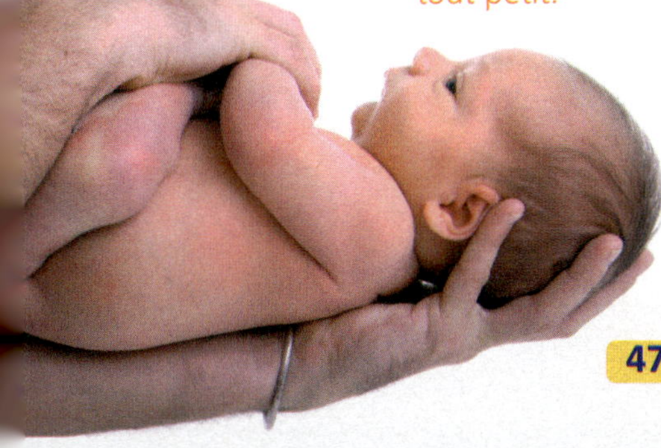

nu, nue **adjectif**

Être **nu**, c'est être sans vêtement. *Pour prendre une douche, on se met* ***nu.*** Être **pieds nus**, c'est être sans chaussures.

nuage **nom masculin**

Un **nuage** est un ensemble de gouttelettes d'eau qui flottent dans le ciel. *Les gros* ***nuages*** *gris annoncent de la pluie.*

● Mot de la même famille : nuageux.

nuageux, nuageuse **adjectif**

Un ciel **nuageux** est couvert de nuages.

Le ciel est très **nuageux.**

nuance **nom féminin**

Une **nuance** est une petite différence de couleur. *Le bleu clair et le bleu foncé sont des* ***nuances*** *de bleu.*

nucléaire **adjectif**

L'énergie **nucléaire** utilise l'énergie des atomes. **Synonyme :** atomique.

nuire **verbe**

1 **Nuire** à une personne, c'est lui faire du mal ou du tort. *Les cigarettes* ***nuisent*** *à sa santé.*

2 **Nuire** à une chose, c'est lui causer un dommage, l'abîmer. *La sécheresse* ***nuit*** *aux cultures.*

● Mot de la même famille : nuisible.

A B C D E F G H I J K L M N O P Q R S T U V W X Y Z

nuisible adjectif

1 Une chose **nuisible** fait du mal, est mauvaise pour la santé. *Le tabac est* ***nuisible****.*

2 Un animal **nuisible** détruit les récoltes ou transmet des maladies. *Les corbeaux et les moustiques sont des animaux* ***nuisibles****.*

nuit nom féminin

1 La **nuit** est le temps qui se passe entre le coucher et le lever du soleil, entre le soir et le matin. *En hiver, les* ***nuits*** *sont plus longues qu'en été.* **Contraires : jour, journée.**

2 Quand **il fait nuit**, le Soleil n'éclaire pas la Terre. **Contraire : il fait jour.**

La Lune et les étoiles brillent dans la **nuit**.

nul, nulle adjectif

1 Quand deux équipes font match **nul**, elles ont le même nombre de points et il n'y a pas de vainqueur.

2 Être **nul** en quelque chose, c'est être très mauvais. *Je suis* ***nulle*** *en gymnastique.* **Contraires : bon, fort.**

nulle part adverbe

Nulle part signifie : à aucun endroit. *Je ne vois mon stylo* ***nulle part****.* **Contraire : quelque part.**

numéro nom masculin

1 Un **numéro** est un nombre qui sert à classer. *Mon billet de tombola a le* ***numéro*** *37.*

2 Un **numéro** est une partie d'un spectacle. *Kien a adoré le* ***numéro*** *des jongleurs.*

3 Un **numéro** est un exemplaire d'un journal, d'un magazine.

● Mot de la même famille : numéroter.

numéroter verbe

Numéroter, c'est donner un numéro. *Dans un exercice, on devait* ***numéroter*** *des phrases.*

nuque nom féminin

La **nuque** est l'arrière du cou.

oasis nom féminin

Une **oasis** est un endroit situé dans le désert mais habité et couvert de verdure.

Ce mot se termine par un *s* qu'on prononce.

obéir verbe

Obéir à une personne, c'est faire ce qu'elle a demandé, ou ne pas faire ce qu'elle a défendu. *Bastien* ***obéit*** *à la maîtresse.* Contraire : désobéir.

● Mot de la même famille : obéissant.

obéissant, obéissante adjectif

Un enfant **obéissant** obéit, fait ce qu'on lui demande. Contraire : désobéissant.

objet nom masculin

Un **objet** est une chose que l'on peut toucher. *Un stylo, une chaise, un jouet sont des* ***objets****.*

obligation nom féminin

Une **obligation**, c'est ce qui est obligatoire. *C'est une* ***obligation*** *d'attacher sa ceinture de sécurité en voiture.*

☛ Va voir « les panneaux de signalisation », page 491.

obligatoire adjectif

Quand une chose est **obligatoire**, on est obligé de l'avoir ou de la faire. *Un passeport est* ***obligatoire*** *pour entrer dans certains pays. Aller à l'école de six à seize ans, c'est* ***obligatoire****.* Contraire : facultatif.

obligatoirement adverbe

Obligatoirement signifie : de manière obligatoire. *Pour circuler à moto, il faut avoir* ***obligatoirement*** *un casque.*

obliger verbe

Obliger quelqu'un à faire quelque chose, c'est exiger qu'il le fasse. *Ma mère m'****oblige*** *à ranger ma chambre.* Synonyme : forcer.

● Mots de la même famille : obligation, obligatoire, obligatoirement.

oblique adjectif

Une ligne **oblique** est une ligne qui n'est ni horizontale ni verticale, qui est penchée. *La lettre « V » est formée de deux barres* ***obliques****.*

obscur, obscure adjectif

Un endroit **obscur** ne reçoit pas de lumière. *L'escalier du sous-sol est* ***obscur****.* Synonyme : sombre. Contraires : clair, ensoleillé, lumineux.

● Mot de la même famille : obscurité.

A B C D E F G H I J K L M N O P Q R S T U V W X Y Z

obscurité **nom féminin**

L'**obscurité**, c'est l'absence de lumière. *Julie a un peu peur dans l'**obscurité**.* **Synonyme : noir.**

observation **nom féminin**

❶ L'**observation**, c'est le fait d'observer, de regarder avec attention. *Grand-père est intéressé par l'**observation** des étoiles.*

❷ Une **observation** est une remarque, une critique. *L'instituteur nous a fait des **observations** sur notre conduite.* **Synonyme : reproche.**

observer **verbe**

Observer quelque chose, c'est le regarder attentivement pour l'étudier. *Alexandre **observe** les étoiles.*

Manon et Lucas **observent** les insectes.

obstacle **nom masculin**

❶ Un **obstacle** est un objet qui empêche de passer. *La voiture a pu éviter l'**obstacle**.*

❷ Un **obstacle** est une difficulté. *Dans l'organisation de notre fête, nous avons rencontré plusieurs **obstacles**.*

obtenir **verbe**

Obtenir quelque chose, c'est réussir à l'avoir. *Mon grand frère **a obtenu** son permis de conduire.* **Contraire : rater.**

occasion **nom féminin**

❶ Une **occasion**, c'est une chose qui arrive au bon moment. *Puisque je vous vois, je profite de l'**occasion** pour vous remercier.*

❷ Acheter un véhicule, un objet **d'occasion**, c'est acheter un véhicule, un objet qui a déjà servi à une autre personne. **Contraire : neuf.**

Il y a deux c.

occupation **nom féminin**

Une **occupation** est une activité qui occupe le temps. *Pendant les vacances, le sport est ma principale **occupation**.*

Il y a deux c.

occupé, occupée **adjectif**

❶ Une personne **occupée** a des choses à faire. *Je n'ai pas le temps de jouer avec toi, je suis très **occupé**.*

❷ Une place **occupée** est prise, est utilisée par quelqu'un. *Dans l'autocar, toutes les places étaient **occupées**.* **Contraires : disponible, libre.**

Il y a deux c.

Papa est très **occupé**.

occuper **verbe**
1 **Occuper** quelqu'un, c'est lui trouver une activité. *Les moniteurs de la colonie savent bien nous **occuper**. Zoé sait **s'occuper** toute seule.*
2 **Occuper** un lieu, c'est s'y trouver. *Une famille **occupe** l'appartement du dessus.*
3 **S'occuper** de quelqu'un, de quelque chose, c'est en prendre soin. *Les infirmières **s'occupent** des malades. Le jardinier **s'occupe** du jardin.*
Il y a deux c.
● Mots de la même famille : occupation, occupé.

océan **nom masculin**
Un **océan** est une vaste étendue d'eau salée qui couvre une grande partie de la Terre. *De nombreuses espèces de poissons vivent dans l'**océan**.*
▶ Un océan est plus grand qu'une mer.
☛ Va voir la planche illustrée 15

octave **nom féminin**
Une **octave** est un intervalle de huit notes de musique.

octobre **nom masculin**
Octobre est le dixième mois de l'année. Il vient après le mois de septembre et avant le mois de novembre.
☛ Va voir « le calendrier », page 111.

oculiste **nom masculin et nom féminin**
Un **oculiste**, une **oculiste** sont des médecins qui soignent les yeux. C'est un nom de métier. Synonyme : ophtalmologiste.
➜ Cherche opticien.

odeur **nom féminin**
Une **odeur**, c'est ce que l'on sent. *L'**odeur** des roses est agréable.*
● Mot de la même famille : odorat.
➜ Cherche arôme, parfum.

odieux, odieuse **adjectif**
Une personne **odieuse** est une personne très désagréable. Synonymes : infernal, insupportable. Contraires : agréable, charmant, gentil.

odorat **nom masculin**
L'**odorat** est le sens qui permet de reconnaître ce que l'on sent.
➜ Cherche goût, ouïe, toucher et vue.

œil **nom masculin**
L'**œil** permet de voir. Les deux yeux se trouvent sous le front, de chaque côté du nez.
Au pluriel, on dit *des yeux*.

œillet **nom masculin**
Un **œillet** est une fleur parfumée qui a des pétales très découpés.
☛ Va voir « les fleurs », page 285.

œuf **nom masculin**
1 Un **œuf**, c'est ce que pondent les femelles des oiseaux. Il est fait d'une coquille ovale. *La cane a pondu des **œufs**. Je mange un **œuf** à la coque.*

2 Un **œuf**, c'est ce que pondent les reptiles, les grenouilles, les poissons, les crustacés et les insectes.
▶ Quand l'œuf d'un oiseau a été couvé, il donne naissance à un petit.
Au pluriel, on écrit *des œufs* et on ne prononce pas le *f*.

œuvre **nom féminin**
Une **œuvre** d'art est une musique, une pièce de théâtre, un livre ou un film créés par un artiste. *« Pierre et le Loup » est une **œuvre** célèbre de Prokofiev.*

offrir verbe

Offrir une chose, c'est la donner en cadeau. *Mon oncle m'**a offert** un vélo pour mon anniversaire.*

Il y a deux *f*.

Julien **a offert** un cadeau et des fleurs à sa maman.

ogre nom masculin
ogresse nom féminin

Dans les contes de fées, un **ogre**, une **ogresse** sont des géants qui ont un énorme appétit. *Le Petit Poucet et ses frères ont dormi dans la maison de l'**ogre**.*

oh ! interjection

Oh s'emploie quand on est content, quand on est surpris, quand on est déçu ou quand on admire quelque chose. ***Oh !** il neige ! **Oh !** vous m'avez fait peur ! **Oh !** la belle moto !*

une **oie**

oie nom féminin

Une **oie** est un gros oiseau de basse-cour qui a un plumage blanc, brun ou gris, un long cou, un large bec et des pattes palmées. *On élève les **oies** pour leur chair et pour leur foie.*

▶ C'est une volaille. Le mâle est le **jars**, le petit est l'**oison**. Quand l'oie crie, on dit qu'elle **siffle** ou qu'elle **criaille**.

oignon nom masculin

Un **oignon** est une plante qui a une odeur forte et un goût piquant.

La nouvelle orthographe permet d'écrire aussi *ognon*, sans *i*.

oiseau nom masculin

Un **oiseau** est un animal au corps couvert de plumes, qui a deux pattes et deux ailes et qui peut généralement voler. Les femelles pondent des œufs et les couvent.

▶ Les petits sont les **oisillons**.

Au pluriel, on écrit *des oiseaux*.

→ Cherche **bec**.

Va voir « les oiseaux », page 479.

olive nom féminin

Une **olive** est un petit fruit vert ou noir qui a un noyau.

▶ Les olives poussent sur un arbre des régions chaudes, l'**olivier**. Elles servent à fabriquer de l'huile.

olympique adjectif

Les **jeux Olympiques** sont une compétition sportive internationale qui a lieu tous les quatre ans.

Il y a un *y* après le *l*.

ombre nom féminin

1 L'**ombre** est l'endroit qui n'est pas éclairé par le soleil. *Mets-toi à l'**ombre** !* Contraires : **lumière**.

❷ Une **ombre** est une sorte de reflet sombre. Elle est produite par la lumière qui éclaire une personne ou un objet. *Peter Pan voulait rattraper son* ***ombre****.*

🔍 Le son [ɔ̃] s'écrit *om* devant un *b*.

Ils ont peur de leurs **ombres**.

omelette nom féminin

Une **omelette** est un plat fait avec des œufs battus et cuits dans une poêle. *Nous avons mangé une* ***omelette*** *aux champignons.*

omnivore adjectIf

Être **omnivore**, c'est manger de tout : viande, laitages et légumes. *L'homme, le porc sont* ***omnivores****.*

→ Cherche carnivore et herbivore.

on pronom

❶ **On** désigne une ou plusieurs personnes de façon vague. *Je crois qu'****on*** *t'appelle.* ***On*** *raconte que son grand-père a été champion de judo.*

❷ **On** s'emploie souvent à la place de « nous ». ***On*** *s'est bien amusés à la fête.*

🔍 Ne confonds pas avec « ils ont ».

A B C D E F G H I J K L M N O P Q R S T U V W X Y Z

oncle nom masculin
Un **oncle** est le frère de l'un des parents. *Mon **oncle** Franck est le frère de ma mère.*
➜ Cherche **tante**.
☛ Va voir « la famille », page 273.

ongle nom masculin
L'**ongle** est la partie dure qui recouvre l'extrémité des doigts des mains et des pieds. *Je me coupe les **ongles**.*

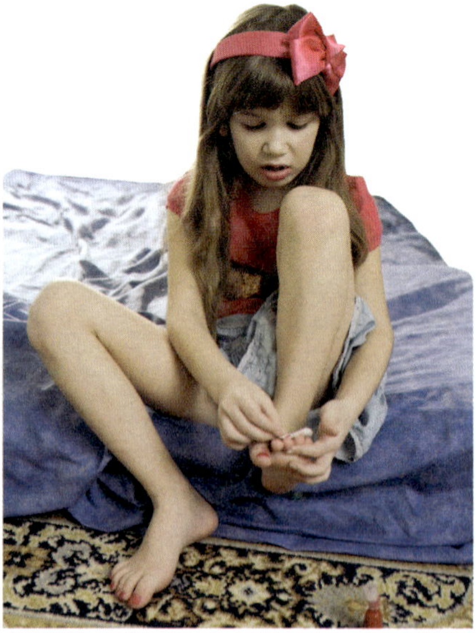
Julie se met du vernis sur les **ongles** des pieds.

opéra nom masculin
① Un **opéra** est une pièce de théâtre chantée et accompagnée de musique. *« La Flûte enchantée » est un **opéra** de Mozart.*
② L'**opéra** est le théâtre où l'on joue des opéras.

opération nom féminin
① Une **opération**, c'est ce qui permet de faire un calcul avec les nombres. *Les quatre **opérations** sont l'addition, la soustraction, la multiplication et la division.*
② Une **opération** est l'action d'opérer. *Les chirurgiens font des **opérations** dans un hôpital ou dans une clinique.*

opérer verbe
Opérer une personne ou un animal, c'est retirer ou soigner une partie malade de son corps. *On m'a **opéré** le genou à l'hôpital.*
● Mot de la même famille : **opération**.

ophtalmologiste nom masculin et nom féminin
Un **ophtalmologiste**, une **ophtalmologiste** sont des médecins qui soignent les yeux. C'est un nom de métier. **Synonyme : oculiste.**
🔍 Ce mot s'écrit avec *ph*.
➜ Cherche **opticien**.

opinion nom féminin
L'**opinion** d'une personne, c'est ce qu'elle pense de quelque chose. *J'ai donné mon **opinion** sur le film.* **Synonyme : avis.**

opposé, opposée adjectif
① Des directions **opposées** vont dans le sens contraire.
② Des idées **opposées**, des avis **opposés** sont complètement différents.
🔍 Il y a deux *p*.

s'opposer verbe
① **S'opposer** à quelque chose, c'est lutter contre. *Des associations **se sont opposées** à la construction d'une autoroute.* **Synonyme : refuser. Contraire : accepter.**
② **S'opposer** à quelqu'un, c'est être d'avis contraire. *Au cours de la discussion, deux personnes **se sont opposées**.*
🔍 Il y a deux *p*.
● Mot de la même famille : **opposé**.

opticien nom masculin
opticienne nom féminin
Un **opticien**, une **opticienne** sont des personnes qui fabriquent et qui vendent des lunettes. C'est un nom de métier.
➜ Cherche **oculiste** et **ophtalmologiste**.

optimiste adjectif
Une personne **optimiste** pense toujours que tout ira bien. Contraire : pessimiste.

1. or nom masculin
L'**or** est un métal précieux jaune et brillant. *Mathilde a une médaille en* **or***.*

2. or conjonction
Or signifie : mais, pourtant. *Tu m'avais dit que tu viendrais,* **or** *tu n'es pas venu.*
Ce mot s'emploie surtout à l'écrit.

orage nom masculin
Un **orage** est une grosse pluie avec des éclairs et des coups de tonnerre.
● Mot de la même famille : orageux.

L'**orage** a éclaté.

orageux, orageuse adjectif
Quand le temps est **orageux**, un orage va éclater.

oral nom masculin
L'**oral**, c'est l'ensemble des exercices où l'on doit parler. *Zoé a des bonnes notes à l'***oral***.* Contraire : écrit.
Au pluriel, on écrit *des oraux*.

1. orange nom féminin
Une **orange** est un fruit rond, d'une couleur entre le jaune et le rouge, qui a un goût sucré.

▶ Les oranges poussent sur un arbre des régions chaudes, l'**oranger**.

2. orange adjectif
La couleur **orange** est une couleur entre le rouge et le jaune. *J'ai des baskets* **orange***.*
Ce mot ne change pas au pluriel.

3. orange nom masculin
L'**orange** est la couleur orange. *On a peint les murs de ma chambre en* **orange***.*
Va voir « les couleurs et les formes », page 171.

orang-outan nom masculin
Un **orang-outan** est un grand singe brun qui a les bras très longs. Il vit dans les forêts d'Asie.
On ne prononce pas le *g*. Ce mot s'écrit avec un trait d'union. Au pluriel, on écrit *des orangs-outans*.

un **orang-outan** et son petit

A B C D E F G H I J K L M N O P Q R S T U V W X Y Z

orbite nom féminin
Une **orbite** est le trajet en forme de courbe que fait une planète ou un satellite. *La Terre parcourt son* ***orbite*** *autour du Soleil en un an.*

orchestre nom masculin
Un **orchestre**, c'est un ensemble de musiciens qui jouent une même œuvre avec différents instruments. *Le chef d'****orchestre*** *dirige les musiciens.*
On écrit *ch* mais on prononce [k].

ordinaire adjectif
1 Un objet **ordinaire** est de qualité courante. *J'écris sur du papier* ***ordinaire***. Contraires : rare, spécial.
2 Des gens **ordinaires** sont des gens qui ressemblent à tout le monde, qui n'ont rien de particulier. Contraires : exceptionnel, extraordinaire, original.

ordinateur nom masculin
Un **ordinateur** est une machine électronique qui peut faire des calculs très rapidement. Il sert aussi à écrire des textes, à dessiner, à trouver des renseignements et à jouer.

Ils font un jeu sur l'**ordinateur**.

ordonnance nom féminin
Une **ordonnance** est une liste de médicaments écrite par un médecin. *La pharmacienne a lu l'****ordonnance****.*
Il y a deux *n*.

ordonné, ordonnée adjectif
Une personne **ordonnée** a de l'ordre, range bien ses affaires. Contraire : désordonné.
Il y a deux *n*.

ordonner verbe
Ordonner, c'est donner un ordre. *La maîtresse nous* ***a ordonné*** *de sortir.*
Il y a deux *n*.

ordre nom masculin
1 L'**ordre**, c'est une façon de classer des choses avec méthode. *Anaïs récite les lettres dans l'****ordre*** *alphabétique. J'ai classé des nombres en* ***ordre*** *croissant.*
2 L'**ordre**, c'est le fait d'être disposé à la place qui convient. *Ma chambre est en* ***ordre***. Contraire : désordre.
3 Un **ordre**, c'est ce que l'on commande de faire. *On nous a donné l'****ordre*** *de sortir.*
● Mots de la même famille : ordonnance, ordonné, ordonner.

ordures nom féminin pluriel
Les **ordures** sont les choses que l'on met à la poubelle. *Les éboueurs ramassent les* ***ordures***. Synonyme : déchets.

orée nom féminin
L'**orée** d'un bois, d'une forêt, c'est le bord, la limite. *Hansel et Gretel atteignirent l'****orée*** *du bois et aperçurent un peu plus loin la maison de leur père.* Synonyme : lisière.

oreille nom féminin
Les **oreilles** se trouvent de chaque côté de la tête et permettent d'entendre.

oreiller **nom masculin**
Un **oreiller** est un coussin carré ou rectangulaire que l'on met dans un lit pour poser sa tête.
➜ Cherche traversin.

oreillons **nom masculin pluriel**
Avoir les **oreillons**, c'est avoir une maladie contagieuse qui fait enfler le cou sous les oreilles.

organe **nom masculin**
Un **organe** est une partie du corps qui a une fonction précise. *Les yeux sont les **organes** de la vue.*
● Mot de la même famille : organisme.

organisation **nom féminin**
L'**organisation**, c'est la manière d'organiser quelque chose, de le préparer de façon précise. *Marion s'est occupée de l'**organisation** de la fête.*

organiser **verbe**
Organiser quelque chose, c'est le préparer de façon précise. *Les parents d'élèves **ont organisé** une sortie au jardin zoologique.*
● Mot de la même famille : organisation.

organisme **nom masculin**
L'**organisme**, c'est l'ensemble des parties du corps. *L'air et l'eau sont indispensables à l'**organisme**.*

orge **nom féminin**
L'**orge** est une céréale qui a un épi entouré de longues tiges fines. Elle sert à nourrir les animaux et à fabriquer de la bière.

orgue **nom masculin**
Un **orgue** est un grand instrument de musique qui a plusieurs claviers et de gros tuyaux. On le trouve surtout dans les églises.

orgueil **nom masculin**
L'**orgueil** est le défaut d'une personne qui pense être meilleure et faire mieux que les autres.
● Mot de la même famille : orgueilleux.

orgueilleux, orgueilleuse **adjectif**
Une personne **orgueilleuse** se croit supérieure aux autres.
Synonyme : prétentieux.
Contraire : modeste.

orientation **nom féminin**
L'**orientation**, c'est la manière de s'orienter, de se repérer. *Paul a le sens de l'**orientation**, il retrouve toujours son chemin.*

s'orienter **verbe**
S'orienter, c'est se repérer et trouver son chemin. *Il est difficile de **s'orienter** dans l'obscurité.*
● Mot de la même famille : orientation.

Alice **s'oriente** sur le plan.

a b c d e f g h i j k l m n o p q r s t u v w x y z

original, originale adjectif

Une chose, une personne **originale** ne ressemble à rien ni à personne d'autre. *Zoé a toujours des idées **originales**.* Contraires : banal, ordinaire.

Au pluriel, on écrit *originaux*, *originales*.

origine nom féminin

1 L'**origine** d'une chose, c'est son commencement, son point de départ. *Connais-tu l'**origine** de ton nom de famille ?*

2 L'**origine** d'une personne, c'est l'endroit où ses ancêtres ont vécu. *Audrey est d'**origine** anglaise.*

ornement nom masculin

Un **ornement** est un objet qui sert à orner, à décorer. *Nous avons mis des **ornements** sur les murs de la classe.* Synonyme : décoration.

orner verbe

Orner un lieu, une chose, c'est les rendre plus beaux avec des objets décoratifs. *Une guirlande lumineuse **orne** le sapin de Noël.* Synonyme : décorer.

● Mot de la même famille : ornement.

ornithorynque nom masculin

Un **ornithorynque** est un mammifère d'Australie qui a un bec de canard et qui pond des œufs.

orphelin nom masculin
orpheline nom féminin

Un **orphelin**, une **orpheline** sont des enfants qui n'ont plus de parents vivants.

Ce mot s'écrit avec *ph*.

orteil nom masculin

Les **orteils** sont les doigts des pieds.

un **ornithorynque**

orthographe nom féminin

L'**orthographe** est la manière correcte d'écrire les mots. *Quand je ne connais pas l'**orthographe** d'un mot, je regarde dans le dictionnaire.*

Ce mot s'écrit avec *th* et *ph*.

orthophoniste nom masculin et nom féminin

Un **orthophoniste**, une **orthophoniste** sont des personnes qui corrigent les défauts de prononciation. C'est un nom de métier.

Ce mot s'écrit avec *th* et *ph*.

ortie nom féminin

L'**ortie** est une plante qui pique quand on la touche.

Rémi a des piqûres d'**ortie** sur les jambes.

orvet **nom masculin**
Un **orvet** est un lézard sans pattes qui ressemble à un petit serpent. Sa queue se casse facilement. *Les* ***orvets*** *sont inoffensifs.*

os **nom masculin**
Les **os** sont les parties dures et blanches qui forment le squelette. *Nous avons environ 200* ***os****.*

Au singulier, on prononce le *s* : [ɔs], mais, au pluriel on ne le prononce pas : [o].

oser **verbe**
Oser, c'est avoir le courage de faire ou de dire quelque chose. *J'****ai osé*** *dire ce que je pensais de lui.*

osier **nom masculin**
L'**osier** est un arbre qui a de longues branches souples. *On fabrique des paniers et des corbeilles avec des branches d'****osier****.*

otage **nom masculin**
Un **otage** est une personne que l'on retient prisonnière pour pouvoir l'échanger contre quelque chose. *Les cambrioleurs ont pris le directeur de la banque en* ***otage****.*

otarie **nom féminin**
Une **otarie** est un mammifère qui vit dans les mers froides. Elle ressemble à un phoque, mais elle a un corps plus allongé et des membres plus longs qui lui permettent de mieux se déplacer sur terre.

ôter **verbe**
1 **Ôter** une chose, c'est l'enlever. *Elle* ***a ôté*** *son manteau en entrant.* Synonyme : retirer. Contraire : garder.
2 Dans une soustraction, **ôter** un nombre, c'est l'enlever. *Si l'on* ***ôte*** *quatre de sept, il reste trois.* Synonymes : retrancher, soustraire. Contraire : ajouter.

Le *o* prend un accent circonflexe.

otite **nom féminin**
Une **otite** est une maladie des oreilles très douloureuse.

ou **conjonction**
Ou est un petit mot qui sert à relier des mots ou des phrases en indiquant un choix. *On peut aller au Canada en avion* ***ou*** *en bateau.*

Ne confonds pas « ou » et « où ».

Est-ce que ce sera une fille **ou** un garçon ?

où **pronom**
Où remplace un nom de lieu. *La ville* ***où*** *nous habitons est située près de la mer.*

Il y a un accent grave sur le *u*. Ne confonds pas « où » et « ou ».

oubli **nom masculin**
Un **oubli**, c'est le fait d'oublier quelque chose. *Elle a laissé son sac ici, c'est sûrement un* ***oubli****.*

oublier **verbe**
1 **Oublier**, c'est ne plus savoir quelque chose. *J'****ai oublié*** *le nom de notre voisine.* Contraires : se rappeler, se souvenir de.

A B C D E F G H I J K L M N O P Q R S T U V W X Y Z

❷ **Oublier**, c'est ne pas penser à prendre une chose, à faire quelque chose. *J'**ai oublié** mes clés. Tu **as oublié** d'acheter le pain.*
● Mot de la même famille : oubli.

ouest **nom masculin**
L'**ouest** est l'un des quatre points cardinaux qui permettent de se diriger. *Quand on regarde vers le nord, l'**ouest** est à gauche. Le soleil se couche à l'**ouest**.*
On prononce le *s* et le *t*.
➜ Cherche est, nord et sud.

ouf ! **interjection**
Ouf s'emploie quand on est soulagé. ***Ouf !** j'ai fini de ranger mes jouets !*

oui **adverbe**
Oui s'emploie pour accepter ou pour affirmer quelque chose. « *Veux-tu un gâteau ? – **Oui**, merci.*» « *As-tu rangé ta chambre ? – **Oui**.*» Contraire : non.

ouïe **nom féminin**
L'**ouïe** est le sens qui permet d'entendre.
Il y a un tréma sur le *i*.
➜ Cherche goût, odorat, toucher et vue.

ouistiti **nom masculin**
Un **ouistiti** est un petit singe qui vit dans les forêts d'Amérique du Sud. Il a une très longue queue qui lui permet de sauter d'arbre en arbre sans tomber.

ouragan **nom masculin**
Un **ouragan** est une tempête très violente. *Il y a souvent des **ouragans** dans les Antilles.*
➜ Cherche cyclone, tempête et tornade.

ourlet **nom masculin**
Un **ourlet** est le bord d'un tissu replié à l'intérieur et cousu. *L'**ourlet** de ton pantalon est décousu.*

ours **nom masculin**
Un **ours** est un grand mammifère qui a une fourrure épaisse et de grosses griffes.
▶ La femelle est l'**ourse**, le petit est l'**ourson**. Quand l'ours crie, on dit qu'il grogne. L'ours blanc vit dans la région des pôles. Il se nourrit de phoques et de poissons. L'ours brun est le plus gros des ours. Il vit dans les forêts d'Europe, d'Asie et d'Amérique.
Ce mot se termine par un *s* qu'on prononce.

oursin **nom masculin**

Un **oursin** est un petit animal marin. Il a une carapace ronde couverte de piquants qui peuvent bouger. *Les **oursins** sont comestibles.*

outil **nom masculin**
Un **outil** est un objet que l'on utilise pour faire un travail manuel. *Un marteau, une perceuse, une pelle sont des **outils**.*
Ce mot se termine par un *l* qu'on ne prononce pas.

ouvert, ouverte ➜ **ouvrir**

un **ours**

ouverture **nom féminin**

❶ L'**ouverture**, c'est l'action d'ouvrir. *J'ai attendu l'**ouverture** de la poste.* Contraire : fermeture.

❷ Une **ouverture** est un espace qui permet de passer. *Les fenêtres sont des **ouvertures**.*

ouvre-boîte **nom masculin**

Un **ouvre-boîte** est un instrument qui sert à ouvrir les boîtes de conserve.

🔎 Ce mot s'écrit avec un trait d'union. Au pluriel, il n'y a pas de *s* à « ouvre » : *des ouvre-boîtes.*
– La nouvelle orthographe permet d'écrire aussi *un ouvre-boite, des ouvre-boites,* sans accent circonflexe.

ouvrier **nom masculin**
ouvrière **nom féminin**

Un **ouvrier**, une **ouvrière** sont des personnes qui font un travail manuel dans une usine ou un atelier.

ouvrir **verbe**

❶ **Ouvrir**, c'est permettre le passage en poussant une porte, en dévissant un robinet. *J'ai **ouvert** le robinet de la baignoire.* Contraire : fermer.

❷ Quand un magasin ou un établissement **ouvre**, il reçoit les clients, les visiteurs. *Le musée **ouvre** à dix heures.* Contraire : fermer.

❸ **Ouvrir**, c'est déplier ou écarter. *Elle **a ouvert** son parapluie. **Ouvrez** les yeux !* Contraire : fermer.

● Mots de la même famille : ouverture, ouvre-boîte.

Marie **ouvre** le robinet.

1. ovale **adjectif**

Un objet **ovale** a la forme d'un œuf. *Un ballon de rugby est **ovale**.*

2. ovale **nom masculin**

Un **ovale** est une forme ovale.

🔎 « Ovale » est un nom masculin qui se termine par un *e*.

oxygène **nom masculin**

L'**oxygène** est un gaz sans odeur contenu dans l'air. Il est indispensable aux êtres vivants car il leur permet de respirer.

🔎 Ce mot s'écrit avec un *y*.

ozone **nom masculin**

L'**ozone** est un gaz qui forme une couche dans l'atmosphère. Il protège la Terre des rayons trop chauds du Soleil.

pacte **nom masculin**
Signer un **pacte** (ou faire un **pacte**), c'est signer un accord.

pagaie **nom féminin**
Une **pagaie** est une rame courte. *On fait du canoë avec une* ***pagaie****.*

pagaille **nom féminin**
La **pagaille** est un grand désordre. *Qui a mis cette* ***pagaille*** *dans mes affaires ?* Synonyme : fouillis.
C'est un mot familier.

1. page **nom féminin**
Une **page**, c'est chaque côté d'une feuille de cahier ou de livre. *Ouvrez votre livre à la* ***page*** *57.*

2. page **nom masculin**
Un **page** est un jeune noble qui était au service d'un roi, d'un seigneur ou d'une dame. *Dans la chanson « Malbrough s'en va-t-en guerre », la dame demande à son* ***page*** *quelles nouvelles il apporte.*

pagne **nom masculin**
Un **pagne** est un vêtement fait d'un morceau de tissu que l'on enroule autour des hanches. On le porte dans les pays chauds.

pagode **nom féminin**
Une **pagode** est un bâtiment où les bouddhistes se rassemblent pour prier.
➜ Cherche église, mosquée, synagogue et temple.

paillasson **nom masculin**
Un **paillasson** est un petit tapis à poils durs que l'on place devant une porte d'entrée pour s'essuyer les pieds.

paille **nom féminin**
1 La **paille** est la tige coupée des céréales. *La* ***paille*** *sert de litière et de fourrage au bétail.*
2 Une **paille** est un petit tuyau qui sert à aspirer une boisson.
● Mots de la même famille : paillasson, paillette.

paillette **nom féminin**
Une **paillette** est une petite plaque de métal qui scintille. *L'actrice portait une robe à* ***paillettes****.*

pain **nom masculin**
1 Le **pain** est un aliment fait d'un mélange de farine, d'eau et de sel et qui est cuit au four. *J'ai acheté du* ***pain*** *de mie à la boulangerie.*

❷ Le **pain d'épice** est un gâteau fait avec de la farine de seigle, du miel et des épices.
❸ Un **pain au chocolat** est une pâtisserie qui contient une barre de chocolat.
Ne confonds pas avec « le pin », l'arbre.

pair, paire **adjectif**
Un nombre **pair** est un nombre qui se termine par 0 ou 2 ou 4 ou 6 ou 8. *26 est un nombre **pair**.* Contraire : impair.

paire **nom féminin**
Une **paire** est un ensemble de deux choses qui vont ensemble. *J'ai perdu ma **paire** de chaussettes.*

Alice a mis sa nouvelle **paire** de baskets.

paître **verbe**
Pour un ruminant, **paître**, c'est manger l'herbe en broutant. *Les vaches **paissent** dans le pré.* Synonyme : brouter.
La nouvelle orthographe permet d'écrire aussi *paitre,* sans accent circonflexe.

paix **nom féminin**
❶ La **paix**, c'est l'état d'un pays qui n'est pas en guerre.
❷ **Faire la paix**, c'est se réconcilier.
Ce mot se termine par un *x*.

palais **nom masculin**
❶ Un **palais** est une grande habitation où vit un personnage important. Synonyme : château.
❷ Le **palais** est la partie supérieure à l'intérieur de la bouche.
Ce mot se termine par un *s*.

pâle **adjectif**
❶ Ce qui est **pâle** a peu de couleurs. *Chloé a le teint **pâle**.*
❷ Une couleur **pâle** est une couleur claire. *Mon pull est bleu **pâle**.*
Le *a* prend un accent circonflexe.
● Mot de la même famille : pâlir.

palette **nom féminin**
Une **palette** est une plaque que les peintres utilisent pour mélanger leurs couleurs.

palier **nom masculin**
Le **palier** est la partie d'un escalier qui se trouve entre chaque étage.

pâlir **verbe**
Pâlir, c'est devenir tout pâle. *Il **a pâli** de peur.*
Le *a* prend un accent circonflexe.

palissade **nom féminin**
Une **palissade** est une barrière de planches. *Le chantier est entouré d'une **palissade**.*

palme **nom féminin**
Les **palmes** sont des objets en caoutchouc qui ressemblent à des pattes palmées. *J'ai mis des **palmes** pour nager plus vite.*
● Mots de la même famille : palmé, palmier.

palmé, palmée **adjectif**
Les pattes **palmées** des oiseaux nageurs ont les doigts réunis par une peau. *Les canards, les pingouins ont les pattes **palmées**.*

palmier **nom masculin**
Un **palmier** est un arbre des pays chauds qui a de très grandes feuilles au sommet du tronc.

▶ Les feuilles du palmier sont appelées des **palmes**.

pamplemousse **nom masculin**

Un **pamplemousse** est un gros fruit jaune qui a un goût acide.

▶ Les pamplemousses poussent sur un arbre des régions chaudes, le **pamplemoussier**.

Le son [ɑ̃] s'écrit *am* devant un *p*.

pancarte **nom féminin**
Une **pancarte** est un panneau qui porte une inscription. *« Défense d'entrer », c'est ce qu'indique une **pancarte** devant le chantier.* Synonyme : écriteau.

des **pandas**

panda **nom masculin**
Un **panda** est un mammifère noir et blanc qui vit dans les forêts de l'Inde et de la Chine. Il ressemble à un petit ours. *Les grands **pandas** mangent des bambous.*

pané, panée **adjectif**
Un aliment **pané** est un aliment recouvert de miettes de pain sec et frit. *Au déjeuner, nous avons mangé du poisson **pané**.*

panier **nom masculin**
Un **panier** est un objet en paille ou en osier, qui a une ou deux anses. *Je mets mes provisions dans un **panier**.*

panique **nom féminin**
La **panique** est une grande peur que l'on ne peut pas contrôler. *Au cinéma, un incendie a provoqué la **panique** des spectateurs.*

panne **nom féminin**
Une **panne** est l'arrêt d'une machine, d'un système ou d'un véhicule. *Notre voiture est tombée en **panne**.*

Il y a deux *n*.

panneau **nom masculin**
1 Un **panneau** est une plaque de bois ou de métal qui porte des inscriptions. *Sur les routes, les **panneaux de signalisation** indiquent les directions, les dangers et les interdictions.*
2 Un **panneau** est une surface plate. *Les portes sont faites de **panneaux** en bois.*

Il y a deux *n*. Au pluriel, on écrit *des panneaux*.

☛ Va voir « les panneaux de signalisation », page 491.

panoplie **nom féminin**
Une **panoplie** est un déguisement avec tous les objets qui l'accompagnent. *Pour Noël, David a eu une **panoplie** de pompier.*

Les panneaux de signalisation

Les panneaux de danger

- attention danger
- passage pour piétons
- attention aux enfants
- attention aux cyclistes
- ralentisseur
- passage à niveau
- chaussée glissante

Les panneaux d'interdiction

- circulation interdite
- sens interdit
- interdiction de dépasser
- interdit aux cyclistes
- interdit aux piétons
- stationnement interdit
- vitesse limitée

Les panneaux de priorité et d'intersection

- arrêt obligatoire
- carrefour à sens giratoire
- intersection
- route prioritaire
- cédez le passage

Les feux tricolores

- rouge : arrêt
- orange : prudence
- vert : libre
- feux pour les piétons

Les panneaux d'obligation

- direction obligatoire : tout droit
- direction obligatoire : à droite
- vitesse minimale obligatoire
- voie réservée aux autobus
- piste cyclable

Les panneaux d'indication

- arrêt d'autobus
- transport d'enfants
- passage pour piétons
- parc de stationnement
- chemin sans issue
- accessible aux personnes handicapées
- poste de secours

panorama **nom masculin**
Un **panorama** est un grand paysage qu'on voit d'une hauteur. *Du sommet de la montagne, on peut admirer le **panorama**.*

pansement **nom masculin**
Un **pansement**, c'est ce que l'on met sur une blessure pour la protéger des infections. *Une bande, une compresse, du sparadrap peuvent servir de **pansement**.*

pantalon **nom masculin**
Un **pantalon** est un vêtement qui enveloppe les fesses et chacune des jambes jusqu'aux pieds.

panthère **nom féminin**
Une **panthère** est un mammifère carnivore des pays chauds qui a un pelage beige avec des taches noires ou bien un pelage noir. *Les **panthères** chassent la nuit.*

▶ Les panthères sont des félins. Quand la panthère crie, on dit qu'elle **feule**, qu'elle **miaule** ou qu'elle **rugit**.

Ce mot s'écrit avec *th*.

➜ Cherche félin, guépard et léopard.

pantin **nom masculin**
Un **pantin** est une marionnette que l'on fait bouger en tirant sur des fils. *Pinocchio est un **pantin**.*

un **pantin**

pantoufle **nom féminin**
Une **pantoufle** est une chaussure souple, légère et confortable pour la maison. Synonyme : chausson.

paon **nom masculin**
Un **paon** est un grand oiseau qui a un plumage bleu-vert et une longue queue. Le mâle étale sa queue en éventail.

▶ La femelle est la **paonne**. Elle a un plumage moins coloré que le mâle. Quand le paon crie, on dit qu'il **criaille** ou qu'il **braille**.

On écrit *paon* mais on prononce [pɑ̃], comme dans « panda ».

papa **nom masculin**
Papa est le nom affectueux que l'on donne à son père. *Au revoir, **papa** !*

pape **nom masculin**
Le **pape** est le chef des catholiques. *Le **pape** habite à Rome, en Italie.*

une **panthère** noire

A B C D E F G H I J K L M N O P Q R S T U V W X Y Z

papeterie nom féminin
Une **papeterie** est une boutique où l'on peut acheter du papier, des stylos et toutes les fournitures scolaires.
La nouvelle orthographe permet d'écrire aussi *papèterie,* avec un accent grave.

papi nom masculin
Papi est l'un des noms affectueux que l'on donne à son grand-père. *Raconte-nous une histoire,* ***papi*** *!*
On écrit aussi « papy ».

papier nom masculin
1 Le **papier** est une matière qui est fabriquée avec du bois et des chiffons réduits en pâte. *J'écris sur du* ***papier*** *à lettres.*
2 Les **papiers** sont des documents qui prouvent l'identité d'une personne. *Le policier lui a demandé ses* ***papiers*** *et il a montré son passeport.*

papillon nom masculin
1 Un **papillon** est un insecte qui a quatre ailes et une trompe pour aspirer le liquide sucré des fleurs.
2 Un **nœud papillon** est un nœud de cravate en forme de papillon.
→ Cherche chenille.

paquebot nom masculin
Un **paquebot** est un grand navire qui sert à transporter des passagers.

pâquerette nom féminin
Une **pâquerette** est une fleur des champs à pétales blancs et à cœur jaune. Elle ressemble à une petite marguerite.

Le *a* prend un accent circonflexe.

Les papillons

paquet **nom masculin**
❶ Un **paquet** est un objet enveloppé dans un emballage. *Envoyez-nous le* ***paquet*** *par la poste.* Synonyme : colis.
❷ Un **paquet** est une marchandise emballée pour être vendue. *J'ai acheté un* ***paquet*** *de sucre.*

par **préposition**
Par s'emploie pour donner différentes indications. *Le prisonnier s'est échappé* ***par*** *la fenêtre. Je tiens ma petite sœur* ***par*** *la main. Le piéton a été renversé* ***par*** *une voiture. Nous avons un livre* ***par*** *élève.*

parachute **nom masculin**
Un **parachute** est une grande toile servant à ralentir la chute d'une personne qui saute d'un avion en vol.

parachutiste **nom masculin et nom féminin**
Un **parachutiste**, une **parachutiste** sont des personnes qui sautent en parachute.

paradis **nom masculin**
Dans certaines religions, le **paradis** est l'endroit où ceux qui ont respecté Dieu vont après leur mort. Le paradis est souvent représenté par un jardin.
🔎 Ce mot se termine par un *s*.
➜ Cherche enfer.

paragraphe **nom masculin**
Un **paragraphe** est une partie de texte. Il commence au début d'une ligne et finit quand on retourne à la ligne pour commencer une nouvelle phrase.
🔎 Ce mot s'écrit avec *ph*.

paraître **verbe**
❶ **Paraître**, c'est avoir l'air. *Vous* ***paraissez*** *bien joyeux ce matin.* Synonyme : sembler.
❷ **Il paraît que** signifie : on dit que. ***Il paraît que*** *la maîtresse est absente.*
🔎 La nouvelle orthographe permet d'écrire aussi *paraitre*, sans accent circonflexe.

parallèle **adjectif**
Deux lignes **parallèles** sont deux lignes qui sont toujours à la même distance l'une de l'autre et qui ne se croisent pas.
🔎 Il y a deux *l* au milieu du mot et un seul *l* à la fin.
➜ Cherche perpendiculaire.

Thomas fait des lignes **parallèles**.

paralysé, paralysée **adjectif**
Une personne **paralysée** ne peut plus bouger une partie de son corps, à la suite d'un accident ou d'une maladie. Synonyme : infirme.
🔎 Il y a un *y*.

parapente **nom masculin**
Un **parapente** est un parachute rectangulaire fait pour se jeter du haut d'un sommet.

parapluie **nom masculin**
Un **parapluie** est un objet fait d'un tissu imperméable monté sur un manche. On l'ouvre pour se protéger de la pluie.

parasol **nom masculin**
Un **parasol** est une sorte de grand parapluie qui sert à se protéger du soleil.

Il fait du **parapente.**

paratonnerre **nom masculin**

Un **paratonnerre** est une tige de fer qui est fixée sur le toit d'un bâtiment et reliée au sol. Il sert à protéger de la foudre.

Ce mot s'écrit avec deux *n* et deux *r*.

parc **nom masculin**

1 Un **parc** est un grand jardin avec des pelouses et des arbres. *Un **parc** entoure le château.*

2 Un **parc de stationnement** est un endroit où l'on peut se garer. Synonyme : parking.

Va voir les planches illustrées 10

parce que **conjonction**

Parce que indique la raison, la cause de quelque chose. *J'ouvre la fenêtre **parce que** j'ai chaud.* Synonyme : car.

Parce que s'écrit *parce qu'* devant certains mots qui commencent par une voyelle : *parce qu'il est content ; parce qu'on est là.*

parcmètre **nom masculin**

Un **parcmètre** est un appareil où l'on met une somme d'argent qui correspond au temps de stationnement.

parcourir **verbe**

Parcourir une distance, c'est la faire. *Nous **avons parcouru** dix kilomètres à pied en trois heures.*

● Mot de la même famille : parcours.

parcours **nom masculin**

Un **parcours** est le chemin suivi par une personne ou par un véhicule. *Quel est le **parcours** de cet autobus ?* Synonymes : itinéraire, trajet.

Ce mot se termine par un *s*.

par-dessous **préposition**

Par-dessous signifie : par la partie qui est dessous. *J'attrape mon frère **par-dessous** les bras.* Contraire : par-dessus.

Ce mot s'écrit avec un trait d'union.

par-dessus **préposition**

Par-dessus signifie : par la partie qui est dessus. *Elle essaie de lire **par-dessus** l'épaule d'une dame.* Contraire : par-dessous.

Ce mot s'écrit avec un trait d'union.

Le chien saute **par-dessus** la haie.

A B C D E F G H I J K L M N O P Q R S T U V W X Y Z

1. pardon **nom masculin**
Demander **pardon**, c'est faire des excuses. *Elle a demandé* ***pardon*** *d'avoir menti.*
● Mot de la même famille : pardonner.

2. pardon ! **interjection**
① **Pardon** s'emploie pour s'excuser, pour demander pardon. ***Pardon,*** *madame, je vous ai fait mal ?*
② **Pardon** s'emploie pour faire répéter ce qu'on a mal compris. *Pardon ? Qu'avez-vous dit ?* Synonyme : *comment ?*

pardonner **verbe**
Pardonner à quelqu'un, c'est ne pas lui en vouloir pour ce qu'il a fait ou pour ce qu'il a dit. ***Pardonnez****-moi si je vous ai vexé.* Synonyme : excuser.

pare-brise **nom masculin**
Le **pare-brise** est la vitre qui se trouve à l'avant d'une voiture. Il protège du vent et de la pluie.
🔍 Ce mot a un trait d'union. Au pluriel, on écrit *des pare-brise*. Mais la nouvelle orthographe permet d'écrire aussi *des pare-brises*, avec un *s*.

pareil, pareille **adjectif**
Quand deux choses sont **pareilles**, elles se ressemblent parfaitement, ce sont les mêmes. *Mon sac à dos et celui de Jérémy sont* ***pareils****.* Synonymes : identique, semblable. Contraire : différent.

parenthèse **nom féminin**
Des **parenthèses** sont des signes qui encadrent un mot ou un groupe de mots qui n'est pas indispensable. *Dans la phrase « Paul (mon frère aîné) est venu », (mon frère aîné) est entre* ***parenthèses****.*
🔍 Ce mot s'écrit avec *th*.

parents **nom masculin pluriel**
Les **parents** sont le père et la mère d'une personne.
☛ Va voir « la famille », page 273.

paresse **nom féminin**
La **paresse** est le défaut d'une personne qui n'aime pas travailler ni faire d'efforts. *C'est par* ***paresse*** *que je n'ai pas répondu à sa lettre.*
● Mot de la même famille : paresseux.

paresseux, paresseuse **adjectif**
Une personne **paresseuse** n'aime pas travailler ni faire des efforts. Synonyme : fainéant.

parfait, parfaite **adjectif**
Une chose **parfaite** est sans défaut. *Ton travail est* ***parfait****. Aucune personne n'est* ***parfaite****.*
● Mot de la même famille : parfaitement.

Leurs bonnets sont **pareils**.

parfaitement **adverbe**
Parfaitement signifie : de manière parfaite. *Tes photos sont* ***parfaitement*** *réussies.*

parfois **adverbe**
Parfois signifie : de temps en temps. *Romain oublie* ***parfois*** *ses clés.* Synonyme : quelquefois.

parfum **nom masculin**
1 Un **parfum** est une odeur agréable. *J'aime le* ***parfum*** *du lilas.*
2 Un **parfum** est un liquide qui sent bon et qui contient de l'alcool. *Ma sœur m'a prêté son flacon de* ***parfum****.*
3 Un **parfum** est un goût donné à certains aliments sucrés. *La fraise et la vanille sont deux* ***parfums*** *de glace.*
Synonyme : arôme.
● Mots de la même famille : parfumé, se parfumer.

des flacons de **parfum**

parfumé, parfumée **adjectif**
Ce qui est **parfumé** a un parfum. *Le lilas et le mimosa sont des fleurs très* ***parfumées****. J'aime les glaces* ***parfumées*** *aux fruits.*

se parfumer **verbe**
Se parfumer, c'est se mettre du parfum sur la peau.

pari **nom masculin**
Le **pari**, c'est l'action de parier. *J'ai fait un* ***pari*** *avec mes amis. Léo a perdu son* ***pari****.*

parier **verbe**
Parier, c'est faire un jeu où les personnes s'engagent à donner quelque chose à celle qui aura raison. *Je te dis que la tour Eiffel mesure 324 mètres, tu veux* ***parier*** *?*
● Mot de la même famille : pari.

parking **nom masculin**
Un **parking** est un endroit pour garer les véhicules. *On a construit un grand* ***parking*** *devant le supermarché.*
Synonyme : parc de stationnement.

parler **verbe**
1 **Parler**, c'est dire des mots, s'exprimer. *Nicolas a deux ans, il commence à* ***parler****. Sais-tu* ***parler*** *anglais ?*
2 **Ne plus parler à quelqu'un**, c'est être fâché avec lui et ne plus lui adresser la parole.
● Mot de la même famille : parole.
➜ Cherche bavarder et discuter.

parmi **préposition**
Parmi signifie : au milieu de. *On aperçoit une maison* ***parmi*** *les arbres.*

Parmi ces moutons, il y a un intrus.

parole **nom féminin**
1 La **parole** est la capacité de parler, de s'exprimer par des mots. *Les êtres humains peuvent communiquer par la* ***parole****. La voisine ne m'adresse plus la* ***parole****. Ne me coupe pas la* ***parole*** *sans arrêt.*
2 Les **paroles** d'une chanson, c'est son texte. *Connais-tu les* ***paroles*** *de « Santillano » ?*

A B C D E F G H I J K L M N O P Q R S T U V W X Y Z

parquet **nom masculin**
Le **parquet**, c'est l'ensemble des planches qui recouvrent un sol. *J'ai glissé sur le **parquet** ciré.* Synonyme : **plancher.**

parrain **nom masculin**
Dans la religion catholique, le **parrain** est l'homme qui présente un enfant au baptême. *Franck est mon **parrain** et je suis sa filleule.*

Il y a deux *r*.

→ Cherche **marraine**.

part **nom féminin**
① Une **part** est une partie d'une chose divisée entre plusieurs personnes. *J'ai coupé la pizza en quatre **parts**.* Synonyme : **portion.**
② Faire quelque chose **de la part de** quelqu'un, c'est le faire à sa place. *Je t'apporte un cadeau **de la part de** Bastien.*

→ Cherche **autre part**, **nulle part** et **quelque part**.

à **part** **adverbe**
① **À part** signifie : sauf. *Tout le monde s'est baigné, **à part** Julie.*
② Mettre **à part**, c'est mettre de côté. *J'ai mis tes affaires de toilette **à part**.*

partage **nom masculin**
Faire un **partage**, c'est donner une part à chaque personne. *Les pirates ont fait le **partage** du butin.* Synonyme : **répartition.**
● Mot de la même famille : **partager**.

partager **verbe**
① **Partager**, c'est diviser en parts. *La propriété **a été partagée** entre les trois enfants.* Synonymes : **diviser, répartir.**
② **Partager**, c'est donner une partie de ce qu'on a. *Chloé **a partagé** son goûter avec Julien.*

Hugo **partage** sa glace avec Fatou.

partenaire **nom masculin et nom féminin**
Un **partenaire**, une **partenaire** sont des personnes qui sont dans le même camp, dans un jeu, un sport. *Léa est ma **partenaire** au tennis.* Contraire : **adversaire.**

parti **nom masculin**
① Un **parti** est un groupe de personnes qui font de la politique. *Les **partis** présentent leurs candidats aux élections.*
② **Prendre parti** pour quelqu'un, c'est dire qu'il a raison, le défendre. *Dans la dispute, Lucas **a pris parti** pour son frère.*

Ne confonds pas « un parti » et « une partie ».

participe **nom masculin**
Un **participe** est une forme du verbe. *Dans « j'ai aimé », « aimé » est le **participe** passé du verbe « aimer ».*

participer verbe
Participer à quelque chose, c'est le faire avec d'autres. *Marie et Hugo* ***ont participé*** *à la course.*

particulier, particulière adjectif
Avoir quelque chose de **particulier**, c'est avoir quelque chose qui distingue des autres. *Elle a une manière* ***particulière*** *de jouer au tennis.* Synonyme : spécial.
● Mot de la même famille : particulièrement.

en **particulier** adverbe
En particulier signifie : surtout. *J'aime tous les fruits, mais les ananas* ***en particulier****.* Synonymes : particulièrement, spécialement.

particulièrement adverbe
Particulièrement signifie : surtout. *Clément aime* ***particulièrement*** *les bandes dessinées.* Synonymes : en particulier, spécialement.

partie nom féminin
❶ Une **partie**, c'est un morceau, un élément, un passage. *Ma sœur m'a raconté une* ***partie*** *de l'histoire.*
❷ Une **partie** est un ensemble de coups qu'il faut jouer. *Nous avons fait une* ***partie*** *de dames.*
❸ **Faire partie d'**un groupe, c'est y être inscrit, en être membre. *Valentin* ***fait partie d'****un club de sport.*
Ne confonds pas « une partie » et « un parti », en politique.

partir verbe
❶ **Partir**, c'est quitter l'endroit où l'on est. *Nous* ***partirons*** *de la piscine à 15 heures.* Synonyme : s'en aller. Contraire : arriver.
❷ **Partir**, c'est ne plus être visible. *La tache de chocolat* ***est partie*** *au lavage.* Synonyme : disparaître.

Claire **part** en voyage.

à **partir de** préposition
À partir de indique un point de départ. ***À partir d'****ici, la route est droite.* ***À partir de*** *demain, je fais du sport.* Synonyme : dès.

partition nom féminin
Une **partition** est une feuille où sont écrites les notes d'un morceau de musique. *Le pianiste joue sans regarder sa* ***partition****.*

partout adverbe
Partout signifie : dans tous les endroits. *Je n'ai pas trouvé mon porte-monnaie, pourtant je l'ai cherché* ***partout****.*

1. pas nom masculin
❶ Un **pas** est un mouvement que l'on fait quand on pose un pied devant l'autre pour marcher. *Un bébé fait ses premiers* ***pas*** *vers l'âge d'un an.*

❷ Un **pas** est une trace laissée par le pied d'une personne qui a marché.

On voit les **pas** de Lucas sur le sable.

2. pas adverbe

Pas s'emploie dans une phrase négative. *Je ne sais* ***pas*** *nager.*

passage nom masculin

❶ Le **passage** est l'action de passer. *Mon oncle est de* ***passage*** *en France.*
❷ Un **passage** est un endroit par où l'on peut passer. *Le guide nous a montré un* ***passage*** *secret dans le château.*
❸ Un **passage à niveau** est un croisement entre une route et une voie ferrée.
❹ Un **passage** est une partie d'un livre ou d'une chanson. *J'ai lu un* ***passage*** *des « Contes de la rue Broca ».*
Synonyme : extrait.

passager nom masculin
passagère nom féminin

Un **passager**, une **passagère** sont des personnes qui sont transportées en bateau, en avion ou en voiture. *Le conducteur a trois* ***passagers*** *dans sa voiture.*

passant nom masculin
passante nom féminin

Un **passant**, une **passante** sont des personnes qui passent dans la rue. *Mathieu a demandé son chemin à une* ***passante****.* Synonyme : piéton.

1. passé, passée adjectif

Les siècles **passés** sont les siècles qui ont précédé le siècle présent.
Contraires : futur, présent.

2. passé nom masculin

❶ Le **passé** est la période qui s'est déroulée avant le moment présent. *Grand-mère pense souvent au* ***passé****.*
Contraires : avenir, futur, présent.
❷ Le **passé** est un temps que l'on emploie quand une action est terminée. *Dans la phrase « Léo a fini son travail », le verbe « finir » est au* ***passé****.*
➜ Cherche futur, imparfait et présent.

passeport nom masculin

Un **passeport** est un papier d'identité qui a la forme d'un petit carnet. Il permet de voyager dans certains pays étrangers.

passer verbe

❶ **Passer**, c'est avancer pour aller plus loin. *Les voitures* ***passent*** *à toute vitesse.* Synonyme : circuler.
❷ **Passer** quelque part, c'est y rester peu de temps. *Maxime* ***est passé*** *à la maison.*
❸ **Passer** une limite, c'est aller de l'autre côté. *Nous* ***avons passé*** *la frontière.*
Synonymes : franchir, traverser.
❹ **Passer**, c'est donner, transmettre. ***Passe****-moi le pain !*
❺ **Passer** un examen, un concours, c'est les subir. **Passer** dans une classe supérieure, c'est y être admis.
❻ Quand le temps **passe**, il s'écoule. *Le temps* ***passe*** *vite en vacances.*
❼ **Passer** un certain temps, c'est l'utiliser de telle manière. *J'ai* ***passé*** *la soirée à classer des photos. Elle* ***a passé*** *son enfance à la campagne.*

❽ Quand une chose **se passe**, elle a lieu. *L'histoire **se passe** au Moyen Âge.*
Synonyme : se dérouler.
❾ **Se passer de** quelque chose ou de quelqu'un, c'est s'en séparer. *Elle ne peut pas **se passer de** son ours en peluche.*
● Mots de la même famille : passage, passager, passant, passé, passerelle, passoire.

passerelle nom féminin
❶ Une **passerelle** est un petit pont où passent les piétons. *On traverse la voie ferrée sur une **passerelle**.*
❷ Une **passerelle** est un escalier mobile qui permet de monter dans un avion ou dans un bateau.

passion nom féminin
❶ La **passion** est un amour très fort. *Elle aime son mari avec **passion**.*
❷ Une **passion** est une chose qu'on aime par-dessus tout. *J'ai une **passion** pour les animaux.*
● Mots de la même famille : passionnant, passionner.

Les avions, c'est sa **passion**.

passionnant, passionnante adjectif
Une chose, une personne **passionnante** passionne, intéresse énormément. *J'ai vu un film **passionnant**.*
Contraire : ennuyeux.
Il y a deux *n*.

passionner verbe
Passionner quelqu'un, c'est l'intéresser vivement. *Cette histoire m'**a passionné**.*
Contraire : ennuyer.
Il y a deux *n*.

passoire nom féminin
Une **passoire** est un objet percé de trous, qui laisse passer un liquide et retient les matières solides. *J'ai mis les pâtes dans la **passoire**.*
→ Cherche filtre.

pasteur nom masculin
Dans la religion protestante, un **pasteur** est un homme ou une femme qui dirige les cérémonies religieuses.
→ Cherche imam, prêtre et rabbin.

pastille nom féminin
Une **pastille** est un petit bonbon rond et plat. *Léa suce des **pastilles** à la menthe.*

patate nom féminin
Une **patate** est une pomme de terre.
C'est un mot familier.

patauger verbe
Patauger, c'est marcher dans une petite hauteur d'eau ou dans la boue.

Les enfants **pataugent** dans la mare.

A B C D E F G H I J K L M N O P Q R S T U V W X Y Z

pâte **nom féminin**

❶ Une **pâte** est un mélange de farine et d'eau qui sert à faire du pain et des gâteaux.

❷ Les **pâtes** sont des aliments fabriqués avec de la semoule de blé. *Les spaghettis sont des **pâtes**.*

🔍 Le *a* prend un accent circonflexe. Ne confonds pas avec « la patte » d'un animal.

pâté **nom masculin**

❶ Le **pâté** est de la charcuterie faite d'un mélange de viandes hachées cuites. On le mange froid.

❷ Un **pâté** de sable est un petit tas de sable humide que l'on tasse dans un seau et que l'on démoule.

🔍 Le *a* prend un accent circonflexe. Ne confonds pas « le pâté » et « la pâtée » pour les animaux.

pâtée **nom féminin**

Une **pâtée** est un mélange d'aliments que l'on donne aux chiens et aux chats.

🔍 Le *a* prend un accent circonflexe. Ne confonds pas « la pâtée » et « le pâté » de campagne.

paternel, paternelle **adjectif**

Les grands-parents **paternels** sont les parents du père.

→ Cherche maternel.

patience **nom féminin**

La **patience** est la qualité d'une personne qui sait attendre sans s'énerver. *Pour être un bon pêcheur, il faut avoir de la **patience**.* Contraire : impatience.

🔍 On écrit *ti* mais on prononce [si].

patient, patiente **adjectif**

Une personne **patiente** sait attendre sans s'énerver. *Pour observer les oiseaux, il faut être **patient**.* Contraire : impatient.

🔍 On écrit *ti* mais on prononce [si].

● Mots de la même famille : patience, patienter.

patienter **verbe**

Patienter, c'est prendre patience, attendre calmement. *Le médecin nous a demandé de **patienter** dans la salle d'attente.* Contraire : s'impatienter.

🔍 On écrit *ti* mais on prononce [si].

patin **nom masculin**

❶ Des **patins à glace** sont des chaussures spéciales qui ont une lame sous les semelles. Ils permettent de glisser sur la glace.

❷ Des **patins à roulettes** sont des chaussures spéciales qui ont des petites roues pour glisser sur le sol.

● Mots de la même famille : patinage, patiner, patineur, patinoire.

→ Cherche roller.

Les enfants font du **patin à glace** à la patinoire.

patinage **nom masculin**

Le **patinage** est un sport où l'on patine sur la glace ou sur le sol. *Le **patinage** artistique est un sport olympique.*

patiner verbe

Patiner, c'est faire du patin à glace ou du patin à roulettes. *Émilie sait bien* ***patiner****.*

patineur nom masculin
patineuse nom féminin

Un **patineur**, une **patineuse** sont des personnes qui font du patin. *Les* ***patineurs*** *glissent sur la patinoire.*

patinoire nom féminin

Une **patinoire** est une piste pour faire du patin à glace.

pâtisserie nom féminin

1 Une **pâtisserie** est une pâte sucrée cuite au four. *Les croissants et les tartes sont des* ***pâtisseries****.*
Synonyme : gâteau.

2 Une **pâtisserie** est un magasin où le pâtissier fabrique et vend des pâtisseries.

Le *a* prend un accent circonflexe.
- Mot de la même famille : pâtissier.

pâtissier nom masculin
pâtissière nom féminin

Un **pâtissier**, une **pâtissière** sont des personnes qui fabriquent et qui vendent des pâtisseries. C'est un nom de métier.

Le *a* prend un accent circonflexe.

patrie nom féminin

La **patrie** est le pays où l'on est né ou le pays où l'on vit depuis longtemps.

patron nom masculin
patronne nom féminin

Un **patron**, une **patronne** sont des personnes qui dirigent une usine, un magasin ou un restaurant.

patte nom féminin

1 Une **patte** est le membre d'un animal. *Les chats ont quatre* ***pattes****. Les oiseaux ont deux* ***pattes****. Les mouches ont six* ***pattes****.*

2 Marcher **à quatre pattes**, c'est marcher sur les mains et les genoux ou sur les mains et les pieds.

Il y a deux *t*. Ne confonds pas avec « une pâte » qui se mange.

Les pattes des animaux

A B C D E F G H I J K L M N O P Q R S T U V W X Y Z

pâturage **nom masculin**
Un **pâturage** est un pré où le bétail vient paître. *La Normandie est une région de **pâturages**.*
Le premier *a* prend un accent circonflexe.

paume **nom féminin**
La **paume** est l'intérieur de la main. *Elle serre un bonbon dans la **paume** de sa main.*

paupière **nom féminin**
La **paupière** est la peau qui protège l'œil. *Les cils poussent au bord des **paupières**.*

pause **nom féminin**
Une **pause** est un petit arrêt dans un travail ou une activité. *Les ouvriers font une **pause** sur le chantier.*

pauvre **adjectif**
Une personne **pauvre** n'a pas assez d'argent pour se nourrir et se loger.
Contraire : riche.
● Mot de la même famille : pauvreté.

pauvreté **nom féminin**
La **pauvreté** est l'état d'une personne pauvre, qui n'a pas assez d'argent pour vivre. *Beaucoup de gens vivent dans la **pauvreté**.* Contraire : richesse.

pavage **nom masculin**
Un **pavage**, c'est un ensemble de dessins, de motifs carrés ou rectangulaires placés les uns à côté des autres. *Je colorie un **pavage**.*

pavé **nom masculin**
① Les **pavés** sont des petits blocs de pierre qui recouvrent les rues.
② Un **pavé** est une forme géométrique qui ressemble à un cube allongé.
● Mot de la même famille : pavage.

Va voir « les couleurs et les formes », page 171.

pavillon **nom masculin**
Un **pavillon** est une maison qui a généralement un petit jardin et qui se trouve dans la banlieue des grandes villes.
→ Cherche villa.

payant, payante **adjectif**
Quand une chose est **payante**, il faut payer pour l'avoir. *Le spectacle est **payant**.* Contraire : gratuit.

paye **nom féminin**
La **paye** est l'argent que l'on reçoit pour son travail. Synonyme : salaire.
On écrit aussi « paie ».

payer **verbe**
Payer, c'est donner une somme d'argent en échange d'une marchandise, d'un travail. *Combien **as**-tu **payé** ce CD ?*
● Mots de la même famille : payant, paye.

Maman **paye** ses achats à la caisse.

pays **nom masculin**
Un **pays** est le territoire d'une nation. *Le Canada est un grand **pays**.*
Ce mot se termine par un *s*.
● Mots de la même famille : paysage, paysan.

paysage **nom masculin**
Le **paysage**, c'est la nature que l'on voit d'un endroit. *De ma fenêtre, je peux admirer le* ***paysage****.*
Synonyme : panorama.

Il photographie le **paysage**.

paysan **nom masculin**
paysanne **nom féminin**
Un **paysan**, une **paysanne** sont des personnes qui cultivent la terre et élèvent des animaux. Synonyme : agriculteur.

péage **nom masculin**
Le **péage** d'une autoroute est l'endroit où les conducteurs payent pour avoir le droit de rouler.
☛ Va voir la planche illustrée 5

peau **nom féminin**
1 La **peau** est la partie extérieure du corps. Elle protège du soleil et des microbes. *Paul a la* ***peau*** *bronzée. Les crapauds ont la* ***peau*** *rugueuse.*
2 La **peau** est la partie extérieure de certains fruits ou légumes. *Les ananas ont une* ***peau*** *très épaisse.*
Au pluriel, on écrit *des peaux*.

1. pêche **nom féminin**
Une **pêche** est un fruit qui a un gros noyau, une peau très douce et une chair sucrée.
▶ Les pêches poussent sur un arbre, le **pêcher**.

Le premier e prend un accent circonflexe.

2. pêche **nom féminin**
La **pêche**, c'est l'action de pêcher, d'attraper des poissons. *Adrien va à la* ***pêche*** *avec son grand-père.*
Le premier e prend un accent circonflexe.
● Mots de la même famille : pêcher, pêcheur.

pêcher **verbe**
Pêcher, c'est attraper des poissons et d'autres animaux qui vivent dans l'eau. *J'ai* ***pêché*** *une truite avec ma canne à pêche.*
Le premier e prend un accent circonflexe.

Papi **pêche** à la ligne.

pêcheur **nom masculin**
pêcheuse **nom féminin**
Un **pêcheur**, une **pêcheuse** sont des personnes qui pêchent pour leur plaisir. C'est aussi un nom de métier. *Les* ***pêcheurs*** *à la ligne étaient assis au bord du lac.*

pédale **nom féminin**
Une **pédale** est un objet qui sert à faire fonctionner un véhicule. On appuie dessus avec le pied. *J'appuie sur les* ***pédales*** *du vélo pour monter la côte.*
● Mot de la même famille : pédaler.

A B C D E F G H I J K L M N O P Q R S T U V W X Y Z

pédaler verbe

Pédaler, c'est appuyer sur les pédales d'un vélo.

Zoé **pédale** dans la montée.

pédiatre nom masculin et nom féminin

Un **pédiatre**, une **pédiatre** sont des médecins qui soignent les enfants. C'est un nom de métier.

peigne nom masculin

Un **peigne** est un objet qui a des dents et que l'on utilise pour démêler ses cheveux, pour se coiffer.

● Mot de la même famille : peigner.

peigner verbe

Peigner une personne, c'est la coiffer avec un peigne. *Marion **peigne** sa petite sœur. Avant de sortir, je **me peigne**.* Synonyme : se coiffer.

peindre verbe

1 **Peindre**, c'est recouvrir une surface de peinture. *Nous **peignons** les murs en bleu.*

2 **Peindre**, c'est créer avec de la peinture. *Picasso **a peint** de nombreux tableaux.*

● Mots de la même famille : peintre, peinture.

peine nom féminin

1 Avoir de la **peine**, c'est être très triste. *J'ai eu beaucoup de **peine** quand mon chien est mort.* Synonyme : chagrin.

2 Se donner de la **peine**, c'est faire de gros efforts. *Romain se donne de la **peine** pour faire son exercice.* Synonyme : mal.

3 Une **peine** est une punition qu'un juge donne à un coupable. *Le voleur a été condamné à une **peine** de cinq ans de prison.*

à peine adverbe

À peine signifie : presque pas. *Je te vois **à peine** dans le noir.*

peintre nom masculin et nom féminin

1 Un **peintre**, une **peintre** sont des personnes qui peignent des maisons, des murs. C'est un nom de métier.

2 Un **peintre**, une **peintre** sont des artistes qui peignent des tableaux. C'est un nom de métier.

peinture nom féminin

1 La **peinture** est une matière qui sert à peindre. *Nous avons acheté deux pots de **peinture**. Papi m'a donné une boîte de **peintures**.*

2 Faire de la **peinture**, c'est peindre pour son plaisir.

pelage nom masculin

Le **pelage**, c'est l'ensemble des poils d'un animal. *Le renard a un **pelage** roux.* Synonyme : fourrure.

peler verbe

Peler, c'est perdre des petits morceaux de peau. *J'ai eu un coup de soleil et maintenant je **pèle**.*

pélican nom masculin

Un **pélican** est un grand oiseau qui vit dans les eaux douces. Il a des pattes palmées et un long bec avec une poche. *Dans leur poche, les* ***pélicans*** *gardent les poissons qu'ils ont pêchés pour leurs petits.*

pelle **nom féminin**
Une **pelle** est un outil fait d'une plaque de métal un peu creuse qui est fixée à un manche. Elle sert à creuser la terre ou le sable.

pellicule **nom féminin**
1 Une **pellicule** est un rouleau de matière plastique spéciale qui sert à faire des photos. *J'ai mis une* ***pellicule*** *dans mon appareil photo.* Synonyme : film.
2 Une **pellicule** est un petit morceau de peau sèche qu'on a parfois dans les cheveux.

Il y a deux *l* au début du mot.

pelote **nom féminin**
Une **pelote** de laine, c'est un long fil de laine enroulé sur lui-même. *Le chat joue avec une* ***pelote*** *de laine.*

peloton **nom masculin**
Un **peloton** est un groupe de coureurs dans une course. *Un coureur s'est détaché du* ***peloton****.*

se **pelotonner** **verbe**
Se pelotonner, c'est se rouler en boule. *Le chat* ***s'est pelotonné*** *dans un fauteuil.*

Il y a deux *n*.

pelouse **nom féminin**
Une **pelouse** est un terrain couvert de gazon. *Mon frère a tondu la* ***pelouse****.*

peluche **nom féminin**
1 La **peluche** est un tissu épais à poils doux. *Mon petit frère joue avec son koala en* ***peluche****.*
2 Une **peluche** est un jouet, un animal en peluche. *Paul a retrouvé sa* ***peluche*** *sous le lit.*

pencher **verbe**
1 **Pencher**, c'est incliner ou être incliné. *Marie* ***penche*** *la tête. Le cadre* ***penche*** *un peu.*
2 **Se pencher**, c'est incliner le haut du corps en avant. *Il est dangereux de* ***se pencher*** *par la fenêtre.*

Léa **se penche** pour ramasser un coquillage.

pendant **préposition**
Pendant indique la durée d'une action. *J'ai joué du piano* ***pendant*** *deux heures.*

un **pélican**

A B C D E F G H I J K L M N O P Q R S T U V W X Y Z

penderie **nom féminin**
Une **penderie** est un meuble ou une pièce qui sert à suspendre des vêtements.

pendre **verbe**
1 **Pendre**, c'est être suspendu. *Des fruits **pendent** aux branches.*
2 **Pendre** une personne, c'est la mettre à mort en la suspendant par le cou. *Autrefois, en France, on **pendait** les personnes condamnées à mort.*
● Mot de la même famille : penderie.

pendule **nom féminin**
Une **pendule** est un instrument qui indique l'heure. On la pose sur un meuble ou on l'accroche au mur.
➜ Cherche horloge.

pénétrer **verbe**
Pénétrer quelque part, c'est s'avancer à l'intérieur. *La marmotte **a pénétré** dans son terrier.* Synonyme : s'introduire.

pénible **adjectif**
Ce qui est **pénible** est dur et fatigant. *Les éboueurs font un travail **pénible**.*

péniche **nom féminin**
Une **péniche** est un long bateau à fond plat. Elle sert à transporter les marchandises sur les fleuves, les rivières et les canaux.

La **péniche** navigue sur la Seine.

pensée **nom féminin**
Une **pensée**, c'est ce que l'on pense. *Elle a chassé une **pensée** de son esprit.* Synonyme : idée.
➜ Cherche avis et opinion.

penser **verbe**
1 **Penser**, c'est former des idées dans son esprit. *Les êtres humains **pensent**.* Synonyme : réfléchir. *Je **pense** que tu as raison.* Synonyme : croire.
2 **Penser** à quelqu'un, à quelque chose, c'est se souvenir d'une personne, d'une chose. *Je **pense** à mes amis.*
3 **Penser** à faire quelque chose, c'est se le rappeler. *J'**ai pensé** à acheter du pain.*
● Mot de la même famille : pensée.

pension **nom féminin**
Une **pension** est une école où les élèves restent le soir pour dîner et dormir.
● Mot de la même famille : pensionnaire.

pensionnaire **nom masculin et nom féminin**
Un **pensionnaire**, une **pensionnaire** sont des élèves qui restent le soir dans leur école pour dîner et dormir.
Il y a deux *n au milieu du mot.*

pente **nom féminin**
La **pente** d'une route ou d'une montagne est la partie qui monte ou qui descend. *Les cyclistes sont arrêtés au milieu de la **pente**.* Synonymes : côte, descente, montée. *Le chemin est **en pente**.*

pépin **nom masculin**
Un **pépin** est la graine de certains fruits. *Les pommes, les poires et les raisins ont des **pépins**.*

perçant, perçante adjectif

Avoir une vue **perçante**, c'est voir parfaitement les objets éloignés. *Les chats ont la vue **perçante**.*

Le *c* prend une cédille.

percer verbe

1 **Percer**, c'est faire un trou, une ouverture. *On **a percé** un tunnel sous la Manche.* Synonyme : creuser.

2 Quand une dent **perce**, elle sort de la gencive. Synonyme : pousser.

● Mots de la même famille : perçant, perceuse.

perceuse nom féminin

Une **perceuse** est un outil électrique qui sert à percer des trous.

perche nom féminin

Une **perche** est une longue tige de bois ou de métal. *Les skieurs tiennent les **perches** du remonte-pente. Des athlètes font du saut à la **perche**.*

● Mots de la même famille : se percher, perchoir.

se **percher** verbe

Pour un oiseau, **se percher**, c'est se poser sur un endroit élevé. *Le moineau **s'est perché** sur une branche.*

Les cigognes **se sont perchées** sur le nid.

perchoir nom masculin

Un **perchoir** est un endroit où se perchent les oiseaux domestiques. *Le canari chante sur son **perchoir**.*

percuter verbe

Percuter, c'est heurter violemment. *La voiture **a percuté** un mur.*

perdant nom masculin
perdante nom féminin

Un **perdant**, une **perdante** sont des personnes qui ont perdu à un jeu. *Les **perdants** auront un petit lot.* Contraire : gagnant.

perdre verbe

1 **Perdre** quelque chose, un animal, c'est ne plus l'avoir. *Aurélie **a perdu** son stylo.* Synonyme : égarer. Contraires : retrouver, trouver.

2 **Perdre** quelqu'un, c'est être séparé de lui parce qu'il est mort.

3 **Perdre**, c'est être vaincu dans un jeu, dans une compétition. *Notre équipe **a perdu**.* Contraire : gagner.

4 **Se perdre**, c'est ne pas retrouver son chemin. *Nous **nous sommes perdus** dans la forêt.* Synonyme : s'égarer.

● Mots de la même famille : perdant, perte.

perdrix nom féminin

Une **perdrix** est un oiseau au plumage gris ou roux. *Le chasseur a tué deux **perdrix**.*

▶ Le petit est le **perdreau**. Quand la perdrix crie, on dit qu'elle **cacabe**.

Ce mot se termine par un *x*. Il ne change pas au pluriel : on écrit *des perdrix*.

A B C D E F G H I J K L M N O P Q R S T U V W X Y Z

père nom masculin

❶ Un **père** est un homme qui a donné la vie ou qui a adopté un ou plusieurs enfants.

❷ Le **père** d'un animal est le mâle qui lui a donné la vie. *Les petits tigres suivent leur* ***père***.

➜ Cherche mère.

☛ Va voir « la famille », page 273.

perfection nom féminin

La **perfection**, c'est la qualité de ce qui est parfait. *Quand on fait un travail, il faut essayer d'atteindre la* ***perfection***.

péril nom masculin

Un **péril** est un grand danger. *Les héros et les héroïnes des contes sont souvent en* ***péril***.

● Mot de la même famille : périlleux.

périlleux, périlleuse adjectif

Un **saut périlleux** est un saut dangereux où l'on fait un tour complet sur soi-même.

Tom fait un **saut périlleux**.

périmètre nom masculin

Un **périmètre** est une ligne qui fait le tour d'une surface, d'une figure géométrique. *Le* ***périmètre*** *du jardin est de 300 mètres.*

▶ On calcule le périmètre d'un rectangle en additionnant deux fois sa longueur et deux fois sa largeur.

période nom féminin

Une **période** est une certaine durée. *La piscine reste ouverte pendant la* ***période*** *des vacances.*

perle nom féminin

❶ Une **perle** est une petite boule de nacre que l'on trouve dans certaines huîtres.

❷ Une **perle** est une petite boule décorative qui est percée d'un trou. *Solène s'est fait un bracelet avec des* ***perles*** *en bois.*

permettre verbe

❶ **Permettre** à une personne de faire quelque chose, c'est lui donner la permission, le droit de le faire. *Le médecin m'****a permis*** *de sortir.* Synonyme : autoriser. Contraires : défendre, interdire.

❷ **Permettre**, c'est rendre possible. *Son travail lui* ***permet*** *de voyager à l'étranger.* Contraire : empêcher.

● Mots de la même famille : permis, permission.

permis nom masculin

Un **permis** est un document qui permet de faire quelque chose, qui en donne le droit. *Kien a obtenu son* ***permis*** *de conduire.*

🔍 Ce mot se termine par un *s*.

permission nom féminin

La **permission**, c'est l'action de permettre, d'autoriser. *J'ai la* ***permission*** *d'aller jouer dehors.* Synonyme : autorisation. Contraires : défense, interdiction.

perpendiculaire adjectif
Deux lignes **perpendiculaires** sont deux lignes qui se coupent en formant un angle droit.
→ Cherche parallèle.

perroquet nom masculin
Un **perroquet** est un oiseau des pays chauds au gros bec crochu. Il est capable d'imiter la voix humaine.
▶ Quand le perroquet crie, on dit qu'il **jase**.
Il y a deux *r*.
Va voir « les becs d'oiseaux », page 83.

perruche nom féminin
Une **perruche** est une sorte de perroquet de petite taille. Son plumage est jaune, vert ou bleu.
Il y a deux *r*.

perruque nom féminin
Une **perruque** est une fausse chevelure. *La chanteuse portait une **perruque** rousse.*
Il y a deux *r*.

Adrien a mis une **perruque** de clown.

persil nom masculin
Le **persil** est une plante cultivée pour ses feuilles qui donnent du goût à certains aliments. *Je mets du **persil** haché sur les tomates.*
Ce mot se termine par un *l* qu'on ne prononce pas.

personnage nom masculin
Un **personnage** est une personne qui a été imaginée dans un livre, un film ou une pièce de théâtre. *Astérix est un **personnage** de bande dessinée ; Zorro, un **personnage** de roman et de film.*

personnalité nom féminin
La **personnalité** de quelqu'un est sa manière d'être, de penser et de se comporter. *Chaque enfant a sa **personnalité**.* **Synonyme : caractère.**

1. personne nom féminin
❶ Une **personne** est un être humain. *Dans notre famille, il y a sept **personnes**.*
❷ Une **grande personne** est un homme ou une femme qui n'est plus un enfant ni un adolescent. **Synonyme : adulte.**
❸ La première **personne** du singulier est la personne qui parle. *Dans « je joue », le verbe jouer est conjugué à la première **personne** du singulier.*
● Mots de la même famille : personnage, personnalité, personnel.

une **perruche**

A B C D E F G H I J K L M N O P Q R S T U V W X Y Z

2. personne **pronom**
Personne, c'est aucun être humain. *Le soir, il n'y a **personne** dans ma rue.*

1. personnel, personnelle **adjectif**
Des affaires **personnelles** sont des affaires qui appartiennent à une personne. *Marie a rangé ses affaires **personnelles** dans une petite valise.*

2. personnel **nom masculin**
Le **personnel** d'une entreprise, c'est l'ensemble des personnes qui y travaillent. *Le directeur a réuni tout le **personnel**.*

persuader **verbe**
Persuader une personne, c'est lui faire comprendre qu'une idée est vraie, juste ou bonne. *Je ne voulais pas m'inscrire au club de judo, mais Julien m'**a persuadé** de le faire.*
Synonyme : convaincre.

perte **nom féminin**
La **perte**, c'est le fait de perdre un objet ou un être. *Je ne me console pas de la **perte** de mon baladeur.*

pesanteur **nom féminin**
La **pesanteur** est la force qui entraîne les êtres et les objets vers le sol. *Dans l'espace, il n'y a pas de **pesanteur**.*

peser **verbe**
1 **Peser**, c'est mesurer la masse. *Le pédiatre **pèse** le bébé.*
2 **Peser** trente kilos, c'est avoir ce poids.
● Mot de la même famille : pesanteur.

pessimiste **adjectif**
Une personne **pessimiste** pense toujours que tout ira mal. Contraire : optimiste.

pet **nom masculin**
Faire un **pet**, c'est laisser échapper un gaz de l'intestin par le derrière.
● Mot de la même famille : pétard.

pétale **nom masculin**
Les **pétales** sont les parties colorées d'une fleur. *Les coquelicots ont des **pétales** rouges.*

« Pétale » est un nom masculin qui se termine par un e.

pétard **nom masculin**
Un **pétard** est un petit explosif que l'on utilise pour faire du bruit. *À la fête, on a fait exploser des **pétards**.*

pétiller **verbe**
Quand un liquide **pétille**, il fait des bulles qui éclatent avec de petits bruits secs. *La limonade et le champagne **pétillent**.*

1. petit, petite **adjectif**
1 Être **petit**, c'est avoir une taille peu élevée ou des dimensions peu importantes. *Léa est **petite** pour son âge.* Contraire : grand. *Nous habitons dans une **petite** ville.*

2 Un **petit** frère, une **petite** sœur sont les enfants les moins âgés d'une famille.
Contraire : grand.

Le marchand **pèse** les fruits.

Julie est plus **petite** que Raphaël.

2. petit nom masculin
petite nom féminin

❶ Un **petit**, une **petite** sont de jeunes enfants. *Les **petits** font la sieste.*
Contraire : grand.

❷ Un **petit** est un jeune animal. *La chienne protège ses **petits**.*

petit à petit adverbe

Petit à petit signifie : peu à peu. ***Petit à petit**, l'oiseau fait son nid.*

petite-fille nom féminin

La **petite-fille** d'une personne est la fille de sa fille ou la fille de son fils.

Ce mot s'écrit avec un trait d'union. Au pluriel, on écrit *des petites-filles*.

Va voir « la famille », page 273.

petit-fils nom masculin

Le **petit-fils** d'une personne est le fils de sa fille ou le fils de son fils. *Madame Nourrit promène son **petit-fils**.*

Ce mot s'écrit avec un trait d'union. Au pluriel, on écrit *des petits-fils*.

Va voir « la famille », page 273.

petits-enfants nom masculin pluriel

Les **petits-enfants** d'une personne sont les enfants de sa fille ou de son fils. *Monsieur Florent a trois **petits-enfants**.*

Ce mot s'écrit avec un trait d'union.

petit-suisse nom masculin

Un **petit-suisse** est un fromage frais au lait de vache. Il a la forme d'un petit cylindre.

Ce mot s'écrit avec un trait d'union. Au pluriel, on écrit *des petits-suisses*.

pétrole nom masculin

Le **pétrole** est un liquide noir que l'on trouve dans le sol. Il sert surtout à fabriquer de l'essence et des matières plastiques.

peu adverbe

❶ **Peu** signifie : en petite quantité, en petit nombre. *Je mange **peu** à midi.*
Contraires : beaucoup, énormément.
*Dans notre classe, il y a **peu** d'élèves.*
Contraires : beaucoup, plein. *Je prends **un peu** de sel.*

❷ **Peu à peu** signifie : un peu chaque jour. *Je fais des progrès **peu à peu**.*
Synonyme : petit à petit.

Léa met **peu** de beurre,
mais Léo en met beaucoup.

A B C D E F G H I J K L M N O P Q R S T U V W X Y Z

peuple **nom masculin**
Un **peuple**, c'est l'ensemble des personnes qui habitent dans le même pays. *Le* ***peuple*** *suisse votera dimanche.*
● Mots de la même famille : populaire, population.

peuplier **nom masculin**
Un **peuplier** est un arbre haut et mince qui pousse dans les endroits humides.
☛ Va voir « les arbres », page 56, et « les feuilles », page 280.

peur **nom féminin**
La **peur** est l'émotion que l'on ressent devant un danger. *J'ai eu* ***peur*** *au moment de plonger. Les serpents me font* ***peur****.*
● Mot de la même famille : peureux.

peureux, peureuse **adjectif**
Une personne **peureuse** est une personne qui a peur, qui manque de courage.
Synonyme : craintif. Contraires : brave, courageux, intrépide.

peut-être **adverbe**
Peut-être indique la possibilité. *Cet été, nous irons* ***peut-être*** *camper.*
Contraires : certainement, sûrement.
Ce mot s'écrit avec un trait d'union.

phare **nom masculin**
1 Un **phare** est une tour qui envoie des signaux lumineux pour guider les navires la nuit. *Les* ***phares*** *sont situés près des côtes.*
2 Les **phares** sont les lumières qui se trouvent à l'avant d'un véhicule et qui éclairent loin. *La nuit, les conducteurs allument leurs* ***phares****.*

pharmacie **nom féminin**
Une **pharmacie** est un magasin où le pharmacien vend des médicaments et des produits pour le corps.
● Mot de la même famille : pharmacien.

pharmacien **nom masculin**
pharmacienne **nom féminin**
Un **pharmacien**, une **pharmacienne** sont des personnes qui vendent des médicaments et des produits pour le corps. C'est un nom de métier.

phénomène **nom masculin**
Un **phénomène** est un fait que l'on peut observer. *Un orage est un* ***phénomène*** *naturel.*

phonétique **adjectif**
L'alphabet **phonétique** utilise des signes spéciaux pour noter la prononciation des sons. *« Chat » s'écrit [ʃa]* en alphabet ***phonétique****.*

phoque **nom masculin**
Un **phoque** est un mammifère des mers froides qui a un pelage ras et des membres courts et palmés.
▶ Les phoques se nourrissent de poissons. Ils peuvent rester longtemps sous la banquise en creusant des trous pour respirer à la surface.
➜ Cherche otarie.

Le bateau passe près du **phare**.

photo **nom féminin**
Une **photo** est une image faite par un appareil photo et reproduite sur un papier spécial. *J'ai pris une **photo** de mon chat. Léo a pris ses amis en **photo**.*

« Photo » est l'abréviation de « photographie » et de « photographique ».
● Mots de la même famille : photocopie, photographe, photographier.

photocopie **nom féminin**
Une **photocopie** est la copie d'un document par un appareil appelé *photocopieuse*. *J'ai fait une **photocopie** de mon dessin.*

photographe **nom masculin et nom féminin**
❶ Un **photographe**, une **photographe** sont des personnes qui prennent des photos pour leur plaisir. C'est aussi un nom de métier.
❷ Un **photographe**, une **photographe** sont des personnes qui développent des pellicules de photos et qui vendent des appareils photo. C'est un nom de métier.

photographier **verbe**
Photographier, c'est prendre une personne, un animal ou une chose en photo. *Au jardin zoologique, j'ai **photographié** des singes et des ours.*

phrase **nom féminin**
Une **phrase** est une suite de mots qui a un sens. Elle commence par une majuscule et se termine par un point.

physique **adjectif**
❶ Un exercice **physique** ou un effort **physique** se fait avec le corps. *Les cyclistes font des efforts **physiques** dans les montées.*
❷ L'éducation **physique**, la culture **physique**, c'est la gymnastique.

pianiste **nom masculin et nom féminin**
Un **pianiste**, une **pianiste** sont des musiciens qui jouent du piano.

piano **nom masculin**
Un **piano** est un instrument de musique qui a un clavier avec des touches noires et des touches blanches.
● Mot de la même famille : pianiste.
☛ Va voir « les instruments de musique », page 355.

Clara joue du **piano**.

pic **nom masculin**
Un **pic** est le sommet pointu d'une montagne. *Les **pics** des Alpes s'élèvent à plus de 2 000 mètres.*

un **phoque**

a b c d e f g h i j k l m n o p q r s t u v w x y z

A B C D E F G H I J K L M N O P Q R S T U V W

à pic **adverbe**
À pic signifie : tout droit vers le bas, à la verticale. *Le bateau a coulé* ***à pic****. La falaise tombe* ***à pic*** *sur la mer.*

picorer **verbe**
Pour un oiseau, **picorer**, c'est manger à petits coups de bec. *Les poules* ***picorent*** *le grain.*

picoter **verbe**
Picoter, c'est piquer un peu. *La fumée me* ***picote*** *les yeux.*

pie **nom féminin**
Une **pie** est un oiseau noir et blanc qui a une longue queue. *Les* ***pies*** *sont attirées par les objets brillants.*
▶ Quand la pie crie, on dit qu'elle **jacasse** ou qu'elle **jase**.

pièce **nom féminin**
1 Une **pièce** est une partie d'habitation qui est entourée de cloisons. *Nous habitons dans un appartement de trois* ***pièces****.*
2 Une **pièce** est un morceau de métal rond qui sert de monnaie. *J'ai des* ***pièces*** *dans mon porte-monnaie.*
3 Une **pièce** est un élément d'un ensemble. *Mon puzzle a deux cents* ***pièces****.*
4 Une **pièce** de théâtre est une œuvre écrite pour être jouée par des comédiens.

Les poules **picorent** dans la bassine.

pied **nom masculin**
1 Le **pied** est la partie du corps qui se trouve au bout de la jambe. Il sert à se tenir debout et à se déplacer.
2 **À pied** signifie : en marchant. *Nous avons fait cinq kilomètres* ***à pied****.*
3 **Avoir pied**, c'est toucher le fond de l'eau avec les pieds en gardant la tête hors de l'eau.
4 Le **pied** d'un objet est la partie qui le fait tenir debout. *Une chaise a quatre* ***pieds****. Le* ***pied*** *de la lampe est cassé.*
5 Le **pied** d'un arbre ou d'un champignon, c'est sa partie inférieure. *Nous nous sommes reposés au* ***pied*** *d'un arbre.*
● Mots de la même famille : **piétiner**, **piéton**.

piège **nom masculin**
1 Un **piège** est un appareil qui sert à attraper ou à tuer des animaux. *On a mis des* ***pièges*** *à souris dans le grenier.*
2 Un **piège** est une difficulté cachée. *Attention ! cet exercice comporte un* ***piège****.*

pierre **nom féminin**
1 La **pierre** est une matière dure que l'on trouve à la surface du sol et dans le sol. *Notre maison est en* ***pierre****.*
2 Une **pierre** est un morceau de roche. *J'ai ramassé des* ***pierres*** *dans la rivière.*
Synonyme : caillou.
3 Une **pierre précieuse** est une pierre rare que l'on utilise pour fabriquer des bijoux. *Le diamant est une* ***pierre précieuse****.*

piétiner **verbe**
Piétiner, c'est faire de petits pas en avançant peu. *Les spectateurs* ***piétinent*** *devant l'entrée du théâtre.*

une **pieuvre**

1. piéton nom masculin
piétonne nom féminin

Un **piéton**, une **piétonne** sont des personnes qui se déplacent à pied. *Les **piétons** marchent sur les trottoirs.*
Synonyme : passant.

2. piéton, piétonne adjectif

Une rue **piétonne** est une rue qui est faite uniquement pour les piétons.

On dit aussi « une rue piétonnière ».

pieuvre nom féminin

Une **pieuvre** est un animal marin qui a huit tentacules pour se déplacer et capturer ses proies.

▶ Les pieuvres sont des mollusques.

pigeon nom masculin

Un **pigeon** est un oiseau au plumage gris, blanc ou brun que l'on voit souvent dans les villes.

▶ La femelle est la **pigeonne**, le petit est le **pigeonneau**. Quand le pigeon crie, on dit qu'il roucoule.

Il y a un *e* après le *g*.

→ Cherche colombe et tourterelle.

pile nom féminin

1 Une **pile** est un tas d'objets. *J'ai posé une **pile** de livres sur la table.*

2 Une **pile** est un petit appareil qui fournit de l'électricité. *Je dois changer les **piles** de mon baladeur.*

3 Le côté **pile** d'une pièce de monnaie est le côté qui porte les chiffres.
Contraire : face. *Nous avons joué à **pile ou face** pour savoir qui mettra la table.*

pilier nom masculin

Un **pilier** est une colonne qui soutient un bâtiment. *Le toit de la gare repose sur des **piliers**.*

pilote nom masculin et nom féminin

Un **pilote**, une **pilote** sont des personnes qui conduisent un avion, une moto de course ou une voiture de course. C'est un nom de métier.

● Mot de la même famille : piloter.

Va voir la planche illustrée 7

Les **pilotes** sont aux commandes de l'avion.

piloter verbe

Piloter un avion, une moto de course ou une voiture de course, c'est les conduire. *Alexis voudrait apprendre à **piloter** un avion.*

piment nom masculin

Le **piment** est une plante des pays chauds que l'on met dans certains plats. *Les **piments** rouges ont un goût très piquant.*

a b c d e f g h i j k l m n o p q r s t u v w x y z

A B C D E F G H I J K L M N O P Q R S T U V W X Y Z

pin **nom masculin**

Un **pin** est un arbre qui a des aiguilles et qui donne de la résine.

▶ C'est un conifère. Ses fruits sont les pommes de pin.

Ne confonds pas avec « le pain », l'aliment.

Va voir « les conifères », page 158.

pince **nom féminin**

1 Une **pince** est un outil fait de deux parties que l'on rapproche pour serrer des objets. *On suspend le linge avec des **pinces** à linge.*

2 Des **pinces** de crustacés sont des pattes qui peuvent pincer. *Les crabes, les homards et les écrevisses ont des **pinces**.*

pinceau **nom masculin**

Un **pinceau** est un instrument qui est fait d'une touffe de poils fixée au bout d'un manche et qui sert à peindre. *Je nettoie mes **pinceaux** dans un godet.*

Au pluriel, on écrit *des pinceaux*.

une **pintade**

pincer **verbe**

Pincer, c'est serrer très fort. *Mon petit frère m'a **pincé** le bras. Je **me suis pincé** le doigt dans la porte.*

● Mot de la même famille : pince.

pingouin **nom masculin**

Un **pingouin** est un gros oiseau marin noir et blanc qui a des pattes palmées et un gros bec. Il vit sur la banquise ou au bord des mers du pôle Nord. *Les **pingouins** nagent et volent.*

➜ Cherche manchot.

ping-pong **nom masculin**

Le **ping-pong** est un sport qui se joue à deux ou à quatre sur une grande table avec une petite raquette. Les joueurs se renvoient une balle légère par-dessus un filet.

La nouvelle orthographe permet d'écrire aussi *pingpong*, sans trait d'union.

pinson **nom masculin**

Un **pinson** est un petit oiseau qui a des plumes rouges sur la gorge. *Les **pinsons** ont un chant mélodieux.*

pintade **nom féminin**

Une **pintade** est un oiseau de basse-cour qui a des plumes grises avec des taches claires.

▶ C'est une volaille. Le petit est le **pintadeau**. Quand la pintade crie, on dit qu'elle **criaille**.

pioche **nom féminin**

Une **pioche** est un outil formé d'un morceau de fer pointu qui est fixé à un manche. Elle sert à creuser les sols durs.

● Mot de la même famille : piocher.

piocher **verbe**

1 **Piocher**, c'est creuser la terre avec une pioche. *Le jardinier **pioche** la terre avant de planter des arbustes.*

❷ **Piocher**, c'est prendre une carte, un jeton, un domino au hasard dans un tas. *Si tu ne peux pas jouer, **pioche** une carte !*

pion **nom masculin**
Un **pion** est une pièce d'un jeu. *On joue aux dames avec des **pions**. Un jeu d'échecs a huit **pions** blancs et huit **pions** noirs.*

pipe **nom féminin**
Une **pipe** est un objet formé d'une partie creuse pour faire brûler le tabac et d'un tuyau pour aspirer la fumée.

pipeau **nom masculin**
Un **pipeau** est une petite flûte à six trous.

Au pluriel, on écrit *des pipeaux*.

1. piquant, piquante **adjectif**
❶ Une plante **piquante** pique, a des piquants. *Les roses ont des tiges **piquantes**.*
❷ Un aliment **piquant** pique la langue. *La moutarde a un goût **piquant**.*

Le cactus est **piquant** !

2. piquant **nom masculin**
❶ Un **piquant** est une pointe qui pousse sur certaines plantes et qui pique. *Les cactus ont des **piquants**.*
❷ Un **piquant** est une petite pointe qui pousse sur le corps de certains animaux. *Les hérissons et les porcs-épics ont des **piquants**.*

pique-nique **nom masculin**
Un **pique-nique** est un repas que l'on prend en plein air. *En colonie de vacances, nous faisons des **pique-niques**.*

Au pluriel, il n'y a pas de *s* à « pique » : on écrit *des pique-niques*. – La nouvelle orthographe permet d'écrire aussi *piquenique*, sans trait d'union.

● Mot de la même famille : pique-niquer.

Ils font un **pique-nique**.

pique-niquer **verbe**
Pique-niquer, c'est faire un pique-nique, manger en plein air.

La nouvelle orthographe permet d'écrire aussi *piqueniquer*, sans trait d'union.

piquer **verbe**
❶ **Piquer**, c'est faire un petit trou dans la peau avec la pointe d'une aiguille, d'un dard ou d'un piquant. *Attention ! avec ton aiguille, tu risques de **piquer** quelqu'un. Une guêpe m'**a piqué**.*
❷ **Piquer**, c'est faire une piqûre. *L'infirmière m'**a piqué** au bras.*

A B C D E F G H I J K L M N O P Q R S T U V W X Y Z

❸ **Piquer**, c'est brûler légèrement les yeux ou la gorge. *La fumée des cigarettes* ***pique*** *les yeux.*

● Mots de la même famille : piquant, piquet, piqûre.

piquet **nom masculin**

Un **piquet** est un bâton ou une barre à bout pointu que l'on enfonce dans le sol. *Les campeurs ont planté les* ***piquets*** *de leur tente.*

piqûre **nom féminin**

❶ Une **piqûre** est une petite blessure qu'un insecte ou une plante fait sur la peau en piquant. *Les* ***piqûres*** *de moustique démangent.*

❷ Faire une **piqûre**, c'est enfoncer une aiguille dans la peau pour introduire le médicament contenu dans une seringue.

🔍 La nouvelle orthographe permet d'écrire aussi *piqure*, sans accent circonflexe.

piranha **nom masculin**

Un **piranha** est un poisson aux dents pointues et coupantes qui vit dans les fleuves d'Amérique du Sud. C'est un poisson très vorace.

🔍 Il y a un *h* après le *n*.

pirate **nom masculin**

Un **pirate** était un navigateur qui attaquait les navires pour voler leur chargement.

➜ Cherche corsaire.

Les **pirates** attaquent le navire.

un **piranha**

pire **adjectif**

Pire s'emploie à la place de « plus mauvais ». *Son caractère est* ***pire*** *qu'avant.* Contraire : meilleur.

pirogue **nom féminin**

Une **pirogue** est une barque légère et longue qui est faite dans un tronc d'arbre. *On se déplace souvent en* ***pirogue*** *sur les fleuves d'Afrique.*

pirouette **nom féminin**

Une **pirouette** est un tour que l'on fait sur soi-même. *Les acrobates font des* ***pirouettes****.*

pis **nom masculin**

Le **pis** d'une vache, d'une chèvre, d'une brebis est la partie de la mamelle que les petits tètent.

🔍 Ce mot se termine par un *s*.

piscine **nom féminin**

Une **piscine** est un grand bassin qui est installé pour faire de la natation. *Nous apprenons à nager à la* ***piscine****.*

🔍 Il y a un *c* après le *s*.

pissenlit **nom masculin**

Un **pissenlit** est une plante à fleurs jaunes qui pousse dans les prés. On mange ses feuilles en salade.

▶ Son fruit a des sortes de petits poils qui s'envolent quand on souffle dessus.

piste **nom féminin**
1 La **piste** d'un aéroport est la longue bande de terrain où les avions décollent et atterrissent.
2 Une **piste** de ski est une pente couverte de neige où l'on fait du ski.
3 La **piste** d'un cirque est l'endroit où sont présentés les numéros des artistes. *Les clowns entrent sur la **piste**.*
4 La **piste** du gibier, c'est la trace de son passage. *Le chien flaire la **piste** du lièvre.*
☛ Va voir la planche illustrée 4 et 7

pistolet **nom masculin**
Un **pistolet** est une petite arme à feu que l'on tient d'une main. *Le cow-boy a tiré plusieurs coups de **pistolet**.*
➜ Cherche revolver.

pitié **nom féminin**
La **pitié** est le sentiment que l'on a pour une personne ou un animal qui souffre. *J'ai eu **pitié** d'un chien abandonné et nous l'avons adopté.*

pitre **nom masculin**
Faire le **pitre**, c'est faire rire les autres par ses farces et ses grimaces.

pivert **nom masculin**
Un **pivert** est un oiseau qui a un plumage vert-jaune sur le corps et rouge sur la tête. Il frappe l'écorce des arbres avec son bec pour faire sortir les insectes qu'il mange.
🔍 On écrit aussi « pic-vert ».

un **pivert**

pizza **nom féminin**
Une **pizza** est une tarte salée qui est faite avec des tomates, des olives, du fromage ou d'autres aliments.
🔍 On prononce [pidza].
● Mot de la même famille : pizzeria.

pizzeria **nom féminin**
Une **pizzeria** est un restaurant où l'on mange des pizzas.
🔍 On prononce [pidzerja]. – La nouvelle orthographe permet aussi d'écrire *pizzéria,* avec un accent aigu.

placard **nom masculin**
Un **placard** est un meuble qui sert à ranger toutes sortes d'objets. *Les assiettes sont dans le **placard** de la cuisine.*

place **nom féminin**
1 Une **place** est un endroit assez grand où plusieurs rues arrivent. *La mairie se trouve sur la **place** du village.*
2 Quand il y a de la **place**, il y a un espace qui n'est pas occupé. *Il reste encore de la **place** dans ma valise.*
3 La **place** d'un objet, d'une personne est l'endroit où ils doivent se trouver. *J'ai rangé les livres à leur **place**. Mettez-vous en **place** pour le spectacle.*
4 Une **place** est un siège pour s'asseoir dans un transport en commun ou dans une salle de spectacle. *Dans le train, il restait huit **places** assises.*
5 Faire quelque chose **à la place de** quelqu'un, c'est le remplacer. *Léa jouera **à la place de** Mathieu.*

A B C D E F G H I J K L M N O P Q R S T U V W X Y Z

6 **À ta place** signifie : si j'étais toi. ***À ta place**, je choisirais les baskets rouges.*
● Mot de la même famille : placer.

Loan laisse sa **place** à une dame.

placer verbe

Placer un objet, une personne, c'est les mettre à une place. *Nous **plaçons** les chaises au milieu de la pièce.* Synonymes : disposer, poser. *La maîtresse **place** les élèves sur la scène.*

plafond nom masculin

Le **plafond** est la surface qui ferme le haut d'une pièce. *Des guirlandes sont suspendues au **plafond** de la classe.*

plage nom féminin

Une **plage** est une étendue de sable ou de galets au bord de la mer, au bord d'une rivière ou d'un lac. *Les enfants ramassent des coquillages sur la **plage**.*
☛ Va voir la planche illustrée 3

plaie nom féminin

Une **plaie** est une blessure qui a déchiré la peau. *On nettoie les **plaies** pour qu'elles ne s'infectent pas.*

plaindre verbe

1 **Plaindre** une personne, c'est avoir de la pitié, de la peine pour elle. *Ma sœur a la varicelle, je la **plains**.*
2 **Se plaindre**, c'est dire qu'on souffre ou qu'on est malheureux ou mécontent. *Mon cousin est malade, mais il ne **se plaint** jamais.* Synonyme : gémir. *Cela ne sert à rien de **se plaindre** du mauvais temps.* Synonyme : se lamenter.
● Mot de la même famille : plainte.

plaine nom féminin

Une **plaine** est une région au sol plat. *Les **plaines** sont souvent cultivées.*

plainte nom féminin

Une **plainte** est un cri provoqué par la douleur. *On entendait les **plaintes** des blessés.* Synonyme : gémissement.

plaire verbe

1 **Plaire** à quelqu'un, c'est lui convenir. *Ce pull me **plaît**.* Contraire : déplaire.
2 **Se plaire** quelque part, c'est être content d'y être. *Nous **nous plaisons** beaucoup au bord de la mer.*
3 **S'il te plaît, s'il vous plaît** sont des formules de politesse que l'on emploie pour demander quelque chose. ***S'il te plaît**, raconte-moi une histoire !*
● Mot de la même famille : plaisir.

plaisanter verbe

Plaisanter, c'est dire des choses drôles pour amuser les autres. *Sébastien aime bien **plaisanter**.*
● Mot de la même famille : plaisanterie.

plaisanterie nom féminin

Une **plaisanterie** est une chose drôle que l'on dit ou que l'on fait pour amuser les autres. *La **plaisanterie** de Romain nous a fait beaucoup rire.* Synonyme : blague.

plaisir nom masculin

Le **plaisir** est l'émotion que l'on ressent quand on est content. *Ta lettre m'a fait un grand **plaisir**.* Synonyme : joie.

plan **nom masculin**

Un **plan** est un dessin précis qui représente les différentes parties d'un lieu. *J'ai fait le* ***plan*** *de la classe.*

planche **nom féminin**

❶ Une **planche** est une longue plaque de bois. *Le menuisier scie des* ***planches****.*

❷ Une **planche à voile** est une sorte de planche en plastique avec un mât et une voile. On se tient debout dessus pour glisser sur l'eau.

❸ Dans un livre, une **planche** est une page d'illustrations sur un sujet. *Je regarde la* ***planche*** *de l'espace.*

❹ **Faire la planche**, c'est flotter sur le dos à la surface de l'eau.
● Mot de la même famille : plancher.

La **planche à voile** glisse sur l'eau.

plancher **nom masculin**

Le **plancher** est le sol en planches d'une habitation. *Le chien est couché sur le* ***plancher****.* Synonyme : parquet.

planer **verbe**

❶ Pour un oiseau, **planer**, c'est voler sans agiter les ailes. *Un aigle* ***plane*** *dans le ciel.*

❷ Pour un avion, **planer**, c'est voler avec le moteur arrêté.
● Mot de la même famille : planeur.

planète **nom féminin**

Une **planète** est un astre qui tourne autour du Soleil et qui n'envoie pas de rayons lumineux. *La Terre est une* ***planète****.*

► Les principales planètes sont : Mercure, Vénus, la Terre, Mars, Jupiter, Saturne, Uranus, Neptune et Pluton.

☛ Va voir la planche illustrée ⓰

la **planète** Terre

planeur **nom masculin**

Un **planeur** est un avion léger et sans moteur qui plane dans l'air. *Au décollage, les* ***planeurs*** *sont tirés par un gros avion.*

plantation **nom féminin**

❶ La **plantation**, c'est l'action de planter. *La* ***plantation*** *des végétaux se fait dans un terrain labouré.*

❷ Les **plantations** sont les végétaux plantés. *La grêle peut détruire les* ***plantations****.*

A B C D E F G H I J K L M N O P Q R S T U V W X Y Z

plante **nom féminin**

❶ Une **plante** est un végétal qui est fixé au sol par des racines. *Les arbres, les légumes, les fleurs, les herbes, les algues sont des* ***plantes****.*

❷ La **plante du pied** est le dessous du pied. *J'ai marché si longtemps que j'ai mal à la* ***plante des pieds****.*

planter **verbe**

❶ **Planter**, c'est mettre en terre une plante pour qu'elle pousse. *Mamie* ***a planté*** *un rosier.*

❷ **Planter** un clou, c'est l'enfoncer dans un mur ou dans du bois.

❸ **Planter** une tente, c'est enfoncer les piquets et installer la tente.

● Mots de la même famille : plantation, plante.

Franck **plante** des salades.

plaque **nom féminin**

❶ Une **plaque** est un morceau plat de matière dure. *Le dessus de la cheminée est fait d'une* ***plaque*** *de marbre. J'ai acheté une* ***plaque*** *de chocolat.*

❷ Une **plaque** est une tache colorée qui se forme sur la peau. *Le bébé a des* ***plaques*** *rouges sur le visage.*

1. plastique **adjectif**

La **matière plastique** est une matière artificielle fabriquée à partir du pétrole. Elle sert à faire de nombreux objets. *Ma trousse et mon stylo sont en* ***matière plastique****.*

2. plastique **nom masculin**

Le **plastique**, c'est la matière plastique. *Nos assiettes de camping sont en* ***plastique****.*

1. plat, plate **adjectif**

❶ Un terrain **plat** n'a pas de creux ni de bosses et n'est pas en pente. *Pour planter une tente, il faut un terrain* ***plat****.*

❷ Une assiette **plate** est peu profonde. *On ne mange pas la soupe dans des assiettes* ***plates****.* **Contraire :** creux.

❸ Un objet, un animal **plat** a une petite épaisseur. *La raie est un poisson* ***plat****.*

● Mots de la même famille : plateau, plate-bande.

2. plat **nom masculin**

❶ Un **plat** est une sorte de grande assiette où l'on met les aliments que l'on sert. *Ma sœur a servi le poulet dans un grand* ***plat****.*

❷ Un **plat** est un aliment préparé pour être mangé. *Le poulet avec des spaghettis est mon* ***plat*** *préféré.*

à plat **adverbe**

Poser un objet **à plat**, c'est le poser sur sa surface la plus large. *J'ai posé mon dictionnaire* ***à plat****.*

platane **nom masculin**

Un **platane** est un grand arbre qui a un feuillage épais et une écorce qui se détache facilement. *On a planté des* ***platanes*** *dans la cour de l'école.*

☛ Va voir « les arbres », page 56, et « les feuilles », page 280.

plateau **nom masculin**
❶ Un **plateau** est un objet plat qui sert à transporter des aliments ou de la vaisselle. *Le serveur a apporté les boissons sur un **plateau**.*
❷ Un **plateau** est une région au sol plat qui se trouve en haut d'une colline ou d'une montagne. *De la vallée, nous sommes montés sur le **plateau**.*
🔍 Au pluriel, on écrit *des plateaux*.

plate-bande **nom féminin**
Une **plate-bande** est une partie d'un jardin qui est plantée de fleurs. Elle est plate, longue et étroite. *On ne marche pas sur les **plates-bandes**.*
🔍 Au pluriel, on écrit *des plates-bandes*. – La nouvelle orthographe permet d'écrire aussi *une platebande, des platebandes*, sans trait d'union.

plâtre **nom masculin**
Le **plâtre** est une poudre blanche que l'on mélange avec de l'eau et qui durcit quand elle sèche. *Papi a bouché un trou avec du **plâtre**.*
🔍 Le *a* prend un accent circonflexe.

1. plein, pleine **adjectif**
❶ Quand une chose ou un véhicule sont **pleins**, ils ne peuvent pas contenir davantage. *Mon verre est **plein**.* Contraire : vide. *L'autocar est **plein**.* Synonyme : complet. *Le paquet de gâteaux est **plein**.* Synonyme : entier.
❷ **Plein de** signifie : rempli, couvert de. *Ta chemise est **pleine de** taches.*
❸ **En pleine nuit, en pleine mer**, c'est au milieu de la nuit, au milieu de la mer. *Le bateau a coulé **en pleine mer**.* Synonyme : au large.

2. plein **nom masculin**
Faire le **plein**, c'est remplir le réservoir d'essence d'un véhicule.

3. plein **adverbe**
Plein signifie : en grande quantité. *Je peux te donner un jeu vidéo, j'en ai **plein**.*
Synonyme : beaucoup. Contraire : peu.

pleurer **verbe**
Pleurer, c'est verser des larmes. *Léa s'est fait mal et elle **pleure**.* Contraire : rire.
● Mots de la même famille : pleurnicher, pleurs.

pleurnicher **verbe**
Pleurnicher, c'est pleurer sans raison.

pleurs **nom masculin pluriel**
Être **en pleurs**, c'est pleurer. *J'ai trouvé mon petit frère **en pleurs**.*
Synonyme : en larmes.
🔍 Ce mot s'emploie surtout à l'écrit.

pleuvoir **verbe**
Quand **il pleut**, il tombe de l'eau de pluie. *Hier, **il a plu** tout l'après-midi.*

pli **nom masculin**
Un **pli** est une marque qui reste quand on a plié ou repassé quelque chose. *Papi a un **pli** à son pantalon.*
● Mots de la même famille : pliage, pliant, plier, plissé.

pliage **nom masculin**
Le **pliage**, c'est le fait de plier du papier pour lui donner une certaine forme. *On fait des **pliages** pour fabriquer des cocottes en papier.*

Nicolas fait des **pliages**.

a b c d e f g h i j k l m n o p q r s t u v w x y z

A B C D E F G H I J K L M N O P Q R S T U V W X Y Z

pliant, pliante adjectif
Un objet, un meuble **pliant** peut se plier. *Nous avons installé des chaises **pliantes**.*

plier verbe
Plier, c'est ramener sur elles-mêmes les parties d'une matière souple. *Maman **plie** la nappe.* Contraire : déplier.

plissé, plissée adjectif
Une jupe **plissée** est une jupe qui a des plis réguliers.

plomb nom masculin
Le **plomb** est un métal gris très lourd. *Papi a une collection de soldats de **plomb**.*

Le son [ɔ̃] s'écrit *om* devant un *b*. Ce mot se termine par un *b* qu'on ne prononce pas.

● Mot de la même famille : plombier.

plombier nom masculin
Un **plombier** est une personne qui installe et répare les tuyaux d'eau et de gaz, les appareils de la cuisine et de la salle de bains. C'est un nom de métier.

Le son [ɔ̃] s'écrit *om* devant un *b*.

plongée nom féminin
Faire de la **plongée**, c'est nager sous l'eau pour explorer le fond de la mer ou pour pêcher.

plongeoir nom masculin
Un **plongeoir** est un tremplin installé au-dessus de l'eau et qui sert à plonger. *À la piscine, j'ai sauté du grand **plongeoir**.*

Il y a un e après le *g*.

plongeon nom masculin
Un **plongeon** est un saut que l'on fait dans l'eau, la tête et les bras en avant. *Rémi a fait un beau **plongeon**.*

Il y a un e après le *g*.

plonger verbe
1 **Plonger**, c'est sauter dans l'eau, la tête la première. *Nous **plongeons** dans le grand bassin de la piscine.*

2 **Plonger** un objet ou une partie du corps, c'est les tremper dans l'eau. *Émilie **a plongé** son bras dans la cuvette.*

● Mots de la même famille : plongée, plongeoir, plongeon, plongeur.

plongeur nom masculin
plongeuse nom féminin
Un **plongeur**, une **plongeuse** sont des personnes qui font de la plongée. *La **plongeuse** a enfilé sa combinaison et a mis ses palmes.*

Le **plongeur** explore le fond de la mer.

plu → **plaire**

pluie nom féminin
La **pluie** est de l'eau qui tombe des nuages.

● Mot de la même famille : pleuvoir, pluvieux.

plumage **nom masculin**
Le **plumage**, c'est l'ensemble des plumes d'un oiseau. *Les corbeaux ont un* ***plumage*** *noir.*

plume **nom féminin**

1 Les **plumes** sont des tiges avec des sortes de poils, appelés *barbes*. Elles recouvrent le corps des oiseaux et le protègent. *Le canard essuie ses* ***plumes*** *avec son bec.*
2 Une **plume** est une petite lame de métal qui se trouve au bout d'un stylo. *Franck dessine avec un stylo à* ***plume****.*
● Mot de la même famille : plumage.

la **plupart** **nom féminin**
La plupart signifie : le plus grand nombre, presque tous. ***La plupart*** *des enfants aiment les glaces.*

pluriel **nom masculin**
Un mot est au **pluriel** quand il désigne plusieurs êtres ou plusieurs choses. *La plupart des noms communs prennent un « s » au* ***pluriel****.* Contraire : singulier.

plus **adverbe**
1 **Plus** indique une quantité, une valeur plus grande. *Anaïs a lu* ***plus*** *de livres que moi.* Contraire : moins. *Mon père travaille beaucoup, mais ma mère travaille* ***plus****.* Synonyme : davantage.
2 **Plus** indique une addition, un nombre que l'on ajoute. *Trois* ***plus*** *quatre font sept.* Contraire : moins.
3 **Plus** s'emploie dans une phrase négative. *Il ne neige* ***plus****.*

plusieurs **adjectif pluriel**
Plusieurs personnes, **plusieurs** choses, c'est plus d'une personne, plus d'une chose. *Pour faire ce puzzle, il m'a fallu* ***plusieurs*** *jours.* Synonyme : quelques.

plutôt **adverbe**
Plutôt signifie : de préférence. *Ne reste pas tout seul, viens* ***plutôt*** *avec nous.*
Le *o* prend un accent circonflexe.

pluvieux, pluvieuse **adjectif**
Une saison **pluvieuse** est une saison où il pleut souvent. *Nous avons eu un été* ***pluvieux****.* Contraire : sec.

pneu **nom masculin**
Un **pneu** est une enveloppe en caoutchouc qui entoure une roue. *Mon vélo a un* ***pneu*** *crevé.*
Au pluriel, on écrit *des pneus*.
● Mot de la même famille : pneumatique.

pneumatique **adjectif**
Un objet **pneumatique** se gonfle et prend sa forme quand il est rempli d'air. *Le campeur a gonflé son matelas* ***pneumatique****.*

poche **nom féminin**
1 La **poche** d'un vêtement est la partie en forme de sac où l'on peut mettre de petits objets. *Papi met ses clés dans sa* ***poche****.*
2 Un livre de **poche**, une lampe de **poche** sont assez petits pour être transportés.

Juliette a **plusieurs** amis.

A B C D E F G H I J K L M N O P Q R S T U V W X Y Z

❸ L'argent de **poche** est l'argent pour les petites dépenses personnelles. *Ma tante nous a donné de l'argent de* ***poche****.*
● Mot de la même famille : pochette.

pochette **nom féminin**
Une **pochette** est un sachet ou une enveloppe qui contient ou qui protège des objets. *Je range les photos dans leur* ***pochette****. Ma* ***pochette-surprise*** *est pleine de petits cadeaux et de confiseries.*

pochoir **nom masculin**
Un **pochoir** est une plaque qui a été découpée par endroits en suivant les contours d'un dessin. On passe un pinceau dans la partie vide pour reproduire le dessin. *À Noël, nous faisons des décors au* ***pochoir*** *sur les fenêtres.*

1. poêle **nom masculin**
Un **poêle** est un appareil de chauffage qui fonctionne au bois ou au charbon. *Aujourd'hui, les* ***poêles*** *sont souvent remplacés par les radiateurs.*
🔍 On prononce [pwal], comme « poil ». Le premier *e* prend un accent circonflexe.

2. poêle **nom féminin**
Une **poêle** est un récipient peu profond qui a un manche et qui sert à faire frire des aliments.
🔍 On prononce [pwal], comme « poil ». Le premier *e* prend un accent circonflexe.

poème **nom masculin**
Un **poème** est un texte de poésie, écrit généralement en vers. *Romain récite un* ***poème****.*

poésie **nom féminin**
❶ La **poésie** est l'art d'écrire des poèmes. *Mon oncle fait de la* ***poésie****.*
❷ Une **poésie** est un texte écrit en vers. *Nous avons appris une* ***poésie****.*
Synonyme : poème.
● Mots de la même famille : poème, poète.

Zohra écrit un **poème**.

poète **nom masculin**
Un **poète** est une personne qui écrit des poèmes, qui fait de la poésie.

poids **nom masculin**
❶ Le **poids** d'un être ou d'une chose, c'est ce qu'ils pèsent. *Le* ***poids*** *de la table est de cinquante kilos.*
Synonyme : masse.
❷ Le lancer de **poids** est une épreuve d'athlétisme. On doit lancer une boule de métal le plus loin possible.
🔍 Ce mot se termine par un *s*.

poignard **nom masculin**
Un **poignard** est une arme qui a une lame courte et pointue.

poignée **nom féminin**
❶ Une **poignée** de choses, c'est la quantité que peut contenir une main fermée.
❷ La **poignée** d'un objet est la partie qui sert à le tenir. *La* ***poignée*** *de mon cartable est cassée.*

❸ Donner une **poignée de main**, c'est serrer la main.

Hugo donne une **poignée** de bonbons à Zoé.

poignet **nom masculin**
Le **poignet** est la partie du corps qui se trouve entre la main et le bras. *Hugo porte une montre au* ***poignet****.*

poil **nom masculin**
Les **poils** recouvrent le corps de certains animaux et certaines parties du corps humain. *Les lapins ont des* ***poils*** *très doux. Les cils et les sourcils sont des* ***poils****.*
● Mot de la même famille : poilu.

poilu, poilue **adjectif**
Un animal **poilu**, une personne **poilue** sont couverts de poils, ont beaucoup de poils.

poing **nom masculin**
Le **poing** est la main fermée. *Dans la bagarre, il a reçu un coup de* ***poing****.*
🔎 Ce mot se termine par un *g* qu'on ne prononce pas.
● Mots de la même famille : poignée, poignet.

point **nom masculin**
❶ Un **point** est un petit signe rond. *On met un* ***point*** *sur la lettre « i » et sur la lettre « j ».*
❷ Un **point** est un signe de ponctuation. *Une phrase se termine par un* ***point****.*
❸ Un **point** est l'unité qui sert à compter dans un jeu, un sport, ou à noter un devoir. *Léo a gagné la partie de ping-pong par vingt et un* ***points*** *à onze.*
❹ Le **point de départ** est l'endroit d'où l'on est parti. *Nous sommes revenus à notre* ***point de départ****.*
❺ Les **points cardinaux** sont les repères qui servent à s'orienter. *Le nord, le sud, l'est et l'ouest sont les quatre* ***points cardinaux****.*
❻ Être **sur le point de** faire quelque chose, c'est être très prêt de le faire. *J'étais* ***sur le point de*** *partir quand tu es arrivé.*
❼ Mettre quelque chose **au point**, c'est le préparer, le régler. *Notre spectacle est prêt, nous l'avons mis* ***au point****.*
● Mot de la même famille : pointillé.

pointe **nom féminin**
❶ La **pointe** est le bout pointu d'un objet. *Je me suis piquée avec la* ***pointe*** *d'une aiguille.*
❷ Marcher sur la **pointe des pieds**, c'est marcher sur le bout des pieds pour ne pas faire de bruit.
● Mot de la même famille : pointu.

pointillé **nom masculin**
Un **pointillé** est une ligne formée par des petits points. *J'ai découpé l'image en suivant le* ***pointillé****.*

pointu, pointue **adjectif**
Un objet **pointu** se termine en pointe. *Les crocs des chiens sont* ***pointus****.*

pointure **nom féminin**
La **pointure** d'une chaussure est le nombre qui indique sa taille. *Ma **pointure** est le 35.*

poire **nom féminin**

Une **poire** est un fruit de couleur jaune ou verte, de forme ovale et qui a des pépins.
▶ Les poires poussent sur un arbre, le **poirier**.

poireau **nom masculin**
Un **poireau** est un légume allongé qui est blanc à la base et qui a des feuilles vertes. On le mange en soupe, en salade ou en légume.

Au pluriel, on écrit *des poireaux*.

pois **nom masculin**
1 Les **petits pois** sont des légumes à grains ronds et verts enfermés dans une gousse.

2 Un **pois** est un petit rond. *Papi porte une cravate à **pois**.*

Ce mot se termine par un *s*.

poison **nom masculin**
Un **poison** est un produit très dangereux, qui peut être mortel. *Les champignons vénéneux contiennent du **poison**.*

poisson **nom masculin**
1 Un **poisson** est un animal au corps couvert d'écailles. Il a des nageoires et il vit dans l'eau. *La carpe est un **poisson** d'eau douce, la sardine, un **poisson** d'eau de mer.*

2 Un **poisson d'avril** est une fausse nouvelle qu'on annonce le 1er avril pour faire une farce.

● Mot de la même famille : poissonnerie.

poissonnerie nom féminin
Une **poissonnerie** est un magasin où l'on peut acheter du poisson, des coquillages et des crustacés.
Il y a deux *s* et deux *n*.

poitrine nom féminin
1 La **poitrine** est la partie du corps qui se trouve entre le cou et la taille et qui contient le cœur et les poumons. Synonyme : **thorax.**
2 La **poitrine**, c'est les seins d'une femme.

poivre nom masculin
Le **poivre** est une épice en grains qui a un goût piquant. Il sert à assaisonner les plats. *J'ai mis du **poivre** dans la vinaigrette.*
▶ Le poivre provient d'un arbuste des pays chauds, le **poivrier**.

polaire adjectif
1 Les régions, les mers **polaires** se trouvent près des pôles.
2 Un **ours polaire** est un ours blanc qui vit dans la région d'un pôle.
3 **L'étoile Polaire** est l'étoile très brillante qui indique la direction du nord.

pôle nom masculin
Les **pôles** sont les régions très froides qui se trouvent le plus au nord et le plus au sud de la Terre. *Les pingouins vivent au **pôle** Nord et les manchots au **pôle** Sud.*
Le *o* prend un accent circonflexe.
● Mot de la même famille : **polaire**.

poli, polie adjectif
Être **poli**, c'est bien se tenir, être bien élevé. *On dit « merci » quand on est **poli**.* Contraires : **impoli, mal élevé, malpoli.**
● Mots de la même famille : **poliment, politesse**.

On trouve des icebergs près des **pôles**.

police nom féminin
La **police**, c'est l'ensemble des policiers d'un pays. *La **police** est chargée des enquêtes.*
● Mot de la même famille : **policier**.

policier nom masculin
policière nom féminin
Un **policier**, une **policière** sont des personnes qui font partie de la police. Elles font respecter les lois et s'occupent de la sécurité de la population. C'est un nom de métier.

poliment adverbe
Poliment signifie : de manière polie. *Julien s'est excusé **poliment**.*

polir verbe
Polir, c'est rendre lisse en frottant. *Le menuisier **a poli** une planche.*

polisson nom masculin
polissonne nom féminin
Un **polisson**, une **polissonne** sont des enfants turbulents et désobéissants. *Ce **polisson** a encore caché mes clés !*

politesse nom féminin
La **politesse**, c'est le fait d'être poli. *« Merci », « pardon », « s'il vous plaît » sont des formules de **politesse**.*

A B C D E F G H I J K L M N O P Q R S T U V W X Y Z

politique **nom féminin**
La **politique** est la manière de gouverner un pays.

pollen **nom masculin**
Le **pollen** est une fine poudre faite de petits grains et qui permet aux plantes de se reproduire. *Le vent et les insectes transportent le* ***pollen****.*
🔍 Il y a deux *l*. On écrit *en* mais on prononce [lɛn], comme « laine ».

pollué, polluée **adjectif**
Un lieu **pollué** contient des produits toxiques dangereux pour la vie et pour la santé. *La rivière est* ***polluée*** *par les égouts.* Contraire : pur.
🔍 Il y a deux *l*.
● Mot de la même famille : pollution.

pollution **nom féminin**
La **pollution**, c'est l'ensemble des dégâts que font les produits toxiques dans l'eau et dans l'air. *Ici, la* ***pollution*** *de l'air est due aux usines.*

pommade **nom féminin**
Une **pommade** est une crème épaisse et grasse qui contient un produit pour soigner ou calmer la douleur. *Mets de la* ***pommade*** *sur tes piqûres de moustique.*
🔍 Il y a deux *m*.

pomme **nom féminin**

Une **pomme** est un fruit rond jaune, vert ou rouge, qui a des pépins.
▶ Les pommes poussent sur un arbre, le **pommier**.
● Mot de la même famille : pomme de terre.
➜ Cherche api et reinette.

pomme de terre **nom féminin**
Une **pomme de terre** est un légume qui pousse sous la terre. *On peut faire de la purée ou des frites avec des* ***pommes de terre****.*
🔍 Au pluriel, on écrit *des pommes de terre*.

pompe **nom féminin**
1 Une **pompe** est un appareil qui sert à remplir d'air les pneus d'un véhicule ou un objet gonflable. *J'ai gonflé les pneus de mon vélo avec une* ***pompe****.*
2 Une **pompe à essence** est un appareil qui sert à remplir d'essence le réservoir des véhicules.
🔍 Le son [ɔ̃] s'écrit *om* devant un *p*.

pompier **nom masculin**
Un **pompier** est un homme qui éteint les incendies et qui vient au secours des personnes qui ont un accident. *On prévient les* ***pompiers*** *quand il y a une fuite de gaz.*
🔍 Le son [ɔ̃] s'écrit *om* devant un *p*.

pompon **nom masculin**
Un **pompon** est une boule faite avec des fils de laine. *Les marins ont un* ***pompon*** *sur leur béret.*
🔍 Le son [ɔ̃] s'écrit *om* devant un *p*.

ponctuation **nom féminin**
Un signe de **ponctuation** est un signe que l'on utilise quand on écrit, pour marquer des arrêts ou le ton.

pondre **verbe**
Pondre, c'est faire des œufs. *Les femelles des oiseaux, des poissons et de certains serpents* ***pondent****.*

poney **nom masculin**
1 Un **poney** est un petit cheval à crinière épaisse.
2 **Faire du poney**, c'est monter sur le dos d'un poney.
▶ Quand le poney crie, on dit qu'il hennit.
🔍 Ce mot se termine par un *y*.

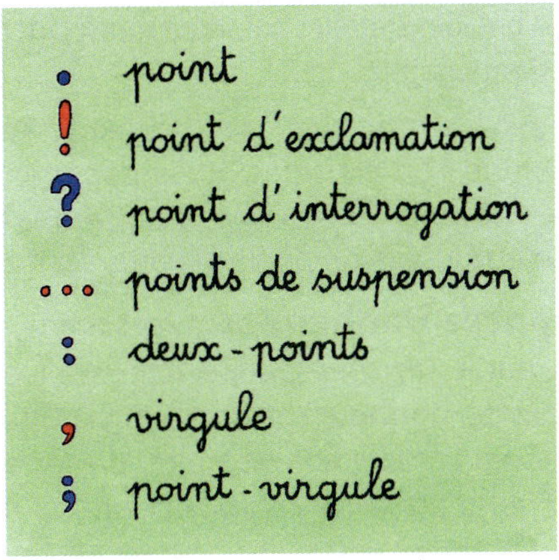

les signes de **ponctuation**

pont **nom masculin**

Un **pont** est une construction qui permet de passer au-dessus d'un cours d'eau, d'une route ou d'une voie ferrée.

● Mot de la même famille : pont-levis.

➜ Cherche viaduc.

pont-levis **nom masculin**

Un **pont-levis** est un pont qui peut se relever et se baisser au-dessus d'un fossé, à l'entrée d'un château fort. *On relevait le **pont-levis** pour empêcher les ennemis d'entrer.*

Ce mot s'écrit avec un trait d'union. Au pluriel, on écrit *des ponts-levis.*

Va voir « le château fort », page 131.

populaire **adjectif**

Une personne **populaire** est connue et aimée par beaucoup de monde. *Léo est l'élève le plus **populaire** de la classe.*

population **nom féminin**

La **population**, c'est l'ensemble des habitants d'un pays, d'une ville, d'un quartier. *Notre ville a une **population** de 10 000 habitants.*

porc **nom masculin**

Un **porc** est un mammifère qui a la peau rose ou grise et la queue en tire-bouchon. **Synonyme :** cochon.

▶ La femelle est la truie, le petit est le **porcelet**. Quand le porc crie, on dit qu'il grogne.

Ce mot se termine par un *c* qu'on ne prononce pas. Ne confonds pas avec « un port », pour les bateaux.

● Mot de la même famille : porcherie.

porcelaine **nom féminin**

La **porcelaine** est une matière qui sert à fabriquer de la vaisselle et des vases. *Les objets en **porcelaine** sont fragiles.*

porc-épic **nom masculin**

Un **porc-épic** est un rongeur des pays chauds. Il a le dos recouvert de longs piquants.

On prononce les deux *c*. Au pluriel, on écrit *des porcs-épics.*

porcherie **nom féminin**

Une **porcherie** est un bâtiment qui sert d'abri aux porcs.

un **porc-épic**

a b c d e f g h i j k l m n o p q r

A B C D E F G H I J K L M N O P Q R S T U V W X Y Z

port **nom masculin**
Un **port** est un endroit où vont les bateaux pour charger et décharger leur cargaison ou pour embarquer et débarquer les passagers.
Ne confonds pas avec « le porc », le cochon.
Va voir la planche illustrée 3

un **port**

portable **adjectif**
Un téléphone, un ordinateur **portables** peuvent être portés.
On dit aussi « un portable ».

portail **nom masculin**
Un **portail** est une grande porte à l'entrée d'un bâtiment ou d'un parc.

porte **nom féminin**
1 Une **porte** est un panneau qui sert à fermer une ouverture et qui permet d'entrer et de sortir. *La **porte** du garage est fermée à clé.*
2 La **porte** d'un meuble est la partie qui permet de l'ouvrir et de le fermer. *La **porte** du placard est ouverte.*
3 **Mettre** une personne **à la porte**, c'est la renvoyer.
● Mots de la même famille : portail, portière.

porte-bagages **nom masculin**
Un **porte-bagages** est la partie plate qui se trouve à l'arrière d'une moto ou d'une bicyclette et qui sert à transporter des bagages.
Ce mot a un trait d'union. Au pluriel, on écrit *des porte-bagages*. – La nouvelle orthographe permet d'écrire aussi *un porte-bagage,* sans *s*.

porte-bonheur **nom masculin**
Pour les personnes superstitieuses, un **porte-bonheur** est un objet qui porte chance. *Ma sœur pense qu'un fer à cheval est un **porte-bonheur**.*
Ce mot a un trait d'union. Au pluriel, on écrit *des porte-bonheur.* Mais la nouvelle orthographe permet d'écrire aussi *des porte-bonheurs,* avec un *s*.
→ Cherche mascotte.

porte-clés **nom masculin**
Un **porte-clés** est un objet qui sert à porter des clés.
On trouve aussi « porte-clefs ». Au pluriel, on écrit *des porte-clés*. – Mais la nouvelle orthographe permet d'écrire aussi *un porteclé, des porteclés,* sans trait d'union et sans *s* au singulier.

portée **nom féminin**
1 Une **portée** est une série de cinq lignes horizontales qui sert à écrire les notes de musique.
2 Une **portée**, c'est l'ensemble des petits que porte une femelle dans son ventre et qui naissent en même temps. *La chatte a eu une **portée** de cinq chatons.*

portefeuille **nom masculin**
Un **portefeuille** est un étui qui sert à ranger des billets de banque et des papiers d'identité.

portemanteau **nom masculin**
Un **portemanteau** est un objet qui sert à suspendre des vêtements.

*Nous accrochons nos vêtements aux **portemanteaux** avant d'entrer dans la classe.*

🔍 Au pluriel, on écrit *des portemanteaux*.

→ Cherche cintre.

porte-monnaie **nom masculin**
Un **porte-monnaie** est un petit objet qui sert à ranger des pièces de monnaie.

🔍 Au pluriel, on écrit *des porte-monnaie*. – Mais la nouvelle orthographe permet d'écrire aussi *un portemonnaie, des portemonnaies,* sans trait d'union et avec un *s* au pluriel.

porter **verbe**
1 **Porter** un objet, une personne, c'est les soulever, supporter leur poids. *Je n'arrive pas à **porter** ce sac de ciment.*
2 **Porter** un vêtement, une arme, un bijou, des lunettes, c'est les avoir sur soi. *Simon **porte** un jean.*
3 **Porter** un nom, c'est avoir ce nom. *Julie **porte** le même nom qu'une chanteuse.*
4 **Se porter bien** ou **se porter mal**, c'est aller bien ou mal.
● Mots de la même famille : portable, porte-bagages, porte-bonheur, portée, portefeuille, etc.

Pierre **porte** son petit frère.

portière **nom féminin**
Une **portière** est une porte de voiture ou de train.

portion **nom féminin**
Une **portion** est la quantité de nourriture servie à une personne. *À la cantine, j'ai demandé une deuxième **portion** de frites.* Synonyme : part.

portique **nom masculin**
Un **portique** est une poutre soutenue par des poteaux. On y accroche des balançoires, des anneaux et d'autres objets pour faire de la gymnastique.

Laura se balance sur le **portique**.

portrait **nom masculin**
Un **portrait** est un dessin, une peinture ou une photo qui représentent une personne. *Un peintre a fait le **portrait** de ma sœur.*

poser **verbe**
1 **Poser** un objet, une personne, c'est les mettre quelque part. *J'ai **posé** les assiettes sur la table.* Synonyme : placer. ***Pose** ton petit frère par terre.*

A B C D E F G H I J K L M N O P Q R S T U V W X Y Z

❷ **Poser** une question, c'est demander quelque chose à quelqu'un. *Léa **a posé** une question à la maîtresse.* Synonyme : interroger.

❸ **Poser** un chiffre, une opération, c'est les écrire.

❹ **Poser**, c'est rester immobile pour être pris en photo. *Les mariés **posent** devant le photographe.*

❺ Pour un oiseau, **se poser**, c'est cesser de voler et se placer quelque part. *Le moineau **s'est posé** sur une branche.* Contraire : s'envoler. Pour un avion, **se poser**, c'est cesser de voler et toucher le sol. *L'avion **se pose** sur la piste.* Synonyme : atterrir. Contraires : décoller, s'envoler.

● Mot de la même famille : position.

L'oiseau **s'est posé** sur le bord de la fenêtre.

position nom féminin

❶ Une **position** est une manière de se tenir. *J'ai changé de **position** pour lire.*

❷ La **position** d'une personne est la place qu'elle occupe dans un groupe ou dans une compétition. *Le coureur est arrivé en deuxième **position**.*

posséder verbe

Quand on **possède** une chose, elle est à soi, on en est propriétaire. *Mes grands-parents **possèdent** une maison de campagne.* Synonyme : avoir.

possibilité nom féminin

La **possibilité**, c'est le fait d'être possible. *J'aurai la **possibilité** de venir te voir demain.*

possible adjectif

Ce qui est **possible** peut arriver ou peut se faire. *Faire dix kilomètres à pied en deux heures, c'est **possible**. Il est **possible** que je me trompe dans mon addition.* Contraire : impossible.

● Mot de la même famille : possibilité.

postal, postale adjectif

Une carte **postale**, un colis **postal** sont une carte, un colis envoyés par la poste.

Au pluriel, on écrit *postaux, postales*.

1. poste nom féminin

La **poste** est le bâtiment et l'entreprise où des personnes s'occupent du courrier que l'on envoie et que l'on reçoit. *J'ai expédié un colis par la **poste**.*

● Mots de la même famille : postal, poster.

2. poste nom masculin

❶ Un **poste** est un appareil qui permet d'écouter ou de regarder des émissions. *Le **poste** de radio fonctionne toute la journée à la maison.* Synonymes : radio, transistor. *Le **poste** de télévision est en panne.* Synonyme : téléviseur.

❷ Un **poste** est un emploi. *Ma tante a un **poste** d'informaticienne dans une grande entreprise.*

1. poster verbe

Poster, c'est mettre à la poste. *J'ai **posté** une lettre et un colis.* Synonymes : envoyer, expédier.

2. poster nom masculin

Un **poster** est une affiche ou une très grande photo qui sert à décorer un mur. *Romain a des **posters** de voitures dans sa chambre.*

Ce mot vient de l'anglais : on écrit *ter* mais on prononce [tɛr], comme « terre ».

pot nom masculin

Un **pot** est un récipient qui peut contenir différentes choses. *On a mis des **pots** de fleurs sur le balcon. J'ai acheté un **pot** de yaourt.*

● Mots de la même famille : poterie, potier.

potable adjectif

L'eau **potable** est l'eau que l'on peut boire sans danger.

potage nom masculin

Un **potage** est une soupe de légumes assez légère.

● Mot de la même famille : potager.

potager nom masculin

Un **potager** est une partie de jardin où l'on cultive des légumes. *Grand-père fait pousser des haricots dans son **potager**.*

→ Cherche verger.

poteau nom masculin

Un **poteau** est un morceau de bois, de métal ou de ciment qui est planté dans le sol et qui sert de support. *Sur les routes, les **poteaux** supportent les fils électriques.* Synonyme : pylône.

Au pluriel, on écrit *des poteaux*.

potelé, potelée adjectif

Être **potelé**, c'est avoir des formes rondes. Synonyme : dodu. Contraire : maigre.

La petite Solène est bien **potelée**.

poterie nom féminin

1 La **poterie** est la fabrication d'objets en terre cuite. *Ma sœur fait de la **poterie**.*
2 Une **poterie** est un objet en terre cuite. *Nous avons exposé nos **poteries** à la fête de l'école.*

potier nom masculin
potière nom féminin

Un **potier**, une **potière** sont des personnes qui fabriquent des poteries. C'est un nom de métier.

potion nom féminin

Une **potion** était un médicament qui se buvait. *Dans « Harry Potter », le professeur Rogue fabrique une puissante **potion** magique.*

→ Cherche élixir.

pou nom masculin

Un **pou** est un petit insecte sans ailes qui vit dans les cheveux. *Ma petite sœur a attrapé des **poux**.*

▶ Les œufs de poux sont appelés des **lentes**.

Au pluriel, on écrit *des poux*. Ne confonds pas avec « le pouls ».

A B C D E F G H I J K L M N O P Q R S

poubelle **nom féminin**
Une **poubelle** est un récipient où l'on met les ordures et toutes les choses que l'on jette.

pouce **nom masculin**
Le **pouce** est le doigt de la main qui est le plus gros et le plus court. *Mon petit frère suce son* ***pouce****.*

☛ Va voir « les doigts », page 217.

poudre **nom féminin**
1 La **poudre** est une matière moulue en grains très fins. *Je mets du sucre en* ***poudre*** *sur les fraises.*
2 La **poudre** est un explosif que l'on utilise dans les armes à feu et les feux d'artifice.

poulailler **nom masculin**
Un **poulailler** est une cabane qui sert d'abri aux poules.

poulain **nom masculin**
Un **poulain** est un jeune cheval. C'est le petit de la jument et du cheval.

poule **nom féminin**
Une **poule** est un oiseau de basse-cour qui a des ailes courtes et une petite crête sur la tête. *Les* ***poules*** *pondent des œufs.*

▶ C'est une volaille. Le mâle est le coq. Le petit est le poussin, qui devient ensuite un poulet. Quand la poule crie, on dit qu'elle **caquette** ou qu'elle **glousse**.
● Mots de la même famille : **poulailler, poulet**.

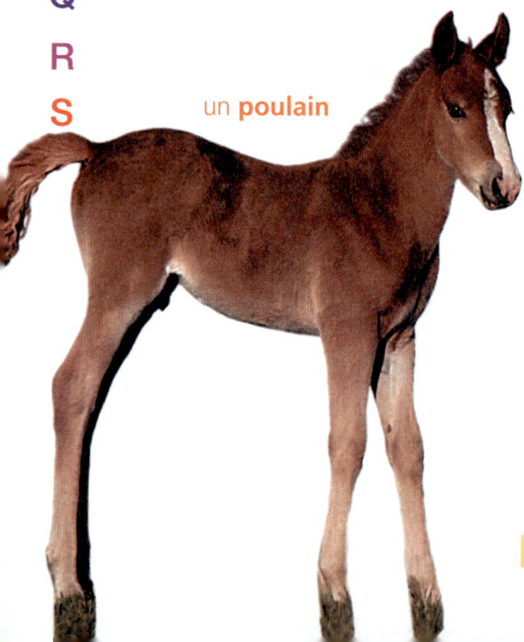

un **poulain**

poulet **nom masculin**
Un **poulet** est un jeune coq ou une jeune poule.

▶ Quand le poulet crie, on dit qu'il **piaule**.

pouls **nom masculin**
Prendre le **pouls** d'une personne, c'est mettre un doigt sur son poignet pour sentir et compter les battements de son cœur.

🔍 Ce mot se termine par un *l* et un *s* qu'on ne prononce pas. Ne confonds pas avec « le pou », l'insecte.

poumon **nom masculin**
Les **poumons** sont les deux organes qui se trouvent dans la poitrine et qui servent à respirer.

poupée **nom féminin**
Une **poupée** est un jouet qui ressemble à un enfant ou à une grande personne. *Anaïs joue à la* ***poupée****.*

Lola a habillé sa **poupée**.

pour **préposition**

Pour est un petit mot qu'on emploie pour donner différentes indications. *J'ai acheté des fleurs* ***pour*** *maman. Je pars tôt* ***pour*** *arriver à l'heure. Je prépare mes affaires* ***pour*** *demain. Il a eu une amende* ***pour*** *excès de vitesse. Elle est grande* ***pour*** *son âge.*

pourboire **nom masculin**

Un **pourboire** est une somme d'argent qu'un client donne en plus du prix à payer. *Papi a laissé un* ***pourboire*** *au serveur.*

« Pourboire » est un nom masculin qui se termine par un e.

pourquoi **adverbe**

Pourquoi signifie : pour quelle raison. *Je ne sais pas* ***pourquoi*** *elle pleure.* ***Pourquoi*** *ris-tu ?*

pourrir **verbe**

Pourrir, c'est s'abîmer, devenir mauvais. *Les fruits commencent à* ***pourrir****.*

Il y a deux *r au milieu du mot.*

poursuite **nom féminin**

La **poursuite**, c'est l'action de poursuivre. *Le chien court à la* ***poursuite*** *du chat.*

poursuivre **verbe**

Poursuivre quelqu'un, un animal, un véhicule, c'est courir derrière pour essayer de l'attraper. *Le chat* ***poursuit*** *la souris.*

● Mot de la même famille : poursuite.

pourtant **adverbe**

Pourtant signifie : malgré cela. *Franck est malade,* ***pourtant*** *il est venu.*
Synonyme : cependant.

pourvu que **conjonction**

Pourvu que exprime un souhait, un désir. ***Pourvu que*** *la fête soit réussie !*

pousse **nom féminin**

Une **pousse** est une plante qui commence à pousser. *Au printemps, les arbres font de nouvelles* ***pousses****.*

➜ Cherche bourgeon et germe.

pousser **verbe**

1 **Pousser**, c'est appuyer devant soi ou déplacer avec un effort. *La porte est lourde et je dois* ***pousser*** *fort pour l'ouvrir. Le jardinier* ***pousse*** *la brouette.*
Contraire : tirer. *Elle m'****a poussé*** *et j'ai failli tomber.* **Synonyme :** bousculer.

2 **Pousser** un cri, un hurlement, c'est le faire entendre. *Julien* ***a poussé*** *un cri en voyant un rat.*

3 **Pousser**, c'est grandir, se développer. *L'herbe* ***a*** *beaucoup* ***poussé****. Anaïs a une dent qui* ***pousse****.*
Synonyme : percer.

● Mots de la même famille : pousse, poussette.

poussette **nom féminin**

Une **poussette** est une petite voiture d'enfant que l'on pousse.

➜ Cherche landau.

Romain pousse la **poussette**.

A B C D E F G H I J K L M N O P Q R S T U

poussière nom féminin

La **poussière** est une matière faite de minuscules grains de terre ou de saleté. Elle est dans l'air et se dépose sur les objets et le sol. *On passe l'aspirateur pour enlever la* ***poussière****.*

● Mot de la même famille : poussiéreux.

Les meubles du grenier sont couverts de **poussière**.

poussiéreux, poussiéreuse adjectif

Un objet, un meuble, un sol **poussiéreux** est couvert de poussière.

poussin nom masculin

Le **poussin** est le petit de la poule et du coq. *Quand ils grandissent, les* ***poussins*** *deviennent des poulets.*

des **poussins**

poutre nom féminin

1 Une **poutre** est un morceau de bois épais et long qui sert à soutenir un toit ou un plafond. *Les* ***poutres*** *du grenier sont abîmées.*

2 Une **poutre** sert à faire des exercices de gymnastique.

1. pouvoir verbe

Pouvoir faire quelque chose, c'est en avoir la possibilité, les capacités, l'autorisation. *Je voulais passer chez toi, mais je n'****ai*** *pas* ***pu****. Je* ***peux*** *nager sous l'eau. Maintenant, vous* ***pouvez*** *aller jouer dehors.*

2. pouvoir nom masculin

1 Avoir le **pouvoir** de faire quelque chose, c'est en avoir la possibilité, en être capable. *Les êtres humains ont le* ***pouvoir*** *de parler.*

2 Avoir un **pouvoir** (ou des **pouvoirs**) sur quelqu'un, c'est avoir de l'autorité et une grande influence. *Le maître avait tous les* ***pouvoirs*** *sur ses esclaves.*

3 Prendre le **pouvoir**, c'est gouverner un pays. *Des militaires ont pris le* ***pouvoir*** *dans ce pays.*

prairie nom féminin

Une **prairie** est un terrain couvert d'herbe. *J'ai cueilli des pâquerettes dans la* ***prairie****.* Synonyme : pré.

pratique adjectif

Un objet **pratique** est facile à utiliser. *Ce sac est* ***pratique*** *avec toutes ses poches.* Synonyme : commode.

pré nom masculin

Un **pré** est un terrain couvert d'herbe. *Un troupeau de vaches broute dans le* ***pré****.* Synonyme : prairie.

préau **nom masculin**
Le **préau** d'une école est la partie couverte de la cour. C'est aussi la grande salle qui se trouve au rez-de-chaussée.
Au pluriel, on écrit *des préaux*.

précaution **nom féminin**
Une **précaution**, c'est ce qui permet d'éviter un danger ou un ennui. *Je soulève le couvercle de la marmite avec* ***précaution****. J'ai pris un imperméable par* ***précaution****.*

précédent, précédente **adjectif**
L'année **précédente**, c'est l'année qui était juste avant l'année où nous sommes. *Cet été, je vais en colonie de vacances comme l'année* ***précédente****.* **Synonyme :** dernier. **Contraires :** prochain, suivant.
● Mot de la même famille : précéder.

précéder **verbe**
Précéder, c'est venir devant ou avant. *Raphaël marche plus vite que moi, il me* ***précède****.* **Contraire :** suivre. *Lundi est le jour qui* ***précède*** *mardi.* **Contraires :** succéder à, suivre.

précieusement **adverbe**
Précieusement signifie : avec un grand soin, comme s'il s'agissait d'une chose précieuse. *Je garde* ***précieusement*** *tes dessins.*

précieux, précieuse **adjectif**
Un objet **précieux** a une grande valeur, un grand prix. *L'or et l'argent sont des métaux* ***précieux****.*
● Mot de la même famille : précieusement.

précipice **nom masculin**
Un **précipice** est un trou très profond qui descend à pic au bord d'une route. **Synonyme :** ravin.

Il est au bord du **précipice**.

se **précipiter** **verbe**
Se précipiter, c'est venir en courant. *Les journalistes* ***se sont précipités*** *vers l'actrice.* **Synonymes :** accourir, s'élancer, se ruer.

précis, précise **adjectif**
1 Un renseignement **précis**, une explication **précise** sont clairs et donnent des détails. *On m'a donné des informations* ***précises*** *sur les cours de judo.* **Contraire :** vague.
2 Un geste **précis** est bien fait du premier coup et sans hésitation. *Les chirurgiens opèrent avec des gestes* ***précis****.* **Contraire :** maladroit.
3 Un endroit **précis**, une heure **précise** sont exacts. *Elle a montré l'endroit* ***précis*** *de l'accident.*
● Mots de la même famille : préciser, précision.

préciser **verbe**
Préciser, c'est dire de manière précise. *Peux-tu nous* ***préciser*** *le jour et l'heure de ton arrivée ?*

précision **nom féminin**
1 La **précision**, c'est le fait d'être précis. *Ma sœur m'a indiqué le chemin avec* ***précision****.*

❷ Une **précision** est une indication qui précise, qui complète ce que l'on a dit. *La maîtresse nous donne des **précisions** sur le spectacle que nous allons voir.*

précoce adjectif

❶ Une saison **précoce** arrive plus tôt que d'habitude. *Cette année, l'hiver est **précoce**.*

❷ Un enfant **précoce** est en avance pour son âge. *Un enfant qui sait lire, écrire et compter à cinq ans est un enfant **précoce**.*

prédire verbe

Prédire, c'est dire à l'avance ce qui va arriver, le prévoir. *J'**avais prédit** que notre équipe gagnerait.*

préféré, préférée adjectif

Un objet **préféré**, une personne **préférée** sont ceux que l'on préfère. *Quel est ton dessin animé **préféré** ?* Synonyme : favori.

préférence nom féminin

La **préférence**, c'est le fait de préférer une personne ou une chose aux autres. *Audrey a une **préférence** pour les glaces au chocolat.*

préférer verbe

Préférer, c'est aimer mieux. *« Le Roi et l'Oiseau » est le dessin animé que je **préfère**.*

● Mots de la même famille : préféré, préférence.

préhistoire nom féminin

La **préhistoire** est la période la plus ancienne de l'histoire, avant l'invention de l'écriture.

● Mot de la même famille : préhistorique.

préhistorique adjectif

Un animal, un objet **préhistorique** appartient au temps de la préhistoire. *Les animaux **préhistoriques** existaient bien avant les hommes **préhistoriques**.*

un homme **préhistorique**

premier, première adjectif

Être **premier**, c'est venir avant les autres. *Marie est **première** en sport. Le 1er janvier est le **premier** jour de l'année.* Contraire : dernier.

prendre verbe

❶ **Prendre**, c'est mettre dans sa main. *Je **prends** un stylo.* Synonyme : saisir. Contraire : lâcher.

❷ **Prendre**, c'est attraper, capturer. *Le pêcheur **a pris** un poisson. La souris **est prise** au piège.*

❸ **Prendre**, c'est enlever quelque chose à quelqu'un. *Le cambrioleur **a pris** des bijoux.* Synonyme : voler.

❹ **Prendre**, c'est boire ou manger. *Le matin, nous **prenons** un jus d'orange et une tartine.*

❺ **Prendre** un moyen de transport, c'est l'utiliser. *Solène **prend** l'autobus.*

❻ Quand un feu **prend**, il commence à brûler. *Le feu **a pris** dans la cave.*

❼ **S'y prendre**, c'est agir d'une certaine manière. *Zoé **s'y prend** bien avec les animaux.*
● Mot de la même famille : prise.

prénom nom masculin
Le **prénom** d'une personne est son premier nom. Il vient avant le nom de famille. *Je m'appelle Simon Bousquet : Simon est mon **prénom**.*
🔍 Dans ce mot, le son [ɔ̃] s'écrit *om*.
→ Cherche nom.

préparation nom féminin
Une **préparation** est le travail que l'on fait pour préparer quelque chose. *Nous nous sommes occupés de la **préparation** du repas.*

préparatoire adjectif
En France, le cours **préparatoire** est la première classe de l'école primaire. C'est la classe qui vient avant le cours élémentaire.

préparer verbe
Préparer une chose, c'est l'organiser et faire ce qu'il faut pour qu'elle soit prête. *Nous **avons préparé** un spectacle.*
● Mots de la même famille : préparation, préparatoire.

Elles **préparent** le repas.

préposition nom féminin
Une **préposition** est un mot invariable qui réunit d'autres mots. *« De », « dans », « sur », « chez », « pour » sont des **prépositions**.*

près adverbe
❶ **Près** signifie : à une petite distance. *La piscine est **près** de l'école.* Synonyme : à côté de. Contraire : loin. *L'infirmière reste **près** du malade.* Synonyme : auprès.
❷ **À peu près** signifie : presque. *Alexandra et Antoine ont **à peu près** le même âge. Il est **à peu près** 10 heures.* Synonyme : environ. Contraires : exactement, juste.
→ Cherche proche.

présence nom féminin
La **présence**, c'est le fait d'être là. *Nous comptons sur ta **présence** pour la fête de l'école.* Contraire : absence.

1. présent, présente adjectif
❶ **Être présent**, c'est être là. *Tous les élèves sont **présents**.* Contraire : absent.
❷ Le moment **présent** est le moment qui se passe maintenant. Contraires : futur, passé.
● Mot de la même famille : présence.

2. présent nom masculin
❶ Le **présent** est la période qui se passe maintenant. *Si tu penses trop au passé ou à l'avenir, tu ne profites pas du **présent**.* Contraires : avenir, futur, passé.
❷ Le **présent** est un temps que l'on emploie quand une action a lieu maintenant. *Dans la phrase « Je vais à l'école », le verbe « aller » est au **présent**.*
→ Cherche futur, imparfait et passé.

A B C D E F G H I J K L M N O P Q R S T U V W X Y Z

présentateur nom masculin
présentatrice nom féminin
Un **présentateur**, une **présentatrice** sont des personnes qui présentent une émission ou un spectacle. C'est un nom de métier.

présentation nom féminin
1 La **présentation**, c'est la manière de présenter. *Le libraire a fait une nouvelle **présentation** de ses livres.*
2 Faire les **présentations**, c'est présenter des personnes les unes aux autres.

présenter verbe
1 **Présenter** des objets, c'est les disposer pour les montrer au public. *Le vendeur **présente** les nouveaux modèles dans la vitrine.*
2 **Présenter** un programme, des informations, un spectacle, c'est les annoncer.
3 **Présenter** une personne, c'est dire son nom pour la faire connaître. *Le directeur nous **a présenté** le nouveau maître.*
● Mots de la même famille : **présentateur, présentation**.

président nom masculin
présidente nom féminin
1 Le **président** de la République est le chef de l'État. *En France, le **président** de la République est élu pour cinq ans.*
2 Un **président**, une **présidente** sont des personnes qui dirigent un groupe ou une réunion. *La **présidente** de l'association a demandé le silence.*

presque adverbe
Presque signifie : pas tout à fait. *J'ai **presque** terminé mon travail.*
Synonyme : à peu près.

presqu'île nom féminin
Une **presqu'île** est une terre entourée d'eau presque de tous les côtés.
La nouvelle orthographe permet d'écrire aussi *presqu'ile,* sans accent circonflexe.
→ Cherche **île**.

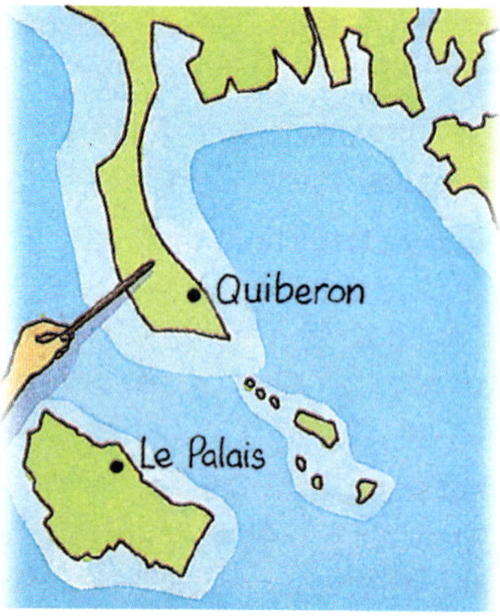

la **presqu'île** de Quiberon

pressé, pressée adjectif
1 Quand une personne est **pressée**, elle se dépêche, elle a quelque chose d'urgent à faire.
2 Quand une personne est **pressée** de faire quelque chose, elle a hâte de le faire. *Je suis **pressée** de revoir mes cousins.* Synonyme : impatient.

Le papa de Laura est **pressé**.

1. presser verbe
Presser un fruit, c'est appuyer dessus pour faire sortir le jus.

2. se presser verbe
Se presser, c'est faire vite. *Elle* ***se presse*** *de partir pour ne pas rater l'avion.* Synonyme : se dépêcher.
● Mot de la même famille : pressé.

prestidigitateur nom masculin
prestidigitatrice nom féminin
Un **prestidigitateur**, une **prestidigitatrice** sont des personnes qui font des tours de magie. C'est un nom de métier. Synonymes : illusionniste, magicien.

prêt, prête adjectif
1 Quand une chose est **prête**, sa préparation est terminée. *Le dîner est* ***prêt****.*
2 Quand une personne est **prête**, elle a fini de se préparer. *Je suis* ***prête*** *à partir.*
Le e prend un accent circonflexe.

Simon est **prêt** à partir.

prétentieux, prétentieuse adjectif
Une personne **prétentieuse** est fière d'elle-même et se croit supérieure aux autres. *Ton frère n'arrête pas de se vanter, il est vraiment* ***prétentieux*** *!*
Synonyme : orgueilleux.
Contraire : modeste.
On écrit *ti* mais on prononce [si].

prêter verbe
Prêter quelque chose à une personne, c'est lui permettre de l'utiliser à condition qu'elle le rende. *Rémi m'****a prêté*** *un jeu vidéo.*
Le premier e prend un accent circonflexe.
➜ Cherche emprunter.

prétexte nom masculin
Un **prétexte** est une fausse raison que l'on donne. *Elle dit qu'elle a mal au ventre, mais c'est un* ***prétexte*** *pour ne pas sortir.*

prêtre nom masculin
Dans la religion catholique, un **prêtre** est un homme qui dirige les cérémonies religieuses.
Le premier e prend un accent circonflexe.
➜ Cherche imam, pasteur et rabbin.

preuve nom féminin
Une **preuve**, c'est ce qui permet de montrer que quelque chose est vrai, de le prouver. *Nous avons la* ***preuve*** *que cette personne est innocente.*

prévenir verbe
Prévenir, c'est faire savoir à l'avance. *Julien nous* ***a prévenus*** *qu'il arriverait plus tard.* Synonymes : avertir, informer.

prévoir verbe
1 **Prévoir**, c'est savoir à l'avance qu'une chose se produira. *Les scientifiques* ***avaient prévu*** *le tremblement de terre.*
2 **Prévoir**, c'est décider et organiser. *Tout* ***est prévu*** *pour votre séjour chez nous.*

prier verbe
1 **Prier**, c'est s'adresser à Dieu. *Les catholiques vont* ***prier*** *à l'église.*
2 **Prier** une personne de faire quelque chose, c'est le lui demander en insistant. *Je vous* ***prie*** *de rester tranquille.*
● Mot de la même famille : prière.

a b c d e f g h i j k l m n o p q r s t u v w x y z

A B C D E F G K L M N O P Q R S T U V W X Y Z

prière **nom féminin**
① Une **prière** est un ensemble de paroles que l'on adresse à Dieu.
② **Prière de** signifie : il est demandé de. « ***Prière de*** *ne pas déranger* ».

primaire **adjectif**
En France, l'école **primaire** accueille les élèves après l'école maternelle. *À six ans, on entre à l'école* ***primaire****.*
Synonyme : élémentaire.

primevère **nom féminin**

Une **primevère** est une fleur de couleur blanche, rouge ou jaune, qui pousse au début du printemps dans les prés et dans les bois.

prince **nom masculin**
Un **prince** est le fils d'un roi ou d'un empereur.

princesse **nom féminin**
Une **princesse** est la fille d'un roi, d'un empereur ou la femme d'un prince.

1. principal, principale **adjectif**
La partie **principale**, c'est la partie la plus importante. *Tu as manqué la partie* ***principale*** *du film.*
Synonyme : essentiel.
Au pluriel, on écrit *principaux*, *principales*.

2. principal **nom masculin**
Le principal, c'est la chose la plus importante. *Tu n'as pas été blessé dans l'accident, c'est* ***le principal****.*

principe **nom masculin**
Un **principe** est une règle de conduite que l'on se donne. *J'ai pour* ***principe*** *de ne jamais me décourager.*

printemps **nom masculin**
Le **printemps** est la saison de l'année qui vient après l'hiver et avant l'été. Il commence le 20 ou le 21 mars et finit le 21 ou le 22 juin.
Ce mot se termine par un *s*.
Va voir « les saisons », page 607.

prioritaire **adjectif**
Un véhicule **prioritaire** a la priorité sur les autres véhicules. *Une ambulance est un véhicule* ***prioritaire****.*

priorité **nom féminin**
Avoir la **priorité**, c'est avoir le droit de passer avant les autres. *Les voitures de pompiers, les ambulances et les voitures de police ont la* ***priorité****.*
● Mot de la même famille : prioritaire.

pris → prendre

prise **nom féminin**
① Une **prise** de courant est reliée à une ligne électrique et sert à brancher un appareil.
② Faire une **prise** de sang, c'est prendre un peu de sang dans une seringue pour l'analyser.
③ Une **prise** de judo est une manière de prendre, de saisir son adversaire.

prison **nom féminin**
Une **prison** est un établissement où l'on enferme les personnes condamnées et les personnes qui vont être jugées.
● Mot de la même famille : prisonnier.

prisonnier **nom masculin**
prisonnière **nom féminin**
Un **prisonnier**, une **prisonnière** sont des personnes que l'on a enfermées dans une prison.

privé, privée **adjectif**
① Un lieu **privé** est un lieu qui appartient à quelqu'un et qui n'est pas ouvert au public. *On ne peut pas entrer : c'est un jardin* ***privé****.* Contraire : public.

2 Une école **privée** est une école qui n'appartient pas à l'État. Contraire : public.

priver verbe
Priver une personne de quelque chose, c'est l'empêcher de l'avoir, d'en profiter. *Mes parents m'**ont privé** de télévision.*

Adrien **est privé** de dessert.

prix nom masculin
1 Le **prix** d'une chose, c'est ce qu'elle coûte. *Quel est le **prix** de ce jeu ?*
2 Un **prix** est une récompense. *Franck a gagné le premier **prix** à un concours.*
3 **À tout prix** signifie : quels que soient les efforts à faire. *J'ai perdu mes lunettes, il faut que je les retrouve **à tout prix**.*

Ce mot se termine par un *x*. Il ne change pas au pluriel : *des prix*.

probable adjectif
Ce qui est **probable** est presque sûr. *« Tu crois que l'histoire finit bien ? – C'est **probable**. »* Contraire : impossible.
● Mot de la même famille : probablement.

probablement adverbe
Probablement signifie : sans doute. *Il va **probablement** pleuvoir.* Synonymes : certainement, sûrement.

problème nom masculin
1 Un **problème** est un exercice de calcul où l'on doit trouver la solution.
2 Avoir un **problème** (ou des **problèmes**), c'est avoir une ou plusieurs difficultés à résoudre. *Mes parents ont des **problèmes** d'argent.* Synonymes : ennui, souci.

procès nom masculin
Un **procès** est une réunion dans un tribunal, où l'on juge une personne accusée d'un crime ou d'un vol.

Ce mot se termine par un *s*.
→ Cherche avocat et juge.

prochain, prochaine adjectif
L'année **prochaine**, c'est l'année qui viendra après l'année où nous sommes. *L'année **prochaine**, je ferai du judo.* Synonyme : suivant. Contraires : dernier, précédent.
● Mot de la même famille : proche.

proche adjectif
1 Ce qui est **proche** est situé à une petite distance. *La gare est **proche** de la maison.*
2 Ce qui est **proche** va bientôt arriver ou est arrivé depuis peu de temps. *Les vacances sont **proches**.*

prodige nom masculin
Un **prodige** est un événement extraordinaire que l'on ne peut pas expliquer. *Hans le joueur de flûte était un véritable magicien qui faisait des **prodiges**.* Synonyme : miracle.

produire verbe
1 **Produire** quelque chose, c'est le fabriquer de façon naturelle ou par le travail. *Les abeilles **produisent** le miel et la cire.* Synonyme : faire. *Le pommier **produit** des pommes.* Synonyme : donner. *Cette usine **produit** des appareils électriques.*

A B C D E F G H I J K L M N O P Q R S T U V W X Y Z

❷ **Produire** quelque chose, c'est en être la cause. *Les éclairs* ***sont produits*** *par la foudre.*
❸ **Se produire**, c'est avoir lieu. *L'accident* ***s'est produit*** *hier soir.* Synonyme : arriver.
● Mot de la même famille : produit.

produit nom masculin
❶ Un **produit** est une chose donnée par la nature ou fabriquée. *Le blé est un* ***produit*** *agricole. Les lessives sont des* ***produits*** *industriels.*
❷ Le **produit** est le résultat d'une multiplication. *Douze est le* ***produit*** *de six multiplié par deux.*

professeur nom masculin
❶ Un **professeur** est une personne qui fait la classe à des élèves, qui donne des cours. C'est un nom de métier. *Monsieur Vilar est* ***professeur*** *de français dans un collège. Mon* ***professeur*** *de danse s'appelle Marion.*
❷ Un **professeur des écoles** est une personne qui enseigne dans une école maternelle ou élémentaire. C'est un nom de métier. *Mademoiselle Mourey est* ***professeur des écoles****.* Synonymes : instituteur, maître.

profession nom féminin
Une **profession** est un travail que l'on fait pour gagner sa vie. *La* ***profession*** *d'infirmière plaît beaucoup à Marie.* Synonyme : métier.
● Mot de la même famille : professionnel.

1. professionnel, professionnelle adjectif
❶ Une faute **professionnelle** est une faute faite dans sa profession, dans son travail.
❷ Un lycée **professionnel** est un lycée qui prépare les élèves à une profession.

2. professionnel nom masculin
professionnelle nom féminin
Un **professionnel**, une **professionnelle** sont des sportifs de profession. *Mon cousin est un* ***professionnel*** *du football.* Contraire : amateur.

profil nom masculin
Le **profil** d'une personne est son visage vu de côté. Une photo **de profil** est une photo qui montre le côté d'une personne. Contraires : de dos, de face.

Alice préfère sa photo **de profil**.

profiter verbe
Profiter d'une situation, c'est l'utiliser à son avantage. *Mes grands-parents* ***profitent*** *de leur retraite pour voyager.*

profond, profonde adjectif
Ce qui est **profond** a un fond éloigné de la surface. *Ce lac est* ***profond****.*
● Mots de la même famille : profondément, profondeur.

profondément adverbe
❶ Creuser **profondément**, c'est creuser à une grande profondeur.
❷ Respirer **profondément**, c'est respirer très fort.

Ici, la neige est **profonde**.

profondeur nom féminin

La **profondeur** d'une chose est sa dimension dans le sens vertical, à partir du haut. *Ce lac a une grande* ***profondeur****.*

programme nom masculin

1 Un **programme** de télévision ou de radio est la liste des émissions. *Qu'y a-t-il ce soir au* ***programme*** *de la télévision ?*

2 Le **programme** d'une classe, c'est l'ensemble des choses que l'on apprend. *Les additions et les soustractions sont au* ***programme****.*

3 Le **programme** d'une personne, c'est l'ensemble des activités qu'elle a l'intention de faire. *Quel est ton* ***programme*** *pour aujourd'hui ?* Synonyme : emploi du temps.

progrès nom masculin

Un **progrès**, c'est un changement en mieux. *J'ai fait des* ***progrès*** *en français.*

Ce mot se termine par un *s*.

● Mot de la même famille : progresser.

progresser verbe

Progresser, c'est faire des progrès, réussir mieux qu'avant. *Le moniteur de ski pense que je peux* ***progresser****.* Synonyme : s'améliorer.

proie nom féminin

1 Une **proie** est un être vivant qu'un animal a capturé pour se nourrir. *Le tigre s'est jeté sur sa* ***proie****.*

2 Un **oiseau de proie** est un oiseau qui se nourrit d'animaux vivants. *L'aigle, le hibou et le vautour sont des* ***oiseaux de proie****.* Synonyme : rapace.

projecteur nom masculin

1 Un **projecteur** est une grosse lampe qui envoie une lumière très forte. *Au théâtre, la scène est éclairée par des* ***projecteurs****.*

2 Un **projecteur** est un appareil qui sert à projeter des films ou des diapositives sur un écran.

projectile nom masculin

Un **projectile** est un objet qu'on lance à la main ou avec une arme. *Les flèches sont des* ***projectiles****.*

« Projectile » est un nom masculin qui se termine par un *e*.

projection nom féminin

La **projection**, c'est l'action de projeter. *J'ai assisté à la* ***projection*** *d'un film.*

projet nom masculin

Un **projet** est une chose que l'on projette de faire, que l'on a l'intention de faire. *Ma sœur a des* ***projets*** *de voyage.*

projeter verbe

1 **Projeter**, c'est jeter avec force. *Le choc m'a* ***projeté*** *contre le mur.*

A B C D E F G H I J K L M N O P Q R S T U V W X Y Z

❷ **Projeter** de faire quelque chose, c'est avoir l'intention de le faire. *Mes frères **projettent** de partir camper.*
❸ **Projeter** des images, c'est les faire apparaître sur un écran avec un projecteur. *Demain, papi **projettera** ses diapositives de vacances.*
● Mots de la même famille : projecteur, projet.

prolonger verbe
Prolonger, c'est augmenter la durée ou la longueur de quelque chose. *Nous **prolongeons** nos vacances d'une semaine. La rue **a été prolongée** jusqu'à la mer.*

promenade nom féminin
Faire une **promenade**, c'est se promener. *Nous faisons une **promenade** dans le bois.*

promener verbe
Promener une personne, c'est la sortir pour qu'elle prenne l'air, pour qu'elle se distraie. *Madame Florent **promène** son petit-fils. Le dimanche, **nous nous promenons** dans la forêt.*
● Mot de la même famille : promenade.

Ils **se promènent** en famille.

promesse nom féminin
Une **promesse** est une chose que l'on promet. *Chloé a tenu sa **promesse**.*

promettre verbe
Promettre, c'est dire qu'on va faire quelque chose. *Alexis **a promis** de me prêter son baladeur.*
Synonyme : s'engager à.
● Mot de la même famille : promesse.
➜ Cherche jurer.

pronom nom masculin
Un **pronom** est un mot qui remplace un nom. *« Je », « moi », « se » sont des **pronoms**.*
Le son [ɔ̃] s'écrit *om*.

prononcer verbe
Prononcer, c'est faire entendre en parlant. *La directrice de l'école **a prononcé** un discours. On **prononce** le « s » de « bus ».*
● Mot de la même famille : prononciation.

prononciation nom féminin
La **prononciation** est la manière de prononcer un mot, de faire entendre les sons. *« Faim » et « fin » ont la même **prononciation**.*
➜ Cherche phonétique.

proposer verbe
Proposer quelque chose à quelqu'un, c'est lui présenter une idée et lui laisser le choix. *Tes parents m'**ont proposé** de rester dîner.*
● Mot de la même famille : proposition.

proposition nom féminin
Une **proposition**, c'est ce qu'on propose. *J'accepte ta **proposition** avec plaisir.*

propre adjectif
Une personne, une chose **propre** a été lavée, nettoyée. *Mes cheveux*

*sont **propres**.* Synonyme : net.
Contraires : dégoûtant, sale.
● Mots de la même famille : proprement, propreté.

Julien a les mains **propres**.

proprement adverbe
Proprement signifie : d'une façon propre. *Ma petite sœur mange **proprement**.* Contraire : salement.

propreté nom féminin
La **propreté**, c'est l'état d'une personne ou d'une chose propre. *Notre classe est d'une grande **propreté**.*
Contraire : saleté.

propriétaire nom masculin et nom féminin
Un **propriétaire**, une **propriétaire** sont des personnes qui possèdent une chose. *Connais-tu le **propriétaire** de ce studio ?*
➜ Cherche locataire.

propriété nom féminin
1 La **propriété**, c'est le fait d'appartenir à quelqu'un. *La voiture des pompiers est la **propriété** de la ville.*
2 Une **propriété** est une grande maison avec un terrain que l'on possède. *Mes grands-parents ont une **propriété** à la campagne.*
● Mot de la même famille : propriétaire.

prospectus nom masculin
Un **prospectus** est une feuille imprimée qui est distribuée gratuitement pour faire de la publicité.
🔍 Ce mot se termine par un *s* qu'on prononce.

protection nom féminin
1 La **protection**, c'est l'action de protéger. *Des associations s'occupent de la **protection** de l'environnement.*
2 Une **protection**, c'est ce qui protège. *Un anorak est une bonne **protection** contre le froid.*

protège-cahier nom masculin
Un **protège-cahier** est une couverture qui sert à protéger un cahier.
🔍 Ce mot s'écrit avec un trait d'union. Au pluriel, on écrit *des protège-cahiers.*

protéger verbe
1 **Protéger** quelqu'un, un animal, c'est le défendre contre une attaque, un danger. *Le garde du corps **protège** le président de la République.*
2 **Protéger** quelqu'un, c'est le mettre à l'abri d'un risque. *Ton imperméable te **protégera** de la pluie.*
● Mots de la même famille : protection, protège-cahier.

Le parapluie **protège** de la pluie.

A B C D E F G H I J K L M N O P Q R S T U V W X Y Z

protéine **nom féminin**
Les **protéines** sont des matières contenues dans la viande, le poisson et les œufs. Elles aident le corps à conserver son énergie.
➜ Cherche glucide et lipide.

1. protestant, protestante **adjectif**
La religion **protestante** est la religion des chrétiens qui n'acceptent pas l'autorité du pape. *Nicolas est* ***protestant****, il va au temple le dimanche.*

2. protestant **nom masculin**
protestante **nom féminin**
Les **protestants** sont des personnes qui croient en Dieu. Ils sont baptisés, vont au temple où ils participent au culte.
➜ Cherche bouddhiste, catholique, israélite et musulman.

protester **verbe**
Protester, c'est dire avec force que l'on n'est pas d'accord. *Julie* ***a protesté*** *quand on lui a dit d'aller se coucher.*
➜ Cherche rouspéter.

prouver **verbe**
Prouver quelque chose, c'est montrer que c'est vrai. *L'avocat* ***a prouvé*** *que l'accusé était innocent.*
● Mot de la même famille : preuve.

provenir **verbe**
Provenir, c'est venir d'un lieu, d'une matière. *La crème* ***provient*** *du lait.*

proverbe **nom masculin**
Un **proverbe** est une phrase qui dit une vérité ou qui donne un conseil. *« Vouloir, c'est pouvoir » est un* ***proverbe****.*

province **nom féminin**
1 Une **province** est une partie d'un pays. *L'Alsace et la Normandie sont des* ***provinces*** *de France.*
2 La **province**, c'est l'ensemble de la France, en dehors de Paris et de sa banlieue. *Mon oncle habite en* ***province****.*

provision **nom féminin**
1 Une **provision** de choses, c'est une quantité de choses que l'on garde en réserve. *Dans le placard de la cuisine, il y a une* ***provision*** *de biscuits.*
2 Les **provisions** sont les achats pour la vie de tous les jours. *Mamie a fait ses* ***provisions*** *pour la semaine.*

provoquer **verbe**
Provoquer quelque chose, c'est en être la cause. *Une cigarette mal éteinte* ***a provoqué*** *un incendie.*
Synonyme : causer.

prudence **nom féminin**
La **prudence** est la qualité d'une personne qui sait éviter les dangers. *Un bon conducteur roule avec* ***prudence****.*
Contraire : imprudence.

prudent, prudente **adjectif**
Être **prudent**, c'est agir de manière à éviter les dangers. *Marie est* ***prudente*** *quand elle fait de l'escalade.*
Contraire : imprudent.
● Mot de la même famille : prudence.

prune **nom féminin**
Une **prune** est un fruit jaune, vert ou violet, rond ou ovale et qui a un noyau.
▶ Les prunes poussent sur un arbre, le **prunier**.
● Mot de la même famille : pruneau.

pruneau **nom masculin**
Un **pruneau** est une prune séchée de couleur noire.
🔍 Au pluriel, on écrit *des pruneaux*.

Loan est **prudente**, elle attache son casque.

prunelle nom féminin

La **prunelle** est le petit trou noir qui se trouve au centre de l'œil. Synonyme : pupille.

→ Cherche iris.

pu → **pouvoir**

1. public, publique adjectif

1 Un lieu **public** est un lieu qui est ouvert à tout le monde. *Près de la maison, il y a un jardin **public**.* Contraire : privé.

2 Une école **publique** est une école qui appartient à l'État. Contraire : privé.

● Mots de la même famille : le public, publicité.

2. public nom masculin

1 Le **public**, c'est l'ensemble de la population. *Ce chantier est interdit au **public**.*

2 Le **public**, c'est l'ensemble des spectateurs. *Le **public** applaudit.*

publicité nom féminin

1 La **publicité** est le moyen de faire connaître un produit et de donner envie de l'acheter. *Cette marque de voitures fait beaucoup de **publicité** à la télévision.*

2 Une **publicité** est un petit film, une affiche ou un texte qui fait connaître un produit pour le vendre. *Certaines **publicités** sont amusantes.*

Ils regardent une **publicité**.

puce nom féminin

Une **puce** est un petit insecte brun qui saute et qui pique la peau pour sucer le sang. *Mon chien a des **puces**, il n'arrête pas de se gratter.*

● Mot de la même famille : puceron.

puceron nom masculin

Un **puceron** est un petit insecte qui vit sur les plantes et qui s'en nourrit.

puer verbe

Puer, c'est avoir une odeur très désagréable. *Mes vêtements **puent** le tabac.*

puis adverbe

Puis (ou **et puis**) signifie : après (et après). *Nous irons nous promener **puis** nous goûterons.* Synonyme : ensuite.

A B C D E F G H I J K L M N O P Q R S T U V W X Y Z

puisque conjonction
Puisque indique la cause de quelque chose. *Puisque tu sors, achète du pain.* Synonyme : comme.

Puisque s'écrit *puisqu'* devant certains mots qui commencent par une voyelle : ***puisqu'****il fait beau.*

puissance nom féminin
Avoir de la **puissance**, c'est fournir beaucoup d'énergie. *Ce moteur a de la **puissance**, il permet de rouler vite.*

puissant, puissante adjectif
Un moteur, un éclairage **puissant** peut fournir beaucoup d'énergie. Contraire : faible.

● Mot de la même famille : puissance.

puits nom masculin
Un **puits** est un trou profond qui est creusé dans le sol pour tirer de l'eau ou du pétrole.

Ce mot se termine par un *s*.

pull nom masculin
Un **pull** est un tricot que l'on enfile par la tête. Synonyme : chandail.

« Pull » est l'abréviation de « pull-over ».

punaise nom féminin
1 Une **punaise** est un insecte plat qui sent très mauvais.
2 Une **punaise** est une sorte de clou à tête plate.

punir verbe
Punir une personne, c'est lui donner une punition, une peine pour une faute qu'elle a commise. *La maîtresse a **puni** les élèves qui chahutaient.* Contraire : récompenser.

● Mot de la même famille : punition.

Léo **est puni,** il doit rester dans sa chambre.

punition nom féminin
Une **punition**, c'est ce que l'on doit faire quand on est puni. *Mon frère a encore eu une **punition** parce qu'il bavardait.* Contraire : récompense.

pupille nom féminin
La **pupille** est le petit trou noir qui se trouve au centre de l'œil. *La nuit, la **pupille** des chats s'agrandit.* Synonyme : prunelle.

➔ Cherche iris.

pur, pure adjectif
1 Une eau **pure** est une eau qui ne contient pas de produits toxiques. *Certaines eaux de source sont **pures**.* Contraire : pollué.
2 Une matière **pure** est sans mélange. *Mon écharpe est en **pure** laine.*

● Mot de la même famille : pureté.

purée nom féminin
La **purée** est un plat fait de légumes cuits et écrasés. *Nous avons mangé de la **purée** de carottes.*

pureté nom féminin
La **pureté** est la qualité de ce qui est pur. *Certaines eaux de source sont recherchées pour leur **pureté**.*

pus nom masculin

Le **pus** est un liquide un peu jaune qui contient des microbes. Il se forme aux endroits du corps qui ont une infection.

🔎 Ce mot se termine par un *s*.

puzzle nom masculin

Un **puzzle** est un jeu de patience fait de petits morceaux que l'on doit assembler pour former une image.

🔎 Il y a deux *z*.

pyjama nom masculin

Un **pyjama** est un vêtement de nuit qui est fait d'un pantalon et d'une veste.

🔎 Ce mot s'écrit avec un *y*.

pylône nom masculin

Un **pylône** est un grand poteau en métal ou en ciment. Il sert de support. *Les ponts sont soutenus par des **pylônes**.*

🔎 Ce mot s'écrit avec un *y* et le *o* prend un accent circonflexe.

☛ Va voir la planche illustrée 4

pyramide nom féminin

Une **pyramide** est un grand monument construit il y a des milliers d'années par les anciens Égyptiens. *Les **pyramides** servaient de tombeaux aux rois.*

🔎 Il y a un *y* au début du mot.

Ils admirent les **pyramides**.

python nom masculin

Un **python** est un grand serpent d'Asie et d'Afrique.

▶ Les pythons ne sont pas venimeux. Ils se nourrissent de mammifères qu'ils étouffent avant de les avaler.

🔎 Ce mot s'écrit avec un *y* et *th*.

☛ Va voir « les reptiles », page 587.

un **python**

quadrilatère nom masculin
Un **quadrilatère** est une forme géométrique qui a quatre côtés. *Un carré, un rectangle, un losange sont des **quadrilatères**.*

Qua se prononce [kwa] ou [ka].

quadrillage nom masculin
Un **quadrillage**, c'est un ensemble de lignes qui se croisent en faisant des carrés. *La grille des mots croisés est un **quadrillage**.*

quadrillé, quadrillée adjectif
Du papier **quadrillé** est du papier imprimé avec des petits carrés.

quai nom masculin
Un **quai** est un trottoir qui se trouve le long d'une voie ferrée ou le long de la mer, dans un port. *Les voyageurs attendent le train sur le **quai**. Les passagers débarquent sur le **quai**.*

qualité nom féminin
1 La **qualité** d'une chose, c'est ce qui fait qu'elle est bonne ou mauvaise. *Mes chaussures sont de bonne **qualité**.*
2 Une **qualité**, c'est ce qui est bien dans le caractère d'une personne. *La franchise est la principale **qualité** de Marie.* Contraire : défaut.

quand conjonction
Quand indique le moment où quelque chose se passe. *Je suis arrivée **quand** il partait.* Synonyme : lorsque.

quand même adverbe
Quand même signifie : malgré cela. *J'avais mal à la tête, mais je suis **quand même** allé à l'école.* Synonymes : pourtant, tout de même.

quantité nom féminin
1 La **quantité** est le nombre, le poids, le volume qui peut être mesuré ou compté. *Quelle **quantité** de sucre faut-il mettre dans ce gâteau ?*
2 Une **quantité** de choses, c'est un grand nombre de choses. *Les deux amies ont une **quantité** d'histoires à se raconter.* Synonyme : tas.

quart nom masculin
1 Un **quart** est une partie d'une chose divisée en quatre parts égales. *J'ai mangé un **quart** de camembert.*
2 Un **quart** d'heure est une durée de quinze minutes. *Je t'ai attendu un*

*quart d'heure. Il est quatre heures et **quart**.*

Il est quatre heures et **quart,** le train va bientôt partir.

quartier nom masculin

❶ Un **quartier** est une partie d'une ville. *Anaïs et Léo habitent le même **quartier**.*

❷ Un **quartier** d'orange, de clémentine est un morceau, une tranche.

quatre-quatre nom masculin

Un **quatre-quatre** est un véhicule qui peut rouler sur tous les terrains. Ses quatre roues transmettent le mouvement.

Ce mot ne change pas au pluriel : *des quatre-quatre.*

que pronom

Que remplace un nom. *J'ai acheté un livre **que** tu aimes. Merci pour le cadeau **que** tu m'as offert.*

Que s'écrit *qu'* devant un mot commençant par une voyelle : *qu'est-il arrivé ?*

quel, quelle adjectif

Quel et **quelle** servent à interroger. ***Quel** est ton film préféré ?*

quelconque adjectif

Quelconque signifie : n'importe lequel. *Préviens-moi si tu ne viens pas pour une raison **quelconque**.*

quelque adjectif

❶ **Quelques** personnes, **quelques** objets, c'est un petit nombre. *J'ai **quelques** cassettes vidéo.* **Synonyme : plusieurs.**

❷ **Quelque** temps, c'est un certain temps. *Sarah a l'air fatiguée depuis **quelque** temps.*

● Mots de la même famille : **quelque chose, quelquefois, quelqu'un, quelques-uns.**

quelque chose pronom

Quelque chose, c'est une chose que l'on ne peut pas préciser. *J'ai vu **quelque chose** de bizarre dans la cave.* **Contraire : rien.**

un **quatre-quatre** dans le désert

A B C D E F G H I J K L M N O P Q R S T U V W X Y Z

quelquefois **adverbe**

Quelquefois signifie : de temps en temps. *Je vais **quelquefois** au cirque.* Synonyme : parfois.

quelque part **adverbe**

Quelque part signifie : à un endroit quelconque. *Je vous ai déjà vu **quelque part**.* Contraire : nulle part.

quelqu'un **pronom masculin**

Quelqu'un, c'est une personne que l'on ne peut pas nommer. ***Quelqu'un** a téléphoné.*

quelques-uns, quelques-unes **pronom pluriel**

Quelques-uns, quelques-unes, ce sont quelques personnes, quelques objets. *Tu as beaucoup de livres : tu peux bien m'en prêter **quelques-uns**.* Synonyme : certains, certaines.

quenouille **nom féminin**

Une **quenouille** est une tige en bois. On tournait la quenouille pour tordre la laine et faire un fil. *La Belle au bois dormant monta en haut du donjon et trouva une vieille femme occupée avec sa **quenouille**.*

question **nom féminin**

Une **question**, c'est ce que l'on demande à quelqu'un pour avoir une réponse. *La maîtresse nous pose des **questions**.*

● Mots de la même famille : questionnaire, questionner.

questionnaire **nom masculin**

Un **questionnaire** est une série de questions. *Pour s'inscrire au judo, il faut remplir un **questionnaire**.*

Il y a deux *n*.

questionner **verbe**

Questionner quelqu'un, c'est lui poser une série de questions. *La police l'a **questionné** sur son emploi du temps.* Synonyme : interroger.

quetzal **nom masculin.**

Le **quetzal** est un oiseau au plumage vert et à la longue queue. Il vit dans les forêts du Mexique.

queue **nom féminin**

1. La **queue** d'un animal est la partie du corps qui se trouve dans le bas du dos. *Les chiens remuent la **queue** quand ils sont contents.*

2. La **queue** d'un fruit, c'est sa tige. *On cueille les cerises par la **queue**.*

3. **Faire la queue**, c'est se mettre en file, les uns derrière les autres, pour attendre son tour. *Nous **avons fait la queue** au cinéma.*

qui **pronom**

Qui remplace un nom de personne. *Je ne sais pas **qui** a téléphoné.*

quille **nom féminin**

Une **quille** est un morceau de bois ou de plastique que l'on fait tomber avec une boule.

Les **quilles** sont toutes tombées.

quitter verbe

1 **Quitter** une personne, c'est s'éloigner d'elle. *Je suis pressée, je vous **quitte** !* Synonyme : laisser.

2 Quand deux personnes **se quittent**, elles ne vivent plus ensemble. Synonyme : se séparer.

3 **Quitter** un lieu, c'est partir de ce lieu. *Mon oncle **a quitté** la France pour la Belgique.*

4 **Ne quittez pas !** signifie : ne raccrochez pas le téléphone.

quoi pronom

Quoi remplace un nom de chose ou une phrase. *Je ne sais pas **quoi** répondre.*

quoique conjonction

Quoique signifie : bien que. *Il est venu en classe **quoiqu'**il soit très fatigué.*

quotidien, quotidienne adjectif

Une activité **quotidienne** est une activité que l'on fait chaque jour. *Papi fait sa promenade **quotidienne**.*

un **quetzal** en vol

rabattre **verbe**
Rabattre une chose, c'est la replier sur elle-même. *Pour fermer le coffre, il faut* ***rabattre*** *le couvercle.*
Synonyme : baisser.

rabbin **nom masculin**
Dans la religion israélite, un **rabbin** est un homme qui dirige les cérémonies religieuses.
Il y a deux *b*.
→ Cherche imam, pasteur et prêtre.

raccommoder **verbe**
Raccommoder un tissu, c'est le réparer avec du fil et une aiguille.
→ Cherche recoudre.

raccompagner **verbe**
Raccompagner une personne, c'est l'accompagner quand elle s'en va. *Franck nous* ***a raccompagnés*** *à la maison en voiture.* Synonyme : ramener.
Le son [ɔ̃] s'écrit *om* devant un *p*.

raccourci **nom masculin**
Un **raccourci** est un chemin plus court. *Nous avons pris un* ***raccourci*** *pour arriver plus vite.*

raccourcir **verbe**
1 **Raccourcir** un vêtement, c'est le rendre plus court. *Ta jupe est trop longue, je vais la* ***raccourcir****.*
Contraires : allonger, rallonger.
2 **Raccourcir**, c'est devenir plus court. *En été, les jours commencent à* ***raccourcir****.* Synonyme : diminuer.
Contraire : rallonger.
● Mot de la même famille : raccourci.

raccrocher **verbe**
Raccrocher le téléphone, c'est poser la partie qui permet de parler et d'écouter, et couper la communication.
Contraire : décrocher.

race **nom féminin**
Une **race** de chiens est un groupe de chiens qui se ressemblent. *La* ***race*** *des caniches est de taille plus petite que la* ***race*** *des dalmatiens.*
► On parle parfois de race pour les êtres humains, mais ce mot n'est pas admis par les scientifiques qui préfèrent dire « peuple » ou « population ».
● Mot de la même famille : raciste.

racine **nom féminin**
1 La **racine** d'une plante est la partie qui est enfoncée dans la terre. Elle permet à la plante de se nourrir. *On mange les* ***racines*** *des carottes.*
2 La **racine** d'une dent est la partie qui est dans la gencive.

raciste adjectif
Une personne **raciste** pense que les êtres humains sont divisés en races, et que certaines sont supérieures aux autres.

raconter verbe
❶ Raconter, c'est faire un récit. *Mamie nous **a raconté** une histoire.*
❷ **Raconter**, c'est dire ce qui s'est passé. ***Raconte**-nous ta journée !*

Qu'est-ce qu'elles lui **racontent** ?

radar nom masculin
Un **radar** est un appareil qui signale les obstacles et qui permet de se diriger. *Quand il y a du brouillard, les bateaux se dirigent au **radar**.*

radeau nom masculin
Un **radeau** est un assemblage de troncs d'arbres ou de planches de bois. Il permet de flotter sur l'eau et de naviguer.
🔍 Au pluriel, on écrit *des radeaux*.

Ils ont construit leur **radeau**.

radiateur nom masculin
Un **radiateur** est un appareil qui sert à chauffer une habitation.

radio nom féminin
❶ Une **radio** est un appareil qui transmet des sons à distance. *J'écoute une chanson à la **radio**.*
❷ Une **radio** est une photographie de l'intérieur du corps. *On m'a fait une **radio** des poumons.*
🔍 Au sens 1, « radio » est l'abréviation de « radiodiffusion ». Au sens 2, « radio » est l'abréviation de « radiographie ».

radis nom masculin
Un **radis** est une plante qui a une racine blanche recouverte d'une peau rose. On mange la racine crue.
🔍 Ce mot se termine par un *s*.

rafale nom féminin
Une **rafale** est un coup de vent très fort. *Des **rafales** de vent secouent les arbres.*

raffut **nom masculin**
Faire du **raffut**, c'est faire beaucoup de bruit. Synonymes : **tapage, vacarme.**
Il y a deux *f*. C'est un mot familier.

rafraîchir **verbe**
❶ **Rafraîchir**, c'est rendre plus frais ou donner une sensation de fraîcheur. *L'orage a **rafraîchi** l'air. Ce grand verre d'eau m'a **rafraîchi**.* Contraire : **réchauffer.**
❷ **Se rafraîchir**, c'est devenir plus frais. *Le temps **s'est rafraîchi**.* Synonyme : **se refroidir.** Contraire : **se réchauffer.**
La nouvelle orthographe permet d'écrire aussi *rafraichir*, sans accent circonflexe.

rage **nom féminin**
❶ La **rage** est une maladie mortelle que peuvent transmettre certains animaux comme les chiens et les renards. *Les chiens doivent être vaccinés contre la **rage**.*
❷ Une **rage de dents** est un mal de dents très fort.
❸ La **rage** est une très grande colère. *Quand mon petit frère est puni, il hurle de **rage**.*

raide **adjectif**
❶ Ce qui est **raide** est difficile à plier. *Mamie a les jambes **raides**.* Contraire : **souple.**
❷ Des cheveux **raides** sont des cheveux plats et lisses. Contraires : **bouclé, frisé.**
❸ Un chemin **raide** a une forte pente. *Le chemin qui mène au lac est **raide**.* Contraire : **plat.**

une **raie**

1. raie **nom féminin**
❶ Une **raie** est une ligne ou une bande étroite. *Paul porte un pull blanc à **raies** bleues.* Synonyme : **rayure.**
❷ Une **raie** est une ligne qui sépare les cheveux. *Laura a une **raie** sur le côté.*

2. raie **nom féminin**
Une **raie** est un poisson plat qui vit dans la mer.

rail **nom masculin**
Les **rails** sont les deux barres parallèles d'une voie ferrée. *Les trains roulent sur les **rails**.*

raisin **nom masculin**
Le **raisin** est le fruit de la vigne. Il pousse en grappes. *On fait du vin avec le **raisin**.*

raison **nom féminin**
❶ La **raison**, c'est ce qui permet de réfléchir et de faire ce qui est logique et sage. *À sept ans, un enfant a l'âge de **raison**.*
❷ **Avoir raison**, c'est ne pas se tromper, ne pas faire d'erreur. Contraire : **avoir tort.**
❸ **Perdre la raison**, c'est devenir fou.
❹ La **raison** d'une action, c'est ce qui l'explique. *Quelle est la **raison** de ton départ ?* Synonymes : **cause, motif.**
● Mot de la même famille : **raisonnable.**

raisonnable **adjectif**
Une personne **raisonnable** agit avec sagesse et bon sens. *Ce n'est pas **raisonnable** de sortir sans manteau par ce froid.*
Il y a deux *n*.

rajeunir verbe

❶ **Rajeunir**, c'est paraître plus jeune qu'on est réellement. *Depuis qu'il fait du sport, grand-père* ***a rajeuni****.* Contraire : vieillir.

❷ **Rajeunir** quelqu'un, c'est le faire paraître plus jeune. *Sa nouvelle coiffure la* ***rajeunit****.* Contraire : vieillir.

rajouter verbe

Rajouter, c'est ajouter de nouveau. *J'ai* ***rajouté*** *du sucre dans mon yaourt.* Synonyme : remettre.

ralentir verbe

Ralentir, c'est rouler moins vite. *Le conducteur* ***a ralenti*** *dans la descente.* Contraire : accélérer.

râler verbe

Râler, c'est exprimer sa mauvaise humeur, dire qu'on n'est pas content. *Mon frère n'arrête pas de* ***râler****.* Synonymes : grogner, protester.

Le *a* prend un accent circonflexe. C'est un mot familier.

rallonger verbe

❶ **Rallonger** un vêtement, c'est le rendre plus long. *Mon pantalon était trop court, on l'****a rallongé****.* Synonyme : allonger. Contraire : raccourcir.

❷ **Rallonger**, c'est devenir plus long. *Au printemps, les jours* ***rallongent****.* Contraires : diminuer, raccourcir.

ramadan nom masculin

Dans la religion musulmane, le **ramadan** est le mois où les musulmans ne doivent rien manger ni boire entre le lever et le coucher du soleil.

ramassage nom masculin

❶ Le **ramassage**, c'est l'action de ramasser. *Le* ***ramassage*** *des ordures se fait tous les jours.*

❷ Le **ramassage** scolaire est le transport des enfants qui habitent loin de l'école. *Le car de* ***ramassage*** *scolaire s'arrête devant chez nous.*

ramasser verbe

Ramasser, c'est prendre par terre. *Nous* ***ramassons*** *des coquillages sur la plage.*

● Mot de la même famille : ramassage.

Les enfants **ramassent** des coquillages.

rame nom féminin

Une **rame** est une longue barre de bois aplatie à une extrémité. Elle sert à faire avancer une barque. Synonyme : aviron.

● Mot de la même famille : ramer.

➔ Cherche pagaie.

ramener verbe

Ramener une personne, c'est l'amener à l'endroit d'où elle vient. *Le père de Sébastien m'****a ramené*** *chez moi.* Synonyme : raccompagner.

ramer verbe

Ramer, c'est faire avancer un bateau avec des rames.

A B C D E F G H I J K L M N O P Q R S T U V W

se ramollir verbe
Se ramollir, c'est devenir mou. *La terre **s'est ramollie** avec la pluie.* Contraire : durcir.
🔍 Il y a deux *l*.

ramoneur nom masculin
Un **ramoneur** est une personne qui nettoie l'intérieur des cheminées.

rampe nom féminin
Une **rampe** est une barre fixée le long d'un escalier. Elle sert à se tenir.
🔍 Le son [ɑ̃] s'écrit *am* devant un *p*.

ramper verbe
Ramper, c'est avancer en glissant sur le ventre. *Les serpents , les escargots **rampent**.*
🔍 Le son [ɑ̃] s'écrit *am* devant un *p*.

ranch nom masculin
Un **ranch** est une grande ferme d'élevage, en Amérique. *Les cow-boys conduisent le troupeau de vaches au **ranch**.*
🔍 Ce mot vient de l'anglais : on prononce [rɑ̃tʃ].

rançon nom féminin
Une **rançon** est une somme d'argent que des ravisseurs demandent pour libérer la personne qu'ils ont enlevée. *Les bandits ont exigé une **rançon** en euros en échange de l'otage.*
🔍 Le *c* prend une cédille.

L'escargot **rampe**

rancune nom féminin
Avoir de la **rancune** contre une personne, c'est être incapable d'oublier qu'elle nous a fait du mal et lui en vouloir.
● Mot de la même famille : rancunier.

rancunier, rancunière adjectif
Une personne **rancunière** ne pardonne pas facilement quand on lui a fait du mal.

randonnée nom féminin
Une **randonnée** est une longue promenade. *Nous avons fait une **randonnée** à vélo.*
🔍 Il y a deux *n* à la fin du mot.

rang nom masculin
Un **rang** est une suite de personnes ou de choses placées les unes à côté des autres. *Lucas est assis au premier **rang** de la classe. Mon collier a deux **rangs** de perles.* Synonyme : rangée.
🔍 Ce mot se termine par un *g*.
● Mot de la même famille : rangée.

rangée nom féminin
Une **rangée** est une suite de choses ou de personnes qui se trouvent les unes à côté des autres sur une même ligne. *Une **rangée** d'arbres cache la maison.* Synonyme : rang.

rangement nom masculin
Le **rangement**, c'est l'action de ranger. *Marion fait du **rangement** dans sa chambre.*

ranger verbe
1 **Ranger**, c'est mettre de l'ordre dans un lieu. *Les enfants **ont rangé** leur chambre. Julien **a rangé** ses affaires de classe.* Contraire : déranger.

❷ **Ranger**, c'est placer dans un certain ordre. *Les livres de la classe **sont rangés** par ordre alphabétique.* Synonyme : classer.

❸ **Se ranger**, c'est se mettre en rang. *Les élèves **se sont rangés** par deux pour monter sur la scène.*

● Mot de la même famille : rangement.

rapace **nom masculin**

Un **rapace** est un oiseau qui a un bec crochu, une vue perçante et de grandes griffes, appelées des *serres*. *L'aigle, la chouette et le faucon sont des **rapaces**.* Synonyme : oiseau de proie.

▶ Certains rapaces, comme les vautours, se nourrissent de cadavres d'animaux.

râpé, râpée **adjectif**

Un aliment **râpé** a été coupé en petits morceaux très fins. *Nous mangeons des carottes **râpées**.*

Le *a* prend un accent circonflexe.

rapetisser **verbe**

Rapetisser, c'est devenir plus petit. *Dans « Alice au pays des merveilles », Alice avale une boisson qui la fait **rapetisser**.* Contraire : grandir.

rapide **adjectif**

Une personne, un animal, un véhicule **rapides** se déplacent vite. *Le guépard et la gazelle sont des animaux **rapides**.* Contraire : lent.

● Mots de la même famille : rapidement, rapidité.

Le lièvre est plus **rapide** que la tortue.

rapidement **adverbe**

Rapidement signifie : avec rapidité, en peu de temps. *Nous avons déjeuné **rapidement**.* Synonyme : vite. Contraire : lentement.

rapidité **nom féminin**

Quand on fait quelque chose avec **rapidité**, on le fait vite. *Marie travaille avec **rapidité**.* Contraire : lenteur.

→ Cherche vitesse.

rappeler **verbe**

❶ **Rappeler** une personne, c'est l'appeler pour la faire revenir. *On **a rappelé** le médecin.*

❷ **Rappeler** une personne, c'est l'appeler de nouveau au téléphone. *Je raccroche et je te **rappellerai** demain.*

❸ **Se rappeler** quelque chose, c'est le garder dans sa mémoire. *Je **me rappelle** ce que tu m'as dit.* Synonyme : se souvenir de. Contraire : oublier.

Il y a deux *p* et un seul *l*.

rapport **nom masculin**

❶ Le **rapport** entre des choses, c'est ce qu'elles ont en commun. *Je ne vois pas le **rapport** entre ces deux histoires.* Synonyme : relation.

❷ **Par rapport à** signifie : en comparaison de. *Zoé est petite **par rapport à** sa sœur.*

Il y a deux *p*.

rapporter verbe

① **Rapporter** un objet, c'est le prendre avec soi pour le rendre. *N'oublie pas de me **rapporter** ce livre !*

② **Rapporter** un objet, c'est l'apporter avec soi en revenant d'un lieu. *Mon oncle m'**a rapporté** un cadeau du Canada.*

③ **Rapporter**, c'est répéter quelque chose par indiscrétion ou pour dénoncer quelqu'un. *La maîtresse n'aime pas que les élèves **rapportent**.*

④ **Se rapporter** à quelque chose, c'est avoir un rapport avec cette chose. *Papi s'intéresse à tout ce qui **se rapporte** aux avions.*

Il y a deux *p*.

● Mot de la même famille : rapport.

rapprocher verbe

① **Rapprocher** un objet, c'est le placer plus près. *J'**ai rapproché** ma chaise pour mieux voir l'écran.* Synonymes : approcher, avancer. Contraire : éloigner. *Essaie de **rapprocher** tes mots.* Contraires : écarter, séparer.

② **Se rapprocher**, c'est se mettre plus près. *Si tu n'entends pas, **rapproche-toi** du guide !* Synonyme : s'approcher. Contraires : s'écarter, s'éloigner.

Il y a deux *p*.

raquette nom féminin

① Une **raquette** est un objet ovale qui est fixé au bout d'un manche. Elle sert à lancer une balle de tennis et de ping-pong.

② Des **raquettes** sont des sortes de semelles très larges que l'on attache à des chaussures pour marcher dans la neige sans s'enfoncer.

Ils ont mis des **raquettes**.

rare adjectif

① Un événement **rare** ne se produit pas souvent. *C'est **rare** de voir Zoé pleurer.* Contraire : fréquent.

② Une chose **rare** est une chose que l'on n'a pas l'habitude de voir, d'entendre ou de faire. *Mon oncle a des timbres **rares**.* Contraires : banal, courant, ordinaire.

③ De **rares** personnes, de **rares** choses, ce sont peu de personnes, peu de choses. *Les maisons sont **rares** par ici.* Contraire : nombreux.

● Mot de la même famille : rarement.

rarement adverbe

Rarement signifie : presque jamais. *Notre maîtresse se met **rarement** en colère.* Contraire : souvent.

ras, rase adjectif

① Des cheveux, des poils **ras** sont coupés très courts.

② **À ras bord** signifie : jusqu'au bord. *Mon verre est rempli **à ras bord**.*

raser verbe

① **Raser** des poils, c'est les couper très près de la peau. *Mon père **a rasé** sa moustache. Papi **se rase** tous les matins.*

❷ **Raser** une maison, c'est la mettre à ras de terre. **Synonyme : démolir.**
❸ **Raser** une chose, c'est passer très près. *L'avion **a rasé** la cime des arbres.* **Synonyme : frôler.**
● Mots de la même famille : **ras, rasoir.**

rasoir nom masculin
Un **rasoir** est un instrument qui sert à raser les poils.

rassembler verbe
Rassembler des objets, des personnes, c'est les mettre ensemble. *Léo **a rassemblé** ses affaires.* **Contraires : disperser, éparpiller.** *Pour Noël, toute la famille **s'est rassemblée**.* **Synonyme : se réunir.** **Contraires : se disperser, s'éparpiller.**

rassis adjectif masculin
Du pain **rassis** est du pain qui a durci. **Synonyme : dur. Contraire : frais.**

rassurer verbe
Rassurer quelqu'un, c'est lui parler pour faire disparaître son inquiétude. *Téléphone-nous dès ton arrivée pour nous **rassurer**.*

un **raton laveur**

rat nom masculin
Un **rat** est un petit rongeur de couleur foncée. Il a un museau pointu et une longue queue. Il vit dans les champs ou dans les égouts et les caves des villes.
▶ Un rat est plus gros qu'une souris. La femelle est la **rate**, le petit est le **raton**.

râteau nom masculin
Un **râteau** est un outil à dents fixé à un long manche. Il sert à rassembler les feuilles et à étaler la terre.
🔍 Le premier *a* prend un accent circonflexe. Au pluriel, on écrit *des râteaux*.

rater verbe
❶ **Rater**, c'est ne pas réussir, ne pas avoir. *Mon plan **a raté**.* **Synonyme : échouer.** ***J'ai raté** mon examen de piano.* **Contraire : obtenir.**
❷ **Rater** quelque chose, c'est arriver trop tard. *Mamie **a raté** le début du film.* **Synonyme : manquer.**

raton laveur nom masculin
Un **raton laveur** est un mammifère d'Amérique du Nord qui a une fourrure gris-brun, une queue épaisse et les yeux entourés d'un cercle de fourrure noire. *Les ratons laveurs se nourrissent de poissons et de mollusques et trempent leurs aliments dans l'eau avant de les manger.*

rattraper verbe
❶ **Rattraper**, c'est empêcher un objet, une personne de tomber. *Simon **a rattrapé** le ballon.*
❷ **Rattraper**, c'est rejoindre quelqu'un, un véhicule qui est devant. *Sébastien est parti avant nous, mais nous l'**avons rattrapé**.*

A B C D E F G H I J K L M N O P Q R S T U V W X Y Z

❸ **Se rattraper**, c'est attraper quelque chose ou quelqu'un pour ne pas tomber. *J'ai glissé mais je **me suis rattrapé** à la rampe.* Synonyme : se retenir.

Il y a deux *t* et un seul *p*.

rature nom féminin

Une **rature** est un trait que l'on fait pour barrer un mot ou une lettre. *Ton exercice est plein de **ratures**.*

ravages nom masculin pluriel

Des **ravages** sont des dégâts importants. *Le cyclone a fait des **ravages** dans l'île.*

ravalement nom masculin

Le **ravalement** est le nettoyage et la réparation des murs d'un bâtiment.

ravi, ravie adjectif

Être **ravi**, c'est être très heureux, très content. *Marion est **ravie** d'aller à la mer.* Synonyme : enchanté. Contraire : désolé.

● Mots de la même famille : ravissant, ravissement.

ravin nom masculin

Un **ravin** est une vallée étroite et très profonde qui descend à pic. *Le torrent coule au fond du **ravin**.* Synonyme : précipice.

ravissant, ravissante adjectif

Une chose ou une personne **ravissante** est très jolie. *La mariée était **ravissante**.* Contraires : affreux, laid.

ravissement nom masculin

Le **ravissement** est un très grand plaisir, une très grande joie. *Quand la chèvre blanche de M. Seguin arriva dans la montagne, ce fut un **ravissement** général.*

ravisseur nom masculin
ravisseuse nom féminin

Un **ravisseur**, une **ravisseuse** sont des personnes qui enlèvent quelqu'un pour obtenir une rançon.

rayé, rayée adjectif

Un objet **rayé** a des rayures. *Les murs de ma chambre sont couverts de papier **rayé**. La portière de la voiture est toute **rayée**.*

un tissu **rayé** bleu et blanc

rayer verbe

❶ **Rayer** une surface, c'est l'abîmer en faisant des rayures. *Quelqu'un **a rayé** la carrosserie de la voiture avec une clé.*

❷ **Rayer** un mot, c'est faire un trait dessus pour le supprimer. *J'ai **rayé** un mot dans ma lettre.* Synonyme : barrer.

● Mots de la même famille : rayé, rayure.

rayon nom masculin

❶ Un **rayon** de soleil est une mince zone de lumière faite par le soleil.

❷ Un **rayon** de bicyclette est une tige d'acier qui va du centre de la roue jusqu'au bord.

❸ Le **rayon** d'un magasin est la partie où sont présentés des articles du même genre. *Romain regarde le **rayon** des jouets.*

❹ Les **rayons** d'une ruche sont les petites cases de cire où les abeilles déposent le miel.

rayure nom féminin

❶ Une **rayure** est une ligne ou une bande de couleur. *Le zèbre a des **rayures** sur son pelage.*
Synonyme : raie.

❷ Une **rayure** est une trace laissée par un objet pointu. *Les branches de l'arbre ont fait des **rayures** sur la carrosserie de la voiture.*

raz de marée nom masculin

Un **raz de marée** est une énorme vague qui arrive brusquement. *Les tremblements de terre provoquent souvent des **raz de marée**.*

Ce mot ne change pas au pluriel : *des raz de marée.*

réaction nom féminin

Une **réaction** est une manière de réagir. *Quand Léo a vu son ami, il a eu une **réaction** de joie.*

réagir verbe

Réagir, c'est avoir un certain comportement quand il se passe quelque chose. *Je suis curieux de voir comment mon père va **réagir** à ma farce.*

● Mot de la même famille : réaction.

réaliser verbe

❶ **Réaliser** une chose, c'est la faire. *C'est Simon qui **a réalisé** ce collage.*
Synonyme : effectuer.

❷ **Réaliser** un rêve, un idéal, un exploit, c'est le rendre réel. *Lucas rêvait d'aller en Australie et il **a réalisé** son rêve.*

réalité nom féminin

❶ La **réalité** est ce qui existe, ce qui est réel. *Les licornes n'existent pas dans la **réalité**.*

❷ **En réalité** signifie : en fait. *Il a l'air calme, mais il ne l'est pas **en réalité**.*

rebondir verbe

Rebondir, c'est faire un ou plusieurs bonds. *La balle **a rebondi** sur le sol.*

Raphaël fait **rebondir** son ballon.

rebord

Le **rebord** d'une chose est la partie qui dépasse, qui forme le bord. *Le chat est assis sur le **rebord** de la fenêtre.*

rebrousser verbe

Rebrousser chemin, c'est retourner en arrière, revenir sur ses pas. *Il s'est mis à neiger et nous **avons rebroussé chemin**.*

rébus **nom masculin**

Un **rébus** est une devinette faite d'une suite de lettres, de chiffres ou de dessins qui représentent un mot ou une phrase.

🔍 Ce mot se termine par un *s* que l'on prononce.

La solution de ce **rébus** est : il a un chapeau.

récemment **adverbe**

Récemment signifie : il y a peu de temps. *J'ai vu Solène **récemment**.*

🔍 On écrit *emment* mais on prononce [amɑ̃].

récent, récente **adjectif**

Ce qui est **récent** existe depuis peu de temps. *La construction de notre maison est **récente**.* **Synonyme :** nouveau. **Contraire :** ancien.

● Mot de la même famille : récemment.

recette **nom féminin**

❶ Une **recette** de cuisine est l'ensemble des explications nécessaires pour préparer un plat. *Donne-moi ta **recette** de gâteau au chocolat.*

❷ La **recette** d'un commerçant est la somme d'argent totale qu'il a reçue. *La boulangère compte la **recette** de la journée.*

recevoir **verbe**

❶ **Recevoir**, c'est prendre ce qui est donné ou envoyé. *Pour son anniversaire, Aurélie **reçoit** un beau cadeau. J'**ai reçu** une lettre de mamie.*

❷ **Recevoir** quelqu'un, c'est l'accueillir chez soi. *Ce soir, nous **recevons** des amis.* **Synonyme :** inviter.

❸ **Être reçu** à un examen, à un concours, c'est le réussir. *Jérémy **a été reçu** à son examen d'anglais.* **Synonyme :** admettre.

rechange **nom masculin**

Un vêtement **de rechange**, c'est un vêtement que l'on prend pour se changer. *J'ai pris un pantalon **de rechange**.*

réchauffer **verbe**

❶ **Réchauffer**, c'est rendre plus chaud ou donner une sensation de chaleur. *Je vais **réchauffer** le potage.* **Contraire :** refroidir. *Ce bon chocolat m'a **réchauffé**.* **Contraire :** rafraîchir.

❷ **Se réchauffer**, c'est devenir plus chaud. *Au printemps, le temps **se réchauffe**.* **Contraires :** se rafraîchir, se refroidir.

recherche **nom féminin**

La **recherche** (ou les **recherches**), c'est l'action de rechercher, de faire des efforts pour trouver. *Le marin a été retrouvé grâce aux **recherches** des sauveteurs. La **recherche** en médecine a permis de vaincre de nombreuses maladies.*

rechercher **verbe**

Rechercher, c'est chercher en faisant des efforts. *Julien **recherche** une pièce pour sa collection.*

● Mot de la même famille : recherche.

récipient nom masculin

Un **récipient** est un objet creux qui sert à mettre des choses ou des liquides. *Un panier, un bol, un seau sont des **récipients**.*

récit nom masculin

Un **récit** est une histoire que l'on raconte. *J'aime les **récits** d'aventures.*

Le feu de cheminée les **réchauffe**.

récitation nom féminin

Une **récitation** est un texte que l'on apprend par cœur pour pouvoir le réciter.

réciter verbe

Réciter, c'est dire à haute voix un texte que l'on a appris par cœur. *Léa **récite** un poème de Jacques Prévert.*

● Mots de la même famille : récit, récitation.

réclamer verbe

Réclamer, c'est demander en insistant. *Mathis **réclame** une glace.*

récolte nom féminin

La **récolte**, c'est l'action de récolter. *Les agriculteurs font la **récolte** des pommes de terre.*

→ Cherche moisson et vendange.

récolter verbe

Récolter les produits de la terre, c'est les cueillir ou les ramasser. *En été, on **récolte** les pêches.*

● Mot de la même famille : récolte.

recommander verbe

Recommander quelque chose, c'est le conseiller vivement. *Le médecin lui **a recommandé** de prendre du repos.*

recommencer verbe

Recommencer, c'est commencer de nouveau. *Mon dessin n'est pas réussi, je vais le **recommencer**.* Synonyme : refaire. *Ton chien **recommence** à aboyer.*

récompense nom féminin

Une **récompense**, c'est ce que l'on donne à quelqu'un pour le remercier ou le féliciter. *La voisine m'a donné une **récompense** pour avoir retrouvé son chat.* Contraire : punition.

Clara **récite** une poésie.

A B C D E F G H I J K L M N O P Q R S T U V W X Y Z

Le son [ɔ̃] s'écrit *om* devant un *p*.

récompenser verbe
Récompenser une personne, c'est lui donner une récompense. *La maîtresse **récompense** les élèves qui s'appliquent.* Contraire : punir.
Le son [ɔ̃] s'écrit *om* devant un *p*.
● Mot de la même famille : récompense.

se **réconcilier** verbe
Quand deux personnes **se réconcilient**, elles se parlent de nouveau et elles ne sont plus fâchées. *Romain et Clara **se sont réconciliés**.* Contraire : se brouiller.

reconnaître verbe
1 **Reconnaître**, c'est se rappeler une personne, une chose que l'on voit. *Ma grand-mère **a reconnu** sa maison natale.*
2 **Reconnaître** quelque chose, c'est l'accepter. *Romain **reconnaît** qu'il n'aurait pas dû dire ça.* Synonyme : avouer. Contraire : nier.
La nouvelle orthographe permet d'écrire aussi *reconnaitre*, sans accent circonflexe.

On **reconnaît** bien Chloé sur cette photo.

reconstituer verbe
Reconstituer une chose, c'est la refaire comme elle était avant. *On **a reconstitué** un village de l'ancienne Rome.*

recopier verbe
Recopier, c'est copier sur une autre feuille. *J'ai écrit une lettre au brouillon et je l'**ai recopiée**.*

record nom masculin
Un **record** est un exploit qui n'avait jamais été réalisé avant. *La cycliste a battu le **record** du monde de vitesse.*

recoudre verbe
Recoudre, c'est coudre de nouveau. *Maman **a recousu** la poche de mon pantalon.*
→ Cherche raccommoder.

recourbé, recourbée adjectif
Ce qui est **recourbé** a la forme d'une courbe ou d'un crochet. *Les aigles ont le bec **recourbé** vers le bas.* Synonyme : crochu.

recouvrir verbe
1 **Recouvrir** une surface, c'est la couvrir entièrement. *Les feuilles mortes **recouvrent** la pelouse.*
2 **Recouvrir** un objet, c'est lui mettre une couverture, une protection. *Les ouvriers **ont recouvert** le toit avec une toile.* Synonyme : couvrir.

La neige **a recouvert** les voitures.

récréation nom féminin
La **récréation** est le moment libre où les élèves peuvent jouer et se détendre.

*Pendant la **récréation**, nous jouons aux billes.*

récrire verbe

Récrire un mot ou une phrase, c'est l'écrire de nouveau. *Mon exercice était plein de ratures, je l'**ai récrit**.*

On dit aussi « réécrire ».

rectangle nom masculin

Un **rectangle** est une forme géométrique qui a quatre angles droits et quatre côtés, deux petits et deux grands.

● Mot de la même famille : rectangulaire.

→ Cherche carré.

Va voir « les couleurs et les formes », page 171.

rectangulaire adjectif

Un objet **rectangulaire** a la forme d'un rectangle. *La piscine est **rectangulaire**.*

reçu → **recevoir**

recueillir verbe

1 **Recueillir** des informations, des témoignages, c'est les réunir.

2 **Recueillir** une personne, un animal, c'est les accueillir alors qu'ils étaient abandonnés ou souffrants. *Nous **avons recueilli** un chien blessé.*

Il y a un *u* après le *c*.

reculer verbe

Reculer, c'est aller vers l'arrière ou déplacer une chose vers l'arrière. *Pour se garer, le conducteur **a reculé**.*

Contraire : avancer.

● Mot de la même famille : à reculons.

à **reculons** adverbe

À reculons signifie : en reculant. *Les écrevisses se déplacent **à reculons**.*

récupérer verbe

1 **Récupérer**, c'est reprendre ce qu'on avait laissé ou prêté. *J'**ai récupéré** les CD que j'avais prêtés à Léo.*

2 **Récupérer**, c'est ramasser des objets, des matériaux, des pièces qui peuvent encore servir. *Le garagiste **récupère** les vieux moteurs.*

recycler verbe

Recycler une matière, c'est fabriquer une matière neuve à partir d'une matière usée. *On **recycle** le papier, le verre, le plastique.*

Ce mot s'écrit avec un *y*.

On **recycle** les bouteilles en plastique.

rédaction nom féminin

Une **rédaction** est un texte que l'on écrit, que l'on rédige. *Ma sœur a raconté ses vacances dans une **rédaction**.*

rédiger verbe

Rédiger, c'est écrire un texte. *Nous **rédigeons** un article pour le journal de l'école.*

● Mot de la même famille : rédaction.

A B C D E F G H I J K L M N O P Q R S T U V W X Y Z

redire verbe
Redire, c'est dire de nouveau. *Je vous **redis** de ne pas crier.* Synonyme : répéter.

redoubler verbe
Redoubler une classe, c'est faire une deuxième année dans la même classe.

redresser verbe
❶ **Redresser** un objet, c'est le remettre droit. *Papi **a redressé** un barreau de la grille.*
❷ **Se redresser**, c'est se tenir droit. *Ne baisse pas les épaules, **redresse-toi** !*

réduction nom féminin
Une **réduction** est une diminution d'un prix. *Le vendeur de rollers nous a fait une **réduction**.*

réduire verbe
❶ **Réduire**, c'est rendre plus petit, moins important. *Nous **avons réduit** nos dépenses.* Synonyme : diminuer. Contraire : augmenter.
❷ **Réduire** une matière, un aliment, c'est les transformer en poudre ou en petits morceaux. *Le moulin à café **réduit** les grains en poudre.*
● Mots de la même famille : réduction, réduit.

réduit, réduite adjectif
❶ Un modèle **réduit** est un objet reproduit dans de petites dimensions. *Simon a des modèles **réduits** d'avions.* Synonyme : maquette.
❷ Un tarif, un prix **réduit** est inférieur au prix normal. *Les familles nombreuses voyagent à tarif **réduit**.*

réel, réelle adjectif
Ce qui est **réel** existe vraiment. *Je n'invente rien : cette histoire est **réelle**.* Synonyme : vrai. Contraire : imaginaire.
● Mots de la même famille : réaliser, réalité, réellement.

réellement adverbe
Réellement signifie : dans la réalité. *Ce héros a **réellement** existé.* Synonyme : vraiment.

refaire verbe
❶ **Refaire**, c'est faire une nouvelle fois. *Il y avait une erreur dans mon opération, je l'**ai refaite**.* Synonyme : recommencer.
❷ **Refaire**, c'est remettre en bon état. *Nous **refaisons** le toit de la maison.* Synonyme : réparer.

réfectoire nom masculin
Un **réfectoire** est une grande salle où mangent des personnes qui vivent ou qui travaillent en groupe. *Le **réfectoire** des instituteurs est au premier étage.* Synonyme : cantine.
🔍 « Réfectoire » est un nom masculin qui se termine par un e.

refermer verbe
Refermer, c'est fermer ce qui a été ouvert. *J'**ai refermé** la porte du réfrigérateur.*

réfléchir verbe
Réfléchir, c'est penser avec attention à quelque chose. ***Réfléchis** avant de me répondre.*
● Mot de la même famille : réflexion.

reflet nom masculin
Un **reflet** est l'image d'une chose ou d'une personne qui est renvoyée sur une surface. *Je regarde le **reflet** des arbres dans l'eau.*
● Mot de la même famille : refléter.

refléter verbe

1 **Refléter**, c'est renvoyer une image. *Le lac **reflète** les nuages.*

2 **Se refléter**, c'est apparaître à la surface. *La maison **se reflète** dans l'eau de la rivière.*

réflexe nom masculin

Un **réflexe** est un mouvement automatique d'une partie du corps. *Coralie a eu le **réflexe** de rattraper son verre qui tombait.*

réflexion nom féminin

1 La **réflexion**, c'est l'action de réfléchir. *J'ai besoin d'un moment de **réflexion**.*

2 Une **réflexion** est une critique que l'on fait à quelqu'un. *Le maître nous a fait des **réflexions** sur notre conduite.* Synonymes : remarque, reproche.

refrain nom masculin

Le **refrain**, c'est la partie d'une chanson que l'on répète après chaque couplet.

→ Cherche couplet.

réfrigérateur nom masculin

Un **réfrigérateur** est un appareil ménager qui produit du froid et qui sert à conserver les aliments. *J'ai remis le beurre au **réfrigérateur**.* Synonyme : Frigidaire.

Le **reflet** du soleil et des arbres dans l'eau de la rivière.

refroidir verbe

Refroidir, c'est rendre plus froid ou devenir plus froid. *Mon lait **a refroidi**. En automne, le temps **se refroidit**.* Synonyme : se rafraîchir. Contraire : se réchauffer.

refuge nom masculin

1 Un **refuge** est un endroit où l'on se sent à l'abri. *La cabane au fond du jardin est notre **refuge**.*

2 Un **refuge** est une maison qui sert d'abri en montagne. *Les alpinistes ont couché dans un **refuge**.*

● Mot de la même famille : se réfugier.

un **refuge** en montagne

se **réfugier** verbe

Se réfugier, c'est se mettre à l'abri quelque part. *Pendant l'orage, nous **nous sommes réfugiés** dans une grange.* Synonyme : s'abriter.

refus nom masculin

Le **refus**, c'est l'action de refuser. *Julien n'a pas donné les raisons de son **refus**.*

Ce mot se termine par un *s*.

A B C D E F G H I J K L M N O P Q R S T U V W X Y Z

refuser verbe

Refuser, c'est ne pas vouloir faire quelque chose. *Léo* ***refuse*** *de me prêter ses rollers.* Contraire : accepter.
● Mot de la même famille : refus.

régal nom masculin

Un **régal** est une chose très bonne à manger ou à boire. *Cette tarte est un* ***régal****.* Synonyme : délice.
● Mot de la même famille : se régaler.

se **régaler** verbe

Se régaler, c'est prendre un grand plaisir à manger quelque chose. *Quel bon dessert, je* ***me suis régalée*** *!*

regard nom masculin

Un **regard**, c'est l'action ou la manière de regarder. *Ma grand-mère a un* ***regard*** *doux.*

regarder verbe

① **Regarder**, c'est diriger ses yeux vers quelque chose ou vers quelqu'un. *Je* ***regarde*** *les étoiles. Nous* ***avons regardé*** *un match à la télévision.*

② **Cela ne te regarde pas** signifie : tu ne dois pas t'en occuper, t'en mêler. *Leur dispute* ***ne te regarde pas****.*
● Mot de la même famille : regard.
→ Cherche contempler, observer.

Qu'est-ce qu'elle **regarde** ?

régime nom masculin

Faire un **régime**, c'est suivre des règles d'alimentation en ne mangeant que certains aliments.

région nom féminin

Une **région** est un territoire d'une grande étendue. *Notre maison se trouve dans une* ***région*** *de lacs. Le Midi est une* ***région*** *de France.*
● Mot de la même famille : régional.
→ Cherche province.

régional, régionale adjectif

Un plat **régional**, une coutume **régionale** se rapportent à une région. *La choucroute est un plat* ***régional****.*

🔍 Au pluriel, on écrit *régionaux*, *régionales*.

règle nom féminin

① Une **règle** est un instrument qui sert à tracer des lignes droites et à mesurer des longueurs.

② Une **règle** indique ce qu'il faut faire dans un cas précis. *Nous avons appris une nouvelle* ***règle*** *de grammaire. Observer les* ***règles*** *de la politesse.*
Synonyme : principe.

③ La **règle d'un jeu**, c'est l'ensemble des explications qu'il faut connaître pour jouer.

règlement nom masculin

Un **règlement** est un ensemble de règles que les membres d'un groupe doivent respecter. *Le* ***règlement*** *de l'école a été remis aux parents.*

régler verbe

① **Régler** un appareil, une machine, c'est faire ce qu'il faut pour qu'ils fonctionnent parfaitement. *Le garagiste* ***a réglé*** *les phares de la voiture.*

② **Régler** quelque chose, c'est trouver une solution pour le résoudre. *Papi doit **régler** un problème d'argent.*

règne **nom masculin**
Le **règne** d'un roi est la période pendant laquelle il a gouverné un pays.
● Mot de la même famille : **régner**.

régner **verbe**
Régner, c'est être le roi ou l'empereur d'un pays. *Louis XIV **a régné** pendant 72 ans.*

regonfler **verbe**
Regonfler, c'est gonfler ce qui est dégonflé. *J'**ai regonflé** mon matelas pneumatique.*

regret **nom masculin**
① Le **regret** est la tristesse que l'on ressent quand on pense à une chose perdue ou passée. *Julie pense à ses vacances avec **regret**.*
② Le **regret** est le sentiment que l'on éprouve quand on se rend compte qu'on n'a pas fait ce qu'il fallait faire. *J'ai du **regret** de ne pas avoir répondu à ta lettre.*
● Mot de la même famille : **regretter**.

regretter **verbe**
① **Regretter**, c'est être triste de ne plus avoir quelque chose ou d'être séparé de quelqu'un. *Raphaël **regrette** son ancien appartement.*
② **Regretter**, c'est se reprocher de ne pas avoir fait ce qu'il fallait faire. *Je **regrette** de ne pas être venu plus tôt.*
Contraire : se réjouir.
Il y a deux *t*.

régulier, régulière **adjectif**
① Un rythme **régulier**, une vitesse **régulière** ne changent pas. *Le train roule à une vitesse **régulière**.*
Contraires : inégal, irrégulier.
② En grammaire, ce qui est **régulier** suit la règle générale. *Le mot « voiture » a un pluriel **régulier**.* **Contraire : irrégulier.**
● Mot de la même famille : **régulièrement**.

régulièrement **adverbe**
Régulièrement signifie : de façon régulière. *Élodie arrose ses plantes **régulièrement**.*

rein **nom masculin**
Les **reins** sont les deux organes qui se trouvent dans le bas du dos, à l'intérieur du corps. Ils servent à éliminer les déchets de l'organisme et produisent l'urine.

reine **nom féminin**
Une **reine** est une femme qui dirige un royaume ou l'épouse d'un roi.
➔ Cherche **roi**.

La **reine** est assise sur son trône.

reinette **nom féminin**
Une **reinette** est une pomme à la chair très parfumée.

rejeter verbe
Rejeter, c'est renvoyer en lançant. *Le poisson était trop petit, le pêcheur l'**a rejeté**.*

rejoindre verbe
❶ **Rejoindre**, c'est aller retrouver quelqu'un. *Je vous **rejoindrai** devant le cinéma.*
❷ **Rejoindre**, c'est rattraper quelqu'un, un véhicule qui est devant. *J'ai couru pour **rejoindre** mon frère.*
❸ **Se rejoindre**, c'est arriver au même endroit. *Ici, les deux routes **se rejoignent**.* Synonyme : se rencontrer.

Lucas court pour **rejoindre** sa sœur.

se réjouir verbe
Se réjouir, c'est éprouver de la joie. *Je **me réjouis** de te revoir.*

relâcher verbe
Relâcher un prisonnier, c'est le remettre en liberté. Synonyme : libérer. Contraires : emprisonner, enfermer.
🔍 Le *a* prend un accent circonflexe.

relation nom féminin
La **relation** entre des choses ou entre des personnes, c'est ce qu'elles ont en commun. *On sait qu'il y a une **relation** entre l'état du véhicule et l'accident.* Synonyme : rapport.

relever verbe
❶ **Relever**, c'est remettre debout. *J'**ai relevé** mon petit frère qui était tombé.*
❷ **Relever**, c'est diriger vers le haut. *Je **relève** le store.* Synonymes : lever, remonter. Contraire : baisser.
❸ **Relever**, c'est observer et noter. *L'institutrice **a relevé** trois erreurs dans mon exercice.*

relief nom masculin
❶ Le **relief**, c'est la forme de la surface terrestre, avec ses plaines et ses montagnes. *Sur une carte, le **relief** est en couleurs.*
❷ Le **relief** d'une pièce de monnaie, d'une médaille, c'est la partie qui dépasse de la surface.

relier verbe
❶ **Relier** des personnes ou des choses, c'est les attacher ensemble. *Une corde **relie** les deux alpinistes.*
❷ **Relier** un livre, c'est assembler les feuilles et mettre une couverture.
● Mot de la même famille : reliure.

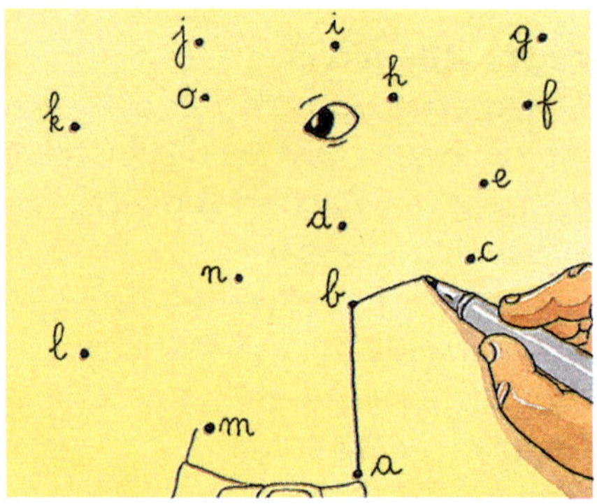

Il faut **relier** les points en suivant l'ordre alphabétique.

1. religieux, religieuse adjectif
Un chant **religieux**, une cérémonie **religieuse** se rapportent à une religion.

*Le baptême est une cérémonie **religieuse** chrétienne.*

2. religieux nom masculin
religieuse nom féminin

Un **religieux**, une **religieuse** sont des personnes qui se sont engagées à passer leur vie à prier et à servir Dieu.

religion nom féminin

Une **religion** est un ensemble de règles de vie, de prières et de cérémonies unissant des personnes qui croient en Dieu.
● Mot de la même famille : religieux.

→ Cherche bouddhiste, catholique, israélite, musulman et protestant.

relire verbe

Relire, c'est lire une nouvelle fois. *Sarah **relit** son conte préféré.*

reliure nom féminin

La **reliure** d'un livre est sa couverture rigide. *Mon livre a une **reliure** en carton.*

remarquable adjectif

Une chose, une personne **remarquable** fait l'admiration de tous. *Raphaël a fait un travail **remarquable**.*
Synonymes : exceptionnel, extraordinaire.

remarque nom féminin

Une **remarque** est ce que l'on dit pour faire remarquer quelque chose de bon ou de mauvais. *La maîtresse a fait des **remarques** sur notre tenue.*
Synonymes : critique, réflexion, reproche.

remarquer verbe

1 **Remarquer**, c'est faire attention à quelque chose. *J'ai **remarqué** que Léo avait grandi.* Synonymes : s'apercevoir, constater.

2 **Se faire remarquer**, c'est attirer l'attention sur soi. *Il fait des grimaces pour **se faire remarquer**.*
● Mots de la même famille : remarquable, remarque.

rembourrer verbe

Rembourrer un siège, c'est le remplir d'une matière souple. *On a fait **rembourrer** un fauteuil.*

Le son [ɑ̃] s'écrit *em* devant un *b*.

remboursement nom masculin

Un **remboursement**, c'est l'action de rembourser. *Vous pouvez faire le **remboursement** en trois fois.*

rembourser verbe

Rembourser, c'est rendre l'argent que l'on doit. *J'ai prêté deux euros à Marie, elle me les **remboursera** demain.*
● Mot de la même famille : remboursement.

Le son [ɑ̃] s'écrit *em* devant un *b*.

remède nom masculin

Un **remède**, c'est ce qui sert à soigner une maladie. *Connais-tu un **remède** efficace contre la toux ?*
Synonyme : médicament.

remerciement nom masculin

Un **remerciement**, c'est l'action de remercier. *J'ai écrit une lettre de **remerciement** à papi.*

Il y a un e après le *i*.

remercier verbe

Remercier, c'est dire merci. *J'ai **remercié** Arthur pour son aide.*
● Mot de la même famille : remerciement.

remettre verbe

1 **Remettre**, c'est mettre quelque chose à l'endroit où il était avant. *Je **remets** les fruits dans le réfrigérateur. **Remets** ton bonnet sur ta tête.*

A B C D E F G H I J K L M N O P Q R S T U V W X Y Z

❷ **Remettre** en place, en ordre, en marche, c'est mettre quelque chose dans l'état où il était avant. *Nous **avons remis** l'appartement en ordre.*

❸ **Remettre**, c'est mettre en plus. *Léa **remet** du sel dans sa soupe.* Synonyme : rajouter.

❹ **Remettre**, c'est mettre entre les mains de quelqu'un. *La gardienne m'**a remis** un paquet.*

❺ **Il se remet à** signifie : il recommence à. *Il **se remet** à pleuvoir.*

❻ **Se remettre** d'une maladie, d'une opération, c'est retrouver la santé, récupérer ses forces. Synonyme : se rétablir.

remonte-pente **nom masculin**
Un **remonte-pente** est un appareil fait d'un câble et de perches. Il sert à tirer des skieurs en haut d'une pente. Synonyme : téléski.

🔍 Ce mot s'écrit avec un trait d'union. Au pluriel, il n'y a pas de s à « remonte » : on écrit *des remonte-pentes*.

→ Cherche téléphérique et télésiège.

Coralie prend le **remonte-pente**.

Des **remparts** entourent la ville.

remonter **verbe**

❶ **Remonter**, c'est monter de nouveau. *Je **remonte** dans ma chambre.*

❷ **Remonter**, c'est relever. *Papa **remonte** la col de sa veste.* Contraire : baisser.

❸ **Remonter**, c'est remettre en place. *Le garagiste **remonte** le moteur.* Contraire : démonter.

❹ **Remonter** une montre ou un réveil, c'est tendre les ressorts des appareils pour les remettre en marche.

● Mot de la même famille : remonte-pente.

remords **nom masculin**
Le **remords** est le sentiment qu'on éprouve quand on se rend compte qu'on a mal agi. *J'ai des **remords** d'avoir laissé ma petite sœur toute seule.*

🔍 Ce mot se termine par un *s*.

remorque **nom féminin**
Une **remorque** est un véhicule sans moteur tiré par un camion, une voiture ou un tracteur.

remorquer **verbe**
Remorquer un véhicule, c'est le tirer derrière soi. *Le bateau de pêche **a remorqué** un voilier.*

● Mot de la même famille : remorque.

rempart **nom masculin**
Un **rempart** est un mur épais qui entoure un château fort ou une ville.

🔍 Le son [ɑ̃] s'écrit *em* devant un *p*.

remplaçant nom masculin
remplaçante nom féminin

Un **remplaçant**, une **remplaçante**, c'est une personne qui en remplace une autre. *Quand le maître a été malade, nous avons eu un* ***remplaçant****.*

Le son [ɑ̃] s'écrit *em* devant un *p*. Le *c* prend une cédille.

remplacer verbe

1 **Remplacer** une chose, c'est en mettre une autre à la place. *On* ***a remplacé*** *un carreau cassé.*

2 **Remplacer** une personne, c'est faire son travail à sa place. *Un nouveau dentiste* ***remplace*** *le docteur Tellier.*

Le son [ɑ̃] s'écrit *em* devant un *p*.
● Mot de la même famille : **remplaçant**.

remplir verbe

1 **Remplir**, c'est rendre plein. *J'****ai rempli*** *la carafe d'eau.* **Contraire : vider.** *La salle* ***s'est remplie*** *très vite.*

2 **Remplir** un questionnaire, c'est écrire dans les espaces prévus pour cela.

Le son [ɑ̃] s'écrit *em* devant un *p*.

Julie **remplit** son seau.

remporter verbe

1 **Remporter** un objet, c'est emporter l'objet qu'on avait apporté. *Raphaël* ***a remporté*** *son jeu vidéo.* **Contraire : laisser.**

2 **Remporter** une victoire, un prix, c'est les obtenir, les gagner. *Notre équipe* ***a remporté*** *le premier prix.*

Le son [ɑ̃] s'écrit *em* devant un *p*.

remuer verbe

1 **Remuer**, c'est faire des mouvements. *Je ne peux pas te coiffer si tu* ***remues****.* **Synonymes : s'agiter, bouger.**

2 **Remuer**, c'est agiter pour mélanger. *Je* ***remue*** *le lait pour faire fondre le sucre.*

renard nom masculin

Un **renard** est un mammifère sauvage carnivore. Il a une fourrure rousse, un museau pointu et une queue épaisse. *Les* ***renards*** *creusent des terriers pour s'abriter.*

► La femelle est la **renarde**, le petit est le **renardeau**. Quand le renard crie, on dit qu'il **glapit**.

un **renard**

A B C D E F G H I J K L M N O P Q R S

rencontre nom féminin
Une **rencontre**, c'est le fait de rencontrer. *Ce matin, j'ai fait une drôle de **rencontre**. Maman est venue à ma **rencontre**.*

rencontrer verbe
❶ **Rencontrer** quelqu'un, c'est se trouver en sa présence. *J'**ai rencontré** Léo à la piscine.*
❷ **Rencontrer** quelqu'un, c'est faire sa connaissance. *Mes parents **se sont rencontrés** sur une plage.*
❸ Quand deux choses **se rencontrent,** elles arrivent au même endroit. *Deux droites parallèles ne **se rencontrent** jamais.* Synonyme : se rejoindre.
● Mot de la même famille : rencontre.

rendez-vous nom masculin
Un **rendez-vous** est une rencontre décidée à l'avance. *Nous avons **rendez-vous** à onze heures au square.*
Ce mot s'écrit avec un trait d'union. Il ne change pas au pluriel : *des rendez-vous.*

un **renne**

se **rendormir** verbe
Se rendormir, c'est s'endormir de nouveau. *Le bébé a pleuré puis il **s'est rendormi**.*

rendre verbe
❶ **Rendre** un objet, c'est le remettre à son propriétaire. *Léo m'**a rendu** mon jeu.* Synonyme : rapporter.
❷ **Rendre**, c'est faire devenir. *La lumière **rend** les choses visibles. Ton départ me **rend** triste.*
❸ **Se rendre** quelque part, c'est y aller. *Chaque matin, maman **se rend** au bureau.*
❹ **Se rendre**, c'est abandonner le combat. *Les soldats **se sont rendus**.*

rêne nom féminin
Une **rêne** est une courroie de cuir qui sert à diriger un cheval ou un poney. *Raphaël tire sur les **rênes** pour faire ralentir son cheval.*
Le premier e prend un accent circonflexe. Ne confonds pas « une rêne » avec « le renne », l'animal.

renifler verbe
Renifler, c'est respirer fort par le nez en faisant du bruit. *Mouche-toi au lieu de **renifler** !*

renne nom masculin
Un **renne** est un grand mammifère qui vit dans les pays froids. Il a de grandes cornes qu'on appelle des « bois ».
► C'est un ruminant. Il appartient à la même famille que le cerf.
Ne confonds pas « un renne » avec « une rêne », une courroie.

renoncer verbe
Renoncer à quelque chose, c'est abandonner l'idée de le faire. *À cause de l'orage, nous **renonçons** à la randonnée.*

renseignement **nom masculin**

Un **renseignement**, c'est ce qui fait connaître, qui renseigne, informe. *Nous avons demandé des* ***renseignements*** *sur les cours de dessin.* Synonymes : **indication, information.**

renseigner **verbe**

❶ **Renseigner** une personne, c'est lui donner le renseignement, l'information qu'elle demande. *J'ai* ***renseigné*** *une dame dans la rue.*

❷ **Se renseigner**, c'est demander un renseignement. *Les clients* ***se renseignent*** *à l'accueil du magasin.*
● Mot de la même famille : **renseignement**.

rentrée **nom féminin**

La **rentrée** des classes est le moment où les élèves retournent à l'école, après les grandes vacances.

rentrer **verbe**

❶ **Rentrer**, c'est entrer dans un endroit d'où l'on est sorti. *Après la récréation, nous* ***rentrons*** *en classe.* Synonyme : **retourner.**

❷ **Rentrer** quelque chose, c'est le mettre à l'intérieur. *Léo* ***a rentré*** *son vélo dans le garage.* Contraire : **sortir.**

❸ **Rentrer** dans quelque chose, c'est s'y enfoncer. *La vis* ***rentre*** *dans le mur.*
● Mot de la même famille : **rentrée**.

renverser **verbe**

❶ **Renverser**, c'est faire tomber. *Raphaël* ***a renversé*** *toutes les quilles.* Synonyme : **abattre.** *L'automobiliste* ***a renversé*** *un piéton.*

❷ **Se renverser**, c'est basculer et se retourner. *La barque* ***s'est renversée****.* Synonyme : **chavirer.**

renvoi **nom masculin**

Le **renvoi**, c'est le fait de renvoyer, de mettre à la porte. *Cet élève risque le* ***renvoi*** *de l'école.*

renvoyer **verbe**

❶ **Renvoyer** un objet, c'est l'envoyer en sens contraire. *J'ai* ***renvoyé*** *le ballon à Anaïs.* **Renvoyer** une lettre, un colis, c'est les envoyer à l'expéditeur.

❷ **Renvoyer** une personne, c'est la mettre à la porte d'un établissement. *Le directeur* ***a renvoyé*** *un élève de l'école.* Synonyme : **exclure.** *Plusieurs employés* ***ont été renvoyés****.* Synonyme : **licencier.** Contraires : **embaucher, engager.**
● Mot de la même famille : **renvoi**.

repaire **nom masculin**

Un **repaire** est un endroit où se cachent des personnes qui préparent une mauvaise action. *La police a découvert le* ***repaire*** *des bandits.*

« Repaire » est un nom masculin qui se termine par un *e*. Ne confonds pas avec « un point de repère ».

répandre **verbe**

❶ **Répandre** un liquide, des matériaux, c'est les verser sur une surface. *On* ***a répandu*** *des graviers dans l'allée.*

❷ **Répandre** une odeur, de la chaleur, de la lumière, c'est la produire et l'envoyer dans toutes les directions. *Le soleil* ***répand*** *de la lumière.*

réparation **nom féminin**

La **réparation**, c'est l'action de réparer. *Le menuisier a terminé la* ***réparation*** *de la porte.*

A B C D E F G H I J K L M N O P Q R S T U V W X Y Z

réparer verbe
Réparer, c'est remettre en bon état. *Le garagiste **a réparé** la voiture.*
● Mot de la même famille : réparation.

Léa **répare** son vélo.

repartir verbe
❶ **Repartir**, c'est se remettre en route. *L'orage s'est arrêté, nous pouvons **repartir**.*
❷ **Repartir**, c'est retourner à l'endroit d'où l'on vient. *Vous venez d'arriver et vous voulez déjà **repartir** ?*

répartir verbe
Répartir l'argent, le travail, c'est en donner une partie à plusieurs personnes. *Pour préparer la fête, on **a réparti** les tâches entre tous les élèves.* Synonyme : partager.
● Mot de la même famille : répartition.

répartition nom féminin
Une **répartition** est un partage. *On va faire la **répartition** des bonbons.*

repas nom masculin
Un **repas**, c'est la nourriture que l'on mange à certains moments de la journée. *Je prends mon **repas** de midi à la cantine.*
Ce mot se termine par un *s*.

repassage nom masculin
Le **repassage**, c'est l'action de repasser du linge.

1. repasser verbe
Repasser, c'est passer de nouveau. *Je **repasserai** te voir dimanche.*
Synonyme : revenir.

2. repasser verbe
Repasser du linge, c'est passer un fer chaud dessus pour enlever les plis.
● Mot de la même famille : repassage.

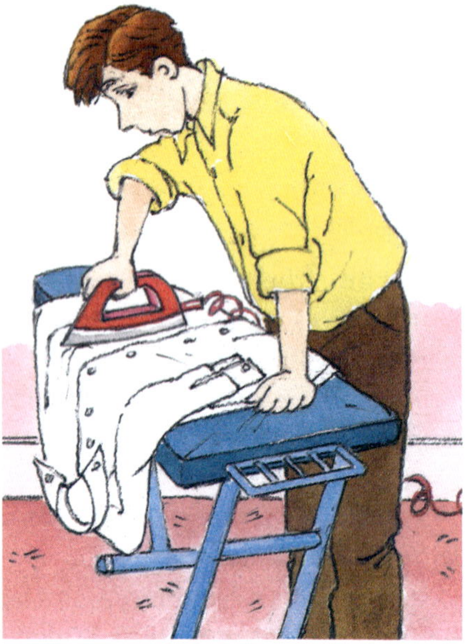

Franck **repasse** sa chemise.

repère nom masculin
Un **point de repère**, c'est ce qui permet de savoir où l'on est, de s'orienter. *On a pris le clocher de l'église comme **point de repère**.*
Ne confonds pas avec « un repaire » de bandits.
● Mot de la même famille : repérer.

repérer verbe

❶ **Repérer**, c'est trouver. *Nous **avons repéré** un bel endroit pour pique-niquer.* Synonyme : **découvrir.**

❷ **Se repérer**, c'est savoir où l'on est. *On a du mal à **se repérer** dans le brouillard.* Synonyme : **s'orienter.**

répertoire nom masculin

Un **répertoire** est un carnet qui permet de classer des renseignements dans l'ordre alphabétique. *J'ai écrit ton nom et ton adresse dans mon **répertoire**.*

« Répertoire » est un nom masculin qui se termine par un *e*.

répéter verbe

❶ **Répéter**, c'est dire une nouvelle fois. *Je te **répète** que tu te trompes.* Synonyme : **redire.**

❷ **Répéter**, c'est dire à une personne ce qu'une autre a dit. *C'est un secret, ne le **répète** pas !* Synonyme : **rapporter.**

❸ **Répéter**, c'est s'exercer à jouer un rôle, à chanter, à jouer d'un instrument avant une représentation. *Les acteurs **répètent** sur la scène.*

● Mot de la même famille : **répétition.**

répétition nom féminin

❶ Une **répétition** est une chose que l'on dit ou que l'on écrit plusieurs fois. *Ta lettre contient trop de **répétitions**.*

❷ Une **répétition** est une réunion de travail où des acteurs, des musiciens s'exercent avant de jouer devant un public. *Avant la première représentation, les comédiens ont fait de nombreuses **répétitions**.*

replier verbe

Replier, c'est plier ce qui a été déplié. *Aide-moi à **replier** le drap !*

répondeur nom masculin

Un **répondeur** est un appareil qui enregistre les messages téléphoniques quand personne ne répond.

répondre verbe

❶ **Répondre**, c'est donner une réponse. *La maîtresse **a répondu** à ma question. Je **répondrai** à ta lettre.*

❷ **Répondre**, c'est parler au téléphone quand il y a un appel. *Le téléphone sonne, va **répondre** !*

● Mots de la même famille : **répondeur, réponse.**

réponse nom féminin

Une **réponse**, c'est ce que l'on dit ou ce que l'on écrit à une personne qui demande quelque chose. *Je vous ai posé une question et j'attends votre **réponse**.*

reportage nom masculin

Un **reportage** est un article ou une émission faits par un journaliste qui raconte ce qu'il a vu et entendu. *J'ai vu un **reportage** sur une éruption de volcan.*

1. reporter verbe

❶ **Reporter** une réunion, un voyage, c'est les mettre à une autre date. Synonyme : **retarder.**

❷ **Reporter**, c'est inscrire à un autre endroit. *J'ai **reporté** le total en bas de la page.*

2. reporter nom masculin

Un **reporter** est un journaliste qui recueille des informations là où un événement s'est produit. *La télévision a envoyé des **reporters** en Afrique.*

Ce mot vient de l'anglais : on écrit *ter* mais on prononce [tɛr], comme « terre ».

● Mot de la même famille : **reportage.**

repos nom masculin

Le **repos**, c'est le fait de se reposer. *Tu as beaucoup travaillé, prends un peu de **repos**.*

Ce mot se termine par un *s*.

A B C D E F G H I J K L M N O P Q R S T U V W X Y Z

1. reposer **verbe**
Reposer, c'est être posé sur quelque chose. *Le toit du hangar* ***repose*** *sur quatre piliers.*

2. se reposer **verbe**
Se reposer, c'est faire disparaître la fatigue. *La randonnée était fatigante, j'ai besoin de m'asseoir pour* ***me reposer****.*
● Mot de la même famille : **repos**.

Simon **se repose** un peu.

repousser **verbe**
❶ **Repousser**, c'est écarter des choses ou faire reculer des personnes. *La police* ***a repoussé*** *les passants.* **Synonyme : éloigner.**
❷ **Repousser**, c'est pousser de nouveau. *Les fleurs* ***repoussent*** *au printemps.*

reprendre **verbe**
❶ **Reprendre**, c'est prendre ce qu'on avait laissé ou prêté. *Léo* ***a repris*** *ses B.D.*
❷ **Reprendre**, c'est prendre une nouvelle fois. *Marie* ***reprend*** *des légumes.*
❸ **Reprendre**, c'est recommencer quelque chose après un arrêt. *Maman* ***a repris*** *le travail après son opération.*

représentation **nom féminin**
Une **représentation** est un spectacle qui est joué devant un public. *Ce soir, c'est la première* ***représentation*** *de la pièce « le Petit Prince ».*

représenter **verbe**
❶ **Représenter**, c'est reproduire quelqu'un, un animal, quelque chose par le dessin, la peinture. *J'****ai représenté*** *un panda. Cette photo me* ***représente*** *à trois ans.*
❷ **Représenter**, c'est être l'image de quelque chose. *Les notes de musique* ***représentent*** *des sons. La colombe* ***représente*** *l'idée de la paix.*
❸ **Représenter** une pièce, c'est la jouer sur une scène. *« Le Petit Prince »* ***a été représenté*** *l'année dernière.*
● Mot de la même famille : **représentation**.

reproche **nom masculin**
Un **reproche** est une remarque désagréable que l'on fait à quelqu'un quand on n'est pas content de lui. *La maîtresse nous a fait des* ***reproches*** *sur notre conduite.* **Synonymes : critique, observation. Contraire : compliment.**
● Mot de la même famille : **reprocher**.

reprocher **verbe**
Reprocher quelque chose à quelqu'un, c'est lui dire qu'on n'est pas content de lui, lui faire des reproches. *La maîtresse m'****a reproché*** *d'être trop bavard.*

reproduire **verbe**
❶ **Reproduire**, c'est faire une chose en suivant un modèle. *J'****ai reproduit*** *un dessin.* **Synonyme : copier.**
❷ **Reproduire**, c'est fabriquer en plusieurs exemplaires. *Un pochoir permet de* ***reproduire*** *un dessin.*
❸ **Se reproduire**, c'est donner naissance à d'autres êtres vivants de son espèce. *Certains mammifères, comme le bœuf et le mulet, ne peuvent pas* ***se reproduire****.*

④ **Se reproduire**, c'est se produire de nouveau. *Cet incident ne doit plus se reproduire.*

reptile nom masculin

Un **reptile** est un animal qui a le corps couvert d'écailles ou d'une carapace. *Les crocodiles, les serpents et les tortues sont des* ***reptiles****.*

▶ Les reptiles rampent ou marchent sur de courtes pattes. Les femelles pondent des œufs.

république nom féminin

Une **république** est un État dirigé par un président et gouverné par des personnes élues par les citoyens.

requin nom masculin

Un **requin** est un grand poisson qui vit dans les mers chaudes et tièdes.

▶ Le **requin blanc** et le **requin bleu** sont carnivores et dangereux. Les requins géants, comme le **requin-baleine**, sont inoffensifs.

un **requin**

rescapé nom masculin
rescapée nom féminin

Un **rescapé**, une **rescapée** sont des personnes sorties vivantes d'un accident ou d'une catastrophe. **Synonyme : survivant.**

réserve nom féminin

Une **réserve** est une quantité de choses que l'on garde pour s'en servir plus tard. *J'ai des* ***réserves*** *de gâteaux.* **Synonyme : provision.**

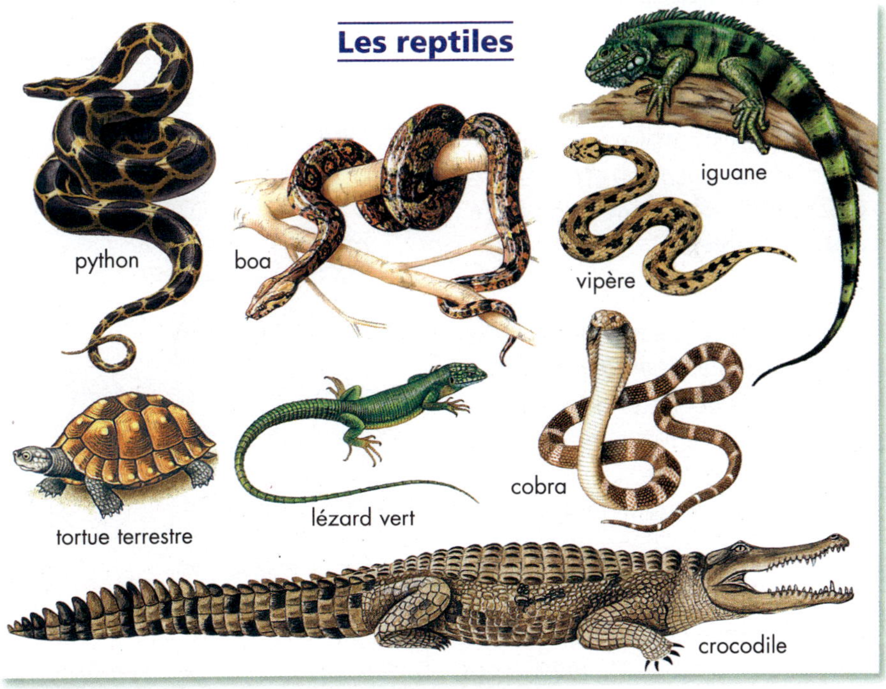

A B C D E F G H I J K L M N O P Q R S T U V W X Y Z

réserver verbe

1 **Réserver** une place, une chambre, c'est les faire garder en payant à l'avance. *Maman **a réservé** une place de train.*

2 Quand une chose **est réservée** à quelqu'un, à un groupe, elle est faite uniquement pour eux. *Ce club de sports **est réservé** aux enfants.*

● Mots de la même famille : réserve, réservoir.

réservoir nom masculin

Un **réservoir** est un récipient qui contient une réserve de liquide. *Le **réservoir** d'essence de la voiture est plein.*

résine nom féminin

La **résine** est un liquide épais qui coule de l'écorce des pins et d'autres conifères.

résistant, résistante adjectif

1 Un objet **résistant** ne se casse pas facilement. *Mon sac à dos est **résistant**.* Synonymes : robuste, solide. Contraire : fragile.

2 Un être **résistant** résiste à la fatigue, à la maladie. *Le chameau est un animal **résistant**.* Synonyme : robuste. Contraire : faible.

résister verbe

1 **Résister**, c'est ne pas s'abîmer, ne pas se casser. *Ce pull **résiste** au lavage.*

2 **Résister**, c'est lutter de toutes ses forces contre un adversaire. *Quand on m'attaque, je **résiste**.*

● Mot de la même famille : résistant.

résolution nom féminin

Prendre une **résolution**, c'est décider de faire quelque chose jusqu'au bout même si c'est difficile. *Ma mère a pris la **résolution** d'aller nager à la piscine deux fois par semaine.*

résonner verbe

Résonner, c'est faire entendre un son qui se prolonge. *On entend des voix **résonner** dans la salle.*

Il y a deux *n*.

résoudre verbe

Résoudre un problème, c'est trouver sa solution.

respect nom masculin

Le **respect** est le comportement poli que l'on a avec une personne parce qu'on reconnaît ses qualités et son expérience. *Les élèves parlent avec **respect** à leur institutrice.*

Ce mot se termine par *ct*.

● Mot de la même famille : respecter.

respecter verbe

1 **Respecter** une personne, c'est avoir du respect pour elle. *Nous **respectons** les personnes âgées.*

2 **Respecter** un règlement, une règle, c'est les suivre. *Quand nous jouons aux cartes, nous **respectons** la règle du jeu.*

Le tabouret ne **résistera** pas !

respiration **nom féminin**
La **respiration** est l'action de respirer. *Le médecin écoute la **respiration** du malade.*

respirer **verbe**
Respirer, c'est aspirer l'oxygène qui est dans l'air et rejeter un autre gaz, appelé *gaz carbonique*. *Quand on court, on **respire** par le nez et par la bouche.*
● Mot de la même famille : respiration.

responsable **nom masculin et nom féminin**
Le **responsable**, la **responsable** d'un acte sont les personnes qui l'ont commis. *On a retrouvé le **responsable** de l'accident.* Synonyme : auteur.

ressemblance **nom féminin**
Une **ressemblance**, c'est ce qui fait que des choses ou des personnes se ressemblent. *Vois-tu une **ressemblance** entre ces voitures ?* Contraire : différence.

ressemblant, ressemblante **adjectif**
Un portrait **ressemblant** ressemble beaucoup à son modèle. *Ce portrait de ta sœur est très **ressemblant**.*

ressembler **verbe**
Ressembler à quelque chose, à quelqu'un, c'est avoir la même forme ou des traits du visage semblables. *Julien **ressemble** à son frère. Nos montres **se ressemblent**.*
● Mots de la même famille : ressemblance, ressemblant.
☛ Va voir « les mots qui se ressemblent », page 591.

ressentir **verbe**
Ressentir quelque chose, c'est le sentir au fond de soi. *À Noël, les enfants **ressentent** une très grande joie.* Synonyme : éprouver.

Les deux frères **se ressemblent**.

ressort **nom masculin**
Un **ressort** est un fil de métal qui est enroulé sur lui-même, en spirale. Il peut se tendre et reprendre ensuite sa forme. *Certains matelas ont des **ressorts**.*

restaurant **nom masculin**
Un **restaurant** est un endroit où l'on sert des repas à des clients. *Mon oncle m'a emmené déjeuner au **restaurant**.*

reste **nom masculin**
Un **reste**, c'est ce qui n'a pas été pris ou utilisé. *Que feras-tu avec le **reste** de l'argent ?* Les **restes**, ce sont les aliments que l'on n'a pas mangés au repas précédent.

rester **verbe**
1. **Rester** dans un endroit, c'est ne pas le quitter. *Léa **est restée** à la maison.*
2. **Rester**, c'est continuer d'être dans le même état, dans la même position. *Le pin **reste** vert toute l'année. Léo doit **rester** allongé.*
3. **Il reste** signifie : il y a encore. *Le feu n'est pas éteint, **il reste** des braises.*
● Mot de la même famille : reste.

A B C D E F G H I J K L M N O P Q R S T U V W X Y Z

résultat **nom masculin**

❶ Le **résultat** d'une opération est le nombre que l'on obtient à la fin de l'opération. *Le **résultat** de mon addition est juste.*

❷ Le **résultat** d'un examen, d'une compétition, c'est le nombre de points, la place ou le rang que l'on a obtenu. *Quel est le **résultat** du match ?*

Synonyme : score.

résumé **nom masculin**

Un **résumé** est un petit texte court qui dit en peu de mots ce qu'un livre ou un film raconte. *J'ai lu le **résumé** du film.*

résumer **verbe**

Résumer une histoire, c'est dire en peu de mots ce qu'elle raconte. *En classe, nous **avons résumé** un conte que nous avions lu.*

● Mot de la même famille : résumé.

se **rétablir** **verbe**

Se rétablir, c'est retrouver la santé après une maladie ou une opération.

Synonyme : se remettre.

retard **nom masculin**

En retard, c'est après l'heure prévue. *Ton frère arrive souvent **en retard**.*

Contraire : en avance.

retardataire **nom masculin et nom féminin**

Un **retardataire**, une **retardataire** sont des personnes qui arrivent en retard. *Les **retardataires** n'ont pas pu voir le début du film.*

retarder **verbe**

❶ **Retarder** quelqu'un, c'est le faire arriver plus tard que prévu. *Les embouteillages nous **ont retardés**.*

❷ **Retarder** une réunion, un voyage, c'est les mettre à une autre date.

Synonyme : reporter.

❸ Quand une montre **retarde** de cinq minutes, elle indique cinq minutes de moins que l'heure exacte.

Contraire : avancer.

● Mots de la même famille : retard, retardataire.

retenir **verbe**

❶ **Retenir**, c'est empêcher de tomber, de bouger ou de partir. *Je **retiens** Paul par le bras pour qu'il ne parte pas. Les barrages **retiennent** l'eau. J'ai trébuché mais je **me suis retenu** à la rampe.* Synonyme : se rattraper.

❷ Dans une opération, **retenir** un chiffre, c'est faire une retenue.

❸ **Retenir** quelque chose, c'est le garder dans sa mémoire. ***J'ai retenu** ton numéro de téléphone.*

Contraire : oublier.

❹ **Se retenir** de faire quelque chose, c'est s'empêcher de le faire. *Je n'ai pas pu **me retenir** de rire.*

● Mot de la même famille : retenue.

Je pose 3 et je **retiens** 1.

retentir **verbe**

Retentir, c'est faire entendre un grand bruit. *Un coup de tonnerre **a retenti**.*

Les mots qui se ressemblent

une **an**cre

de l'**en**cre

un ba**lai**

un ba**llet**

une ca**n**e

une ca**nn**e

un **cerf**

une **serre**

une ch**aî**ne

un ch**ê**ne

un co**l**

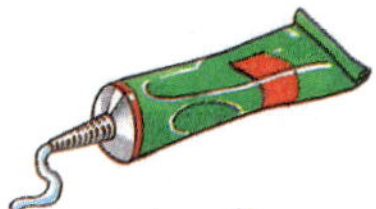
de la co**ll**e

un co**q**

une co**que**
de bateau

un co**r**

le co**rps**

une da**te**

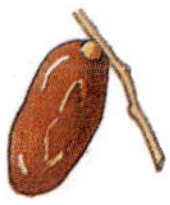
une da**tte**

un m**ur**

une m**ûre**

un p**ain**

un p**in**

une p**eau**
de bête

un p**ot**
à eau

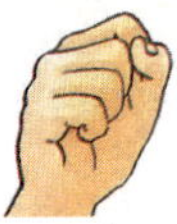
un poi**ng**

un poi**nt**
sur un i

une r**ei**ne

un r**enne**

un s**aut**
en hauteur

un s**eau**
d'eau

un v**er**
de terre

un v**erre**

du v**ert**

A B C D E F G H I J K L M N O P Q R S T U V W X Y Z

retenue nom féminin
Dans une opération, une **retenue**, c'est le chiffre que l'on garde pour l'ajouter aux chiffres de la colonne suivante .

retirer verbe
Retirer une chose, c'est l'enlever. *J'ai trop chaud, je **retire** mon pull.* Synonyme : ôter. Contraire : mettre.

retour nom masculin
① Le **retour**, c'est le fait de retourner quelque part. *Je te téléphonerai à mon **retour**.*
② Le **retour** est le trajet que l'on fait pour revenir à son point de départ. *Nous avons mis trois heures au **retour**.* Contraire : aller.

retourner verbe
① **Retourner** quelque part, c'est revenir à l'endroit d'où l'on est parti. *À midi, je **retourne** chez moi.* Synonymes : rentrer, repartir, revenir.
② **Retourner** quelque part, c'est y aller de nouveau. *J'aimerais **retourner** à la mer.*
③ **Retourner** quelque chose, c'est le mettre de l'autre côté. *Maman **retourne** le bifteck dans la poêle.*
④ **Se retourner**, c'est se tourner dans un autre sens, regarder derrière soi. *Marion **s'est retournée** quand Julien l'a appelée.*
● Mot de la même famille : retour.

retraite nom féminin
Être à la **retraite**, prendre sa **retraite**, c'est cesser de travailler lorsqu'on a atteint un nombre d'années suffisant. *Grand-père a pris sa **retraite** l'année dernière.*

retrancher verbe
Retrancher, c'est enlever une partie d'un tout. *Si l'on **retranche** trois de huit, il reste cinq.* Synonymes : ôter, soustraire. Contraires : additionner, ajouter.

rétrécir verbe
Rétrécir, c'est devenir plus étroit. *Mon pull **a rétréci** au lavage. La route **se rétrécit**.* Contraire : s'élargir.

retrousser verbe
Retrousser ses manches, c'est les replier vers le haut. *Pour me laver les mains, j'**ai retroussé** mes manches.* Synonyme : relever.

retrouver verbe
① **Retrouver**, c'est trouver une chose ou une personne qu'on avait perdue. *J'**ai retrouvé** mon stylo.* Contraire : perdre.
② **Retrouver**, c'est rejoindre quelqu'un quelque part. *Je te **retrouverai** à la piscine.*
③ **Se retrouver**, c'est se trouver de nouveau ensemble. *Nous **nous retrouverons** après les vacances.*

Pierre **a retrouvé** sa chaussette.

rétroviseur nom masculin
Un **rétroviseur** est un petit miroir qui permet à un conducteur de voir la route derrière lui. *Mamie regarde dans le **rétroviseur** avant de doubler.*

réunion **nom féminin**
Une **réunion**, c'est l'action de réunir, de rassembler des personnes. *La directrice a organisé une **réunion** de parents d'élèves.*

réunir **verbe**
1 **Réunir** des personnes, des objets, c'est les mettre ensemble. *La police **a réuni** de nombreux témoignages.*
Synonymes : rassembler, recueillir.
2 **Se réunir**, c'est se retrouver ensemble au même endroit. *Nous **nous sommes réunis** pour l'anniversaire de grand-père.* Synonyme : se rassembler.
● Mot de la même famille : réunion.

réussir **verbe**
Réussir quelque chose, c'est arriver à le faire. *Tu **as** bien **réussi** ton plongeon.* Contraire : rater. *Notre plan **a réussi**.* Contraire : échouer.
● Mot de la même famille : réussite.

réussite **nom féminin**
Une **réussite**, c'est le fait de réussir, d'obtenir un bon résultat. *On a félicité mon frère pour sa **réussite** à l'examen.*
Synonyme : succès. Contraire : échec.

revanche **nom féminin**
La **revanche** est la deuxième partie d'un jeu, qui donne au perdant une chance de gagner à son tour. *Nous allons jouer la **revanche**.*

rêve **nom masculin**
1 Un **rêve** est une suite d'images qui se forment dans l'esprit quand on dort. *J'ai fait un **rêve** bizarre.*
2 Un **rêve** est une idée que l'on désire vivement voir réaliser. *Le **rêve** de Marion est de devenir astronaute.*
Le premier e prend un accent circonflexe.
→ Cherche cauchemar.

Dans mon **rêve,** ma mère était une fée.

réveil **nom masculin**
1 Le **réveil** est le moment où l'on se réveille. *Ma sœur n'est pas de bonne humeur au **réveil**.*
2 Un **réveil** est une petite pendule à sonnerie. *Le **réveil** a sonné à sept heures.*

réveiller **verbe**
Réveiller quelqu'un, c'est le faire sortir du sommeil. *Un bruit de moteur m'**a réveillé**.* Contraire : endormir. **Se réveiller**, c'est cesser de dormir. *Ce matin, je **me suis réveillée** tôt.*
Contraire : s'endormir.
● Mots de la même famille : réveil, réveillon.

réveillon **nom masculin**
Un **réveillon** est un repas de fête que l'on fait au milieu de la nuit. *Notre famille s'est réunie pour le **réveillon** de Noël.*

revenant **nom masculin**
Dans les histoires, un **revenant** est un mort qui revient sur terre.
Synonyme : fantôme.

A B C D E F G H I J K L M N O P Q R S T U V W X Y Z

revendre verbe
Revendre, c'est vendre ce que l'on a acheté. *Nos voisins* ***ont revendu*** *leur voiture.*

revenir verbe
❶ Revenir, c'est être de retour. *Après avoir passé un mois chez Paul, je* ***suis revenu*** *chez moi.* Synonymes : rentrer, retourner.
❷ Revenir, c'est venir de nouveau. *Je* ***reviendrai*** *la semaine prochaine.* Synonyme : repasser.
● Mot de la même famille : revenant.

rêver verbe
❶ Rêver, c'est faire un rêve. *J'ai* ***rêvé*** *que j'avais des ailes.*
❷ Rêver, c'est souhaiter vivement qu'une chose se réalise. *Mon oncle* ***rêve*** *de s'acheter un bateau.*
❸ Rêver, c'est laisser aller son imagination. *Mon frère* ***rêve*** *pendant que la maîtresse parle.*
Le premier e prend un accent circonflexe.
● Mots de la même famille : rêve, rêveur.

réverbère nom masculin
Un **réverbère** est un lampadaire qui éclaire les rues.

révérence nom féminin
Une **révérence** est une manière de saluer en inclinant le haut du corps ou en pliant les genoux. *Le Chat botté fut reçu par le roi et lui fit de nombreuses* ***révérences****.*

rêveur nom masculin
rêveuse nom féminin
Un **rêveur**, une **rêveuse** sont des personnes qui rêvent, qui laissent aller leur pensée. *Ma sœur est une* ***rêveuse****.*
Le premier e prend un accent circonflexe.

Le Chat botté fait la **révérence**.

réviser verbe
❶ **Réviser** une leçon, c'est l'étudier de nouveau.
❷ **Réviser** une voiture, un appareil, c'est vérifier son fonctionnement.
● Mot de la même famille : révision.

révision nom féminin
Une **révision**, c'est l'action de réviser. *Ma sœur a fini ses* ***révisions*** *d'anglais. Le garagiste a fait la* ***révision*** *de la voiture.*

revoir verbe
Revoir, c'est voir une nouvelle fois. *J'aimerais* ***revoir*** *ce film.*
● Mot de la même famille : au revoir.

au revoir nom masculin
Au revoir est une formule que l'on emploie par politesse quand on quitte une personne. *Lucas dit* ***au revoir*** *à ses amis.*
→ Cherche adieu.

revolver nom masculin
Un **revolver** est une arme à feu que l'on tient d'une main.
La nouvelle orthographe permet d'écrire aussi *révolver,* avec un accent aigu.

rez-de-chaussée **nom masculin**
Le **rez-de-chaussée** est la partie d'une maison qui se trouve au niveau de la terre, du sol. *Le gardien de l'immeuble habite au **rez-de-chaussée**.*
Ce mot s'écrit avec deux traits d'union.

se **rhabiller** **verbe**
Se rhabiller, c'est remettre ses vêtements. *Après son bain, Léo **s'est rhabillé**.*

rhinocéros **nom masculin**
Un **rhinocéros** est un gros mammifère herbivore d'Afrique et d'Asie. Il a une peau grise très épaisse.
▶ Les rhinocéros d'Afrique ont deux cornes sur le nez, les rhinocéros d'Asie n'en ont qu'une. Quand le rhinocéros crie, on dit qu'il **barète**.
Ce mot se termine par un *s* qu'on prononce.

rhumatisme **nom masculin**
Un **rhumatisme** est une douleur dans une partie du corps où des os s'emboîtent. *Grand-père a des **rhumatismes** dans les genoux.*

rhume **nom masculin**
Un **rhume** est une petite maladie du nez et de la gorge. *On éternue et on a le nez qui coule quand on a un **rhume**.*

riche **adjectif**
1 Une personne **riche** a beaucoup d'argent. Contraire : pauvre.
2 Une **riche** demeure est une très grande et belle maison.
● Mot de la même famille : richesse.

richesse **nom féminin**
La **richesse** est l'état d'une personne riche, qui a beaucoup d'argent, de la fortune. *Les rois et les princes vivaient dans la **richesse**.* Synonyme : luxe. Contraires : misère, pauvreté.

ricochet **nom masculin**
Faire des **ricochets**, c'est lancer des pierres plates à la surface de l'eau pour qu'elles rebondissent.

ride **nom féminin**
Une **ride** est un petit creux qui se forme sur la peau quand on vieillit. *Grand-mère a quelques **rides** sur le front.*

rideau **nom masculin**
Un **rideau** est un tissu que l'on suspend devant une fenêtre. *Le soir, on ferme les **rideaux**.*
Au pluriel, on écrit *des rideaux*.

ridicule **adjectif**
Une personne ou une chose **ridicule** donne envie de rire, de se moquer. *Tu es **ridicule** avec ce déguisement.*

rien **pronom**
Rien, c'est aucune chose. *Allume la lumière, on ne voit **rien**.* Contraire : tout.

rigide **adjectif**
Un objet **rigide** ne se plie pas. *La couverture de mon livre est **rigide**.* Contraire : souple.

un **rhinocéros** d'Afrique

A B C D E F G H I J K L M N O P Q R S T U V W X Y Z

rigoler verbe

Rigoler, c'est rire. *Le film était très drôle : on **a** bien **rigolé**.*

C'est un mot familier.

● Mot de la même famille : rigolo.

Nous **rigolons** bien quand papi fait le clown.

rigolo, rigolote adjectif

Une personne, un animal ou une chose **rigolote** sont drôles. *Les singes sont **rigolos**.* **Synonyme :** amusant.

C'est un mot familier.

rillettes nom féminin pluriel

Les **rillettes** sont des petits morceaux de porc ou d'oie cuits dans leur graisse. *Le charcutier fabrique et vend des **rillettes**.*

rime nom féminin

Dans un poème, une **rime** est la répétition du même son à la fin des vers. *Les comptines ont des **rimes**.*

● Mot de la même famille : rimer.

rimer verbe

Quand des mots **riment**, ils se terminent par le même son. *« Été » **rime** avec « chanter ».*

rincer verbe

Rincer, c'est passer un objet, une partie du corps sous l'eau pour enlever le savon. *Nous **rinçons** nos mains avant de les essuyer.*

1. rire verbe

Rire, c'est montrer sa gaieté par des mouvements de la bouche et de petits cris. *Simon nous fait bien **rire** avec ses plaisanteries.* **Contraire :** pleurer.

→ Cherche sourire.

2. rire nom masculin

Le **rire**, c'est l'action de rire. *J'entends des éclats de **rire**.*

→ Cherche sourire.

risque nom masculin

1 Un **risque** est la possibilité qu'une chose dangereuse se produise. *Attention, il y a des **risques** d'avalanche.*

2 Prendre des **risques**, c'est se mettre dans une situation dangereuse. *Les explorateurs prennent souvent des **risques**.*

● Mot de la même famille : risquer.

risquer verbe

1 **Risquer** quelque chose, c'est se mettre dans une situation où il y a un danger. *Si vous roulez trop vite, vous **risquez** un accident.*

2 **Risquer** sa vie, c'est mettre sa vie en danger. *Les pompiers **ont risqué** leur vie pour éteindre l'incendie.*

rivage nom masculin

Le **rivage** est le bord de la mer. *Un voilier s'éloigne du **rivage**.* **Synonyme :** côte.

rive nom féminin

La **rive** est le bord d'un cours d'eau, d'un lac ou d'un étang. *Je vois des*

*pêcheurs sur l'autre **rive** du fleuve.*
Synonyme : **berge.**
● Mots de la même famille : **rivage, rivière**.

rivière **nom féminin**
Une **rivière** est un cours d'eau qui se jette dans un autre cours d'eau. *L'Allier et la Marne sont des **rivières** de France.*
➔ Cherche **fleuve**.

Le bateau navigue sur la **rivière**.

riz **nom masculin**
Le **riz** est une céréale des régions chaudes que l'on cultive sur des terrains humides. On mange ses grains cuits.
▶ Les champs de riz sont appelés des **rizières**.
🔍 Ce mot se termine par un *z*.
➔ Cherche **céréale**.

On plante le **riz** dans l'eau.

robe **nom féminin**
① Une **robe** est un vêtement féminin qui est fait d'un corsage et d'une jupe cousus ensemble.
② Une **robe de chambre** est un vêtement long et chaud que l'on porte chez soi.

robinet **nom masculin**
Un **robinet** est un appareil qui est placé sur un tuyau. On l'ouvre pour faire couler l'eau et on le ferme pour l'empêcher de couler.

robot **nom masculin**
Un **robot** est une machine automatique qui peut faire certains travaux à la place d'une personne. *Dans les usines, les **robots** sont commandés par des ordinateurs.*

Antoine joue avec son **robot**.

robuste **adjectif**
① Une personne **robuste** est forte et résistante. *Les déménageurs sont des hommes **robustes**.* Contraires : **faible, fragile.**
② Un objet **robuste** ne se casse pas facilement, ne s'use pas vite. *J'ai des vêtements de ski **robustes**.*
Synonymes : **résistant, solide.**

A B C D E F G H I J K L M N O P Q R S T U V W X Y Z

roche **nom féminin**
Une **roche** est une matière plus ou moins dure que l'on trouve dans le sol et à la surface du sol. *Le marbre est une **roche** très dure.* Synonyme : pierre.
● Mot de la même famille : rocher.

rocher **nom masculin**
Un **rocher** est un gros bloc de pierre. *Sébastien aime beaucoup escalader les **rochers**.*

rodéo **nom masculin**
Aux États-Unis, le **rodéo** est un jeu sportif où des cavaliers doivent tenir sur un cheval sauvage ou sur un taureau le plus longtemps possible.

rôder **verbe**
Rôder, c'est traîner dehors, parfois avec de mauvaises intentions. *Le témoin a vu quelqu'un **rôder** autour de la maison cambriolée.*
Le *o* prend un accent circonflexe.

roi **nom masculin**
Un **roi** est le chef d'un royaume. *Henri IV a été l'un des **rois** de la France.*
→ Cherche reine.

rôle **nom masculin**
1 Le **rôle** d'un acteur, c'est ce qu'il doit dire et faire. *Les acteurs répètent leur **rôle**.*
2 Le **rôle** d'une personne, c'est ce qu'elle doit faire. *Le **rôle** d'un médecin est de soigner les malades.*
Le *o* prend un accent circonflexe.

roller **nom masculin**
Des **rollers** sont des patins qui ont des roulettes alignées.

roman **nom masculin**
Un **roman** est un long récit écrit qui raconte une histoire imaginée. *« L'Île mystérieuse » est un **roman** de Jules Verne.*

ronces **nom féminin pluriel**
Les **ronces** sont des arbustes couverts d'épines et qui produisent les mûres.

ronchonner **verbe**
Ronchonner, c'est montrer sa mauvaise humeur, dire que l'on n'est pas content. Synonymes : bougonner, grogner.
C'est un mot familier.

1. rond, ronde **adjectif**
Un objet **rond** a la forme d'un cercle, d'un disque ou d'une boule. *Un ballon de football est **rond**.*
● Mots de la même famille : ronde, rondelle, rond-point.

2. rond **nom masculin**
Un **rond** est une forme ronde. *Julien fait des **ronds** sur son cahier d'écriture.* Synonyme : cercle.

ronde **nom féminin**
Une **ronde** est une danse où plusieurs personnes se tiennent par la main et

Natacha et Arthur font du **roller**.

tournent en rond. *Nous faisons une **ronde** dans la cour.*

rondelle **nom féminin**
Une **rondelle** est une tranche ronde. *Rémi coupe le citron en **rondelles**.*

rond-point **nom masculin**
Un **rond-point** est une place ronde où plusieurs routes arrivent.

Au pluriel, on écrit *des ronds-points*. – La nouvelle orthographe permet d'écrire aussi *un rondpoint, des rondpoints,* sans trait d'union.

ronfler **verbe**
Ronfler, c'est faire du bruit en respirant quand on dort. *Mon chat **ronfle**.*

ronger **verbe**
Ronger une chose, un aliment, c'est le couper peu à peu avec ses dents. *Le chien **ronge** son os.*
● Mot de la même famille : rongeur.
→ Cherche grignoter.

rongeur **nom masculin**
Un **rongeur** est un petit mammifère qui a les dents de devant longues et tranchantes et qui ronge ses aliments. *Les lapins, les écureuils, les hamsters, les castors sont des **rongeurs**.*

ronronner **verbe**
Pour un chat, **ronronner**, c'est faire un petit bruit qui semble venir du fond de sa gorge. *Quand un chat est content, il **ronronne**.*

roquefort **nom masculin**
Le **roquefort** est un fromage fait avec du lait de brebis et qui contient des petits morceaux bleus et verts, appelés des *moisissures*.

rosace **nom féminin**
Une **rosace** est un ornement en forme de fleur.

Paul dessine une **rosace** avec son compas.

rosbif **nom masculin**
Un **rosbif** est un rôti de bœuf.

1. rose **nom féminin**
Une **rose** est une fleur qui a des couleurs variées et une tige couverte d'épines. *Certaines **roses** sont très parfumées.*
▶ Les roses poussent sur un arbuste, le **rosier**.
☛ Va voir « les fleurs », page 285.

2. rose **adjectif**
La couleur **rose** est une couleur entre le rouge et le blanc. *J'ai des feutres **roses**.*

Le chien **ronge** son os.

A B C D E F G H I J K L M N O P Q R S T U V W X Y Z

3. rose nom masculin

Le **rose** est la couleur rose. *J'ai peint les joues des personnages en **rose**.*

Va voir « les couleurs et les formes », page 171.

roseau nom masculin

Un **roseau** est une plante qui a une tige droite et creuse. *Les roseaux poussent au bord des **étangs**.*

Au pluriel, on écrit *des roseaux*.

rosée nom féminin

La **rosée** est un ensemble de gouttelettes d'eau qui se déposent sur les plantes le matin et le soir. *À l'aube, les jardins sont couverts de **rosée**.*

rossignol nom masculin

Un **rossignol** est un petit oiseau au plumage brun clair qui a un chant très mélodieux. *Le **rossignol** chante au crépuscule.*

rot nom masculin

Faire un **rot**, c'est laisser échapper un gaz de l'estomac par la bouche. *Le bébé a fait un **rot**.*

rôti nom masculin

Un **rôti** est un morceau de viande que l'on a fait cuire au four. *Le boucher a ficelé le **rôti** de veau.*

Le *o* prend un accent circonflexe.

→ Cherche rosbif.

rotin nom masculin

Le **rotin** est la tige souple d'un palmier. Il sert à fabriquer des sièges, des lits et des petits meubles.

roucouler verbe

Pour un pigeon, une tourterelle, **roucouler**, c'est faire entendre son cri.

roue nom féminin

1 Une **roue** est un objet en forme de cercle qui tourne autour de son axe. Elle permet à un véhicule de rouler ou à un mécanisme de fonctionner. *Papa a dévissé la **roue** avant de son vélo. Une **roue** de l'horloge est cassée.*

2 La **grande roue** est une attraction de fête foraine.

3 Pour un paon ou un dindon, **faire la roue**, c'est étaler sa queue en éventail.

Le paon **fait la roue**.

1. rouge adjectif

La couleur **rouge** est la couleur des coquelicots et du sang. *Le bœuf est une viande **rouge**.*

● Mots de la même famille : rougeole, rougeur, rougir.

2. rouge nom masculin

1 Le **rouge** est la couleur rouge. *J'ai peint les pétales des tulipes en **rouge** foncé.*

2 Un **rouge à lèvres** est un produit de maquillage qui colore les lèvres.

Va voir « les couleurs et les formes », page 171.

rougeole nom féminin

La **rougeole** est une maladie contagieuse qui donne de nombreuses petites taches rouges sur la peau.

Il y a un *e* après le *g*.

rougeur **nom féminin**
Une **rougeur** est une tache rouge sur la peau.

rougir **verbe**
Rougir, c'est avoir le visage qui devient rouge. *Les personnes timides **rougissent** facilement.*

rouille **nom féminin**
La **rouille** est une croûte d'un brun roux qui se forme sur le fer à cause de l'humidité. *Des taches de **rouille** sont apparues sur mon vélo.*
● Mot de la même famille : rouiller.

rouiller **verbe**
Rouiller, c'est se couvrir de rouille. *La grille du parc **a rouillé**.*

roulade **nom féminin**
Une **roulade** est une galipette.

roulant, roulante **adjectif**
1 Un fauteuil **roulant**, une table **roulante** peuvent être déplacés grâce à des roues ou à des roulettes.
2 Un escalier **roulant** est un escalier mobile qui permet de se déplacer sans effort.

rouleau **nom masculin**
1 Un **rouleau** est un objet qui a la forme d'un cylindre. *On étale la pâte avec un **rouleau** à pâtisserie.*
2 Un **rouleau** de papier est une feuille de papier que l'on a enroulée.
Au pluriel, on écrit *des rouleaux*.

rouler **verbe**
1 **Rouler**, c'est avancer en tournant sur soi-même. *Le ballon **roule** sur le sol.*
2 **Rouler**, c'est avancer grâce à des roues. *Les voitures de course **roulent** vite.*
3 **Rouler** quelque chose, c'est le mettre en rouleau. *L'architecte **roule** ses plans.*
● Mots de la même famille : roulade, roulant, rouleau, roulette, roulotte.

roulette **nom féminin**
1 Une **roulette** est une petite roue. *Laura a des patins à **roulettes**.*
2 La **roulette** est un instrument qui tourne très vite. Le dentiste l'utilise pour ôter la partie abîmée d'une dent.

roulotte **nom féminin**
Une **roulotte** est une petite maison sur roues, tirée par des chevaux ou par une voiture.
→ Cherche caravane.

rouspéter **verbe**
Rouspéter, c'est exprimer sa mauvaise humeur, dire que l'on n'est pas d'accord.
Synonyme : protester.
C'est un mot familier.
→ Cherche râler.

Zoé et Olivier peignent avec des **rouleaux**.

A B C D E F G H I J K L M N O P Q R S T U V W X Y Z

rousseur **nom féminin**

Une **tache de rousseur** est une petite tache rousse sur la peau.

Romain a des **taches de rousseur**.

route **nom féminin**

1 Une **route** est une voie de communication qui permet de circuler.

2 La **route** est la direction à suivre. *On nous a indiqué la* ***route*** *pour aller au stade.* **Synonymes : chemin, itinéraire.**

● Mot de la même famille : routier.

→ Cherche autoroute.

Va voir la planche illustrée 5

routier **nom masculin**

Un **routier** est un conducteur de camion. C'est un nom de métier. **Synonyme : camionneur.**

rouvrir **verbe**

Rouvrir, c'est ouvrir de nouveau. *La piscine* ***rouvre*** *à 14 heures.*

roux, rousse **adjectif**

Des cheveux **roux** sont d'une couleur entre le jaune et le rouge, avec des reflets dorés.

● Mot de la même famille : rousseur.

→ Cherche blond, brun et châtain.

royal, royale **adjectif**

Le palais **royal** est le palais d'un roi ou d'une reine.

Au pluriel, on écrit *royaux*, *royales*.

● Mot de la même famille : royaume.

royaume **nom masculin**

Un **royaume** est un pays gouverné par un roi ou par une reine. *La Belgique est un* ***royaume***.

ruban **nom masculin**

Un **ruban** est une bande de tissu qui sert d'ornement. *Clara a mis un* ***ruban*** *dans ses cheveux.*

ruche **nom féminin**

Une **ruche** est un petit abri en bois que l'on a construit pour élever un essaim d'abeilles. *L'apiculteur récolte le miel de la* ***ruche***.

rude **adjectif**

Ce qui est **rude** est difficile à supporter. *L'hiver a été* ***rude***. *La montée au sommet de la montagne est* ***rude***. **Synonyme : pénible.**

rue **nom féminin**

Une **rue** est une voie de communication dans une ville ou un village.

● Mot de la même famille : ruelle.

→ Cherche avenue et boulevard.

ruelle **nom féminin**

Une **ruelle** est une rue très étroite.

ruer **verbe**

❶ Pour un cheval ou un âne, **ruer**, c'est lancer ses pattes de derrière en l'air brusquement et avec force.

❷ **Se ruer**, c'est se lancer sur quelqu'un ou se précipiter vers un endroit. *Les spectateurs* ***se sont rués*** *vers la sortie.*

Le cheval **rue**.

rugby **nom masculin**

Le **rugby** est un sport d'équipe qui se joue avec les mains et les pieds. Les quinze joueurs d'une équipe doivent déposer ou envoyer un ballon ovale dans les buts de l'autre équipe.

▶ Un joueur de rugby est aussi appelé un **rugbyman**.

🔍 Ce mot s'écrit avec un *y*.

rugir **verbe**

Pour un lion, **rugir**, c'est pousser son cri.

rugueux, rugueuse **adjectif**

Une chose **rugueuse** est désagréable au toucher. *L'écorce du chêne est* ***rugueuse****.* Contraires : **doux, lisse.**

ruine **nom féminin**

❶ Des **ruines** sont des restes de bâtiments détruits. *Après l'incendie, il ne restait plus que des* ***ruines****.*

❷ Tomber **en ruine**, c'est s'écrouler peu à peu. *Le vieux château tombe* ***en ruine****.*

❸ La **ruine**, c'est le fait de perdre sa fortune. *Ce commerçant est au bord de la* ***ruine****.*

● Mot de la même famille : **ruiné**.

un temple **en ruine**

ruiné, ruinée **adjectif**

Une personne **ruinée** est une personne qui a perdu sa fortune.

ruisseau **nom masculin**

Un **ruisseau** est un petit cours d'eau. *On entend couler un petit* ***ruisseau****.*

🔍 Au pluriel, on écrit *des ruisseaux*.

Théo joue dans le **ruisseau**.

a b c d e f g h i j k l m n o p q r s t u v w x y z

A B C D E F G H I J K L M N O P Q R S T U V W X Y Z

ruminant nom masculin
Un **ruminant** est un mammifère herbivore qui rumine. *Les bœufs, les moutons, les chameaux, les girafes sont des **ruminants**.*

ruminer verbe
Pour certains animaux, **ruminer**, c'est mâcher l'herbe avalée qui est remontée de leur estomac dans leur bouche. *Les boucs, les cerfs, les gazelles, les girafes **ruminent**.*
● Mot de la même famille : ruminant.

ruse nom féminin
Une **ruse** est un moyen habile que l'on utilise pour tromper. *Dans la fable « le Corbeau et le Renard », le renard a employé la **ruse** pour obtenir le fromage du corbeau.*
Synonyme : stratagème.
● Mot de la même famille : rusé.

rusé, rusée adjectif
Être **rusé**, c'est agir avec ruse. *Ce garçon est **rusé** comme un renard.*

rythme nom masculin
1. Le **rythme** est le mouvement d'une musique ou d'une poésie. *Pour danser, il suffit de suivre le **rythme**.*
2. Le **rythme** est la vitesse d'une action. *À ce **rythme**, les travaux seront finis avant l'été.*

Ce mot s'écrit avec un *y* et *th*.
● Mot de la même famille : rythmer.

rythmer verbe
Rythmer, c'est marquer le rythme. *Paul tape dans ses mains pour **rythmer** la chanson.*

Ce mot s'écrit avec un *y* et *th*.

un **ruminant** : le bison

sa → **son**

sable **nom masculin**
Le **sable** est un ensemble de grains très fins qui proviennent de roches et de coquillages usés par les mouvements de l'eau. *Au bord de la mer, les plages sont faites de **sable**.*

sabot **nom masculin**
① Un **sabot** est une sorte de chaussure qui est faite dans un morceau de bois. *Autrefois, à la campagne, on portait des **sabots**.*
② Le **sabot** est la matière très dure que certains animaux ont au bout des pattes. *Les bœufs, les chevaux ont des **sabots**.*

sac **nom masculin**
Un **sac** est un objet qui s'ouvre par le haut et qui sert à transporter différentes choses. *Chloé a mis ses clés dans son **sac à main**. Julien range ses affaires dans son **sac à dos**.*
● Mots de la même famille : sachet, sacoche.

saccager **verbe**
Saccager un endroit, c'est le mettre en désordre et casser ce qui se trouve dedans. *Les cambrioleurs **ont saccagé** l'appartement.*
Il y a deux c.

sachet **nom masculin**
Un **sachet** est un petit sac. *Marie a mis des **sachets** de lavande dans l'armoire.*

sacoche **nom féminin**
Une **sacoche** est un sac rigide. *J'ai deux **sacoches** à l'arrière de mon vélo.*

sacrifice **nom masculin**
Faire un **sacrifice** (ou des **sacrifices**), c'est se priver d'une chose agréable pour une autre plus utile. *Ils font de gros **sacrifices** pour envoyer leurs enfants en vacances.*
● Mot de la même famille : sacrifier.

sacrifier **verbe**
Sacrifier une chose, c'est accepter de la perdre pour obtenir une chose plus utile. *Nos voisins **ont sacrifié** leurs vacances pour payer les travaux de leur maison.*

A B C D E F G H I J K L M N O P Q R S T U V W X Y Z

1. sage adjectif

❶ Un enfant **sage** est calme et obéissant. Contraires : infernal, insupportable, odieux.

❷ Ce qui est **sage** est raisonnable et prudent. *Avec cette pluie, il serait plus* ***sage*** *d'annuler la randonnée.*

● Mots de la même famille : sagement, sagesse.

2. sage nom masculin

Un **sage** est un homme qui, par sa façon de se conduire, est un modèle pour les autres personnes. *Dans la religion bouddhiste, Bouddha est un* ***sage****.*

sagement adverbe

Sagement signifie : avec calme et sagesse. *Nous écoutons* ***sagement*** *notre maître.* Synonymes : calmement, tranquillement.

sagesse nom féminin

❶ La **sagesse** est le comportement d'un enfant calme et obéissant.

❷ La **sagesse** est la qualité d'une personne qui réfléchit et qui agit avec bon sens et prudence. *Léo a eu la* ***sagesse*** *d'attendre la fin de l'orage pour sortir.*

saigner verbe

Saigner, c'est perdre du sang. *Paul* ***saigne*** *du nez.*

sain, saine adjectif

❶ Des dents **saines** sont des dents en bon état, qui n'ont pas de carie. *Je ne mange pas trop de bonbons pour garder les dents* ***saines****.*

❷ Un air, un climat **sain** est bon pour la santé. *L'air de la montagne est* ***sain****.*

❸ Être **sain et sauf**, c'est être vivant et sans blessure. *Les passagers sont sortis* ***sains et saufs*** *de l'accident.* Synonyme : indemne.

saisir verbe

Saisir, c'est attraper d'un geste ferme. *Pour me retenir, j'****ai saisi*** *la rampe.* Contraire : lâcher.

saison nom féminin

Une **saison** est une période de l'année qui dure trois mois. *Le printemps, l'été, l'automne, l'hiver sont les quatre* ***saisons****.*

☛ Va voir « les saisons », page 607.

salade nom féminin

❶ La **salade** est une plante. On mange ses feuilles crues. *La laitue et le cresson sont des* ***salades****.*

❷ Une **salade** est un mélange d'aliments assaisonnés à la vinaigrette. *Nous avons mangé une* ***salade*** *de tomates.*

❸ Une **salade de fruits** est un mélange de fruits en morceaux.

● Mot de la même famille : saladier.

saladier nom masculin

Un **saladier** est un récipient creux que l'on utilise pour servir la salade.

Clara a un doigt qui **saigne**.

Les saisons

Le printemps

L'été

L'automne

L'hiver

A B C D E F G H I J K L M N O P Q R S T U V W X Y Z

salaire **nom masculin**

Le **salaire** est la somme d'argent que l'on reçoit pour son travail. Synonyme : paye.

« Salaire » est un nom masculin qui se termine par un e.

● Mot de la même famille : salarié.

salarié **nom masculin**
salariée **nom féminin**

Un **salarié**, une **salariée** sont des personnes qui reçoivent un salaire.

sale **adjectif**

Une personne, une chose **sale** est couverte de taches, de poussière. *J'ai les mains **sales**.* Synonyme : dégoûtant. Contraires : net, propre.

● Mots de la même famille : salement, saleté, salir, salissant.

salé, salée **adjectif**

Ce qui est **salé** contient du sel, a un goût de sel. *L'eau de mer est **salée**.* Contraire : doux. *La purée est **salée**.*

➜ Cherche acide, amer et sucré.

salement **adverbe**

Salement signifie : d'une manière sale. *Mon petit frère mange **salement**.* Contraire : proprement.

saler **verbe**

Saler un aliment, c'est l'assaisonner avec du sel.

saleté **nom féminin**

1 La **saleté**, c'est l'état d'une personne ou d'une chose sale. *Tes chaussures sont d'une **saleté** incroyable.* Contraire : propreté.

2 Une **saleté** est une chose sale. *La rue est pleine de **saletés**.*

Ne **sale** pas trop tes frites !

salir **verbe**

Salir une chose, c'est la rendre sale. *J'ai **sali** mon short en jouant au football.* **Se salir**, c'est devenir sale. *Je **me suis sali** en faisant de la peinture.*

Pierre **s'est sali** en jouant au football.

salissant, salissante **adjectif**

1 Une chose **salissante** se salit facilement. *Le linge blanc est **salissant**.*

2 Un travail **salissant** rend sale. *Les travaux de peinture sont **salissants**.*

salive **nom féminin**

La **salive** est le liquide que l'on a dans la bouche. *La **salive** aide à digérer les aliments.*

salle **nom féminin**

1 Une **salle** est une pièce qui a un usage particulier. *Nous mangeons dans la **salle à manger**.*

2 Une **salle** est un grand local pour recevoir le public. *La **salle** de cinéma était pleine.*
● Mot de la même famille : salon.

salon **nom masculin**

1 Un **salon** est une petite salle, dans une maison, un appartement.

2 Un **salon de coiffure** est un établissement où travaille le coiffeur.

salopette **nom féminin**

Une **salopette** est un vêtement fait d'un pantalon et d'une partie qui couvre la poitrine. Elle tient sur les épaules par des bretelles.

saluer **verbe**

1 **Saluer** une personne, c'est faire un geste de la main pour lui dire bonjour. *Le père de Léo **a salué** ma mère dans la rue.*

2 **Saluer**, c'est s'incliner devant le public. *À la fin de la pièce, les acteurs **ont salué**.*
● Mot de la même famille : salut.

1. salut **nom masculin**

Un **salut** est un geste que l'on fait pour dire bonjour ou au revoir. *Anaïs m'a fait un **salut** de la main en partant.*

2. salut ! **interjection**

Salut s'emploie pour dire bonjour ou au revoir. ***Salut** tout le monde !*

Aziz **salue** Clara.

samedi **nom masculin**

Le **samedi** est le sixième jour de la semaine. Il vient après le vendredi et avant le dimanche. *Nous irons au cinéma **samedi** après-midi.*

Va voir « le calendrier », page 111.

sandale **nom féminin**

Une **sandale** est une chaussure légère retenue par des lanières.

sandwich **nom masculin**

Un **sandwich** est fait de deux tranches de pain. On met de la charcuterie, du fromage ou d'autres aliments entre les deux tranches.

sang **nom masculin**

Le **sang** est le liquide rouge qui circule dans le corps. *Le **sang** coule lorsqu'on se coupe.*

Ce mot se termine par un *g*.
● Mot de la même famille : sang-froid.

sang-froid **nom masculin**

Le **sang-froid** est l'état d'une personne qui reste calme, qui ne s'affole pas quand il y a du danger. *Les pompiers gardent toujours leur **sang-froid**.*
Synonyme : calme.

Ce mot s'écrit avec un trait d'union.

A B C D E F G H I J K L M N O P Q R S T U

sanglier **nom masculin**
Un **sanglier** est un porc sauvage qui a une grosse tête avec deux défenses et un corps couvert de poils durs, noirs ou bruns. *Les **sangliers** vivent dans les forêts.*
▶ La femelle est la **laie**, le petit est le **marcassin**. Quand le sanglier crie, on dit qu'il **grogne** ou qu'il **grommelle**.

sanglot **nom masculin**
Éclater en **sanglots**, c'est se mettre à pleurer très fort.
● Mot de la même famille : sangloter.

sangloter **verbe**
Sangloter, c'est pleurer très fort, avec des sanglots. *Je console mon petit frère qui **sanglote**.*

sans **préposition**
Sans quelqu'un, **sans** quelque chose signifie : en n'étant pas accompagné de quelqu'un, en ne prenant pas quelque chose. **Contraire : avec.**

sans-abri **nom masculin et nom féminin**
Les **sans-abri** sont des personnes qui n'ont pas de logement.
🔍 Ce mot a un trait d'union. Au pluriel, on écrit *des sans-abri*. Mais la nouvelle orthographe permet d'écrire aussi *des sans-abris,* avec un *s*.

un **sanglier**

santé **nom féminin**
① La **santé**, c'est le bon état du corps. *Le sport est bon pour la **santé**.*
② Être en **bonne santé**, c'est bien se porter, ne pas être malade.

santon **nom masculin**
Un **santon** est une figurine que l'on met dans la crèche, à Noël.

sapin **nom masculin**
Un **sapin** est un arbre qui a des aiguilles et qui donne de la résine. C'est un conifère qui pousse surtout à la montagne. *À Noël, on décore les **sapins**.*
▶ Le sapin a des fruits en forme de cônes.
☛ Va voir « les conifères », page 158.

sarcophage **nom masculin**
Un **sarcophage** est un grand cercueil en pierre. *Les **sarcophages** des anciens Égyptiens étaient déposés dans les pyramides.*
🔍 Ce mot s'écrit avec *ph*.

sardine **nom féminin**
Une **sardine** est un petit poisson de mer.

☛ Va voir « les poissons », page 530.

satellite **nom masculin**
① Un **satellite** est un astre qui tourne autour d'une planète. *La Lune est le **satellite** de la Terre.*
② Un **satellite** est un engin qui est lancé dans l'espace et qui tourne autour de la Terre. *Les **satellites** permettent d'observer la Terre et de transmettre des émissions de télévision.*
🔍 Il y a deux *l*.
☛ Va voir la planche illustrée 16

un **satellite** d'observation

satin **nom masculin**
Le **satin** est une étoffe lisse et brillante. *La mariée portait une robe de **satin**.*

➜ Cherche soie.

satisfaction **nom féminin**
La **satisfaction** est le plaisir que l'on éprouve quand on a ce que l'on désire ou quand on a réussi quelque chose. *Son travail lui donne des **satisfactions**.*

satisfaire **verbe**
Satisfaire quelqu'un, c'est le rendre content. *La maîtresse a réussi à **satisfaire** tous les enfants.*
● Mots de la même famille : satisfaction, satisfaisant, satisfait.

satisfaisant, satisfaisante **adjectif**
Une chose **satisfaisante** est une chose qui satisfait, qui est assez bonne. *Tes notes de ce trimestre sont très **satisfaisantes**.*
Synonyme : convenable.
Contraire : mauvais.

On écrit *fai* mais on prononce [fə], comme dans « feuille ».

satisfait, satisfaite **adjectif**
Être **satisfait** de quelque chose, c'est en être content. *Alexandra est **satisfaite** de son dessin.* Contraire : mécontent.

sauce **nom féminin**
Une **sauce** est un liquide que l'on sert avec certains plats. *La mayonnaise et la vinaigrette sont des **sauces**.*

saucisse **nom féminin**
Une **saucisse** est un produit de charcuterie fait le plus souvent de viande de porc hachée et assaisonnée, et qui a la forme d'un petit cylindre. On la mange cuite. *On mange souvent des **saucisses** avec la choucroute.*
● Mot de la même famille : saucisson.

saucisson **nom masculin**
Un **saucisson** est une grosse saucisse crue ou cuite qui se mange froide.

sauf **préposition**
Sauf signifie : à l'exception de. *Tout le monde est venu, **sauf** toi.*
Synonyme : à part.

saumon **nom masculin**
Un **saumon** est un gros poisson marin à chair rose. *Le **saumon** se mange frais ou fumé.*
▶ Les saumons vivent dans la mer mais se reproduisent dans les rivières.
Va voir « les poissons », page 530.

saut **nom masculin**
Un **saut** est un mouvement que l'on fait en s'élevant au-dessus du sol. *Antoine a franchi la flaque d'un **saut**.*
● Mots de la même famille : saute-mouton, sauter, sauterelle, sautiller.
➜ Cherche bond.

saute-mouton **nom masculin**
Jouer à **saute-mouton**, c'est sauter, les jambes écartées, par-dessus une personne qui se tient courbée.

Ce mot a un trait d'union. Au pluriel, on écrit *des saute-mouton*. Mais la nouvelle orthographe permet d'écrire aussi des *saute-moutons*, avec un *s*.

Ils jouent à **saute-mouton**.

sauter **verbe**
Sauter, c'est s'élever au-dessus du sol et retomber. *Les kangourous* ***sautent*** *pour se déplacer.*

sauterelle **nom féminin**
Une **sauterelle** est un insecte vert ou jaune qui fait des sauts en s'appuyant sur ses pattes de derrière.

▶ Le mâle fait entendre un bruit aigu en frottant ses ailes.

➜ Cherche criquet et grillon.

une **sauterelle**

sautiller **verbe**
Sautiller, c'est faire de petits sauts. *Le moineau* ***sautille*** *sur une branche.*

sauvage **adjectif**
1 Un animal **sauvage** est un animal qui vit en liberté dans la nature. *Je regarde souvent les reportages sur les animaux* ***sauvages***. Contraires : domestique, familier.

2 Une plante **sauvage** est une plante qui pousse toute seule, qui n'est pas cultivée.

3 Un être **sauvage** ne se laisse pas approcher facilement. *Mon chat est un peu* ***sauvage***. Synonymes : craintif, farouche.

sauver **verbe**
1 **Sauver** quelqu'un, un animal, c'est le faire échapper à un grave danger. *Le maître nageur* ***a sauvé*** *un enfant qui allait se noyer.*

2 **Se sauver**, c'est s'éloigner très vite pour échapper à quelque chose ou à quelqu'un. *Quand il m'a vu, le chat* ***s'est sauvé***. Synonymes : s'enfuir, fuir.

● Mots de la même famille : sauvetage, sauveteur.

sauvetage **nom masculin**
1 Un **sauvetage**, c'est l'action de sauver des personnes. *Le* ***sauvetage*** *de l'alpiniste a demandé plusieurs heures.*

2 Un **gilet de sauvetage** sert à flotter si l'on tombe d'un bateau. *À l'école de voile, on met des* ***gilets de sauvetage***.

sauveteur **nom masculin**
Un **sauveteur** est une personne qui porte secours à ceux qui sont en danger. *Les* ***sauveteurs*** *sont partis à la recherche des skieurs disparus.*

savane nom féminin

La **savane** est une grande prairie où pousse de l'herbe mais peu d'arbres. On la trouve dans les pays chauds. *Les girafes et les lions vivent dans la* ***savane****.*

➜ Cherche brousse.

☛ Va voir la planche illustrée ⑬

savant nom masculin

Un **savant** est une personne qui sait beaucoup de choses et qui fait des expériences et des découvertes pour faire avancer les connaissances. *Louis Pasteur et Marie Curie étaient de grands* ***savants****.* **Synonyme : scientifique.**

savoir verbe

❶ **Savoir** quelque chose, c'est en être informé. *Nous* ***savons*** *que tu as été malade.* **Contraire : ignorer.** ***Sais****-tu le nom de cette plante ?* **Synonyme : connaître.**

❷ **Savoir** quelque chose, c'est l'avoir dans sa mémoire. *Léa* ***sait*** *sa leçon.*

❸ **Savoir** faire quelque chose, c'est l'avoir appris et être capable de le faire. *Romain* ***sait*** *nager.*

● Mot de la même famille : savant.

Les **sauveteurs** vont sauver l'enfant.

savon nom masculin

Un **savon** est un produit qui mousse et qui sert à laver. *Le* ***savon*** *mouillé glisse des mains.*

● Mots de la même famille : savonner, savonnette.

savonner verbe

Savonner, c'est laver avec du savon. *Je* ***savonne*** *une tache de chocolat.*

🔍 Il y a deux *n*.

Sarah **savonne** ses mains.

savonnette nom féminin

Une **savonnette** est un petit savon pour la toilette.

🔍 Il y a deux *n* et deux *t*.

scandale nom masculin

Un **scandale** est une chose que tout le monde trouve honteuse. *C'est un* ***scandale*** *de voir des sans-abri dans un pays riche.*

scaphandre nom masculin

Un **scaphandre** est un équipement composé d'une combinaison étanche et d'un casque. Il permet de travailler sous l'eau ou de voyager dans l'espace.

🔍 Ce mot s'écrit avec *ph*.

● Mot de la même famille : scaphandrier.

scaphandrier **nom masculin**
Un **scaphandrier** est un plongeur qui travaille sous l'eau avec un scaphandre.

Ce mot s'écrit avec *ph*.

scarabée **nom masculin**
Un **scarabée** est un gros insecte volant qui a des antennes et qui ressemble à un hanneton.

« Scarabée » est un nom masculin qui se termine par un *e*.

scène **nom féminin**
1 La **scène** est la partie d'un théâtre où se déroule le spectacle. *La **scène** est éclairée par des projecteurs.*
2 Une **scène** est une action qui se déroule sous nos yeux. *J'ai assisté à une **scène** très drôle dans la rue.*

Il y a un *c* après le *s*.

sceptre **nom masculin**
Un **sceptre** est un grand bâton décoré que les rois et les empereurs tenaient à la main et qui représentait le pouvoir.

Il y a un *c* après le *s*. On prononce [sɛptr].

schéma **nom masculin**
Un **schéma** est un dessin très simple fait pour expliquer quelque chose. *La maîtresse a fait le **schéma** d'une fusée.*

Ce mot s'écrit avec *sch*.

scie **nom féminin**
Une **scie** est un outil fait d'une lame avec de petites dents, qui est fixée à une poignée. Elle sert à couper du bois ou du métal.

Il y a un *c* après le *s*.

science **nom féminin**
La **science** est l'ensemble des connaissances sur la nature et sur l'être humain. *La **science** progresse chaque jour.*

Il y a un *c* après le *s*.
● Mots de la même famille : **science-fiction, scientifique**.

science-fiction **nom féminin**
Un film ou un roman de **science-fiction** raconte des histoires qui se passent dans un avenir imaginaire. *Les films de **science-fiction** montrent souvent des extraterrestres.*

Ce mot s'écrit avec un trait d'union.

1. scientifique **adjectif**
Une expérience **scientifique** utilise les méthodes de la science.

Il y a un *c* après le *s*.

Léa fait une expérience **scientifique**.

2. scientifique **nom masculin et nom féminin**
Un **scientifique**, une **scientifique** sont des personnes qui étudient les sciences, qui font des expériences. *Les **scientifiques** avaient prévu le dernier tremblement de terre.*
Synonyme : savant.

scier verbe
Scier, c'est couper avec une scie. *Le menuisier **scie** une planche.*

Il y a un *c* après le *s*.
● Mot de la même famille : scie.

scintiller verbe
Scintiller, c'est briller en faisant comme de petites étincelles. *Les étoiles **scintillent** dans le ciel.*
Synonyme : étinceler.

Il y a un *c* après le *s*.

scolaire adjectif
Le travail **scolaire** est le travail que l'on fait à l'école.

score nom masculin
Un **score** est le nombre de points ou de buts que l'on obtient dans un match. *Le **score** a été de trois buts à un.*

scorpion nom masculin
Un **scorpion** est un petit animal des pays chauds qui a une carapace, quatre paires de pattes et deux grandes pinces. Sa queue se termine par une pointe venimeuse. *La piqûre des **scorpions** est très douloureuse et peut être mortelle.*

Scotch nom masculin
Le **Scotch** est du ruban adhésif.

Ce mot s'écrit avec une majuscule parce que c'est un nom de marque.

script nom masculin
Le **script** est une manière d'écrire à la main, avec des lettres séparées, comme dans un texte imprimé.
→ Cherche cursive.

sculpter verbe
Sculpter, c'est tailler dans une matière, comme la pierre, le bois ou le métal,

un **scorpion**

pour lui donner une forme. *Le sculpteur **a sculpté** une tête dans un bloc de marbre.*

On ne prononce pas le *p*.
● Mots de la même famille : sculpteur, sculpture.

Marlène **sculpte** un ours en pierre.

sculpteur nom masculin
Un **sculpteur** est un artiste ou une artiste qui sculpte. C'est un nom de métier. *Michel-Ange est un **sculpteur** célèbre.*

On ne prononce pas le *p*.

sculpture nom féminin
❶ La **sculpture** est l'art du sculpteur. *David fait de la **sculpture** sur du métal.*

❷ Une **sculpture** est une œuvre d'art sculptée. *Le musée du Louvre contient de très anciennes* ***sculptures****.* Synonyme : **statue.**

🔍 On ne prononce pas le *p*.

se **pronom**
Se représente la troisième personne du singulier et du pluriel. *David* ***se*** *lave. Marion et Jérémy* ***se*** *regardent.*

🔍 *Se* s'écrit *s'* devant une voyelle ou un « h » muet : *il s'est endormi. Elles s'habillent.* Ne confonds pas « se » et le déterminant « ce ».

séance **nom féminin**
Une **séance** est la durée d'un film, d'un spectacle, d'une activité. *Dimanche, nous irons au cinéma à la* ***séance*** *de 16 heures.*

seau **nom masculin**
Un **seau** est un récipient rigide qui a une anse. Il sert à transporter des liquides ou d'autres matières. *Raphaël remplit son* ***seau*** *de sable mouillé.*

🔍 Au pluriel, on écrit *des seaux*.

sec, sèche **adjectif**
❶ Une chose **sèche** ne contient pas d'eau ni d'humidité. *Ton maillot de bain est* ***sec****.* Contraires : **humide, mouillé.**
❷ Un climat **sec**, une saison **sèche** est un climat, une saison qui reçoit peu de pluie. *Nous avons eu un automne* ***sec****.* Contraire : **pluvieux.**
❸ Un aliment **sec** est un aliment que l'on a fait sécher pour le conserver. *J'ai mangé du saucisson* ***sec*** *et des raisins* ***secs****.*
❹ Du bois **sec** est du bois qui n'a plus de sève. Synonyme : **mort.** Contraire : **vert.**
❺ Un bruit **sec** est un bruit assez fort. *Les pommes de pin font des bruits* ***secs*** *en brûlant.*
● Mots de la même famille : **sécher, sécheresse.**

sécher **verbe**
Sécher, c'est rendre sec ou devenir sec. *Cette machine* ***sèche*** *le linge. Mon maillot de bain* ***sèche*** *au soleil.*

sécheresse **nom féminin**
La **sécheresse** est le manque de pluie. *La* ***sécheresse*** *nuit aux cultures.*

🔍 La nouvelle orthographe permet d'écrire aussi *sècheresse,* avec un accent grave.

second, seconde **adjectif**
Le **second** étage d'un immeuble est le deuxième étage.

🔍 Le c se prononce [g].

seconde **nom féminin**
La **seconde** est la principale unité de mesure du temps. *Il faut soixante* ***secondes*** *pour faire une minute.*

🔍 Le c se prononce [g].

☛ Va voir « les mesures », page 443.

secouer **verbe**
Secouer une chose, c'est la remuer dans tous les sens. ***Secoue*** *bien ton jus d'orange avant de l'ouvrir.* Synonyme : **agiter.**
● Mot de la même famille : **secousse.**

Lisa **secoue** sa serviette.

secourir verbe

Secourir quelqu'un, c'est venir à son secours, lui apporter de l'aide, lui donner des soins. *Les pompiers **ont secouru** les blessés.* **Synonyme : porter secours.**

● Mot de la même famille : secours.

secours nom masculin

1 Le **secours**, c'est l'aide que l'on apporte à une personne qui est en danger. *Les médecins ont porté **secours** aux blessés.*

2 Appeler **au secours**, c'est crier lorsqu'on est en danger. *On a entendu un nageur appeler **au secours**.*

3 Une **sortie de secours** est une sortie que l'on utilise en cas de danger.

Ce mot se termine par un *s*.

secousse nom féminin

Une **secousse** est un mouvement brusque qui secoue. *La voiture a démarré après plusieurs **secousses**.*

1. secret nom masculin

Un **secret** est une chose qu'il ne faut répéter à personne. *Lucas m'a confié un **secret**.*

2. secret, secrète adjectif

Un langage **secret** est un langage que l'on peut déchiffrer si l'on connaît le code.

● Mot de la même famille : secrétaire.

secrétaire nom masculin et nom féminin

Un **secrétaire**, une **secrétaire** sont des personnes qui s'occupent du courrier et qui prennent les rendez-vous d'une autre personne. C'est un nom de métier.

On dirait un langage **secret**.

section nom féminin

Une **section** est une partie d'un groupe. *À l'école maternelle, Clara est dans la **section** des grands.*

sécurité nom féminin

La **sécurité** est une situation qui ne présente aucun danger. *Nous sommes en **sécurité** dans la maison.*

segment nom masculin

Un **segment** est une partie d'une ligne droite. *Je mesure des **segments** de différentes longueurs.*

seigle nom masculin

Le **seigle** est une céréale qui ressemble au blé, mais qui a un épi entouré de fines tiges. *Avec le **seigle**, on fait de la farine.*

seigneur nom masculin

Au Moyen Âge, un **seigneur** était un homme qui possédait des terres et habitait dans un château fort. Il faisait travailler les paysans et commandait une armée.

→ Cherche serf.

A B C D E F G H I J K L M N O P Q R S T U V W X Y Z

sein **nom masculin**
Les **seins** sont les deux mamelles d'une femme.
→ Cherche **poitrine**.

La maman donne le **sein** à son bébé.

séjour **nom masculin**
❶ Un **séjour** est un temps assez long que l'on passe en dehors de chez soi. *Notre **séjour** à la montagne a duré une semaine.*
❷ La **salle de séjour** est la pièce qui sert de salon et de salle à manger.

sel **nom masculin**
Le **sel** est une matière blanche au goût piquant qui se trouve dans l'eau de mer. Il sert à assaisonner ou à conserver les aliments. *Mets du **sel** dans l'eau des pâtes !*
● Mots de la même famille : **salé, saler**.

selle **nom féminin**
❶ Une **selle** est un siège en cuir que les cavaliers mettent sur le dos de leur cheval.
❷ Une **selle** est le petit siège d'une bicyclette ou d'une moto.

selon **préposition**
Selon signifie : en fonction de telle situation. *Le bateau partira en mer ou restera au port **selon** le temps qu'il fera.*

semaine **nom féminin**
Une **semaine** est une période de sept jours qui va du lundi au dimanche. *Nous sommes en vacances à la fin de la semaine.*
☛ Va voir « le calendrier », page 111.

semblable **adjectif**
Quand deux choses sont **semblables**, elles se ressemblent beaucoup. *Nos blousons sont **semblables**.* Synonymes : **identique, pareil**. Contraire : **différent**.
🔍 Le son [ɑ̃] s'écrit *em* devant un *b*.

semblant **nom masculin**
Faire semblant de faire quelque chose, c'est faire comme si on faisait cette chose. *Ma sœur **fait semblant** de dormir.*
🔍 Le son [ɑ̃] s'écrit *em* devant un *b*.

sembler **verbe**
❶ **Sembler**, c'est avoir l'air. *La maîtresse **semble** ravie.* Synonyme : **paraître**.
❷ **Il me semble que** signifie : on dirait que. ***Il me semble que** tu te trompes.*
🔍 Le son [ɑ̃] s'écrit *em* devant un *b*.
● Mots de la même famille : **semblable, semblant**.

semelle **nom féminin**
La **semelle** d'une chaussure est le dessous.

Les **semelles** de ses bottes sont usées.

semer **verbe**
Semer des graines, c'est les mettre en terre pour les faire pousser. *Notre voisin **sème** du gazon.*
➜ Cherche germer.

semoule **nom féminin**
La **semoule** est un aliment fait de petits grains ronds de blé ou d'autres céréales. *Pour faire du couscous on utilise de la **semoule**.*

sens **nom masculin**
1 Le **sens** est la direction. *Dans quel **sens** allez-vous ?*
2 Le **sens** d'un mot, c'est ce qu'il veut dire. *Dans un dictionnaire, on trouve le **sens** des mots.* Synonyme : signification.
3 Les **sens**, c'est ce qui permet de voir, d'entendre, de sentir, de goûter et de toucher. *La vue, l'ouïe, l'odorat, le goût, le toucher sont les cinq **sens**.*
4 Avoir du **bon sens**, c'est savoir ce qui est raisonnable et logique.
Ce mot se termine par un *s* que l'on prononce.
● Mots de la même famille : sensation, sensible.

Dans quel **sens** doit aller la souris ?

sensation **nom féminin**
Une **sensation**, c'est ce que l'on ressent par les sens. *J'ai une **sensation** de froid.*

sensible **adjectif**
Une personne **sensible** est facilement émue. *Mon frère est un adolescent **sensible**.* Synonyme : émotif.

sentier **nom masculin**
Un **sentier** est un chemin étroit. *Nous suivons le **sentier** qui s'enfonce dans la forêt.*

sentiment **nom masculin**
Un **sentiment**, c'est ce que l'on ressent au fond de soi. *L'affection, l'amitié, la pitié sont des **sentiments**.*

sentinelle **nom féminin**
Une **sentinelle** est un soldat qui surveille et garde une caserne ou un autre bâtiment.

sentir **verbe**
1 Quand on **sent** une odeur, elle arrive à nos narines. *Je **sens** une odeur de frites.*
2 **Sentir** bon, **sentir** mauvais, c'est avoir une bonne ou une mauvaise odeur. *Les roses **sentent** bon. Les boucs **sentent** mauvais.*
3 **Sentir** le froid, la fatigue, c'est avoir une sensation de froid, de fatigue.
4 **Sentir**, c'est avoir une impression. *J'ai **senti** que Léo était triste.*

séparation **nom féminin**
1 La **séparation**, c'est le fait d'être séparé. *Mes parents continuent à se voir après leur **séparation**.*
2 Une **séparation**, c'est ce qui sépare. *On a fait un mur de **séparation** dans la grande pièce.*

A B C D E F G H I J K L M N O P Q R S T U V W X Y Z

séparer verbe

1 **Séparer** des personnes, c'est les éloigner les unes des autres. *La maîtresse a **séparé** les élèves turbulents.* Contraire : rapprocher. **Séparer** des choses, c'est mettre un espace entre elles. *Quand j'écris, je **sépare** bien les mots.* Synonyme : espacer. Contraire : rapprocher.

2 Quand deux personnes **se séparent**, elles ne vivent plus ensemble. *Mes parents **se sont séparés** l'année dernière.* Synonyme : se quitter.

● Mot de la même famille : séparation.

septembre nom masculin

Septembre est le neuvième mois de l'année. Il vient après le mois d'août et avant le mois d'octobre. *Début **septembre**, c'est la rentrée des classes en France.*

Le son [ɑ̃] s'écrit *em* devant un *b*.

Va voir « le calendrier », page 111.

serf nom masculin

Au Moyen Âge, un **serf** était un paysan qui travaillait pour un seigneur.

Ce mot se termine par un *f* qu'on ne prononce pas : [sɛr].

série nom féminin

1 Une **série** est un ensemble de choses du même genre. *Nous avons fait une **série** d'exercices.*

2 Fabriquer des objets **en série**, c'est les fabriquer en grand nombre, dans une usine.

sérieusement adverbe

Sérieusement signifie : de manière sérieuse. *Anaïs travaille **sérieusement**.*

sérieux, sérieuse adjectif

1 Une personne **sérieuse** fait son travail en s'appliquant. *Le maître dit que nous sommes des élèves **sérieux**.* Synonyme : consciencieux.

2 Être **sérieux**, avoir un air **sérieux**, c'est ne pas plaisanter et ne pas rire. *Julien a un air **sérieux** ce matin.*

● Mot de la même famille : sérieusement.

serin nom masculin

Un **serin** est un petit oiseau au plumage jaune. *Pierre élève un couple de **serins** dans une cage.* Synonyme : canari.

un **serin** dans sa cage

seringue nom féminin

Une **seringue** est un instrument fait d'une petite pompe et d'une aiguille creuse. On l'utilise pour faire des piqûres.

serment nom masculin

Prêter **serment**, c'est faire une promesse et jurer de la tenir. *Au tribunal, les témoins prêtent **serment**.*

serpent nom masculin

Un **serpent** est un animal sans pattes au long corps couvert d'écailles.

▶ Les serpents sont des reptiles : ils rampent et les femelles pondent des œufs.

serpillière **nom féminin**
Une **serpillière** est une grosse toile qui sert à laver le sol.

🔍 La nouvelle orthographe permet d'écrire aussi *serpillère,* sans le second *i*.

1. serre **nom féminin**
Une **serre** est un endroit fermé qui a souvent des vitres, et qui sert à cultiver les plantes qui ont besoin de chaleur.

🔍 Il y a deux *r*.

des fleurs cultivées dans une **serre**

2. serre **nom féminin**
Une **serre** est une griffe de rapace. *L'aigle a emporté un rongeur dans ses* ***serres****.*

serrer **verbe**
1 **Serrer** quelque chose ou quelqu'un, c'est le tenir fort. *Adrien* ***serre*** *la main de son frère.* Contraire : lâcher.
2 **Serrer** un robinet, c'est le tourner à fond. Contraire : desserrer.
3 Quand des chaussures **serrent** le pied, elles appuient dessus et gênent pour marcher.
4 **Se serrer**, c'est se mettre les uns contre les autres. *Les enfants* ***se serrent*** *sur le banc.*

🔍 Il y a deux *r*.
● Mot de la même famille : serre (de rapace).

serrure **nom féminin**
Une **serrure** est un mécanisme qui fonctionne avec une clé et qui permet de fermer et d'ouvrir une porte.

🔍 Il y a deux *r* au début du mot.
● Mot de la même famille : serrurier.
→ Cherche verrou.

serrurier **nom masculin**
Un **serrurier** est une personne qui pose et répare des serrures et qui fabrique des clés. C'est un nom de métier.

serveur **nom masculin**
serveuse **nom féminin**
Un **serveur**, une **serveuse** sont des personnes qui servent les clients dans un café ou un restaurant.

🔍 Ne confonds pas avec un **serviteur** qui était un domestique.

serviable **adjectif**
Une personne **serviable** est une personne qui rend souvent service aux autres.

service **nom masculin**
1 Un **service**, c'est ce qui aide quelqu'un, lui est utile. *Ce livre m'a bien rendu* ***service****.*
2 Faire le **service**, c'est servir des clients dans un café ou un restaurant. *Le serveur s'occupe du* ***service****.*
3 Un **service à café, à thé** est un ensemble de tasses et de soucoupes pour servir le café, le thé.
4 Un **service** est un ensemble de personnes qui ont une activité précise

A B C D E F G H I J K L M N O P Q R S T U V W X Y Z

dans une entreprise. *Ma mère travaille au **service** informatique.*

5 Être au **service** de quelqu'un, c'est faire certains travaux pour lui. *Autrefois, les pages étaient au **service** des nobles.*

serviette **nom féminin**

Une **serviette** est un morceau de tissu qui sert à s'essuyer ou à se sécher. *Chacun a sa **serviette** de table. Les **serviettes** de toilette sont en tissu-éponge.*

servir **verbe**

1 **Servir à** quelque chose, c'est être utilisé pour faire telle chose. *Une gomme **sert à** gommer.* **Servir à** quelqu'un, c'est lui être utile. *Ce livre m'a bien **servi**.*

2 **Se servir d'**une chose, c'est l'utiliser. *Je me **sers** souvent **de** ma règle.*

3 **Servir** quelqu'un, c'est remplir son assiette et son verre. *Ma sœur **sert** les invités.*

● Mots de la même famille : serveur, serviable, service.

ses → **son**

seuil **nom masculin**

Le **seuil** d'une maison est l'endroit qui se trouve juste devant la porte d'entrée.

seul, seule **adjectif**

1 Un **seul**, c'est un et pas plus. *J'ai un **seul** jeu vidéo.* Synonyme : unique.

2 Être **seul**, c'est être sans personne avec soi, sans compagnie. *Ma grand-mère est **seule**.* Synonyme : solitaire.

3 Faire quelque chose **seul** (ou tout **seul**), c'est le faire sans l'aide de personne. *J'ai fait une maquette toute **seule**.*

● Mot de la même famille : seulement.

Le bébé mange tout **seul**.

seulement **adverbe**

1 **Seulement** signifie : pas plus de. *Ce matin, à l'école, nous étions **seulement** dix.*

2 **Seulement** signifie : dans le seul but de. *Elle a dit cela **seulement** pour te taquiner.* Synonyme : uniquement.

sève **nom féminin**

La **sève** est le liquide qui coule dans les plantes et qui les nourrit. *Au printemps, la **sève** monte dans les arbres.*

sévère **adjectif**

Une personne **sévère** n'admet pas que l'on se comporte mal et se fâche facilement. *Mon oncle est **sévère** avec ses enfants.* Synonyme : dur. Contraires : compréhensif, doux, gentil, indulgent.

● Mot de la même famille : sévérité.

sévérité **nom féminin**

La **sévérité**, c'est la manière d'être d'une personne sévère. *Mon oncle élève ses enfants avec **sévérité**.* Contraires : gentillesse, indulgence.

sexe **nom masculin**

1 Une personne de **sexe** masculin est un garçon ou un homme. Une personne de **sexe** féminin est une fille ou une femme.

2 Le **sexe** est la partie du corps qui se trouve en bas du ventre, entre les cuisses.

☛ Va voir « le corps », page 167.

shampooing **nom masculin**
Le **shampooing** est le produit que l'on utilise pour se laver les cheveux. Se faire un **shampooing**, c'est se laver les cheveux.

Ce mot s'écrit avec *sh*.
– La nouvelle orthographe permet d'écrire aussi *shampoing*, avec un seul *o*.

shérif **nom masculin**
Dans les villes d'Amérique du Nord, le **shérif** est le chef de la police.

Ce mot s'écrit avec *sh*.

Le **shérif** porte une étoile.

short **nom masculin**
Un **short** est un pantalon très court que l'on met pour faire du sport ou quand il fait chaud. *Les joueurs de notre équipe ont un* ***short*** *bleu.*

Ce mot s'écrit avec *sh*. On prononce le *t*.

1. si **conjonction**
1 **Si** signifie : à condition de. ***Si*** *tu cherches bien, tu trouveras la réponse.*
2 **Si** signifie : au cas où. *Le chien se mettrait à aboyer* ***si*** *quelqu'un voulait entrer.*

Si s'écrit *s'* devant un mot commençant par un « i » : *s'il* pleut.

2. si **adverbe**
1 **Si** signifie : tellement. *J'ai* ***si*** *mal aux dents que je ne peux pas parler.*
2 **Si** s'emploie à la place de « oui » quand on répond à une question avec « ne ». *Tu ne veux pas de dessert ? — Si, j'en veux bien.*

siècle **nom masculin**
Un **siècle** est une période de cent ans. *Nous sommes au 21ᵉ* ***siècle****.*

siège **nom masculin**
Un **siège** est un meuble fait pour s'asseoir. *Les chaises, les fauteuils, les bancs sont des* ***sièges****.*

le **sien** **pronom masculin**
la **sienne** **pronom féminin**
Le sien, la sienne, c'est une chose qui est à lui ou à elle. *J'ai pris mon vélo et Pierre* ***le sien****.*

Au pluriel, on écrit *les siens*, *les siennes*.

sieste **nom féminin**
Une **sieste** est un moment de repos que l'on prend l'après-midi. *À l'école maternelle, les petits font la* ***sieste****.*

Théo fait la **sieste** avec son papa.

sifflement **nom masculin**
Un **sifflement** est un bruit fait en sifflant. *On entend le* ***sifflement*** *d'un merle.*

Il y a deux *f*.

A B C D E F G H I J K L M N O P Q R S T U V W X Y Z

siffler verbe

① **Siffler**, c'est faire un son aigu avec ses lèvres ou avec un instrument. *Papa **siffle** pour appeler le chien.*

② Quand un oiseau **siffle**, il chante en faisant des sons aigus. *Le merle **siffle**.*

③ **Siffler**, c'est souffler dans un sifflet pour donner un signal. *L'arbitre **a sifflé** la fin du match.*

Il y a deux *f*.

● Mots de la même famille : **sifflement, sifflet**.

sifflet nom masculin

Un **sifflet** est un petit instrument fait pour siffler.

Il y a deux *f*.

signal nom masculin

Un **signal** est un bruit ou un geste qui informe, prévient ou donne un ordre. *Sur la route, il y a des **signaux** lumineux. Les coureurs attendent le **signal** du départ.*

Au pluriel, on écrit *des signaux*.

● Mots de la même famille : **signaler, signalisation**.

signaler verbe

Signaler, c'est prévenir par un signal ou un signe. *Le cycliste tend son bras pour **signaler** qu'il va tourner.* **Synonyme : indiquer.**

signalisation nom féminin

La **signalisation**, c'est ce qui signale quelque chose sur une route, des rails, une piste d'aéroport. *Léo apprend les panneaux de **signalisation**.*

Va voir « les panneaux de signalisation », page 491.

Rachid **signale** qu'il tourne à droite.

signature nom féminin

Une **signature**, c'est le nom d'une personne écrit de sa main et toujours de la même façon. *Maman met sa **signature** sur le chèque.*

signe nom masculin

Un **signe**, c'est ce qui signale, indique quelque chose. *Marie m'a fait un **signe** pour me dire d'entrer. Pour faire une addition, on utilise le **signe** +. La virgule est un **signe** de ponctuation.*

➜ Cherche **ponctuation**.

signer verbe

Signer, c'est écrire son nom ou son prénom toujours de la même façon au bas d'une lettre ou d'un chèque.

● Mot de la même famille : **signature**.

signification nom féminin

La **signification** d'un mot, c'est ce qu'il veut dire. *Je cherche dans le dictionnaire la **signification** du mot « tintinnabuler ».* **Synonyme : sens.**

signifier **verbe**

Signifier quelque chose, c'est avoir cette signification, ce sens. « *Hideux* » ***signifie*** « *très laid* ».

● Mot de la même famille : signification.

silence **nom masculin**

1 Le **silence**, c'est l'absence de bruit. *J'aime le **silence** de la nuit.* Contraires : bruit, vacarme.

2 Le **silence**, c'est le fait de se taire. *Quand la maîtresse lit une histoire, c'est le **silence**.*

● Mots de la même famille : silencieusement, silencieux.

silencieusement **adverbe**

Silencieusement signifie : sans aucun bruit. *Les chats marchent **silencieusement**.*

Nicolas **signe** sa lettre.

silencieux, silencieuse **adjectif**

1 Dans un endroit **silencieux**, on n'entend aucun bruit. *La nuit, à la campagne, tout est **silencieux**.* Synonymes : calme, tranquille. Contraire : bruyant.

2 Une personne **silencieuse** garde le silence, ne parle pas. *Anaïs est restée **silencieuse** pendant tout le repas.*

silex **nom masculin**

Le **silex** est une roche très dure. *Les hommes préhistoriques faisaient des outils en **silex**.*

Ce mot ne change pas au pluriel : on écrit *des silex*.

silhouette **nom féminin**

La **silhouette** est la forme générale d'une personne, les contours d'une chose. *Au loin, on voyait la **silhouette** du château.*

Il y a un *h* après le *l*.

sillon **nom masculin**

Un **sillon** est une longue fente faite dans la terre par une charrue. *L'agriculteur sème des graines dans les **sillons**.*

simple **adjectif**

Une chose **simple** est une chose facile. *Je vais te poser une question **simple**.* Synonyme : élémentaire. Contraires : compliqué, difficile, dur.

● Mots de la même famille : simplement, simplicité.

simplement **adverbe**

Simplement signifie : d'une manière simple, facile à comprendre. *La maîtresse nous a expliqué la leçon **simplement**.*

simplicité **nom féminin**

La **simplicité**, c'est la qualité de ce qui est simple. *Ce jeu vidéo est d'une grande **simplicité**.* Synonyme : facilité. Contraire : difficulté.

sincère **adjectif**

Une personne **sincère** est une personne qui dit ce qu'elle pense vraiment. *Quand je dis que tu es intelligent, je suis **sincère**.* Contraire : hypocrite.

● Mot de la même famille : sincérité.

A B C D E F G H I J K L M N O P Q R S T U V W X Y Z

sincérité nom féminin

La **sincérité**, c'est le fait d'être sincère, de ne pas cacher sa pensée. *Je te parle avec **sincérité**.*

singe nom masculin

Un **singe** est un mammifère qui a des mains et des pieds terminés par des doigts. Il vit généralement dans les arbres. *Les gorilles sont les plus grands et les plus forts de tous les **singes**.*

▶ La femelle du singe est la **guenon**. Les singes crient ou hurlent.

singulier nom masculin

Un mot est au **singulier** quand il désigne un seul être ou une seule chose. *Dans la phrase « Mon chat est noir », tous les mots sont au **singulier**.*

sinon conjonction

Sinon signifie : dans le cas contraire. *Mets un pull, **sinon** tu auras froid.*

1. sirène nom féminin

Une **sirène** est une femme imaginaire qui a une queue de poisson à la place des jambes. *Andersen a écrit un conte qui s'intitule « la Petite **Sirène** ».*

2. sirène nom féminin

Une **sirène** est un appareil qui fait un bruit très fort pour donner un signal, prévenir d'un danger. *On entend la **sirène** des pompiers.*

sirop nom masculin

① Un **sirop** est un jus épais et très sucré fait avec des fruits ou des plantes. *J'ai mis du **sirop** de framboise dans mon eau.*

❷ Un **sirop** est un médicament liquide et sucré.

Ce mot se termine par un *p* qu'on ne prononce pas.

situation nom féminin

❶ La **situation** d'une ville, d'un bâtiment, c'est le lieu où ils se trouvent par rapport aux autres. *La librairie a une bonne* ***situation*** *dans la rue.*

❷ La **situation** d'un pays, d'un groupe, d'une personne, c'est l'état dans lequel ils se trouvent. *La* ***situation*** *économique de ce pays est assez bonne.*

situer verbe

Être situé quelque part, c'est se trouver à cet endroit. *Notre village* ***est situé*** *sur une colline.*

● Mot de la même famille : situation.

ski nom masculin

Un **ski** est une sorte de patin long et plat qui sert à avancer sur la neige ou sur l'eau. C'est aussi un sport. *En classe de neige, nous faisons du* ***ski****. L'été, mon frère fait du* ***ski*** *nautique sur un lac.*

● Mots de la même famille : skier, skieur.

skier verbe

Skier, c'est faire du ski.

skieur nom masculin
skieuse nom féminin

Un **skieur**, une **skieuse** sont des personnes qui font du ski. *Les* ***skieurs*** *descendent les pistes.*

☛ Va voir la planche illustrée ❹

slalom nom masculin

Le **slalom** est une descente à ski comportant une série de virages à faire entre des piquets.

Qui va remporter le **slalom** ?

slip nom masculin

Un **slip** est une culotte qui sert de sous-vêtement ou de maillot de bain.

société nom féminin

❶ La **société**, c'est l'ensemble des personnes qui vivent dans le même pays et qui ont les mêmes lois. *Pour bien vivre en* ***société****, il faut respecter les autres.*

❷ Un **jeu de société** se joue à plusieurs. *Le jeu de dames, les dominos sont des* ***jeux de société****.*

sœur nom féminin

La **sœur** d'une personne est une fille qui a les mêmes parents que cette personne. *Sarah est la* ***sœur*** *de Clément.*

➜ Cherche frère.

☛ Va voir « la famille », page 273.

soi pronom

Soi représente la troisième personne du singulier. « *On a toujours besoin d'un plus petit que* ***soi****.* »

soie nom féminin

La **soie** est un tissu très léger et très doux. Elle est fabriquée avec les fils faits par le *ver à soie*.

➜ Cherche satin.

a b c d e f g h i j k l m n o p q r s t u v w x y z

A B C D E F G H I J K L M N O P Q R S T U V W X Y Z

soif nom féminin
Avoir soif, c'est avoir besoin de boire.
→ Cherche faim.

soigner verbe
1 **Soigner** une personne, c'est lui donner des soins pour essayer de la guérir. *Après son accident, Julien* ***a été soigné*** *à l'hôpital.*
2 **Soigner** un travail, c'est le faire avec soin, en s'appliquant. Contraire : bâcler.
3 **Soigner** une chose, c'est en prendre soin, la tenir en bon état. *Noëlle* ***soigne*** *ses plantes.* Contraire : négliger.

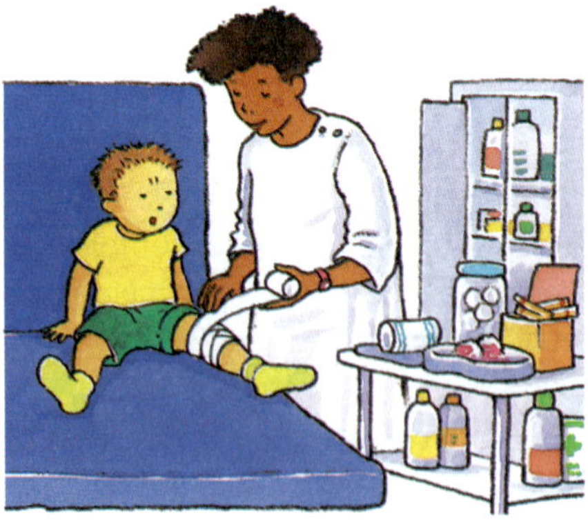
Le médecin **soigne** Lucas.

soigneusement adverbe
Soigneusement signifie : avec soin. *Lucas range ses livres* ***soigneusement***.

soigneux, soigneuse adjectif
Être **soigneux**, c'est prendre soin de ses affaires.

soin nom masculin
1 Donner des **soins** à quelqu'un, c'est lui faire des pansements. *L'infirmière donne des* ***soins*** *au blessé.*
2 Faire quelque chose avec **soin**, c'est le faire proprement. *Lucas fait son travail avec* ***soin***.
3 Prendre **soin** d'une chose, c'est la garder propre et en bon état. *Noëlle prend* ***soin*** *du jardin.*
Contraire : négliger.
● Mots de la même famille : soigner, soigneusement, soigneux.

soir nom masculin
Le **soir** est la fin de la journée, après le coucher du soleil. *Je me couche à neuf heures du* ***soir***.
● Mot de la même famille : soirée.
→ Cherche matin.

soirée nom féminin
La **soirée** est la partie de la journée qui s'écoule entre le coucher du soleil et le moment où l'on se couche. *Léa a passé la* ***soirée*** *à lire.*
→ Cherche matinée.
☛ Va voir « les activités de la journée », page 37.

soit conjonction
Soit signifie : ou bien. *Tu peux* ***soit*** *rentrer chez toi,* ***soit*** *rester coucher à la maison.*

sol nom masculin
1 Le **sol** est la terre, le terrain. *Les plantes sont fixées au* ***sol*** *par les racines.*
2 Le **sol** est la surface de la Terre. *L'avion quitte le* ***sol***.
3 Le **sol** est la surface sur laquelle on marche dans une maison. *Le* ***sol*** *de la cuisine est recouvert de carrelage.*

solaire adjectif
L'énergie **solaire** est produite par le Soleil. Une crème **solaire** protège la peau des rayons du soleil.

soldat nom masculin
Un **soldat** est un homme qui fait partie d'une armée. Synonyme : militaire.

soleil **nom masculin**
❶ Le **Soleil** est l'astre qui envoie la lumière et la chaleur à la Terre. *La Terre et d'autres planètes tournent autour du **Soleil**.*
❷ Quand il fait du **soleil**, on voit la lumière et on sent la chaleur du Soleil.
❸ Des **lunettes de soleil** protègent les yeux du soleil.
Quand ce mot désigne l'astre, il s'écrit avec une majuscule.
● Mot de la même famille : solaire.

solfège **nom masculin**
Le **solfège** est la lecture et l'écriture de la musique. *Lucas prend des cours de **solfège**.*

1. solide **adjectif**
❶ Un objet **solide** résiste aux chocs et à l'usure. *Mon sac à dos est **solide**.*
Synonymes : résistant, robuste.
Contraire : fragile.
❷ Des aliments **solides** sont des aliments que l'on doit mâcher. *La viande est un aliment **solide**.*
Contraire : liquide.
● Mot de la même famille : solidité.

Heureusement, la branche est **solide** !

2. solide **nom masculin**
Un **solide** est une forme géométrique qui a un volume. *Un cône, un cube, un cylindre sont des **solides**.*
Va voir « les couleurs et les formes », page 171.

solidité **nom féminin**
La **solidité**, c'est le fait d'être solide. *Maman choisit mes chaussures pour leur **solidité**.*

solitaire **adjectif**
Une personne **solitaire** est une personne qui est seule. *Grand-mère est **solitaire** depuis que ses amis sont partis.*
● Mot de la même famille : solitude.

solitude **nom féminin**
La **solitude**, c'est le fait d'être seul. *Les personnes âgées se plaignent souvent de la **solitude**.*

solution **nom féminin**
❶ La **solution** d'un problème est la réponse à la question posée.
❷ Une **solution** est un moyen de résoudre une difficulté. *Mes parents ont trouvé une **solution** pour que je ne reste pas seul le mercredi.*

sombre **adjectif**
❶ Un endroit **sombre** ne reçoit pas beaucoup de lumière. *Notre appartement est **sombre**.*
Synonyme : obscur. Contraires : clair, ensoleillé, lumineux.
❷ Une couleur **sombre** est une couleur foncée. *Le marron est une couleur **sombre**.* **Contraires : clair, pâle.**
Le son [ɔ̃] s'écrit *om* devant un *b*.

sommaire **nom masculin**
Le **sommaire** d'un livre est la liste de ses parties, de ses chapitres.
Synonyme : table des matières.

1. somme **nom féminin**

Une **somme** est le résultat d'une addition. *La **somme** de neuf plus trois est douze.*

2. somme **nom masculin**

Faire un **somme**, c'est dormir un petit moment.

sommeil **nom masculin**

① Le **sommeil**, c'est l'état dans lequel on est quand on dort. *Je parle souvent pendant mon **sommeil**.*

② **Avoir sommeil**, c'est avoir envie de dormir. *Mon petit frère **a sommeil**, il n'arrête pas de bâiller.*

● Mot de la même famille : un somme.

sommet **nom masculin**

① Le **sommet** d'une montagne, d'un arbre est la partie la plus haute. *Les alpinistes ont atteint le **sommet** du mont Blanc.* Synonyme : cime.

② Le **sommet** d'un triangle est l'endroit où deux côtés se rencontrent. *Un triangle a trois **sommets**.*

sommier **nom masculin**

Le **sommier** d'un lit est la partie qui est sous le matelas. Il est fait de ressorts ou de planches.

Il y a peu de neige au **sommet**.

somnambule **adjectif**

Une personne **somnambule** se lève pendant son sommeil.

Le son [ɑ̃] s'écrit *am* devant un *b*.

1. son, sa **adjectif**

Son et **sa** sont des déterminants qui indiquent qu'une chose lui appartient, qu'une personne est de la même famille que lui ou qu'elle : ***son** crayon, **son** père.*

Quand un nom féminin commence par une voyelle ou un « h » muet, on dit *son* : *son adresse, son histoire*. Au pluriel, on dit *ses*.

2. son **nom masculin**

Un **son**, c'est ce qu'on entend. *Le rossignol fait des **sons** mélodieux. J'aime entendre le **son** du violon.*

Ne confonds pas « un son » et « ils sont ».

● Mot de la même famille : sonore.

sondage **nom masculin**

Un **sondage** est une enquête que l'on fait pour connaître l'opinion de la population. *On fait souvent des **sondages** avant les élections.*

sonner **verbe**

① **Sonner**, c'est faire entendre un son, une sonnerie. *Les cloches **sonnent**. Le réveil **a sonné**.*

② **Sonner**, c'est appuyer sur une sonnette. *On **sonne** à la porte.*

Il y a deux *n*.

● Mots de la même famille : sonnerie, sonnette.

sonnerie **nom féminin**

Une **sonnerie**, c'est le bruit que fait un appareil qui sonne. *J'entends la **sonnerie** du réveil.*

Il y a deux *n*.

sonnette **nom féminin**
Une **sonnette** est un petit appareil qui produit un son quand on appuie dessus. *Mon vélo a une* ***sonnette****. J'appuie sur la* ***sonnette*** *de la porte.*
Il y a deux *n* et deux *t*.

sonore **adjectif**
1 Une voix **sonore** est une voix qui s'entend bien. *Le maître a une voix* ***sonore****.*
2 Un bâtiment **sonore** est un bâtiment où les sons résonnent. *Les églises sont* ***sonores****.*

sorcier **nom masculin**
Un **sorcier** est un homme qui a des pouvoirs magiques, qui jette des sorts. *En Afrique, les* ***sorciers*** *sont aussi des médecins.*
● Mot de la même famille : sorcière.

sorcière **nom féminin**
Dans les contes de fées, une **sorcière** est une femme souvent vieille, laide et méchante qui a des pouvoirs magiques. *La vieille dame qui a recueilli Hansel et Gretel n'était qu'une horrible* ***sorcière****.*

sort **nom masculin**
1 Tirer au **sort**, c'est choisir au hasard. *Le gagnant a été tiré au* ***sort****.*

La **sorcière** vole sur son balai.

2 Jeter un **sort**, c'est attirer le malheur. *Il croit qu'un sorcier lui a jeté un* ***sort****.* Synonyme : ensorceler.

sorte **nom féminin**
1 Une **sorte** est un groupe d'êtres ou d'objets du même genre. *Il existe de nombreuses* ***sortes*** *de fleurs.* Synonymes : espèce, type.
2 **Une sorte de**, c'est une chose ou une personne qu'on ne sait pas nommer exactement. *Un cadenas est une* ***sorte*** *de serrure.* Synonymes : une espèce de, un genre de.

sortie **nom féminin**
1 La **sortie**, c'est l'action de sortir, le moment où l'on sort. *Maman est arrivée juste à la* ***sortie*** *des classes.*
2 La **sortie** est l'endroit par où l'on sort. *La* ***sortie*** *du cinéma est indiquée par une flèche.* Contraire : entrée.

sortir **verbe**
1 **Sortir**, c'est passer de l'intérieur à l'extérieur. *Je* ***suis sorti*** *de la maison à huit heures.* Contraires : entrer, rentrer. *Monsieur Florent* ***sort*** *son chien.*
2 **Sortir** une chose, c'est la retirer de l'endroit où elle était. *J'****ai sorti*** *mon blouson de l'armoire.* Contraire : rentrer.
● Mot de la même famille : sortie.

Le rongeur **sort** de son terrier.

A B C D E F G H I J K L M N O P Q R S T U V W X Y Z

sosie nom masculin
Un **sosie** est une personne qui ressemble parfaitement à une autre personne.
« Sosie » est un nom masculin qui se termine par un e.

sot, sotte adjectif
Être **sot**, c'est n'être pas capable de réfléchir et de comprendre. Synonymes : **bête, idiot, stupide.** Contraire : **intelligent.**
● Mot de la même famille : **sottise**.

sottise nom féminin
❶ La **sottise** est le manque d'intelligence. *Cet homme est d'une* ***sottise*** *incroyable.* Synonymes : **bêtise, stupidité.** Contraire : **intelligence.**
❷ Une **sottise** est une bêtise. *Tu devrais te taire, tu dis des* ***sottises****.*
Il y a deux *t*.

sou nom masculin
❶ Un **sou** était une pièce de monnaie.
❷ Avoir des **sous**, c'est avoir de l'argent.
Au pluriel, on écrit *des sous*.

souci nom masculin
Un **souci** est une chose qui inquiète. *Adrien se fait du* ***souci*** *pour son petit frère qui est malade. Maman a des* ***soucis****.* Synonymes : **ennui, problème.**

soucoupe nom féminin
❶ Une **soucoupe** est une petite assiette que l'on met sous une tasse.
❷ Une **soucoupe volante** est un objet volant qui a une forme ovale aplatie. On imagine qu'elle vient d'une autre planète.

soudain adverbe
Soudain signifie : tout à coup. *J'étais en train de faire un cauchemar et* ***soudain*** *je me suis réveillé.* Synonymes : **brusquement, subitement.**

souder verbe
Souder, c'est assembler deux morceaux de métal en les chauffant. *Le plombier* ***soude*** *des tuyaux.*

souffle nom masculin
❶ Le **souffle** de l'air, c'est le mouvement de l'air. *On sent un léger* ***souffle*** *de vent.*
❷ Le **souffle**, c'est l'air qui sort de la bouche. *Quand on a couru, on est à bout de* ***souffle****.*
Il y a deux *f*.

souffler verbe
❶ Quand le vent **souffle**, il déplace l'air. *Les jours de tempête, le vent* ***souffle*** *fort.*
❷ **Souffler**, c'est envoyer de l'air par la bouche. *Je* ***souffle*** *dans le ballon.* Contraire : **aspirer.** *J'****ai soufflé*** *mes bougies d'anniversaire.*
❸ **Souffler** une réponse, c'est la dire à voix basse. *Julien m'****a soufflé*** *la bonne réponse.*
Il y a deux *f*.
● Mot de la même famille : **souffle**.

Romain **souffle** ses bougies.

souffrance nom féminin
La **souffrance**, c'est le fait de souffrir, d'avoir mal. *Le médecin lui a donné un médicament pour calmer sa* ***souffrance****.* Synonyme : **douleur.**
Il y a deux *f*.

souffrant, souffrante adjectif
Être **souffrant**, c'est souffrir un peu. *La grand-mère de Paul est **souffrante**.*
Synonyme : malade.

Il y a deux *f*.

souffrir verbe
Souffrir, c'est avoir mal. *Sa blessure le fait **souffrir**.*

Il y a deux *f*.
● Mots de la même famille : souffrance, souffrant.

souhait nom masculin
Un **souhait** est une envie très forte de voir une chose se réaliser. *Dans les contes, les fées réalisent des **souhaits**.*
Synonymes : désir, vœu.

Il y a un *h* au milieu du mot.

souhaiter verbe
❶ **Souhaiter**, c'est désirer que quelque chose arrive. *Je **souhaite** avoir un petit frère.* Synonyme : avoir envie de.
❷ **Souhaiter** quelque chose à quelqu'un, c'est espérer qu'il aura ce qu'il désire. *Le 1er janvier, on se **souhaite** une bonne année.*

Il y a un *h* au milieu du mot.
● Mot de la même famille : souhait.

soûl, soûle adjectif
Être **soûl**, c'est avoir bu trop d'alcool et avoir un comportement anormal.
Synonyme : ivre.

Au masculin, on ne prononce pas le *l*. C'est un mot familier.
– La nouvelle orthographe permet d'écrire aussi *soul, soule,* sans accent circonflexe.

soulager verbe
❶ **Soulager** quelqu'un, c'est faire diminuer sa douleur. *Les médicaments m'ont **soulagé**.*
❷ **Soulager** quelqu'un, c'est lui ôter un souci. *Il **est soulagé** d'avoir avoué qu'il était coupable.*

soulever verbe
Soulever, c'est lever à une petite hauteur. *Je n'arrive pas à **soulever** ta valise.* Synonyme : porter.

soulier nom masculin
Un **soulier** est une chaussure. *Cendrillon a perdu un **soulier**.*

souligner verbe
Souligner des mots, c'est faire un trait dessous. *J'**ai souligné** tous les verbes du texte.*

soupçon nom masculin
Avoir des **soupçons**, c'est penser qu'une personne a fait quelque chose de mal mais ne pas avoir de preuves.

Le c prend une cédille.
● Mot de la même famille : soupçonner.

soupçonner verbe
Soupçonner une personne, c'est penser qu'elle est coupable mais ne pas en avoir la preuve. *Il y a eu un vol dans la classe et on **soupçonne** un élève.*

Le c prend une cédille.

soupe nom féminin
La **soupe** est un aliment liquide qui est souvent fait avec des légumes.
Synonyme : potage.

soupir nom masculin
Un **soupir** est un souffle fort. *Léo pousse des **soupirs** parce qu'il n'arrive pas à faire sa multiplication.*

soupirer verbe
Soupirer, c'est pousser des soupirs. *Léa s'ennuie, elle n'arrête pas de **soupirer**.*
● Mot de la même famille : soupir.

souple adjectif

❶ Un objet **souple** se plie facilement et ne se casse pas. *L'osier a des branches **souples**.* Contraire : rigide.

❷ Une personne **souple** peut plier son corps facilement. *Marie est **souple**, elle peut faire le grand écart.* Contraire : raide.

● Mot de la même famille : souplesse.

Chloé est très **souple**.

souplesse nom féminin

La **souplesse**, c'est le fait d'être souple. *Nous admirons la **souplesse** des acrobates.*

source nom féminin

❶ Une **source** est un endroit par où l'eau sort de terre. *On a découvert une **source** dans une grotte.*

❷ La **source** d'un cours d'eau est l'endroit où il prend naissance.

sourcil nom masculin

Les **sourcils** sont les lignes de poils qui se trouvent au-dessus des yeux.

Ce mot se termine par un *l* qu'on ne prononce pas.

➜ Cherche cil.

sourd nom masculin
sourde nom féminin

Les **sourds** sont des personnes qui ne peuvent pas entendre.

sourd-muet nom masculin
sourde-muette nom féminin

Les **sourds-muets** sont des personnes sourdes de naissance et qui n'ont donc pas pu apprendre à parler. *Les **sourds-muets** communiquent par le langage des signes.*

Ce mot s'écrit avec un trait d'union.

souriant, souriante adjectif

Une personne **souriante** sourit souvent.

1. sourire verbe

Sourire, c'est montrer par un mouvement des lèvres que l'on est content. *Sur la photo, nous **sourions** tous.*

● Mot de la même famille : souriant.

➜ Cherche rire.

Léo **sourit** et Léa rit.

2. sourire nom masculin

Un **sourire** est un mouvement de la bouche vers le haut. *Marion m'a fait un **sourire**.*

➜ Cherche rire.

souris nom féminin

1 Une **souris** est un petit rongeur qui a des poils gris, blancs ou bruns, un museau pointu et une longue queue. *La **souris** grignote le morceau de fromage.*

2 La **souris** d'un ordinateur est le petit appareil que l'on déplace pour écrire, dessiner ou faire un jeu.

▶ Le petit est le **souriceau**. Quand la souris crie, on dit qu'elle **chicote**.

Ce mot se termine par un *s*.

sous préposition

Sous indique la position au-dessous. *Le chat est **sous** la table.* **Contraire : sur.**

sous-marin nom masculin

Un **sous-marin** est un navire qui peut aller sous l'eau.

Ce mot s'écrit avec un trait d'union. Au pluriel, on écrit *des sous-marins*.

sous-sol nom masculin

Le **sous-sol** est la partie d'une maison qui se trouve sous le rez-de-chaussée. *Le parking est au **sous-sol** de l'immeuble.*

Ce mot s'écrit avec un trait d'union. Au pluriel, on écrit *des sous-sols*.

➜ Cherche **cave**.

une **souris**

Le **sous-marin** navigue sous la surface de l'eau.

soustraction nom féminin

La **soustraction** est l'opération qui permet de retrancher un nombre d'un autre. *On utilise le signe moins (—) pour faire une **soustraction**.* **Contraire : addition.**

soustraire verbe

Soustraire un nombre, c'est le retrancher d'un autre nombre. *Si je **soustrais** deux de huit, il reste six.* **Synonyme : ôter. Contraires : additionner, ajouter.**

● Mot de la même famille : **soustraction**.

sous-vêtement nom masculin

Un **sous-vêtement** est un vêtement léger que l'on porte sous les autres vêtements. *Une culotte, un slip sont des **sous-vêtements**.*

Ce mot s'écrit avec un trait d'union. Le premier e prend un accent circonflexe. Au pluriel, on écrit *des sous-vêtements*.

➜ Cherche **survêtement**.

soutenir verbe

1 **Soutenir** un objet, c'est le porter, le faire tenir. *Quatre colonnes **soutiennent** le bâtiment.* **Synonymes : maintenir, supporter.**

② **Soutenir** une personne, c'est la tenir pour l'empêcher de tomber. *Deux infirmières **soutenaient** le blessé.*

③ **Soutenir** quelque chose, c'est l'affirmer avec force, en être certain. *Je **soutiens** que j'ai raison.* Synonymes : affirmer, maintenir.

1. souterrain, souterraine adjectif

Un passage **souterrain** passe sous terre. *Pour arriver au quai de la gare, on prend le passage **souterrain**.*

Il y a deux *r* comme dans « terre ».

2. souterrain nom masculin

Un **souterrain** est un passage creusé sous la terre. *Nous avons découvert l'entrée d'un **souterrain** dans le château.*

Il y a deux *r* comme dans « terre ».

1. souvenir nom masculin

① Un **souvenir** est un événement qui revient à la mémoire. *Maman nous raconte souvent ses **souvenirs** d'enfance.*

② Un **souvenir** est un objet qui rappelle un lieu, un événement ou une personne. *Cette bague est un **souvenir** de ma grand-mère.*

2. se souvenir verbe

Se souvenir de quelque chose, c'est le garder dans sa mémoire. *Je **me souviens de** cette histoire.* Synonyme : se rappeler. Contraire : oublier.

● Mot de la même famille : souvenir.

souvent adverbe

Souvent signifie : de nombreuses fois. *Mon petit frère pleure **souvent**.* Contraire : rarement.

spaghetti nom masculin

Les **spaghettis** sont des pâtes longues et fines. *J'aime les **spaghettis** à la sauce tomate.*

Il y a un *h* après le *g* et deux *t*.

sparadrap nom masculin

Le **sparadrap** est un ruban de tissu collant qui sert à faire tenir un pansement.

On ne prononce pas le *p* final.

spatial, spatiale adjectif

Un vaisseau **spatial**, une navette **spatiale** sont des engins que l'on envoie dans l'espace.

On écrit *ti* mais on prononce [si]. Au pluriel, on écrit *spatiaux*, *spatiales*.

spécial, spéciale adjectif

① Un objet **spécial** est fait exprès pour quelque chose. *J'écris sur le tableau blanc avec un feutre **spécial**.*

② Avoir quelque chose de **spécial**, c'est avoir quelque chose qui distingue des autres. *Cet appareil a une forme **spéciale**.* Synonyme : particulier. Contraires : courant, ordinaire.

Au pluriel, on écrit *spéciaux*, *spéciales*.

● Mot de la même famille : spécialement.

spécialement adverbe

Spécialement signifie : surtout. *J'aime les glaces et **spécialement** les glaces à la fraise.* Synonymes : en particulier, particulièrement.

Grand-père **se souvient** du passé.

spectacle **nom masculin**
Un **spectacle** est une pièce de théâtre, un concert, un opéra représentés en public. *Mercredi, nous avons vu un **spectacle** de clowns.*
● Mot de la même famille : spectateur.
➜ Cherche représentation.

Les élèves font un **spectacle**.

spectateur **nom masculin**
spectatrice **nom féminin**
Un **spectateur**, une **spectatrice** sont des personnes qui assistent à un spectacle, à un match, à une compétition. *Une **spectatrice** a éclaté de rire.*

sphère **nom féminin**
Une **sphère** est une boule creuse. C'est une figure géométrique. *La Terre a la forme d'une **sphère** un peu aplatie aux deux pôles.*

Ce mot s'écrit avec *ph*.

☛ Va voir « les couleurs et les formes », page 171.

spirale **nom féminin**
1 Une **spirale** est un fil de fer qui tourne sur lui-même et qui sert à assembler les feuilles d'un cahier ou d'un carnet.
2 Un escalier **en spirale** est un escalier qui tourne sur lui-même. **Synonyme : en colimaçon.**

splendide **adjectif**
Une personne ou une chose **splendide** est très belle. *Du sommet de la montagne, nous voyons un paysage **splendide**.* **Synonymes : magnifique, merveilleux, superbe. Contraires : affreux, horrible.**

sport **nom masculin**
Le **sport** est une activité du corps que l'on fait régulièrement pour son plaisir ou pour la compétition. *Le football et le basket-ball sont des **sports** d'équipe.*
● Mot de la même famille : sportif.

1. sportif, sportive **adjectif**
Une personne **sportive** est une personne qui fait du sport régulièrement. Une compétition **sportive** est une compétition de sport.

2. sportif **nom masculin**
sportive **nom féminin**
Un **sportif**, une **sportive** sont des personnes qui font régulièrement un sport ou plusieurs sports.

square **nom masculin**
Un **square** est un petit jardin public. *En sortant de l'école, nous allons jouer au **square**.*

On écrit *qua* mais on prononce [kwa], comme « quoi ».

squelette **nom masculin**
Le **squelette**, c'est l'ensemble des os du corps. *Le **squelette** du corps humain comporte environ 200 os.*
➜ Cherche carcasse.

stable **adjectif**
Un objet **stable** ne bouge pas, tient bien en équilibre. *Ne crains rien, l'escabeau est parfaitement **stable**.*
Contraire : bancal.

A B C D E F G H I J K L M N O P Q R S T U V W X Y Z

stade nom masculin

Un **stade** est un grand terrain de sport. *Les athlètes s'entraînent au **stade**.*

Les coureurs s'entraînent au **stade**.

stand nom masculin

Un **stand** est un endroit réservé à des objets dans une exposition ou à des jeux dans une fête. *À la fête de l'école, il y a un **stand** de pêche à la ligne.*

Ce mot se termine par un *d* qu'on prononce.

station nom féminin

Une **station** est l'endroit où s'arrêtent les autobus, les métros, les autocars ou les taxis. **Synonyme : arrêt.**

● Mots de la même famille : stationnement, stationner, station-service.

stationnement nom masculin

Le **stationnement**, c'est le fait de stationner, d'arrêter un véhicule et d'en sortir. *Le **stationnement** est interdit devant notre école.*

Il y a deux *n* au milieu du mot.

stationner verbe

Stationner, c'est s'arrêter un certain temps et sortir de son véhicule. *On ne doit pas **stationner** sur la place les jours de marché.*

station-service nom féminin

Une **station-service** est un endroit où l'on peut faire le plein d'essence, gonfler les pneus ou faire laver sa voiture.

Ce mot s'écrit avec un trait d'union. Au pluriel, il n'y a pas de *s* à « service » : on écrit *des stations-service*.

→ Cherche garage.

statue nom féminin

Une **statue** est une œuvre d'art en pierre, en bois ou en métal qui représente une personne, un animal ou une chose. **Synonyme : sculpture.**

steak nom masculin

Un **steak** est une tranche de viande de bœuf que l'on fait griller. **Synonyme : bifteck.**

Ce mot vient de l'anglais : on prononce [stɛk].

stéthoscope nom masculin

Un **stéthoscope** est un instrument que les médecins utilisent pour ausculter. *Le **stéthoscope** permet d'entendre les bruits de la respiration et du cœur.*

Ce mot s'écrit avec *th* au milieu.

stock nom masculin

Le **stock** d'un commerçant est la marchandise qu'il a en réserve.

Il y a un *c* devant le *k*.

stop ! interjection

Stop s'emploie pour donner l'ordre à quelqu'un de s'arrêter.

store nom masculin

Un **store** est une sorte de rideau que l'on déroule. *Baisse le **store** si tu as trop de soleil.*

« Store » est un nom masculin qui se termine par un e.

stratagème nom masculin
Un **stratagème** est une ruse. *Dans le conte « Hansel et Gretel », la sorcière a imaginé un **stratagème** pour attirer ses victimes.*

strophe nom féminin
Une **strophe** est un groupe de vers dans un poème ou une chanson.
Ce mot s'écrit avec *ph*.

studio nom masculin
1 Un **studio** est un appartement d'une pièce. *Mon grand frère habite dans un **studio**.*
2 Un **studio** de cinéma ou de télévision est un endroit où l'on tourne des films, où l'on enregistre des émissions.

stupéfait, stupéfaite adjectif
Être **stupéfait**, c'est être très étonné.
Synonyme : ébahi.

stupide adjectif
Une personne **stupide** ne comprend rien, manque d'intelligence. Synonymes : bête, idiot, sot. Contraire : intelligent.
● Mot de la même famille : stupidité.

stupidité nom féminin
La **stupidité** est le manque d'intelligence. *C'est de la **stupidité** de sortir bras nus par ce froid.* Synonymes : bêtise, sottise. Contraire : intelligence.

style nom masculin
Le **style** d'un écrivain est sa manière d'écrire.
Ce mot s'écrit avec un *y*.

stylo nom masculin

Un **stylo** est un objet qui contient un réservoir d'encre et qui sert à écrire. *Les **stylos** à bille ont une petite bille, les **stylos** à plume ont une plume en métal.*
Ce mot s'écrit avec un *y*.
➜ Cherche feutre.

subir verbe
Subir quelque chose, c'est être obligé de le supporter. *Le cambrioleur **a subi** un interrogatoire.*

subitement adverbe
Subitement signifie : tout à coup. *L'averse est tombée **subitement**.*
Synonymes : brusquement, soudain.

succéder verbe
Succéder à, c'est venir après. *L'hiver **succède à** l'automne.*
Synonyme : suivre. Contraire : précéder.
● Mots de la même famille : successeur, succession.

succès nom masculin
1 Un **succès** est un bon résultat. *Ma grande sœur a été reçue à son examen et nous avons fêté son **succès**.*
Synonyme : réussite. Contraire : échec.
2 Avoir du **succès**, c'est plaire. *Le film « Titanic » a eu du **succès**.*
Ce mot se termine par un *s*.

successeur nom masculin
Le **successeur** est la personne qui succède à une autre, prend sa place. *La directrice nous a présenté son **successeur**.*

succession nom féminin
Une **succession** est une série de choses ou de personnes qui se suivent. *Mamie a eu une **succession** d'ennuis.*
Synonyme : suite.

sucer verbe
1 **Sucer** quelque chose, c'est le faire fondre dans la bouche. *Nous **suçons** des bonbons.*

❷ **Sucer** son pouce, c'est le mettre dans la bouche et le téter.
● Mot de la même famille : **sucette**.

sucette **nom féminin**
Une **sucette** est une friandise fixée au bout d'un bâton et que l'on suce.

sucre **nom masculin**
Le **sucre** est une matière qui donne un goût plus doux aux boissons et aux aliments. *Léo a mis deux morceaux de **sucre** dans son cacao.*
▶ Le sucre provient de deux plantes : la **betterave à sucre** et la **canne à sucre**.
● Mots de la même famille : **sucré**, **sucrer**.

David met du **sucre** sur ses crêpes.

sucré, sucrée **adjectif**
Ce qui est **sucré** contient du sucre, a un goût de sucre. *Certaines pommes sont **sucrées**.*
➜ Cherche **acide**, **amer** et **salé**.

sucrer **verbe**
Sucrer un aliment, une boisson, c'est mettre du sucre dedans. ***As**-tu **sucré** ta tisane ?*

sud **nom masculin**
Le **sud** est l'un des quatre points cardinaux qui permettent de se diriger. *Le **sud** est opposé au nord.*
➜ Cherche **est**, **nord** et **ouest**.

suer **verbe**
Suer, c'est avoir la peau couverte de sueur. *Quand il fait chaud, on **sue** beaucoup.* **Synonyme : transpirer.**
● Mot de la même famille : **sueur**.

Papi s'essuie parce qu'il **sue**.

sueur **nom féminin**
❶ La **sueur** est le liquide qui sort de la peau quand on a chaud ou quand on fait un effort. *Après la course, j'étais en **sueur**.* **Synonyme : transpiration.**
❷ **Avoir des sueurs froides**, c'est avoir très peur.

suffire **verbe**
❶ **Suffire**, c'est être en assez grande quantité. *Deux jours **suffisent** pour faire ce puzzle.*
❷ **Il suffit de** signifie : il faut seulement. *Pour faire marcher cet appareil, il **suffit** d'un geste.*
🔍 Il y a deux *f*.
● Mots de la même famille : **suffisamment**, **suffisant**.

suffisamment **adverbe**
Suffisamment signifie : en quantité suffisante. *J'ai **suffisamment** de jouets.* **Synonyme : assez.**
🔍 Il y a deux *f* et deux *m*.

suffisant, suffisante adjectif
Ce qui est **suffisant** suffit, est en assez grand nombre. *Cette quantité de fruits est **suffisante** pour trois personnes.* Contraire : insuffisant.

Il y a deux *f*.

se **suicider** verbe
Se suicider, c'est se donner la mort.

suite nom féminin
1 Une **suite** est une série de choses ou de personnes qui se suivent. *À Noël, nous avons eu une **suite** de visites.* Synonyme : succession.
2 La **suite**, c'est ce qui vient après. *Je vous raconterai la **suite** de l'histoire demain.*
3 **À la suite de** signifie : après. ***À la suite de** son accident, Léo a été absent trois mois.*
→ Cherche tout de suite.

suivant, suivante adjectif
La page **suivante**, c'est la page qui vient après. *Le mot que tu cherches est à la page **suivante**.* Contraire : précédent.

suivre verbe
1 **Suivre**, c'est venir derrière ou après. *La moto **suit** le camion.* Contraire : précéder. *L'hiver **suit** l'automne.* Synonyme : succéder à. Contraire : précéder.
2 **Suivre**, c'est aller dans une direction. *J'ai **suivi** le bord de la rivière.*
3 **Suivre** un ordre, un règlement, c'est obéir à un ordre, respecter un règlement. **Suivre** un conseil, c'est l'écouter.
4 **Suivre** un cours, c'est y assister régulièrement.
5 **Suivre** une émission, c'est être attentif, s'intéresser à ce qui est présenté.
● Mots de la même famille : suite, suivant.

Le petit chien **suit** Pierre.

sujet nom masculin
1 Le **sujet** d'une conversation, d'un récit, c'est la chose dont on parle. *Quel est le **sujet** du film que vous venez de voir ?*
2 Le **sujet** d'une phrase est le nom, le groupe du nom ou le pronom qui répond à la question « qui est-ce qui ? » ou « qu'est-ce qui ? ». *Dans la phrase « Le chat miaule », « le chat » est le **sujet** du verbe « miauler ».*

superbe adjectif
Une personne ou une chose **superbe** est très belle. *Ton dessin est **superbe**.* Synonymes : magnifique, merveilleux, splendide. Contraires : affreux, horrible.

superficie nom féminin
La **superficie** d'une maison ou d'un terrain est la mesure de son étendue. Synonyme : surface.

supérieur, supérieure adjectif
1 Ce qui est **supérieur** est situé plus haut. *J'habite au cinquième étage, Julien habite à l'étage **supérieur**.* Contraire : inférieur.

A B C D E F G H I J K L M N O P Q R S T U V W X Y Z

❷ Un nombre **supérieur** à un autre est plus grand. *Neuf est* ***supérieur*** *à sept.* Contraire : inférieur.

❸ Un être **supérieur** a des dons, des qualités extraordinaires.

supermarché **nom masculin**
Un **supermarché** est un magasin de grande surface où l'on se sert soi-même. *Le samedi, nous faisons les courses au* ***supermarché****.*

superposé, superposée **adjectif**
Des lits **superposés** sont des lits posés l'un au-dessus de l'autre.

Paul a des lits **superposés** dans sa chambre.

supersonique **adjectif**
Un avion **supersonique** est un avion qui peut dépasser la vitesse du son, c'est-à-dire voler à plus de 1 000 kilomètres à l'heure.

superstitieux, superstitieuse **adjectif**
Une personne **superstitieuse** croit que certaines choses portent malheur ou portent bonheur. *Les gens* ***superstitieux*** *croient que le nombre 13 porte malheur.*

On écrit *tieux* mais on prononce [sjø].

supplément **nom masculin**
Un **supplément**, c'est ce que l'on donne en plus. *J'ai eu un* ***supplément*** *de frites.*
● Mot de la même famille : supplémentaire.

supplémentaire **adjectif**
Une chose **supplémentaire** vient en supplément, en plus. *Il y a des trains* ***supplémentaires*** *au moment des départs en vacances.*

supplier **verbe**
Supplier, c'est demander en insistant. *Arrêtez de crier, je vous en* ***supplie*** *!*

support **nom masculin**
Un **support** est un objet qui est placé sous un autre objet pour le faire tenir. *La statue est vendue avec son* ***support****.*

supporter **verbe**
❶ **Supporter** un objet, c'est le porter, le faire tenir. *Les poutres* ***supportent*** *le toit.* Synonyme : soutenir.

❷ **Supporter** quelque chose, c'est le subir sans se plaindre. *Ce bruit est difficile à* ***supporter****.*

❸ **Supporter** quelque chose, c'est accepter la présence ou l'attitude de quelqu'un. *Grand-père ne* ***supporte*** *pas que je dise des gros mots.*
● Mot de la même famille : support.

supporteur **nom masculin**
supportrice **nom féminin**
Un **supporteur**, une **supportrice** sont des personnes qui encouragent un sportif ou une équipe.

supposer **verbe**
Supposer, c'est croire quelque chose d'après certains indices. *Puisque vous ne posez pas de questions, je* ***suppose*** *que vous avez compris.*

suppositoire **nom masculin**
Un **suppositoire** est un médicament solide que l'on introduit dans le derrière.
« Suppositoire » est un nom masculin qui se termine par un *e*.

supprimer **verbe**
Supprimer une chose, c'est la faire disparaître. *Pour faire une grande chambre, on **a supprimé** une cloison.* Synonyme : enlever.

sur **préposition**
Sur indique la position au-dessus. *Le chat est **sur** le lit.* Contraire : sous.
Ne confonds pas « sur » et « être sûr ».

Le vase est **sur** la table.

sûr, sûre **adjectif**
1 Être **sûr** de quelque chose, c'est ne pas avoir de doute. *Léa est **sûre** de gagner.* Synonyme : certain.
2 Quand une chose est **sûre**, elle ne fait pas de doute. *Une chose est **sûre**, mes parents ne déménageront pas.*
Ne confonds pas « sûr » et « sur ».
– La nouvelle orthographe permet d'écrire aussi *sure, surs* et *sures*, sans accent circonflexe. Mais *sûr* garde l'accent.
● Mots de la même famille : sûrement, sûreté.
➜ Cherche bien sûr.

sûrement **adverbe**
Sûrement signifie : sans aucun doute. *Il va **sûrement** rentrer tard.* Synonymes : certainement, probablement. Contraire : peut-être.
La nouvelle orthographe permet d'écrire aussi *surement,* sans accent circonflexe.

sûreté **nom féminin**
Être en **sûreté**, c'est être à l'abri. *Ses bijoux sont en **sûreté** dans un coffre.*
La nouvelle orthographe permet d'écrire aussi *sureté,* sans accent circonflexe.

surf **nom masculin**
Le **surf** est un sport où l'on se tient en équilibre sur une planche pour glisser sur les vagues ou sur la neige. *Mon grand frère fait du **surf**.*
Ce mot vient de l'anglais : on prononce [sœrf].

On fait du **surf** sur les grosses vagues.

surface **nom féminin**
1 La **surface** est la partie extérieure d'un solide ou d'un liquide. *Les humains vivent sur la **surface** de la Terre. Le dauphin est remonté à la **surface** de la mer.* Contraire : fond.

A B C D E F G H I J K L M N O P Q R S T U V W X Y Z

❷ La **surface** est la mesure d'une étendue. *Je calcule la **surface** de ma chambre.* **Synonyme :** superficie.
❸ Une **grande surface** est un magasin de grandes dimensions. **Synonyme :** supermarché.

surgelé, surgelée **adjectif**
Un aliment **surgelé** est un aliment qui a été conservé à une température très basse. *Maman a mis les légumes **surgelés** au congélateur.*

surgir **verbe**
Surgir, c'est apparaître brusquement. *Un chat **a surgi** devant moi.*

Quelle surprise **surgit** de la boîte ?

surnom **nom masculin**
Un **surnom** est un nom que l'on donne à une personne à la place de son vrai nom. *Le **surnom** d'Anaïs est Minouche.*
Le son [ɔ̃] s'écrit *om*.

surprendre **verbe**
❶ **Surprendre**, c'est étonner beaucoup. *Cette drôle de nouvelle me **surprend**.*
❷ **Surprendre** une personne, c'est la voir alors qu'elle ne s'y attendait pas, la prendre sur le fait. *On **a surpris** un cambrioleur en train de voler.*
● Mot de la même famille : surprise.

surprise **nom féminin**
Une **surprise** est une chose que l'on n'attend pas et qui fait plaisir. *À la sortie de l'école, j'ai eu la **surprise** de voir mon cousin.*

sursauter **verbe**
Sursauter, c'est faire un petit saut, un petit bond quand on est surpris. *Un bruit m'a fait **sursauter**.*

surtout **adverbe**
Surtout signifie : par-dessus tout. *J'aime beaucoup les animaux et **surtout** les chats.* **Synonymes :** en particulier, particulièrement, spécialement.

surveillance **nom féminin**
La **surveillance**, c'est l'action de surveiller. *Nous nageons sous la **surveillance** du maître-nageur.*

surveillant **nom masculin**
surveillante **nom féminin**
Un **surveillant**, une **surveillante** sont des personnes qui surveillent. *Dans les collèges et les lycées, il y a des **surveillants**.*

surveiller **verbe**
Surveiller, c'est regarder avec attention pour vérifier que tout se passe bien. *Dans la cour, les maîtres **surveillent** les élèves.*
● Mots de la même famille : surveillance, surveillant.

survêtement **nom masculin**
Un **survêtement** est un vêtement de sport que l'on met sur un short et un maillot. Il est fait d'un pantalon et d'une veste.
Le premier e prend un accent circonflexe.
➜ Cherche sous-vêtement.

survivant nom masculin
survivante nom féminin
Un **survivant**, une **survivante** sont des personnes qui sont encore en vie après un accident ou une catastrophe. Synonyme : rescapé.

survoler verbe
Survoler un endroit, c'est voler au-dessus. *L'avion **survole** la mer.*

susceptible adjectif
Une personne **susceptible** est une personne qui se vexe facilement. *On ne peut pas plaisanter avec les gens **susceptibles**.*

Il y a un *c* après le deuxième *s*.

suspect, suspecte adjectif
Une chose ou une personne **suspecte** est une chose, une personne dont on doit se méfier. *Son témoignage est **suspect**.* Synonyme : louche.

Au masculin, on ne prononce pas le *c* ni le *t* : on dit [syspɛ].

suspendre verbe
Suspendre, c'est accrocher et laisser pendre. *J'ai **suspendu** mon anorak au portemanteau.* **Se suspendre**, c'est se laisser pendre dans le vide. *Tom se **suspend** à la branche.*

suspense nom masculin
Le **suspense**, c'est le moment d'un récit ou d'un film où l'on attend la suite avec beaucoup d'impatience. *Ce film policier est plein de **suspense**.*

Ce mot vient de l'anglais, on prononce [syspɛns].

syllabe nom féminin
Une **syllabe** est une partie d'un mot que l'on prononce en une seule fois. *Le mot «enfant» a deux **syllabes** : «en» et «fant».*

Ce mot s'écrit avec un *y* et deux *l*.

symbole nom masculin
Un **symbole** est un objet qui représente une idée. *La colombe est le **symbole** de la paix.*

symétrique adjectif
Deux choses **symétriques** sont situées l'une à côté de l'autre et elles sont semblables. *Les deux ailes d'un papillon sont **symétriques**.*

Il y a un *y* au début du mot.

sympathie nom féminin
La **sympathie** est le sentiment que l'on éprouve lorsqu'on trouve une personne agréable et gentille. *Paul a de la **sympathie** pour Rachid et voudrait bien devenir son ami.*

Il y a un *y* au début du mot et *th* à la fin.

● Mot de la même famille : sympathique.

Valentin **s'est suspendu** au trapèze.

a b c d e f g h i j k l m n o p q r s t u v w x y z

A B C D E F G H I J K L M N O P Q R S T U V W X Y Z

sympathique adjectif
Une personne **sympathique** est une personne que l'on trouve agréable et gentille et que l'on aimerait avoir pour amie. Contraires : antipathique, désagréable.

Il y a un *y* au début du mot et *th* à la fin.

synagogue nom féminin
Une **synagogue** est un bâtiment où les israélites se rassemblent pour prier.

Ce mot s'écrit avec un *y*.

→ Cherche église, mosquée, pagode et temple.

synonyme nom masculin
Un **synonyme** est un mot qui veut dire la même chose ou presque la même chose qu'un autre mot. « *Façon* » *est le* ***synonyme*** *de* « *manière* ». « *Libérer* » *est le* ***synonyme*** *de* « *relâcher* ». « *Buté* » *est le* ***synonyme*** *de* « *têtu* ».
Contraire : contraire.

Ce mot s'écrit avec deux *y*.

système nom masculin
1 Un **système** est un ensemble de choses organisées. *Le* ***système*** *nerveux est l'ensemble des nerfs. Le* ***système*** *solaire, c'est le Soleil et les planètes qui tournent autour.*
2 Un **système** est un mécanisme. *Les escaliers roulants fonctionnent grâce à un* ***système*** *automatique.*
3 Un **système** est un moyen astucieux de faire quelque chose. *J'ai trouvé un* ***système*** *pour classer mes timbres.*
Synonyme : méthode.

Ce mot s'écrit avec un *y*.

le **système** solaire

ta → ton

tabac **nom masculin**

① Le **tabac** est une plante. On fait sécher ses feuilles et on les prépare pour fabriquer des cigarettes et des cigares. *Fumer du **tabac** nuit gravement à la santé.*

② Un **tabac** est un magasin où l'on peut acheter du tabac.

🔍 Ce mot se termine par un *c* qu'on ne prononce pas.

table **nom féminin**

① Une **table** est un meuble fait d'un plateau posé sur un ou plusieurs pieds. **Mettre la table**, c'est poser sur une table tout ce qui est nécessaire au repas. **Se mettre à table**, c'est s'installer autour de la table pour prendre son repas.

② Une **table de multiplication** est un tableau qui donne les multiplications des dix premiers nombres.

③ La **table des matières** d'un livre est la liste de ses chapitres. **Synonyme : sommaire.**

● Mots de la même famille : **tableau, tablette**.

tableau **nom masculin**

① Un **tableau** est une œuvre réalisée par un peintre. *Au musée, nous avons vu des **tableaux** de Picasso.*

② Un **tableau** est un grand panneau qui est accroché au mur d'une classe. *J'ai fait un exercice au **tableau**.*

③ Un **tableau** est une liste de mots ou de nombres mis dans un certain ordre. *Le **tableau** des conjugaisons donne les temps des verbes et les personnes.*

④ Le **tableau de bord** donne des indications sur le fonctionnement d'un véhicule.

🔍 Au pluriel, on écrit *des tableaux*.

tablette **nom féminin**

① Une **tablette** est une plaque que l'on pose ou que l'on accroche au mur. *Ma brosse à dents est sur la **tablette** du lavabo.*

② Une **tablette de chocolat** est une plaque de chocolat.

tablier **nom masculin**

Un **tablier** est un vêtement que l'on porte sur ses vêtements pour les protéger. *Ma sœur met un **tablier** pour faire la cuisine.*

A B C D E F G H I J K L M N O P Q R S T U V W X Y Z

tabouret **nom masculin**
Un **tabouret** est un siège sans dossier et sans bras. *Le pianiste est assis sur un **tabouret**.*

tache **nom féminin**
❶ Une **tache** est une trace de saleté. *J'ai fait une **tache** de peinture sur mon short.*
❷ Une **tache** est une petite partie de couleur différente sur la peau d'une personne ou sur le pelage d'un animal. *Léa a des **taches** de rousseur. Les léopards ont des **taches** noires.*
Ne confonds pas avec « une tâche », un travail.
● Mots de la même famille : tacher, tacheté.

tâche **nom féminin**
Une **tâche** est un travail à faire. *Pour préparer la fête, nous avons chacun une **tâche**.*
Le *a* prend un accent circonflexe. Ne confonds pas avec « une tache », une trace.
● Mot de la même famille : tâcher.

tacher **verbe**
Tacher une chose, c'est faire des taches dessus. *J'ai **taché** la nappe.*
Ne confonds pas avec « tâcher », essayer.

tâcher **verbe**
Tâcher, c'est faire son possible. ***Tâchez** d'arriver à l'heure !*
Synonyme : essayer.
Le *a* prend un accent circonflexe. Ne confonds pas avec « tacher », faire une tache.

tacheté, tachetée **adjectif**
Un pelage **tacheté** est marqué de petites taches.

Le dalmatien a un pelage **tacheté**.

tactique **nom féminin**
Une **tactique** est une méthode astucieuse. *J'ai une **tactique** pour gagner aux dames.*

taie **nom féminin**
Une **taie d'oreiller** est une housse qui recouvre un oreiller.

taille **nom féminin**
❶ La **taille** est la grandeur d'une personne, d'un animal ou d'une chose. *Audrey et Rémi ont la même **taille**.*
❷ La **taille** est la partie du corps qui se trouve au-dessus des hanches. *Mon pantalon me serre à la **taille**.*
☛ Va voir « le corps », page 167.

taille-crayon **nom masculin**
Un **taille-crayon** est un instrument qui sert à tailler les crayons.
Ce mot s'écrit avec un trait d'union. Au pluriel, il n'y a pas de *s* à « taille » : *des taille-crayons.*

tailler **verbe**
Tailler un objet, une plante ou une matière, c'est les couper pour leur

donner une forme. *Léo **taille** son crayon. Mamie **taille** les rosiers.*

● Mots de la même famille : **taille-crayon, tailleur**.

Maman **taille** le pommier.

tailleur **nom masculin**

❶ Un **tailleur** est un couturier qui fait des vêtements sur mesure.

❷ Un **tailleur** est un costume de femme fait d'une jupe et d'une veste assorties.

❸ Être assis **en tailleur**, c'est avoir les jambes repliées devant soi et les genoux écartés.

se taire **verbe**

Se taire, c'est cesser de parler. *Le spectacle commence et les spectateurs **se taisent**.*

talent **nom masculin**

Avoir du **talent**, c'est avoir des qualités, un don pour un art. *Cette actrice a beaucoup de **talent**.*

talon **nom masculin**

❶ Le **talon** est l'arrière du pied.

❷ Le **talon** est la partie arrière d'une chaussette ou d'une chaussure.

tambour **nom masculin**

Un **tambour** est un instrument de musique qui a la forme d'un grand cylindre. On frappe dessus avec deux baguettes.

🔍 Le son [ɑ̃] s'écrit *am* devant un *b*.

● Mot de la même famille : **tambourin**.

tambourin **nom masculin**

Un **tambourin** est un petit tambour plat.

🔍 Le son [ɑ̃] s'écrit *am* devant un *b*.

☛ Va voir « les instruments de musique », page 355.

tampon **nom masculin**

Un **tampon** est une plaque de caoutchouc ou de métal qui porte une inscription. *Le douanier donne un coup de **tampon** sur les passeports.*

🔍 Le son [ɑ̃] s'écrit *am* devant un *p*.

● Mots de la même famille : **tamponner, tamponneuse**.

tamponner **verbe**

❶ **Tamponner** un passeport, c'est donner un coup de tampon dessus.

❷ Quand deux véhicules **se tamponnent**, ils se heurtent.

🔍 Le son [ɑ̃] s'écrit *am* devant un *p*.

Elle joue du **tambourin**.

A B C D E F G H I J K L M N O P Q R S T U V W X Y Z

tamponneuse **adjectif féminin**
Les autos **tamponneuses** sont des voitures électriques qui se tamponnent sur une piste. C'est une attraction de fête foraine.

Le son [ɑ̃] s'écrit *am* devant un *p*.

Ils font un tour d'autos **tamponneuses**.

tam-tam **nom masculin**
Un **tam-tam** est un tambour d'Afrique. On frappe dessus avec les mains.

Au pluriel, on écrit *des tam-tams*. – La nouvelle orthographe permet d'écrire aussi *un tamtam, des tamtams*, sans trait d'union.

tandis que **conjonction**
Tandis que signifie : pendant que. *Marie joue* ***tandis que*** *Pierre lit.*

tanière **nom féminin**
Une **tanière** est un abri pour les loups, les ours et d'autres animaux sauvages.

→ Cherche **terrier**.

tank **nom masculin**
Un **tank** est un véhicule de l'armée qui porte un canon. **Synonyme : char d'assaut.**

tant **adverbe**
1 **Tant** signifie : en trop grande quantité. *Ne mange pas* ***tant*** *de bonbons !*
2 **Tant mieux** s'emploie quand on est content, satisfait. *Il a réussi son examen,* ***tant mieux*** *!* **Tant pis** signifie : c'est dommage mais ce n'est pas grave. *Tu ne peux pas venir dimanche,* ***tant pis*** *!*

tante **nom féminin**
Une **tante** est la sœur de l'un des parents. *Ma* ***tante*** *Brigitte est la sœur de ma mère.*

→ Cherche **oncle**.

Va voir « la famille », page 273.

tant que **conjonction**
Tant que signifie : aussi longtemps que. *Je viendrai te voir* ***tant que*** *tu seras malade.*

tapage **nom masculin**
Faire du **tapage**, c'est faire beaucoup de bruit. *Cette nuit, nos voisins ont fait du* ***tapage***. **Synonyme : vacarme.**

tape **nom féminin**
Une **tape** est un petit coup donné avec la paume de la main. *Adrien m'a donné une* ***tape*** *dans le dos.*

taper **verbe**
1 **Taper**, c'est donner des coups. *Le menuisier* ***tape*** *sur un clou avec son marteau. Ne* ***tape*** *pas ton chien !* **Synonymes : battre, frapper.**
2 **Taper** un texte, c'est l'écrire en frappant les touches d'une machine à écrire ou d'un ordinateur.

● Mot de la même famille : **tape**.

tapis **nom masculin**
Un **tapis** est un tissu épais qui recouvre le sol d'une pièce.

Ce mot se termine par un *s*.
● Mot de la même famille : **tapisserie**.
→ Cherche **moquette**.

tapisserie **nom féminin**
Une **tapisserie** est une sorte de tapis que l'on met sur les murs. *Dans les châteaux, il y a souvent des **tapisseries**.*

taquiner **verbe**
Taquiner une personne, c'est la faire enrager pour s'amuser. *Elle n'est pas méchante, elle voulait seulement te **taquiner**.*

tard **adverbe**
Tard signifie : à un moment très éloigné ou plus éloigné que le moment habituel. *Le dimanche, je me lève **tard**.* **Contraires : de bonne heure, tôt.** *Adrien est arrivé plus **tard** que nous.*
● Mot de la même famille : tarder.

tarder **verbe**
Tarder, c'est mettre longtemps à venir ou à faire quelque chose. *Si tu **tardes** trop, le magasin va être fermé.*

tarentule **nom féminin**
Une **tarentule** est une grosse araignée poilue qui vit en Europe. *Les **tarentules** sont des araignées venimeuses.*

➜ Cherche mygale.

tarif **nom masculin**
Un **tarif** est une liste de prix. *Le **tarif** des billets est affiché au guichet.*

tarte **nom féminin**
Une **tarte** est une pâtisserie faite de fruits ou de légumes posés sur de la pâte. *Ma sœur a fait une **tarte** aux fraises.*

tartine **nom féminin**
Une **tartine** est une tranche de pain recouverte de beurre, de confiture, de miel.
● Mot de la même famille : tartiner.

tartiner **verbe**
Tartiner, c'est étaler du beurre, de la confiture, du miel, sur une tranche de pain ou une biscotte.

tas **nom masculin**
1 Un **tas** est une quantité d'objets mis les uns sur les autres. *J'ai mis le **tas** de journaux par terre.* **Synonyme : pile.**
2 Un **tas** de choses est une quantité de choses. *Alice s'intéresse à un **tas** de choses.*
Ce mot se termine par un *s*.
● Mot de la même famille : tasser.

tasse **nom féminin**
Une **tasse** est un petit récipient avec une anse que l'on utilise pour boire. *Paul range les **tasses** à café.*
➜ Cherche bol.

tasser **verbe**
Tasser des objets, c'est appuyer dessus pour les aplatir. *Julien **tasse** ses vêtements de sport dans son sac.* **Se tasser**, c'est se serrer les uns contre les autres. *Les voyageurs **se tassent** dans le métro.*

Mamie **tasse** la terre.

A B C D E F G H I J K L M N O P Q R S T U V W X Y

tâter verbe
Tâter, c'est toucher en appuyant légèrement. *Le médecin **tâte** mon poignet.*
🔍 Le *a* prend un accent circonflexe.
● Mot de la même famille : à tâtons.

à tâtons adverbe
Marcher **à tâtons**, c'est marcher en tâtant les murs ou les objets pour se guider. *Julie marche **à tâtons** dans le noir.* Synonyme : à l'aveuglette.

tatouage nom masculin
Un **tatouage** est un dessin à l'encre fait sur la peau avec une aiguille. *Le marin avait un **tatouage** sur le bras.*

taupe nom féminin
Une **taupe** est un petit mammifère noir qui vit sous la terre et qui creuse des galeries. *Les **taupes** se nourrissent d'insectes et de vers.*
● Mot de la même famille : taupinière.

taupinière nom féminin
Une **taupinière** est un tas de terre que la taupe rejette quand elle creuse ses galeries souterraines.

taureau nom masculin
Un **taureau** est un gros mammifère à cornes qui fait partie du bétail de la ferme.
▶ Le taureau est un ruminant. C'est le mâle de la vache. Le petit est le **veau**. Quand le taureau crie, on dit qu'il **beugle** ou qu'il **meugle**.
🔍 Au pluriel, on écrit *des taureaux*.
➜ Cherche bœuf.

une **taupe**

taxi nom masculin
Un **taxi** est une voiture conduite par un chauffeur que l'on paye. *Le prix du trajet est indiqué sur le compteur du **taxi**.*

te pronom
Te représente la deuxième personne du masculin singulier et du féminin singulier. *Paul **te** parle.*
🔍 *Te* s'écrit *t'* devant une voyelle ou un « h » muet : *je t'accompagne. Tu vas t'habituer.*

technicien nom masculin
technicienne nom féminin
Un **technicien**, une **technicienne** sont des personnes qui connaissent parfaitement une technique. *Un **technicien** a réparé l'ordinateur.*
🔍 On écrit *ch* mais on prononce [k].

technique nom féminin
❶ La **technique**, c'est l'ensemble des moyens utilisés pour fabriquer quelque chose. *Franck s'intéresse à la **technique** de la reliure.*
❷ Une **technique** est une manière de faire. *J'ai trouvé une **technique** pour sauter plus haut.*
🔍 On écrit *ch* mais on prononce [k].
● Mot de la même famille : technicien.

tee-shirt nom masculin
Un **tee-shirt** est un maillot en coton. *J'ai des **tee-shirts** de toutes les couleurs.*
🔍 On prononce [tiʃœrt]. Au pluriel, on écrit *des tee-shirts*. On peut aussi écrire « T-shirt ».
– La nouvelle orthographe permet d'écrire aussi *un teeshirt, des teeshirts*, sans trait d'union.

teindre verbe
Teindre du tissu ou des cheveux, c'est leur donner une nouvelle couleur. *Ma mère **a teint** ses cheveux en châtain.*

● Mots de la même famille : teint, teinte, teinturier.

teint nom masculin

Le **teint** est la couleur du visage. *Zoé a le **teint** clair.*

teinte nom féminin

Une **teinte** est une couleur. *Les arbres ont des **teintes** rousses en automne.*

teinturier nom masculin
teinturière nom féminin

Un **teinturier**, une **teinturière** sont des personnes qui teignent et qui nettoient des vêtements. C'est un nom de métier.

tel, telle adjectif

Un **tel** objet, une **telle** chose, c'est un objet, une chose de cette sorte. *Je n'admets pas qu'une **telle** situation se reproduise.*

télécommande nom féminin

Une **télécommande** est un appareil qui fait fonctionner à distance un téléviseur, un magnétoscope, une chaîne hi-fi ou un jouet.

● Mot de la même famille : télécommandé.

Tom joue avec une voiture **télécommandée**.

télécommandé, télécommandée adjectif

Un appareil ou un jouet **télécommandé** fonctionne à distance grâce à une télécommande. *Léo fait naviguer son bateau **télécommandé**.*

On dit aussi « téléguidé » et « radiocommandé ».

télégramme nom masculin

Un **télégramme** est un message qui est transmis à distance par la poste.

téléphérique nom masculin

Un **téléphérique** est un moyen de transport que l'on utilise en montagne. Il est fait d'une cabine suspendue à un câble.

Ce mot s'écrit avec *ph*.

→ Cherche remonte-pente et télésiège.

téléphone nom masculin

Le **téléphone** est un appareil qui permet de se parler à distance. *J'ai appelé Chloé au **téléphone**.*

Ce mot s'écrit avec *ph*.

● Mots de la même famille : téléphoner, téléphonique.

téléphoner verbe

Téléphoner, c'est parler au téléphone. *Je te **téléphonerai** ce soir.*

Synonyme : appeler.

Ce mot s'écrit avec *ph*.

téléphonique adjectif

Une conversation, un appel **téléphoniques** se font par téléphone.

Ce mot s'écrit avec *ph*.

télescope nom masculin

Un **télescope** est un instrument qui permet d'observer les astres. Il est fait d'un long tube et de petits miroirs.

A B C D E F G H I J K L M N O P Q R S T U V W X Y Z

télésiège **nom masculin**
Un **télésiège** est un moyen de transport fait de sièges suspendus à un câble.

Ils sont tous sur le **télésiège**.

téléski **nom masculin**
Un **téléski** est un appareil fait d'un câble et de perches. Il sert à tirer des skieurs en haut des pistes. Synonyme : remonte-pente.

téléspectateur **nom masculin**
téléspectatrice **nom féminin**
Un **téléspectateur**, une **téléspectatrice** sont des personnes qui regardent la télévision.

télévisé, télévisée **adjectif**
Le journal **télévisé** est transmis par la télévision.

téléviseur **nom masculin**
Un **téléviseur** est un poste de télévision.

télévision **nom féminin**
La **télévision** est une technique qui permet de transmettre des images sur l'écran d'un téléviseur. *On peut voir beaucoup de chaînes de **télévision** avec le câble. Notre poste de **télévision** est en panne.*
● Mots de la même famille : télévisé, téléviseur.

tellement **adverbe**
Tellement signifie : à un tel point. *Léa était **tellement** fatiguée qu'elle s'est endormie à table.* Synonyme : si.

témoignage **nom masculin**
Un **témoignage**, c'est ce que dit un témoin. *Le **témoignage** des voisins a permis de faire libérer la personne qui était accusée.*

témoigner **verbe**
Témoigner, c'est dire ce qu'on sait, ce qu'on a vu. *Mon père **a témoigné** dans un accident de la circulation.*

témoin **nom masculin**
Un **témoin** est une personne qui a assisté à quelque chose et qui peut dire ce qui s'est passé. *Ma mère a été **témoin** d'un cambriolage.*
● Mots de la même famille : témoignage, témoigner.

tempe **nom féminin**
La **tempe** est le côté de la tête, entre l'œil et l'oreille.
Le son [ɑ̃] s'écrit *em* devant un *p*.

température **nom féminin**
① La **température** est le degré de chaleur ou de froid qu'il fait dans un endroit. *Quelle est la **température** de l'eau ?*
② La **température** est la chaleur du corps. *Chloé a pris sa **température** à l'aide d'un thermomètre.*
Le son [ɑ̃] s'écrit *em* devant un *p*.
Va voir « les mesures », page 443.

tempête **nom féminin**
Une **tempête** est un vent violent avec de la pluie ou de la neige. *Un bateau a fait naufrage dans la **tempête**.*

Le son [ɑ̃] s'écrit *em* devant un *p*. Le deuxième *e* prend un accent circonflexe.

➜ Cherche **cyclone**, **ouragan** et **tornade**.

temple **nom masculin**

❶ Un **temple** est un grand bâtiment à colonnes construit autrefois par les Grecs, les Romains ou les Égyptiens pour leurs dieux.

❷ Un **temple** est un bâtiment où les protestants se rassemblent pour prier.

Le son [ɑ̃] s'écrit *em* devant un *p*.

➜ Cherche **église**, **mosquée**, **pagode** et **synagogue**.

un **temple** grec

temps **nom masculin**

❶ Le **temps** se mesure en heures, minutes et secondes. *Le **temps** passe vite en vacances. J'aurais aimé vivre **au temps** des mousquetaires.* Synonyme : **à l'époque**. *Les voitures ne roulaient pas vite **dans le temps**.* Synonymes : **autrefois, jadis.**

❷ En grammaire, le **temps** est une forme de la conjugaison qui indique à quel moment une action se passe. *Le présent, le passé, le futur sont des **temps**.*

❸ Le **temps** qu'il fait, c'est l'aspect du ciel et la température de l'air. *La météo annonce du beau **temps**.*

Le son [ɑ̃] s'écrit *em* devant un *p*. Ce mot se termine par un *s*.

➜ Cherche **tout le temps**.

☛ Va voir « les mesures », page 443.

de **temps en temps** **adverbe**

De temps en temps signifie : à certains moments. *Nous allons au cirque **de temps en temps**.* Synonymes : **parfois, quelquefois.**

tenailles **nom féminin pluriel**

Des **tenailles**, c'est une grosse pince qui sert à arracher des clous.

1. **tendre** **verbe**

❶ **Tendre** une corde, c'est tirer dessus pour la rendre droite.

❷ **Tendre** une partie du corps, c'est l'avancer ou l'allonger. *Ma petite sœur me **tend** les bras.*

❸ **Tendre** quelque chose à quelqu'un, c'est le lui donner en avançant la main.

Arthur **tend** une fleur à Clara.

A B C D E F G H I J K L M N O P Q R S T U V W X Y Z

2. tendre adjectif

1 De la viande **tendre** est facile à couper et à mâcher. Contraire : dur.

2 Une personne **tendre** est douce et gentille. Synonyme : affectueux. Contraire : dur.

● Mots de la même famille : tendrement, tendresse.

tendrement adverbe

Tendrement signifie : avec tendresse. *J'embrasse mon petit frère **tendrement**.*

tendresse nom féminin

La **tendresse**, c'est l'affection et la douceur. *Grand-mère s'occupe de ses petits-enfants avec **tendresse**.*

tenir verbe

1 **Tenir**, c'est garder à la main ou dans ses mains. *Je **tiens** un verre. **Tiens** bien ton petit frère !* Contraire : lâcher.

2 **Tenir**, c'est être attaché, fixé quelque part. *Le tableau **tient** par un crochet.*

3 **Tenir** droit, debout, en équilibre, c'est rester dans cette position.

4 **Tenir** dans un endroit, c'est pouvoir y entrer. *La valise **tient** dans le coffre.*

5 **Tenir à** quelqu'un, **à** quelque chose, c'est y être très attaché. *Je **tiens** beaucoup **à** ce DVD.*

6 **Se tenir** bien, c'est avoir une bonne position ou une bonne attitude. *Julien **se tient** bien à table.*

● Mot de la même famille : tenue.

tennis nom masculin

Le **tennis** est un sport qui se joue à deux ou à quatre. Les joueurs se renvoient une balle avec une raquette par-dessus un filet.

▶ Le terrain de tennis est appelé un **court**.

Il y a deux *n*. On prononce le *s*.

tentacule nom masculin

Un **tentacule** est une sorte de bras souple qui permet aux méduses et aux pieuvres de se déplacer et d'attraper leurs proies.

« Tentacule » est un nom masculin qui se termine par un *e*.

tentative nom féminin

Une **tentative** est un essai que l'on tente. *Je vais faire une dernière **tentative** pour le convaincre.*

tente nom féminin

Une **tente** est un abri de toile que l'on installe avec des mâts et des piquets.

tenter verbe

1 **Tenter** quelque chose, c'est faire des efforts pour y arriver. *On **a** tout **tenté** pour le sauver.* Synonyme : essayer.

2 **Tenter sa chance**, c'est essayer de gagner. *Je vais **tenter** ma chance à la loterie.*

3 **Tenter** quelqu'un, c'est lui faire envie. *Ce jeu vidéo me **tente**.*

● Mot de la même famille : tentative.

tenue nom féminin

1 La **tenue** est la façon de se tenir ou de se comporter. *La maîtresse nous a félicités pour notre bonne **tenue**.* Synonyme : position.

Le petit Paul **tient** bien son biberon.

❷ Une **tenue**, c'est un ensemble de vêtements. *Aziz a mis sa* ***tenue*** *de sport.*

terminaison **nom féminin**
La **terminaison** d'un mot est la partie finale du mot. *La* ***terminaison*** *de « joueur » est « eur ».*

terminer **verbe**
❶ **Terminer** quelque chose, c'est le faire jusqu'à la fin. *J'ai* ***terminé*** *mon exercice.* **Synonymes : achever, finir.**
Contraire : commencer.
❷ **Se terminer**, c'est prendre fin, arriver à la fin. *La fête* ***s'est terminée*** *tard.* **Synonymes : s'achever, finir.**
Contraire : commencer.
● Mots de la même famille : **terminaison, terminus.**

terminus **nom masculin**
Le **terminus** est le dernier arrêt d'un train, d'un autocar, d'un autobus ou d'un métro.

🔍 Ce mot se termine par un *s* qu'on prononce.

terne **adjectif**
Une chose **terne** ne brille pas. *Cette médaille est devenue* ***terne***.
Contraires : brillant, éclatant.

terrain **nom masculin**
❶ Un **terrain** est une étendue de terre. *Mes grands-parents ont acheté un* ***terrain*** *près d'un village.*
❷ Un **terrain** de camping, de sport sont des lieux installés en plein air pour faire du camping ou du sport.

🔍 Il y a deux *r*, comme dans « terre ».

terrasse **nom féminin**
❶ Une **terrasse** est une plate-forme qui se trouve devant une fenêtre, une porte ou sur le toit d'une habitation.
❷ Une **terrasse** de café ou de restaurant, c'est la partie qui se trouve à l'extérieur.

🔍 Il y a deux *r*, comme dans « terre ».

terre **nom féminin**
❶ La **Terre** est la planète où vivent les êtres humains. *La* ***Terre*** *tourne autour du Soleil.*
❷ La **terre** est le sol. *Un avion s'est posé à* ***terre***. *Je suis tombé* ***par terre***.
❸ La **terre** est la matière qui permet aux végétaux de pousser. *Les jardiniers cultivent la* ***terre***.

🔍 Quand ce mot désigne la planète, il s'écrit avec une majuscule.
● Mots de la même famille : **terrain, terrasse, terrestre, terrier, territoire.**

terrestre **adjectif**
Un animal **terrestre** est un animal qui vit sur la terre. *L'éléphant est le plus gros animal* ***terrestre***.

🔍 Il y a deux *r*, comme dans « terre ».

terreur **nom féminin**
La **terreur** est une très grande peur. *Je me suis réveillé en hurlant de* ***terreur***.
Synonymes : effroi, frayeur.

🔍 Il y a deux *r*.
● Mot de la même famille : **terrifiant.**

Ils jouent au football
sur le **terrain** de sport.

A B C D E F G H I J K L M N O P Q R S T U V W X Y Z

terrible adjectif

1 Une chose **terrible** est très forte, très violente et difficile à supporter. *Sur la falaise, il y avait un vent **terrible**. Elle a eu un choc quand elle a appris la **terrible** nouvelle.* Synonyme : horrible.

2 Un enfant **terrible** est un enfant turbulent et insupportable. Synonymes : infernal, odieux.

Il y a deux *r*.

terrier nom masculin

Un **terrier** est un abri souterrain creusé par certains animaux sauvages. *Les lièvres, les renards et les marmottes vivent dans des **terriers**.*

Il y a deux *r*, comme dans « terre ».

→ Cherche tanière.

Les renards sont sortis de leur **terrier**.

terrifiant, terrifiante adjectif

Une chose **terrifiante** fait très peur. *J'ai été réveillé par un cri **terrifiant**.* Synonymes : effrayant, épouvantable, horrible.

territoire nom masculin

1 Le **territoire** est l'étendue de terre qui appartient à un pays, à une ville, à un village. *L'Australie s'étend sur un immense **territoire**.*

2 Le **territoire** d'un animal, c'est l'espace où il vit. *Les animaux défendent leur **territoire**.*

Il y a deux *r*, comme dans « terre ».

tes → **ton**

tester verbe

Tester les connaissances d'un élève, c'est les vérifier par des exercices.

têtard nom masculin

Le **têtard** est la larve des grenouilles et des crapauds.

Le e prend un accent circonflexe.

tête nom féminin

1 La **tête** est la partie du corps qui contient le cerveau, la bouche, le nez, les yeux et les oreilles. *J'ai souvent mal à la **tête**.*

2 La **tête** est le visage et l'expression du visage. *Paul a une jolie **tête**.* Synonyme : figure. *Mon frère fait la **tête** ce matin.*

3 La **tête** est la partie avant d'une chose. *Je monte en **tête** du train.*

4 La **tête** est la partie ronde d'un clou, d'une punaise, ou la partie lourde d'un marteau.

5 La **tête** d'un groupe, ce sont les premières places. *Notre équipe est en **tête** du championnat.*

Le premier e prend un accent circonflexe.

● Mots de la même famille : têtard, têtu.

téter verbe

Téter, c'est sucer le lait au sein, à la mamelle ou au biberon. *Les bébés et les petits mammifères **tètent**.*

● Mot de la même famille : tétine.

tétine nom féminin

La **tétine** d'un biberon est le bout en caoutchouc qui est percé de trous et que les bébés tètent.

têtu, têtue **adjectif**
Une personne **têtue** s'entête, ne veut pas changer d'avis. **Synonyme : buté.**

Le e prend un accent circonflexe comme dans « tête ».

Ce buffle est **têtu,** il n'avance pas.

texte **nom masculin**
Un **texte**, c'est une suite de phrases écrites, un ensemble de paragraphes. Il raconte une histoire ou donne des informations. *Un poème, un faire-part, un menu sont des **textes**.*

T. G. V. **nom masculin**
Le **T. G. V.** est un train très rapide. *Les T. G. V. peuvent rouler à 300 kilomètres à l'heure.*

« T. G. V. » est l'abréviation de « train à grande vitesse ».

Va voir la planche illustrée 6

thé **nom masculin**
Le **thé** est une plante d'Asie qui sert à faire une boisson appelée aussi « thé ». *J'ai acheté du **thé** en sachets. Maman boit du **thé** le matin.*

Ce mot s'écrit avec *th*.
● Mot de la même famille : **théière**.

théâtre **nom masculin**
1 Le **théâtre**, c'est l'art de jouer une pièce. *Mathis voudrait faire du **théâtre**.*
2 Un **théâtre** est une salle où des comédiens jouent une pièce sur une scène. *J'ai vu « le Petit Prince » au **théâtre**.*

Ce mot s'écrit avec *th* au début. Le *a* prend un accent circonflexe.
→ Cherche **comédie**.

théière **nom féminin**
Une **théière** est un récipient qui sert à faire du thé.

Ce mot s'écrit avec *th*.

thermomètre **nom masculin**
Un **thermomètre** est un instrument qui sert à mesurer la température. *Ce matin, le **thermomètre** indique 25 degrés.*

Ce mot s'écrit avec *th* au début.

Va voir « les mesures », page 443.

thon **nom masculin**
Le **thon** est un gros poisson de mer.

Ce mot s'écrit avec *th*.

Va voir « les poissons », page 530.

Léo joue une scène de **théâtre**.

A B C D E F G H I J K L M N O P Q R S T U V W X Y Z

thorax **nom masculin**
Le **thorax** est la partie du corps qui se trouve entre le cou et le ventre. Il contient le cœur et les poumons. Synonyme : poitrine.

Ce mot s'écrit avec *th*. Il ne change pas au pluriel : on écrit *des thorax*.

tibia **nom masculin**
Le **tibia** est l'os du devant de la jambe. *Léa s'est cassé le* ***tibia*** *en tombant.*

tic **nom masculin**
Un **tic** est un petit mouvement nerveux que font certaines personnes sans s'en rendre compte. *Elle hausse les épaules sans arrêt, c'est un* ***tic****.*

ticket **nom masculin**
Un **ticket** est un papier qui permet de prendre un transport en commun ou qui prouve que l'on a payé une marchandise. *Nous avons acheté un carnet de* ***tickets*** *d'autobus.* Synonyme : billet.

Ce mot s'écrit avec *ck*.

tiède **adjectif**
De l'eau **tiède** n'est ni chaude ni froide. *L'eau de ma douche est* ***tiède****.* Contraires : brûlant, glacé.

un **tigre**

le **tien** **pronom masculin**
la **tienne** **pronom féminin**
Le tien, la tienne, c'est une chose qui est à toi. *Ce n'est pas mon stylo, c'est* ***le tien****.*

Au pluriel, on écrit *les tiens*, *les tiennes*.

tiens ! **interjection**
Tiens s'emploie quand on est surpris. ***Tiens !*** *il neige !*

tiercé **nom masculin**
Le **tiercé** est un pari que l'on fait sur les trois chevaux qui arriveront les premiers dans une course. *Notre voisin joue au* ***tiercé****.*

tige **nom féminin**
1 La **tige** d'une plante est la partie fine qui porte les fleurs. *Les glaïeuls ont de longues* ***tiges****.*
2 Une **tige** est une barre mince. *Ces brochettes sont des* ***tiges*** *de métal.*

tigre **nom masculin**
Un **tigre** est un mammifère sauvage et féroce qui a un pelage jaune à rayures noires. Il vit en Asie. *Le* ***tigre*** *a bondi sur un buffle.*

► C'est un félin. La femelle est la **tigresse**. Quand le tigre crie, on dit qu'il **feule**.

tilleul **nom masculin**
Un **tilleul** est un grand arbre aux fleurs jaunes parfumées. *Les fleurs du* ***tilleul*** *servent à faire de la tisane.*

timbale **nom féminin**
Une **timbale** est un gobelet en métal. *Mon petit frère boit dans une* ***timbale****.*

Le son [ɛ̃] s'écrit *im* devant un *b*.

timbre **nom masculin**
Un **timbre** est un petit papier spécial que l'on colle sur une enveloppe ou sur

un colis pour payer l'envoi. *J'ai acheté un carnet de dix* ***timbres****.*

Le son [ɛ̃] s'écrit *im* devant un *b*.

timide **adjectif**
Une personne **timide** n'ose pas parler aux autres. *Mon grand frère est très* ***timide*** *avec les filles.*
● Mot de la même famille : timidité.
➜ Cherche intimider.

timidité **nom féminin**
La **timidité** est le caractère d'une personne timide. *Elle ne lui a pas demandé son nom par* ***timidité****.*

tinter **verbe**
Tinter, c'est faire un petit son aigu. *On entend les verres* ***tinter****.*

tintinnabuler **verbe**
Tintinnabuler, c'est faire entendre une série de petits sons aigus. *Les grelots* ***tintinnabulent****.*

Il y a deux *n* au milieu du mot.

tir **nom masculin**
1 Le **tir**, c'est l'action de tirer avec une arme à feu. *À la fête foraine, il y a un stand de* ***tir****.*
2 Un **tir** est un coup de pied donné dans un ballon. *David a réussi un* ***tir*** *au but.*

tire-bouchon **nom masculin**
Un **tire-bouchon** est un instrument en forme de vis qui sert à déboucher une bouteille.

Au pluriel, il n'y a pas de *s* à « tire » : *des tire-bouchons.*
– La nouvelle orthographe permet d'écrire aussi *un tirebouchon, des tirebouchons,* sans trait d'union.

tirelire **nom féminin**
Une **tirelire** est un objet avec une fente, où l'on met l'argent que l'on veut économiser. *Autrefois, on devait casser les* ***tirelires*** *pour récupérer les pièces.*

Lola a vidé sa **tirelire**.

tirer **verbe**
1 **Tirer**, c'est amener vers soi ou traîner derrière soi. *Pour entrer, il faut* ***tirer*** *la porte. La dépanneuse* ***tire*** *une voiture.*
Contraire : pousser.
2 **Tirer**, c'est envoyer un projectile. *Le chasseur* ***a tiré*** *sur un lièvre.*
3 **Tirer**, c'est lancer un ballon ou une boule. *Le footballeur* ***a tiré*** *droit au but.*
4 **Tirer** un trait, c'est faire un trait avec une règle. Synonyme : tracer.
5 **Tirer** de l'eau, du pétrole, c'est les faire sortir. *On* ***tire*** *l'eau du puits.*
6 **Tirer** une carte, un numéro, c'est les prendre au hasard. *Chloé* ***a tiré*** *le numéro gagnant.*
● Mots de la même famille : tir, tiroir.

tiroir **nom masculin**
Le **tiroir** d'un meuble est la case que l'on peut ouvrir et fermer. *Les couverts sont dans le* ***tiroir*** *de la table.*

tisane **nom féminin**
Une **tisane** est une boisson chaude faite avec des plantes que l'on met dans de l'eau bouillante. *Quand je suis malade, je bois de la* ***tisane*** *à la menthe.*
Synonyme : infusion.

tisser verbe

Tisser de la laine, du coton, de la soie, c'est passer les fils les uns sur les autres pour fabriquer un tissu. Un **métier à tisser** est une machine qui sert à fabriquer un tissu.

● Mot de la même famille : tissu.

tissu nom masculin

Un **tissu** est fait de fils que l'on a tissés. *Le coton et la laine sont des* ***tissus****.* Synonyme : étoffe. Le **tissu-éponge** est un tissu de coton qui absorbe l'eau. *Les serviettes de toilette sont en* ***tissu-éponge****.*

titre nom masculin

1 Un **titre** est le nom d'un livre, d'un film, d'une pièce de théâtre. *« La Belle et la Bête » est le* ***titre*** *d'un conte, d'un film et d'un dessin animé.*

2 Le **titre** d'un article de journal est le mot, la phrase qui sont écrits en grosses lettres.

toboggan nom masculin

Un **toboggan** est une sorte de piste en pente. On se laisse glisser dessus pour jouer. *Nous faisons du* ***toboggan*** *à la piscine.*

Il y a deux *g*.

Les enfants font du **toboggan**.

toi pronom

Toi représente la deuxième personne du singulier. *C'est* ***toi*** *le gagnant. Cette cassette est à* ***toi****.*

toile nom féminin

1 La **toile** est un tissu solide. *Les tentes sont en* ***toile****.*

2 Une **toile** d'araignée est un ensemble de fils de soie que fabrique une araignée pour capturer des insectes. *L'araignée a tissé sa* ***toile*** *dans un coin de la pièce.*

1. toilette nom féminin

1 **Faire sa toilette**, c'est se laver. *Je* ***fais ma toilette*** *avant d'aller me coucher.*

2 Changer de **toilette**, c'est changer de vêtement.

2. toilettes nom féminin pluriel

Les **toilettes**, ce sont les cabinets. Synonyme : waters.

toise nom féminin

Une **toise** est une grande règle verticale qui sert à mesurer la taille d'une personne. *Tiens-toi bien droit sous la* ***toise*** *!*

toit nom masculin

Le **toit** d'un bâtiment est la partie qui le recouvre. *Les* ***toits*** *peuvent être en tuile, en ardoise ou en tôle.*

Ne confonds pas « le toit » et « à toi ».

tôle nom féminin

La **tôle** est une plaque de métal. *Le toit du garage est en* ***tôle****.*

Le *o* prend un accent circonflexe.

tomate nom féminin

Une **tomate** est un fruit rouge que l'on mange cru ou cuit. *Maman a fait une salade de* ***tomates****.*

A B C D E F G H I J K L M N O P Q R S T U V W X Y Z

tombe **nom féminin**
Une **tombe** est un trou creusé dans la terre pour enterrer un mort.

Le son [ɔ̃] s'écrit *om* devant un *b*.
● Mot de la même famille : tombeau.

tombeau **nom masculin**
Un **tombeau** est un monument en pierre que l'on construit sur une tombe.

Le son [ɔ̃] s'écrit *om* devant un *b*. Au pluriel, on écrit *des tombeaux*.

tombée **nom féminin**
La **tombée** de la nuit (ou la **tombée** du jour) est le moment où il commence à faire nuit. *On voit mal quand on conduit à la* ***tombée*** *de la nuit.*

Le son [ɔ̃] s'écrit *om* devant un *b*.

tomber **verbe**
1 **Tomber**, c'est toucher brutalement le sol avec son corps, faire une chute. *Je* ***suis tombé*** *en glissant sur le verglas.* **Tomber**, c'est être entraîné vers le sol. *Attention ! le verre va* ***tomber****.*
2 **Tomber**, c'est descendre vers le sol. *La pluie* ***tombe****, la neige* ***tombe****.*
3 **Tomber**, c'est se détacher de son support. *Les feuilles* ***tombent*** *en automne. Une dent de Léo* ***est tombée*** *ce matin.*
4 **Tomber** malade, **tomber** amoureux, c'est devenir subitement malade, amoureux.

Le son [ɔ̃] s'écrit *om* devant un *b*.
● Mot de la même famille : tombée.

tombola **nom féminin**
Une **tombola** est une loterie où l'on gagne des objets. *J'ai pris deux billets de* ***tombola****.*

Le son [ɔ̃] s'écrit *om* devant un *b*.

1. ton, ta **adjectif**
Ton et **ta** sont des déterminants qui indiquent qu'une chose t'appartient, qu'une personne est de la même famille que toi : *ton livre, ton oncle.*

Quand un nom féminin commence par une voyelle ou un « h » muet, on dit *ton* : *ton assiette, ton humeur.* Au pluriel, on dit *tes*.

2. ton **nom masculin**
Le **ton** est la façon de parler. Il montre l'humeur d'une personne. *Chloé avait un* ***ton*** *moqueur.* **Synonyme :** intonation.

tondeuse **nom féminin**
Une **tondeuse** est une machine qui sert à tondre de l'herbe, des cheveux ou des poils. *Papi passe la* ***tondeuse*** *sur la pelouse.*

tondre **verbe**
Tondre de l'herbe, c'est la couper avec une tondeuse. **Tondre** des cheveux, des poils, c'est les couper très court. *On* ***a tondu*** *notre caniche.*
● Mot de la même famille : tondeuse.

tonne **nom féminin**
Une **tonne** est une unité de mesure des masses. *Il faut mille kilogrammes pour faire une* ***tonne****.*

Il y a deux *n*.

tonneau **nom masculin**
Un **tonneau** est un grand récipient en bois qui sert à conserver du vin, du cidre, de la bière.

Il y a deux *n*. Au pluriel, on écrit *des tonneaux*.

Paul **est tombé** de son vélo.

tonnerre **nom masculin**
Le **tonnerre** est le bruit que l'on entend pendant un orage. *On a entendu un coup de* ***tonnerre****.*
Il y a deux *n* et deux *r*.
→ Cherche **foudre**.

torche **nom féminin**
1 Une **torche** est un long bâton recouvert de cire que l'on enflamme. *Autrefois, les couloirs des châteaux étaient éclairés par des* ***torches****.* **Synonyme : flambeau.**
2 Une **torche** électrique est une lampe de poche de forme cylindrique.

torchon **nom masculin**
Un **torchon** est un morceau de tissu qui sert à essuyer la vaisselle.

tordre **verbe**
1 **Tordre** une partie du corps, c'est la tourner brutalement. *Lâche-moi, tu me* ***tords*** *le bras.*
2 **Tordre** du linge, c'est tourner les deux bouts en sens contraire. *Je* ***tords*** *mon tee-shirt pour le rincer.*

tornade **nom féminin**
Une **tornade** est un grand vent qui fait des tourbillons. *La* ***tornade*** *a arraché des arbres.*
→ Cherche **cyclone**, **ouragan** et **tempête**.

torrent **nom masculin**
Un **torrent** est un cours d'eau rapide de montagne. *En été, les* ***torrents*** *ont peu d'eau.*
Il y a deux *r*.

une **tortue**

torse **nom masculin**
Le **torse** est la partie du corps qui va des épaules à la taille. *Léo se met* ***torse*** *nu pour faire de la gymnastique.*
Synonyme : buste.

tort **nom masculin**
1 **Avoir tort**, c'est se tromper ou faire quelque chose qui n'est pas raisonnable. *Tu* ***as tort*** *de te fâcher pour si peu.*
Contraire : avoir raison.
2 **Faire du tort** à quelqu'un, c'est lui causer des ennuis. *Ses nombreux retards lui* ***font du tort****.* **Synonyme : nuire.**

torticolis **nom masculin**
Le **torticolis** est une douleur dans le cou qui empêche de bouger la tête.
Ce mot se termine par un *s*.

tortiller **verbe**
Tortiller un objet, c'est le tordre dans tous les sens. *Marie* ***tortille*** *son mouchoir.*

tortue **nom féminin**
Une **tortue** est un animal qui a le corps recouvert d'une carapace, quatre pattes courtes et une petite queue.
▶ Les tortues sont des reptiles. Elles se déplacent lentement. Il existe des tortues terrestres, des tortues d'eau douce et des tortues d'eau de mer.

tôt **adverbe**
Tôt signifie : au bout de peu de temps ou avant l'heure. *Ce matin, je me suis levé* ***tôt****.* **Synonyme : de bonne heure.**
Contraire : tard.
Le *o* prend un accent circonflexe.

1. total, totale **adjectif**
Le prix **total** d'une chose, c'est la somme de tous les prix. *Quel est le prix* ***total*** *de ces achats ?*
Au pluriel, on écrit *totaux*, *totales*.

● Mots de la même famille : **totalement, totalité.**

2. total nom masculin
Le **total** d'une addition est la somme de tous les nombres. *J'ai vingt billes ; si j'en achète dix, j'en aurai trente au **total**.*

🔍 Au pluriel, on écrit *des totaux*.

totalement adverbe
Totalement signifie : complètement. *Depuis un an, Anaïs a **totalement** changé.*

totalité nom féminin
La **totalité**, c'est l'ensemble, le total. *Il a dépensé **la totalité** de son salaire.*
Contraire : une partie.

touche nom féminin
Les **touches** d'un piano, d'un accordéon, d'un téléphone ou d'un ordinateur sont les parties sur lesquelles on pose les doigts. *Un piano a des **touches** noires et des **touches** blanches.*

1. toucher verbe
❶ **Toucher**, c'est mettre la main sur un être ou un objet. *J'**ai touché** une ortie.*
❷ **Toucher**, c'est être en contact avec quelque chose ou être tout à côté. *La maison de Julien **touche** la nôtre.*
❸ Quand une balle **touche** quelqu'un, un animal, elle l'atteint. *La balle **a touché** la perdrix.*
❹ **Toucher** de l'argent, c'est le recevoir. *Quand on travaille, on **touche** un salaire.*
❺ **Toucher** une personne, c'est lui faire un grand plaisir. *Je **suis touché** de voir que Léa pense à moi.*
Synonyme : émouvoir.
● Mot de la même famille : **touche.**

2. toucher nom masculin
Le **toucher** est le sens qui permet de reconnaître ce que l'on touche.
→ Cherche **goût**, **odorat**, **ouïe** et **vue**.

touffe nom féminin
Une **touffe**, c'est un ensemble de brins d'herbe ou de poils. *Mon chat a une **touffe** de poils blancs sur la tête.*

🔍 Il y a deux *f*.

toujours adverbe
❶ **Toujours** signifie : sans arrêt ou sans fin. *Nous avons **toujours** habité ici.* **Synonyme : tout le temps.**
Contraire : jamais.
❷ **Toujours** signifie : encore maintenant. *Tu es **toujours** fâché ?*

toupie nom féminin

Une **toupie** est un jouet que l'on fait tourner très vite sur sa pointe.

1. tour nom féminin
❶ Une **tour** est une construction très haute. *Nous habitons au vingtième étage d'une **tour**.*
❷ La **tour de contrôle** est le bâtiment très haut où se fait le contrôle des décollages et des atterrissages dans un aéroport.

2. tour nom masculin
❶ Un **tour** est un parcours en rond. *J'ai fait le **tour** de la cour.*
❷ Faire un **tour**, c'est tourner sur soi-même. *Quand on fait une pirouette, on fait un **tour** sur soi-même.*

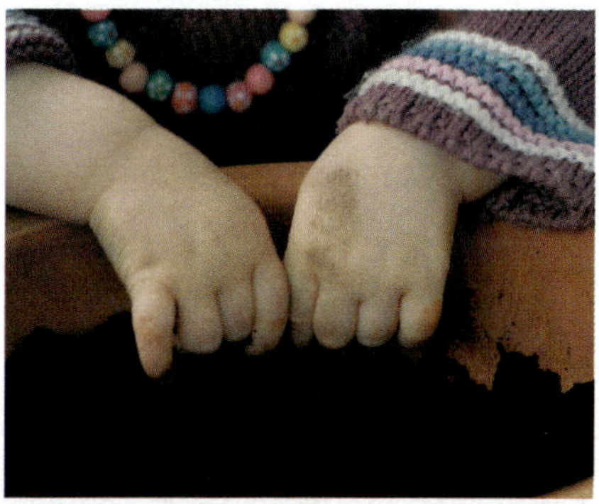
Loan **touche** la terre.

a b c d e f g h i j k l m n o p q r s t u v w x y z

A B C D E F G H I J K L M N O P Q R S T U V W X Y Z

③ Faire un **tour**, c'est faire une petite promenade. *Dimanche, nous irons faire un **tour** à la campagne.*

④ Un **tour** est un numéro qui demande beaucoup d'habileté. *Tom nous a fait un **tour** de cartes.*

⑤ **Jouer un tour** à quelqu'un, c'est lui faire une farce.

⑥ **C'est mon tour** signifie : c'est à moi de faire quelque chose. ***C'est mon tour** de distribuer les cartes.*

tourbillon **nom masculin**

Un **tourbillon** de poussière, c'est de la poussière qui monte en tournant rapidement.

● Mot de la même famille : tourbillonner.

tourbillonner **verbe**

Tourbillonner, c'est tourner rapidement en montant. *La fumée **tourbillonne**.*

Il y a deux *l* et deux *n*.

touriste **nom masculin et nom féminin**

Un **touriste**, une **touriste** sont des personnes qui voyagent et qui visitent un pays, une région, une ville. *L'été, il y a beaucoup de **touristes** dans notre ville.*

tourment **nom masculin**

Un **tourment** est une grande peine. *La Petite Sirène pensait au prince pour qui elle avait subi bien des **tourments**.*

tournant **nom masculin**

Un **tournant** est un endroit où une route, un chemin tournent. *Les routes de montagne ont de nombreux **tournants**.* Synonyme : virage.

tourne-disque **nom masculin**

Un **tourne-disque** est un appareil qui sert à écouter des disques.

▶ Aujourd'hui, on utilise des lecteurs de CD.

Ce mot s'écrit avec un trait d'union. Au pluriel, il n'y a pas de *s* à « tourne » : on écrit *des tourne-disques.*

tournée **nom féminin**

Une **tournée** est une série de représentations ou de concerts que font les comédiens et les musiciens dans des villes ou des pays. *La troupe part en **tournée** pour un mois.*

tourner **verbe**

① **Tourner**, c'est se déplacer en rond. *Le lion **tourne** dans sa cage.*

② **Tourner**, c'est changer de direction. *La voiture **a tourné** à droite. **Tourne** la tête vers moi.*

③ **Tourner** les pages d'un livre, c'est les faire passer d'un côté à l'autre. Synonyme : feuilleter.

④ **Tourner un film**, c'est filmer avec une caméra ou jouer dans un film.

● Mots de la même famille : tour, tournant, tournée.

Le manège **tourne**.

tournesol **nom masculin**

Un **tournesol** est une grande fleur jaune qui se tourne vers le soleil. *On fabrique de l'huile avec les graines du **tournesol**.*

tournevis **nom masculin**

Un **tournevis** est un outil qui sert à serrer et à desserrer une vis.

Ce mot se termine par un *s* que l'on prononce.

tournoi **nom masculin**
Au Moyen Âge, un **tournoi** était un combat entre deux chevaliers armés d'une lance.

tourterelle **nom féminin**
Une **tourterelle** est un oiseau qui ressemble à un petit pigeon. *Les* ***tourterelles*** *roucoulent.*
▶ Le petit est le **tourtereau**.

tousser **verbe**
Tousser, c'est chasser de l'air par la bouche en faisant du bruit. *Quand on a la grippe, on* ***tousse****.*

1. tout, toute **adjectif**
Tout, **toute**, c'est l'ensemble, la totalité d'une chose. *Elle a mangé* ***tout*** *le chocolat.* ***Toute*** *la famille est réunie.*
Au pluriel, on écrit *tous, toutes*.

2. tout **pronom**
Tout, c'est toutes les choses. *J'ai rangé* ***tout*** *ce qui traînait.*
Au pluriel, on écrit *tous*.

3. tout **adverbe**
Tout signifie : très ou complètement. *Mon frère est* ***tout*** *petit. Elle était* ***tout*** *étonnée.*

4. tout **nom masculin**
❶ **En tout** signifie : au total. *Nous étions six* ***en tout****.*
❷ **Pas du tout** signifie : absolument pas, **rien du tout** signifie : absolument rien. *Je n'ai* ***rien*** *compris* ***du tout*** *à ce que tu m'as dit.*

tout à coup **adverbe**
Tout à coup signifie : tout d'un coup, au moment où l'on ne s'y attendait pas. *L'orage a éclaté* ***tout à coup****.* Synonymes : brusquement, soudain, subitement.

tout à fait **adverbe**
Tout à fait signifie : complètement. *Papi est* ***tout à fait*** *guéri.* Contraires : à peu près, presque.

tout de même **adverbe**
Tout de même signifie : malgré cela. *J'ai raté l'autobus, mais je suis* ***tout de même*** *arrivé à l'heure.* Synonymes : pourtant, quand même.

tout de suite **adverbe**
Tout de suite signifie : sans attendre. *Quand j'appelle mon chien, il vient* ***tout de suite****.* Synonymes : aussitôt, immédiatement.

tout le temps **adverbe**
Tout le temps signifie : sans arrêt. *Mon frère pleurniche* ***tout le temps****.* Synonyme : toujours. Contraires : jamais, rarement.

toux **nom féminin**
La **toux** est le bruit que l'on fait quand on tousse. *J'ai pris du sirop pour la* ***toux****.*
Ce mot se termine par un *x*.
● Mot de la même famille : tousser.

toxique **adjectif**
Un produit **toxique** est un produit qui contient du poison. *La nicotine du tabac est un produit* ***toxique****.*

trac **nom masculin**
Le **trac** est la peur que l'on ressent quand on doit faire quelque chose devant le public. *Zoé et Paul avaient le* ***trac*** *avant d'entrer en scène.*

se **tracasser** **verbe**
Se tracasser, c'est se faire du souci. *Mes parents* ***se tracassent*** *pour la santé de mon petit frère. Tu* ***te tracasses*** *pour rien.* Synonyme : s'inquiéter.

A B C D E F G H I J K L M N O P Q R S T U V W X Y Z

trace nom féminin
Une **trace** est une marque laissée par quelque chose. *On voit des **traces** de pas sur le sable.* Synonyme : empreinte.

tracer verbe
Tracer quelque chose, c'est le dessiner en faisant un trait. *Je **trace** un cercle avec mon compas.*
● Mot de la même famille : trace.

tracteur nom masculin
Un **tracteur** est un gros véhicule qui sert à tirer des machines agricoles.
☛ Va voir la planche illustrée 1

un **tracteur**

tradition nom féminin
Une **tradition** est une manière de vivre qui existe depuis longtemps dans une région ou un pays. *En Alsace, c'est la **tradition** de fêter la Saint-Nicolas.*
Synonyme : coutume.

traduire verbe
Traduire, c'est expliquer dans une langue ce qui est dit dans une autre langue. *Je ne comprends pas l'anglais, peux-tu me **traduire** cette lettre ?*

trafic nom masculin
1 Le **trafic** est la circulation sur les routes.
2 **Faire du trafic**, c'est vendre des objets ou des produits interdits.

tragédie nom féminin
Une **tragédie** est un événement terrible. *Le tremblement de terre est une **tragédie** pour le pays.*
Synonymes : catastrophe, drame.
● Mot de la même famille : tragique.

tragique adjectif
Un événement **tragique** est très grave. *La situation de ce pays est **tragique**.*
Synonyme : catastrophique.

trahir verbe
Trahir quelqu'un, c'est le tromper et l'abandonner. *Le bandit **a trahi** ses complices.*
Il y a un *h* après le *a*.

train nom masculin
Un **train** est une suite de wagons tirés par une locomotive. *Nous prenons le **train** pour aller au bord de la mer.*
☛ Va voir la planche illustrée 6

Le **train** entre en gare.

en train de préposition
Être **en train de** faire quelque chose, c'est être occupé à le faire. *Quand tu as téléphoné, j'étais **en train de** lire.*

traîne nom féminin
Une **traîne** est la partie d'une robe ou d'un manteau qui traîne à terre. *Nous tenons la **traîne** de la mariée.*

La nouvelle orthographe permet d'écrire aussi *traine,* sans accent circonflexe.

traîneau **nom masculin**
Un **traîneau** est un petit véhicule qui glisse sur la neige. Il est souvent tiré par des chiens. *Le* ***traîneau*** *du père Noël est tiré par des rennes.*

Au pluriel, on écrit *des traîneaux.* – La nouvelle orthographe permet d'écrire aussi *traineau,* sans accent circonflexe.

→ Cherche luge.

traîner **verbe**
1 **Traîner** un objet, c'est le tirer derrière soi. *Mon petit frère* ***traîne*** *son ours.*
2 **Traîner**, c'est pendre jusqu'à terre. *Ton écharpe* ***traîne*** *par terre.*
3 **Traîner**, c'est être étalé en désordre. *Dans ta chambre, il y a des affaires qui* ***traînent****.*
4 **Traîner**, c'est faire les choses lentement et se mettre en retard. *Avancez, ne* ***traînez*** *pas !* **Contraire : se dépêcher.**

La nouvelle orthographe permet d'écrire aussi *trainer,* sans accent circonflexe.
● Mots de la même famille : **traîne, traîneau**.

traire **verbe**
Traire une vache, une chèvre ou une brebis, c'est tirer le lait de ses mamelles en pressant sur les pis.

trait **nom masculin**
1 Un **trait** est une ligne.
2 Un **trait d'union** est une petite ligne horizontale qui relie deux mots. *« Cerf-volant » s'écrit avec un* ***trait d'union****.*
3 Les **traits** du visage sont les lignes qui forment le visage.

traiter **verbe**
1 **Traiter** quelqu'un, un animal de telle manière, c'est agir de cette manière avec lui. *Mes parents me* ***traitent*** *sévèrement.*
2 **Traiter** quelqu'un **de**, c'est lui donner un nom désagréable. *Qui t'****a traité d'****idiot ?*
→ Cherche maltraiter.

traître **nom masculin**
traîtresse **nom féminin**
Un **traître**, une **traîtresse** sont des personnes qui trahissent.

La nouvelle orthographe permet d'écrire aussi *traitre, traitresse,* sans accent circonflexe.

trajet **nom masculin**
Un **trajet** est un chemin à parcourir d'un lieu à un autre. *Nous avons étudié le* ***trajet*** *sur la carte.* **Synonymes : itinéraire, parcours.**

trampoline **nom masculin**
Un **trampoline** est une grande toile tendue sur des ressorts. On fait des sauts dessus pour jouer ou faire du sport.

Le son [ɑ̃] s'écrit *am* devant un *p.*

un grand écart sur le **trampoline**

A B C D E F G H I J K L M N O P Q R S T U V W X Y Z

tramway nom masculin
Un **tramway** est un chemin de fer électrique, qui permet de se déplacer dans une ville. *Les **tramways** ne créent pas de pollution.*
On prononce [tramwɛ].

tranchant, tranchante adjectif
Un instrument **tranchant** coupe bien. *Les cutters sont **tranchants**.*

tranche nom féminin
Une **tranche** est un morceau d'aliment coupé assez mince. *J'ai pris deux **tranches** de jambon.*
● Mot de la même famille : tranchant.

tranquille adjectif
Un endroit **tranquille** est un endroit où il n'y a pas de bruit. *Nous habitons dans un village **tranquille**.* Une personne **tranquille** est une personne qui ne fait pas beaucoup de bruit, qui ne s'énerve pas. *Restez **tranquilles** en attendant le début du film !* **Synonymes : calme, silencieux. Contraire : bruyant.**
Il y a deux *l*.
● Mots de la même famille : tranquillement, tranquillité.

Chloé s'est installée dans un endroit **tranquille**.

tranquillement adverbe
Tranquillement signifie : avec calme, sans faire de bruit. *Nous jouons **tranquillement** dans le jardin.* **Synonymes : calmement, sagement.**
Il y a deux *l*.

tranquillité nom féminin
La **tranquillité**, c'est l'absence de bruit, d'agitation. *Quelle **tranquillité** dans ce parc !* **Synonyme : calme.**
Il y a deux *l*.

transformation nom féminin
La **transformation**, c'est l'action de transformer. *Nous avons fait des **transformations** dans toutes les pièces de la maison.*

transformer verbe
Transformer une chose ou un être, c'est leur donner une autre forme. *Le froid **transforme** l'eau en glace.* **Synonyme : changer.** *Le têtard **se transforme** en grenouille.*
● Mot de la même famille : transformation.

transfusion nom féminin
Faire une **transfusion** de sang, c'est introduire dans le corps d'un malade ou d'un blessé du sang donné par une autre personne.

transistor nom masculin
Un **transistor** est un petit poste de radio qui fonctionne avec des piles.

transmettre verbe
1 **Transmettre**, c'est faire passer à une autre personne. *Le directeur **a transmis** un message à mes parents. La grippe **se transmet** facilement.*

❷ **Transmettre** des images ou des sons, c'est les faire passer d'un endroit à un autre. *L'air **transmet** les sons.*

Clara **transmet** une lettre de sa maîtresse.

transparent, transparente adjectif
Un objet **transparent** laisse passer la lumière, ce qui permet de voir à travers. *Le verre est **transparent**.*

transpiration nom féminin
La **transpiration** est le liquide qui sort de la peau quand on a chaud. *Quand je fais de la gymnastique, je suis mouillé par la **transpiration**.*
Synonyme : sueur.

transpirer verbe
Transpirer, c'est avoir la peau couverte de sueur. *Quand on a de la fièvre, on **transpire**.* Synonyme : suer.
● Mot de la même famille : transpiration.

transport nom masculin
❶ Le **transport**, c'est l'action de transporter. *Le meuble a été cassé pendant le **transport**.*
❷ Les **transports en commun** sont des véhicules qui transportent un grand nombre de personnes à la fois. *Le train, le métro et l'autobus sont des **transports en commun**.*

transporter verbe
Transporter, c'est emporter des choses, emmener des personnes d'un endroit à un autre. *On **a transporté** le malade sur une civière.*
● Mot de la même famille : transport.

trapèze nom masculin
Un **trapèze** est une barre suspendue à deux cordes qui sert à faire des exercices de gymnastique.
▶ Les artistes de cirque qui font du trapèze sont des **trapézistes**.

trappe nom féminin
Une **trappe** est une petite porte qui se trouve sur un plancher ou sur un plafond. *Pour descendre à la cave, il faut soulever une **trappe**.*
🔎 Il y a deux *p*.

travail nom masculin
❶ Un **travail** est une activité qui permet de gagner sa vie. *Mon oncle était au chômage et il a retrouvé du **travail**.*
Synonyme : emploi.
❷ Le **travail**, c'est ce que l'on doit faire dans une journée. *Il reste une semaine de **travail** avant les vacances.*
Contraires : loisirs, repos.
❸ Faire des **travaux**, c'est construire ou réparer quelque chose. *Les ouvriers font des **travaux** dans la rue.*
🔎 Au pluriel, on écrit *des travaux*.
● Mots de la même famille : travailler, travailleur.

travailler verbe
Travailler, c'est faire un métier. *Mon oncle **travaille** dans une usine.*
Travailler, c'est faire un travail. *Je **travaille** bien en classe.*

travailleur nom masculin
travailleuse nom féminin
Un **travailleur**, une **travailleuse** sont des personnes qui travaillent. *Les **travailleurs** de l'usine sont répartis en équipes.* Synonymes : employé, ouvrier.

à travers préposition
À travers signifie : en traversant quelque chose. *Je sens le froid **à travers** mes vêtements.*

Le clou est passé **à travers** la planche.

de travers adverbe
Ce qui est **de travers** n'est pas droit, est mal placé. *Le clou est planté **de travers**.*

en travers de préposition
En travers de quelque chose, c'est dans le sens de la largeur. *Le camion est arrêté **en travers de** la route.*

traversée nom féminin
La **traversée**, c'est l'action de traverser un lieu, la mer, un fleuve. *J'aimerais faire la **traversée** d'un désert.*

traverser verbe
Traverser un lieu, c'est passer d'un côté à l'autre. *Je regarde d'abord à gauche puis à droite quand je **traverse** la rue.* **Traverser** une chose, c'est passer de l'autre côté. *Le clou **a traversé** la planche.*
● Mots de la même famille : à travers, traversée.

Les cavaliers **traversent** la rivière.

traversin nom masculin
Un **traversin** est un grand oreiller qui a la forme d'un cylindre. Il se place en travers du lit.

trébucher verbe
Trébucher sur une chose, c'est perdre l'équilibre en la heurtant du pied. *Pierre **a trébuché** sur une pierre.* Synonyme : buter contre.

trèfle nom masculin
Un **trèfle** est une petite plante qui a trois feuilles.

tréma nom masculin
Un **tréma** est un signe formé de points (¨) qui se place sur « e » et sur « i » dans certains mots. *« Noël » et « naïf » ont un **tréma**.*

tremblement nom masculin
1 Un **tremblement**, c'est le mouvement de ce qui tremble. *Mamie a des **tremblements** dans les jambes.*
2 Un **tremblement de terre**, c'est une série de mouvements brusques de la terre. *Au Japon, il y a souvent des **tremblements de terre**.*

Le son [ɑ̃] s'écrit *em* devant un *b*.

trembler **verbe**
Trembler, c'est avoir le corps agité de petits mouvements qu'on ne peut pas empêcher. *Le chien* ***tremblait*** *de froid.* **Synonymes : frissonner, grelotter.**

🔍 Le son [ɑ̃] s'écrit *em* devant un *b.*
● Mot de la même famille : tremblement.

se **trémousser** **verbe**
Se trémousser, c'est s'agiter sans arrêt. *Les enfants* ***se trémoussent*** *sur leur chaise.* **Synonyme : gigoter.**

tremper **verbe**
① **Tremper**, c'est plonger quelque chose dans un liquide. *Marie* ***trempe*** *sa tartine dans un bol de lait.*
② **Être trempé**, c'est être tout mouillé. *Je suis sorti sous la pluie et je* ***suis trempé****.*

🔍 Le son [ɑ̃] s'écrit *em* devant un *p.*

Alice **est** toute **trempée**.

tremplin **nom masculin**
Un **tremplin** est une planche qui sert à sauter. *J'ai pris mon élan sur le* ***tremplin****.*

🔍 Le son [ɑ̃] s'écrit *em* devant un *p.*

très **adverbe**
① **Très** signifie : beaucoup plus que les autres. *Ma sœur est* ***très*** *grande.*
② **Très** signifie : tout à fait. *Je suis* ***très*** *content.* **Synonymes : bien, parfaitement, vraiment.** **Contraire : pas du tout.**

trésor **nom masculin**
Un **trésor**, c'est un ensemble d'objets précieux qui ont été cachés. *Ali Baba a trouvé un* ***trésor****.*

Le **trésor** est caché dans la caverne.

tresse **nom féminin**
Une **tresse** est une coiffure faite avec trois mèches de cheveux que l'on croise. **Synonyme : natte.**

tréteau **nom masculin**
Un **tréteau** est un objet en bois ou en métal qui remplace les pieds d'une table. *On a posé une planche sur deux* ***tréteaux*** *pour faire une table de ping-pong.*

🔍 Au pluriel, on écrit *des tréteaux.*

tri **nom masculin**
Le **tri**, c'est l'action de trier. *Ma sœur a fait un* ***tri*** *dans ses photos.*

triangle **nom masculin**
Un **triangle** est une figure géométrique qui a trois côtés et trois angles.
☛ Va voir « les couleurs et les formes », page 171.

A B C D E F G H I J K L M N O P Q R S T U V W X Y Z

tribord **nom masculin**
À **tribord**, dans un bateau, c'est du côté droit quand on regarde vers l'avant. *On a vu un dauphin **à tribord** !*
Contraire : à bâbord.

tribu **nom féminin**
Une **tribu** est un groupe de familles qui ont le même chef. *Le chef indien a réuni les membres de sa **tribu**.*

tribunal **nom masculin**
Le **tribunal** est l'endroit où sont jugées des personnes qui ont été accusées. *Le juge rend la justice dans un **tribunal**.*
Au pluriel, on écrit *des tribunaux*.
→ Cherche avocat et procès.

tricher **verbe**
Tricher, c'est ne pas respecter la règle du jeu pour gagner. *Personne ne jouera avec toi si tu **triches**.*
● Mot de la même famille : tricheur.

tricheur **nom masculin**
tricheuse **nom féminin**
Un **tricheur**, une **tricheuse** sont des personnes qui trichent. *Je n'aime pas jouer avec des **tricheurs**.*

tricolore **adjectif**
Un objet **tricolore** a trois couleurs. Le drapeau **tricolore** est le drapeau bleu, blanc et rouge de la France.
→ Cherche multicolore.

tricot **nom masculin**
1 Un **tricot** est un vêtement de laine ou de coton qui couvre le haut du corps.
2 Un **tricot** est un vêtement que l'on est en train de tricoter.

tricoter **verbe**
Tricoter, c'est faire un vêtement, une couverture avec de longues aiguilles et de la laine ou du coton.
● Mot de la même famille : tricot.

tricycle **nom masculin**
Un **tricycle** est un petit vélo à trois roues. *Quand j'étais petite, je faisais du **tricycle**.*
Le deuxième son [i] s'écrit *y*.

trier **verbe**
Trier, c'est mettre d'un côté certaines choses et d'un autre côté les autres choses. *Maman **trie** mes vêtements et garde ceux qui ne sont pas usés.*
● Mot de la même famille : tri.

trimestre **nom masculin**
Un **trimestre** est une période de trois mois. *Dans une année, il y a quatre **trimestres**.*

tringle **nom féminin**
Une **tringle** est une longue tige qui sert à accrocher des rideaux.

triomphe **nom masculin**
Un **triomphe** est un grand succès ou une grande victoire. *Le film a fait un **triomphe**.*
Le son [ɔ̃] s'écrit *om* devant un *p*. Ce mot s'écrit avec *ph*.

triple **nom masculin**
Le **triple** d'un nombre, c'est trois fois ce nombre. *Le **triple** de dix, c'est trente.*
→ Cherche double.

triste **adjectif**
1 Être **triste**, c'est avoir de la peine, du chagrin. *Je suis **triste** à l'idée de quitter mes amis.* **Synonyme :** désolé. **Contraires :** content, enchanté, ravi.
2 Une musique, une histoire **triste** donne envie de pleurer. *La fin du film était **triste**.* **Contraire :** gai.
● Mots de la même famille : tristement, tristesse.

Léo est **triste** et Léa est gaie.

tristement adverbe
Tristement signifie : avec tristesse. *Mamie nous regarde partir* ***tristement****.*
Contraires : gaiement, joyeusement.

tristesse nom féminin
La **tristesse** est l'émotion que l'on ressent quand on est triste. *On voyait de la* ***tristesse*** *sur son visage.*
Synonyme : peine. Contraire : joie.

trognon nom masculin
Le **trognon** d'un fruit ou d'un légume, c'est la partie qui reste et qui ne se mange pas. *Il ne reste plus que le* ***trognon*** *de la pomme.*

trombone nom masculin
Un **trombone** est une sorte d'agrafe en métal ou en matière plastique qui sert à attacher des feuilles de papier.
Le son [ɔ̃] s'écrit *om* devant un *b*.

trompe nom féminin
1 La **trompe** d'un éléphant est la partie très longue de son nez. *Les éléphants se servent de leur* ***trompe*** *pour boire, pour s'asperger et pour attraper des objets.*
2 La **trompe** d'un insecte est la partie de la bouche, en forme de petit tube, qui lui sert à aspirer sa nourriture. *Les mouches et les papillons ont une* ***trompe****.*
Le son [ɔ̃] s'écrit *om* devant un *p*.
● Mot de la même famille : trompette.

tromper verbe
1 **Tromper** quelqu'un, c'est lui faire croire des choses qui ne sont pas vraies. *Le vendeur nous* ***a trompés*** *en nous faisant croire que ce vélo était neuf.*
2 **Se tromper**, c'est faire une erreur ou confondre des choses. *Je* ***me suis trompé*** *dans mon opération. Tu* ***t'es trompé*** *de jour pour ton rendez-vous : c'est demain et non pas aujourd'hui.*
Le son [ɔ̃] s'écrit *om* devant un *p*.

Lucas **s'est trompé** de veste.

trompette nom féminin
Une **trompette** est un instrument de musique en cuivre. Elle a la forme d'un tube qui s'élargit au bout. *On souffle dans une* ***trompette****.*
► Un joueur, une joueuse de trompette sont des **trompettistes**.
Le son [ɔ̃] s'écrit *om* devant un *p*.
Va voir « les instruments de musique », page 355.

A B C D E F G H I J K L M N O P Q R S T U V W X Y Z

tronc **nom masculin**
1 Le **tronc** d'un arbre est la partie qui va des racines aux branches. *Les **troncs** sont recouverts d'écorce.*
2 Le **tronc** du corps humain est la partie qui va du cou à la taille. *Ma poupée n'a plus ni tête, ni bras, ni jambes, il ne reste que le **tronc**.* Synonyme : buste.
Ce mot se termine par un *c* qu'on ne prononce pas.

trône **nom masculin**
Le **trône** est le grand fauteuil d'un roi ou d'une reine.
Le *o* prend un accent circonflexe.

trop **adverbe**
Trop signifie : plus qu'il ne faut. *J'ai **trop** mangé. Il y a 50 grammes en **trop**.*
Ce mot se termine par un *p* qu'on ne prononce pas.

trot **nom masculin**
Le **trot** est une vitesse moins grande que le galop. *Le cheval s'est mis au **trot**.*

trotter **verbe**
1 Pour un cheval, **trotter**, c'est aller au trot.
2 **Trotter**, c'est faire des petits pas rapides. *Le petit garçon **trottait** derrière son père.*
Il y a deux *t* au milieu du mot.
● Mots de la même famille : trot, trottinette, trottoir.

trottinette **nom féminin**
Une **trottinette** est un jouet fait d'une planche montée sur deux roues et d'un guidon. On la fait avancer en poussant avec un pied.
Il y a deux *t* au milieu du mot et deux *t* à la fin. On dit aussi « patinette ».

trottoir **nom masculin**
Le **trottoir** est la partie qui se trouve de chaque côté d'une rue et où marchent les piétons.
Il y a deux *t* au milieu du mot.

trou **nom masculin**
1 Un **trou** est un endroit creux dans le sol. *Le chemin est plein de **trous**.*
2 Un **trou** est une petite ouverture dans un objet. *Mon frère regarde par le **trou** de la serrure.*
3 Un **trou** est une partie déchirée dans du tissu, du papier. *Ta chaussette a un **trou**.* Synonyme : déchirure.
Au pluriel, on écrit *des trous*.
● Mots de la même famille : troué, trouer.

Tu **as troué** ta chaussette !

troubadour **nom masculin**
Au Moyen Âge, un **troubadour** était un poète musicien.

trouble **adjectif**
Une eau **trouble** n'est pas parfaitement transparente. *L'eau de l'étang est **trouble**.* Contraires : clair, limpide.

troubler **verbe**
1 **Troubler** l'eau ou l'air, c'est les rendre troubles. *La fumée **trouble** l'air.*

❷ **Troubler** une personne, c'est l'embarrasser, la mettre mal à l'aise. *Les questions de la maîtresse m'**ont troublé**.*
● Mot de la même famille : trouble.

troué, trouée adjectif
Un tissu, un vêtement **troué** a un trou. *Tu ne vas pas mettre ce short **troué** !*

trouer verbe
Trouer un tissu, un vêtement, c'est y faire un trou.

troupe nom féminin
❶ Une **troupe** est un groupe de comédiens qui jouent ensemble. *La **troupe** a joué sa pièce dans plusieurs villes d'Europe.*
❷ Une **troupe** est un groupe de militaires.
● Mot de la même famille : troupeau.

troupeau nom masculin
Un **troupeau** est un groupe d'animaux domestiques ou sauvages qui vivent ensemble. *Le **troupeau** de vaches rentre à l'étable.*
Au pluriel, on écrit *des troupeaux*.

trousse nom féminin
Une **trousse** est un petit sac ou un étui qui sert à ranger certains objets. *J'emporte une **trousse** de toilette en colonie de vacances.*

trouver verbe
❶ **Trouver**, c'est découvrir par hasard. *J'ai **trouvé** une pièce par terre.*
Contraires : égarer, perdre.
❷ **Trouver** une solution, c'est la découvrir en cherchant, en réfléchissant. *As-tu **trouvé** la solution du problème ?*
❸ **Trouver**, c'est avoir tel avis, tel sentiment. *Mamie **trouve** que mon dessin est beau.*
❹ **Se trouver**, c'est être situé à tel endroit. *Montréal **se trouve** au Canada.*

truc nom masculin
❶ Un **truc** est un objet qu'on ne sait pas nommer. *J'ai perdu un **truc**.*
Synonyme : chose.
❷ Un **truc** est un moyen habile. *Les prestidigitateurs ne donnent pas leurs **trucs**.*
Au sens 1, c'est un mot familier.

truie nom féminin
La **truie** est la femelle du porc.
► Le petit est le **porcelet**. Quand la truie crie, on dit qu'elle **grogne**.
Ne confonds pas avec « la truite », le poisson.

truite nom féminin
Une **truite** est un poisson qui vit dans les rivières et les torrents. Elle ressemble un peu au saumon.
Ne confonds pas avec « la truie », la femelle du porc.
Va voir « les poissons », page 530.

tu pronom
Tu représente la deuxième personne du singulier. *Tu chantes bien.*
● Mot de la même famille : tutoyer.

tube nom masculin
❶ Un **tube** est un objet qui a la forme d'un cylindre. *Maman achète un **tube** de rouge à lèvres.*

une **truie** et ses petits

a b c d e f g h i j k l m n o p q r s t u

② Un **tube** est un objet qui ressemble à un cylindre et qui contient une matière molle. *J'appuie sur le* ***tube*** *de dentifrice.*

tubercule **nom masculin**
Un **tubercule** est une grosse racine qui contient les réserves d'une plante. *Les pommes de terre sont des* ***tubercules****.*

tuer **verbe**
Tuer, c'est faire mourir. *Le chasseur* ***a tué*** *un lièvre.*

tuile **nom féminin**
Une **tuile** est une plaque en terre cuite qui sert à couvrir un toit.

tulipe **nom féminin**
Une **tulipe** est une fleur en forme de vase et qui a des couleurs variées. *Papi arrose la plate-bande de* ***tulipes****.*
☛ Va voir « les fleurs », page 285.

tunnel **nom masculin**
Un **tunnel** est un chemin souterrain où passe une route ou une voie ferrée. *Le train va entrer dans le* ***tunnel****.*
🔍 Il y a deux *n*.

Les voitures passent dans le **tunnel**.

turbulent, turbulente **adjectif**
Une personne **turbulente** est très agitée et bruyante. *Les enfants sont souvent* ***turbulents****.* **Contraires : calme, sage.**

tutoyer **verbe**
Tutoyer quelqu'un, c'est lui dire « tu » quand on lui parle. *On* ***tutoie*** *les personnes que l'on connaît bien.* **Contraire : vouvoyer.**

tutu **nom masculin**
Un **tutu** est une jupe très légère que portent les danseuses de ballet.

tuyau **nom masculin**
Un **tuyau** est un long tube qui sert à faire passer un liquide, de la fumée ou du gaz. *On a changé le* ***tuyau*** *de la cuisinière.*
🔍 Au pluriel, on écrit *des tuyaux*.

tympan **nom masculin**
Le **tympan** est une sorte de peau qui se trouve au fond de l'oreille. Il transmet les sons. *Le médecin m'a fait un petit trou dans le* ***tympan*** *pour soigner mon otite.*
🔍 Ce mot s'écrit avec un *y*.

type **nom masculin**
Un **type** est une sorte de choses, de personnes. *Il existe plusieurs* ***types*** *de bicyclettes.* **Synonyme : genre.**
🔍 Ce mot s'écrit avec un *y*.

tyran **nom masculin**
Un **tyran** est un homme cruel qui gouverne par la force.
🔍 Ce mot s'écrit avec un *y*.

tyrannosaure **nom masculin**
Un **tyrannosaure** est un animal préhistorique qui vivait sur la Terre il y a plusieurs millions d'années, bien avant les premiers hommes. C'est un reptile géant qui avait de grandes dents très pointues.
▶ Les tyrannosaures appartiennent à la famille des dinosaures.
🔍 Ce mot s'écrit avec un *y* et deux *n*.
➜ Cherche **dinosaure** et **diplodocus**.

un, une article
Un, une sont des déterminants : *un homme, une maison.*

Au pluriel, on dit *des*.

unau nom masculin
Un **unau** est un petit mammifère d'Amérique du Sud qui vit dans les arbres. *Les **unaus** ont des mouvements très lents.*

☛ Va voir l'illustration ci-dessus.

uni, unie adjectif
① Un tissu, un vêtement **uni** est d'une seule couleur. *Léa a un tee-shirt **uni**.*
Contraires : bariolé, multicolore.
② Un couple **uni**, une famille **unie** est un couple, une famille qui s'entend bien.

uniforme nom masculin
Un **uniforme** est un costume que portent des personnes qui font partie d'un groupe. *Les agents de police, les pompiers, les hôtesses de l'air ont un **uniforme**.*

union nom féminin
L'**union**, c'est le fait de s'unir. *Un proverbe dit que l'**union** fait la force.*

unique adjectif
① Une personne ou une chose **unique** est seule de son espèce. *Adrien est fils **unique**, il n'a pas de frère ni de sœur. C'est mon **unique** DVD.*
② Une rue à **sens unique** est une rue où les véhicules roulent dans un seul sens. Contraire : double sens.
● Mot de la même famille : uniquement.

uniquement adverbe
Uniquement signifie : seulement. *Ma sœur crie **uniquement** pour m'énerver.*

unir verbe
Unir, c'est mettre ensemble. *Si nous **unissons** nos forces, nous réussirons.*
● Mots de la même famille : uni, union.

unité nom féminin
① Dans un nombre, l'**unité** est le plus petit élément. *Dans 28, le chiffre des **unités** est 8.*
② Une **unité** de mesure permet de mesurer des choses d'une même catégorie. *Le mètre est une **unité** de mesure des longueurs ; la seconde est une **unité** de mesure du temps.*
➜ Cherche centaine et dizaine.

univers **nom masculin**

1 L'**Univers**, c'est l'ensemble des étoiles et des planètes. *Autrefois, on croyait que la Terre était au centre de l'****Univers****.*

2 L'**univers**, c'est le monde entier et l'ensemble des êtres humains. *Les reporters parcourent l'****univers****.*

Ce mot se termine par un *s*.

urgence **nom féminin**

1 Appeler quelqu'un **d'urgence**, c'est l'appeler le plus vite possible. *Quand une personne est évanouie, il faut appeler un médecin* ***d'urgence****.*

2 Les **urgences** (ou le service des **urgences**) d'un hôpital, c'est l'endroit où vont les malades ou les blessés qui doivent être soignés rapidement.

urgent, urgente **adjectif**

Une chose **urgente** ne peut pas attendre. *Maman a une course* ***urgente*** *à faire.*

● Mot de la même famille : urgence.

urine **nom féminin**

L'**urine** est le liquide jaune qui est produit par les reins.

Le mot familier et courant pour « urine » est « pipi ».

● Mot de la même famille : uriner.

uriner **verbe**

Uriner, c'est rejeter l'urine hors du corps.

On dit aussi « faire pipi ».

urne **nom féminin**

Une **urne** est une boîte avec une fente sur le dessus. Elle sert à rassembler les bulletins de vote des électeurs.

usage **nom masculin**

L'**usage** d'une chose, c'est son utilisation. *L'****usage*** *des ordinateurs est courant dans beaucoup d'écoles.*

usé, usée **adjectif**

Une chose **usée** est abîmée parce qu'elle a beaucoup servi. *Ma housse de couette est* ***usée****.*

user **verbe**

User une chose, c'est l'abîmer quand on l'a trop utilisée. *Les coups de freins* ***ont usé*** *les pneus.*

● Mots de la même famille : usé, usure.

usine **nom féminin**

Une **usine** est un grand établissement où l'on fabrique des objets, des véhicules, des aliments en se servant de machines. *Mon oncle travaille dans une* ***usine*** *de jouets.*

ustensile **nom masculin**

Un **ustensile** est un objet qui sert dans la vie courante. *Une casserole est un* ***ustensile*** *de cuisine ; une aiguille est un* ***ustensile*** *de couture.*

« Ustensile » est un nom masculin qui se termine par un e.

Pour voter, papa glisse son bulletin dans l'**urne**.

A B C D E F G H I J K L M N O P Q R S T U V W X Y Z

Les chaussures de Julie sont **usées**

usure nom féminin

L'**usure**, c'est le fait d'être usé. *J'ai constaté l'**usure** des pneus de mon vélo.*

utile adjectif

Une chose **utile** rend service, sert à quelqu'un. *Les modes d'emploi sont très **utiles**.* Contraire : inutile.
● Mot de la même famille : utilité.

utilisation nom féminin

L'**utilisation** d'une chose, c'est la manière de l'utiliser. *Le pétrole a différentes **utilisations**.* Synonyme : usage.

utiliser verbe

Utiliser une chose, c'est s'en servir. *Paul **utilise** souvent sa calculette. Tu ne devrais pas **utiliser** ce mot, car il n'est pas français.* Synonyme : employer.
● Mot de la même famille : utilisation.

utilité nom féminin

L'**utilité**, c'est le fait d'être utile, de servir à quelque chose. *Ton sac à dos m'a été d'une grande **utilité**.*

vacances **nom féminin pluriel**
Les **vacances** sont les jours de repos. *Mes parents ont une semaine de* ***vacances*** *à Noël.* Synonyme : **congé.**

vacarme **nom masculin**
Le **vacarme** est un bruit très fort. *Quel* ***vacarme*** *dans la rue !* Synonymes : **charivari, tapage.**

vaccin **nom masculin**
Un **vaccin** est un produit que l'on introduit dans le corps à l'aide d'une seringue ou que l'on boit. Il permet d'éviter certaines maladies. *Le* ***vaccin*** *contre la grippe est recommandé aux personnes âgées.*
● Mot de la même famille : vacciner.

vacciner **verbe**
Vacciner une personne, un animal, c'est leur faire un vaccin pour les protéger contre une maladie. *Le médecin nous a* ***vaccinés*** *contre la rougeole.*

vache **nom féminin**
La **vache** est un gros mammifère qui fait partie du bétail de la ferme. *On élève les* ***vaches*** *pour leur lait et pour leur viande.*
► La vache est un ruminant. C'est la femelle du taureau. Le petit est le veau. Quand la vache crie, on dit qu'elle beugle ou qu'elle meugle.
➜ Cherche bœuf.

1. vague **nom féminin**
Une **vague** est une masse d'eau de mer qui se soulève et qui s'abaisse.

2. vague **adjectif**
Un renseignement, une explication **vagues** ne sont pas très clairs et ne donnent pas de détails. *Tu m'as donné des renseignements trop* ***vagues*** *sur le cours de théâtre.* Contraire : **précis.**

vaincre **verbe**
Vaincre un adversaire, c'est remporter une victoire sur lui. *Nous* ***avons vaincu*** *l'autre équipe.* Synonyme : **battre.**
● Mot de la même famille : vainqueur.

vainqueur **nom masculin**
Le **vainqueur** est la personne qui a remporté une victoire. *Les* ***vainqueurs*** *ont eu la coupe.* Synonyme : **gagnant.** Contraire : **perdant.**

vaisseau nom masculin
1 Autrefois, un **vaisseau** était un grand bateau ou un navire de guerre.
2 Un **vaisseau spatial** est un engin qui va dans l'espace.
Au pluriel, on écrit *des vaisseaux*.

vaisselle nom féminin
1 La **vaisselle**, c'est l'ensemble des assiettes et des récipients que l'on utilise pour servir un repas et pour manger. *Maman a sorti la **vaisselle** en porcelaine.*
2 **Faire la vaisselle**, c'est la laver après le repas.

Franck va **faire la vaisselle**.

valable adjectif
Une carte, un billet **valables** peuvent être utilisés. *Votre passeport est encore **valable**.* Une raison **valable** est une bonne raison.

valet nom masculin
Autrefois, un **valet** était un domestique, un employé de maison. *Dans « la Belle au bois dormant », les cuisiniers, les pages et les **valets** s'endormirent en même temps que la princesse.*

valeur nom féminin
1 La **valeur** d'une chose, c'est son prix. *La princesse a des bijoux d'une grande **valeur**.*
2 La **valeur** d'un travail ou d'une personne, c'est l'ensemble de ses qualités. *On juge la **valeur** de quelqu'un à ses actes.*

valise nom féminin
Une **valise** est un bagage qui se ferme par un couvercle. On le tient par une poignée. **Faire sa valise**, c'est préparer ses bagages.

vallée nom féminin
Une **vallée** est un vaste terrain creusé par un cours d'eau ou un glacier. *La rivière coule au fond d'une **vallée**.*

valoir verbe
1 **Valoir** tel prix, c'est avoir ce prix. *Ce vélo **vaut** cent cinquante euros.*
Synonyme : coûter.
2 **Il vaut mieux** signifie : c'est mieux. *Il **vaut mieux** que tu dises la vérité.*
● Mots de la même famille : valable, valeur.

valse nom féminin
Une **valse** est une danse que l'on danse à deux en tournant.

vampire nom masculin
Dans les histoires, un **vampire** est un mort qui sort la nuit de son tombeau pour sucer le sang des vivants.
Le son [ɑ̃] s'écrit *am* devant un *p*.

vanille nom féminin
La **vanille** est le fruit d'une plante des pays chauds. On l'utilise pour parfumer des glaces, des pâtisseries ou des confiseries.

se **vanter** verbe
Se vanter, c'est raconter ses exploits en exagérant souvent et en se donnant beaucoup d'importance. *Mon frère **se vante** d'avoir traversé le lac à la nage.*

A B C D E F G H I J K L M N O P Q R S T U V W X Y Z

vapeur nom féminin
La **vapeur d'eau** est le gaz qui se forme quand l'eau bout. *La* ***vapeur d'eau*** *s'échappe de la casserole.*

varicelle nom féminin
La **varicelle** est une maladie contagieuse qui donne des boutons sur tout le corps. *Il existe aujourd'hui un vaccin contre la* ***varicelle****.*

varié, variée adjectif
Un paysage **varié** est un paysage qui change d'aspect, qui n'est pas toujours le même. *Le paysage des régions françaises est très* ***varié****.* Contraire : **monotone.** Des choses **variées** sont des choses différentes. *Les tulipes ont des couleurs* ***variées****.*

varier verbe
Quand une chose **varie**, elle n'est pas toujours pareille. *À la cantine, la cuisinière* ***varie*** *souvent les menus.* Synonyme : **changer.**
● Mot de la même famille : **varié.**

un **vautour**

1. vase nom masculin
Un **vase** est un récipient que l'on remplit d'eau pour mettre des fleurs.

2. vase nom féminin
La **vase** est de la boue qui se trouve au fond des étangs, des rivières et parfois sur les plages.

Nous avons acheté des aliments **variés**.

vaste adjectif
Ce qui est **vaste** a une grande surface. *La salle des fêtes de la mairie est* ***vaste****.* Synonyme : **immense.** Contraire : **minuscule.**

vautour nom masculin
Un **vautour** est un grand oiseau de proie qui est actif le jour. Il n'a pas de plumes sur la tête ni sur le cou. *Les* ***vautours*** *se nourrissent de cadavres d'animaux.*
► C'est un rapace.

veau nom masculin
Le **veau** est le petit de la vache et du taureau.
Au pluriel, on écrit *des veaux.*
→ Cherche **génisse**.

vedette **nom féminin**
Une **vedette** est un acteur ou une actrice, un chanteur ou une chanteuse très célèbres. *On voit souvent des **vedettes** à la télévision.*

végétal **nom masculin**
Un **végétal** est un être vivant qui pousse dans la terre ou dans l'eau. *Les arbres, les algues sont des **végétaux**.*

Au pluriel, on écrit *des végétaux*.
● Mots de la même famille : végétarien, végétation.

végétarien, végétarienne
adjectif
1 Une personne **végétarienne** se nourrit de fruits, de céréales et de légumes, mais ne mange pas de viande.
2 Un animal **végétarien** se nourrit de végétaux. *Les écureuils, les loirs, les marmottes sont **végétariens**.*
→ Cherche herbivore.

végétation **nom féminin**
La **végétation**, c'est l'ensemble des végétaux, des plantes. *Les hannetons causent des dégâts à la **végétation**.*

véhicule **nom masculin**
Un **véhicule** est un moyen de transport. *Un vélo, une moto, une voiture, un camion, un avion sont des **véhicules**.*

veille **nom féminin**
La **veille**, c'est le jour d'avant. *Nous avons décoré le sapin la **veille** de Noël.*
→ Cherche lendemain.

veillée **nom féminin**
La **veillée**, c'est la partie de la soirée qui s'écoule entre le dîner et le moment où l'on se couche. *En colonie de vacances, nous chantons et nous jouons pendant les **veillées**.*

veilleuse **nom féminin**
Une **veilleuse** est une petite lampe qui n'éclaire pas très fort. *Dans le train, on peut allumer la **veilleuse** près de la couchette.*

veine **nom féminin**
Les **veines** se trouvent sous la peau. Elles permettent au sang de circuler. *Pour faire une prise de sang, l'infirmière pique une **veine**.*

vélo **nom masculin**
Un **vélo** est un véhicule qui a deux roues, un guidon et des pédales.
Synonyme : bicyclette.
→ Cherche V. T. T.

velours **nom masculin**
Le **velours** est un tissu qui a des poils courts et très doux. *Papi met souvent son pantalon de **velours**.*

Ce mot se termine par un *s*.

vendange **nom féminin**
La **vendange** est la récolte du raisin. *Les vignerons font les **vendanges** en automne.*

un **veau**

vendeur nom masculin
vendeuse nom féminin

Un **vendeur**, une **vendeuse** sont des personnes qui vendent des produits, des marchandises. *La **vendeuse** nous a fait un paquet cadeau.*

➜ Cherche commerçant et marchand.

vendre verbe

Vendre quelque chose, c'est l'échanger contre de l'argent. *Le libraire **vend** des livres, le pharmacien **vend** des médicaments.* Contraire : acheter.

● Mots de la même famille : vendeur, vente.

Le poissonnier **vend** du poisson.

vendredi nom masculin

Le **vendredi** est le cinquième jour de la semaine. Il vient après le jeudi et avant le samedi. *Tom va au club de judo tous les **vendredis** soir.*

☛ Va voir « le calendrier », page 111.

vénéneux, vénéneuse adjectif

Un champignon **vénéneux** est un champignon qui contient un poison. Contraire : comestible.

🔍 Ne confonds pas avec « un serpent venimeux ».

vengeance nom féminin

La **vengeance**, c'est l'action de se venger, de rendre le mal qu'une personne nous a fait.

se **venger** verbe

Se venger, c'est rendre à quelqu'un le mal qu'il nous a fait. *Le père de la victime refuse de **se venger**.*

● Mot de la même famille : vengeance.

venimeux, venimeuse adjectif

Un serpent **venimeux** est un serpent qui a du venin. *La vipère et le cobra sont **venimeux**.*

🔍 Ne confonds pas avec « un champignon vénéneux ».

venin nom masculin

Le **venin** est le poison que produisent les abeilles, les guêpes, les scorpions, certains serpents et certaines araignées. *Le **venin** des guêpes est contenu dans leur dard.*

● Mot de la même famille : venimeux.

venir verbe

1. **Venir** quelque part, c'est se déplacer pour s'y rendre. *Demain, je **viendrai** te voir.*
2. **Venir** d'un endroit, c'est arriver de cet endroit. *Le train **vient** de Marseille.*
3. **Venir de** faire quelque chose, c'est l'avoir fait il y a quelques instants. *Je **viens de** voir Paul.*

vent nom masculin

Le **vent** est le mouvement de l'air. *La girouette indique la direction du **vent**.*

● Mot de la même famille : ventilateur.

➜ Cherche bise et brise.

vente nom féminin

La **vente** est l'échange d'une chose contre de l'argent. *Les **ventes** de jeux vidéo ont augmenté. Mes grands-parents ont mis leur maison en **vente**.*

ventilateur **nom masculin**
Un **ventilateur** est un appareil électrique qui fait du vent avec une hélice qui tourne vite.

ventre **nom masculin**
Le **ventre** est la partie du corps qui se trouve au-dessous de la taille et qui contient l'intestin. *Lucas dort sur le **ventre**.*

ver **nom masculin**
Un **ver** est un petit animal sans pattes, au corps mou et long. *J'ai trouvé des **vers de terre** dans la plate-bande.*

Ne confonds pas avec « un verre » pour boire ou « le vers » d'un poème.

→ Cherche asticot, luisant et soie.

verbe **nom masculin**
Un **verbe** est un mot qui indique une action ou qui décrit un être ou une chose. C'est le mot principal de la phrase. *« Jouer », « finir », « prendre » sont des **verbes**.*

→ Cherche sujet et temps.

verdure **nom féminin**
La **verdure**, c'est l'ensemble des plantes et du feuillage qui pousse dans un lieu. *La maison est cachée dans la **verdure**.*

Le **vent** souffle.

verger **nom masculin**
Un **verger** est une partie de jardin où l'on a planté des arbres fruitiers. *Nos voisins ont des pommiers et des pruniers dans leur **verger**.*

→ Cherche potager.

Elle lit dans le **verger,** à l'ombre du pommier.

verglas **nom masculin**
Le **verglas** est la couche de glace qui recouvre les routes mouillées quand il gèle. *J'ai glissé sur une plaque de **verglas**.*

Ce mot se termine par un *s*.

vérification **nom féminin**
La **vérification**, c'est l'action de vérifier. *J'ai fait la **vérification** de ma multiplication sur la calculette.*
Synonyme : contrôle.

vérifier **verbe**
Vérifier, c'est regarder si l'on n'a pas fait d'erreur. *Maman **vérifie** ses comptes.*
Synonyme : contrôler.
● Mot de la même famille : vérification.

A B C D E F G H I J K L M N O P Q R S T U V W X Y Z

véritable adjectif

Ce qui est **véritable** est réel, n'est pas inventé. *Ma sœur m'a raconté la **véritable** histoire de Pocahontas.* Synonyme : vrai.

vérité nom féminin

La **vérité**, c'est ce qui est vrai. *Le témoin a juré de dire la **vérité**.* Contraire : mensonge.

● Mot de la même famille : véritable.

vernis nom masculin

Le **vernis** est un produit brillant, transparent ou coloré, qui sert à protéger ou à décorer. *Léa a passé une couche de **vernis** sur ses poteries. Maman se met du **vernis** à ongles rouge.*

Ce mot se termine par un *s*.

verre nom masculin

1 Le **verre** est une matière dure et transparente qui se casse facilement. *J'ai cassé une vitre, il y a du **verre** par terre.*

2 Un **verre** est un petit récipient en verre que l'on utilise pour boire.

3 Un **verre de lunettes** est un petit disque de verre ou de matière plastique qui permet de voir mieux. *Mes **verres de lunettes** sont incassables.*

Ne confonds pas avec « un ver de terre » ou « le vers d'un poème ».

verrou nom masculin

Un **verrou** est un mécanisme que l'on pousse pour fermer une porte. *La porte d'entrée a deux **verrous**.*

Il y a deux *r*. Au pluriel, on écrit *des verrous*.

→ Cherche serrure.

1. vers préposition

1 **Vers** signifie : dans la direction de. *J'ai vu Tom qui allait **vers** la gare.*

2 **Vers** telle heure signifie : à peu près à cette heure. *Papi arrivera **vers** 11 heures.*

Il dirige sa balle de golf **vers** le trou.

2. vers nom masculin

Un **vers** est une ligne d'un poème. *« La mer brille Comme une coquille » sont deux **vers**.*

Ce mot se termine par un *s*. Ne confonds pas avec « un ver de terre » ou un « verre » pour boire.

→ Cherche rime.

versant nom masculin

Un **versant** est la pente d'une montagne. *Une montagne a deux **versants**, l'un à l'ombre et l'autre au soleil.*

à **verse** adverbe

Quand il pleut **à verse**, il pleut très fort.

verser verbe

1 **Verser** un liquide, c'est le faire couler dans un récipient. *Je **verse** du lait dans mon bol.*

2 **Verser** des larmes, c'est avoir des larmes qui coulent. Synonyme : pleurer.

1. vert, verte **adjectif**

1 La couleur **verte** est la couleur de l'herbe.

2 Du bois **vert** est du bois qui a encore de la sève. **Contraires : mort, sec.**

● Mot de la même famille : verdure.

2. vert **nom masculin**

Le **vert** est la couleur verte. *Je peins les feuilles des arbres en* ***vert****.*

Va voir « les couleurs et les formes », page 171.

vertèbre **nom féminin**

Une **vertèbre** est un os court de la colonne vertébrale.

→ Cherche colonne.

vertical, verticale **adjectif**

Ce qui est **vertical** suit une ligne droite qui va de bas en haut. *Les murs sont* ***verticaux****.* **Contraire : horizontal.**

Au pluriel, on écrit *verticaux*, *verticales*.

verticale **nom féminin**

La **verticale** est une ligne droite verticale. *Les hélicoptères décollent à la* ***verticale****.* **Contraire : horizontale.**

vertige **nom masculin**

Avoir le vertige, c'est avoir l'impression désagréable que l'on va tomber quand on est au-dessus du vide.

veste **nom féminin**

Une **veste** est un vêtement qui couvre le haut du corps et qui s'attache devant.

vestiaire **nom masculin**

Un **vestiaire** est un endroit où l'on dépose ses vêtements dans un lieu public. *Au stade, les joueurs se déshabillent dans les* ***vestiaires****.*

vêtement **nom masculin**

Un **vêtement**, c'est ce que l'on met pour couvrir et protéger son corps. *Un pantalon, un blouson, une chemise sont des* ***vêtements****.* **Synonyme : habit.**

Le premier e prend un accent circonflexe.

vétérinaire **nom masculin et nom féminin**

Un **vétérinaire**, une **vétérinaire** sont des médecins qui soignent les animaux. C'est un nom de métier. *Le* ***vétérinaire*** *a vacciné notre chat.*

Le **vétérinaire** soigne la patte du chien.

vêtir **verbe**

Vêtir quelqu'un, c'est l'habiller. *Au mariage du prince, la Petite Sirène était* ***vêtue*** *de soie et d'or.*

veuf **nom masculin**
veuve **nom féminin**

Un **veuf** est une personne qui a perdu sa femme, une **veuve** est une personne qui a perdu son mari. *Il arrive que les* ***veufs*** *et les* ***veuves*** *se marient de nouveau.*

vexer **verbe**

Vexer quelqu'un, c'est le rendre honteux et lui faire de la peine. *Ne le traite pas de bébé, tu vas vraiment le* ***vexer****.*

A B C D E F G H I J K L M N O P Q R S T U V W X Y Z

viaduc nom masculin
Un **viaduc** est un pont très long et très haut qui permet aux voitures ou aux trains de franchir une vallée.

La rivière passe sous le **viaduc**.

viande nom féminin
La **viande** est la chair des mammifères et de la volaille. *Nous avons mangé de la **viande** hachée à la cantine.*

victime nom féminin
❶ Une **victime** est une personne blessée ou tuée. *L'accident n'a pas fait de **victime**.*
❷ Une **victime** est une personne qui subit quelque chose de désagréable. *Le bijoutier a été **victime** d'un cambriolage.*

victoire nom féminin
Une **victoire** est une bataille, une guerre ou une compétition que l'on a gagnée. *La joueuse de tennis a remporté sa troisième **victoire**.* Contraire : **défaite.**

1. vide adjectif
Quand une chose, un véhicule sont **vides**, il n'y a rien, personne dedans. *Ma valise est **vide**.* Contraire : **plein.** *Le train est **vide**.* Contraires : **complet, plein.**
● Mot de la même famille : vider.

2. vide nom masculin
❶ Le **vide**, c'est un grand espace qui ne contient rien. *Sur la falaise, j'avais peur du **vide**.*
❷ Le **vide** est un espace où l'air a été enlevé. *Le café moulu est vendu sous **vide**.*

vidéo adjectif
Une cassette **vidéo** est une cassette où sont enregistrés des images et des sons. Un jeu **vidéo** est un jeu électronique que l'on fait fonctionner sur un écran. *Tom a plusieurs jeux **vidéo**.*
→ Cherche **Caméscope** et **magnétoscope**.

vider verbe
Vider, c'est rendre vide. *J'ai **vidé** le lavabo.* Contraire : **remplir.** *Le stade **s'est vidé** très vite.* Contraire : **se remplir.**

Les ouvriers **vident** le camion.

vie nom féminin
❶ La **vie** d'une personne, c'est le temps qui s'est écoulé entre sa naissance et sa mort. *Grand-père a passé toute sa **vie** à Paris.* Synonyme : **existence.**
❷ La **vie**, c'est le fait de vivre, de respirer, d'avoir un cœur qui bat. *Heureusement, le blessé est encore en **vie**.* Contraire : **mort.**
❸ La **vie**, c'est la manière de vivre à une époque. *J'ai lu un livre sur la **vie** au Moyen Âge.*
❹ **Gagner sa vie**, c'est recevoir de l'argent pour son travail.

vieillard **nom masculin**
Un **vieillard** est une personne très vieille, très âgée.

vieille → vieux

vieillesse **nom féminin**
La **vieillesse** est la période de la vie où l'on est vieux.

→ Cherche enfance et jeunesse.

vieillir **verbe**
1 **Vieillir**, c'est devenir vieux. *Papi a des cheveux blancs et sa vue est moins bonne : il **vieillit**.* Contraire : rajeunir.
2 **Vieillir** quelqu'un, c'est le faire paraître plus vieux. *Cette nouvelle couleur de cheveux la **vieillit**.*
Contraire : rajeunir.

Tu **as vieilli** depuis qu'on a pris cette photographie !

vieux, vieille **adjectif**
1 Être **vieux**, c'est avoir un grand âge. *Mon professeur de piano est **vieux**.*
Synonyme : âgé. Contraire : jeune.
2 Une **vieille** chose est une chose qui existe depuis longtemps. *Lucas aime bien les **vieilles** motos.* Synonyme : ancien. Contraire : moderne. *Elle adore son **vieil** ours en peluche.* Contraire : nouveau.

On dit « un *vieil* arbre », « un *vieil* homme » parce que ces noms commencent par une voyelle ou un « h » muet.
● Mots de la même famille : vieillard, vieillesse, vieillir.

vif **adjectif masculin**
vive **adjectif féminin**
1 Être **vif**, avoir l'esprit **vif**, c'est agir et comprendre vite. *Zoé est une petite fille très **vive**.* Contraire : lent.
2 Un mouvement **vif** est un mouvement rapide, parfois violent. *Les écureuils ont des mouvements **vifs**.*
3 Une lumière, une couleur **vive** est très lumineuse. *Le flash a un éclair **vif**. J'ai un pull rouge **vif**.* Contraire : pâle.
● Mot de la même famille : vivement.

vigne **nom féminin**
La **vigne** est la plante qui donne du raisin. *En automne, on fait les vendanges dans les **vignes**.*

▶ Les agriculteurs qui cultivent la vigne sont des **vignerons**.

vignette **nom féminin**
1 Une **vignette** est une étiquette avec une inscription ou un dessin. *J'ai décoré mon cahier avec des **vignettes** autocollantes.*
2 Une **vignette** est une illustration dans une bande dessinée.

vilain, vilaine **adjectif**
1 Une personne **vilaine** est désobéissante ou méchante.
2 Ce qui est **vilain** n'est pas agréable à regarder. *Cette fille a de **vilaines** dents.*
Synonyme : laid. Contraires : beau, joli.
Ce qui est **vilain** n'est pas bien. « *La gourmandise est un **vilain** défaut* ».

A B C D E F G H I J K L M N O P Q R S T U V W X Y Z

villa nom féminin

Une **villa** est une maison assez grande entourée d'un jardin.

➜ Cherche pavillon.

village nom masculin

Un **village** est un groupe de maisons à la campagne.

Le **village** est perché sur la colline.

ville nom féminin

Une **ville**, c'est un groupe important de maisons, de magasins et d'entreprises, où vivent de nombreux habitants. *Mes parents ont toujours habité dans une **ville**.* **Contraire :** campagne.

● Mot de la même famille : village.

☛ Va voir la planche illustrée 9

vin nom masculin

Le **vin** est une boisson qui est faite avec du jus de raisin. Il contient de l'alcool.

vinaigre nom masculin

Le **vinaigre** est un liquide au goût acide qui sert à assaisonner ou à conserver certains aliments. *Le **vinaigre** est fabriqué avec du vin, du cidre ou de l'alcool.*

● Mot de la même famille : vinaigrette.

vinaigrette nom féminin

La **vinaigrette** est une sauce faite avec de l'huile et du vinaigre. *On assaisonne la salade avec une **vinaigrette**.*

violemment adverbe

Violemment signifie : d'une manière violente. *Le boxeur a frappé **violemment** son adversaire.* **Contraire :** doucement.

🔍 On écrit *emment* mais on prononce [amɑ̃].

violence nom féminin

❶ La **violence**, c'est la force brutale d'une personne. *Je n'aime pas les scènes de **violence** dans les films.*

❷ La **violence** de la nature, c'est sa force terrible. *Les dégâts sont dus à la **violence** de la tempête.*

Julien ne supporte pas la **violence**.

violent, violente adjectif

❶ Une personne **violente** donne des coups et crie très fort. **Synonyme :** brutal. **Contraires :** calme, doux.

❷ Un vent **violent** souffle très fort. Un coup **violent** est donné avec une grande

force. *Le vent était si **violent** qu'il a arraché un arbre.* Contraire : léger.
● Mots de la même famille : violemment, violence.

1. violet, violette adjectif
La couleur **violette** est une couleur faite avec du rouge et du bleu.

2. violet nom masculin
Le **violet** est la couleur violette. *J'ai peint les pétales des fleurs en **violet**.*
☛ Va voir « les couleurs et les formes », page 171.

violette nom féminin
Une **violette** est une petite fleur violette et parfumée qui pousse dans les bois.
☛ Va voir « les fleurs », page 285.

violon nom masculin
Un **violon** est un instrument de musique qui a quatre cordes. *On frotte les cordes du **violon** avec un archet.*
▶ Un joueur, une joueuse de violon sont des **violonistes**.
☛ Va voir « les instruments de musique », page 355.

Marie joue du **violon**.

violoncelle nom masculin
Un **violoncelle** est un instrument de musique qui ressemble à un gros violon. *On joue du **violoncelle** assis et on le tient entre ses jambes.*
▶ Un joueur, une joueuse de violoncelle sont des **violoncellistes**.
☛ Va voir « les instruments de musique », page 355.

vipère nom féminin
Une **vipère** est un serpent venimeux qui a une tête en forme de triangle et des crochets pour mordre. *Les **vipères** se trouvent souvent sur les pierres et au soleil.*
▶ Le petit est le **vipéreau**.
➜ Cherche couleuvre.

virage nom masculin
Un **virage** est un endroit où une route tourne. *On ralentit avant un **virage**.*
Synonyme : tournant.

La voiture roule lentement dans le **virage**.

virgule nom féminin
Une **virgule** est un signe de ponctuation (,) qui sert à séparer des mots ou des groupes de mots dans une phrase.
☛ Va voir « les signes de ponctuation », page 533.

A B C D E F G H I J K L M N O P Q R S T U V W X Y Z

virus **nom masculin**
Un **virus** est une sorte de microbe qui peut causer des maladies. *La grippe est due à un* ***virus****.*

Ce mot se termine par un *s* qu'on prononce.

vis **nom féminin**
Une **vis** est une petite tige pointue en forme de spirale que l'on enfonce ou que l'on retire avec un tournevis. *Julien a dévissé les quatre* ***vis*** *de la caisse.*

Ce mot se termine par un *s* qu'on prononce.
● Mot de la même famille : visser.

visage **nom masculin**
Le **visage** est le devant de la tête. *Le nez est au milieu du* ***visage****.*
Synonymes : face, figure.

viser **verbe**
Viser, c'est diriger un objet, une arme vers un but. *Le chasseur* ***a visé*** *la perdrix.*

Rachid **vise** bien le centre de la cible.

visible **adjectif**
Un être, une chose **visibles** sont un être, une chose que l'on peut voir. *Les étoiles sont bien* ***visibles*** *à la campagne.*
Contraire : invisible.
● Mot de la même famille : visiblement.

visiblement **adverbe**
Visiblement signifie : de façon visible. *Ta fièvre a* ***visiblement*** *baissé.*

visière **nom féminin**
La **visière** est la partie d'une casquette ou d'un képi qui protège les yeux.

vision **nom féminin**
1 La **vision**, c'est le fait de voir ou la manière de voir. *Les lunettes servent à améliorer la* ***vision****.* **Synonyme : vue.**
2 **Avoir des visions**, c'est voir des choses qui n'existent pas.

visite **nom féminin**
1 Une **visite**, c'est l'action de visiter un lieu. *La* ***visite*** *du château est gratuite pour les enfants.*
2 **Rendre visite** à quelqu'un, c'est aller le voir chez lui.

visiter **verbe**
Visiter, c'est parcourir un lieu pour le connaître, pour voir des choses intéressantes. *L'été dernier, nous* ***avons visité*** *la Grèce.*
● Mots de la même famille : visite, visiteur.

visiteur **nom masculin**
visiteuse **nom féminin**
Un **visiteur**, une **visiteuse** sont des personnes qui visitent un endroit ou qui rendent visite à quelqu'un. *Le château est ouvert aux* ***visiteurs****.*

visser **verbe**
1 **Visser**, c'est fixer avec une vis. *Mon frère* ***a vissé*** *un crochet dans le mur.*
Contraire : dévisser.

❷ **Visser**, c'est fermer quelque chose en tournant. *Marie* ***visse*** *le bouchon du tube de dentifrice.*
Contraire : dévisser.

Maman **visse** un verrou.

vitamine nom féminin

Les **vitamines** sont des matières contenues dans les aliments. Elles sont indispensables au bon fonctionnement de l'organisme. *Les fruits et les légumes contiennent beaucoup de* ***vitamines****.*

vite adverbe

Vite signifie : en peu de temps, avec rapidité. *Chloé comprend* ***vite****.* Synonyme : rapidement.
Contraire : lentement.
● Mot de la même famille : vitesse.

vitesse nom féminin

❶ La **vitesse**, c'est le temps que l'on met pour se déplacer d'un endroit à un autre ou pour faire quelque chose. *À quelle* ***vitesse*** *roulait la moto ?*

❷ La **vitesse**, c'est le fait d'aller vite. *Paul est parti à toute* ***vitesse****.*
Synonyme : allure.

→ Cherche rapidité.

vitrail nom masculin

Un **vitrail** est une grande vitre faite de plaques de verre coloré. *Les églises sont souvent ornées de* ***vitraux****.*

🔍 Au pluriel, on écrit *des vitraux*.

vitre nom féminin

Une **vitre** est une plaque de verre sur une fenêtre ou sur une porte. *Je regarde le jardin à travers la* ***vitre****.*
Synonyme : carreau.
● Mots de la même famille : vitrail, vitrine.

vitrine nom féminin

La **vitrine** d'un magasin est la partie qui est juste derrière la vitre. Elle sert à exposer les marchandises à vendre.

Léa regarde les jouets dans la **vitrine**.

vivant, vivante adjectif

❶ Être **vivant**, c'est être en vie. *Son cœur bat, il est toujours* ***vivant****.*
Contraire : mort.

❷ Les êtres **vivants** sont les humains, les animaux et les plantes.

1. vive → **vif**

2. vive ! interjection

Vive s'emploie pour exprimer sa joie, son enthousiasme. *Vive les vacances !*

A B C D E F G H I J K L M N O P Q R S T U V W X Y Z

vivement adverbe
Vivement signifie : beaucoup, énormément. *Je souhaite **vivement** te revoir.*

vivre verbe
❶ **Vivre**, c'est respirer, avoir le cœur qui bat, être en vie. *Le malade **vit** encore. Mon oncle **a vécu** quatre-vingts ans.*
❷ **Vivre** quelque part, c'est y habiter. *Nous **vivons** à la campagne.*
● Mots de la même famille : vivant, vive !

vizir nom masculin
Autrefois, chez les musulmans, un **vizir** était un ministre. *Le grand **vizir** conduisit la mère d'Aladin auprès du sultan.*

vocabulaire nom masculin
Le **vocabulaire**, c'est l'ensemble des mots d'une langue.

vœu nom masculin
❶ Un **vœu** est une envie très forte que quelque chose se réalise. *Dans les contes, les fées exaucent les **vœux**.*
Synonymes : désir, souhait.
❷ Un **vœu** est un souhait de bonheur. *Le 1er janvier, on présente ses **vœux** à sa famille et à ses amis.*
Au pluriel, on écrit *des vœux*.

voici préposition
Voici sert à montrer une chose, à présenter une personne qui est tout près. ***Voici** ma maison.*
→ Cherche voilà.

voie nom féminin
❶ Une **voie** est une route, une rue ou un chemin. *Notre rue est une **voie** à sens unique.*
❷ La **voie ferrée** est formée par les rails. *Les trains roulent sur la **voie ferrée**.*
Ne confonds pas « voie » et la « voix » qui sort de la bouche.

voilà préposition
Voilà sert à montrer une chose, à présenter une personne qui n'est pas loin. ***Voilà** mon frère.*
Le *a* prend un accent grave.
→ Cherche voici.

1. voile nom féminin
Une **voile** est un grand morceau de toile fixé au mât d'un bateau. Elle permet à un bateau d'avancer lorsqu'il y a du vent.
● Mot de la même famille : voilier.
☛ Va voir la planche illustrée ❸

2. voile nom masculin
Un **voile** est un tissu très léger et souvent transparent. *La mariée portait un **voile** blanc.*

voilier nom masculin
Un **voilier** est un bateau à voiles. *Dans le port, on regarde les **voiliers** qui partent faire le tour du monde.*
☛ Va voir la planche illustrée ❸

Le vent fait avancer le **voilier**.

voir verbe

① Quand on **voit** quelque chose ou quelqu'un, il se présente à notre regard, à nos yeux. *J'**ai vu** une biche. Nous **avons** déjà **vu** ce dessin animé. Lucas m'**a fait voir** son nouveau jeu.*
Synonyme : montrer.

② Aller **voir** quelqu'un, c'est lui rendre visite. *Je vais **voir** mamie tous les mercredis.*

Tom **voit** bien avec ses lunettes.

voisin nom masculin
voisine nom féminin

Un **voisin**, une **voisine** sont des personnes qui habitent l'une près de l'autre. *Pierre et moi, nous sommes **voisins**.*

voiture nom féminin

① Une **voiture** est un véhicule qui a quatre roues et un moteur. Elle sert à transporter des personnes. *Mon grand-père a une **voiture** neuve.*
Synonymes : auto, automobile.

② Une **voiture** est un véhicule à roues qui sert à transporter des personnes ou des choses. *Un landau, une poussette sont des **voitures** d'enfant. Une diligence, une charrette sont des **voitures** tirées par des chevaux.*

③ Dans un train, une **voiture** est un wagon réservé aux voyageurs. *Nous sommes montés dans la **voiture** numéro 10.*

voix nom féminin

① La **voix**, c'est l'ensemble des sons qui sortent de la bouche d'une personne. *Clara a une **voix** douce.*

② Dans une élection, une **voix**, c'est le choix fait par un électeur. *On a compté le nombre de **voix** de chaque candidat.*

Ce mot se termine par un *x*. Ne confonds pas « voix » et « une voie », une route.

1. vol nom masculin

① Le **vol** d'un oiseau ou d'un insecte, c'est le fait de se déplacer dans l'air. *Au printemps, nous observons le **vol** des hirondelles.*

② Un **vol** est un trajet en avion. *Le **vol** entre Paris et Montréal dure environ six heures.*

● Mots de la même famille : volant, volière.

2. vol nom masculin

Le **vol**, c'est l'action de voler ce qui appartient à quelqu'un. *Un homme a été condamné pour le **vol** d'une voiture.*

● Mots de la même famille : voler, voleur.

volaille nom féminin

La **volaille**, c'est l'ensemble des oiseaux que l'on élève dans une basse-cour. *Les dindons, les canards, les poules, les oies font partie de la **volaille**.*

1. volant, volante adjectif

Un insecte **volant** est un insecte qui vole. *Les moustiques, les coccinelles sont des insectes **volants**.*

2. volant nom masculin

Un **volant** est un objet rond qui sert à diriger un véhicule. *L'automobiliste tourne le **volant** pour prendre un virage.*

A B C D E F G H I J K L M N O P Q R S T U V W X Y Z

volcan **nom masculin**

Un **volcan** est une montagne qui a un cratère au sommet. *De la lave, des pierres, des gaz, de la cendre peuvent sortir d'un* ***volcan*** *en éruption.*

● Mot de la même famille : volcanologue.

un **volcan** en éruption

volcanologue **nom masculin et nom féminin**

Un **volcanologue**, une **volcanologue** sont des personnes qui étudient les volcans. C'est un nom de métier. *Les* ***volcanologues*** *peuvent prévoir les éruptions des volcans.*

1. voler **verbe**

Voler, c'est se déplacer dans l'air. *Les oiseaux et certains insectes* ***volent****. Les avions et les deltaplanes* ***volent****.*

2. voler **verbe**

Voler, c'est prendre ce qui appartient à une autre personne. *Quelqu'un a* ***volé*** *mon vélo.*

volet **nom masculin**

Un **volet** est un panneau qui se rabat devant une fenêtre. *Le soir, on ferme les* ***volets****.*

voleur **nom masculin**
voleuse **nom féminin**

Un **voleur**, une **voleuse** sont des personnes qui volent, qui prennent ce qui ne leur appartient pas. *On a arrêté un* ***voleur*** *au supermarché.*

➜ Cherche cambrioleur.

volière **nom féminin**

Une **volière** est une grande cage où les oiseaux peuvent voler.

Les perroquets sont dans une **volière**.

volley-ball **nom masculin**

Le **volley-ball** est un sport d'équipe. Deux équipes de six joueurs se renvoient le ballon avec les mains par-dessus un filet.

▶ Un joueur de volley-ball est un **volleyeur**, une joueuse est une **volleyeuse**.

Ce mot vient de l'anglais : on écrit *ball* et on prononce [bol]. L'abréviation courante de « volley-ball » est « volley ». – La nouvelle orthographe permet d'écrire aussi *volleyball,* sans trait d'union.

volontaire **adjectif**

Être **volontaire** pour faire quelque chose, c'est bien vouloir le faire. *Qui est* ***volontaire*** *pour accompagner Marie à l'infirmerie ?*

volontairement **adverbe**
Quand on fait quelque chose **volontairement**, on veut vraiment le faire, on le fait exprès. *Mon frère a **volontairement** manqué l'autobus.*

volonté **nom féminin**
Avoir de la **volonté**, c'est savoir ce que l'on veut et être capable de faire de gros efforts pour y arriver. *Sarah a beaucoup de **volonté**, elle fait ses exercices de piano tous les jours.*
● Mots de la même famille : volontaire, volontairement.

volume **nom masculin**
Un **volume** est la place que prend un objet, un liquide ou une matière. *Cette armoire occupe un grand **volume** dans ma chambre.*

vomir **verbe**
Vomir, c'est rejeter par la bouche ce qu'on a dans l'estomac.

vorace **adjectif**
Être **vorace**, c'est manger beaucoup et vite. *Mon chien est très **vorace**, il avale sa pâtée en deux minutes.*
→ Cherche glouton et goinfre.

vos → **votre**

vote **nom masculin**
Le droit de **vote**, c'est le droit de participer à une élection.
● Mot de la même famille : voter.

voter **verbe**
Voter, c'est participer à une élection, choisir un candidat. *En France, on peut **voter** dès l'âge de dix-huit ans.*

votre **adjectif**
Votre est un déterminant qui indique qu'une chose vous appartient, qu'une personne est de la même famille que vous : ***votre** classe, **votre** oncle.*

Au pluriel, on dit *vos*.
● Mot de la même famille : le vôtre.

le **vôtre** **pronom masculin**
la **vôtre** **pronom féminin**
Le vôtre, **la vôtre**, c'est une chose qui vous appartient. *Nous prenons nos affaires, prenez **les vôtres** !*

Le *o* prend un accent circonflexe. Au pluriel, on écrit *les vôtres*.

vouloir **verbe**
1 **Vouloir**, c'est avoir la volonté de faire quelque chose. *Kien **veut** aller au cirque.* **Vouloir**, c'est avoir un désir. *Je **voudrais** un gâteau.*
Synonyme : désirer.
2 **Vouloir**, c'est demander quelque chose avec force. *Maman **veut** que nous nous couchions de bonne heure.*
Contraire : refuser.
3 **En vouloir à** quelqu'un, c'est ne pas lui avoir pardonné ce qu'il a fait ou ce qu'il a dit. *Depuis notre dispute, Hugo m'**en veut**.*

Je **voudrais** une glace, s'il te plaît.

A B C D E F G H I J K L M N O P Q R S T U V W X Y Z

vous **pronom pluriel**

❶ **Vous** représente la deuxième personne du pluriel. *J'ai apporté des cadeaux pour* ***vous*** *tous.*

❷ **Vous** remplace « tu » quand on vouvoie quelqu'un. ***Vous*** *pouvez entrer, monsieur Arlot.*

● Mot de la même famille : vouvoyer.

vouvoyer **verbe**

Vouvoyer quelqu'un, c'est lui dire « vous » quand on lui parle. *Les élèves* ***vouvoient*** *leur professeur.* Contraire : tutoyer.

voyage **nom masculin**

Faire un **voyage**, c'est se déplacer loin pendant un certain temps. *Grand-père a fait un* ***voyage*** *au Canada.*

● Mots de la même famille : voyager, voyageur.

voyager **verbe**

Voyager, c'est faire un voyage. *Les chanteurs* ***voyagent*** *souvent. Mamie* ***voyage*** *en train.*

voyageur **nom masculin**
voyageuse **nom féminin**

Un **voyageur**, une **voyageuse** sont des personnes qui voyagent. *Les* ***voyageurs*** *attendent le train sur le quai.*

voyelle **nom féminin**

Les voyelles sont les lettres « a », « e », « i », « o », « u », « y ».

➜ Cherche consonne.

voyou **nom masculin**

Un **voyou** est un garçon malhonnête.

🔍 Au pluriel, on écrit *des voyous.*

vrai, vraie **adjectif**

❶ Ce qui est **vrai** s'est réellement passé. *Ma mère a tourné dans un film, c'est* ***vrai*** *!* Contraire : faux. *Je n'invente rien, cette histoire est* ***vraie****.* Synonyme : réel.

❷ Un **vrai** bijou n'est pas une imitation. *Mamie a un* ***vrai*** *diamant.* Synonyme : véritable. Contraire : faux.

● Mot de la même famille : vraiment.

vraiment **adverbe**

❶ **Vraiment** signifie : réellement. *Je t'assure que tout cela est* ***vraiment*** *arrivé.*

❷ **Vraiment** signifie : très, tout à fait. *Tom est* ***vraiment*** *gentil.*

V. T. T. **nom masculin**

Un **V. T. T.** est un vélo avec des pneus épais. On l'utilise pour rouler sur des terrains pleins de creux et de bosses. *Hugo et Julie font du* ***V. T. T.*** *dans le bois.*

🔍 « V. T. T. » est l'abréviation de « vélo tout-terrain ».

vu ➜ **voir**

vue **nom féminin**

La **vue** est le sens qui permet de voir. *Léo a une bonne* ***vue****.* Synonyme : vision.

➜ Cherche goût, odorat, ouïe et toucher.

W

wagon **nom masculin**
Un **wagon** est la voiture d'un train dans laquelle on transporte du bétail, des marchandises ou du courrier. *Les **wagons** sont tirés par une locomotive.*

wallaby **nom masculin**
Un **wallaby** est un mammifère d'Australie qui ressemble à un kangourou.
🔎 On prononce [walabi].
☛ Va voir l'illustration ci-dessus.

wapiti **nom masculin**
Le **wapiti** est un grand cerf d'Amérique du Nord.
🔎 On prononce [wapiti].

waters **nom masculin pluriel**
Les **waters**, c'est la petite pièce où l'on fait ses besoins. **Synonymes : cabinets, toilettes, W.-C.**
🔎 Ce mot vient de l'anglais : on prononce [watɛr].
– La nouvelle orthographe permet d'écrire aussi *un water,* sans *s.*

W.-C. **nom masculin pluriel**
Les **W.-C.** sont les waters.

week-end **nom masculin**
Le **week-end**, c'est le samedi et le dimanche. *Nous avons passé le **week-end** à la campagne.*
🔎 Ce mot vient de l'anglais : on prononce [wikɛnd]. Au pluriel, on écrit *des week-ends.*
– La nouvelle orthographe permet d'écrire aussi *un weekend, des weekends,* sans trait d'union.

western **nom masculin**
Un **western** est un film d'aventures qui se passe en Amérique du Nord et qui raconte des histoires de cow-boys. *Papi regarde tous les **westerns** qui passent à la télévision.*
🔎 Ce mot vient de l'anglais : on prononce [wɛstɛrn].

X

xylophone **nom masculin**
Un **xylophone** est un instrument de musique que l'on frappe avec deux baguettes.
🔎 Ce mot s'écrit avec un *y* et avec *ph.*
☛ Va voir « les instruments de musique », page 355.

Y

y **adverbe**
Y est un petit mot qui indique le lieu où l'on est, le lieu où l'on va. *Mets-toi là et restes-**y**.*

yaourt **nom masculin**
Un **yaourt** est un laitage qui est vendu en petit pot. *Tom mange un **yaourt** aux cerises.*
On dit aussi « yogourt ».

yeux **nom masculin pluriel**
Les **yeux** permettent de voir. Ils se trouvent sous le front, de chaque côté du nez.
« Yeux » est le pluriel de « œil ».

Yo-Yo **nom masculin**
Un **Yo-Yo** est un jouet que l'on fait descendre et monter le long d'un fil. *Nous jouons au **Yo-Yo** dans la cour.*
Ce mot s'écrit avec deux majuscules parce que c'est un nom de marque. Il a un trait d'union. Il ne change pas au pluriel : on écrit *des Yo-Yo*.

Z

zapper **verbe**
Zapper, c'est changer de chaîne de télévision avec une télécommande. *Je voudrais bien regarder le film, arrête de **zapper** sans arrêt.*
Il y a deux *p*.

zèbre **nom masculin**
Un **zèbre** est un mammifère d'Afrique. Il ressemble à un petit cheval et il a un pelage rayé noir et blanc.
▶ Quand le zèbre crie, on dit qu'il hennit.

zeste **nom masculin**
Un **zeste** de citron (ou d'orange) est un morceau de peau. *Julie a mis un **zeste** d'orange dans le gâteau pour le parfumer.*

zigzag **nom masculin**
Un **zigzag** est une ligne brisée, faite d'une suite de traits qui forment des Z. *En montagne, les routes font des **zigzags**.*
● Mot de la même famille : zigzaguer.

zigzaguer verbe

Zigzaguer, c'est faire des zigzags. *Les voitures **zigzaguaient** sur le verglas.*

La route **zigzague**.

zone nom féminin

Une **zone** industrielle est une partie d'une ville qui est réservée aux industries, aux usines.

zoo nom masculin

Un **zoo** est un parc où l'on peut observer les animaux sauvages de tous les pays dans des cages. *Un petit éléphant est né au **zoo**.*

On prononce [zo] ou [zoo]. « Zoo » est l'abréviation de « jardin zoologique ».

zoologie nom féminin

La **zoologie** est la science qui étudie les animaux.

● Mots de la même famille : zoo, zoologique.

zoologique adjectif

1 Un jardin **zoologique** est un zoo.

2 Un parc **zoologique** est un parc où l'on peut voir des animaux sauvages en liberté.

zut ! interjection

Zut s'emploie quand on est mécontent ou déçu. ***Zut !** J'ai perdu mon stylo !*

un **zoo**

Afrique

paysage de savane (Kenya)

Amérique

Monument Valley (États-Unis)

Asie

yourtes en Mongolie

Europe

la ville de Stockholm (Suède)

Océanie

une route en Nouvelle-Zélande

Atlas des pays du monde

Dans cette partie du dictionnaire se trouvent les cartes qui te permettent de situer les **pays**, les **capitales** (ou les grandes villes) et les **fleuves**.

Chaque carte est illustrée de dessins. Ce sont surtout des dessins d'animaux. Tu découvres ainsi où vivent, par exemple, les pandas et les éléphants que tu peux voir dans les parcs zoologiques.

Les pays sont classés par **continent** :
l'**Afrique**, l'**Amérique**, l'**Asie**, l'**Europe et** l'**Océanie.**
Ils sont présentés avec leur drapeau.

Pour chaque pays, on a indiqué le nom de la **capitale** et le nom des **habitants**.

Si tu ne sais pas sur quel continent se trouve un pays, tu peux chercher son nom dans la liste alphabétique pages 708-709.

Comment lire une carte

Pour comprendre les informations données sur les cartes, il faut connaître certains codes. L'ensemble de ces codes s'appelle **une légende**.

- Frontières entre les pays
- Fleuves
- Capitales
- Villes importantes
- DOM-TOM (départements et territoires français situés au-delà des mers)

Les reliefs sont représentés par des couleurs différentes.

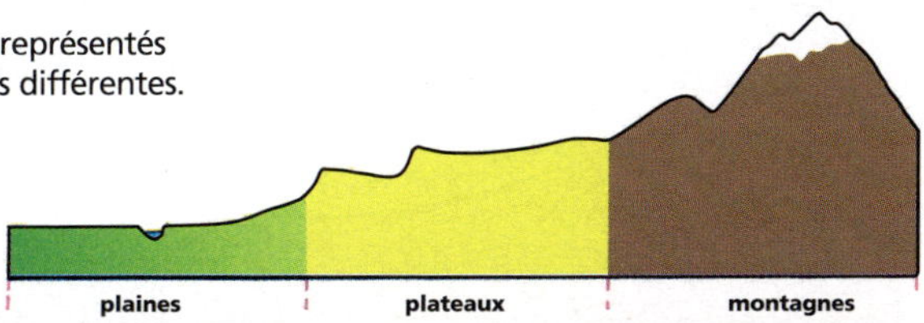

Le monde

L'Amérique, l'Europe, l'Afrique, l'Asie et l'Océanie sont les cinq grandes parties du monde.

L'Antarctique est une vaste étendue de glace.

NORD
ARCTIQUE
Vers l'Amérique
Europe
Baïkonour
MÉDITERRANÉE
Asie
OCÉAN
PACIFIQUE
Afrique
Wallis-et-Futuna (Fr.)
Mayotte (Fr.)
OCÉAN
La Réunion (Fr.)
INDIEN
Nouvelle-Calédonie (Fr.)
Océanie
Cap de Bonne-Espérance
Îles Kerguelen (Fr.)
PÔLE NORD
ASIE
AMÉRIQUE DU NORD
OCÉAN PACIFIQUE
OCÉAN ATLANTIQUE
Équateur
AMÉRIQUE DU SUD
Antarctique
SUD
Sur le globe, on voit bien que l'Amérique et l'Asie se touchent presque.

Les pays du monde

Les pays d'Afrique

Afrique du Sud

- Ce pays a deux capitales : **Pretoria** et **Le Cap**.
- Les habitants s'appellent les **Sud-Africains**.

Algérie

- La capitale est **Alger**.
- Les habitants s'appellent les **Algériens**.

Angola

- La capitale est **Luanda**.
- Les habitants s'appellent les **Angolais**.

Bénin

- La capitale est **Porto-Novo**.
- Les habitants s'appellent les **Béninois**.

Botswana
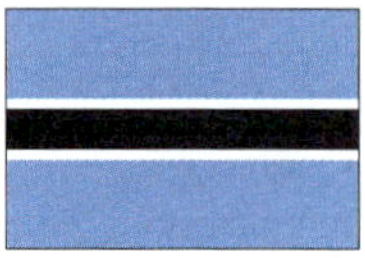

- La capitale est **Gaborone**.
- Les habitants s'appellent les **Botswanais**.

Burkina

- La capitale est **Ouagadougou**.
- Les habitants s'appellent les **Burkinabés** ou **Burkinais**.

Burundi

- La capitale est **Bujumbura**.
- Les habitants s'appellent les **Burundais**.

Cameroun

- La capitale est **Yaoundé**.
- Les habitants s'appellent les **Camerounais**.

Cap-Vert

- La capitale est **Praia**.
- Les habitants s'appellent les **Cap-Verdiens**.

centrafricaine (République)

- La capitale est **Bangui**.
- Les habitants s'appellent les **Centrafricains**.

Comores

- La capitale est **Moroni**.
- Les habitants s'appellent les **Comoriens**.

Congo

- La capitale est **Brazzaville**.
- Les habitants s'appellent les **Congolais**.

l'Afrique

La France est là.
L'Afrique est ici.
Europe
Asie
OCÉAN
ATLANTIQUE
Tropique du Cancer
Équateur
OCÉAN
ATLANTIQUE
Tropique du Capricorne
OCÉAN
INDIEN
MER ROUGE
Alger
Tunis
Rabat
TUNISIE
Tripoli
MAROC
ALGÉRIE
LIBYE
Le Caire
ÉGYPTE
Sahara
NIGER
MAURITANIE
MALI
Niger
SÉNÉGAL
Dakar
GAMBIE
GUINÉE-BISSAU
GUINÉE
Sahel
TCHAD
Ndjamena
SOUDAN
Nil
ÉRYTHRÉE
DJIBOUTI
ÉTHIOPIE
BURKINA
TOGO
GHANA
BÉNIN
NIGERIA
SIERRA LEONE
CÔTE D'IVOIRE
LIBERIA
Abidjan
SOUDAN DU SUD
RÉP. CENTRAFRICAINE
SOMALIE
CAMEROUN
Yaoundé
GUINÉE ÉQUATORIALE
SAO TOMÉ-ET-PRINCIPÉ
GABON
Congo
OUGANDA
KENYA
Mogadiscio
RWANDA
BURUNDI
Kilimandjaro
CONGO
Kinshasa
RÉP. DÉM. DU CONGO
Dar es Salam
TANZANIE
Mayotte (Fr.)
ANGOLA
ZAMBIE
MALAWI
ZIMBABWE
MOZAMBIQUE
MADAGASCAR
MAURICE
La Réunion (Fr.)
Windhoek
BOTSWANA
NAMIBIE
Pretoria
ESWATINI
LESOTHO
AFRIQUE DU SUD

Les pays d'Afrique

Congo (République démocratique du)

- La capitale est **Kinshasa**.
- Les habitants s'appellent les **Congolais**.

Côte d'Ivoire

- La capitale est **Yamoussoukro**.
- Les habitants s'appellent les **Ivoiriens**.

Djibouti

- La capitale est **Djibouti**.
- Les habitants s'appellent les **Djiboutiens**.

Égypte

- La capitale est **Le Caire**.
- Les habitants s'appellent les **Égyptiens**.

Érythrée

- La capitale est **Asmara**.
- Les habitants s'appellent les **Érythréens**.

Eswatini

- La capitale est **Mbabane**.
- Les habitants s'appellent les **Swazis**.

Éthiopie

- La capitale est **Addis-Abeba**.
- Les habitants s'appellent les **Éthiopiens**.

Gabon

- La capitale est **Libreville**.
- Les habitants s'appellent les **Gabonais**.

Gambie

- La capitale est **Banjul**.
- Les habitants s'appellent les **Gambiens**.

Ghana

- La capitale est **Accra**.
- Les habitants s'appellent les **Ghanéens**.

Guinée

- La capitale est **Conakry**.
- Les habitants s'appellent les **Guinéens**.

Guinée-Bissau

- La capitale est **Bissau**.
- Les habitants s'appellent les **Bissau-Guinéens**.

Les pays d'Afrique

Guinée équatoriale

- La capitale est **Malabo**.
- Les habitants s'appellent les **Équato-Guinéens**.

Malawi

- La capitale est **Lilongwe**.
- Les habitants s'appellent les **Malawites** ou **Malawiens**.

Kenya

- La capitale est **Nairobi**.
- Les habitants s'appellent les **Kényans**.

Mali

- La capitale est **Bamako**.
- Les habitants s'appellent les **Maliens**.

Lesotho

- La capitale est **Maseru**.
- Les habitants s'appellent les **Lesothiens** ou **Lesothans**.

Maroc

- La capitale est **Rabat**.
- Les habitants s'appellent les **Marocains**.

Liberia

- La capitale est **Monrovia**.
- Les habitants s'appellent les **Libériens**.

Maurice

- La capitale est **Port-Louis**.
- Les habitants s'appellent les **Mauriciens**.

Libye

- La capitale est **Tripoli**.
- Les habitants s'appellent les **Libyens**.

Mauritanie

- La capitale est **Nouakchott**.
- Les habitants s'appellent les **Mauritaniens**.

Madagascar

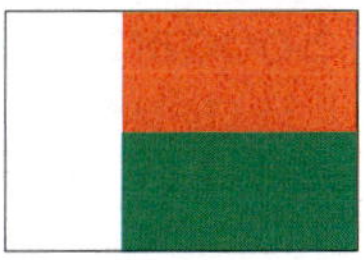

- La capitale est **Antananarivo**.
- Les habitants s'appellent les **Malgaches**.

Mozambique

- La capitale est **Maputo**.
- Les habitants s'appellent les **Mozambicains**.

Les pays d'Afrique

Namibie

- La capitale est **Windhoek**.
- Les habitants s'appellent les **Namibiens**.

Niger

- La capitale est **Niamey**.
- Les habitants s'appellent les **Nigériens**.

Nigeria

- La capitale est **Abuja**.
- Les habitants s'appellent les **Nigérians**.

Ouganda

- La capitale est **Kampala**.
- Les habitants s'appellent les **Ougandais**.

Rwanda

- La capitale est **Kigali**.
- Les habitants s'appellent les **Rwandais**.

São Tomé-et-Príncipe

- La capitale est **São Tomé**.
- Les habitants s'appellent les **Santoméens**.

Sénégal

- La capitale est **Dakar**.
- Les habitants s'appellent les **Sénégalais**.

Seychelles

- La capitale est **Victoria**.
- Les habitants s'appellent les **Seychellois**.

Sierra Leone

- La capitale est **Freetown**.
- Les habitants s'appellent les **Sierra-Léonais**.

Somalie

- La capitale est **Muqdisho (Mogadiscio)**.
- Les habitants s'appellent les **Somaliens**.

Soudan

- La capitale est **Khartoum**.
- Les habitants s'appellent les **Soudanais**.

Soudan du Sud

- La capitale est **Djouba (Juba)**.
- Les habitants s'appellent les **Soudanais du Sud** ou **Sud-Soudanais**.

Les pays d'Afrique

Tanzanie

- Ce pays a deux capitales : **Dar es Salam** et **Dodoma**.
- Les habitants s'appellent les **Tanzaniens**.

Tunisie

- La capitale est **Tunis**.
- Les habitants s'appellent les **Tunisiens**.

Tchad

- La capitale est **Ndjamena**.
- Les habitants s'appellent les **Tchadiens**.

Zambie

- La capitale est **Lusaka**.
- Les habitants s'appellent les **Zambiens**.

Togo

- La capitale est **Lomé**.
- Les habitants s'appellent les **Togolais**.

Zimbabwe

- La capitale est **Harare**.
- Les habitants s'appellent les **Zimbabwéens**.

des dunes de sable (Sud du Maroc)

des baobabs (Sénégal)

Les pays d'Amérique

Antigua-et-Barbuda

- La capitale est **Saint John's**.
- Les habitants s'appellent les **Antiguayens**.

Argentine

- La capitale est **Buenos Aires**.
- Les habitants s'appellent les **Argentins**.

Bahamas

- La capitale est **Nassau**.
- Les habitants s'appellent les **Bahaméens** ou **Bahamiens**.

Barbade

- La capitale est **Bridgetown**.
- Les habitants s'appellent les **Barbadiens**.

Belize

- La capitale est **Belmopan**.
- Les habitants s'appellent les **Béliziens**.

Bolivie

- Ce pays a deux capitales : **Sucre** et **La Paz**.
- Les habitants s'appellent les **Boliviens**.

Brésil

- La capitale est **Brasilia**.
- Les habitants s'appellent les **Brésiliens**.

Canada

- La capitale est **Ottawa**.
- Les habitants s'appellent les **Canadiens**.

Chili

- La capitale est **Santiago**.
- Les habitants s'appellent les **Chiliens**.

Colombie

- La capitale est **Bogota**.
- Les habitants s'appellent les **Colombiens**.

Costa Rica

- La capitale est **San José**.
- Les habitants s'appellent les **Costaricains** ou **Costariciens**.

Cuba

- La capitale est **La Havane**.
- Les habitants s'appellent les **Cubains**.

Asie
ÉTATS-UNIS
(Alaska)
Groenland
(Danemark)
Cercle polaire arctique
CANADA
Baie
d'Hudson
OCÉAN
Vancouver
Montagnes Rocheuses
PACIFIQUE
Québec
Montréal
Chicago
Ottawa
Saint-Pierre-et-Miquelon
(Fr.)
San Francisco
ÉTATS-UNIS
New York
Appalaches
Los Angeles
Mississippi
Washington
L'Amérique
du Nord
Cap Canaveral
Miami
MEXIQUE
Tropique du Cancer
Mexico
CUBA
JAMAÏQUE
RÉP. DOMINICAINE
Porto Rico (É.-U.)
BELIZE
HAITI
GUATEMALA
HONDURAS
Guadeloupe (Fr.)
Antilles
Martinique (Fr.)
OCÉAN
SALVADOR
NICARAGUA
L'Amérique
centrale
COSTA RICA
VENEZUELA
PANAMA
GUYANA
COLOMBIE
SURINAME
Kourou
ATLANTIQUE
Guyane (Fr.)
Équateur
ÉQUATEUR
Amazonie
Amazone
Cordillère des Andes
OCÉAN
BRÉSIL
PÉROU
Lima
BOLIVIE
PACIFIQUE
Brasilia
Rio de Janeiro
Tropique du Capricorne
PARAGUAY
L'Amérique
du Sud
La France est là.
Santiago
URUGUAY
Buenos Aires
ARGENTINE
CHILI
L'Amérique est ici.
Îles Falkland
(G.-B.)
Terre de Feu
Cap Horn

Les pays d'Amérique

dominicaine (République)

• La capitale est **Saint-Domingue**.
• Les habitants s'appellent les **Dominicains**.

Dominique

• La capitale est **Roseau**.
• Les habitants s'appellent les **Dominiquais**.

Équateur

• La capitale est **Quito**.
• Les habitants s'appellent les **Équatoriens**.

États-Unis

• La capitale est **Washington**.
• Les habitants s'appellent les **Américains** ou **États-Uniens**.

Grenade

• La capitale est **Saint George's**.
• Les habitants s'appellent les **Grenadiens**.

Guatemala

• La capitale est **Guatemala**.
• Les habitants s'appellent les **Guatémaltèques**.

Guyana

• La capitale est **Georgetown**.
• Les habitants s'appellent les **Guyaniens**.

Haïti

• La capitale est **Port-au-Prince**.
• Les habitants s'appellent les **Haïtiens**.

Honduras

• La capitale est **Tegucigalpa**.
• Les habitants s'appellent les **Honduriens**.

Jamaïque

• La capitale est **Kingston**.
• Les habitants s'appellent les **Jamaïquains** ou **Jamaïcains**.

Mexique

• La capitale est **Mexico**.
• Les habitants s'appellent les **Mexicains**.

Nicaragua

• La capitale est **Managua**.
• Les habitants s'appellent les **Nicaraguayens**.

Les pays d'Amérique

Panama

- La capitale est **Panama**.
- Les habitants s'appellent les **Panaméens**.

Paraguay

- La capitale est **Asunción**.
- Les habitants s'appellent les **Paraguayens**.

Pérou

- La capitale est **Lima**.
- Les habitants s'appellent les **Péruviens**.

Sainte-Lucie

- La capitale est **Castries**.
- Les habitants s'appellent les **Saint-Luciens** ou **Luciens**.

Saint-Kitts-et-Nevis

- La capitale est **Basseterre**.
- Les habitants s'appellent les **Kittitiens** ou **Néviciens**.

Saint-Vincent-et-les-Grenadines

- La capitale est **Kingstown**.
- Les habitants s'appellent les **Saint-Vincentais-et-Grenadins** ou **Vincentais**.

Salvador

- La capitale est **San Salvador**.
- Les habitants s'appellent les **Salvadoriens**.

Suriname

- La capitale est **Paramaribo**.
- Les habitants s'appellent les **Surinamiens** ou **Surinamais**.

Trinité-et-Tobago

- La capitale est **Port of Spain**.
- Les habitants s'appellent les **Trinidadiens**.

Uruguay

- La capitale est **Montevideo**.
- Les habitants s'appellent les **Uruguayens**.

Venezuela

- La capitale est **Caracas**.
- Les habitants s'appellent les **Vénézuéliens**.

les chutes du Niagara (États-Unis)

OCÉAN GLACIAL
Sibérie
RUSSIE
Ob
Ienisseï
Oural
Moscou
Transsibérien
Europe
KAZAKHSTAN
Baïkonour
MONGOLIE
GÉORGIE
OUZBÉKISTAN
KIRGHIZISTAN
Istanbul
ARMÉNIE
AZERBAÏDJAN
TURKMÉNISTAN
TADJIKISTAN
CHINE
TURQUIE
Téhéran
CHYPRE
SYRIE
AFGHANISTAN
LIBAN
IRAQ
Himalaya
IRAN
ISRAËL
JORDANIE
New Delhi
KOWEÏT
NÉPAL
Everest
BHOUTAN
ARABIE SAOUDITE
Gange
BAHREÏN
QATAR
PAKISTAN
Dacca
ÉMIRATS ARABES UNIS
BANGLADESH
La Mecque
Calcutta
INDE
BIRMANIE
OMAN
Bombay
YÉMEN
SRI LANKA
Afrique
MALDIVES
OCÉAN INDIEN

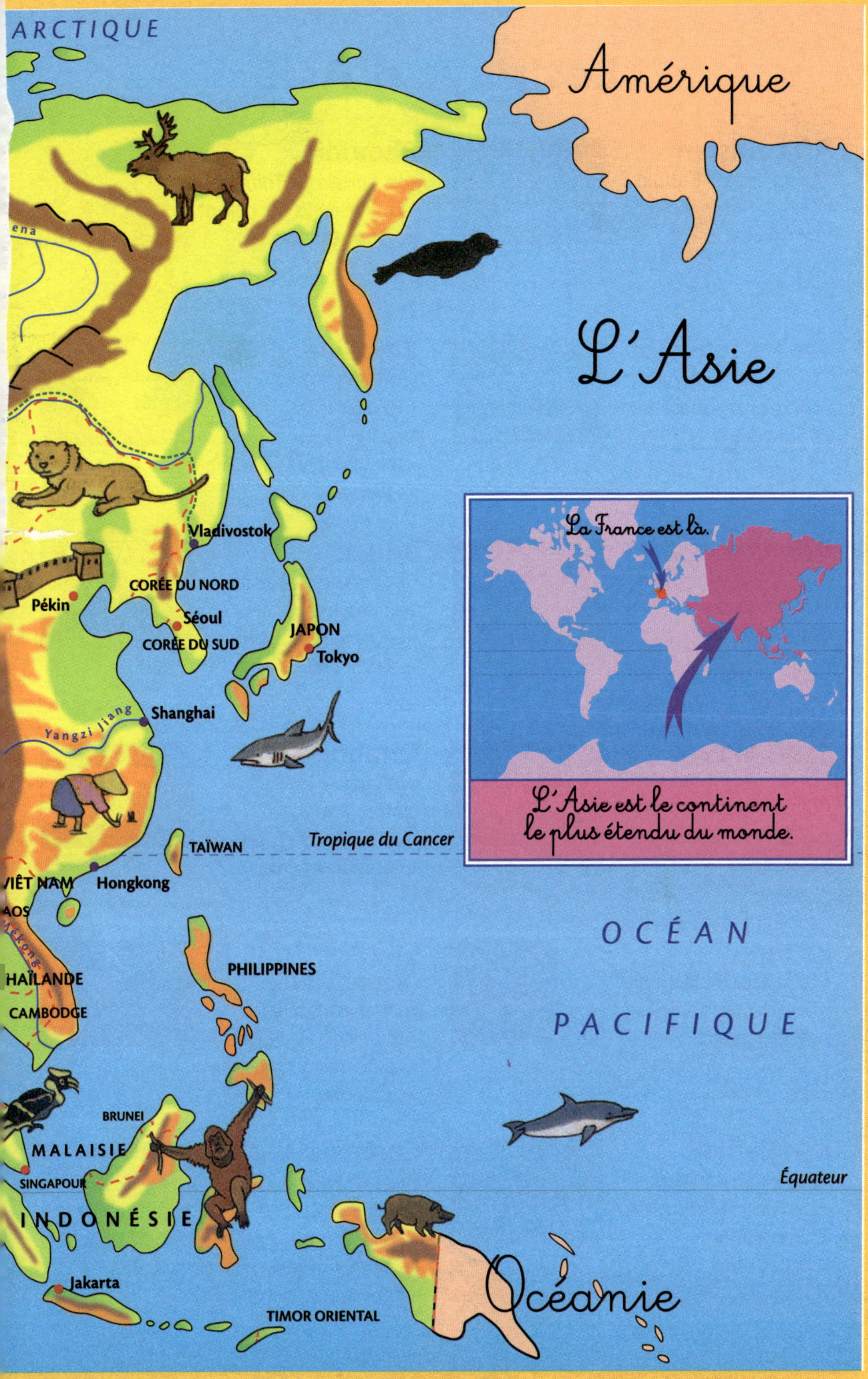
L'Asie
Amérique
ARCTIQUE
ena
Vladivostok
CORÉE DU NORD
Pékin
Séoul
CORÉE DU SUD
JAPON
Tokyo
Shanghai
Yangzi Jiang
TAÏWAN
Tropique du Cancer
VIÊT NAM
Hongkong
AOS
Mékong
HAÏLANDE
CAMBODGE
PHILIPPINES
BRUNEI
MALAISIE
SINGAPOUR
INDONÉSIE
Jakarta
TIMOR ORIENTAL
OCÉAN
PACIFIQUE
Équateur
Océanie
La France est là.
L'Asie est le continent le plus étendu du monde.

Les pays d'Asie

Afghanistan

- La capitale est **Kaboul**.
- Les habitants s'appellent les **Afghans**.

Arabie saoudite

- La capitale est **Riyad**.
- Les habitants s'appellent les **Saoudiens**.

Arménie

- La capitale est **Erevan**.
- Les habitants s'appellent les **Arméniens**.

Azerbaïdjan

- La capitale est **Bakou**.
- Les habitants s'appellent les **Azerbaïdjanais** ou **Azéris**.

Bahreïn
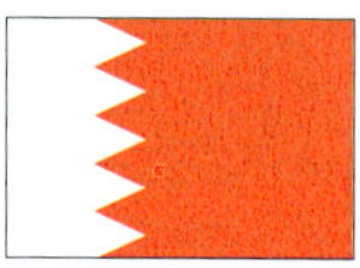

- La capitale est **Manama**.
- Les habitants s'appellent les **Bahreïniens**.

Bangladesh
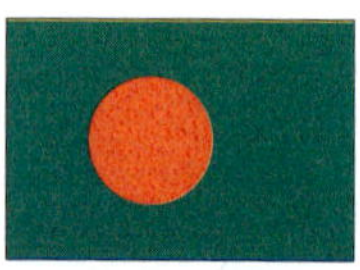

- La capitale est **Dacca**.
- Les habitants s'appellent les **Bangladais** ou **Bangladeshis**.

Bhoutan

- La capitale est **Thimbu**.
- Les habitants s'appellent les **Bhoutanais**.

Birmanie (Myanmar)

- La capitale est **Nay Pyi Taw**.
- Les habitants s'appellent les **Birmans**.

Brunei

- La capitale est **Bandar Seri Begawan**.
- Les habitants s'appellent les **Brunéiens**.

Cambodge

- La capitale est **Phnom Penh**.
- Les habitants s'appellent les **Cambodgiens**.

Chine (République populaire de)

- La capitale est **Pékin**.
- Les habitants s'appellent les **Chinois**.

Corée du Nord

- La capitale est **Pyongyang**.
- Les habitants s'appellent les **Nord-Coréens**.

Les pays d'Asie

Corée du Sud

- La capitale est **Séoul**.
- Les habitants s'appellent les **Sud-Coréens**.

Émirats arabes unis

- La capitale est **Abu Dhabi**.
- Les habitants s'appellent les **Émiriens** ou **Émiratis**.

Géorgie

- La capitale est **Tbilissi**.
- Les habitants s'appellent les **Géorgiens**.

Inde

- La capitale est **New Delhi**.
- Les habitants s'appellent les **Indiens**.

Indonésie

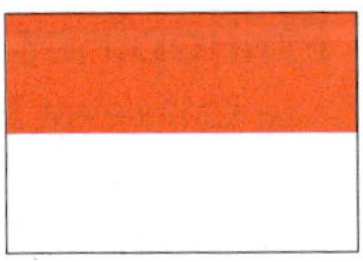

- La capitale est **Jakarta**.
- Les habitants s'appellent les **Indonésiens**.

Iran

- La capitale est **Téhéran**.
- Les habitants s'appellent les **Iraniens**.

Iraq

- La capitale est **Bagdad**.
- Les habitants s'appellent les **Irakiens** ou **Iraquiens**.

Israël

- La capitale est **Jérusalem**.
- Les habitants s'appellent les **Israéliens**.

Japon

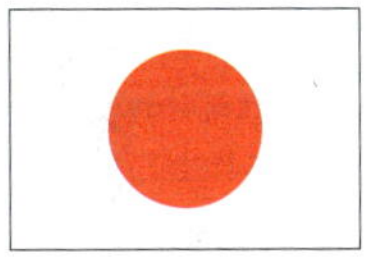

- La capitale est **Tokyo**.
- Les habitants s'appellent les **Japonais**.

Jordanie

- La capitale est **Amman**.
- Les habitants s'appellent les **Jordaniens**.

Kazakhstan

- La capitale est **Astana**.
- Les habitants s'appellent les **Kazakhs** ou **Kazakhstanais**.

Kirghizistan

- La capitale est **Bichkek**.
- Les habitants s'appellent les **Kirghiz** ou **Kirghizes**.

Les pays d'Asie

Koweït

- La capitale est **Koweït**.
- Les habitants s'appellent les **Koweïtiens**.

Laos

- La capitale est **Vientiane**.
- Les habitants s'appellent les **Laotiens**.

Liban

- La capitale est **Beyrouth**.
- Les habitants s'appellent les **Libanais**.

Malaisie

- Ce pays a deux capitales : **Kuala Lumpur** et **Putrajaya**.
- Les habitants s'appellent les **Malaisiens**.

Maldives (îles)

- La capitale est **Malé**.
- Les habitants s'appellent les **Maldiviens**.

Mongolie

- La capitale est **Oulan-Bator**.
- Les habitants s'appellent les **Mongols**.

Népal

- La capitale est **Katmandou**.
- Les habitants s'appellent les **Népalais**.

Oman

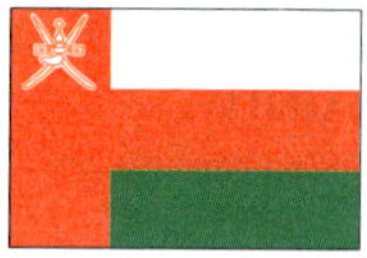

- La capitale est **Mascate**.
- Les habitants s'appellent les **Omanais**.

Ouzbékistan

- La capitale est **Tachkent**.
- Les habitants s'appellent les **Ouzbeks**.

Pakistan

- La capitale est **Islamabad**.
- Les habitants s'appellent les **Pakistanais**.

Philippines

- La capitale est **Manille**.
- Les habitants s'appellent les **Philippins**.

Qatar

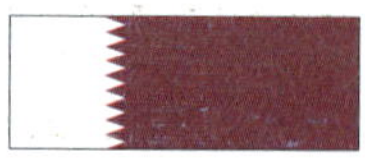

- La capitale est **Doha**.
- Les habitants s'appellent les **Qatariens** ou **Qataris**.

Les pays d'Asie

Singapour

- La capitale est **Singapour**.
- Les habitants s'appellent les **Singapouriens**.

Timor oriental

- La capitale est **Dili**.
- Les habitants s'appellent les **Est-Timorais** ou **Timorais**.

Sri Lanka

- Ce pays a deux capitales : **Colombo** et **Sri Jayawardenepura Kotte**.
- Les habitants s'appellent les **Sri Lankais**.

Turkménistan

- La capitale est **Achgabat**.
- Les habitants s'appellent les **Turkmènes**.

Syrie

- La capitale est **Damas**.
- Les habitants s'appellent les **Syriens**.

Turquie

- La capitale est **Ankara**.
- Les habitants s'appellent les **Turcs**.

Tadjikistan

- La capitale est **Douchanbé**.
- Les habitants s'appellent les **Tadjiks**.

Viêt Nam

- La capitale est **Hanoï**.
- Les habitants s'appellent les **Vietnamiens**.

Taïwan

- La capitale est **Taipei**.
- Les habitants s'appellent les **Taïwanais**.

Yémen

- La capitale est **Sanaa**.
- Les habitants s'appellent les **Yéménites**.

Thaïlande

- La capitale est **Bangkok**.
- Les habitants s'appellent les **Thaïlandais**.

des plantations de thé (Japon)

L'Europe
Méridien de Greenwich 0°
Reykjavik
ISLANDE
MER DE NORVÈGE
OCÉAN ATLANTIQUE
NORVÈGE
Oslo
Stockholm
SUÈDE
Parallèle 50°
ÉCOSSE
IRLANDE DU NORD
IRLANDE
Dublin
GRANDE-BRETAGNE
MER DU NORD
DANEMARK
Copenhague
MER BALTIQU
PAYS DE GALLES
ANGLETERRE
Londres
Tamise
Amsterdam
PAYS-BAS
Rhin
Elbe
Berlin
Vistule
Varsov
POLOGN
Bruxelles
BELGIQUE
ALLEMAGNE
LUXEMBOURG
Paris
Seine
Prague
RÉP. TCHÈQUE
Loire
Danube
SLOVAQ
Bratis
FRANCE
Berne
Vienne
Budapes
SUISSE
AUTRICHE
HONGR
Alpes
SLOVÉNIE
Ljubljana
Zagreb
Garonne
Ebre
Pô
CROATIE
Belgra
Rhône
Pyrénées
ANDORRE
ST-MARIN
BOSNIE-HER
Lisbonne
Tage
Madrid
ITALIE
Sarajevo
MONTÉNÉGR
PORTUGAL
ESPAGNE
Corse
Rome
Podgorica
Tirana
ALBAN
Sardaigne
Sicile
MALTE
La Valette
MER MÉDITERRANÉE
Afrique

L'Europe est ici.
FINLANDE
RUSSIE
Helsinki
Tallinn
ESTONIE
Riga
LETTONIE
LITUANIE
Vilnius
Minsk
BIÉLORUSSIE
Moscou
Volga
Transsibérien
Oural
Kiev
UKRAINE
Dniepr
Don
Volga
Chișinău
MOLDAVIE
ROUMANIE
Carpates
Bucarest
SERBIE
Danube
Pristina
Sofia
KOSOVO
BULGARIE
Skopje
MACÉDOINE DU NORD
MER NOIRE
Caucase
MER CASPIENNE
Athènes
GRÈCE
Crète
Asie

Les pays d'Europe

Albanie

- La capitale est **Tirana.**
- Les habitants s'appellent les **Albanais**.

Allemagne

- La capitale est **Berlin**.
- Les habitants s'appellent les **Allemands**.

Andorre

- La capitale est **Andorre-la-Vieille**.
- Les habitants s'appellent les **Andorrans**.

Autriche

- La capitale est **Vienne**.
- Les habitants s'appellent les **Autrichiens**.

Belgique

- La capitale est **Bruxelles.**
- Les habitants s'appellent les **Belges**.

Biélorussie (Bélarus)

- La capitale est **Minsk**.
- Les habitants s'appellent les **Biélorusses**, les **Bélarusses** ou les **Bélarussiens**.

Bosnie-Herzégovine

- La capitale est **Sarajevo**.
- Les habitants s'appellent les **Bosniens**.

Bulgarie
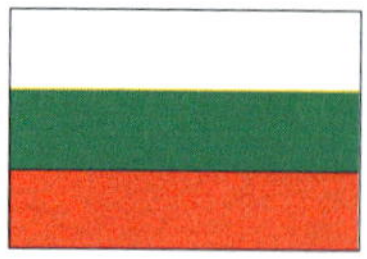

- La capitale est **Sofia**.
- Les habitants s'appellent les **Bulgares**.

Chypre (Europe /Asie)

- La capitale est **Nicosie**.
- Les habitants s'appellent les **Chypriotes** ou **Cypriotes**.

Croatie

- La capitale est **Zagreb**.
- Les habitants s'appellent les **Croates**.

Danemark

- La capitale est **Copenhague**.
- Les habitants s'appellent les **Danois**.

Espagne

- La capitale est **Madrid**.
- Les habitants s'appellent les **Espagnols**.

Les pays d'Europe

Estonie

- La capitale est **Tallinn**.
- Les habitants s'appellent les **Estoniens**.

Finlande

- La capitale est **Helsinki**.
- Les habitants s'appellent les **Finlandais**.

France

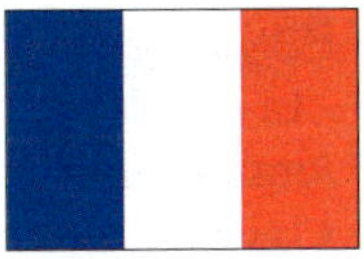

- La capitale est **Paris**.
- Les habitants s'appellent les **Français**.

Grande-Bretagne et d'Irlande du Nord (Royaume-uni de)

- La capitale est **Londres**.
- Les habitants s'appellent les **Britanniques**.

Grèce

- La capitale est **Athènes**.
- Les habitants s'appellent les **Grecs**.

Hongrie

- La capitale est **Budapest**.
- Les habitants s'appellent les **Hongrois**.

Irlande

- La capitale est **Dublin**.
- Les habitants s'appellent les **Irlandais**.

Islande

- La capitale est **Reykjavik**.
- Les habitants s'appellent les **Islandais**.

Italie

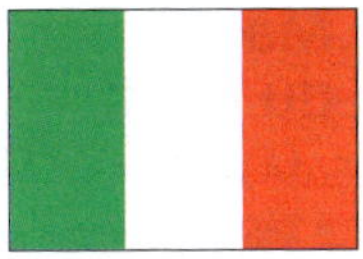

- La capitale est **Rome**.
- Les habitants s'appellent les **Italiens**.

Kosovo

- La capitale est **Pristina**.
- Les habitants s'appellent les **Kosovars** ou **Kosoviens**.

Lettonie

- La capitale est **Riga**.
- Les habitants s'appellent les **Lettons**.

Liechtenstein

- La capitale est **Vaduz**.
- Les habitants s'appellent les **Liechtensteinois**.

Les pays d'Europe

Lituanie

- La capitale est **Vilnius**.
- Les habitants s'appellent les **Lituaniens**.

Luxembourg

- La capitale est **Luxembourg**.
- Les habitants s'appellent les **Luxembourgeois**.

Macédoine du Nord

- La capitale est **Skopje**.
- Les habitants s'appellent les **Macédoniens**.

Malte

- La capitale est **La Valette**.
- Les habitants s'appellent les **Maltais**.

Moldavie

- La capitale est **Chişinău**.
- Les habitants s'appellent les **Moldaves**.

Monaco
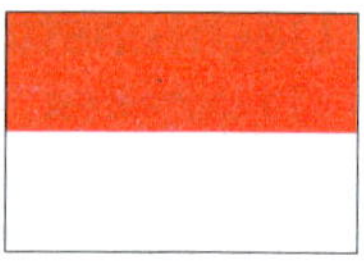

- La capitale est **Monaco**.
- Les habitants s'appellent les **Monégasques**.

Monténégro

- La capitale est **Podgorica**.
- Les habitants s'appellent les **Monténégrins**.

Norvège

- La capitale est **Oslo**.
- Les habitants s'appellent les **Norvégiens**.

Pays-Bas

- La capitale est **Amsterdam**.
- Les habitants s'appellent les **Néerlandais**.

Pologne
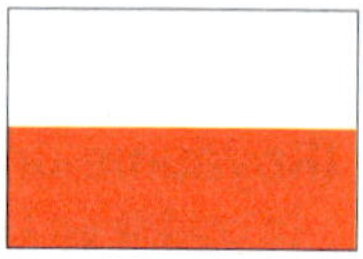

- La capitale est **Varsovie**.
- Les habitants s'appellent les **Polonais**.

Portugal

- La capitale est **Lisbonne**.
- Les habitants s'appellent les **Portugais**.

Roumanie

- La capitale est **Bucarest**.
- Les habitants s'appellent les **Roumains**.

Les pays d'Europe

Russie (Europe et Asie)

- La capitale est **Moscou**.
- Les habitants s'appellent les **Russes**.

Suède

- La capitale est **Stockholm**.
- Les habitants s'appellent les **Suédois**.

Saint-Marin

- La capitale est **Saint-Marin**.
- Les habitants s'appellent les **Saint-Marinais**.

Suisse

- La capitale est **Berne**.
- Les habitants s'appellent les **Suisses**.

Serbie

- La capitale est **Belgrade**.
- Les habitants s'appellent les **Serbes**.

tchèque (République)

- La capitale est **Prague**.
- Les habitants s'appellent les **Tchèques**.

Slovaquie

- La capitale est **Bratislava**.
- Les habitants s'appellent les **Slovaques**.

Ukraine

- La capitale est **Kiev**.
- Les habitants s'appellent les **Ukrainiens**.

Slovénie

- La capitale est **Ljubljana**.
- Les habitants s'appellent les **Slovènes**.

Vatican

Situé à Rome, c'est le plus petit État du monde. Il est dirigé par le pape.

les ponts de Prague (République tchèque)

le château de l'île de Donan en Écosse (Grande-Bretagne)

L'Océanie
Asie
OCÉAN
PACIFIQUE
Mariannes du Nord (É.-U.)
ÎLES MARSHALL
PALAOS
ÉTATS FÉDÉRÉS DE MICRONÉSIE
KIRIBATI
NAURU
PAPOUASIE-
NOUVELLE-GUINÉE
TUVALU
ÎLES SALOMON
VANUATU
Wallis-et-
Futuna (Fr.)
FIDJI
Nouvelle-
Calédonie (Fr.)
Nouméa
AUSTRALIE
Perth
Sydney
Canberra
Melbourne
Auckland
NOUVELLE-
ZÉLANDE
Wellington
Tasmanie (Austr.)
OCÉAN
INDIEN

L'Océanie est constituée d'un immense pays, l'Australie, et de très nombreuses îles de l'océan Pacifique.

Les pays d'Océanie

Australie

• La capitale est **Canberra**.
• Les habitants s'appellent les **Australiens**.

Fidji (îles)
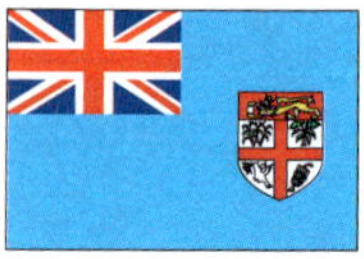

• La capitale est **Suva**.
• Les habitants s'appellent les **Fidjiens**.

Kiribati

• La capitale est **Tarawa**.
• Les habitants s'appellent les **Kiribatiens**.

Marshall (îles)

• La capitale est **Majuro**.
• Les habitants s'appellent les **Marshallais**.

Micronésie (États fédérés de)

• La capitale est **Palikir**.
• Les habitants s'appellent les **Micronésiens**.

Nauru

• La capitale est **Yaren**.
• Les habitants s'appellent les **Nauruans**.

Nouvelle-Zélande

• La capitale est **Wellington**.
• Les habitants s'appellent les **Néo-Zélandais**.

Palaos

• La capitale est **Melekeok**.
• Les habitants s'appellent les **Palaois** ou **Palaosiens**.

Papouasie-Nouvelle-Guinée

• La capitale est **Port Moresby**.
• Les habitants s'appellent les **Papouasiens** ou **Papouans-Néo-Guinéens**.

Salomon (îles)

• La capitale est **Honiara**.
• Les habitants s'appellent les **Salomonais** ou **Salomoniens**.

Samoa

• La capitale est **Apia**.
• Les habitants s'appellent les **Samoans** ou **Samoens**.

Tonga

• La capitale est **Nuku'alofa**.
• Les habitants s'appellent les **Tongiens** ou **Tonguiens**.

Tuvalu

• La capitale est **Funafuti**.
• Les habitants s'appellent les **Tuvalais** ou **Tuvaluans**.

Vanuatu

• La capitale est **Port-Vila**.
• Les habitants s'appellent les **Vanuatais** ou **Vanouatais**.

La France
La France est ici.
GRANDE-
BRETAGNE
MER
DU NORD
PAYS-BAS
BELGIQUE
ALLEMAGNE
MANCHE
Lille
Le Havre
Rouen
LUXEMBOURG
Brest
PARIS
Seine
Strasbourg
Rennes
Rhin
Vosges
Nantes
Loire
AUTRICHE
Jura
SUISSE
OCÉAN
ATLANTIQUE
Clermont-
Ferrand
Lyon
Mont Blanc
Bordeaux
Massif
Central
Alpes
ITALIE
Garonne
Rhône
Toulouse
Nice
Côte d'Azur
Marseille
Pyrénées
Corse
ESPAGNE
MER MÉDITERRANÉE

La France d'outre-mer

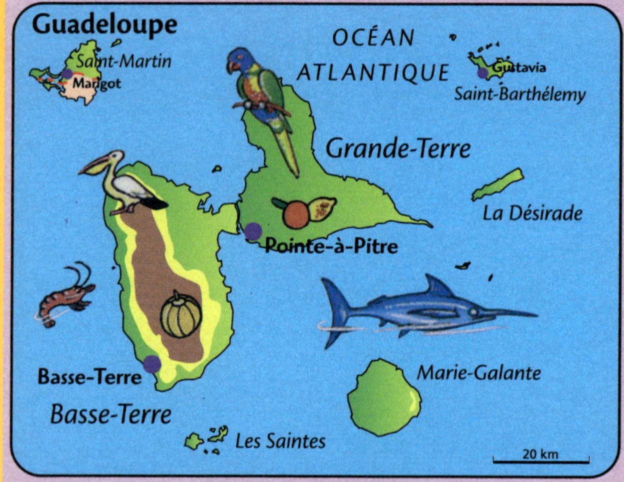

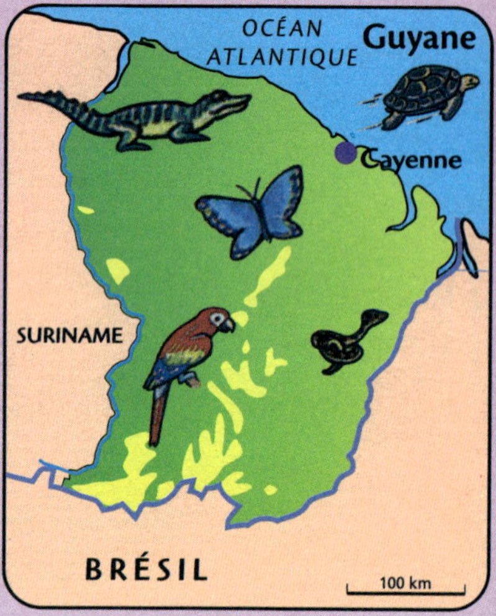

Nouvelle-Calédonie
Îles Loyauté
OCÉAN PACIFIQUE
Nouméa
100 km

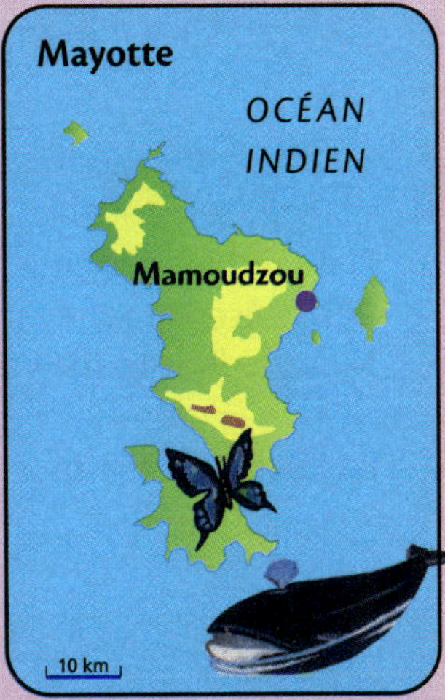
Mayotte
OCÉAN INDIEN
Mamoudzou
10 km

Polynésie française
Gustavia
Line Islands
(Kiribati)
Îles Marquises
Bora-Bora
Îles Sous-le-Vent
Tahiti
Îles du Vent
Îles de la Société
Îles Tuamotu
Îles Cook
(N.-Z.)
Îles Australes
Îles Gambier
OCÉAN PACIFIQUE
500 km
Moorea
Îles du Vent
Papeete
Tahiti
20 km

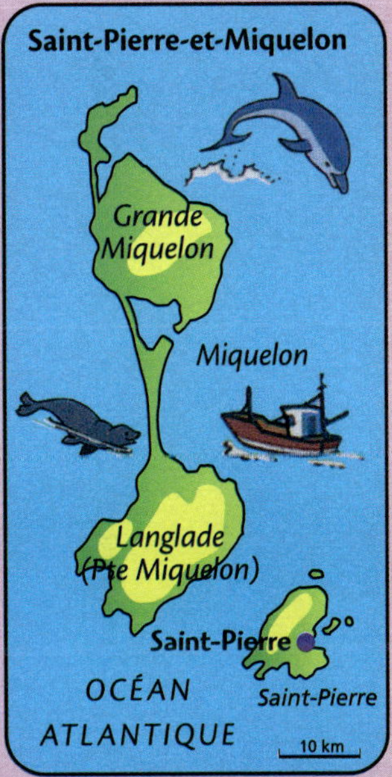
Saint-Pierre-et-Miquelon
Grande Miquelon
Miquelon
Langlade
(Pte Miquelon)
Saint-Pierre
Saint-Pierre
OCÉAN ATLANTIQUE
10 km

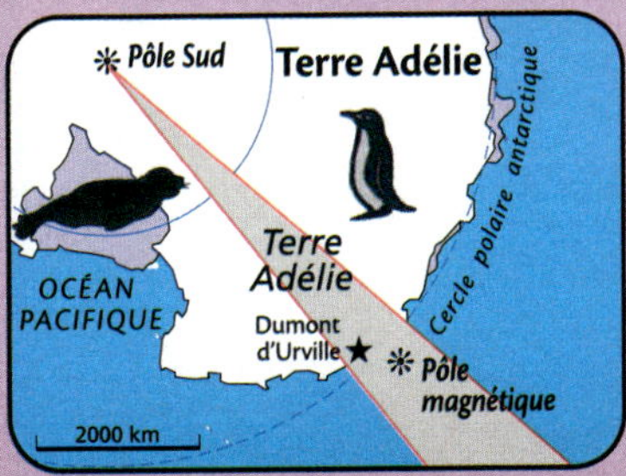
Pôle Sud
Terre Adélie
Cercle polaire antarctique
OCÉAN PACIFIQUE
Terre Adélie
Dumont d'Urville
Pôle magnétique
2000 km

Wallis
OCÉAN PACIFIQUE
Mata'Utu
10 km

Futuna
OCÉAN PACIFIQUE
Îles de Hoorn
10 km

Frise historique

Dans les pages qui suivent se trouve une **frise historique illustrée**. Elle présente les événements importants de l'histoire de France et du Monde dans l'ordre dans lequel ils se sont déroulés.

La **flèche du temps** est découpée en six périodes, de durée très inégale.

La **Préhistoire** s'étend sur plusieurs millions d'années.

apparition de l'homme

L'**Antiquité** s'étend sur environ 4000 ans.

l'empereur romain Auguste

Le **Moyen Âge** est une période qui dure plus de mille ans.

le baptême de Clovis, premier roi des Francs

Frise historique

On compte les années à partir de l'an 1 (considéré comme l'année de la naissance de Jésus-Christ). Pour dater les événements survenus avant l'an 1, on met le signe moins devant l'année ou la date. Par exemple, la bataille d'Alésia a eu lieu en – 52. (On peut dire aussi en 52 avant Jésus-Christ.)

Les **Temps modernes** s'étendent sur environ trois siècles, soit trois cents ans.

Louis XIV, le Roi Soleil

Les **18e et 19e siècles** représentent deux cents ans.

l'empereur Napoléon Ier

Les **20e et 21e siècles** : c'est l'époque la plus proche de nous.

le premier homme sur la Lune

PRÉHISTOIRE — -7 millions d'années
ANTIQUITÉ — -3 500 ans
MOYEN ÂGE — 476

Préhistoire

De l'apparition de l'homme...

-7 millions d'années

Toumaï.
Le plus ancien crâne trouvé en Afrique.

-3,7 millions d'années

Lucy.
Le plus célèbre squelette d'**australopithèque** découvert en Afrique.

-2,5 millions d'années

***Homo habilis* (homme habile).**
L'homme habile utilise les premiers outils.

-1,8 million d'années

***Homo erectus* (homme debout).**
L'homme marche sur deux pieds.

Antiquité

De l'invention de l'écriture...

-3 500 ans

Développement des premières grandes civilisations en **Mésopotamie** et en **Égypte**.

*Invention de **l'écriture** en Mésopotamie et en Égypte.*

-2 550 ans

Construction de la **pyramide** de Khéops.

-753

Fondation légendaire de **Rome**.

-750

Les **Celtes** s'installent en **Gaule.**

-508

Début de la démocratie à **Athènes.**

TEMPS MODERNES | 18e-19e SIÈCLES | 20e- 21e SIÈCLES

1492 — 1789 — 1900

...à l'invention de l'écriture

-1,5 million d'années

Premiers bifaces.

-450 000 ans

L'homme utilise le **feu**.

-180 000 ans

***Homo sapiens* (homme qui pense)**
L'homme qui pense est le premier à parler.

-30 000 ans

L'homme **peint** l'intérieur de certaines grottes.

-10 000 ans

L'homme fait de l'**agriculture** et de l'**élevage**.

-3500 naissance de l'écriture

...à la fin de l'Empire romain

de -58 à -51

Conquête de la **Gaule** par les **Romains**, menés par **Jules César.**

-52
Vercingétorix est battu par Jules César à **Alésia.**

-27

Fondation de **l'Empire romain** par Auguste.

vers -6 à 30
*Vie de **Jésus.***

406

Début des **invasions barbares** en Gaule.

476 fin de l'Empire romain

PRÉHISTOIRE	ANTIQUITÉ	MOYEN ÂGE
-7 millions d'années	-3 500 ans	476

Moyen âge De la fin de l'Empire romain d'Occident...

476

L'Empire romain d'Occident, affaibli par les invasions barbares, **s'effondre**.

481-511

Règne de **Clovis**, premier **roi des Francs.**

496

baptême de Clovis.

570-632

Vie de **Mahomet**, le fondateur de l'**islam**.

622

Début du calendrier musulman (*hégire*).

714

Arrivée des **Arabes** dans le royaume franc.

732

Charles Martel arrête les armées arabes à **Poitiers**.

Temps modernes De la découverte de l'Amérique...

1492

Christophe Colomb débarque sur une terre inconnue : l'**Amérique**.

vers 1503 -1507

Léonard de Vinci peint *La Joconde*.

1515-1547

Règne de **François Ier**.

1515

François Ier remporte la bataille de **Marignan** (Italie).

1519-1521

Le navigateur **Magellan** fait le premier **tour du monde.**

1543

L'astronome Nicolas **Copernic** affirme que la Terre tourne autour du Soleil.

TEMPS MODERNES | 18e-19e SIÈCLES | 20e- 21e SIÈCLES

1492 | 1789 | 1900

...à la découverte de l'Amérique

768-814

Règne de **Charlemagne**.

800
Charlemagne est sacré empereur à Rome.

1096-1270

Les **croisades**

1270
Mort du roi **Saint Louis.**

1337-1453

Guerre de Cent Ans entre les Anglais et les Français.

1429
Jeanne d'Arc libère **Orléans.**

vers 1440

Gutenberg invente l'**imprimerie**. Le premier livre imprimé est la **Bible**.

1453

Les Turcs s'emparent de **Constantinople**, la capitale de l'Empire romain d'Orient.

Fin de l'Empire romain d'Orient.

1492
découverte de l'Amérique

...à la Révolution française

1562-1598

Guerres de Religion entre catholiques et protestants.

août 1572
Massacre de **la Saint-Barthélemy.**

1589-1610
Règne **d'Henri IV**.

1643-1715

Règne de **Louis XIV**, le Roi-Soleil.

1765

Le Britannique James **Watt** perfectionne la **machine à vapeur**.

1774-1792

Règne de **Louis XVI**.

1776
Les **États-Unis** déclarent leur **indépendance**.

14 juillet 1789
prise de la Bastille

PRÉHISTOIRE	ANTIQUITÉ	MOYEN ÂGE
-7 millions d'années	-3 500 ans	476

18e-19e siècles — De la Révolution française…

14 juillet 1789

Prise de la Bastille : c'est le début de la **Révolution française**.

26 août 1789

Déclaration des droits de l'homme et du citoyen.

1792

Proclamation de la **Première République**.

1800

L'Italien Alessandro **Volta** invente la **pile électrique**.

1804-1814

Premier Empire : Napoléon Ier est empereur.

1814-1830

Restauration de la royauté.

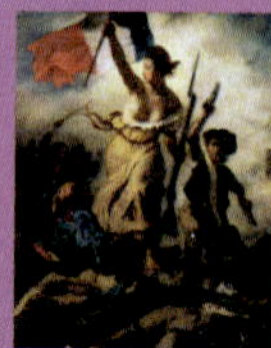

Révolution de 1830

Louis-Philippe Ier devient roi.

20e-21e siècles — De la Première Guerre mondiale…

1914-1918

Première Guerre mondiale.

1917

Révolution russe.

1929

Le monde connaît une grave **crise économique**.

1933

Adolf Hitler, chef du parti nazi, arrive au pouvoir en Allemagne.

1939-1945

Seconde Guerre mondiale.

6 juin 1944

Débarquement des troupes alliées en Normandie.

1945

Création de l'ONU (Organisation des nations unies).

En France, **les femmes votent** pour la première fois.

TEMPS MODERNES | 18e-19e SIÈCLES | 20e- 21e SIÈCLES

1492 | 1789 | 1900

...à la Première Guerre mondiale

1848-1852

Deuxième République.

Révolution de 1848

Les **hommes** obtiennent le **droit de vote.** L'**esclavage** est aboli.

1852-1870

Second Empire : Napoléon III est empereur.

1870

Guerre entre la **France** et la **Prusse**.

1870

Proclamation de la **Troisième République**.

1882

Jules Ferry crée **l'école gratuite, laïque et obligatoire.**

1885

Louis **Pasteur** réalise le **vaccin contre la rage**.

1890

Premier vol en **avion** de Clément **Ader.**

1895

Les frères **Lumière** inventent le **cinéma**.

1914. début de la Première Guerre mondiale

...à nos jours

1957

Débuts de **l'union économique européenne.**

1958

Début de la **Cinquième République. Charles de Gaulle** devient président.

1969

L'Américain Neil **Armstrong** est le premier homme à marcher sur la **Lune**.

1989

Chute du mur de Berlin.

1990

Réunification de l'Allemagne.

2002

L'**euro** est adopté comme **monnaie unique** par plusieurs des pays de l'**Union européenne**.

Aujourd'hui, la Terre compte 7 milliards d'habitants

Mes mots d'anglais

Mes mots d'anglais

Animals

Les animaux

a ladybird
une coccinelle

a crocodile
un crocodile

a bear
un ours

a rhino
un rhinocéros

a hippo
un
hippopotame

an elephant
un éléphant

a parrot
un perroquet

a rat
un rat

a pig
un cochon

a wolf
un loup

a crab
un crabe

a fish
un poisson

a turkey
une dinde

a zebra
un zèbre

a lion
un lion

a dolphin
un dauphin

a tiger
un tigre

a penguin
un manchot

a giraffe
une girafe

a hamster
un hamster

a tortoise
une tortue

a butterfly
un papillon

a snail
un escargot

a fly
une mouche

a bee
une abeille

a kangaroo
un kangourou

a frog
une grenouille

an ant
une fourmi

a koala bear
un koala

a squirrel
un écureuil

a sheep
un mouton

My house

Ma maison

the attic
le grenier

a goldfish
un poisson rouge

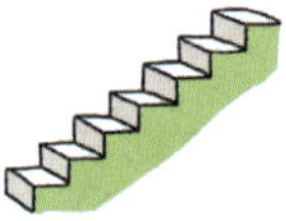

the stairs
l'escalier

an armchair
un fauteuil

the bedroom
la chambre

a washing machine
une machine à laver

the garage
le garage

a dog
un chien

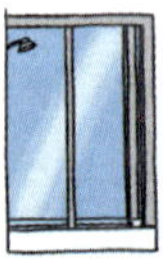

the shower
la douche

a room
une pièce

a neighbour
un voisin

a chair
une chaise

a guinea pig
un cochon d'Inde

the living room
le salon

a cat
un chat

the bathroom
la salle de bain

a bin
une poubelle

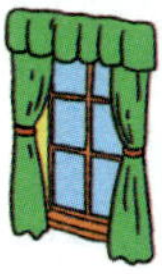

a window
une fenêtre

the kitchen
la cuisine

a cupboard
un placard

the roof
le toit

a table
une table

a wall
un mur

the garden
le jardin

the toilet
les toilettes

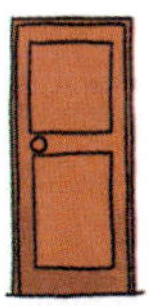

a door
une porte

the dining room
la salle à manger

a sofa
un sofa

My bedroom

Ma chambre

a teddy bear
un nounours

a camera
un appareil photo

an alarm clock
un réveil

a wardrobe
une armoire

roller blades
des rollers

a pillow
un oreiller

a bed
un lit

a book
un livre

a toy
un jouet

an MP3 player
un lecteur MP3

a chair
une chaise

a chest of drawers
une commode

a laptop
un ordinateur portable

a jigsaw puzzle
un puzzle

a doll's house
une maison
de poupée

a puppet
une
marionnette

a lamp
une lampe

a skipping
rope
une corde
à sauter

a doll
une poupée

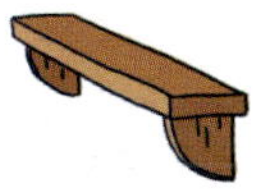

a shelf
une étagère

a cuddly toy
une peluche

a poster
un poster

a board game
un jeu
de société

a duvet
une couette

a bedside
table
une table
de chevet

In the kitchen

Dans la cuisine

fruit
des fruits

a cooker
une cuisinière

a saucepan
une casserole

a fridge
un frigo

an apple
une pomme

a banana
une banane

a cherry
une cerise

grapes
du raisin

a lemon
un citron

an orange
une orange

a pear
une poire

a strawberry
une fraise

a fork
une fourchette

a knife
un couteau

a glass
un verre

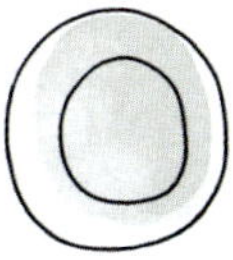

a plate
une assiette

a spoon
une cuillère

a tomato
une tomate

salad
de la salade

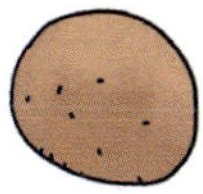

a potato
une pomme de terre

peas
des petits pois

an onion
un oignon

vegetables
des légumes

broccoli
les brocolis

a carrot
une carotte

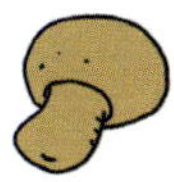

a mushroom
un champignon

Meals

Les repas

tea
du thé

coffee
du café

cereal
des céréales

butter
du beurre

milk
du lait

breakfast
le petit déjeuner

lunch
le déjeuner

an egg
un œuf

fruit juice
du jus
de fruits

toast
du pain grillé

jam
de la confiture

honey
du miel

cheese
du fromage

pasta
des pâtes

a cake
un gâteau

chicken
du poulet

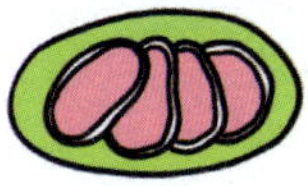
ham
du jambon

bread
du pain

rice
du riz

salad
de la salade

water
de l'eau

salt
du sel

dinner
le dîner

pepper
du poivre

pizza
de la pizza

a drink
une boisson

a yoghurt
un yaourt

a pie
une tarte

fish and chips
du poisson et des frites

a sandwich
un sandwich

a packet of crisps
un paquet de chips

At school

À l'école

a felt-tip pen
un feutre

English
l'anglais

the classroom
la salle de classe

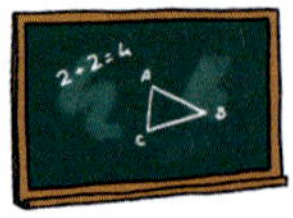

the board
le tableau

a desk
un bureau

science
la science

a rubber
une gomme

maths
les maths

a pencil
un crayon

scissors
des ciseaux

ICT
l'informatique

a pencil sharpener
un taille-crayon

the playground
la cour de récréation

a pencil case
une trousse

a school bag
un cartable

an exercise book
un cahier

a teacher
une professeure

technology
la technologie

gym
la gym

paper
du papier

music
la musique

a ruler
une règle

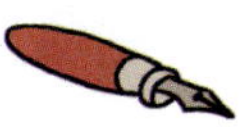

a pen
un stylo

history
l'histoire

glue
de la colle

geography
la géographie

a pupil
une élève, un élève

Numbers

Les chiffres

zero

one

two

three

four

five

six

seven

eight

nine

ten

eleven twelve thirteen fourteen fifteen sixteen seventeen eighteen nineteen twenty

twenty-two
twenty-one

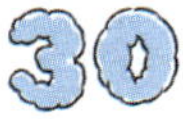

thirty

forty

fifty

sixty

seventy

eighty

ninety

one hundred

one hundred and one

one hundred and two

two hundred

two hundred and twenty

one thousand

The time

L'heure

It's eight o'clock.
Il est huit heures.

It's five past eight.
Il est huit heures cinq.

It's ten past eight.
Il est huit heures dix.

It's quarter past eight.
Il est huit heures et quart.

It's half past eight.
Il est huit heures et demie.

It's twenty to nine.
Il est neuf heures moins vingt.

It's quarter to nine.
Il est neuf heures moins le quart.

It's noon.
Il est midi.

It's midnight.
Il est minuit.

a day
un jour

a month
un mois

a year
un an

a week
une semaine

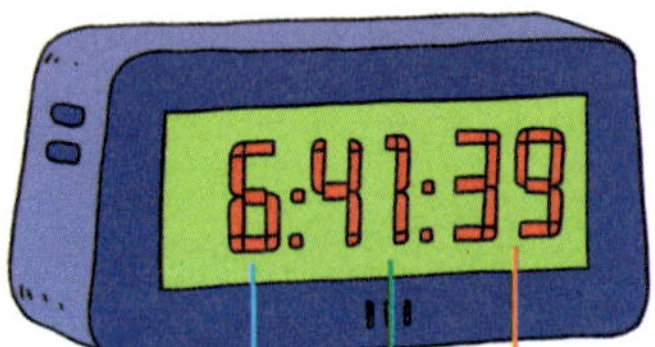

an hour
une heure

a second
une seconde

a minute
une minute

in the morning
le matin

in the afternoon
l'après-midi

in the evening
le soir

at night
la nuit

My day

Ma journée

I wake up.
Je me réveille.

I get up.
Je me lève.

I have breakfast.
Je prends mon petit déjeuner.

I get washed.
Je me lave.

I get dressed.
Je m'habille.

I go to school.
Je vais à l'école.

I have lunch.
Je déjeune.

I play tennis.
Je joue au tennis.

I go home.
Je rentre à la maison.

I have a snack.
Je prends mon goûter.

I brush my teeth.
Je me brosse les dents.

I read a book.
Je lis un livre.

I go to sleep.
Je vais me coucher.

I have dinner.
Je dîne.

I do my homework.
Je fais mes devoirs.

I help my parents.
J'aide mes parents.

I play with my sister.
Je joue avec ma sœur.

I watch TV.
Je regarde la télé.

I feed the dog.
Je donne à manger au chien.

I play the piano.
Je joue du piano.

Colours

Les couleurs

white
blanc

yellow
jaune

brown
brun

red
rouge

black
noir

blue
bleu

grey
gris

green
vert

pink
rose

purple
violet

orange
orange

Crédits photographiques

p. 31 © M et J. Miller/HOA-QUI ; p. 32 © cynoclub/Fotolia.com ; p.33 © Shariff Che'Lah/Fotolia.com ; p. 34 © Patryssia/Fotolia.com ; p. 36 © pressmaster/Fotolia.com ; p. 40 © boulevard/Fotolia.com ; p. 41 © M. Rugner/AGE FOTOSTOCK/HOA-QUI ; p. 43 © T. Walker/JACANA ; p. 45 © p. heilems/Fotolia.com ; p. 47 © CHARLY/Fotolia.com ; p. 49 © K. Welsh/AGE/HOA-QUI ; p. 50 © LHF Graphics/Fotolia.com ; p. 51 © pressmaster /Fotolia.com ; p. 52 © W. Bollman/AGE/HOA-QUI ; p. 53 © Valeriy Kirsanov/Fotolia.com ; p. 55 © munchkinmoo/Fotolia.com ; p. 56 © CVDV. Andrea /AGE/HOA-QUI ; p. 59 © auremar/Fotolia.com ; p. 60 © Oleg Kozlov/Fotolia.com ; p. 63 g © Gerhard Wanzenböck/Fotolia.com ; p. 64 © Prod. Numérik/Fotolia.com ; p. 66 © Monkey Business/Fotolia.com ; p. 68 © Florian Villesèche/Fotolia.com ; p. 69 © F. Poelking /AGE/HOA-QUI ; p. 73 © M. Danegger/JACANA/HOA-QUI ; p. 76 © Olga Khoroshunova/Fotolia.com ; p. 83 © ana lourenço/Fotolia.com ; p. 84 ©J. M. Labat/PHONE ;p. 86 © Jacek Chabraszewski/fotolia.com ; p. 87 © N. Mishra/AGE/HOA-QUI ; p. 89 © C. Volkland/AGE/HOAQUI ; p. 91 © Michael Pettigrew/Fotolia.com ; p. 92 © philippe Devanne/Fotolia.com ; p. 94 © Carlush/Fotolia.com ; p. 96 © minicel73/Fotolia.com ; p. 102 © Vito Fusco/Fotolia.com ; p. 104 ht © Val Thoermer/Fotolia.com ; p. 104 bas M. D. Huot/BIOS ; p. 105 © Zoltán Futó/Fotolia.com ; p. 106 © C. Lovell/CORBIS ; p. 107 © R. Bishop AGE/HOA-QUI ; p. 109 © boulevard #5570709 ; p. 110 g © Paty Cullen Wingrove/Fotolia.com ; p. 110 d © C. Mattis/AGE/ HOA-QUI ; p. 112 © Kokhanchikov/Fotolia.com ; p. 113 © J. Cancalosi/AGE/HOA-QUI ; p. 115 © Clarence Alford/Fotolia.com ; p. 116 © cynoclub/Fotolia.com ; p. 121 © goce risteski/Fotolia.com ; p. 122 © Jane September /Fotolia.com ; p. 123 © Lena Volkova/Fotolia.com ; p. 124 © Reinhard/ZEFA/HOA-QUI ; p. 125 © Denis-Huot/HOA-QUI ; p. 126 © C. Ruoso/BIOS ; p. 130 © R. Volot/JACANA ; p. 132 © Unclesam/Fotolia.com ; p. 133 © S. Cordier/JACANA ; p. 134 © A. Schall /JACANA ; p. 135 © Lenz/ZEFA/HOA-QUI ; p. 136 © A. Shah/JACANA ; p. 137 © M. Danegger/JACANA ; p. 139 © J. Cancalosi/JACANA ; p. 141 © Mareen Friedrich/Fotolia.com ; p. 145 © C. Thiriet/GRANDEUR NATURE/HOAQUI ; p. 146 © Eléonore H/Fotolia.com ; p. 148 © T. Vero/Nature PL/JACANA ; p. 149 © Alan Reed/Fotolia.com ; p. 156 © jeanma85 /Fotolia.com ; p. 157 © SoniaandCo/Fotolia.com ; p. 161© Archives Larbor ; p. 162 © VRD/Fotolia.com ; p. 164 © J. P. Champroux/JACANA ; p. 165 © U. Waltz GDT/JACANA ; p. 172 © M. Colas/JACANA ; p. 174 © Bertold Werkmann/Fotolia.com ; p. 175 © cynoclub/Fotolia.com ; p. 176 g © F. Danrigal/JACANA ; p. 176 d © Octave Alex/Fotolia.com ; p. 177 © I. Arndt/JACANA ; p. 178 © Richard Villalon/Fotolia.com ; p. 180 © C. Martin/JACANA ; p. 181 © C. Lovell/CORBIS ; p. 182 © Montferney/Fotolia.com ; p. 187 © Gunther Michel/BIOS ; p. 188 g © Prod. Numérik/Fotolia.com ; p. 188 d ©T. Brakefield/CORBIS ; p. 192 © James Thew/Fotolia.com ; p. 196 © scalesy/Fotolia.com ; p. 203 © Sportlibrary/Fotolia.com ; p. 204 g © Inferna/Fotolia.com ; p. 204 d © Megan Lorenz/Fotolia.com ; p. 207 © Vivid Pixels/Fotolia.com ; p. 210 © Wollwerth Imagery/Fotolia.com ; p. 212 © J. Toomey/AGE FOTOSTOCK/HOA-QUI ; p. 214 © Emmanuel MARZIN/Fotolia.com ; p. 218 © Archives Larbor ; p. 222 © cynoclub/Fotolia.com ; p. 224 © C. Farhi/JACANA ; p. 225 © dudlajzov/stock.adobe.com ; p. 226 © axepe/stock.adobe.com ; p. 227 © Denis-Huot/JACANA ; p. 228 © Jacques PALUT/Fotolia.com ; p. 231 © Floris70/Fotolia.com ; p. 232 © Bartomeu Borrell/AGE FOTOSTOCK/HOA-QUI ; p. 233 © M. Breuer/AGE FOTOSTOCK/HOA-QUI ; p. 236 © D. Robert et Lorri Franz/CORBIS ; Evgeny Moskvitin/Fotolia.com ; p. 237 © M. et C. Denis-Huot/BIOS ; p. 245 ht © bacalao/Fotolia.com ; p. 245 bas © Hallgerd/Fotolia.com ; p. 248 © MBCH/Fotolia.com ; p. 249 © chanelle/Fotolia.com ; p. 250 © Ramona Heimp/Fotolia.com ; p. 257 © E. A. Janes/AGE FOTOSTOCK/HOA-QUI ; © J. P. Thomas/JACANA/HOA-QU ; p. 258 © S. Rae/Fotolia.com ; p. 259 © Fotoksa/Fotolia.com ; p. 260 © Pavel Losevsky/Fotolia.com ; p. 261 © rodolphe trider/Fotolia.com ; p. 262 © Callalloo Twisty/Fotolia.com ; p. 270 © P. Chapman/GETTY IMAGES ; p. 272 © J. Cancalosi /JACANA /HOA-QUI ; p. 274 bas g © S. Krasemann/JACANA/HOA-QUI ; p. 274 d © Sebastien B/Fotolia.com ; p. 275 ht d © Renee Jansoa/Fotolia.com ; p. 275 bas d © J. Pitcher/AGE FOTOSTOCK/HOAQUI ; p. 280 © Secret Side/Fotolia.com ; p. 282 © nali/Fotolia.com ; p. 284 ht g © CALLALLOO Canis/Fotolia.com ; p. 284 bas g © J. A. Jiménez/AGE FOTOSTOCK/HOA-QUI ; p. 286 © Jose Manuel Gelpi/Fotolia.com ; p. 289 © Samuel René Halifax/Fotolia.com ; p. 290 © eric92/Fotolia.com ; p. 292 © Bruce MacQueen/Fotolia.com ; p. 293 © philippe Devanne/Fotolia.com ; p. 297 © Tomasz Trojanowski/Fotolia.com ; p. 298 © khius/stock.adobe.com ; p. 299 ht © I. Arndt/JACANA/HOA QUI ; p. 299 bas © Herbert Kratky/Fotolia.com ; p. 301 © ht g Viktoria Makarova/Fotolia.com ; p. 301 bas d © joef/Fotolia.com ; p. 302 © RbbrDckyBK/Fotolia.com ; p. 304 © W. Bollmann/AGE FOTOSTOCK /HOA-QUI ; p. 305 © J. Mc Donald/CORBIS ; p. 308 © Paty Cullen Wingrovep/Fotolia.com ; p. 309 ht © Philippe Minisini/Fotolia.com ; p. 309 bas © C. Jouan/J.Rius/JACANA/HOA-QUI ; p. 311 © J. Le Cordier/HOAQUI ; p. 312 bas g © W. Layer/JACANA/HOA-QUI ; p. 312 d © faucilhon/Fotolia.com ; p. 316 © pattie/Fotolia.com ; p. 319 © vapios/Fotolia.com ; p. 320 © P. DE WILDE/JACANA/HOA-QUI ; p. 321 © alternative photo/Fotolia.com ; p. 322 © _italo_/stock.adobe.com ; p. 323 © Y. Lanceau/JACANA ; p. 325 © Mahaux. Photography/GETTY IMAGES ; p. 326 © Norman Chan/Fotolia.com ; p. 327 © Mariano Ruiz/Fotolia.com ; p. 328 © E. A. Janes/AGE FOTOSTOCK/HOA-QUI ; p. 329 © P. Lilja/AGE FOTOSTOCK/HOAQUI ; p. 330 © E. A. Janes/AGE FOTOSTOCK/HOA-QUI ; p. 331 © M. Rugner/AGE FOTOSTOCK/HOA-QUI ; p. 332 © PAO joke/Fotolia.com ; p. 335 ht d © AntPun/stock.adobe.com ; p. 335 bas d© M. Denis-Huot/HOA-QUI ; p. 336 © Paolo Bona/shutterstock.com ; p. 337 © Morales/AGE FOTOSTOCK/HOA-QUI ; p. 339 © H.Chaumeton/JACANA ; p. 344 © Matthieu Luna/Fotolia.com ; p. 345 © Archives Larbor ; p. 346 © Concept web Studio/Fotolia.com ; p. 350 © NoA Production/Fotolia.com ; p. 354 © Gautier Willaume/Fotolia.com ; p. 357 © stephy/Fotolia.com ; p. 361 © venusvi/stock.adobe.com ; p. 362 © T.Brakefield/CORBIS ; p. 363 g © jerome berquez/Fotolia.com ; p. 363 d © Brenda Carson/Fotolia.com ; p. 365 © J.Carter/AGE FOTOSTOCK/HOA-QUI ; p. 367 © ti_to_tito/Fotolia.com ; p. 368 © auremar/Fotolia.com ; p. 369 ht © M. Maconachie ; Papilio/CORBIS ; p. 369 bas d © Hummel/ZEFA/HOA-QUI ; p. 370 © Alizada Studios/stock.adobe.com ; p. 371 © W.Wisniewski/HOA-QUI ; p. 374 © Klein/Hubert/BIOS ; p. 376 © Danilo Ascione/Fotolia.com ; p. 378 © Gallo Images/CORBIS ; p. 379 ht g © J. A. Jiménez/AGE FOTOSTOCK/HOA-QUI ; p. 379 ht d © Les Cunliffe/Fotolia.com ; p. 379 bas d © D. Johnson ; Papilio/CORBIS ; p. 380 © Archives Larbor ; p. 381 © E. A. Janes/AGE FOTOSTOCK/HOA-QUI ; p. 382 © T. Brakefield/CORBIS ; p. 383 © Eléonore H/Fotolia.com ; p. 385 © E. A. Janes/AGE FOTOSTOCK/HOA-QUI ; p. 386 © J. W. Warden/AGE FOTOSTOCK/HOA-QUI ; p. 387 g © Tomasz Trojanowski/Fotolia.com ; p. 387 d © I. Arndt Nature PL/JACANA/HOA-QUI ; p. 389 © Tomas Hulik/stock.adobe.com ; p. 422 © A. Guerrier/JACANA ; p. 425 © PixAchi/Fotolia.com ; p. 430 g © M. Danegger/JACANA/HOA-QUI ; p. 430 d © Hunta/Fotolia.com ; p. 433 © C. Doerr/AGE FOTOSTOCK/HOA-QUI ; p. 434 © Concept web Studio/Fotolia.com ; p. 440 © Jacques PALUT/Fotolia.com ; p. 442 ht d © J. Cancalosi/Nature PL/JACANA /HOA-QUI ; p. 442 bas g © R. Wilmshurst/AGE FOTOSTOCK/HOA-QUI ; p. 448 © Archives Larbor ; p. 455 © CallallooAlexis/Fotolia.com ; p. 456 © Massimiliano Serra/Fotolia.com ; p. 457 ht d © C. et A. Purcell/CORBIS ; p. 457 bas d © Fun Altitude/Fotolia.com ; p. 463 © Varin/visage /JACANA ; p. 464 © Foto-Ruhrgebiet/fotolia.com ; p. 466 © Kurt De Bruyn/Fotolia.com ; p. 467 g © Alexander/Fotolia.com ; p. 467 d © F. Thomas/HOA-QUI ; p. 468 © cédric PONGE/Fotolia.com ; p. 473 g © margouillat photo/Fotolia.com ; p. 473 d © Ant Clausen/Fotolia.com ; p. 475 © Ausloos/BIOS ; p. 476 © Jacek Chabraszewski/Fotolia.com ; p. 478 © F. Thomas/HOA-QUI ; p. 480 © elenarostunova/Fotolia.com ; p. 481 © A. et M. Shah/JACANA/HOA-QUI ; p. 482 © Marzanna Syncerz/Fotolia.com ;p. 484 © D. Watts/Nature PL/JACANA/HOA-QUI ; p. 486 © J. McDonald/CORBIS ; p. 488 g © E. et D. Hosking /CORBIS ; p. 488 d © E. et D. Hosking/CORBIS ; p. 490 © P. Oxford/Nature PL/HOA-QUI ; p. 492 ht © Glenda Powers/Fotolia.com ; p. 492 bas © J. Conrad/CORBIS ; p. 495 g © Uolir/fotolia.com ; p. 495 d © cynoclub/Fotolia.com ; p. 497 g © ann triling/Fotolia.com ; p. 497 d © samueldykstra/Fotolia.com ; p. 498 p. © Darren Baker/Fotolia.com ; p. 505 © Archives Larousse ; p. 507 ht d © bacalao/Fotolia.com ; p. 507 bas d © J. F. Tripelon-M.Jarry-Top/HOA-QUI ; p. 508 © nfrPictures/Fotolia.com; p. 509 © Laurent CODRON/Fotolia.com ; p. 511 g © Naty Strawberry/Fotolia.com ; p. 511 d © J. et Petra Wegner/JACANA/HOA-QUI ; p. 515 © F. Moellers/ AGE FOTOSTOCK/HOA-QUI ; p. 516 © Kostyantyn Ivanyshen/Fotolia.com ; p. 517 ht g © Marevision /AGE FOTOSTOCK/HOA-QUI ; p. 517 bas d © Carlos Santa Maria/Fotolia.com ; p. 518 © C. Thiriet/PHONE ; p. 519 © shubox/Fotolia.com ; p. 520 © J. L et F. Ziegler/BIOS ; p. 521 © A. Ducrot /JACANA/HOA-QUI ; p. 526 © frantisek hojdysz/Fotolia.com ; p. 531 © Martin Schwan/Fotolia.com ; p. 533 © M. Harvey/BIOS ; p. 535 © bacalao/Fotolia;com ; p. 538 © Klein/Hubert/BIOS ; p. 540 © C. Doerr / AGE FOTOSTOCK/HOA-QUI ; p. 541 © wiktor bubniak/Fotolia.com ; p. 542 © Archives Larousse ; p. 549 © Claireliot/Fotolia.com ; p. 550 © auremar/Fotolia.com ; p. 551 © jStock/Fotolia.com ; p. 555 © alan1951/stock.adobe.com ; p. 556 © Krasemann/JACANA ; p. 557 © SOMATUSCANI/Fotolia.com ; p. 558 © tasssd/Fotolia.com ; p. 559 © Nino/stock.adobe.com ; p. 560 © S. Cordier/JACANA ; p. 561 © Eléonore H/Fotolia.com ; p. 562 © J. C. Calvin/ AGE FOTOSTOCK/HOA-QUI ; p. 564 © Valeriy Lukyanov/Fotolia.com ; p. 567 © D. Welling/ Nature PL/JACANA/HOA-QUI ; p. 568 © Vladislav Kochelaevs/Fotolia.com ; p. 572 © Indigo Fish/Fotolia.com ; p. 573 © dgrilla/Fotolia.com ; p. 575 g © espion/Fotolia.com ; p. 575 d © THIERRY BURDIN/Fotolia.com ; p. 576 © Eric Isselée/Fotolia.com ; p. 580 © Frédéric Prochasson/Fotolia.com ; p. 581 © J. W. Warden/AGE FOTOSTOCK/HOA-QUI ; p. 582 © T. Walker/JACANA/HOA-QUI ; p. 587 © G. Holland/AGE FOTOSTOCK/HOA-QUI ; p. 595 © A. Shah Nature PL /JACANA/HOA-QUI ; p. 597 © Gautier Willaume/Fotolia.com ; p. 598 © absolut/Fotolia.com ; p. 600 © alain COLLADANT/Fotolia.com ; p. 602 © sonia chatelainp/Fotolia.fr ; p. 603 ht g © valpictures/Fotolia;com ; p. 603 ht d © tobago77 ; p. 604 © Jillian/stock.adobe.com ; p. 605 © F. Lanting/Minden Pictures/Joël Halioua Editorial Agency ; p. 610 © F. Moellers/ AGE FOTOSTOCK/HOA-QUI ; p. 611 © cristimatei/Fotolia.com ; p. 612 © R. Morsch/CORBIS ; p. 615 © W Dow/CORBIS ; p. 620 © nicolasjoseschirado/Fotolia.com ; p. 621 © Jashin/Fotolia.com ; p. 623 g © HitToon.com/Fotolia.com ; p. 623 d © Jaren Wicklund/Fotolia.com ; p. 630 © Nicolas LOGEROT/Fotolia.com ; p. 631 g © Pshenichka/Fotolia.com ; p. 631 d © Digital_Zombie/Fotolia.com ; p. 635 g © R. Volot/JACANA/HOA-QUI ; p. 635 d © Andrea Danti/fotolia.com ; p. 643 © faucilhon/Fotolia.com ; p. 644 © Olivier Le Moal/Fotolia.com ; p. 646 © alexlmx/stock.adobe.com ; p. 647 © A. Shah/JACANA/HOA-QUI ; p. 648 © Imagery/Fotolia.com ; p. 649 © illustrez-vous/Fotolia.com ; p. 652 © E. A. Janes /AGE FOTOSTOCK/HOA-QUI ; p. 653 © Anja Roesnick/Fotolia.com ; p. 654 © akiebler/Fotolia.com ; p. 655 © MONIQUE POUZET/Fotolia.com ; p. 658 © vchphoto/Fotolia.com ; p. 659 g © Anne Knüppel/Fotolia .com ; p. 659 d © Misha/Fotolia.com ; p. 660 © T. Brakefield/CORBIS ; p. 664 © D. Heuclin/BIOS ; p. 665 © Toanet/Fotoli.com ; p. 666 © Ifstewart/Fotolia.com ; p. 668 © Richard Villalon/Fotolia.com ; p. 669 © micromonkey/Fotolia.com ; p. 672 © cynoclub/Fotolia.com ; p. 677 © J. J. Pascual /AGE FOTOSTOCK/HOA-QUI ; p. 678 © Radu Razvan/Fotolia.com ; p. 679 © Jouan/Ruis/JACANA ; p. 681 © Ludwig Ferren/Fotolia.com ; p. 682 © F. Lukasseck /AGE/HOA-QUI ; p. 684 © J. Cancalosi/AGE FOTOSTOCK/HOA-QUI ; p. 685 © C. Thiriet/GRANDEUR NATURE/HOA-QUI ; p. 687 g © Ignatius Wooste/Fotolia.com ; p. 687 d © Acik/Fotolia.com ; p. 688

© shoot4u/Fotolia.com ; p. 690 © macumazahn/Fotolia.com ; p. 696 © Konstantin Sutyagin/Fotolia.com ; p. 698 © Andreas Meyer/Fotolia.com ; p. 701 © M. et C. Denis-Huot/BIOS ; p. 702 © Denis-Huot/JACAN ; p. 703 © KC/Fotolia.com ; p. 703 bas © beltsazar/stock.adobe.com ; p. 704 © forcdan/Fotolia.com ; © Pixelshop/Fotolia.com ; © Ariane Citron/Fotolia.com ; © prescott09/Fotolia.com ; © PiLensPhoto/Fotolia.com ; p. 708 g © vaclav/stock.adobe.com ; p. 708 d © gorov/stock.adobe.com ; p. 715 © africanway/Fotolia.com ; © AlexQ/Fotolia.com ; © Nazzu/Fotolia.com ; p. 719 © Galyna Andrushko/Fotolia.com ; p. 725 © Craig Hanson/Fotolia.com ; p. 731 © sborisov/Fotolia.com ; © patrizio1948/Fotolia.com ; p. 738-739 © Dmitry Erashov/Fotolia.com ; Ph. © National Gallery of Art, Washington ; musée du Louvre, Paris. Ph. © Archives Larbor ; musée du château de Versailles. Ph. H. Josse© Archives Larbor ; Ph. © Nasa ;p. 740-741 h Ph. C. Roux © Archives Larbor ; b © Barm/Fotolia.com ; Ph. H. Josse © Archives Larbor ; © morane/Fotolia.com ; © Teamarbeit/Fotolia.com ; © Nicolas Denis/Fotolia.com ; © Barm/Fotolia.com ; Ph. G. Tomsich © Archives Larbor ; © fm38320/Fotolia.com ; p. 742-743 h Ph. Coll. Archives Larbor ; Ph. Coll. Archives Nathan ; Ph. Olivier Ploton © Archives Larousse ; Archives nationales. Ph. Jeanbor © Archives Larbor ; Archives nationales. Ph. Jean-Loup Charmet © Archives Larbor ; Ph. © Musée de l'imprimerie, Lyon ; b musée du Louvre, Paris. Ph. Jean-Pierre Vieil © Archives Larbor ; musée du Louvre, Paris. Ph. H. Josse © Archives Larbor ; Ph. © Archives Larousse ; Ph. Coll. Archives Larbor ; musée des Beaux-arts, Lausanne. Ph. Coll. Archives Larbor ; Ph. O. Ploton © Archives Larousse ; musée du château de Versailles. Ph. H. Josse © Archives Larbor ; © Morphart/Fotolia.com ; p. 744-745 h Ph. Coll. Archives Larbor ; musée Carnavalet, Paris. © Archives Larbor ; Ph. Coll. Archives Larousse ; Ph. O. Ploton © Archives Larousse ; Ph. Coll. Archives Larbor ; Ph. Archives Pathé Coll. Archives Larousse-DR ; Ph. © Archives Nathan ; b Ph. O. Ploton © Archives Larousse ; Ph. Coll. Archives Larousse ; Ph. US Army Coll. Archives Larousse ; Ph. © Archives Larbor ; © Ignatius Wooster/Fotolia.com ; © Banque centrale européenne.

Illustrateurs

p. 23-24 © Dessin Biosca-Archives Larousse.
PLANCHES THÉMATIQUES : 1. À la campagne : Denise Bazin ; 2. Dans la forêt : Denise Bazin ; 3. Au bord de la mer : Amélie Veaux ; 4. À la montagne : Amélie Veaux ; 5. Sur l'autoroute : Benoît Charles ; 6. À la gare : Benoît Charles ; 7. À l'aéroport : Benoît Charles ; 8. Dans la maison : Danièle Schulthess ; 9. Dans la ville : Amélie Veaux ; 10. Dans un parc : Danièle Schulthess ; 11. À la bibliothèque : Danièle Schulthess ; 12. Au musée : Danièle Schulthess ; 13. Dans la savane : Denise Bazin ; 14. Dans la forêt équatoriale : Denise Bazin ; 15. Dans l'océan : Denise Bazin ; 16. Dans l'espace : Denise Bazin.
PLANCHES DE VOCABULAIRE ANGLAIS (extraites de *Mon premier dictionnaire d'anglais*, Larousse) : Olivier Poli.

Achevé d'imprimer en Italie chez Rotolito Lombarda S.A.
Dépôt légal : avril 2023 – 333518/01
N° de projet : 11052497 – avril 2023

PAPIER À BASE DE FIBRES CERTIFIÉES

LAROUSSE s'engage pour l'environnement en réduisant l'empreinte carbone de ses livres. Celle de cet exemplaire est de : 1,9 kg éq. CO_2
Rendez-vous sur www.larousse-durable.fr

Aa Aa Bb Bb

Cc Cc Dd Dd

Ee Ee Ff Ff

Gg Gg Hh Hh

Ii Ii Jj Jj

Kk Kk Ll Ll

Mm Mm